Rudolf/Redig/Stehlin **Anwalts-Taschenbuch Erbrecht**

Anwalts-Taschen buch

Erb recht

von

Michael Rudolf
Rechtsanwalt, Angelbachtal

Reinhold Redig
Rechtsanwalt und Notar, Mörlenbach

Ulrike Stehlin
Rechtsanwältin, Landau i. d. Pfalz

2003

Verlag
Dr. Otto Schmidt
Köln

Bibliografische Information Der Deutschen Bibliothek

Die Deutsche Bibliothek verzeichnet diese Publikation in der Deutschen Nationalbibliografie; detaillierte bibliografische Daten sind im Internet über <http://dnb.ddb.de> abrufbar.

Verlag Dr. Otto Schmidt KG
Unter den Ulmen 96–98, 50968 Köln
Tel.: 02 21/9 37 38-01, Fax: 02 21/9 37 38-9 21
e-mail: info@otto-schmidt.de
www.otto-schmidt.de

ISBN 3-504-18043-9

Das verwendete Papier ist aus chlorfrei gebleichten Rohstoffen hergestellt, holz- und säurefrei, alterungsbeständig und umweltfreundlich.

Umschlaggestaltung: Jan P. Lichtenford, Mettmann

Satz: ICS Communikationsservice GmbH, Bergisch Gladbach

Druck und Verarbeitung:
Bercker Graphischer Betrieb GmbH & Co. KG, Kevelaer

Printed in Germany

Vorwort

Die anwaltliche Tätigkeit in Erbsachen nimmt angesichts der Tatsache, daß die Nachkriegsgeneration bedeutende Vermögenswerte geschaffen hat und somit auch in den kommenden Jahren Vermögenswerte in noch nie dagewesenem Ausmaß auf die nächste Generation übergehen, stark an Bedeutung zu.

Der im Erbrecht tätige Rechtsanwalt ist nicht nur bei der Abwicklung von Nachlaßangelegenheiten und den damit zusammenhängenden vielfältigen Streitigkeiten (Erbauseinandersetzung, Testamentsauslegung, Pflichtteil) gefragt, sondern wächst in der Bevölkerung auch das Bewußtsein, daß eine qualifizierte Vorsorge für den Todesfall spätere Streitigkeiten um das Erbe vermeiden hilft.

Auch setzt sich immer mehr die Erkenntnis durch, daß eine sinnvoll geplante vorweggenommene Erbfolge nicht nur aus steuerlichen Gründen sondern auch aus Gründen der Bewahrung des Familienfriedens sowie der Absicherung lebzeitiger Erblasserinteressen von hohem Nutzen sein kann.

Das Anwalt-Taschenbuch Erbrecht greift diese Themenvielfalt auf und will dem Anwalt sowohl im Bereich des anwaltlichen Mandats nach dem Erbfall als auch in der vorsorgenden Beratung des künftigen Erblassers Stütze sein.

Mai 2003   Die Autoren

Inhaltsübersicht

Alphabetisches Verzeichnis

Systematisches Verzeichnis

V. Auslegung von Testamenten

VI. Nichtigkeit und Anfechtbarkeit von Testamenten

VII. Patiententestament

Seite

VIII. Testamentseröffnung

IX. Gemeinschaftliches Testament

X. Erbvertrag

XI. Inhalte letztwilliger Verfügungen

Seite

D. Verträge über den Nachlaß eines noch lebenden Dritten

E. Nachfolge in Gesellschaftsanteile u.ä.

F. Rechtsstellung des Erben nach Eintritt des Erbfalls

G. Miterbengemeinschaft

H. Pflichtteilsrecht

I. Verjährung im Erbrecht 581

J. Internationales Privatrecht

K. Mediation 396

L. Schiedsverfahren

M. Rechtsschutz im Erbrecht 496

N. Interessenkollision und Tätigkeitsverbot 359

Stichworte in alphabetischer Reihenfolge

Abkömmlinge

→ *Gesetzliche Erbfolge*

Ablieferungspflicht für Testamente

1. Gesetzliche Ablieferungspflicht

Sofern sich ein privatschriftliches Testament nicht schon in amtlicher Verwahrung eines Gerichts befindet, muß es nach § 2259 Abs. 1 BGB an das Nachlaßgericht abgeliefert werden. Verweigert jemand die Ablieferung, so kann es von dem Nachlaßgericht mit Ordnungsstrafen und Zwang belegt werden, §§ 83, 33 FGG. Der Verwahrer hat nicht das Recht, die Ablieferung eines Testaments zu verweigern, wenn er es für unwirksam hält. Abzuliefern sind deshalb alle Schriftstücke, die nach ihrem Inhalt eine letztwillige Verfügung des Erblassers darstellen, somit auch Not-, Drei-Zeugen- und See-Testamente. Das Testament ist unverzüglich, d. h. ohne schuldhaftes Zögern, abzuliefern, nach Kenntniserlangung vom Tod des Erblassers. Die Vorschrift des § 2259 Abs. 1 BGB dient der Rechtssicherheit. Die Ablieferungspflicht liegt im Interesse aller Beteiligten, aber auch im öffentlichen Interesse. Es spielt keine Rolle, ob das Testament offen oder verschlossen ist.

Wer seiner Ablieferungspflicht nicht nachkommt, macht sich u. U. wegen Urkundenunterdrückung strafbar (§ 274 StGB). Schadensersatzansprüche der Bedachten sind nicht ausgeschlossen. Ferner tritt → *Erbunwürdigkeit* nach § 2339 Abs. 1 Nr. 4 BGB ein. Äußerst umstritten ist, ob der Tatbestand des § 2339 Abs. 1 Nr. 4 BGB entfällt, wenn der Erbe den wahren Willen des Erblassers verwirklichen wollte (MK/Frank, § 2339 Rn. 12 m.w.N.; bejahend RGZ 72, 207; RGZ 81, 413; verneinend BGH NJW 1970, 197 = FamRZ 1970, 17, wonach es nicht auf das Motiv und die Beweggründe ankommt; Soergel/Damrau, § 2339 F 35 m.w.N.).

Für die Ablieferungspflicht spielt die Sprache, Schrift, Staatsangehörigkeit des Erblassers oder des Testamentsbesitzers keine Rolle (Staudinger/Fiersching, § 2259 Rn. 6, 11). Auch Nottestamente nach Ablauf der Gültigkeitsdauer, gegenstandslose, eindeutig formnichtige oder widerrufene Testamente, insbesondere aus der amtlichen Verwahrung zurückgenommene öffentliche Testamente oder durchgestrichene Testamente unterliegen der Ablieferungspflicht. Dies gilt selbst dann, wenn die Eigenschaft eines Schriftstücks als letztwillige Verfügung zweifelhaft ist. Im Erbscheinsverfahren oder durch das Prozeßgericht wird dann die Gültigkeit überprüft. Keine Ablieferungspflicht besteht bei solchen letztwilligen Verfügungen, die lediglich Anordnungen über die Art und Weise der Bestattung beinhalten.

2. Erzwingung

Das Nachlaßgericht hat für die Ablieferung vorhandener Testamente von Amts wegen Sorge zu tragen und sie gegebenenfalls nach erfolgloser Aufforderung mit Zwangsmitteln durchzusetzen, §§ 83, 33 FGG. Die Festsetzung von **Zwangsgeld** und **unmittelbarer Zwang** (Wegnahme des Testaments durch den vom Nachlaßgericht beauftragten Gerichtsvollzieher) sind nach vorheriger Androhung (§ 33 Abs. 3 FGG) statthaft, wenn feststeht, daß der von den Maßnahmen Betroffene ein Testament in Besitz hat. Besteht diesbezüglich lediglich eine Vermutung, kann der Besitzer des Testamentes vom Nachlaßgericht zur Abgabe einer Versicherung an Eides Statt gezwungen werden. Hierbei kann es sich um eine Erklärung des Inhalts handeln, von der Existenz eines Testaments überhaupt keine Kenntnis zu haben oder aber nicht zu wissen, wo sich das Testament befinde oder es nicht im Besitz zu haben. Die Zwangsmaßnahmen, auch bereits deren Androhung, sind mit der einfachen Beschwerde anfechtbar. Die Zwangsmaßnahmen, auch bereits deren Androhung, sind mit der einfachen Beschwerde anfechtbar, §§ 19, 20 FGG, bzw. zunächst mit der Erinnerung gemäß § 11 RpflG.

Der Rechtsanwalt wird seinen nach einem Erbfall Rat suchenden Mandanten nach dem möglichen Vorhandensein und Aufbewahrungsort von Testamenten des Erblassers befragen und von diesem mitgeteilte Anhaltspunkte, wonach andere Personen ein Testament in Besitz haben könnten, dem Nachlaßgericht mitteilen. Von jedem, der ein rechtliches Interesse an der Eröffnung hat, kann die Ablieferung des Testaments auf dem

Zivilrechtsweg eingeklagt werden. (MK/Burkart, § 2259 Rn. 9; Soergel/Harder, § 2259 Rn. 16 m.w.N.). Es könnten allerdings Zweifel am Rechtsschutzbedürfnis einer derartigen Klage im Hinblick auf die Möglichkeit des Zwangsverfahrens nach §§ 2259 Abs. 1 BGB, 83 FGG bestehen (Jauernig/Stürner, § 2259 Rn. 1, der auch schon die Anspruchsqualität des § 2259 BGB verneint; a. A. Soergel/Harder, § 2259 Rn. 16 m.w.N.).

Weiterhin wird der Rechtsanwalt den Mandanten, auch wenn das Testament, welches dieser im Besitz hat, gegen dessen eigene Interessen gerichtete Verfügungen enthält, auf die unbedingte Ablieferungspflicht, die Strafbarkeit bei Unterdrückung und die Folge der Erbunwürdigkeit hinweisen und im äußersten Fall die Weiterführung des Mandats von der ordnungsgemäßen Ablieferung des Testaments abhängig machen müssen.

Abgelieferte Testamente werden bis zur Eröffnung vom Nachlaßgericht verwahrt, in der Regel bei den Testamentsakten. Hierbei handelt es sich nicht um eine „besondere" amtliche Verwahrung im Sinne der §§ 2258 a und b BGB.

Abschrift

Die beglaubigte Abschrift ist eine Abschrift, auf der prozessual bezeugt wird, daß sie mit der Urschrift oder deren Ausfertigung übereinstimmt (BVerwG NJW 1987, 1159). Der Inhalt der Urschrift muß daher in der beglaubigten Abschrift vollständig und einwandfrei erkennbar vorhanden sein (OLG Düsseldorf MDR 1994, 302). Zur Erteilung einer beglaubigten Abschrift kann auch eine andere Stelle als diejenige, von der die Urschrift stammt, befugt sein. Für eine beglaubigte Abschrift ist keine besondere Form der Beglaubigung vorgeschrieben (BGH NJW 1974, 1384; OLG Frankfurt MDR 1981, 150). Die irrige Bezeichnung „einfache" Abschrift ist unschädlich (BGH NJW 1974, 1384; OLG Frankfurt MDR 1981, 150). Der Inhalt des Beglaubigungsvermerks muß aber die Absicht der Beglaubigung eindeutig ergeben. Eine Urteilsabschrift kann abgekürzt sein, § 317 Abs. 2 Satz 2 ZPO. Der Tenor der Entscheidung muß auch im Fall eines abgekürzten Urteils unbedingt beigefügt sein. Die beglaubigte Abschrift einer Gerichtsentscheidung muß die Unterschriften der Richter umfassen (BGH NJW 1976, 2264).

Beglaubigungsorgane sind der Anwalt oder sein bestellter Vertreter, §§ 53, 55 BRAO im Anwaltsprozeß, der Urkundsbeamte der Geschäftsstelle, §§ 167, 168, 196 ZPO, die Staatsanwaltschaft, soweit in einer Ehe- oder Kindschaftssache die Zustellung betrieben wird, § 634 ZPO, der Gerichtsvollzieher als öffentliche Urkundsperson (vgl. Baumbach/Lauterbach, ZPO, § 170 Rn. 15–18).

In der **Notariatspraxis** werden insbesondere dann beglaubigte Abschriften gefertigt, wenn eine Ausfertigung nicht erforderlich ist und ein Nachweis in öffentlich beglaubigter Form, insbesondere beim Grundbuchamt, Registergericht oder zur Erlangung von Genehmigungen, geführt werden muß, die Beteiligten weitere Abschriften wünschen oder die vorgeschriebenen Meldepflichten durch Vorlage beglaubigter Abschriften erfüllt werden müssen. Beglaubigte Abschriften sind Abschriften mit dem Vermerk des Notars, daß sie mit der Urschrift übereinstimmen. Der Beglaubigungsvermerk hat Ort und Tag der Ausstellung anzugeben und ist mit Unterschrift und Siegel des Notars zu versehen, § 39 BeurkG. Erhält die Abschrift nur einen Auszug aus der Urkunde, insbesondere bei Vorlage auszugsweiser Abschriften ohne Auflassung zur Eintragung der Eigentumsvormerkung, so ist dies im Beglaubigungsvermerk anzugeben.

Eine **einfache Abschrift** ist in der Regel eine Fotokopie oder (heute seltener) eine Durchschrift, ohne daß hierauf bezeugt wird, daß sie mit der Urschrift oder deren Ausfertigung übereinstimmt.

Adoption

Im Rahmen der Erben erster Ordnung war als Besonderheit das Erbrecht des adoptierten Kindes zu berücksichtigen. Das am 1. 1. 1977 in Kraft getretene Adoptionsgesetz führte zu einer Gleichstellung von adoptierten und ehelichen, leiblichen Kindern. Durch den Ausspruch der Adoption gemäß § 1752 Abs. 1 BGB erlangte das adoptierte Kind die Stellung eines ehelichen Kindes (→ *Gesetzliche Erbfolge*). Das adoptierte Kind erbte somit neben den ehelichen Kindern zu gleichen Teilen. Während es bei den Altadoptionen vor dem 1. 1. 1977 auf das Alter der Person ankam, unterschied man bei der Adoption nach dem 1. 1. 1977 zwischen Minderjährigkeit und

Volljährigkeit. Des weiteren war auch, bis auf wenige Ausnahmen, grundsätzlich davon auszugehen, daß bei den Altadoptionen das Verwandtschaftverhältnis zu den leiblichen Eltern und deren Verwandten fortbestehen blieb, während bei einer Adoption nach dem 1. 1. 1977 das Verwandtschaftsverhältnis zu den leiblichen Eltern regelmäßig gelöst wurde. Das adoptierte Kind konnte somit unter Umständen nach beiden Elternteilen erben (Kerscher/Tanck, Pflichtteilsrecht in der anwaltlichen Praxis, S. 43).

Nach dem am 1. 7. 1998 in Kraft getretenen KindRG muß auch der mit der Kindesmutter nicht verheiratete Vater in die Adoption einwilligen (KindRG BGBl I 1997, 2942).

Bei der Stiefkind- und Verwandten-Adoption sind das adoptierte Kind und seine leiblichen Geschwister im Verhältnis zueinander nicht mehr Erben der zweiten Ordnung, § 1925 Abs. 4 BGB. Die Geschwister können aber Erben dritter Ordnung sein, wenn weder Erben der ersten Ordnung (Abkömmlinge) noch der zweiten Ordnung (Adoptiveltern und Adoptivgeschwister) vorhanden sind und die gemeinsamen Großeltern – oder einer von ihnen – (als Erben dritter Ordnung) zur Zeit des Todes des angenommenen Kindes nicht mehr leben, § 1926 Abs. 3 BGB.

Erlöschen alter Verwandtschaftsverhältnisse: Grundsätzlich erlöschen mit der Zustellung des Adoptionsbeschlusses die verwandtschaftlichen Beziehungen des Kindes (und seiner Abkömmlinge) sowie die sich daraus ergebenden Rechte und Pflichten zur Ursprungsfamilie, § 1755 Abs. 1 BGB. Insbesondere gehen Erb- und Unterhaltsansprüche gegen die leibliche Familie verloren.

Ausnahmen:

▶ **Stiefkind-Adoption:**

– Nimmt ein Ehegatte das Kind des anderen Ehegatten an, so erlischt nur das Verwandtschaftsverhältnis des Kindes zum leiblichen Vater und zu dessen Verwandten, § 1755 Abs. 2 BGB. Ist der leibliche Vater allerdings verstorben, bleibt das Verwandtschaftsverhältnis des Kindes zu den Verwandten des Vaters bestehen, falls dieser im Todeszeitpunkt Sorgerechtsinhaber ist, § 1756 Abs. 2 BGB.

– Das Verwandtschaftsverhältnis des Kindes zur Kindesmutter erstarkt im Falle der Stiefkind-Adoption zur Stellung eines gemeinschaftlichen Kindes der Mutter des Stiefvaters. Das Kind wird gemeinschaftliches Kind der Ehegatten mit der Folge des Erwerbs der gemeinsamen Elternsorge, § 1754 Abs. 3 1. Halbsatz BGB.

▶ **Verwandten-Adoption:**

Nimmt der Annehmende ein Kind an, mit dem er im zweiten oder dritten Grad verwandt oder verschwägert ist, erlischt gemäß § 1756 Abs. 1 BGB das Verwandtschaftsverhältnis des Kindes nur zu seinen Eltern. Hierdurch wird vermieden, daß das Kind zwei Elternpaare hat. Im Falle, daß der Onkel die Nichte adoptiert, sind das adoptierte Kind und seine leiblichen Geschwister nur noch im dritten Grad verwandt. Das angenommene Kind hat sechs Großeltern.

Literaturhinweis:

Zimmermann, Das neue Kindschaftsrecht, DNotZ 1998, 404; Diederichsen, Die Reform des Kindschafts- und Beistandschaftsrechts, NJW 1998, 1977; Frank, Die Neuregelung des Adoptionsrechts, FamRZ 1998, 393; Gerhardt/v. Heintschel-Heinegg/Klein, Handbuch des Fachanwalts Familienrecht, 2. Aufl., Kap. 3, Rn. 158 ff.

Adoptivkinder

→ *Adoption*
→ *Gesetzliche Erbfolge*

Altenteilsrecht

1. Überblick

Historisch hat sich der Altenteilsvertrag (Leibgedingvertrag) im wesentlichen in Verbindung mit dem landwirtschaftlichen Hofübergabevertrag entwickelt. Übergabeverträge beschränken sich heute jedoch nicht mehr nur auf die Landwirtschaft, sondern sind ein allgemein wichtiger Vertragstyp in vielen Lebensbereichen geworden.

Der **BGH** fordert in ständiger Rechtsprechung für das Vorliegen eines Leibgedingvertrages i. S. des Art. 96 EGBGB, daß der Vertragsgegenstand „eine die Existenz des Übernehmers wenigstens teilweise begründende Wirtschaftseinheit" sein muß (BGH DNotZ 1996, 636; BGH NJW-RR 1989, 451 = WM 1989, 70; J. Mayer, DNotZ 1996, 620; Weyland, MittRhNotK 1997, 55, 63 ff.). Ein städtisches Wohngrundstück von 645 qm soll dabei für sich selbst keine Existenzgrundlage darstellen können (OLG Hamm MittRhNotK 1997, 80 f. unter Bezug auf BGH MDR 1964, 741; kritisch zu dieser Rechtsprechung J. Mayer, DNotZ 1996, 620; zustimmend jedoch Weyland, MittRhNotK 1997, 55, 63 ff.).

Der Begriff „Altenteil" ist gesetzlich nicht definiert. Hierbei handelt es sich um einen Mischvertrag, der – regelmäßig im Zusammenhang mit einer Übergabe oder einer vorweggenommenen Erbfolge – dem Berechtigten eine dauernde Versorgung durch Geld- und Naturalleistungen in Verbindung mit einem Wohnrecht (RGZ 140, 60, 63 läßt eine reine Geldrente genügen; nach LG Kassel WuM 1975, 77, 78 begründet ein reines Wohnrecht – in Hessen „Einsitzrecht" genannt – dagegen kein Altenteil) gewährt und dinglich durch Reallasten und beschränkt persönliche Dienstbarkeiten gesichert wird (BGH NJW 1962, 2249, 2250; RGZ 162, 52, 54, 58; BayObLG Rpfleger 1970, 202, 203; BayObLG DNotZ 1975, 622–626; OLG Hamm DNotZ 1970, 37, 38; OLG Düsseldorf MittRhNotK 1972, 708, 709; LG Köln MittRhNotK 1969, 654, 656). Charakteristisch für Altenteilvereinbarungen sind also:

– Sicherung der Versorgung des Berechtigten auf Lebenszeit,

– persönliche, nicht notwendig verwandtschaftliche Beziehungen zwischen den Beteiligten,

– Leistung und Gegenleistung sind wertmäßig nicht gegeneinander abgewogen,

– es werden nicht nur Geldleistungen vereinbart,

– es besteht eine örtliche Bindung des Berechtigten zu dem Grundstück, auf dem oder aus dem die Leistungen gewährt werden (BGH NJW 1962, 2249; OLG Hamm DNotZ 1970, 659; BayObLG DNotZ 1975, 622; BGH NJW 1981, 2568).

Mit den vorerwähnten Sicherungsmöglichkeiten der Reallasten können Pflegeverpflichtungen sowie der Versorgung dienende Geld- und Sachleistungen, mit beschränkt persönlichen
Dienstbarkeiten, Wohnungs- und Mitbenutzungsrechte grund-
buchlich abgesichert werden.

Der Begriff „Altenteil" ist nicht auf Verträge im landwirtschaftlichen Bereich beschränkt, sondern allgemein anwendbar. Kein Altenteilsvertrag ist jedoch dann gegeben, wenn die
beiderseits vereinbarten Leistungen gleichwertig sind (BGH
NJW-RR 1989, 451).

Nicht zum Bestandteil des Altenteilsrechts können gemacht
werden

- ein Nießbrauchsrecht an allen übertragenen Grundstücken
  oder dem einzigen übertragenen Grundstück, weil das
  Merkmal der Versorgung nicht mehr gegeben ist (BayObLG
  DNotZ 1975, 622),

- Grunddienstbarkeiten und andere subjektiv-dingliche Rechte,
  Grundpfandrechte sowie das Dauerwohnrecht nach § 31
  WEG, das zwar dienstbarkeitsähnlich, aber nicht vererblich
  und übertragbar ist,

- reine Geldleistungspflichten (BayObLG DNotZ 1975, 622).

2. Landesrechtliche Regelungen

Wegen regional unterschiedlicher Rechtstraditionen hat der
Gesetzgeber des BGB darauf verzichtet, das Altenteil als Vertragstyp einheitlich zu regeln. Vielmehr wurde die schuldrechtliche Ausgestaltung in Art. 96 EGBGB dem Landesge-
setzgeber überlassen. Mit Ausnahme von Hamburg haben alle
Länder der alten Bundesrepublik von diesem Vorbehalt
Gebrauch gemacht (Palandt/Heinrichs, Art. 96 EGBGB Rn. 5).
Die Landesgesetze enthalten Auslegungsgrundsätze sowie dis-
positive, vertragsergänzende Regeln. Sie sind deshalb bei der
inhaltlichen Ausgestaltung des schuldrechtlichen Vertragsver-
hältnisses der Partner sowie bei einer späteren Auslegung des
Vertrages zu beachten. Insbesondere werden Fragen der Leistungsstörung und der besonderen Leistungserbringung geregelt. In der Regel werden darin auch die Rücktrittsrechte
wegen Nichterfüllung oder Verzug mit einer Leistungspflicht
und das Rückforderungsrecht nach § 527 BGB wegen Nichterfüllung einer Auflage ausgeschlossen. Diese Regeln gelten

jedoch nur subsidiär, soweit die Beteiligten nichts anderes vereinbart haben.

3. Grundbucheintragung

Falls das Altenteil aus mehreren Teilrechten besteht, muß die Eintragungsbewilligung eindeutig erkennen lassen, aus welchen dinglichen Einzelrechten es sich zusammensetzt und auf welchen Grundstücken die einzelnen Rechte lasten. Wird das Altenteilsrecht für mehrere Personen bewilligt, ist das für die Gemeinschaft maßgebende Rechtsverhältnis anzugeben, § 47 GBO (z. B. Gesamtberechtigung nach § 428 BGB).

§ 49 GBO ermöglicht eine **erleichterte Eintragung** im Grundbuch, in dem für die zu einem Leibgeding zusammengefaßten Einzelrechte nicht jeweils die gesonderte Einzelbuchung im Grundbuch nötig ist, sondern die Eintragung unter der zusammenfassenden Bezeichnung „Leibgeding" möglich ist (J. Mayer, 2. Aufl., Der Übergabevertrag, § 1 Rn. 21; Grziwotz, Praxis-Handbuch Grundbuch- und Grundstücksrecht, Rn. 544 ff.).

Die Zusammenfassung als Altenteil im Grundbuch führt zu einer Kostenersparnis gegenüber mehreren Einzeleintragungen, § 63 Abs. 2 Satz 2 KostO.

4. Vollstreckungsschutz

Es ist ratsam, wenn die einem Übergeber vorbehaltenen Rechte in Form eines einheitlichen Altenteils im Grundbuch gesichert werden. Der Grund liegt darin, daß Altenteilsrechte einen begrenzten Schutz gegen Zwangsvollstreckungsmaßnahmen haben. So ist es beispielsweise

– unzulässig, das Altenteilsrecht einheitlich zu pfänden. Nach KG (JW 1932, 1564) sind nur die einzelnen übertragbaren künftigen Leistungen pfändbar.

– fortlaufende Einkünfte aufgrund eines Altenteils sind nach § 850b Abs. 1 Nr. 3, Abs. 2 ZPO nur dann pfändbar, wenn die Pfändung der Billigkeit entspricht.

– In der Zwangsversteigerung eines Grundstücks gibt es eine Sonderregelung, die dem Altenteiler Schutz gegen den Verlust seines Rechts geben soll. Nach § 9 Abs. 1 EGZVG i. V. mit den Ausführungsgesetzen der Länder soll eine Dienstbarkeit oder eine Reallast, die als Altenteil im Grundbuch eingetragen ist, beim Zuschlag auch dann bestehen bleiben, wenn das Altenteil dem betreibenden Gläubiger im Range nachgeht.

5. Formulierungsvorschlag

Notarielle Urkunde eines Übergabevertrages mit typischen Altenteilsleistungen:

§ 1 Grundbuchstand

§ 2 Übertragung

§ 3

Für die Überlassung des Vertragsobjektes hat der Erwerber folgende Auflagen zu erfüllen bzw. Gegenleistungen zu erbringen:

1. Nießbrauchsrecht

Die Übergeber behalten sich hiermit als Gesamtberechtigte gem. § 428 BGB, im übrigen dem längstlebenden Übergeber allein, auf Lebzeiten den **Nießbrauch** am Vertragsobjekt vor.

Der Nießbraucher ist berechtigt, sämtliche Nutzungen aus dem Vertragsobjekt zu ziehen.

Entsprechend der gesetzlichen Lastenverteilungsregelung trägt der Erwerber sämtliche auf dem Vertragsobjekt ruhenden privaten und öffentlichen Lasten einschließlich solcher, die außergewöhnlich und zur Substanzerhaltung erforderlich sind. Im übrigen gelten für den Inhalt des Nießbrauchs die gesetzlichen Bestimmungen.

Die Übergeber beantragen als Gesamtberechtigte gem. § 428 BGB, den Nießbrauch zugunsten der Übergeber im Grundbuch einzutragen, und zwar mit der Maßgabe, daß zur Löschung des Rechts der Nachweis des Todes der Berechtigten genügen soll. Der Erwerber bewilligt dies.

Der jährliche Wert des Nießbrauchs beträgt . . . Euro.

2. Pflegerecht

Der Erwerber verpflichtet sich hiermit gegenüber den Übergebern als Gesamtberechtigte gem. § 428 BGB, diese auf Lebzeiten und unentgeltlich in gesunden und kranken Tagen, jedoch nur bei Bedarf, in deren Wohnung vollständig zu pflegen und zu betreuen. Hierzu gehört die Instandhaltung und Pflege der Wohnung, der Wäsche und der Kleidung, die Übernahme von Besorgungen und sonst jede erforderliche Hilfe.

Der Erwerber hat gegen Bezahlung der verwendeten Lebensmittel die tägliche Kost samt Getränken bzw. die dem Alters- und Gesundheitszustand entsprechende Kost samt Getränken zu gewähren.

Bei der Ausgestaltung der Wartung und Pflege sind persönliche und örtliche Verhältnisse, Bedarf und Leistungsfähigkeit zu berücksichtigen.

Die Verpflichtung des Erwerbers ruht insoweit, als die Übergeber Leistungen aus einer Pflegeversicherung beanspruchen können oder beziehen. Soweit jedoch die Übergeber dem Erwerber Pflegegeld überlassen, hat letzterer die Leistungen, die dem Pflegegeld ihrer Art nach entsprechen, im vorstehend vereinbarten Umfang zu erbringen.

Kosten für Lebens- und Verbrauchsmittel, Arztkosten, Arzneimittel und Krankenhauskosten, Krankenkassen- und Versicherungsbeiträge der Übergeber hat der Erwerber nicht zu tragen.

Zur Sicherung der vereinbarten wiederkehrenden Leistungen bestellt der Erwerber hiermit den Übergebern als Gesamtberechtigte gem. § 428 BGB eine **Reallast** mit der Maßgabe, daß Rückstände aus der Reallast Rang nach dem Stammrecht, unter sich Rang nach gesetzlicher Vorschrift, haben. Abweichend von § 12 ZVG ist bei einer Zwangsversteigerung aus der Reallast das Stammrecht in das geringste Gebot aufzunehmen.

Der Erwerber bewilligt, die Reallast im Grundbuch einzutragen. Der jährliche Wert des Rechts beträgt . . . Euro.

Die Übergeber beantragen hiermit, die vorstehend unter Ziffern 1 und 2 bestellten Rechte – unter sich im gleichen Rang – als einheitliches Altenteil im Grundbuch einzutragen mit der Maßgabe, daß zur Löschung des Rechts der Nachweis des Todes der Übergeber genügen soll.

Sämtliche Verpflichtungen aus dem Altenteil ruhen in vollem Umfang, solange die Übergeber das übergebene Vertragsobjekt, gleich aus welchem Grund, verlassen haben. Im übrigen gelten die Bestimmungen des landesrechtlichen AGBGB über Altenteilsverträge, auf deren Inhalt der Notar hingewiesen hat.

§ 4 Übergabe

§ 5 Gewährleistung

§ 6 Kosten

Amtliche Verwahrung

Die Behandlung von Testament und Erbvertrag nach der Beurkundung regelt § 34 BeurkG. Der Notar hat die Niederschrift über die Errichtung eines **Testaments** in einen Umschlag zu nehmen und diesen mit dem Prägesiegel zu versiegeln, § 34 Abs. 1 BeurkG. Der Umschlag ist mit den wichtigsten Bestimmungsdaten wie Personalien des Erblassers, Name und Amtssitz des Notars, Datum und Nummer der Urkunde, zu versehen, von dem Notar zu unterschreiben und mit seinem Prägesiegel zu verschließen. Ausreichend ist die Siegelung mittels Oblate und Siegelpresse (LG Berlin DNotZ 1984, 640). Das Testament ist von dem Notar unverzüglich in die amtliche Verwahrung zu bringen, § 34 Abs. 1 Satz 3 BeurkG, und zwar beim Amtsgericht seines Amtssitzes, § 2258 a Abs. 2 Satz 1 BGB (vgl. Bundeseinheitlicher Erlaß der Länder über die Benachrichtigung in Nachlaßsachen vom 15. 5. 1984, abdruckt mit Fundstellen in Fiersching/Graf, Anhang 4), auf Wunsch des Erblassers auch bei einem anderen Amtsgericht, § 2258 a Abs. 3 BGB. Dies ist dann zweckmäßig, wenn sein Wohnsitz im Bereich eines anderen Amtsgerichts liegt. Es erspart dem Erblasser, falls er das Testament aus der amtlichen Verwahrung zurücknehmen will, die Reise zu einem anderen, möglicherweise weit entfernten Amtsgericht.

Die gesetzliche Regel ist auch beim **Erbvertrag** die besondere amtliche Verwahrung, §§ 2258 a, b, 2300 BGB. Die Parteien des Erbvertrags können die amtliche Verwahrung des Erbvertrags ausschließen, § 34 Abs. 2 BeurkG. Dadurch werden die Verwahrungsgebühren bei Gericht gespart. Die Verwahrung beim Notar ist kostenfrei. Die Eröffnung nach dem Tod wird dadurch gesichert, daß die Geburtsstandesämter Anzeigen erhalten. Wegen des damit verbundenen Risikos (Einbruch, Brand) ist dem Notar grundsätzlich zu empfehlen, auf die Beteiligten einzuwirken, daß der Erbvertrag in die amtliche Verwahrung gegeben wird. Hiervon sollten auch die Hinterlegungsgebühren beim Nachlaßgericht nicht zurückschrecken. Es handelt sich hierbei um eine $\frac{1}{4}$-Gebühr nach §§ 101, 46 Abs. 4 KostO.

Bei den nachfolgend genannten Nachlaßwerten ergeben sich folgende **Kosten:**

Nachlaßwert	Gerichtliche Verwahrung gemeinschaftliches Testament und Erbvertrag
20 000,00 Euro	18,00 Euro
100 000,00 Euro	51,75 Euro
500 000,00 Euro	201,75 Euro

Ein eigenhändiges Testament kann grundsätzlich selbst aufbewahrt werden. Wer das Risiko des Verlustes des Testamentes ausschließen will, kann sein eigenhändiges Testament bei dem zuständigen Amtsgericht zur Verwahrung hinterlegen, §§ 2248, 2258 a Abs. 2 Nr. 3 BGB. Dem Einlieferer des Testaments wird ein Hinterlegungsschein erteilt, § 2258 BGB, der im Falle der Rücknahme des Testaments aus der amtlichen Verwahrung vorgelegt werden muß.

Ein **notarielles Testament** wird u. a. durch die Rücknahme aus der besonderen amtlichen Verwahrung widerrufen, § 2256 BGB. Die herrschende Meinung sieht die Rücknahme aus der besonderen amtlichen Verwahrung nicht als Realakt an, sondern als Rechtsgeschäft (BayObLGZ 1960, 490, 494; KG NJW 1970, 612, 613). Dies bedeutet, daß es sich sachlich um eine letztwillige Verfügung handelt, die höchstpersönlich vom Erblasser zu treffen ist (§§ 2255 Satz 1, 2256 Abs. 2 Satz 2 BGB), für die Testierfähigkeit erforderlich ist (BGHZ 23, 207, 211 mit der Argumentation aus § 2253 Abs. 2 BGB) und die der Anfechtung nach §§ 2078 ff. BGB unterliegt (RGZ 102, 69 f.; KG NJW 1970, 612, 614; MK/Burkart, § 2253 Rn. 5; Soergel/Harder, § 2253 Rn. 7 m.w.N.).

Der am 1. 8. 2002 in Kraft getretene § 2300 Abs. 2 BGB (BGBl I 2850) gibt die Möglichkeit, Erbverträge – gleichgültig ob erbvertraglich bindend oder einseitig – aus der amtlichen Verwahrung zurückzunehmen – unter Mitwirkung aller Beteiligten –, wenn der Erbvertrag nur Verfügungen von Todes wegen enthält, nicht jedoch bei sonstigen Rechtsgeschäften, wie Erbverzicht, Pflichtteilsverzicht, bedingte Übereignungspflicht. Die Rückgabe führt zur Aufhebung der in der Erbvertragsurkunde enthaltenen Verfügungen, § 2256 Abs. 1 Satz 1 BGB. Folge davon ist, daß auch die gegenseitige Erbeinsetzung aufgehoben ist. Frühere Verfügungen von Todes wegen leben gemäß § 2257 BGB im Zweifel wieder auf. Die

Rücknahmemöglichkeit besteht auch für alte Erbverträge vor dem 1. 8. 2002.

Änderungstestament

Der Erblasser kann den Widerruf eines früheren Testaments mit neuen Anordnungen von Todes wegen verbinden. Trifft er neue Bestimmungen, ohne ausdrücklich frühere letztwillige Verfügungen zu widerrufen, so tritt die Widerrufswirkung dennoch ein, wenn die neuen Verfügungen zu den früheren im Widerspruch stehen, § 2258 Abs. 1 BGB. Wird ein solches widersprechendes Testament seinerseits widerrufen, so gelten im Zweifel wieder die früheren Verfügungen, § 2258 Abs. 2 BGB.

Ob das **spätere dem früheren** Testament **widerspricht**, ist oftmals schwer festzustellen. Setzen sich die Eheleute in einem Gemeinschaftlichen Testament gegenseitig zu Erben und Dritte zu Schlußerben nach dem Tod des überlebenden Ehegatten ein, so steht dazu ein späteres Testament, das lediglich die gegenseitige Erbeinsetzung enthält, nur dann in Widerspruch, wenn feststeht, daß die Eheleute die ausschließliche Geltung des späteren Testaments gewollt haben. Ob dies der Fall ist, muß durch Auslegung geklärt werden (BayObLG NJW-RR 1991, 645). Problematisch kann es auch werden, wenn die neuen Regelungen den früheren Anordnungen nur teilweise widersprechen. Ob dann die früheren Anordnungen insgesamt aufgehoben sein oder teilweise weiter gelten sollen, ist Auslegungsfrage, für die es keine gesetzliche Auslegungsregel gibt. Hat beispielsweise der Erblasser einen Freund zum Alleinerben eingesetzt und verfügt er im späteren Testament, daß seine Ehefrau zur Hälfte Erbe werden soll, so wird anhand aller Umstände zu ermitteln sein, ob die andere Hälfte dem Freund verbleiben oder nunmehr nach § 2088 Abs. 1 BGB insoweit gesetzliche Erbfolge eintreten soll.

Schließlich ebenfalls schwierig kann die Feststellung sein, ob der Erblasser eine frühere Bestimmung **aufheben** oder **ergänzen** wollte. Setzt er im früheren Testament seinem Sportverein 2 000 Euro und im späteren 1 000 Euro aus, so kann er das Vermächtnis um 1 000 Euro verringern oder erhöhen wollen. Auch für diese Auslegungsfrage gibt es keine gesetzlichen Auslegungshilfen. Das Gericht darf in solchen Fällen nicht den

14

Inhalt des zweiten Testaments als nicht feststellbar behandeln, sondern muß im Auslegungswege zu einem Ergebnis kommen.

Aus diesen Gründen ist es ratsam, daß der Erblasser, der sein Testament ändert, in dem er die Testamentsurkunde **vernichtet** oder an ihr **Veränderungen** vornimmt, sich klar und unmißverständlich ausdrückt. Zu den Veränderungen zählen etwa Durchstreichen, Ausradieren, Schwärzen, Zerschneiden, Einreißen (BayObLGZ 1983, 204, 206), Zerknüllen (BayObLGZ 1980, 95, 97), nicht aber bloßes Wegwerfen.

Stets muß die Vernichtung oder Veränderung vom Widerrufswillen getragen sein, § 2255 Satz 1 BGB. Dieser wird allerdings vermutet, wenn der Erblasser die Testamentsurkunde vernichtet oder im bezeichneten Sinne verändert hat, § 2255 Satz 2 BGB. Nicht nur das ganze Testament kann auf diese Weise widerrufen werden; möglich ist auch die Aufhebung nur einzelner Verfügungen zum Beispiel durch Streichen, Schwärzen, Radieren oder auch Herausschneiden.

Das ganze Testament oder einzelne Verfügungen darin können auch durch sogenannte „Entwertungsvermerke" auf dem Testament aufgehoben werden, wie beispielsweise „ungültig", „aufgehoben", „soll nicht mehr gelten" u. ä. Dies ist unproblematisch, wenn der Erblasser den Vermerk unterschrieben hat, da dann die Testamentsform gewahrt ist, §§ 2254, 2247 Abs. 1 BGB, oder wenn er zusätzlich den betreffenden Teil z. B. durchgestrichen hat. Indessen sieht die Rechtsprechung in der Anbringung solcher Vermerke bereits eine Veränderung an der Urkunde mit der Rechtsfolge des § 2255 BGB (Aufhebung des Testaments).

Testamente können grundsätzlich vom Testierenden **jederzeit** frei widerrufen, abgeändert oder aufgehoben werden. Der Widerruf kann dabei durch ein neues Testament, durch Vernichtung des alten oder durch Vornahme von Veränderungen, die auf einen Aufhebungswillen schließen lassen, an dem alten Testament erfolgen.

Öffentliche Testamente gelten mit Rücknahme aus der amtlichen Verwahrung als widerrufen → *notarielles Testament*. Bei Errichtung eines neuen Testaments wird ein früheres insoweit abgeändert und aufgehoben, als es dem neuen widerspricht.

Bei → *Gemeinschaftlichen Testamenten* besteht die Besonderheit, daß die getroffenen Verfügungen von einem Ehepartner nicht beliebig widerrufen oder abgeändert werden können.

Der Testator kann ein Testament in der Regel abändern oder aufheben. Dies geschieht durch

– eine neue Verfügung von Todes wegen, in der das frühere Testament ausdrücklich aufgehoben wird,

– eine neue Verfügung von Todes wegen, die in einem inhaltlichen Widerspruch zu dem früheren Testament steht,

– Vernichtung des Testaments oder durch eine Veränderung, aus der die Aufhebungsabsicht ersichtlich ist (Durchstreichen, Zerreißen; hierbei ergibt sich allerdings die Gefahr von Beweisschwierigkeiten, wenn zweifelhaft wird, ob der Erblasser selbst das Testament vernichtet oder verändert hat),

– Rücknahme eines vor einem Notar errichteten Testaments aus der amtlichen Verwahrung.

Besonderheiten beim → *Erbvertrag* und → *Gemeinschaftlichen Testament*:

Bestimmte Verfügungen von Todes wegen können nicht – wie oben dargestellt – jederzeit widerrufen oder abgeändert werden. Dies ist bei Erbverträgen, die nur vor einem Notar geschlossen werden können, der Fall, in denen die Vertragsparteien eine Bindung an die Verfügung von Todes wegen eingehen. Ähnlich ist es auch bei sog. „wechselbezüglichen" Verfügungen in einem Testament unter Ehegatten: Errichten Ehegatten ein Gemeinschaftliches Testament in der Weise, daß die Verfügung des einen Ehegatten nicht ohne die Verfügung des anderen getroffen wurde, dann kann ein Ehegatte seine Verfügung zu Lebzeiten beider Eheleute nur dadurch aufheben, daß er dem anderen Ehegatten eine entsprechende notariell beurkundete Erklärung zustellt. Ist bereits ein Ehegatte gestorben und hat der andere die Zuwendung, die ihm in dem Testament ausgesetzt war, angenommen, so kann dieser seine eigenen, in dem Testament enthaltenen Verfügungen grundsätzlich nicht mehr widerrufen, § 2271 Abs. 2 BGB.

Auch bei einem Änderungstestament gelten die allgemeinen Grundsätze, wonach ein privatschriftliches Testament handschriftlich niedergelegt, mit Ort und Datum versehen und eigenhändig unterschrieben sein muß.

Nachträgliche Änderungen eines eigenhändigen Testaments bedürfen eigentlich einer erneuten Unterschrift. Man geht aber davon aus, daß die Änderungen im Text durch die bereits vorhandene Unterschrift gedeckt sind. Insbesondere verlangt die Rechtsprechung bei bloßen Streichungen keine erneute Unterschrift. Es muß aber in diesem Zusammenhang noch einmal ausdrücklich darauf hingewiesen werden, daß durch solche Streichungen – die möglicherweise von fremder Hand vorgenommen sein können – ein Testament in wichtigen Bestimmungen verfälscht werden kann. Man sollte deshalb jedem Erblasser empfehlen, als letzten Satz in seinem Testament zu vermerken: „Dieses vorstehend von mir selbst niedergeschriebene Testament enthält keine Streichungen und Änderungen". Erst dann sollte der Erblasser seine Unterschrift folgen lassen. Wenn der Erblasser dann das Testament in einzelnen Punkten ändern will, muß er es entweder noch einmal neu schreiben oder unter dieses Testament einen Nachtrag setzen und diesen Nachtrag mit Ort und Datum und erneuter Unterschrift versehen. Mit diesem Nachtrag kann der Erblasser zweifelsfrei die Änderungen herbeiführen, die er für erforderlich hält.

Will der Erblasser ein schon errichtetes Testament lediglich ändern, so sollte er dies ausdrücklich festhalten, wie folgt:

Testamentsänderung:

Ich habe am . . . ein Testament errichtet.

Dieses Testament ändere ich wie folgt: . . .

Entsprechendes gilt bei der Ergänzung eines Testaments.

Testamentsergänzung:

Ich habe am . . . ein Testament errichtet.

Dieses Testament ergänze ich wie folgt . . .

Änderungsvorbehalt

Während der Rücktritt vom Erbvertrag diesen gänzlich beseitigt, was nicht immer gewollt ist, stellt die weniger einschneidende Maßnahme ein sog. „Änderungsvorbehalt" dar. Dieser läßt den Erbvertrag grundsätzlich fortbestehen, hält aber die Möglichkeit offen, im Rahmen der Bindung dem Längstlebenden gewisse Gestaltungsmöglichkeiten beispielsweise im Hinblick auf die Schlußerbfolge zu belassen. Insbesondere bei jüngeren Ehepaaren, die die Entwicklung ihrer Kinder sowie das Verhältnis zu diesen noch nicht abschließend übersehen, ist die Vereinbarung eines Änderungsvorbehalts durchaus berechtigt. In diesen Fällen ist es zweckmäßig, im Erbvertrag einen individuell zu gestaltenden Änderungsvorbehalt für den Längstlebenden zu verankern. Hierdurch läßt sich die erbvertragliche Bindung und die Möglichkeit der Anpassung an veränderte Verhältnisse miteinander verbinden. Der BGH (BGHZ 26, 208 f.; OLG Düsseldorf OLGZ 1966, 68; BGH NJW 1982, 441; BGH NJW 1958, 498) verlangt allerdings, daß bei Vereinbarung eines Vorbehalts mindestens eine den Erblasser bindende Verfügung bestehen bleiben muß, weil es sonst möglich wäre, den Vertrag auf andere Weise als im Gesetz vorgesehen (vgl. §§ 2290 ff. BGB) außer Kraft zu setzen (a. A. Lange/ Kuchinke, § 37 III 4; v. Lübtow, 1. Halbband, S. 426 f.).

Typisch für Änderungsvorbehalte ist die Regelung, daß bei Einsetzung gemeinschaftlicher Abkömmlinge zu Schlußerben der Längstlebende das Recht behalten soll, die Verteilung des Nachlasses unter ihnen, einschließlich von Änderungen der Erbquote, nach seinem freien Ermessen zu bestimmen. Ein derartiger Änderungsvorbehalt kommt insbesondere dann in Betracht, wenn Abkömmlinge nach dem Tod des Erstversterbenden Pflichtteilsansprüche geltend machen.

Ein Änderungsvorbehalt ist sinnvoll erforderlich, soweit es sich um Erbeinsetzungen, Vermächtnisse oder Auflagen handelt. Bei anderen Verfügungen ist er nicht erforderlich, weil diese nicht vertragsmäßig getroffen werden können und deshalb ohnehin jederzeit einseitig abänderbar sind (§ 2278 Abs. 2 BGB).

Literaturhinweis:

Hülsmeier, Der Vorbehalt abweichender Verfügungen, NJW 1986, 3115; Mayer, Der Änderungsvorbehalt beim Erbvertrag – Erbrechtliche Gestaltung zwischen Bindung und Dynamik, DNotZ 1990, 755; Herlitz, Änderungs- und Rücktrittsvorbehalt beim Erbvertrag, MittRhNotK 1996, 153; Weirich, Erben und Vererben, Rn. 463 ff.

Andeutungstheorie

→ *Auslegung letztwilliger Verfügungen von Todes wegen*

Anfall der Erbschaft

Die Rechtsfähigkeit des Menschen beginnt mit der Vollendung seiner Geburt. Sie endet mit seinem Tode. Mit dem Tode eines Menschen, dem Erbfall, geht dessen Vermögen als ganzes auf eine oder mehrere Personen über. Durch den Tod nämlich endet die Fähigkeit einer Person, Träger von Rechten oder Pflichten zu sein. Es erlöschen jedoch nur die höchst persönlichen Rechte und Pflichten des Erblassers, wie z. B. ein für ihn bestehendes persönliches Wohnungsrecht, ein Nießbrauchsrecht, die Mitgliedschaft in einem Verein, Rechte und Pflichten aus einer Ehe usw. Alle anderen Rechte und Pflichten gehen mit dem Tod des Erblassers, dem „Erbfall", als ganzes auf einen oder mehrere Erben über. Hierzu bedarf es keiner rechtsgeschäftlichen Übertragung. Der Rechtsübergang vollzieht sich **kraft Gesetzes**, ohne daß es dazu einer Mitwirkung bzw. einer ausdrücklichen Annahme durch den oder die Erben bedarf. Erbe wird man, ob man davon weiß oder nicht und ob man will oder nicht, kraft Gesetzes.

Der Erbe tritt grundsätzlich in die **gesamte Rechtsstellung des Erblassers** ein. Zur Erbschaft gehören also zunächst einmal alle Gegenstände und Grundstücke des Erblassers sowie Grundstücksrechte, wie z. B. Grundschuld und Hypothek. Mit dem Erbfall geht das Eigentum an einem Grundstück auf den oder die Erben über. Das Grundbuch, in dem noch der Erblasser als Eigentümer eingetragen ist, wird dadurch unrichtig. (Die Berichtigung des Grundbuchs kann aufgrund eines Erbscheins beantragt werden.)

Weiter gehören zur Erbschaft aber auch alle **Forderungen und Verpflichtungen des Erblassers**. Forderungen können sich z. B. ergeben aus Darlehens-, Miet- und Kaufverträgen. Alle diese Rechte gehen ebenso unmittelbar auf den oder die Erben über wie die Verbindlichkeiten.

Nicht zur Erbschaft gehören die sog. „höchstpersönlichen Rechte und Pflichten", wie z. B. die Vormundschaft, das Sorgerecht oder der Nießbrauch. Auch die Ansprüche aus einer Lebensversicherung sind nicht vererblich (Ausnahme, wenn kein Begünstigter benannt ist). Sie stehen dem im Versicherungsvertrag Begünstigten unmittelbar zu. Sie gehören auch dann nicht zur Erbschaft, wenn der Begünstigte Erbe ist. Für Pensions- und Rentenansprüche gilt das gleiche.

Der sofortige Anfall der Erbschaft hängt davon ab, ob der Erbe

– durch Gesetz oder Verfügung von Todes wegen berufen,

– erbfähig ist und

– nicht auf das Erbe oder die letztwillige Zuwendung verzichtet hat.

Anfechtung beim Gemeinschaftlichen Testament

1. Zu Lebzeiten beider Ehegatten

Zu Lebzeiten beider Ehegatten kann keiner von ihnen das gemeinschaftliche Testament anfechten, weil er es ja, wenn auch in modifizierter Form, widerrufen kann, es besteht kein Anfechtungsbedürfnis. Eine Anfechtung durch Dritte scheidet ebenfalls aus, da noch kein Erbfall vorliegt (Palandt/Edenhofer, § 2271 Rn. 25).

2. Nach dem Tod des Erstversterbenden

Nach dem Tod des erstversterbenden Ehegatten bestehen folgende Anfechtungsmöglichkeiten:

a) Anfechtung durch Dritte

Dritte können die in dem Gemeinschaftlichen Testament getroffenen Verfügungen des erstverstorbenen Ehegatten nach den allgemeinen Vorschriften der §§ 2078 ff. BGB anfechten (→ *Anfechtung der Verfügungen von Todes wegen*) (OLG Köln OLGZ 1970, 114; MK/Musielak, § 2080 Rn. 40). Insbesondere können Pflichtteilsberechtigte, die zwischen der Errichtung des Gemeinschaftlichen Testaments und dem ersten Erbfall geboren oder pflichtteilsberechtigt geworden sind (z. B. ein nach dem Gemeinschaftlichen Testament geborenes Kind des Erblassers), die Verfügungen des verstorbenen Ehegatten anfechten (§§ 2079, 2080 Abs. 3 BGB; BGH FamRZ 1970, 79; Palandt/Edenhofer, § 2080 Rn. 3).

Verfügungen des überlebenden Ehegatten können Dritte jedoch erst nach dessen Tod anfechten, da das Anfechtungsrecht erst mit dem Eintritt des entsprechenden Erbfalls entsteht (KG FamRZ 1968, 219; Palandt/Edenhofer, § 2271 Rn. 33).

b) Anfechtung durch den überlebenden Ehegatten

Verfügungen des Verstorbenen. Der überlebende Ehegatte kann die Verfügungen des verstorbenen Ehegatten nach der allgemeinen Regel des § 2078 BGB anfechten.

Anfechtung eigener Verfügungen. Die Selbstanfechtung seiner eigenen wechselbezüglichen Verfügungen durch den länger lebenden Ehegatten ist unter denselben Voraussetzungen und in gleicher Weise möglich wie bei dem vertragsmäßigen Verfügungen in einem Erbvertrag (§§ 2281 ff., 2078 ff. BGB; RGZ 87, 988; RGZ 132, 1, 4; BGHZ 37, 331, 333; BGH FamRZ 1970, 79; OLG Düsseldorf DNotZ 1972, 42; LG Berlin FamRZ 1976, 293; Bengel, DNotZ 1984, 139).

Die entsprechende Anwendung dieser Vorschriften des Erbvertragsrechts ist hier gerechtfertigt, weil für den überlebenden Ehegatten hinsichtlich seiner wechselbezüglichen Verfügungen eine ähnliche Bindung entstanden ist, wie beim Erbvertrag, und die Gleichheit der Interessenlage die Schließung der Regelungslücke durch diese Vorschriften gebietet (gegen die These von der Gleichheit der Interessenlage gerade im Hinblick auf den entgeltlichen Erbvertrag Karpf, Das Selbstanfechtungsrecht des Erblassers beim Erbvertrag [1994], S. 186). Vor allem kommt eine Anfechtung wegen Übergehung eines Pflichtteilsberechtigten, § 2079 BGB, insbesondere bei einer Wiederverheiratung, in Betracht, aber auch die Fälle des § 2078 BGB können bedeutsam werden.

Anfechtungsvoraussetzung ist auch hier, daß der Überlebende bei Kenntnis der Sachlage seine Verfügung nicht so getroffen hätte (§§ 2078 Abs. 1 und 2, 2079 Satz 2 BGB).

Dabei ist streitig, ob auch auf den Willen des Verstorbenen abzustellen ist (so OLG Hamm OLGZ 1972, 389). Da es sich hier aber auch bei wechselbezüglichen Verfügungen um eigenständige handelt, muß für die Bewertung allein auf den Willen desjenigen Ehegatten abgestellt werden, dessen Verfügung angefochten wird; das Interesse des anderen Ehegatten am rechtlichen Schicksal seiner eigenen Verfügung wird durch § 2270 Abs. 1 BGB gewahrt (MK/Musielak, § 2079 Rn. 16).

Eigene einseitige Verfügungen kann der überlebende Ehegatte ebensowenig anfechten wie der Erblasser, der in einem Erbvertrag eine einseitige Verfügung getroffen hat; denn es fehlt am Anfechtungsbedürfnis, da er diese Verfügung ja widerrufen kann (§§ 2253 ff., 2299 BGB; OLG Braunschweig OLGZ 1930, 169).

Die Selbstanfechtung nach §§ 2079, 2281 ff. BGB kommt vor allem dann in Frage, wenn der überlebende Ehegatte wieder heiratet, wenn aus der neuen Ehe Kinder hervorgehen oder wenn er nach dem ersten Erbfall ein Kind adoptiert (Kipp/ Coing, § 35 III 4 b).

Um die Schwierigkeiten zu vermeiden, die bei Wiederverheiratung des überlebenden Ehegatten dadurch entstehen können, daß dieser selbst oder sein neuer Ehegatte oder ein Kind aus der neuen Ehe das gemeinschaftliche Testament anfechten, kann es empfehlenswert sein, einen Verzicht auf das Anfechtungsrecht in der letztwilligen Verfügung auszusprechen, der aufgrund des § 2079 Satz 2 BGB die Anfechtung nach Satz 1 ausschließt (Bengel, DNotZ 1984, 132 ff.).

Hinweis:

Unzulässig ist die Selbstanfechtung, wenn der überlebende Ehegatte die Voraussetzungen der Anfechtung nach § 2078 Abs. 2 BGB selbst durch ein sittenwidriges oder durch ein gegen Treu und Glauben verstoßendes Verhalten herbeigeführt hat (BGHZ 4, 91; BGH FamRZ 1962, 428; FamRZ 1970, 82; Soergel/Wolf, § 2078 Rn. 36). Wenn eine Adoption nur dazu dient, die Anfechtung eines Gemeinschaftlichen Testaments zu ermöglichen, so ist die auf sie gestützte Anfechtung wegen Verstoßes gegen die guten Sitten nichtig (RG JW 1917, 536; BGH FamRZ 1970, 79).

Wenn die Anfechtung durchdringt, so bewirkt sie auch, daß ein früheres Testament, das durch das Gemeinschaftliche Testament aufgehoben worden war, oder ein späteres Testament, das wegen Widerspruchs mit wechselbezüglichen Verfügungen des Gemeinschaftlichen Testaments zunächst nicht in Kraft treten konnte, als von Anfang an wirksam anzusehen ist (RGZ 65, 275; RGZ 130, 213 = JW 1931, 1793 m. Anm. Kipp).

3. Nach dem Tod des zuletzt versterbenden Ehegatten

Nach dem zweiten Erbfall können Personen, denen die Aufhebung des Gemeinschaftlichen Testaments oder einzelner in ihm enthaltener Verfügungen unmittelbar zustatten kommen würde, das Gemeinschaftliche Testament oder einzelne in ihm enthaltene Verfügungen nach §§ 2078 ff. BGB anfechten.

Die Erklärung braucht nicht beurkundet zu werden, § 2282 Abs. 3 BGB gilt nicht (Palandt/Edenhofer, § 2282 Rn. 2).

Auch Pflichtteilsberechtigte, die zwischen der Errichtung des Gemeinschaftlichen Testaments und dem zweiten Erbfall hinzugekommen sind, können die Verfügungen des überlebenden Ehegatten anfechten (§ 2079 BGB; vgl. Scholten, NJW 1958, 935).

So kann z. B. der neue Ehegatte des längstlebenden Ehegatten dessen Verfügungen in dem Gemeinschaftlichen Testament u. U. nach § 2079 BGB anfechten mit der Folge, daß ihm der gesetzliche Erbteil zufällt (RGZ 132, 1; KG FamRZ 1968, 219; Palandt/Edenhofer, § 2271 Rn. 33).

Das Recht Dritter zur Anfechtung wechselbezüglicher Verfügungen des zuletzt verstorbenen Ehegatten ist jedoch beschränkt durch die entsprechend anzuwendende Bestimmung des § 2285 BGB:

Wenn der zuletzt verstorbene Ehegatte bei seinem Tod das Recht zur Selbstanfechtung eigener wechselbezüglicher Verfügungen durch Fristablauf oder Bestätigung (§§ 2283, 2284 BGB) verloren hatte, so können auch Dritte diese Verfügungen nicht mehr anfechten (RGZ 77, 165; BayObLG FamRZ 1989, 787; BayObLG FamRZ 1992, 1102; KG FamRZ 1968, 219; OLG Düsseldorf DNotZ 1972, 42; LG Berlin FamRZ 1976, 293).

Diese Einschränkung gilt aber nur für wechselbezügliche Verfügungen; denn nur bei diesen sind die Vorschriften über die Selbstanfechtung des Erbvertrags (§§ 2281 ff. BGB) entsprechend anwendbar.

Hieraus folgt:

Hat der überlebende Ehegatte in dem Gemeinschaftlichen Testament neben wechselbezüglichen Verfügungen auch einseitige getroffen und werden diese nach seinem Tod von Dritten nach §§ 2078 ff. BGB mit Erfolg angefochten, so kann die Unwirksamkeit der einseitigen Verfügungen nach § 2085 BGB als weitere Folgewirkung die Unwirksamkeit der wechselbezüglichen Verfügungen des zuletzt verstorbenen Ehegatten nach sich ziehen, und diese wieder die Unwirksamkeit der wechselbezüglichen Verfügungen des erstverstorbenen Ehegatten.

Die Anfechtungsfrist (§ 2082 BGB) selbst beginnt nicht vor dem Tod des längstlebenden Ehegatten zu laufen, und zwar unabhängig davon, wann er Kenntnis vom Anfechtungsgrund hatte.

4. Wirkung der Anfechtung

Durch die Anfechtung wird die angefochtene Verfügung selbst **von Anfang an nichtig (§ 142 BGB)**, und zwar grundsätzlich ihrem vollem Umfang nach, soweit nicht die Anfechtung zulässigerweise auf einen Teil beschränkt wird.

Hinsichtlich der sich daraus ergebenden Auswirkungen auf die anderen im Gemeinschaftlichen Testament enthaltenen Verfügungen ist zu unterscheiden:

Bezüglich der **anderen nicht angefochtenen Verfügungen desselben Ehegatten** ist diese Frage nach § 2085 BGB zu beantworten, so daß die Unwirksamkeit nur dann eintritt, wenn anzunehmen ist, daß der Erblasser die andere Verfügung nicht ohne die angefochtene gelten lassen wollte. **Wechselbezügliche Verfügungen** des anderen Ehegatten sind nach § 2270 **Abs. 1 BGB** zu beurteilen, so daß grundsätzlich die Anfechtung deren Nichtigkeit bewirkt, insbesondere auch die Unwirksamkeit der Verfügungen des Erstverstorbenen zugunsten des Längerlebenden.

Dies bedeutet, daß grundsätzlich die gesetzliche Erbfolge eintritt (Peter, BWNotZ 1977, 113, 114), wenn nicht eine zunächst infolge der wechselbezüglichen Verfügung unwirksame Verfügung von Todes wegen dadurch wieder ihre Wirksamkeit erlangt (RGZ 65, 275; OLG Naumburg OLGZ 1924, 73).

Ausnahmsweise ist die wechselbezügliche Verfügung des anderen Ehegatten dann nicht unwirksam, wenn zumindest im Wege der Auslegung anzunehmen ist, daß der andere Ehegatte seine Verfügung auch für diesen Fall so getroffen hätte (Lange/Kuchinke, § 24 VI 7 b; OLG Hamm NJW 1972, 1089; vgl. auch Palandt/Edenhofer, § 2270 Rn. 7).

Der Fortbestand einseitiger, nicht wechselbezüglicher Verfügungen richtet sich wiederum nach der Auslegungsregel des § 2085 BGB.

Der überlebende Ehegatte kann die Anfechtung nach § 2078 BGB auf einen **Teil** seiner letztwilligen Anordnung **beschränken.**

Dagegen ergreift die Anfechtung nach § 2079 BGB grundsätzlich seine sämtlichen in dem Gemeinschaftlichen Testament enthaltenen Verfügungen, freilich vorbehaltlich des Satzes 2 (Beschränkung auf den Teil der Verfügungen, die durch den Irrtum des Erblassers über das Pflichtteilsrecht verursacht sind; OLG Köln NJW 1956, 1522; OLG Hamm Rpfleger 1978, 179; str.).

Bei einer solchen teilweisen Anfechtung richtet sich die Auswirkung auf die restlichen Verfügungen des Anfechtenden wiederum nach § 2085 BGB.

Bei der Prüfung der Auswirkungen der Teilanfechtung auf die wechselbezüglichen Verfügungen des anderen Ehegatten ist zu beachten, daß hier nur ein Teil der Verfügung nichtig ist. Läßt sich daher feststellen, daß der andere Ehegatte seine Verfügung auch bei Kenntnis der daraus resultierenden teilweisen Unwirksamkeit des anderen getroffen haben würde, so ist abweichend von § 2270 Abs. 1 BGB der gesamte Fortbestand der anderen Verfügung anzunehmen; man kann hier von beschränkter Wechselbezüglichkeit sprechen.

Anfechtung der Annahme der Erbschaft

1. Überblick

Mit dem Erbfall geht die Erbschaft kraft Gesetzes auf den Erben über. Vor der Annahme der Erbschaft ist die Erbenstellung nur vorläufig. Der Erbe kann die Erbschaft ausdrücklich oder konkludent annehmen oder ausschlagen gem. § 1942 Abs. 1 BGB. Die Erklärung des Erben, die Erbschaft anzunehmen oder auszuschlagen, ist grundsätzlich unwiderruflich. Sie ist jedoch als Willenserklärung nach den Vorschriften des allgemeinen Teils des BGB (§§ 119, 120, 123 BGB) anfechtbar. §§ 1954–1957 BGB regeln Besonderheiten im Hinblick auf die Form, die Frist und einen Teil der Wirkung der Anfechtung, erweitern die Anfechtungsgründe jedoch nicht (Bonefeld/ Kroiß/Tanck, Der Erbprozeß, Rn. 15).

Die Frage, ob die Überschuldung des Nachlasses eine verkehrswesentliche Eigenschaft i. S. von § 119 Abs. 2 BGB darstellt, wird überwiegend bejaht, so daß die Anfechtung in diesem Falle möglich ist (BGHZ 106, 359, 363; Palandt/Edenhofer, § 1954 Rn. 4; Staudinger/Otte, § 1954 Rn. 7).

Anfechtungsberechtigt ist der Erbe und der Erbeserbe. Die Annahme oder Ausschlagung durch den gesetzlichen Vertreter des Erben kann nach Erreichen der Volljährigkeit vom Vertretenen angefochten werden, soweit in der Person des gesetzlichen Vertreters ein Anfechtungsgrund vorlag, § 166 Abs. 1 BGB (LG Koblenz FamRZ 1968, 456). Mit dem Tod des Annehmenden oder Ausschlagenden geht das Anfechtungsrecht auf dessen Erbe über. Soweit mehrere Erbeserben vorhanden sind, kann jeder entsprechend § 1952 Abs. 3 BGB für sich hinsichtlich des auf ihn entfallenen Teils anfechten.

Nicht anfechtungsberechtigt sind: Gläubiger des Erklärenden, Insolvenzverwalter, Nachlaßpfleger und Nachlaßverwalter, Testamentsvollstrecker.

Adressat der Anfechtungserklärung ist das Nachlaßgericht. § 1945 Abs. 1 BGB fordert, daß die Erklärung zur Niederschrift des Nachlaßgerichts oder in öffentlich-beglaubigter Form abgegeben wird.

Die Anfechtungsfrist von 6 Wochen ist die gleiche Frist, innerhalb derer der vorläufige Erbe die Erbschaft ausschlagen kann, § 1954 Abs. 1, Abs. 3 BGB. Sofern der Erblasser im Ausland verstorben oder der Erbe sich zum Zeitpunkt des Todes im

Ausland aufgehalten hat, verlängert sich die Anfechtungsfrist auf 6 Monate. Nach § 1954 Abs. 2 BGB beginnt die Anfechtungsfrist mit Kenntnis vom Anfechtungsgrund bzw. bei der Drohung, sobald die Zwangslage endet. Sind seit der Annahme bzw. Ausschlagung der Erbschaft 30 Jahre verstrichen, ist eine Anfechtung endgültig nicht mehr möglich, § 1954 Abs. 4 BGB.

2. Erklärungsirrtum

Ein Irrtum in der Erklärungshandlung, § 119 Abs. 1 Alternative 2 BGB, ist selten. In Betracht kommt vor allem ein Inhaltsirrtum, § 119 Abs. 1 Alternative 1 BGB, bei dem äußerer Tatbestand und Wille übereinstimmen, der Erklärende sich jedoch über Bedeutung und Tragweite seiner Erklärung irrt. Ein solcher liegt allerdings nicht vor, wenn die Annahme ausdrücklich erklärt wurde und der Annehmende dabei nicht gewußt hat, daß er auch ausschlagen kann. Fehlende Kenntnis vom Ausschlagungsrecht ist dann nämlich bloßer Rechtsirrtum und daher unbeachtlich, weil trotz dieser Unkenntnis wirklicher und erklärter Wille auf Annahme gerichtet waren und übereinstimmen (BayObLGE 87, 356; NJW-RR 1995, 904). Anders kann dies dagegen bei Annahme durch schlüssiges Verhalten sein, wenn der Erbe weder weiß noch will, daß er mit seiner auf etwas anderes als die Annahme gerichteten ausdrücklichen Erklärung auch das Recht zur Ausschlagung verliert (BayObLGE 87, 356). Hier wird durch sein Verhalten durch dessen Auslegung als Annahme eine zusätzliche Rechtsfolge beigemessen, obwohl es auf andere Rechtsfolgen gerichtet war. Deshalb liegt ein beachtlicher Irrtum über die Rechtsfolgen vor, wenn dem Erben die Möglichkeit der Ausschlagung völlig unbekannt war und er daher nicht wußte, daß er durch sein Verhalten zugleich die Erbschaft angenommen hat (BayObLGE 83, 153), ihm also tatsächlich der Annahmewille fehlte (Palandt/Edenhofer, § 1954 Rn. 3; Soergel/Stein, § 1957 Rn. 2; MK/Leipold, § 1954 Rn. 5).

Um einen unbeachtlichen Motivirrtum handelt es sich, wenn der Ausschlagende sich in einem Irrtum über die nunmehr vom Gesetz nächstberufene Person befindet (OLG Düsseldorf FamRZ 1997, 905). Hat allerdings der Ausschlagende irrig angenommen, seine Erklärung führe zum unmittelbaren Übergang seines Erbteils auf einen Miterben, liegt ein Inhaltsirrtum vor (KG JFG 17, 70; Pohl, AcP 177, 52, 74). Lediglich Irrtum im Beweggrund sind auch Fehlvorstellungen über die künftige Entwicklung der politischen Verhältnisse in der ehemaligen DDR (OLG Frankfurt OLGZ 1992, 35; OLG Rostock OLG-NL 1994, 40; LG Berlin NJW 1991, 1238). Ebenso der Irrtum über die Zahlung des Entgelts für die Ausschlagung oder die Wirksamkeit des Entgeltversprechens, über den Umfang von Beschränkungen oder über Beschwerungen (Ausnahme in § 2308 Abs. 1 BGB für pflichtteilsberechtigten Erben im Falle des § 2306 BGB), bei Unkenntnis über die rechtlichen Folge der Annahme, wie Verlust des Pflichtteilsrechts (BayObLG NJW-RR 1995, 904), ferner der Irrtum über die Höhe der Erbschaftsteuer, die pflichtteils- oder güterrechtlichen Folgen der Ausschlagung (Schwab, JuS 1965, 437).

3. Eigenschaftsirrtum

Kausale und objektiv erhebliche Fehlvorstellungen über verkehrswesentliche Eigenschaften bei der Annahme begründen die Anfechtung, § 119 Abs. 2 BGB. Als solche sind anzusehen:

– Überschuldung des Nachlasses, wenn davon ausgegangen wird, daß bestimmte Gegenstände zum Nachlaß gehören oder die Existenz einer Nachlaßverbindlichkeit irrtümlich bejaht oder verneint wurde (RGZ 158, 50; BayObLGE 83, 9, 11; BGHZ 106, 359, 363; BGH NJW 1989, 2885; MK/Leipold, § 1954 Rn. 8 m.w.N.),

– Die Belastung des Nachlasses mit wesentlichen, in ihrem rechtlichen Bestand ungeklärten Verbindlichkeiten jedenfalls dann, wenn der Irrtum ein Vermächtnis betrifft, das den Pflichtteil des Erben gefährdet (BGHZ 106, 359), nicht aber mit Steuerschulden, die den Nachlaß erheblich mindern (OLG Zweibrücken, FGPrax 1996, 113),

– Rechte Dritter am Nachlaß, z. B. infolge unbekannter Berufung eines weiteren Miterben (BGH NJW 1997, 392),

– Bei Irrtum über die Erbquote (OLG Hamm NJW 1966, 1080),

– Bei Beschränkungen des Erben durch Testamentsvollstreckung, Nacherbeneinsetzung (BayObLG NJW-RR 1997, 72), Vermächtnissen oder Auflagen (BGHZ 106, 359),

– Die Zusammensetzung des Nachlasses, d. h. die Zugehörigkeit bestimmter Rechte oder Vermögenswerte (MK/Leipold, § 1954, Rn. 7).

Nicht zur Anfechtung berechtigt:

– Bei der ausdrücklichen Annahme die Begründung des Berechtigten, nicht gewußt zu haben, daß er die Erbschaft ausschlagen könne (lediglich Rechtsirrtum BayObLG NJW 1988, 1270),

– Die nachträglich andere Bewertung von Vermögensgegenständen und Verbindlichkeiten (Ackerland statt Bauland BayObLG NJW-RR 1995, 904),

– Fehlerhafte Vorstellung über den Wert des Gesamtnachlasses (MK/Leipold, § 1954 Rn. 7),

– Wegfall der Überschuldung des Nachlasses nach Ausschlagung durch Erlaß einer Schuld oder Verjährung der Nachlaßverbindlichkeit (LG Berlin NJW 1975, 2104),

– Bei Irrtum über den Wert des Anteils eines Miterben am Nachlaß oder über die Bewertung einzelner Nachlaßgegenstände (Palandt/Heinrichs, § 119 Rn. 27),

– Der pflichtteilsberechtigte Vorerbe kann seine Ausschlagungserklärung nicht nach § 119 BGB anfechten, wenn der Nacherbe entgegen der Erwartung des Vorerben auch ausschlägt statt annimmt (OLG Stuttgart OLGZ 1983, 304),

– Der Irrtum des die Erbschaft ausschlagenden Miterben, sein Erbteil falle durch Ausschlagung einem anderen Miterben an (OLG Düsseldorf ZEV 1997, 258 f.).

4. Anfechtung der Fristversäumung

Nach § 1956 BGB kann die Versäumung der Ausschlagungsfrist ebenso angefochten werden wie die Annahme. Dies ist dann der Fall, wenn der Erbe die Frist nur deshalb versäumt hat, weil er über ihr Bestehen, ihren Lauf oder die Rechtsfolgen ihres Ablaufs in Unkenntnis war (Palandt/Edenhofer, § 1956 Rn. 2 m.w.N.), aber auch dann, wenn dem Berufenen die Formbedürftigkeit der Ausschlagung nicht bekannt war und er deshalb geglaubt hat, z. B. durch Mitteilung der Überschuldung des Nachlasses an das Finanzamt durch seinen Rechtsanwalt oder Steuerberater bereits wirksam ausgeschlagen zu haben

(BayObLG FamRZ 1993, 1367 = DNotZ 1994, 402). Mit der Anfechtung der Versäumung der Ausschlagungsfrist ist gleichzeitig die Ausschlagung der Erbschaft zu erklären.

Anfechtung der Ausschlagung der Erbschaft

1. Überblick

Im Falle der Ausschlagung der Erbschaft gilt der Anfall derselben als nicht erfolgt, § 1953 BGB. § 1957 Abs. 1 BGB bestimmt, daß die Anfechtung der Annahme als Ausschlagung und die Anfechtung der Ausschlagung als Annahme gilt. Die Anfechtung der Ausschlagung der Erbschaft erfolgt nach den Regeln des allgemeinen Teils des BGB über die Anfechtung von Willenserklärungen, § 1954 BGB. Ein Inhaltsirrtum nach § 119 Abs. 1 BGB liegt vor, wenn der Erbe glaubt, die Ausschlagung sei ein Rechtsgeschäft, durch das er die Erbschaft auf eine bestimmte andere Person übertragen könne. Er irrt sich hier über die rechtsgeschäftliche Bedeutung seiner Erklärung (Kipp/Coing, § 89 I 3; KG HRR 1932 Nr. 8; KG DNotZ 1938, 313). Hat der Ausschlagende dagegen gewußt, daß nach der Ausschlagung ein anderer kraft Gesetzes Erbe wird, und hat er sich nur darüber geirrt, wen das Gesetz zum Erben bestimmt, so hat er sich lediglich über die Rechtsfolge seiner Erklärung geirrt. Es liegt dann kein Irrtum i. S. des § 119 Abs. 1 BGB vor (MK/Leipold, § 1954 Rn. 10; a.A. Staudinger/Lehmann, § 1954 Rn. 3, der eine solche Unterscheidung als überspitzt ablehnt; nach ihm liegt lediglich ein unbeachtlicher Motivirrtum vor).

Die Anfechtung der Ausschlagung richtet sich hinsichtlich **Form und Frist** nach den gleichen Regeln wie bei der Anfechtung der Annahme, §§ 1954, 1955, 1945 BGB.

2. Schadensersatzpflicht

Bei der Anfechtung wegen Irrtums hat der Anfechtende nach § 122 Abs. 1 BGB jedem Dritten den Schaden zu ersetzen, der durch das Vertrauen auf die Gültigkeit der Annahme oder Aus-

schlagung entstanden ist, z. B. Prozeßkosten eines Rechtsstreits, den Nachlaßgläubiger nach der Annahme angestrengt
haben und der sich durch die Anfechtung erledigt hat (Palandt/
Edenhofer, § 1957 Rn. 2; Soergel/Stein, § 1957 Rn. 2; Staudin-
ger/Otte, § 1954 Rn. 14; RGRK/Johannsen, § 1954 Rn. 6,
Lange/Kuchinke, § 8 VII 2 g; a. A. Binder, Die Rechtsstellung
des Erben, 1. Teil 1901, S. 143 ff.; Oertmann, ArchBürgR 21, 95,
142).

Um die Schadensersatzpflicht nicht ausufern zu lassen und das
Anfechtungsrecht nicht zu entwerten, ist zu fordern, daß der
Dritte in seinen rechtlichen Beziehungen durch die Anfechtung **unmittelbar betroffen** wird und der Schaden unmittelbar
aus dieser Einwirkung auf die Rechtslage des Dritten resultiert
(MK/Leipold, § 1957 Rn. 4; Lange/Kuchinke, § 8 VII 2 g, der
nur solchen Personen das Schadensersatzrecht zuspricht, die
mit dem Nachlaß in rechtlichen Beziehungen stehen). Daran
fehlt es, wenn beispielsweise jemand dem Erben im Vertrauen
auf die Erbschaftsannahme Kredit gewährt hat. § 122 BGB gilt
konsequenterweise auch bei der Anfechtung der Annahme
durch Fristablauf, § 1956 BGB. Richtet sich die Anfechtung
gegen die Ausschlagung, so ist es denkbar, daß der nächst berufene Erbe mittlerweile Vermögensdispositionen getroffen hat,
weil er sich auf den Erwerb der Erbschaft verließ, und daß diese
Maßnahmen angesichts des Verlustes der Erbschaft wirtschaftlich nachteilig sind. Solche Schäden dürften jedoch bereits
außerhalb des Schutzbereichs von § 122 Abs. 1 BGB liegen, da
sie nicht unmittelbar durch die Anfechtung verursacht werden.

3. Mitteilungspflicht des Nachlaßgerichts

Da die Anfechtung der Annahme zugleich als Ausschlagung
gilt, soll das Nachlaßgericht davon nach § 1953 Abs. 3 Satz 1
BGB dem Nächstberufenen Mitteilung machen. Nach § 1957
Abs. 2 Satz 1 BGB hat das Nachlaßgericht die Pflicht, von der
Anfechtung der Ausschlagung denjenigen zu informieren,
dem die Erbschaft infolge der Ausschlagung zugefallen war.
Wenn der Anfall der Erbschaft erst durch mehrere Ausschla-
gungen erfolgt ist, sollten auch alle diejenigen benachrichtigt
werden, die (ohne ihre eigene Ausschlagungserklärung) berufen gewesen wären. Der Wegfall der ersten Ausschlagung
berührt sie nämlich insofern, als es nun nicht mehr sinnvoll

ist, etwaige Mängel der eigenen Ausschlagungserklärung geltend zu machen.

4. Unwiderruflichkeit

Die Anfechtung der Annahme oder der Ausschlagung der Erbschaft ist nicht widerruflich. Hierauf sollte das Nachlaßgericht oder der Notar des Erklärenden hinweisen.

Die Anfechtung kann jedoch wegen Irrtums angefochten werden, sofern sie auf einem beachtlichen Irrtum beruhte (LG Berlin NJW 1991, 1238; BayObLG DNotZ 1981, 54). Die wirksame Anfechtung der Ausschlagung führt nach § 142 Abs. 1 BGB wieder zur Wirksamkeit der Annahme oder der Ausschlagung der Erbschaft (BayObLG DNotZ 1981, 54 = MDR 1980, 492).

Anfechtung der Verfügungen von Todes wegen

1. Verhältnis der Auslegung zur Anfechtung

Auslegung und Anfechtung verfolgen jeweils unterschiedliche Ziele. Die Auslegung will dem wahren Willen des Erblassers zur Durchführung verhelfen. Dagegen vernichtet die Anfechtung ebenfalls im Wege einer Korrektur des Erblasserwillens die Verfügung von Todes wegen.

Die Auslegung reformiert, die Anfechtung kassiert.

Daraus ergibt sich bereits das Verhältnis zwischen Anfechtung und Auslegung: Die Auslegung ist vorrangig zur Anfechtung. Sie will eben dem wahren Willen des Erblassers bei bestehenbleibender Verfügung zum Erfolg verhelfen. Dieser Vorrang gilt auch für die ergänzende Auslegung (MK/Leipold, § 2078 Rn. 9). Es ist daher zunächst durch Auslegung der wahre Erblasserwille zu ermitteln. Erst dann kann, wenn dieser nicht formgerecht erklärt wurde, auf die Anfechtungsregeln zurückgegriffen werden.

2. Verhältnis zu den allgemeinen Anfechtungsregeln

Das Erbrecht enthält eine Reihe von Spezialbestimmungen über die Anfechtung von Verfügungen von Todes wegen. Diese gehen den allgemeinen Bestimmungen des Allgemeinen Teils des BGB (§§ 119 ff. BGB) vor. Die wichtigsten Unterschiede zu den allgemeinen Anfechtungsgründen bestehen in folgendem (vgl. etwa Nieder, Vertragsgestaltung, Rn. 658):

– Die Anfechtungsgründe sind im Erbrecht wesentlich erweitert. Dies gilt insbesondere deshalb, weil nach § 2078 Abs. 2 BGB auch ein Irrtum im **Beweggrund** (Motivirrtum), und zwar sogar hinsichtlich sogenannter unbewußter Erwartungen, zur Anfechtung berechtigt.

– Die Anfechtungsfristen nach den §§ 2082, 2283 BGB sind länger als die des § 121 BGB.

– Die Anfechtung kann auch durch andere Personen als den Erklärenden erfolgen (§ 2080 BGB).

– Eine Schadensersatzpflicht nach § 122 besteht nicht (§ 2078 Abs. 3 BGB), und zwar nicht einmal beim Erbvertrag oder beim Gemeinschaftlichen Testament (umstritten).

– Anfechtungsvoraussetzung ist nicht wie bei § 119 Abs. 1 BGB, daß der Erblasser die erbrechtliche Verfügung bei verständiger Würdigung des Falles (objektiver Maßstab) so nicht getroffen hätte, vielmehr sind ausschließlich die subjektiven Vorstellungen des Erblassers (u. U. auch launenhafte Ansichten) maßgeblich (§ 2078 Abs. 1 BGB).

3. Anfechtungsgründe

a) Irrtum in der Erklärungshandlung

Hier entspricht das äußere Erklärungsverhalten des Erblassers nicht seinem tatsächlichen, inneren Willen. Die typischen

Fälle sind das Verschreiben hinsichtlich einer Zahl oder eines Namens im eigenhändigen Testament, der Irrtum eines mitunterschreibenden Ehegatten beim Gemeinschaftlichen Testament oder der Irrtum über den Wortlaut der vom Notar verlesenen Niederschrift beim öffentlichen Testament (MK/Leipold, § 2078 Rn. 17).

b) Inhaltsirrtum

Wie bei § 119 Abs. 1 BGB befindet sich hier der Erklärende in einem Irrtum über die rechtliche Bedeutung seiner Erklärung (§ 2078 Abs. 1, 1. Alt. BGB). Hier ist die Anfechtung nach den allgemeinen Grundsätzen nicht möglich, wenn dem wahren Willen des Erblassers bereits durch die Auslegung zum Durchbruch verholfen werden kann. Auch ein Irrtum über die Rechtsfolgen ist hier grundsätzlich beachtlich, allerdings soll dies nur dann der Fall sein, wenn es sich um wesentliche Rechtsfolgen handelt (so einschränkend MK/Leipold, § 2078 Rn. 18; Nieder, Vertragsgestaltung, Rn. 662).

c) Motivirrtum

Nach § 2078 Abs. 2 BGB berechtigt auch die irrige Annahme eines Umstandes oder die irrige Erwartung des Eintritts oder Nichteintritts eines Umstandes zur Anfechtung, wenn der Erblasser dadurch zu der Verfügung bestimmt wurde. Abweichend vom allgemeinen Irrtumsanfechtungsrecht ist daher auch jeder Motivirrtum beachtlich.

4. Objektive Seite

Gegenstand des Irrtums können **vergangene, gegenwärtige**, aber auch **zukünftige Umstände** sein.

Nach dem Gesetzeswortlaut sind ausdrücklich irrtumsfähig die künftigen Entwicklungen (Staudinger/Otte, § 2078 Rn. 13; OLG Köln FamRZ 1990, 1038). Der Irrtum kann sich auf Umstände jeglicher Art beziehen, so auf Personen und deren Eigenschaften, Sachen, politische, rechtliche und wirtschaftliche Verhältnisse (MK/Leipold, § 2078 Rn. 33; Staudinger/Otte, § 2078 Rn. 13).

Namentlich kann sich ein relevanter Irrtum aus der Änderung der Rechtslage ergeben, etwa durch die Änderung des Erb- und Pflichtteilsrechts durch das Nichtehelichengesetz (RGRK/Johannsen, § 2078 Rn. 42; Schwab, JuS 1965, 432, 437).

Die zur Anfechtung berechtigenden **Umstände** brauchen nicht vom Willen des **Erblassers** unabhängig sein, sie können vielmehr auch von ihm **herbeigeführt worden** sein (Staudinger/ Otte, § 2078 Rn. 15; MK/Leipold, § 2078 Rn. 36; RGZ 148, 218).

Dies zeigt schon ein Blick auf § 2079 BGB, denn durch Adoption oder Wiederheirat kann der Erblasser auch dort einen Anfechtungsgrund schaffen (MK/Leipold, § 2078 Rn. 36).

Ein gewisses **Korrektiv** setzt die h. M. durch die Anwendung des Grundsatzes von **Treu und Glauben:**

Umstände, die der Erblasser entgegen diesen Grundsätzen herbeigeführt hat, sollen danach nicht zur Anfechtung berechtigen (BGHZ 4, 91; Palandt/Edenhofer, § 2078 Rn. 7; Soergel/ Loritz, § 2078 Rn. 16).

Auch auf Umstände, die erst **nach dem Erbfall** eintreten, kann die Anfechtung gestützt werden; durch § 2078 Abs. 2 BGB wird insoweit keine zeitliche Grenze gesetzt (Staudinger/ Otte, § 2078 Rn. 16; BGH DB 1966, 379; OLG Frankfurt DtZ 1993, 214; LG Gießen DtZ 1993, 213 [zur Veränderung der Verhältnisse in der ehem. DDR]; Soergel/Loritz, § 2078 Rn. 13; Meyer, ZEV 1994, 14; offengelassen von BGH WM 1987, 1019. Dagegen aus Gründen des Vertrauensschutzes MK/Leipold, § 2078 Rn. 35; Grunewald, NJW 1991, 1211 f.; Erman/ Schmidt, § 2079 Rn. 9, wobei diesen Bedenken sicherlich weitgehend durch eine strenge Prüfung der Erheblichkeit des Irrtums Rechnung getragen werden kann [Staudinger/Otte, § 2078 Rn. 16; Soergel/Loritz, § 2078 Rn. 13]).

5. Subjektive Seite

Nach dem Gesetzeswortlaut wird für das Vorliegen eines Irrtums eine „positive Vorstellung" über die tatsächlichen Umstände vorausgesetzt (Lange/Kuchinke, § 36 III 2 c).

Keine Probleme bereitet die Annahme eines Motivirrtums, wenn der Erblasser durch die irrige, aber **bewußte Vorstellung** über einen bestimmten Umstand zu dem Irrtum veranlaßt wurde (**subjektive Überzeugung**).

Hält er dagegen das Vorliegen eines bestimmten Umstands oder den Eintritt eines Ereignisses nur für möglich oder wahrscheinlich, so befindet er sich nicht in einem Irrtum (Staudinger/Otte, § 2078 Rn. 17; MK/Leipold, § 2078 Rn. 22).

Bei **nichtvorhandenen Vorstellungen** (auch unbewußten Vorstellungen) ist es problematisch, von einem Irrtum zu sprechen, der zur Anfechtung im Sinne des § 2078 Abs. 2 BGB berechtigt.

Man spricht hier auch von sogenannten **unbewußten Vorstellungen,** die gleichermaßen Geschäftsgrundlage für die Willensentscheidung sind.

Die Rechtsprechung definiert diese als vom Bewußtsein des Erklärenden nicht erfaßte, aber durchaus vorhandene Vorstellungen im Sinne von in die Zukunft gerichteten Erwartungen des Erblassers, die diesem so selbstverständlich erscheinen, daß sie bei ihm unbewußt bestehen und trotzdem Grundlage seiner letztwilligen Verfügung sind; beispielhaft sei die Erwartung gemeint, die Ehe werde harmonisch verlaufen (BayObLG FamRZ 1990, 322). Es handelt sich dabei um solche Umstände, die in der Vorstellungswelt des Erblassers ohne nähere Überlegung so selbstverständlich sind, daß er sie eben gerade nicht konkret im Bewußtsein hat, sie jedoch jederzeit abrufen und in sein Bewußtsein zurückführen kann (BGH NJW-RR 1987, 1412, 1413; vgl. zur Begriffsbildung teilweise auch kritisch Pohl, AcP 177, 269: „mitbewußte Vorstellungen").

Sie bestimmen daher in gleicher Weise die Entscheidung wie diejenigen Erwägungen, die ausdrücklich in die Abwägungsüberlegung eingestellt werden und liegen psychologisch gesehen zwischen der wirklichen Vorstellung und dem reinen Nichtwissen.

Die Enttäuschung über eine abweichende Entwicklung muß daher auch hinsichtlich solcher unbewußten Vorstellungen zur Anfechtung berechtigen (BGH LM § 2078 BGB Nr. 3, 4, 8; KG FamRZ 1977, 271; BayObLG FamRZ 1984, 1270; OLG Hamm FamRZ 1994, 849). Diese Rechtsprechung, die zunächst schwankend verlief, hat überwiegend Zustimmung erfahren (Staudinger/Otte, § 2078 Rn. 18 ff.; MK/Leipold, § 2078 Rn. 24 ff.; Soergel/Loritz, § 2078 Rn. 18 f.)

Anders als bei der Auslegung, bei der die sogenannte Andeutungstheorie gilt, bedarf es bei der Anfechtung für die Berücksichtigung derartiger Umstände keines Anhaltspunkts im Testament oder Erbvertrag (BGH NJW 1965, 584; Palandt/ Edenhofer, § 2078 Rn. 11; Staudinger/Otte, § 2078 Rn. 24; MK/Leipold, § 2078 Rn. 31). Jedoch kann dies für die Frage des

Beweises der Erheblichkeit dieser Vorstellung für die erfolgte Willensbildung praktisch bedeutsam sein, weshalb bei problematischen Gestaltungen es durchaus angezeigt ist, solche allgemeinen Vorstellungen in die Verfügung von Todes wegen mit aufzunehmen (MK/Leipold, § 2078 Rn. 31).

6. Widerrechtliche Drohung

Auch wegen einer widerrechtlichen Drohung ist eine letztwillige Verfügung anfechtbar (§ 2078 Abs. 2 BGB), zum Beispiel wegen einer solchen mit einer Strafanzeige. Ob diese Drohung vom Bedachten selbst oder einem Dritten ausgeht, ist unerheblich (Palandt/Edenhofer, § 2078 Rn. 8).

Keine solche Drohung liegt jedoch in der Aufforderung, auch jenseitige Folgen zu bedenken, denn eine Drohung setzt wirkliche oder zumindest vorgebliche Beherrschbarkeit des in Aussicht gestellten Übels durch den Drohenden selbst voraus (Staudinger/Otte, § 2078 Rn. 26).

7. Kausalität des Willensmangels

Die Anfechtung nach § 2078 BGB erfordert, daß der Erblasser die Erklärung bei Kenntnis der Sachlage nicht abgegeben hätte (sogenannte **subjektive Erheblichkeit**).

Entscheidend ist daher, ob der Erblasser die betreffende Verfügung ohne den Willensmangel nicht getroffen hätte (OLG Hamm OLGZ 1968, 86).

Der Willensmangel muß also im Sinne der Äquivalenztheorie eine „conditio sine qua non" gewesen sein (Staudinger/Otte, § 2078 Rn. 28).

Daraus ergibt sich, daß erst nach der Errichtung der letztwilligen Verfügung eingetretene Irrtümer nicht zur Anfechtung berechtigen können (BGHZ 42, 327).

Beim **Motivirrtum** muß der zur Anfechtung berechtigende Umstand der bewegende Grund für die Verfügung gewesen sein, da hier oftmals ein Motivbündel besteht (BGH NJW-RR 1987, 1412, 1413).

Eine bloße Nichtänderung des Testaments ist für sich nicht ausschlaggebend, da nicht auszuschließen ist, daß der Erblasser lediglich durch äußere Umstände an einer Änderung gehindert wurde (Staudinger/Otte, § 2078 Rn. 29).

In der Rechtsprechung wurde die Kausalität in folgenden Fällen verneint:

- Irrtum über die steuerlichen Folgen (OLG Hamburg MDR 1955, 291, wobei es hier sicherlich immer auf die einzelnen Umstände ankommen wird);

- Fehlende Voraussicht des Erblassers, daß er seine eigenen politischen Anschauungen ändern werde (BGH LM § 2078 BGB Nr. 4);

- Vorstellungen des Erblassers über das weitere Schicksal des Nachlasses (BGH LM § 2078 BGB Nr. 11).

Bei der Prüfung der Erheblichkeit ist allein von den **subjektiven Vorstellungen des Erblassers** auszugehen; unerheblich ist, ob sein mögliches Verhalten einer verständigen Würdigung entsprochen hat.

Dies ist ein wesentlicher Unterschied zu § 119 BGB (BGHZ 4, 91).

Verfügte daher die Erblasserin in bestimmter Weise, weil sie die ihr erbrachte Pflege als unzureichend ansah, so kann die Anfechtung nicht damit begründet werden, daß die Pflege angemessen gewesen sei (BayObLG FamRZ 1995, 1523).

Auch beim Gemeinschaftlichen Testament muß eine lediglich subjektive Erheblichkeit bei einem Ehegatten genügen.

Die Grenze zieht hier nur der Maßstab der guten Sitten oder ein gesetzliches Verbot (Staudinger/Otte, § 2078 Rn. 31; MK/Leipold, § 2078 Rn. 19).

8. Wirkung der Anfechtung

Die wirksame Anfechtung führt zur Nichtigkeit, wobei die angefochtene Verfügung von Anfang an nichtig ist (§ 142 Abs. 1 BGB). Die Anfechtung erfaßt aber nicht das ganze Testament, sondern nur die einzelne, an einem Willensmangel leidende Verfügung (BayObLG ZEV 1994, 369).

Besteht daher das Testament oder der Erbvertrag aus mehreren Verfügungen, so richtet sich der Fortbestand der übrigen, nicht angefochtenen nach § 2085 BGB (Staudinger/Otte, § 2078 Rn. 32).

Es ist auch möglich, daß eine ihrem Inhalt nach teilbare Verfügung nur hinsichtlich einzelner Teile angefochten wird, etwa nur bezüglich einer Nebenbestimmung (MK/Leipold, § 2078 Rn. 45; Staudinger/Otte, § 2078 Rn. 35).

Hinweis:

Die wirksame Anfechtung vernichtet die anfechtbare Verfügung, schafft aber gerade keine neue.

Das Unterlassen einer neuen Verfügung kann nicht angefochten werden. Die Nichtigkeit der angefochtenen Verfügung hat zur Folge, daß eine ersatzweise angeordnete, aber nicht angefochtene Verfügung eingreift, mangels einer solchen evtl. die Anwachsung, und nur wenn all dies nicht eingreift, die gesetzliche Regelung gilt. Hob die angefochtene Verfügung eine frühere auf, so tritt diese durch die Anfechtung wieder in Kraft (Staudinger/Otte, § 2078 Rn. 34).

---

9. Beweislast

Die Beweislast für den Anfechtungsgrund obliegt dem, der sich auf die Anfechtung der letztwilligen Verfügung beruft (BayObLGZ 1963, 264; 1983, 100).

An den Nachweis eines Motivirrtums dürfen keine zu geringen Anforderungen gestellt werden, dies gilt insbesondere auch für die Frage der Erheblichkeit, wobei es hierfür keinen Anscheinsbeweis gibt (BGH NJW 1963, 248; Palandt/Edenhofer, § 2078 Rn. 11). Ebenso trägt die Beweislast für die ordnungsgemäße und rechtzeitige Anfechtungserklärung derjenige, der aus ihr Rechtsfolgen herleiten will.

10. Übergehung eines Pflichtteilsberechtigten

§ 2079 BGB regelt einen Sonderfall des Motivirrtums und ergänzt diesen.

„Übergehung eines Pflichtteilsberechtigten" liegt vor, wenn ein Pflichtteilsberechtigter (s. §§ 2303 ff. BGB) weder als Erbe eingesetzt noch mit einem Vermächtnis bedacht ist.

Ganz geringfügige Zuwendungen müssen dabei außer Betracht bleiben (OLG Karlsruhe ZEV 1995, 454). Der Pflichtteilsberechtigte kann aber dann nicht anfechten, wenn ihn der Erblasser ausdrücklich ausgeschlossen oder bewußt übergangen hat (Palandt/Edenhofer, § 2079 Rn. 3).

Umstritten ist, ob ein „Übergehen" auch dann vorliegt, wenn der Erblasser Personen in Unkenntnis ihrer späteren Pflichtteilsberechtigungen Zuwendungen gemacht hat, die hinter ihrem gesetzlichen Erbteil zurückbleiben.

Beispiel:

Vermächtnis an die Haushälterin, die der Erblasser später heiratet.

Nach richtiger Ansicht sollte hier § 2079 BGB nicht angewandt werden, unter Umständen ist aber eine Anfechtung nach § 2078 Abs. 2 BGB möglich (RGZ 50, 238; RGZ 148, 218, 223; BayObLG ZEV 1994, 106, 108; Staudinger/Otte, § 2079 Rn. 5). Die Unkenntnis kann hier auch auf einem Rechtsirrtum beruhen, und zwar dann, wenn über den Inhalt des § 2303 BGB Unkenntnis besteht (Staudinger/Otte, § 2079 Rn. 8).

Bei § 2079 BGB wird die **Ursächlichkeit** zwischen Urteil und Verfügung vom Gesetz **vermutet.**

Jedoch ist diese Vermutung **widerlegbar,** wobei genügt, daß der tatsächliche Wille des Erblassers zur Übergehung des Pflichtteilsberechtigten nachgewiesen ist, etwa in dem Fall, daß der Erblasser eine spätere Eheschließung einkalkuliert hat (BayObLG FamRZ 1992, 988).

Dabei kommt es auch hier nur auf die Sichtweise des Erblassers selbst an, nicht auf eine verständige Würdigung (**subjektive Erheblichkeit**). Auf diesen Willen des Erblassers kann aus Umständen, die vor, bei und nach der Testamentserrichtung vorlagen, geschlossen werden.

11. Anfechtung einseitiger testamentarischer Bestimmungen

Nach § 2080 Abs. 1 BGB ist zur **Anfechtung derjenige berechtigt,** welchem die **Aufhebung der letztwilligen Verfügung unmittelbar zustatten kommen würde.**

Es ist daher ein Vergleich mit der Rechtslage anzustellen, wie sie sich infolge einer wirksamen Anfechtung ergeben würde (BGH NJW 1985, 2025).

Der Anfechtende muß demgemäß bei Wegfall der betreffenden Verfügung einen erbrechtlichen Vorteil erlangen, den er sonst nicht bekommen würde (BayObLGZ 1975, 6, 9).

Dabei muß es sich um einen rechtlichen Vorteil handeln, der in einem Erbrecht bestehen kann, aber auch im Erwerb eines

Anspruchs (Anfechtung des Vermächtniswiderrufs durch den Vermächtnisnehmer) oder auch im Falle des Wegfalls einer Beschwerung (Anfechtung eines Vermächtnisses oder einer Auflage) (MK/Leipold, § 2080 Rn. 4).

Bei familienrechtlichen Anordnungen ist der Betroffene zur Anfechtung berechtigt, etwa bei der Bestimmung einer Zuwendung als Vorbehaltsgut des anderen Ehegatten (RG Recht 1909 Nr. 1334). Der Widerruf einer Testamentsvollstreckerernennung kann auch durch den Testamentsvollstrekker angefochten werden (MK/Leipold, § 2080 Rn. 4). Bei **mehreren Anfechtungsberechtigten** steht jedem ein selbständiges Anfechtungsrecht zu; auch die **nur von einem Berechtigten erklärte Anfechtung wirkt absolut,** das heißt also, sie kommt **auch den übrigen Beteiligten zugute** (Palandt/Edenhofer, § 2080 Rn. 4; a. A. MK/Leipold, § 2080 Rn. 8).

Das einmal entstandene Anfechtungsrecht ist vererblich, jedoch als höchstpersönliches Recht nicht unter Lebenden übertragbar.

Weitere Einschränkungen ergeben sich aus § 2080 Abs. 2 BGB, wonach in den Fällen, in denen sich der Irrtum auf eine bestimmte Person bezieht, das Anfechtungsrecht nur dem Betroffenen selbst zusteht.

Bei dieser Fallkonstellation können auch andere Personen nicht anfechten, auch wenn ihnen der Wegfall der Verfügung unmittelbar zustatten kommt. Solche Dritte sollen aus einer solchen Fehlmotivation keinen Vorteil erhalten (MK/Leipold, § 2080 Rn. 5).

Im Falle des § 2079 BGB steht demgegenüber das Anfechtungsrecht nur dem übergangenen Pflichtteilsberechtigten zu (§ 2080 Abs. 3 BGB).

Der **Erblasser** selbst ist bei einer einseitigen Verfügung von Todes wegen **nicht anfechtungsberechtigt,** da er ja selbst jederzeit frei widerrufen könnte (§§ 2053 ff. BGB). Zu Besonderheiten → *Erbvertrag* und → *Gemeinschaftliches Testament.*

(→ *Anfechtung beim Gemeinschaftlichen Testament*)

Anfechtung des Erbvertrags

→ *Erbvertrag*

Anfechtungserklärung

Die Anfechtung einer letztwilligen Verfügung, durch die ein Erbe eingesetzt, ein gesetzlicher Erbe von der Erbfolge ausgeschlossen, ein Testamentsvollstrecker ernannt oder eine Verfügung solcher Art aufgehoben wird, erfolgt durch Erklärung gegenüber dem Nachlaßgericht, § 2081 Abs. 1 BGB.

In diesen Fällen, in denen die Anfechtung die Erbregelung selbst betrifft und damit den Erbschein unrichtig machen würde, hat der Gesetzgeber die formlose, amtsempfangsbedürftige Willenserklärung gegenüber dem Nachlaßgericht, statt dem Anfechtungsgegner, zur Wirksamkeitsvoraussetzung bestimmt. Zweck dieser Regelung ist die Gewähr der Rechtssicherheit. Soweit lediglich schuldrechtlich wirkende Zuwendungen von der Anfechtung betroffen sind, hat es der Gesetzgeber bei dem Grundsatz belassen, daß die Anfechtungserklärung gegenüber dem Anfechtungsgegner abzugeben ist, § 143 BGB. Vermächtnisse und Teilungsanordnungen sind damit gegenüber dem Gegner anzufechten.

Wird durch die letztwillige Verfügung jedoch ein Recht für den Dritten nicht begründet (Auflage, §§ 2192 ff. BGB), ist die Anfechtung ebenfalls gegenüber dem Nachlaßgericht als sog. „Notadresse" zu erklären, § 2081 Abs. 3 BGB. Nach § 2081 Abs. 2 Satz 1 BGB soll das Nachlaßgericht die Anfechtung den Betroffenen mitteilen. Darüber hinaus hat es jedem Einsicht in die Erklärung zu gestatten, der ein rechtliches Interesse daran glaubhaft macht, § 2081 Abs. 2 Satz 2 BGB.

Die Anfechtungserklärung kann **schriftlich** oder zu Protokoll abgegeben werden. Inhaltlich ist zumindest die eindeutige Kundgabe des Anfechtungswillens erforderlich (BayObLG FamRZ 1992, 226), wobei es ausreicht, wenn im Wege der Auslegung zu erkennen ist, daß die Erklärung auf die Rechtsfolge einer Anfechtung hinzielt und welche Verfügung betroffen sein soll (MK/Leipold, § 2081 Rn. 16; LG Gießen FamRZ 1992, 603). Der **Anfechtungsgrund** muß dagegen noch nicht angegeben werden (BayObLGE 89, 321). Über die Rechtzeitigkeit der Anfechtung, § 2082 BGB, kann allerdings nur entschieden werden, wenn zuvor der Grund klargestellt ist (BayObLG FamRZ 1990, 322). Nachträglich bekanntgewordene Tatsachen, die schon vor der Anfechtung gegeben waren, können also jederzeit zur Unterstützung der Anfechtung nachgeschoben werden. Handelt es sich hierbei allerdings um einen erst nach der Anfechtung entstandenen Grund, kann auf diesen die bereits erklärte Anfechtung nicht mehr gestützt werden. Ein derartiger Anfechtungsgrund kann nur mit einer neuen Anfechtungserklärung geltend gemacht werden.

Die Anfechtung muß nicht persönlich erklärt werden (BayObLGE 89, 116; anders bei Selbstanfechtung des Gemeinschaftlichen Testaments oder Erbvertrags durch den Erblasser, § 2282 BGB).

Wirksam wird die amtsempfangsbedürftige Willenserklärung mit Zugang beim örtlich und sachlich zuständigen Nachlaßgericht. Gibt ein örtlich unzuständiges Nachlaßgericht die Erklärung an das zuständige weiter, ist sie schon mit Einreichung wirksam geworden (Palandt/Edenhofer, § 2081 Rn. 3; a. A. MK/Leipold, § 2081 Rn. 8 m.w.N.). Dies gilt auch, wenn das Nachlaßgericht bewußt wegen Unzuständigkeit untätig bleibt oder sich das Nachlaßgericht fälschlich für zuständig erachtet und die Erklärung nach § 2081 Abs. 2 BGB behandelt. Nur wenn das Gericht unter Verweisung auf seine Unzuständigkeit die Erklärung zurückgibt, ist diese nicht wirksam (Palandt/Edenhofer, § 2081 Rn. 3 m.w.N.).

Eine **Prüfung der Wirksamkeit der Anfechtung** erfolgt nach Entgegennahme der Erklärung noch nicht. Sie ist erst und nur dann veranlaßt und statthaft, wenn diese Frage für ein Verfahren vor dem Nachlaßgericht von Bedeutung ist (OLG Köln FamRZ 1993, 1124; BayObLG FamRZ 1997, 383). Im Erbscheinsverfahren, §§ 2353 ff. BGB, hat daher das Nachlaßgericht selbst über das Durchgreifen der Anfechtung zu entscheiden; die Verweisung auf den Prozeßweg ist unstatthaft. Ist bereits ein Erbschein erteilt, muß es nach Kenntnis von der Anfechtung von Amts wegen prüfen, ob dieser unrichtig geworden ist (KG NJW 1963, 766). Die Ermittlungspflicht des Nachlaßgerichts beschränkt sich grundsätzlich auf die geltend gemachten Anfechtungsgründe. Nach weiteren Anfechtungsgründen forscht es nicht.

Anfechtungsgegner ist jeder, der aus der Verfügung unmittelbar einen rechtlichen Vorteil erlangt. Dies gilt insbesondere für Vermächtnisse, die durch Erklärung gegenüber dem Vermächtnisnehmer anzufechten sind (KG FamRZ 1977, 271,

273). Die Anfechtung eines Testaments oder des Widerrufs eines Testaments, das eine Erbeinsetzung und ein Vermächtnis enthält, muß doppelt erklärt werden, einmal gegenüber dem Nachlaßgericht, soweit sie die Erbeinsetzung betrifft, und gegenüber dem Begünstigten, hinsichtlich des Vermächtnisses (BayObLGE 60, 490; KG FamRZ 1977, 271). Zunächst ist jedoch zu prüfen, ob das Vermächtnis nicht schon wegen des engen Zusammenhangs mit der Erbeinsetzung seine Wirksamkeit verliert, so daß § 2085 BGB eingreift (Staudinger/ Otte, § 2081 Rn. 9).

Anfechtungsrecht

→ *Anfechtung beim Gemeinschaftlichen Testament*
→ *Anfechtung der Verfügungen von Todes wegen*

Annahme der Erbschaft

Mit dem Erbfall fällt dem Erben die Erbschaft an. Es entsteht nunmehr ein Schwebezustand. Der Erbe kann die Erbschaft annehmen oder er kann sie ausschlagen, § 1942 Abs. 1 BGB. Die Annahme bewirkt den Verlust des Ausschlagungsrechts für den Erben.

Die Annahme der Erbschaft kann erfolgen:

- durch ausdrückliche Willenserklärung (MK/Leipold, § 1943, Rn. 9 m.w.N.). Die Annahmeerklärung ist formlos gültig und nicht empfangsbedürftig.
- durch schlüssiges Verhalten des Erben, daß auf dessen Willen, die Erbschaft behalten zu wollen, schließen läßt.
- durch Verstreichenlassen der Ausschlagungsfrist gem. § 1943 BGB.

Anstandsschenkungen

Schenkungen, die der Erblasser zu Lebzeiten einem Dritten zuwendet, sollen den Pflichtteilsanspruch pflichtteilsberechtigter Personen nicht aushöhlen. Der Pflichtteilsberechtigte kann daher von dem Erben die Ergänzung seines Pflichtteils beanspruchen (→ *Pflichtteilsergänzungsanspruch*). Hat der Erblasser einem Dritten eine Schenkung gemacht, so kann der Pflichtteilsberechtigte als Ergänzung des Pflichtteils von dem Erben den Betrag verlangen, um den sich der Pflichtteil erhöht, wenn der verschenkte Gegenstand dem Nachlaß hinzugerechnet wird, § 2325 BGB.

Dem Pflichtteilsergänzungsanspruch unterliegen aber nicht sog. Anstandsschenkungen, d. h. kleine Gelegenheitsgeschenke im üblichen Rahmen, z. B. an Weihnachten, Ostern, Geburtstag und Namenstag, oder ein Trinkgeld. Für die Beurteilung spielt die örtliche oder gesellschaftliche Verkehrssitte eine große Rolle (BGH NJW 1981, 111). Ausgenommen sind auch Schenkungen, die objektiv einer sittlichen Pflicht entsprechen, und zwar selbst dann, wenn sie den Nachlaß im wesentlichen aufzehren (BGH WM 1981, 909). Hier wären beispielsweise anzuführen Zuwendungen zur Sicherung des Lebensunterhalts des nichtehelichen Lebensgefährten (BGH NJW 1983, 674).

Die **Unterhaltszahlung** für nahe Verwandte wird sogar als klassisches Beispiel einer Pflichtschenkung angesehen (MK/Kollhosser, § 534 Rn. 4).

Die Motivation der zusätzlichen Alterssicherung wird unter dem Gesichtspunkt der sittlichen Pflicht gesehen (BGH WM 1982, 100). Gegebenenfalls kann auch die Zuwendung eines Grundstücks oder eines Nießbrauchs aus Dankbarkeit für unbezahlte langjährige Dienste im Haushalt oder für unentgeltliche Pflege und Versorgung einer sittlichen Pflicht entsprechen (BGH WM 1977, 1410; BGH WM 1978, 905).

Nach BGH (NJW 1984, 2939) müssen bei der **Abwägung im Einzelfall** auch die Interessen des Pflichtteilsberechtigten berücksichtigt werden. Deshalb müsse der Richter eine auf die jeweiligen Besonderheiten des Falles bezogene Abwägung vornehmen, um entscheiden zu können, in welchem Ausmaß beispielsweise die Alterssicherung und die Dankbarkeit gegenüber dem Lebensgefährten es unabweisbar erscheinen lassen, die gesetzlich vorgeschriebene Mindestbeteiligung des Kindes einzuschränken. Maßgeblich sei dabei die Sichtweise, die der Erblasser im Zeitpunkt der Schenkung bei einer vorausschauenden Betrachtung haben mußte, welche sämtliche

Umstände in Erwägung zieht, die seiner Kenntnisnahme auch nur möglicherweise zugänglich waren.

Weitere Einzelfälle:

- Unter „sittliche Pflicht" kann fallen: Übereignung des halben Familienwohnhauses an unversorgte Ehefrau nach langjähriger unbezahlter Mitarbeit im Geschäft (OLG Karlsruhe OLGZ 1990, 456);
- die Sicherung des Lebensunterhalts für den Partner einer nichtehelichen Lebensgemeinschaft (BGH NJW 1983, 674);
- belohnende Zuwendungen für Pflegeleistungen oder ähnliches dagegen nur, wenn besondere Umstände, wie z. B. schwere persönliche Opfer, vorliegen (BGH NJW 1986, 1926);
- Überlassung eines Hausgrundstücks an Tochter für jahrelange Pflege der Mutter (BGH WM 1978, 905);
- Überlassung des väterlichen Unternehmens an jahrelang mitarbeitenden Sohn (RG JW 1931, 1356);
- Übertragung eines Hausgrundstücks an jahrelang im Haushalt und Geschäft mitarbeitende Tochter (BGH MDR 1967, 388);
- unentgeltliche Zuwendung von Grundstücken an Abkömmling, der Erblasser in Notlage unterstützte (LG Braunschweig RdL 1951, 74);
- Überlassung eines Grundstücks an die Tochter zwecks gleichmäßiger Verteilung des Familienvermögens unter die Kinder (OLG Celle HRR 1934 Nr. 9042);
- Abschluß einer Lebensversicherung zugunsten der unversorgten Ehefrau durch betagten Gewerbetreibenden (OLG Braunschweig FamRZ 1963, 376);
- Bestellung eines lebenslänglichen Nießbrauchs an Geschäftsgrundstück für langjährige Hausgehilfin (BGH WM 1977, 1410).

Hinweis:

Keine Anstandsschenkung ist die Übertragung einer Grundstückshälfte auf den Schwiegersohn (BGH NJW 1981, 111).

Die **Beweislast** für eine Schenkung hat der Kläger; daß es sich um eine Anstandsschenkung handelte, muß der beschenkte Beklagte beweisen (Palandt/Edenhofer, § 2330 Rn. 2; MK/Frank, § 2330 Rn. 4).

Der **Auskunftsanspruch** des Pflichtteilsberechtigten nach § 2314 BGB umfaßt auch Pflicht- und Anstandsschenkungen (BGH NJW 1962, 245; OLG Hamburg MDR 1956, 169; BGH LM § 2314 BGB Nr. 5). Der pflichtteilsberechtigte Nichterbe kann vom Erben Auskunft verlangen, § 2314 BGB. Ist der Pflichtteilsberechtigte selbst Miterbe, richtet sich sein Anspruch gegen die Miterben, §§ 2027, 2028, 2038, 666, 681 BGB. Der pflichtteilsberechtigte Erbe hat gemäß § 242 BGB einen Auskunftsanspruch gegen den Beschenkten, wenn er sich die erforderliche Kenntnis nicht auf zumutbare Weise selbst beschaffen kann und der Beschenkte die Auskunft ohne Schwierigkeiten zu geben in der Lage ist (BGH NJW 1986, 127).

Anwachsung

In jeder letztwilligen Verfügung sollte eine Regelung für den Fall vorgesehen sein, daß einer von mehreren eingesetzten Erben vor dem Erblasser verstirbt oder ein eingesetzter Miterbe die Erbschaft ausschlägt. § 2094 Abs. 1 BGB gibt eine Auslegungsregel, wem der vorgesehene Erbteil zufallen soll. Die Auslegungsregel greift dann ein, falls der Wille des Erblassers durch Auslegung des Testaments nicht feststellbar ist: Nach § 2094 Abs. 1 Satz 1 BGB wächst der Erbteil des weggefallenen Erben den übrigen Erben im Verhältnis ihrer Erbteile an, wenn der Erblasser die mehreren Erben derart eingesetzt hat, daß die gesetzliche Erbfolge ausgeschlossen ist. Der Erbteil des weggefallenen Erben wächst den übrigen Erben nach dem Verhältnis ihrer Erbteile an.

Die vorstehende Vermutung wird widerlegt, wenn der Erblasser die Anwachsung ausgeschlossen hat, § 2094 Abs. 3 BGB, in dem der Erblasser einen Ersatzerben, § 2096 BGB, benannt hat.

Beispiel für Anwachsung:

M. setzt seine Frau F zu $1/2$ und seine Söhne A und B zu je $1/4$ als Erben ein. B verstirbt vor M. F ist zu $2/3$ und A zu $1/3$ erbberechtigt.

Beispiel für Ersatzerbenanordnung:

A setzt seinen Freund F 1 zu seinem Vollerben ein. Für den Fall, daß F 1 vor M verstirbt, soll F 2 Ersatzerbe sein.

Bei Einsetzung von Ersatzerben ist Anwachsung stets ausgeschlossen, §§ 2099, 2094 Abs. 3 BGB.

Wegfall eines Erben vor oder nach dem Erbfall kann eintreten:

– Vor dem Erbfall durch Tod, § 1923 Abs. 1 BGB (auch Totgeburt einer Leibesfrucht, § 1923 Abs. 2 BGB), bei Erbverzicht, § 2352 BGB.

– Nach dem Erbfall durch Ausschlagung, § 1953 BGB, Erbunwürdigkeitserklärung, § 2344 BGB, Nichterleben einer aufschiebenden Bedingung, § 2074 BGB, Anfechtung, §§ 2078, 2079 BGB, und Nichterteilung der staatlichen Genehmigung einer Stiftung nach § 84 BGB, Art. 86 EGBGB.

Streitig ist, ob § 2094 BGB auch bei Nichtigkeit oder Unwirksamkeit der Erbeinsetzung eingreift, z. B. wegen Verstoßes gegen §§ 7, 27 BeurkG oder aufgrund von § 2077, § 2270 BGB. Dies wird von der herrschenden Meinung abgelehnt (Palandt/Edenhofer, § 2094 Rn. 3; RGRK/Johannsen, § 2094 Rn. 2; Staudinger/Seyboldt, § 2094 Rn. 3; Jauernig/Stürner, § 2094 Rn. 2; offengelassen bei Erman/Hense, § 2094 Rn. 2; a. A. MK/Schlichting, § 2094 Rn. 3; KG NJW 1956, 1523).

Die Erbquoten der übrigen gesetzlichen Erben und entsprechend auch ihre Pflichtteilsquoten (§§ 2310 Satz 2, 2316 Abs. 1 Satz 2 BGB) erhöhen sich, wenn zwischen dem Erblasser und dem zukünftigen gesetzlichen Erben ein Erbverzichtsvertrag gem. § 2346 Abs. 1 Satz 1 BGB abgeschlossen wird. Der Verzichtende ist von der gesetzlichen Erbfolge und dem Pflichtteilsrecht ausgeschlossen, wie wenn er zur Zeit des Erbfalls nicht mehr lebte, § 2346 Abs. 1 Satz 2 BGB (Weirich, Erben und Vererben, Rn. 1210: Anwachsung des OHG-Vermögens bei Fortsetzungsklausel).

Anwartschaftsrecht

1. Nacherbe
   a) Vererblichkeit des Anwartschaftsrechts
   b) Verfügungen über das Anwartschaftsrecht
   c) Ausschlagung
2. Vermächtnisnehmer
   a) Überblick
   b) Anwartschaft bei befristetem Vermächtnis

1. Nacherbe

Mit dem Eintritt des Nacherbfalls (des vom Erblasser bestimmten Zeitpunkts oder Ereignisses) erwirbt der Nacherbe das Vermögen des Erblassers als ganzes und unmittelbar von diesem. Mit dem Tod des Erblassers erwirbt der Nacherbe bereits eine unentziehbare und gesicherte Rechtsposition, die als erbrechtliches Anwartschaftsrecht bezeichnet wird (BGHZ 87, 367, 369 m.w.N.). Hinsichtlich der Befugnisse, die das Gesetz dem Nacherben verleiht → *Vor- und Nacherbschaft.*

a) Vererblichkeit des Anwartschaftsrechts

Stirbt der Nacherbe in der Zeit zwischen dem Erbfall und dem Nacherbfall, so vererbt er das Anwartschaftsrecht mangels anderslautenden Erblasserwillens nach der Auslegungsregel des § 2108 Abs. 2 Satz 1 BGB (BGH NJW 1963, 1150; Weirich, Erben und Vererben, Rn. 612; Brox, Rn. 345). Falls der Nacherbe jedoch unter einer aufschiebenden Bedingung (z. B. der Wiederverheiratung des überlebenden Ehegatten) eingesetzt ist, so bleibt es bei der Regel des § 2074 BGB, wonach im Zweifel davon auszugehen ist, daß die Zuwendung nur gelten soll, wenn der Bedachte den Bedingungseintritt erlebt.

Nach § 2108 Abs. 2 BGB wird vermutet, daß durch die Einsetzung eines Ersatznacherben die Vererblichkeit ausgeschlossen ist. Eine Ausnahme nimmt man dann an, wenn der Ersatznacherbe vor dem Hauptnacherben verstirbt (Soergel/Harder, § 2108 BGB, Rn. 3; Palandt/Edenhofer, § 2108 Rn. 4).

Handelt es sich bei dem Nacherben um einen Abkömmling des Erblassers, so ist fraglich, ob seine Anwartschaft entsprechend der Auslegungsregel des § 2108 Abs. 2 BGB auf seine Erben übergeht oder gem. § 2069 BGB auf seine Abkömmlinge als Ersatznacherben. Als Anhaltspunkte für die beiden gesetzlichen Auslegungsregeln gilt: Vererblichkeit ist ausgeschlossen, wenn es dem Erblasser in erster Linie darum ging, das Vermögen in der Familie zu halten. Dagegen spricht es für die Vererblichkeit, wenn der Erblasser dem Nacherben eine schon vor dem Nacherbfall verwertbare Rechtsstellung zuwenden wollte (BGH NJW 1963, 1150; Palandt/Edenhofer, § 2069, Rn. 4).

b) Verfügungen über das Anwartschaftsrecht

Eine Vorschrift, in der das Anwartschaftsrecht des Nacherben ausdrücklich für übertragbar erklärt wird, fehlt. Nach heute herrschender Meinung ist das mit Erleben des Erbfalls entstehende Anwartschaftsrecht des Nacherben grundsätzlich abtretbar, verpfändbar und pfändbar (BGHZ 87, 367, 369 m.w.N.; Palandt/Edenhofer, § 2108 Rn. 6). Vor dem Erbfall scheitert eine Übertragung des Nacherbenrechts allerdings an der Vorschrift des § 312 BGB. Ein Zuwendungsverzicht, § 2352 BGB, ist jedoch zulässig.

Der Übertragungsvertrag bedarf der Form des § 2033 BGB. Der Vorerbe wird damit Vollerbe. Zwischen Erbfall und Nacherbfall ist die Zulässigkeit solcher Übertragungen dagegen allgemein anerkannt, aber gesetzlich nicht geregelt. Auch ist der Nacherbe nunmehr befugt, über seine Nacherbenrechte letztwillig zu verfügen (Palandt/Edenhofer, § 2108 Rn. 6). In einem Verzicht des Nacherben auf seine Rechte zugunsten des Vorerben liegt in der Regel eine Übertragung des Anwartschaftsrechts auf diesen. Der Nacherbe kann sein Anwartschaftsrecht wie ein Miterbe entgeltlich oder unentgeltlich übertragen.

Nach §§ 857, 851 ZPO ist das Anwartschaftrecht pfändbar.

Nach Eintritt des Nacherbfalls gibt es kein Anwartschaftsrecht mehr, da der bisherige Nacherbe nunmehr Erbe ist. Er kann nun sein Erbrecht nach allgemeinen Grundsätzen veräußern.

c) Ausschlagung

Nach Eintritt des Erbfalls kann der Nacherbe die Erbschaft ausschlagen, § 2142 Abs. 1 BGB. Die Ausschlagungsfrist von sechs Wochen (§ 1944 Abs. 1 BGB) beginnt mit der Kenntniserlangung von dem Anfall und dem Grunde der Berufung zum Erben, § 1944 Abs. 2 Satz 1 BGB (BGH ZEV 2000, 401). Kenntnis des Anfalls liegt regelmäßig in der Kenntnis der den Anfall begründeten Tatsachen, wie Tod, Todeserklärung des Erblassers, verwandtschaftliche oder eheliche Verhältnisse, Wegfall im Wege stehender Verwandter. Kenntnis fehlt jedoch, solange der Erbe irrtümlich einen anderen für vorberufen oder das diesen berufende nichtige Testament für gültig oder das ihn selbst berufende Testament für ungültig hält. Bei gesetzlicher Erbfolge erforderlich ist die Kenntnis des die Erbberechtigung begründenden Familienverhältnisses (Verwandtschaft, Ehe, §§ 1924–1935 BGB). Außerdem muß dem gesetzlichen Erben bekannt sein, daß keine letztwillige Verfügung vorhanden ist, die das gesetzliche Erbrecht ausschließt. Hierbei genügt es, wenn er keine Kenntnis und auch keine begründete Vermutung hat, daß eine Verfügung von Todes wegen vorliegt. Bei gewillkürter Erbfolge muß der Erbe Kenntnis davon erlangen, daß er durch Verfügung von Todes wegen zum Erben berufen ist. Auf die genaue Kenntnis des ganzen Inhalts der ihn berufenden Verfügung kommt es nicht an.

2. Vermächtnisnehmer

Unter „Vermächtnis" versteht man die Zuwendung eines Vermögensvorteils von Todes wegen, die weder Erbeinsetzung noch Auflage ist. Ob im Einzelfall ein Vermächtnis oder eine Erbeinsetzung vorliegt, hängt davon ab, ob der Erblasser den Bedachten unmittelbar am Nachlaß beteiligen (dann Erbeinsetzung) oder ihm nur einen schuldrechtlichen Anspruch (dann Vermächtnis) zuwenden wollte. Das Vermächtnis kann auf einer Verfügung von Todes wegen oder auf einer gesetzlichen Anordnung (§ 1932 BGB Voraus, § 1969 BGB) beruhen.

a) Überblick

Vor Eintritt des Erbfalls hat der Vermächtnisnehmer lediglich die Aussicht auf den künftigen Erwerb des vermachten Gegenstandes oder Rechts, nicht jedoch einen Anspruch oder eine rechtlich gesicherte Position (BGH NJW 1961, 1915). Der Erblasser kann in diesem Stadium jederzeit anderweitig über den vermachten Gegenstand verfügen oder das Vermächtnis ändern.

Um spätere Schwierigkeiten bei der Erlangung des Vermächtnisses zu vermeiden, kann der Erblasser den Vermächtnisnehmer durch Vollmacht über den Tod hinaus ermächtigen oder zum Testamentsvollstrecker ernennen um ihm die Möglichkeit zu geben, unter Befreiung von § 181 BGB nach dem Erbfall den Vermögensgegenstand sich selbst zu übertragen.

b) Anwartschaft bei befristetem Vermächtnis

Das Vermächtnis fällt dem Bedachten regelmäßig mit dem Erbfall an. Der Erblasser kann den Anfall des Vermächtnisses jedoch auf einen späteren Zeitpunkt als den Erbfall hinausschieben, § 2177 BGB:

– Wird das Vermächtnis unter einer aufschiebenden Bedingung angeordnet (z. B. „mein Enkelkind erhält 5 000,00 Euro aus dem Nachlaß, wenn er den Wehrdienst ableistet"), so ist der Vermächtnisanspruch erst mit Bedingungseintritt begründet. Der Bedachte muß also im Zweifel den Erbfall und den Bedingungseintritt erleben, §§ 2160, 2074 BGB. Hat der Erblasser einen Abkömmling aufschiebend bedingt bedacht und fällt dieser vor Eintritt der Bedingung weg, so sind im Zweifel dessen Abkömmlinge als Ersatzvermächtnisnehmer berufen, § 2069 BGB.

– Der Erblasser kann für das Entstehen des Vermächtnisanspruchs einen Anfangstermin setzen, § 2177 BGB („Mein Enkelkind erhält 10 Jahre nach meinem Tod meinen Sportwagen Mercedes 200 SL"). Das Vermächtnis fällt dann mit dem Eintritt des Termins an, sog. „aufschiebende Befristung".

– War der Vermächtnisnehmer im Zeitpunkt des Erbfalls noch nicht geboren, so fällt ihm die Zuwendung mit der Geburt an (nicht mit Rückwirkung auf den Erbfall), § 2178 BGB.

In den Fällen der §§ 2177 f. BGB steht dem Bedachten während der Schwebezeit zwischen Erbfall und Anfall des Vermächtnisses bereits ein rechtlich geschütztes Anwartschaftsrecht zu. Dieses kann rechtsgeschäftlich übertragen, verpfändet und gepfändet werden. Es ist auch vererblich. Eine Ausnahme besteht im Zweifel nur für das aufschiebend bedingte Vermächtnis, § 2074 BGB (Palandt/Edenhofer, § 2179 Rn. 1; Kerscher/Tanck/Krug, Das erbrechtliche Mandat, § 8 Rn. 123 ff.).

Aufgebotseinrede

Der Erbe haftet grundsätzlich unbeschränkt mit seinem gesamten Vermögen – dem Privatvermögen und dem erworbenen Nachlaß – für die Nachlaßverbindlichkeiten, § 1967 BGB. Eine Möglichkeit der Haftungsbeschränkung ist das Aufgebotsverfahren. Dieses wird der Erbe immer dann einleiten, § 1970 BGB, §§ 946 ff. ZPO, wenn ihm die vorhandenen Verbindlichkeiten noch unbekannt sind. Folge davon ist, daß er bis zur Beendigung des Aufgebotsverfahrens die Erfüllung von Nachlaßverbindlichkeiten verweigern kann, § 2015 BGB. Dies geschieht im Prozeß durch die Erhebung der Aufgebotseinrede. Diese Einrede kann auch von einem Nachlaßpfleger geltend gemacht werden, der bis zur Annahme der Erbschaft zur Verwaltung des Nachlasses eingesetzt worden ist.

Antragsberechtigt für das Aufgebotsverfahren ist nach § 991 Abs. 1–3 ZPO der Erbe, auch Miterbe, ein Nachlaßpfleger und der Testamentsvollstrecker.

Nach § 919 ZPO ist das Amtsgericht zuständig, dem die Verrichtungen des Nachlaßgerichts obliegen. Der Antragsteller ist verpflichtet, ein Verzeichnis der ihm bekannten Nachlaßgläubiger beizufügen, § 992 ZPO.

Die Aufgebotsfrist beträgt höchstens sechs Monate, § 994 Abs. 1 ZPO. Die Frist ist keine Notfrist, § 224 Abs. 1 Satz 2 ZPO. Ein Verstoß ist prozessual belanglos. Nach Ablauf der Frist ergeht auf Antrag ein Ausschlußurteil, §§ 994, 952 ZPO. Gegen dieses Ausschlußurteil gibt es kein Rechtsmittel, jedoch unter besonderen Voraussetzungen die Anfechtungsklage, § 957 ZPO.

Nach **Abschluß des Aufgebotsverfahrens** kennt der Erbe die angemeldeten und die dinglich gesicherten Forderungen sowie Verbindlichkeiten aus Pflichtteilen, Vermächtnissen und Auflagen. Reicht der Aktivnachlaß aus, so kann er die Gläubiger befriedigen. Ist dies nicht der Fall, so kann er sich für die in Betracht kommenden Haftungsbeschränkungsmaßnahmen entscheiden. Nachlaßgläubiger, die ihre Forderungen vor Erlaß des Ausschlußurteils nicht angemeldet haben, können nur noch Befriedigung aus dem Nachlaß verlangen, § 1973 BGB. Ihre Forderungen erlöschen nicht, den Erben steht jedoch gegenüber solchen Forderungen die Ausschließungseinrede zu, § 1973 Abs. 1 Satz 1 BGB.

Allerdings gehen selbst den ausgeschlossenen Gläubigern die Verbindlichkeiten aus Pflichtteilen, Vermächtnissen und Auflagen im Rang nach, § 1973 Abs. 1 Satz 2 BGB.

Ist der **Nachlaß** nach Befriedigung der Gläubiger, die nicht ausgeschlossen sind, **erschöpft**, so haftet der Erbe diesen Gläubigern gegenüber überhaupt nicht. Einen etwaigen Überschuß hat der Erbe den ausgeschlossenen Gläubigern nach Bereicherungsrecht herauszugeben, § 1973 Abs. 2 Satz 1 BGB (zu beachten ist § 818 BGB), wobei die Herausgabe der vorhandenen Gegenstände durch Zahlung ihres Wertes abgewendet werden kann.

Der Wegfall der Haftung des Erben mit seinem Eigenvermögen gem. § 1973 Abs. 1 BGB greift nicht ein bei Gläubigern, deren Ansprüche auf einen Nachlaßgegenstand durch **Pfandrechte,** eine Vormerkung im Grundbuch oder ein Aussonderungsrecht im Insolvenzverfahren gesichert sind, § 1971 BGB i.V.m. §§ 47 ff. InsO.

Im **Erkenntnisverfahren** führt die Erhebung der Einrede bei begründeter Klage eines Nachlaßgläubigers zu einer Verurteilung des Erben unter dem Vorbehalt der beschränkten Erbenhaftung, §§ 305, 780 Abs. 1 ZPO. Dabei handelt es sich nicht um ein Vorbehaltsurteil i. S. d. §§ 302, 599 ZPO, das zu einem Nachverfahren führt. Die Bedeutung der Verurteilung unter Vorbehalt der beschränkten Erbenhaftung zeigt sich vielmehr bei der Zwangsvollstreckung.

Im **Zwangsvollstreckungsverfahren** hindert der Vorbehalt den Gläubiger allerdings nicht an der Pfändung und Verwertung des Pfandes, § 781 ZPO. Der Erbe kann aber die Verwertung verhindern, in dem er gegen den Gläubiger Vollstreckungsgegenklage gem. §§ 782, 785, 765 ZPO erhebt.

Voraussetzung für die Vollstreckungsgegenklage ist der Vorbehalt im Urteil, welches im Erkenntnisverfahren erging.

Ziel der Vollstreckungsgegenklage ist es, daß für die Dauer der Schonfrist die Versteigerung des gepfändeten Gegenstandes für unzulässig erklärt wird bzw. gepfändetes Geld hinterlegt wird. Es verbleibt also bei der Sicherung des Gläubigers. Die Verwertung kann erfolgen, sobald die Schonfrist (mit Verlängerungsmöglichkeit, § 782 Satz 2 ZPO) abgelaufen ist.

Eine **materiell-rechtliche Wirkung** der aufschiebenden Einreden wird weitgehend verneint (RGZ 79, 201, 204 ff.; Lange/Kuchinke, § 48 III 2; MK/Siegmann, § 2014 Rn. 5 m.w.N.). Danach kann der Erbe trotz der Einrede z. B. in Schuldnerverzug kommen (a.A. Kipp/Coing, § 100 IV 1; Staudinger/Marotzke, § 2014 Rn. 8; RGRK/Johannsen, § 2014 Rn. 6 f.; Brox, Rn. 677).

Aufhebung von Erbverträgen

Erfahrene Praktiker empfehlen, eine letztwillige Verfügung längstens **nach fünf bis acht Jahren** auf ihre Maßgeblichkeit hin zu **überprüfen.** Die Verhältnisse, aber auch die Menschen, können sich seit Errichtung der Verfügung von Todes wegen geändert haben. Wenn Erwartungen des Erblassers nicht eingetreten sind, kann es für ihn unzumutbar sein, an der letztwilligen Verfügung festzuhalten. Hierbei ist zu beachten, daß der Erbvertrag eine stärkere Bindungswirkung als das Gemeinschaftliche Testament entfaltet. Dies hat zur Folge, daß man sich vor einem Erbvertrag nur unter engeren Voraussetzungen lösen kann als vom Gemeinschaftlichen Testament.

Ein Erbvertrag kann von den Beteiligten nach allgemeinen Grundsätzen wieder aufgehoben oder geändert werden, §§ 305, 241, 397, 2290 BGB. Dies setzt jedoch voraus, daß alle ursprünglich an dem Erbvertrag Beteiligten noch leben. Alle Beteiligten müssen an der Aufhebung oder Änderung mitwirken. Nach dem Tod eines Beteiligten scheidet eine Aufhebung oder Änderung eines Erbvertrages aus, § 2290 BGB.

Dies verhindert die Aufhebung bindender vertraglicher Verpflichtungen durch die Erben eines Vertragspartners nach dessen Tod.

Es käme allenfalls ein Zuwendungsverzichtsvertrag, § 2352 BGB, mit dem oder den erbvertraglich bindend Bedachten in Betracht.

Der Erblasser kann den Aufhebungsvertrag nur **persönlich** schließen, § 2290 Abs. 2 Satz 1 BGB. Ist er beschränkt geschäftsfähig, so bedarf er hierzu nicht der Zustimmung seines gesetzlichen Vertreters, § 2290 Abs. 2 Satz 2 BGB, wenn der Vertrag nur die Aufhebung des Erbvertrags zum Gegenstand hat.

Enthält der neue Vertrag dagegen auch eine neue erbvertragliche Regelung, ist § 2275 BGB zu beachten, wonach grundsätzlich Geschäftsfähigkeit des Erblassers erforderlich ist.

Ist der Erblasser inzwischen **geschäftsunfähig** geworden, scheidet der Abschluß eines Aufhebungsvertrages aus, da der Erblasser den Vertrag nur persönlich schließen kann. Das Gesagte gilt auch für den Vertragspartner, sofern er ebenfalls Erblasser ist. Anderenfalls kann der Vertragspartner sich vertreten lassen. Ist er geschäftsunfähig, muß er durch seinen gesetzlichen Vertreter vertreten werden. Ist er beschränkt geschäftsfähig, kann sein gesetzlicher Vertreter oder er selbst den Aufhebungsvertrag schließen. Im letzteren Fall ist die Zustimmung des gesetzlichen Vertreters erforderlich, §§ 107, 108 BGB, da der Vertragspartner einen rechtlichen Vorteil (Bindung des Erblassers) einbüßt. Außerdem ist die **Genehmigung des Vormundschaftsgerichts** erforderlich, § 2290 Abs. 3 Satz 1 BGB. Der Genehmigung bedarf es nicht, wenn der Vertrag unter Ehegatten oder Verlobten geschlossen wird und der Inhaber der elterlichen Sorge des minderjährigen Vertragspartners zustimmt, § 2290 Abs. 3 Satz 2 BGB.

Durch den Aufhebungsvertrag können die vertragsmäßigen Verfügungen eines Erbvertrages insgesamt oder nur teilweise – je nach dem Willen der Vertragsparteien – wirkungslos werden.

Im Zweifel treten die einseitigen Verfügungen ebenfalls außer Kraft, § 2299 Abs. 3 BGB. Wenn der Aufhebungsvertrag selbst aufgehoben wird, tritt in entsprechender Anwendung der §§ 2257, 2258 Abs. 2 BGB (Widerruf des Widerrufs) der ursprüngliche Erbvertrag wieder in Kraft, sofern die Parteien nichts anderes vereinbart haben. Der Aufhebungsvertrag kann auch durch Anfechtung beseitigt werden.

(siehe zur Problematik insgesamt RGRK/Kregel, § 2290 Rn. 9; Soergel/Wolf, § 2290 Rn. 10; Staudinger/Herzfelder, 9. Aufl., § 2290 Rn. 6; Brox, Rn. 246; Palandt/Edenhofer, § 2290 Rn. 4; MK/Musielak, § 2290 Rn. 9; Erman/Hense/Schmidt, § 2290 Rn. 5; Staudinger, 12. Aufl., § 2290 Rn. 20; Kipp/Coing, § 39 V; Lange/Kuchinke, § 37 Fn. 89).

Die Aufhebung eines Erbvertrags bedarf als actus contrarius zum Erbvertrag dessen **Form.** Er muß also notariell beurkundet werden; §§ 2290 Abs. 4, 2276 BGB.

Ehegatten können einen Erbvertrag auch durch ein Gemeinschaftliches Testament aufheben, welches nicht beurkundungsbedürftig ist, § 2292 BGB. Entscheidend ist, daß aus der neuen Verfügung der Wille erkennbar ist, den Erbvertrag aufzuheben, zu ändern oder zu ergänzen. Der notariellen Beurkundung bedarf jedoch die Zustimmung des Vertragspartners zur Aufhebung von vertragsmäßig vereinbarten Vermächtnissen durch notarielles oder privatschriftliches Testament. Die gleichzeitige Anwesenheit der Vertragspartner ist nicht notwendig, § 2291 BGB. In der Praxis ist diese Möglichkeit von völlig untergeordneter Bedeutung.

Auflage

1. Überblick

Auflage ist die einem Erben oder Vermächtnisnehmer (§§ 1940, 2192 BGB) durch Verfügung von Todes wegen auferlegte Verpflichtung zu einem bestimmten Tun oder Unterlassen.

Die Auflage ist **abzugrenzen von**

- unverbindlichen Wünschen („Ich habe den dringenden Wunsch, daß mein Sohn mit der Rennfahrerei aufhört"),
- Ratschlägen,
- Erwartungen („Ich hoffe, daß meine Kinder weiterhin in Deutschland wohnen bleiben")

des Erblassers.

Wenn der Erblasser von dem Bedachten fordert, eine bestimmte Leistung zu erbringen, ist davon auszugehen, daß die Erbeinsetzung oder Vermächtnisanordnung unter einer Bedingung steht. Der Bedachte wird nur dann Erbe oder Vermächtnisnehmer, wenn er die Bedingung erfüllt.

Der Unterschied zwischen Vermächtnis und Auflage besteht darin, daß beim Vermächtnis dem Begünstigten ein Vermögensvorteil zugewendet wird, auf den er einen klagbaren Anspruch gegen den Beschwerten hat, § 2174 BGB, während bei der Auflage ein solcher Anspruch nicht besteht, § 1940 BGB.

Die Auflage eignet sich vor allem zur Durchsetzung ideeller Ziele des Erblassers.

2. Inhalt

Die Auflage als Verpflichtung ohne Rechtszuwendung ermöglicht Gestaltungen, die mit anderen erbrechtlichen Mitteln nicht möglich sind. So können Zuwendungen

– an nicht rechtsfähige Personengemeinschaften gemacht werden (Kerscher/Tanck/Krug, Das erbrechtliche Mandat, § 8 Rn. 287 ff.; Nieder, Handbuch der Testamentsgestaltung, Rn. 951),

– der Allgemeinheit (unentgeltliche Überlassung einer Sammlung 3 × im Jahr für je einen Monat an interessierte Museen) oder

– an sog. „unselbständige Stiftungen" aus den Erträgnissen des ererbten Vermögens (Weirich, Erben und Vererben, Rn. 774).

Zur Verwirklichung unternehmerischer Ziele ist die Auflage regelmäßig nur „2. Wahl".

Bei Auflagen zur Unternehmensfortführung können sich die Verpflichteten und diejenigen, die die Vollziehung der Auflage verlangen können, bei Einigkeit untereinander nämlich über den Willen des Erblassers hinwegsetzen. Es empfiehlt sich deshalb eher, Testamentsvollstreckung anzuordnen. Änderungen der Rechtsform sollte der Erblasser besser selbst noch vornehmen als sie seinen Erben zu überlassen. Die Auflage hat gegenüber der Testamentsvollstreckung jedoch insofern einen Vorteil, als sie in einem Erbvertrag bindend vereinbart oder in einem Gemeinschaftlichen Testament wechselbezüglich sein kann, während Testamentsvollstreckung immer nur einseitig angeordnet werden kann.

Erbrechtliche Auflagen können nur durch Verfügung von Todes wegen angeordnet werden. Es sollte klargestellt werden, daß es sich um eine Auflage ohne einen Vollziehungsanspruch des etwa Begünstigten handelt. Der Beschwerte ist ausdrücklich zu bestimmen. Der Zweck der Auflage und der Vollziehungsberechtigte bzw. Bestimmungsberechtigte für Leistungsgegenstand und Leistungsempfänger müssen vom Erblasser persönlich und eindeutig bezeichnet werden. Die Bestimmung, an wen die Leistung erfolgen soll, kann dagegen dem Beschwerten oder einem Dritten überlassen werden, § 2193 BGB (**Beispiel:** „Mein Erbe soll jährlich 50 000 Euro an die gemeinnützigen Vereine meiner Heimatstadt verteilen. Die Auswahl der Empfänger soll der Bürgermeister treffen."). Auch wenn die Auswahl des Begünstigten nach freiem Ermessen erfolgen soll, kann sie gerichtlich darauf überprüft werden, ob sie den vom Erblasser verfolgten Zweck offensichtlich verfehlt oder auf Arglist beruht (BGHZ 121, 357).

3. Beispiele

- Verpflichtung zur Grabpflege;
- Verpflichtung zur Errichtung eines Grabsteins;
- Zurverfügungstellung einer privaten Sammlung für die Öffentlichkeit;
- Pflege eines bestimmten Tieres;
- Anordnung besonderer Bestattungsformen;
- Verpflichtung der Erben, ein Unternehmen fortzuführen, in eine andere Gesellschaft einzutreten, eine Gesellschaft zur Fortführung des Unternehmens zu gründen (BGH FamRZ 1985, 278);
- Bestimmung, daß ein Gesellschafter die Ausübung seiner Gesellschaftsrechte einem Testamentsvollstrecker zu überlassen hat (RGZ 172, 207);
- Verteilung einer Geldsumme zu wohltätigen Zwecken.

4. Anspruch auf Erfüllung der Auflage

Da der Auflagenbegünstigte, sofern ein solcher überhaupt vorhanden ist, gegenüber dem Beschwerten nicht forderungsberechtigt ist, besteht die Gefahr, daß dieser der Auflage nicht nachkommt. Deshalb räumt § 2194 BGB bestimmten Personen die Befugnis ein, vom Beschwerten die Vollziehung der Auflage zu verlangen. Unter mehreren Vollziehungsberechtigten kann jeder vom Beschwerten die Leistung verlangen. Mehrere Berechtigte sind nicht Gesamtgläubiger, da jeder dasselbe und nicht für sich verlangt.

Die Erfüllung können verlangen:

- der Erbe gegenüber dem beschwerten Vermächtnisnehmer,
- bei Erbengemeinschaft jeder Miterbe von mitbeschwerten Miterben,
- diejenigen, die bei Wegfall des zunächst mit der Auflage Beschwerten unmittelbar erben würden, also z. B.: Ersatzerben, Nacherben, gesetzlicher Erbe bei einem auflagebeschwerten Testamentserben.
- die nach Landesrecht – nach dem jeweiligen AGBGB – zuständige Behörde, wenn die Vollziehung der Auflage im öffentlichen Interesse liegt,

– der Testamentsvollstrecker, auch wenn er im Gesetz nicht ausdrücklich erwähnt ist, denn er hat die letztwilligen Anordnungen des Erblassers nach § 2203 BGB auszuführen. Der Erblasser kann sogar einen Testamentsvollstrecker eigens zu dem Zweck ernennen, daß er für die Erfüllung von Auflagen sorgt, §§ 2208 Abs. 2, 2223 BGB (BayObLG DNotZ 1986, 549).

Der Anspruch gegen den Beschwerten gehört nicht zum Vermögen des Vollziehungsberechtigten. Er ist ein fremdnütziges Recht und geht auf Leistung an den Begünstigten. Der Anspruch kann daher auch nicht abgetreten, verpfändet oder gepfändet werden. Der Anspruch ist jedoch vererblich (Palandt/Edenhofer, § 2194 Rn. 3).

5. Unwirksamkeit der Auflage

Die Auflage ist nach §§ 2192, 2171 BGB unwirksam, wenn sie von dem Beschwerten eine zum Zeitpunkt des Erbfalls unmögliche Leistung verlangt. Die Unmöglichkeit kann auf tatsächlichen oder rechtlichen Gründen beruhen, § 275 Abs. 1 BGB. Jede Art der Unmöglichkeit (objektive, subjektive, anfängliche oder nachträgliche) führt unabhängig vom vertreten müssen, vom objektiven oder subjektiven Charakter des Leistungshindernisses und der Zeit seines Eintritts zum Wegfall der Primärleistungspflicht. Hat der Beschwerte die Unmöglichkeit dagegen zu vertreten, so ist er zur Herausgabe der Zuwendung insoweit verpflichtet, als sie zur Vollziehung der Auflage hätte verwendet werden müssen, §§ 2196 Abs. 1, 818 ff. BGB. Anspruchsberechtigt ist derjenige, dem der Wegfall des zunächst Beschwerten unmittelbar zustatten käme.

Ob er das Herausgegebene zur Erfüllung der Auflage (soweit das noch möglich ist) verwenden muß, ist streitig. Die Frage wird bejaht von Kipp/Coing, § 65 Abs. 3, und Brox, Rn. 445, verneint von Staudinger/Otte, § 2196 Rn. 6.

Entsprechendes gilt nach § 2196 Abs. 2 BGB, wenn der Beschwerte zur Vollziehung einer Auflage, die nicht durch einen Dritten erfüllt werden kann, rechtskräftig verurteilt ist und die zulässigen Zwangsmittel erfolglos gegen ihn angewendet worden sind.

Veränderte Umstände können dazu führen, daß eine Auflage in der Art und genauso, wie sie vom Erblasser bestimmt und vorgeschrieben ist, nicht mehr vollzogen werden kann. Die Auflage ist jedoch nur dann unwirksam, wenn den mit ihr zum Ausdruck gebrachten Anliegen des Erblassers nicht durch eine andere Art der Vollziehung Rechnung getragen werden kann (BGH NJW 1965, 688: Die Auflage einer jährlichen Wallfahrt zur Familiengruft wird dahin umgedeutet, daß an die Stelle der Familiengruft das Familiengrab auf dem Westfriedhof getreten ist.). Hierbei ist es unerheblich, ob die veränderten Umstände schon zur Zeit des Erbfalls oder erst später eingetreten sind.

Literaturhinweis:

Trilsch-Eckardt, in Groll Praxis-Handbuch Erbrechtsberatung, B V S. 321 ff.

Aufwendungsersatz

1. Überblick

Hat der Erbe Aufwendungen aus dem Eigenvermögen gemacht, so richtet sich der Ersatzanspruch danach, ob es sich um eine Aufwendung vor oder nach Annahme der Erbschaft handelt, vgl. § 1978 Abs. 3 BGB. Für eine Aufwendung vor der Annahme gelten die Regeln der Geschäftsführung ohne Auftrag, also § 683 f. BGB. Bei einer solchen nach der Annahme richtet sich der Anspruch nach Auftragsrecht, § 670 BGB (Brox, Rn. 654).

2. Miterben

Derjenige Miterbe, der für die anderen bei der Verwaltung tätig wird, kann für die entstehenden Aufwendungen (neben einem Vorschuß gemäß § 669 BGB) nachträglich Aufwendungsersatz gem. § 670 BGB verlangen. Hierbei ist jedoch der Anteil abzuziehen, den der Handelnde selbst zu tragen hat, §§ 2038 Abs. 2 Satz 1, 748 BGB.

Ob ein **Auftrag** der Miterbenmehrheit vorliegt, ist nach den Umständen des Einzelfalles zu entscheiden. Übernimmt ein Miterbe mit Wissen der anderen die Verwaltungsgeschäfte, so wird man ihr Einverständnis vermuten können, solange sie ihm ohne Widerspruch die Sorge für den Nachlaß überlassen.

Fehlt ein Mehrheitsbeschluß, so kann der Miterbe auch nach Tätigung der Aufwendung einen Ersatzanspruch aus Auftrag geltend machen, wenn er nachträglich die Zustimmung der Mehrheit zu seiner Maßnahme erhält. Kommt ein Mehrheitsbeschluß nicht zustande, so kann er wie ein Geschäftsführer ohne Auftrag Ersatz seiner Aufwendungen verlangen, §§ 683 f. BGB. Hat der Miterbe eine Maßnahme im Rahmen der Notverwaltung getroffen, so kann er wie ein Beauftragter Ersatz seiner Aufwendungen abzüglich des von ihm zu tragenden Anteils an der Verwaltungslast verlangen, §§ 2038 Abs. 1 Satz 2, 2. Halbsatz, Abs. 2 Satz 1, 748 BGB (Kerscher/Tanck/ Krug, Das erbrechtliche Mandat, § 13 Rn. 33; Brox, Rn. 475).

3. Testamentsvollstrecker

Der Testamentsvollstrecker hat Anspruch auf Aufwendungsersatz etwa von Prozeßkosten, §§ 2218 Abs. 1, 670 BGB (Brox, Rn. 402).

4. Vermächtnisbeschwerte

Der mit einem Vermächtnis Beschwerte kann für Verwendungen und Aufwendungen, die er nach dem Erbfall für die Sache erbracht hat, nach den §§ 994 ff. BGB Ersatz verlangen, § 2185 BGB (Brox, Rn. 420).

5. Vorerben

Die **gewöhnlichen Erhaltungskosten,** z. B. normale Verschleißreparaturen, trägt der Vorerbe dem Nacherben gegenüber, § 2124 Abs. 1 BGB (BGH FamRZ 1993, 1311). Diese Kosten sind aus den Nutzungen zu decken, die dem Vorerben bis zum Nacherbfall zustehen. Auch dann, wenn die genannten Kosten den Wert der Nutzungen übersteigen, fallen sie dem Vorerben zur Last.

Die **außergewöhnlichen Erhaltungskosten,** wie z. B. außergewöhnliche Ausbesserungen oder Erneuerungen, können aus der Erbschaft bestritten werden, § 2124 Abs. 2 Satz 1 BGB.

Deckt der Vorerbe sie aus seinem eigenen Vermögen, so kann er sie beim Eintritt des Nacherbfalls vom Nacherben ersetzt verlangen, § 2124 Abs. 2 Satz 2 BGB.

Derartige Aufwendungen stellen regelmäßig solche Wertverbesserungen des Nachlasses dar, die über den Nacherbfall hinausreichen und deshalb auch dem Nacherben noch zugute kommen. Voraussetzung für den Anspruch ist nicht, daß die Erhaltungskosten objektiv erforderlich waren. Es genügt, daß der Vorerbe sie den Umständen nach für erforderlich halten durfte.

Sonstige Verwendungen, die nicht Erhaltungskosten i. S. des § 2124 BGB sind, müssen dem Vorerben vom Nacherben nach den Vorschriften über die Geschäftsführung ohne Auftrag, §§ 2125 Abs. 1, 683, 684 BGB, ersetzt werden.

Hierzu zählen z. B. die Kosten für eine Betriebserweiterung und Luxusaufwendungen. In diesen Fällen soll der Nacherbe nur dann ersatzpflichtig sein, wenn der Vorerbe die Aufwendungen den Umständen nach für erforderlich halten durfte und der damit verfolgte Zweck dem wirklichen oder mutmaßlichen Willen des Nacherben entspricht oder die Aufwendungen der Erfüllung einer im öffentlichen Interesse liegenden Pflicht dienen, §§ 683, 679 BGB. Anderenfalls besteht nur ein Bereicherungsanspruch, § 684 Satz 1 BGB. § 2125 Abs. 2 BGB gibt dem Vorerben ein Wegnahmerecht, § 258 BGB, welches die Regeln der §§ 677 ff. BGB nicht vorsehen.

Die **ordentlichen Lasten,** wie z. B. Grundsteuern, Versicherungsprämien, Zahlung von Hypothekenzinsen usw., trägt der Vorerbe (wie gewöhnliche Erhaltungskosten). Der Grund ist darin zu sehen, daß dem Vorerben auch die Nutzungen zufließen.

Die **außerordentlichen Lasten,** die als auf den Stammwert der Erbschaftsgegenstände gelegt anzusehen sind (Erbschaftssteuern, Schulden des Erblassers, Pflichtteilsansprüche, Erschließungsbeiträge für Nachlaßgrundstücke, Vermächtnisse, soweit sie nicht ausdrücklich den Vorerben belasten) hat der Vorerbe im Verhältnis zum Nacherben nicht zu tragen, § 2126 Satz 1 BGB. Sie können, wie die außergewöhnlichen Erhaltungskosten, aus der Erbschaft bestritten werden oder müssen, wenn der Vorerbe sie aus seinem Vermögen tilgt, vom Nacherben ersetzt werden, weil sie unmittelbar den Nachlaß treffen, §§ 2126 Satz 2, 2124 Abs. 2 BGB (Brox, Rn. 363).

6. Vorläufige Erben

Grundsätzlich bleibt der Erbe bis zur Ausschlagung der Erbschaft aus schuldrechtlichen Geschäften mit seinem Eigenvermögen verpflichtet. Dies gilt nur dann nicht, wenn er eine Haftungsbeschränkung auf den Nachlaß mit seinem Vertragspartner ausdrücklich und erkennbar vereinbart hat (Brox, Rn. 307).

Im Innenverhältnis zum endgültigen Erben hat er die Stellung eines Geschäftsführers ohne Auftrag, § 1959 Abs. 1 BGB.

Unter den Voraussetzungen der §§ 683, 670 BGB steht ihm also gegen den endgültigen Erben ein Anspruch auf Ersatz der von ihm für die Geschäftsführung zugunsten des Nachlasses gemachten Aufwendungen zu.

Nimmt der vorläufige Erbe die Erbschaft später an, sind die in der Schwebezeit von ihm getätigten Geschäfte seine eigenen (Brox, Rn. 307).

Ausbildungskosten

Grund für die in §§ 2050 ff. BGB geregelten Ausgleichspflichten ist der vom Gesetz vermutete Wille des Erblassers, seine Abkömmlinge an der Rechtsnachfolge in sein Vermögen gleichmäßig teilhaben zu lassen. Vorempfänge einer bestimmten Art gelten daher grundsätzlich als auf den künftigen Erbteil erfolgt. Ausgleichung bedeutet nur eine rechnerische Einbeziehung der zu Lebzeiten erhaltenen Vermögenswerte in die Teilung unter den Abkömmlingen, eine Modalität der Berechnung der endgültigen Anteile am effektiven Nachlaß, d. h. am Auseinandersetzungsguthaben, und damit eine Veränderung des Verteilerschlüssels.

Auszugleichen sind u. a. gem. § 2050 Abs. 2 BGB das **Übermaß an Berufsausbildungskosten.** Hierzu gehören z. B. Studien-, Promotions- oder Fachschulkosten, nicht aber die Kosten für die allgemeine Schuldbildung. Auch Aufwendungen, die nicht in Erfüllung gesetzlicher Unterhaltspflichten erfolgen (weil etwa der Abkömmling eigenes Vermögen hat), sind nach § 2050 Abs. 2 BGB, d. h. bei Übermaß, ausgleichspflichtig (RGZ 114, 53).

Übermaß liegt nicht schon deshalb vor, weil die Verwendungen für einen Abkömmling höher sind als die für die anderen zu demselben Zwecke gemachten.

Für die Beurteilung der Frage, ob solche Aufwendungen das den Verhältnissen des Erblassers entsprechende Maß übersteigen, sind die gesamten Vermögensverhältnisse zur Zeit der Zuwendung maßgeblich (Palandt/Edenhofer, § 2050 Rn. 14; Kerscher/Tanck/Krug, Das erbrechtliche Mandat, § 3 Rn. 479; Dieckmann, FamRZ 1988, 712, 714, zu Studienkosten).

Eine Ausbildung ist in der Regel dann beendet, wenn durch Prüfung die Befähigung für einen Beruf nachgewiesen ist.

Doch kann u. U. später ein neuer Beruf erlernt werden, wofür wieder § 2050 Abs. 2 BGB gilt (RGZ 114, 54).

Nicht zu den Aufwendungen für die Vorbildung zu einem Beruf gehören die Kosten für die Beschaffung der zur Ausbildung eines Berufs erforderlichen Gegenstände, wie Instrumente des Arztes, Praxiseinrichtung des Rechtsanwalts. Diese sind Ausstattung gem. § 2050 Abs. 1 BGB.

(→ *Auseinandersetzung der Erbengemeinschaft*)

Auseinandersetzung der Erbengemeinschaft

1. Überblick

Bei einer Mehrheit von Erben wird durch Gesetz eine Gesamthandsgemeinschaft am Nachlaß begründet, die Erbengemeinschaft. Die Erbengemeinschaft ist nicht auf Dauer angelegt,
sondern stellt nach der Intension des Gesetzgebers ein Durch-
gangsstadium dar. Auseinandersetzung bedeutet Liquidation
der Erbengemeinschaft. Der Begriff umfaßt die Abwicklung
aller Rechtsbeziehungen der Gesamthand im Innen- und
Außenverhältnis, also die Befriedigung der Nachlaßgläubiger,
Erledigung aller Rechtsgeschäfte der Gesamthand mit Dritten,
auch mit Miterben, Ausgleichung von Vorempfängen sowie
Teilung des verbleibenden Restes unter den Miterben. Zen-
trale Vorschrift des Rechts über die Auseinandersetzung der
Erbengemeinschaft ist § 2042 BGB. Jeder Miterbe kann grundsätzlich jederzeit die Auseinandersetzung verlangen (Ausnahmen: §§ 2043–2045 BGB).

2. Auseinandersetzungshindernisse

a) Gesetzlicher Ausschluß

Solange die Erbteile, etwa wegen der zu erwartenden Geburt
eines Miterben oder aus anderen, im Gesetz genannten Gründen, noch unbestimmt sind, ist die Auseinandersetzung
gesetzlich ausgeschlossen, § 2043 BGB. Ist nur die Person
eines Erben, nicht aber die Größe der Erbteile unbestimmt, so
kann die Auseinandersetzung vorgenommen werden. Dasselbe gilt, wenn die Zahl der Erben innerhalb eines von mehreren Stämmen noch unsicher ist. Soweit die Erbteile der anderen Stämme feststehen, ist die Auseinandersetzung möglich.

b) Vereinbarung der Miterben

Durch formlose Vereinbarung können die Miterben die Auseinandersetzung einstimmig auf Zeit oder auf Dauer ausschließen (BGH WM 1968, 1172). Die Vereinbarung kann sich
auf den gesamten Nachlaß oder auf einzelne Gegenstände
beziehen. So kann z. B. vereinbart werden, ein Grundstück
aus wirtschaftlichen Gründen derzeit nicht zu veräußern,
weil der zu erwartende Erlös weit unter dem Verkehrswert
läge. Eine derartige Vereinbarung ist formlos möglich, selbst
wenn Grundstücke zum Nachlaß gehören. Wenn ein wichtiger Grund vorliegt, kann die Aufhebung der Erbengemein-

schaft stets verlangt werden, selbst wenn sie durch Vereinbarung für immer oder auf Zeit ausgeschlossen wurde, § 749 Abs. 2 BGB.

c) Anordnung des Erblassers

Der Erblasser kann die Auseinandersetzung durch letztwillige Verfügung bis zur Dauer von 30 Jahren ausschließen oder von einer Kündigung bzw. von anderen Voraussetzungen (etwa Mehrheitsbeschluß der Miterben) abhängig machen, § 2044 BGB. Die Anordnung wirkt nur obligatorisch, berührt also die Verfügungsmacht der Miterben nicht (BGHZ 40, 115, 117). Sie können sich demnach über eine solche Verfügung des Erblassers durch Vereinbarung aller (Mehrheitsbeschluß nicht ausreichend) hinwegsetzen. Gegenüber den Gläubigern der Miterben wirkt das Auseinandersetzungsverbot des Erblassers ebensowenig wie die entsprechende Vereinbarung der Miterben, §§ 2044 Abs. 1 Satz 2, 751 Satz 2 BGB. Die Schranke des § 137 BGB gegenüber dem Auseinandersetzungsverbot des Erblassers gilt auch dann, wenn er einen Testamentsvollstrecker einsetzt. Dementsprechend sind Verfügungen, die entgegen dem Verbot von Testamentsvollstrecker und allen Miterben gemeinsam getroffen werden, wirksam (BGHZ 40, 115, 118; BGHZ 56, 275, 278; BGH NJW 1984, 2464 f.).

3. Auseinandersetzungsanspruch

Anspruch auf Auseinandersetzung haben:

– jeder Miterbe, § 2042 Abs. 1 BGB.

Minderjährige Miterben werden von ihren Eltern gesetzlich vertreten, §§ 1626 Abs. 1, 1629 Abs. 1 BGB. Ist ein Elternteil verstorben, vertritt der überlebende Elternteil das Kind allein, § 1681 BGB. Die Eltern sind jedoch wegen Interessenkollision von der Vertretung ausgeschlossen, wenn einer von ihnen selbst als Miterbe beteiligt ist, §§ 1629 Abs. 2 Satz 1, 1795, 181 BGB. Dann ist für den Abschluß eines Erbauseinandersetzungsvertrages durch das Vormundschaftsgericht ein Ergänzungspfleger zu bestellen, § 1909 BGB. Sind mehrere Minderjährige beteiligt, so stehen sie auf verschiedenen Seiten des Vertrages, und es ist für jeden von ihnen eine besondere Pflege erforderlich (wegen § 181 BGB).

– jeder Erbteilserwerber, § 2033 Abs. 1 BGB,

– der Pfandgläubiger bei Pfandreife (Verkaufsreife) nach den Vorschriften der §§ 1258 Abs. 2, 1228 Abs. 2, 1273 Abs. 2 BGB (RGZ 60, 126; RGZ 84, 396).

Vor der Pfandreife können nur der Inhaber des verpfändeten Erbteils und der Pfandgläubiger gemeinsam die Auseinandersetzung verlangen, §§ 1258 Abs. 2, 1273 Abs. 2 BGB.

– der Pfändungspfandgläubiger kann nach herrschender Meinung ebenfalls die Auseinandersetzung verlangen, weil ihm über §§ 857, 859 ZPO diese Rechte zukommen und über § 804 Abs. 2 ZPO auch § 1258 Abs. 1 BGB Anwendung findet (RGZ 95, 231; Thomas/Putzo, ZPO § 859 Rn. 9 m.w.N. auf die Mindermeinung).

– der Nießbraucher nur in Gemeinschaft mit dem Erben, dessen Erbteil mit dem Nießbrauch belastet ist, § 1066 Abs. 2 BGB.

4. Durchführung

a) Testamentsvollstrecker

Hat der Erblasser einen Testamentsvollstrecker eingesetzt, so hat dieser grundsätzlich auch die Auseinandersetzung unter den Miterben zu bewirken, §§ 2204 BGB. Der Testamentsvollstrecker stellt den Auseinandersetzungsplan auf und hat die Miterben vor der Ausführung zu hören, § 2204 Abs. 2 BGB. Er hat die gesetzlichen Auseinandersetzungsregeln zu beachten, soweit er nicht an Anordnungen des Erblassers gebunden ist. Vereinbarungen der Miterben binden ihn, soweit sie die Fortsetzung der Erbengemeinschaft betreffen und nicht gegen Anordnungen des Erblassers verstoßen. Derartige Vereinbarungen wirken nur obligatorisch. Entgegenstehende Verfügungen des Testamentsvollstreckers sind wirksam, können ihn jedoch schadensersatzpflichtig machen.

b) Anordnungen des Erblassers

Der Erblasser kann durch Verfügung von Todes wegen bestimmen, wie die Auseinandersetzung vorgenommen werden soll, § 2048 BGB. Er kann auch anordnen, daß die Auseinandersetzung nach billigem Ermessen eines Dritten erfolgen kann.

Die Auseinandersetzungsanordnung des Erblassers ist darauf gerichtet, eine bestimmte, vom Erblasser gewollte Verteilung des Nachlasses unter den Miterben zu bewirken. Sie hat doppelt verpflichtende Wirkung: Der mit der Zuweisung eines bestimmten Nachlaßgegenstandes bedachte Miterbe kann eine entsprechende Aufnahme im Teilungsplan verlangen. Zugleich wird er zur Übernahme des Gegenstandes verpflichtet. Die Auseinandersetzungsanordnung kann auch Lasten verteilen, z. B. einem Miterben bestimmte Nachlaßschulden auferlegen (BGH LM Nr. 2 zu § 138 BGB).

Die rechtliche Einordnung von Anordnungen des Erblassers zur Auseinandersetzung kann schwierig sein und ist durch Auslegung des Erblasserwillens zu ermitteln (Kipp/Coing, § 44 II 4; Coing, JZ 1962, 529; Emmerich, JuS 1962, 269; Grunsky, JZ 1963, 250; Mattern, DNotZ 1963, 450; Natter, JZ 1959, 151; BGH LM § 2048 BGB Nr. 5 a):

- Handelt es sich nur um unverbindliche Wünsche, Ratschläge und Erwägungen des Erblassers, fehlt es an einer verpflichtenden Wirkung.

- Die Auslegung kann ergeben, daß die Vereinbarung aller oder sogar ein Mehrheitsbeschluß der Miterben den Vorrang vor den Weisungen des Erblassers haben soll.

- Ein Vorausvermächtnis ist anzunehmen, wenn der Erblasser einem der Miterben einen besonderen Vermögensvorteil mit Begünstigungswillen zuwenden wollte (BGHZ 36, 115; BGH LM § 2048 BGB Nr. 5). Der bedachte Miterbe fährt erheblich günstiger, weil die Zuwendung nicht auf seinen Erbteil angerechnet wird (→ *Teilungsanordnung* und → *Vorausvermächtnis*).

- Eine Auflage zu Lasten aller Miterben ist anzunehmen, wenn der Erblasser sie an seine Auseinandersetzungsanordnung so weit binden will, daß auch die Vereinbarung aller Miterben sie nicht ausräumen kann. Ein Erblasser ist in diesem Falle im Hinblick auf die Vollziehung gut beraten, zugleich einen Ersatzerben für den Fall des Verstoßes gegen seine Anordnung einzusetzen.

5. Gesetzliche Auseinandersetzungsregeln

Aus dem Nachlaß sind zunächst alle **Nachlaßverbindlichkeiten** zu berichtigen, § 2046 BGB. Dafür sind der gesamte Nachlaß oder einzelne Gegenstände aus dem Nachlaß zu verkaufen. Die Auswahl der zu verkaufenden Gegenstände ist kein Akt der ordnungsgemäßen Verwaltung, der von der Mehrheit beschlossen werden könnte, §§ 2038 Abs. 2 Satz 1, 745 BGB. Vielmehr ist die Zustimmung aller Miterben erforderlich (Staudinger/Werner, § 2046 Rn. 17).

Sodann sind **Vorausvermächtnisse**, d. h. Vorabzuwendungen des Erblassers an einzelne Miterben, zu erfüllen. Der übrig gebliebene Restnachlaß ist dann unter den Miterben nach dem Verhältnis ihrer Erbteile aufzuteilen, § 2047 BGB. Dabei sind jedoch etwaige Ausgleichspflichten zu berücksichtigen, so daß die Auseinandersetzungsguthaben nicht immer den formalen Erbquoten entsprechen. Soweit der Erblasser Teilungsanordnungen getroffen hat, werden die entsprechenden Zuteilungen auf das Auseinandersetzungsguthaben angerechnet (Weirich, Erben und Vererben, Rn. 790 f.).

a) Teilung in Natur

Die Teilung in Natur hat den Vorrang, §§ 2042 Abs. 2, 752 BGB. Hierbei macht die Teilung von Geld, gleichartigen Waren, Hypotheken (RGZ 59, 314, 318), Wertpapieren, soweit Stückelung möglich ist (RGZ 69, 36, 42; RGZ 91, 416), ein zum Nachlaß gehörender Anteil an einer anderen Erbengemeinschaft (BGH NJW 1963, 1610) wenig Probleme.

Soweit die Realzuteilung nicht möglich oder nicht gewünscht ist, muß der Nachlaß verkauft, § 753 BGB, und der Erlös nach dem Verhältnis der Erbteile geteilt werden, § 2047 BGB.

Familiäre Erinnerungsstücke, persönliche und familiäre Schriftstücke bleiben solange Gemeinschaftseigentum, bis sich die Miterben über die Zuteilung geeinigt haben. Ein Anspruch auf Auseinandersetzung besteht insoweit nicht, § 2047 Abs. 2 BGB.

b) Ausgleichung unter Abkömmlingen

Der Gesetzgeber geht davon aus, daß Eltern ihre Kinder regelmäßig bei der Erbfolge gleich behandeln wollen. Bei der gesetzlichen Erbfolge sind deshalb bestimmte Vorempfänge, die ein Abkömmling des Erblassers zu Lebzeiten von diesem erhalten hat, bei der Auseinandersetzung zu berücksichtigen, §§ 2050 ff. BGB. Falls die Abkömmlinge durch letztwillige Verfügung des Erblassers das gleiche wie als gesetzliche Erben erhalten würden, ergibt sich die Ausgleichspflicht aus § 2052 BGB. Abweichende Anordnungen des Erblassers sind jedoch möglich. Der Erblasser kann die Ausgleichspflicht ganz oder teilweise, bedingt oder unbedingt ausschließen oder ändern. Ferner kann er für die Ausgleichung einen niedrigeren Wert als den tatsächlichen festsetzen. Die abweichende Anordnung muß der Erblasser jedoch vor oder bei der Zuwendung treffen. Eine nachträgliche Anordnung ist nicht durch Rechtsgeschäft unter Lebenden, sondern nur noch durch Verfügung von Todes wegen in Form einer Teilungsanordnung, § 2048 BGB, oder als Vorausvermächtnis, § 2150 BGB zugunsten der anderen Abkömmlinge möglich (RGZ 90, 419). Das Pflichtteilsrecht der anderen Miterben kann dadurch jedoch nicht beeinträchtigt werden, § 2316 Abs. 3 BGB.

Ausgleichspflichtig sind die Abkömmlinge des Erblassers. Gelangt ein Abkömmling nicht zur gesetzlichen Erbfolge (etwa durch Enterbung, Tod vor dem Erbfall, Erbverzicht, Ausschlagung, Erbunwürdigkeit), so ist wegen der ihm gemachten Zuwendungen der an seine Stelle tretende Abkömmling zur Ausgleichung verpflichtet, § 2051 Abs. 1 BGB. Dasselbe gilt im Zweifel für einen vom Erblasser für den wegfallenden eingesetzten Ersatzerben, der nicht Abkömmling ist, § 2051 Abs. 2 BGB. Die gesetzliche Regelung der Ausgleichspflicht ist insgesamt auf den mutmaßlichen Willen des Erblassers gerichtet. Deshalb besteht keine Ausgleichspflicht, wenn der Erblasser die Zuwendung zu einer Zeit machte, als der betreffende Abkömmling noch nicht zu dem Kreis der vermutlichen gesetzlichen Erben gehörte, § 2053 BGB.

Ausgleichsberechtigt sind die durch gesetzliche Erbfolge zu Miterben berufenen Abkömmlinge. Bei gewillkürter Erbfolge gilt dies nur, wenn sie der Bestätigung des gesetzlichen Erbrechts dient. Auch der Ersatzerbe eines gesetzlichen Erben ist ausgleichsberechtigt (Staudinger/Werner, § 2050 Rn. 14).

Der Ehegatte des Erblassers gehört als Miterbe weder zu den Verpflichteten noch zu den Berechtigten der Ausgleichung von Vorempfängen (Palandt/Edenhofer, § 2050 Rn. 6). Gehören zur Erbengemeinschaft Miterben, die teils ausgleichsberechtigt oder -verpflichtet, teils nicht ausgleichsberechtigt oder -verpflichtet sind, so findet die Ausgleichung unabhängig davon nur unter den dazu berechtigten und verpflichteten Abkömmlingen statt (Brox, Rn. 505).

c) Auszugleichende Zuwendungen

Die gesetzlichen Ausgleichsvorschriften sind nicht zwingend. Dem Erblasser steht es frei, die gesetzliche Ausgleichspflicht durch eine entsprechende Anordnung zum Zeitpunkt der Zuwendung formlos, auch stillschweigend oder nach der Zuwendung durch Verfügung von Todes wegen (RGZ 90, 419, 422) auszuschließen oder einzuschränken. Durch Rechtsgeschäft unter Lebenden nach der Zuwendung kann der Erblasser die entstandene Ausgleichspflicht nicht mehr aufheben (RGZ 90, 419, 422), da ansonsten die zwingenden Formvorschriften über Verfügungen von Todes wegen umgangen werden könnten. Die Miterben können die gesetzlichen Ausgleichsvorschriften durch Vereinbarungen untereinander abbedingen (RGZ 149, 129, 131).

Eine interessengerechte Ausgleichung setzt voraus, daß den Miterben alle ausgleichspflichtigen Zuwendungen des Erblassers bekannt sind. Insofern besteht gem. § 2057 BGB eine **Auskunftspflicht des Zuwendungsempfängers.** Das Recht auf Auskunft steht jedem Miterben gegen jeden einzelnen anderen Miterben zu. Gegenstand der Auskunftspflicht sind alle möglicherweise unter § 2050 BGB fallenden Zuwendungen, die der Miterbe persönlich erhalten hat, **und nicht nur solche, die bei richtiger Anwendung der §§ 2050 bis 2053 BGB ausgleichspflichtig sind** (RGZ 73, 376). Die Entscheidung, welche Zuwendungen in Frage kommen, kann nicht dem Belieben des Auskunftspflichtigen überlassen bleiben. Auch der Wert des Erhaltenen ist anzugeben (BayObLG OLG 1937, 253).

Der Begriff der Zuwendung i. S. des § 2050 Abs. 1 BGB erfordert, daß ein Vermögensvorteil aus dem Vermögen des Erblassers in das des Abkömmlings überführt wird. Ein Rechtsgeschäft zwischen Erblasser und Abkömmling ist nicht begriffswesentlich. Jede wirtschaftliche Maßnahme, durch die dem Abkömmling ein Vermögensvorteil vom Erblasser auf Kosten des Nachlasses zufließt, ist eine Zuwendung, da allein die Vermögensverschiebung maßgeblich ist (RG JW 1938, 2971). Bei der Zuwendung muß es sich nicht um eine Schenkung handeln. Auch entgeltliche Zuwendungen fallen unter die Ausgleichspflicht, soweit ihr Wert den der Gegenleistung übersteigt. Nicht ausgleichspflichtig ist, was der Erblasser zurückerhalten hat, z. B. ein als Ausstattung übertragenes landwirtschaftliches Anwesen, das der Abkömmling dem Erblasser zurückübertragen hat (BGH

DRiZ 1966, 397), oder was dem Erblasser wieder zurückgegeben werden muß. Deshalb begründet die Hingabe eines Darlehens grundsätzlich nur eine Nachlaßverbindlichkeit und ist nur unter ganz besonderen Umständen ausgleichspflichtige Zuwendung, etwa wenn vereinbart wird, daß es ganz oder teilweise nicht zurückzuzahlen oder auszugleichen oder von der Erbschaft abzuziehen ist.

Auszugleichen sind im einzelnen:

– **Die Ausstattung,** die der Abkömmling vom Erblasser erhalten hat, § 2050 Abs. 1 BGB. Dazu gehört alles, was der Erblasser seinem Abkömmling im Hinblick auf dessen Heirat oder zur Begründung oder Erhaltung einer selbständigen Lebensstellung zuwendet, § 1624 Abs. 1 BGB. Die einer Tochter gewährte **Aussteuer** ist jedoch nur dann ausgleichungspflichtig, wenn sie neben einer Berufsausbildung gewährt worden ist oder soweit sie deren regelmäßige Kosten übersteigt (BGH NJW 1982, 575). Ausstattung kann auch vorliegen, wenn regelmäßige Zahlungen geleistet werden, die nicht als Einkünfte, sondern nur zur Begründung oder Erhaltung der selbständigen Lebensstellung des Empfängers verwendet werden sollen. Meist werden solche Zahlungen jedoch unter § 2050 Abs. 2 BGB fallen. Sie sind dann auszugleichen, wenn sie als übermäßig anzusehen sind (RGZ 79, 266 f.). Für die Beurteilung einer Zuwendung als Ausstattung ist es gleichgültig, ob sie in Erfüllung einer Verpflichtung (Unterhalt) gegeben wird und ob sie übermäßig ist. Keine Ausstattung ist die Hofüberlassung gem. Höfeordnung (OLG Schleswig AgrarR 1972, 362).

– **Zuschüsse,** die als Einkünfte dienen sollen, sind nur insoweit auszugleichen, als sie das den Vermögensverhältnissen des Erblassers entsprechende Maß überstiegen haben, § 2050 Abs. 2 BGB. Die Bestimmung als Einkünfte setzt voraus, daß vom Erblasser Wiederholung in Aussicht genommen worden ist, z. B. Unterhaltsgewährung während des Vorbereitungsdienstes (RGRK/Kregel, 2050 Rn. 11). Ein einmaliger Zuschuß, z. B. für eine Urlaubsreise, zählt nicht hierzu (RG Recht 1910 Nr. 2578; MK/Dütz, § 2050 Rn. 24; Palandt/Edenhofer, § 2050 Rn. 12; a. A. Planck/Ebbecke, § 2050 Rn. 3).

– **Aufwendungen für die Vorbildung zu einem Beruf** sind wie die Zuschüsse nur auszugleichen, wenn sie als übermäßig anzusehen sind, § 2050 Abs. 2 BGB (Palandt/Edenhofer, § 2050 Rn. 13).

– **Andere Zuwendungen** sind nur bei Vorliegen einer entsprechenden Erblasseranordnung auszugleichen, § 2050 Abs. 3 BGB. Hierunter versteht man: Geschenke, einmalige Zuschüsse zur Schuldentilgung, für einen Urlaub, für eine Reise, Zahlung einer Schuld des Abkömmlings. Die Anordnung des Erblassers ist auch formlos gültig und kann auch konkludent getroffen werden (RGZ 67, 306, 307). Überträgt der Erblasser einem seiner beiden Erben Teile seines Vermögens im Wege vorweggenommener Erbfolge, so kann das als Ausgleichsanordnung i. S. von § 2050 Abs. 3 BGB zu verstehen sein. Überträgt er diesem zu Lebzeiten mehr Grundstücke als dem Wert des Erbfalls entspricht, dann geht ein möglicher Anspruch des anderen Erben aus § 2287 BGB in der Regel nicht auf Herausgabe von Grundstücken oder eines Anteils daran, sondern auf Wertersatz (BGH NJW 1982, 43). Zuwendungen an Minderjährige mit Anrechnungsbestimmung nach § 2050 Abs. 3 BGB bedürfen nicht der Zustimmung des gesetzlichen Vertreters, weil durch die Anrechnungsbestimmung keine schuldrechtliche Verpflichtung begründet wird (BGHZ 15, 168; MK/Dütz, § 2050 BGB Rn. 31; a. A. Heinrich/Lange, NJW 1955, 1339, 1343).

Für besondere Leistungen sieht § 2057 a BGB einen Ausgleich vor. Hatte ein Abkömmling etwa durch Mitarbeit im elterlichen Haushalt oder Betrieb dem Erblasser besondere Leistungen zugewandt, ohne dafür ein angemessenes Entgelt zu erhalten, so kann er nach dieser Vorschrift von den Abkömmlingen, die mit ihm gesetzliche Erben sind, einen Ausgleich verlangen (Brox, Rn. 514 ff.).

d) Wertermittlung für die Ausgleichung

Die Wertberechnung richtet sich nach dem **Zeitpunkt der Zuwendung**, nicht nach dem der Auseinandersetzung, § 2055 Abs. 2 BGB. Bei Grundstücken ist der Tag der Grundbucheintragung maßgeblich (BGH NJW 1975, 1831). Mangels Vereinbarung der Beteiligten ist eine freie Schätzung möglich. Kann man sich auf einen einheitlichen Wert nicht einigen, ist die Einholung eines Sachverständigengutachtens unumgänglich. Nach der Zuwendung eintretende Wertänderungen, also sowohl Werterhöhungen als auch -verminderungen sind unbeachtlich. Zinsen, Nutzungen, Erträge, Abnutzungen, Verbrauch oder Beschädigungen bleiben außer Betracht. Ob der Kaufkraftschwund zu berücksichtigen ist, ist strittig. Teilweise werden rechtliche

Auswirkungen der schleichenden Geldentwertung überhaupt in Abrede gestellt. Demgegenüber ist nach der Rechtsprechung der seit der Zuwendung eingetretene Kaufkraftschwund des Geldes zu berücksichtigen (BGH NJW 1975, 2293; MK/Dütz, § 2055 BGB Rn. 14, 15 m. w. N.). Der auszugleichende Betrag ergibt sich nach der Rechtsprechung bei einer Geldzuwendung dadurch, daß man die zugewendete Summe mit der für das Todesjahr des Erblassers geltenden Preisindexzahl multipliziert und durch die Preisindexzahl für das Zuwendungsjahr dividiert. Bei Sachzuwendungen ist der Geldwert des betreffenden Gegenstandes im Zeitpunkt der Zuwendung in entsprechender Weise für die Auseinandersetzungszeit umzurechnen (MK/Dütz, § 2055 Rn. 14, 15 m.w.N.). Grundsätzlich ist für die Bewertung der Verkehrswert der Zuwendung, nicht etwa ein ideeller Wert maßgeblich. Dem Erblasser steht es jedoch frei, einen anderen Wert für die Ausgleichung anzugeben (Palandt/Edenhofer, § 2055 Rn. 3). Eine solche Anordnung kann sich auch aus den Umständen des Falles ergeben (Werner, BNotZ 78, 66; Meincke, AcP 178, 45/55).

e) Berechnung der Ausgleichung

Grundlage für die Ausgleichung ist ein rein rechnerischer Ausgleich im Rahmen der Auseinandersetzung unter den von den Ausgleichsvorschriften (§§ 2050 ff. BGB) Betroffenen, so daß eine Rückgewähr von Vorempfängen in Natur ausscheidet. Die Ausgleichung führt im allgemeinen zu Teilungsquoten, die von den Erbschaftsquoten abweichen (BGH NJW 1986, 931). Das Berechnungsverfahren vollzieht sich in verschiedenen Schritten (Bonefeld/Kroiß/Tanck, Der Erbprozeß, S. 229):

- Zunächst werden die Erbteile der an der Ausgleichung nicht teilnehmenden Erben, wie z. B. der Ehegatte, berechnet und ausgesondert. Der Rest wird unter den Abkömmlingen wie folgt verteilt:

- Alle ausgleichspflichtigen Zuwendungen werden dem so ermittelten Nachlaß zugerechnet. Die Summe ergibt rechnerisch die Teilungsmasse.

- Die rechnerische Teilungsmasse wird nach Erbquoten – jedoch nur noch unter den Abkömmlingen – geteilt.

- Bei jedem Erben wird jetzt der jeweilige Vorempfang von dem vorläufigen Auseinandersetzungsguthaben in Abzug gebracht.

Vgl. Bonefeld/Kroiß/Tanck, Der Erbprozeß, S. 230 f.; Weirich, Erben und Vererben, Rn. 219; MK/Dütz, § 2055 BGB Rn. 3.

Falls sich bei der Berechnung des Auseinandersetzungsguthabens unter Berücksichtigung aller ausgleichspflichtiger Vorempfänge herausstellt, daß ein Abkömmling bereits zu Lebzeiten des Erblassers mehr erhalten hat als sein Erbteil ausmachen würde, so ist der betreffende Miterbe nicht zur Herausgabe oder zur Rückzahlung des Mehrempfangs verpflichtet, § 2056 BGB. Der Erblasser kann jedoch eine Ausgleichung abweichend von den gesetzlichen Vorschriften vorschreiben (MK/Dütz, § 2057 BGB Rn. 6).

f) Zuweisungsverfahren nach §§ 13–17 GrdstVG

Gehört zum Nachlaß einer durch gesetzliche Erbfolge entstandenen Erbengemeinschaft ein landwirtschaftlicher Betrieb, kann das Landwirtschaftsgericht diesen ungeteilt einem zur Fortführung geeigneten Miterben zuweisen, §§ 13 bis 17 GrdstVG. Den weichenden Miterben steht dann anstelle ihrer Erbteile eine Abfindung zu, die sich am Ertragswert des Betriebes orientiert. Dieses Verfahren hat in der Praxis kaum Bedeutung.

6. Erbauseinandersetzungsvertrag

Im Normalfall einigen sich die Miterben über die Art und Weise der Teilung und schließen einen Erbauseinandersetzungsvertrag. Dieser Vertrag kann grundsätzlich formfrei geschlossen werden, bedarf jedoch der notariellen Beurkundung, wenn die Auseinandersetzung Grundstücke, Eigentumswohnungen oder Erbbaurechte betrifft, §§ 313, 925 BGB, § 11 ErbbauVO. Das gleiche gilt für die Verfügung über Anteile einer GmbH, § 15 GmbHG.

Sind minderjährige Miterben betroffen, so ist eine vormundschaftsgerichtliche Genehmigung erforderlich, §§ 1643 Abs. 1, 1821, 1822, 1915 BGB.

Übernimmt ein Miterbe einzelne Nachlaßstücke gegen eine Abfindung, so ist auf dieses Austauschverhältnis das Recht der gegenseitigen Verträge, ggf. auch Kaufrecht, anzuwenden (BGH LM § 2040 BGB Nr. 2).

Übertragen die Miterben im Wege der Erbauseinandersetzung alle Erbteile auf eine Person, so erlischt die Erbengemeinschaft.

Soweit das Grundgeschäft eine Abfindung der Veräußerer durch den Erwerber vorsieht, wird darin teilweise ein beurkundungspflichtiger Erbteilskauf gesehen, §§ 2371, 1922 Abs. 2 BGB (Keller, Die Formproblematik der Erbteilsveräußerung, Schriftenreihe des Deutschen Notarinstituts Band 4, 1995; Patschke, NJW 1955, 444; Kipp/Coing, § 118 III 3).

Es empfiehlt sich, in einem Erbteilungsvertrag eine Abgeltungsklausel aufzunehmen.

Formulierungsvorschlag:

Durch diesen Erbteilungsvertrag ist die Erbengemeinschaft nach Herrn ... vollständig aufgehoben. Nach Durchführung dieses Vertrages bestehen zwischen den Miterben ... keinerlei Ansprüche mehr aus der Erbengemeinschaft, sei es auf Vorempfängen, Dienstleistungen, gezogenen Nutzungen, Aufwendungen oder aus anderen Gründen, seien sie bekannt oder unbekannt.

7. Erbauseinandersetzungsklage

Jeder Miterbe kann vor dem Prozeßgericht (Zuständigkeit: § 27 ZPO) gegen die übrigen auf Zustimmung zu einem von ihm vorgelegten Auseinandersetzungsplan klagen. Vor Klageerhebung ist es ratsam, den Miterben den Auseinandersetzungsplan, auch Teilungsplan genannt, zum Zwecke einer evtl. außergerichtlichen Vereinbarung zu übersenden. Anderenfalls besteht die Gefahr, daß der beklagte Miterbe unter Verwahrung gegen die Kostenlast im Prozeß ein sofortiges Anerkenntnis abgibt. Erst wenn der Versuch einer außergerichtlichen Einigung gescheitert ist, sollte Klage erhoben werden, wobei der Klageantrag dahin geht, dem der Klageschrift beigefügten Teilungsplan zuzustimmen.

Der Auseinandersetzungsplan sollte wie folgt aufgeteilt sein:

– Auflistung der Aktiva und Passiva des Nachlasses,

– Verteilung des Nachlasses nach Berichtigung der Schulden,

– Sofern zur Durchführung des Auseinandersetzungsplanes Verkäufe von Nachlaßgegenständen notwendig sind, ist der Plan insofern zu erweitern,

– Erfüllungsgeschäfte zum Vollzug des Auseinandersetzungsplanes, sofern zu dessen Vollzug Verfügungen erforderlich sind.

Formulierungsvorschlag:

An das Landgericht . . .

Klage

des . . . (Kläger)

Prozeßbevollmächtigte: . . .

gegen

. . . (Beklagter)

wegen Erbauseinandersetzung

Namens und in Vollmacht des Klägers erhebe ich **Klage** mit dem **Antrag**, folgendes **Urteil** zu erlassen:

1. Der Beklagte wird verurteilt, zur Herbeiführung der Erbauseinandersetzung nach dem am . . . verstorbenen Vater der Parteien, Herrn . . . dem folgenden Teilungsplan zuzustimmen:

   a) Das im Grundbuch von . . . Blatt . . . eingetragene Grundstück, Flur . . ., Flurstück . . . mit . . . qm erhält der Kläger zu Alleineigentum, entsprechender Grundbuchvollzug wird beantragt und bewilligt.

   b) Der Beklagte erhält das Guthaben auf dem Konto mit der Nr. . . . bei der . . . Bank in . . . in Höhe von Euro . . . .

2. Der Beklagte trägt die Kosten des Rechtsstreits.

Begründung:. . .

Die Aufstellung des Auseinandersetzungsplanes durch den Kläger ist besonders schwierig, weil das Gericht strikt an die Anträge gebunden ist. Dem Richter ist jeder Gestaltungseingriff in den Teilungsplan verwehrt. Er kann nur über den Antrag des Klägers entscheiden (KG NJW 1961, 733). Da ein Ermessensspielraum bei der Tenorierung fehlt, ist zu empfehlen, im Rahmen einer Erbauseinandersetzungsklage mit Hilfsanträgen zu agieren. Sofern das Gericht den Hauptantrag gemäß dem Auseinandersetzungsplan nicht für begründet erachtet, besteht dann immer noch die Möglichkeit, daß dies für einen der Hilfsanträge zutrifft. Freilich hat dies für den Kläger Auswirkungen auf den Kostenausspruch des Urteils.

8. Amtliche Vermittlung der Nachlaßauseinandersetzung

Von geringer praktischer Bedeutung ist die amtliche Vermittlung der Nachlaßauseinandersetzung. Jeder Miterbe kann beim Nachlaßgericht die Vermittlung der Auseinandersetzung nach §§ 86 ff. FGG beantragen.

Das Nachlaßgericht darf nur vermitteln, nicht entscheiden. Es kann Auseinandersetzungsvorschläge unterbreiten. Diese werden jedoch nur verbindlich, wenn alle Gesamthänder zustimmen. Der Widerspruch eines Miterben läßt das Vermittlungsverfahren scheitern. Der vom Nachlaßgericht bestätigte Auseinandersetzungsplan wirkt mit Rechtskraft des Bestätigungsbeschlusses wie ein Auseinandersetzungsvertrag der Gesamthänder, §§ 97 Abs. 1 FGG.

Er kann Verpflichtungen und Verfügungen enthalten und ist zugleich Vollstreckungstitel, § 98 FGG.

Das Vermittlungsverfahren vor dem Nachlaßgericht steht der Auseinandersetzungsklage vor dem Prozeßgericht im Rang nach. Es ist daher ausgeschlossen bzw. auszusetzen, sobald eine Klage rechtshängig ist (Keidel/Kuntze/Winkler, Teil A, § 86 Rn. 5). In Bayern sieht das Landesrecht die amtliche Vermittlung der Nachlaßauseinandersetzung durch Notare vor, § 193 FGG, § 20 Abs. 4 BNotO.

Literatur- und Rechtsprechungshinweise:

BGH DNotZ 2001, 392; BGH DNotZ 2001, 392; BGH Erbauseinandersetzung versus Aufhebung einer Bruchteilsgemeinschaft bei unterschiedlicher Berechtigung der Beteiligten am Nachlaßvermögen, ZEV 2001, 313; BGH Mittelsurrogation bei Erbauseinandersetzung zwischen Vor- und Nacherben, NJW-RR 2001, 217; Bracker, Die amtliche Vermittlung der Nachlaßauseinandersetzung, MittBayNot 1984, 114; Geck, Die Auswirkungen des Gesetzes zur Fortentwicklung des Unternehmenssteuerrechts auf die vorweggenommene Erbfolge und die Erbauseinandersetzung, ZEV 2002, 41; Scherer, Münchener Anwaltshandbuch Erbrecht, § 57; Schuck, Vermeidung der Grunderwerbssteuer in Fällen der Erbauseinandersetzung, ZEV 2002, 102; Walter, Schiedsverträge und Schiedsklauseln in der notariellen Praxis, insbesondere bei Letztwilligen Verfügungen, MittRhNotK 1984, 69; Werkmüller, Aufgaben und Funktionen der Bank in der Erbauseinandersetzung, ZEV 2001, 340; Winkler, Verhältnis von Erbteilsübertragung und Erbauseinandersetzung, ZEV 2001, 435.

Ausfertigung

Eine Ausfertigung ist eine amtliche Abschrift der bei den Akten verbliebenen, regelmäßig öffentlichen Urschrift einer notariellen Urkunde in einer gesetzlich vorgeschriebenen Form, die, anders als die einfache oder beglaubigte Abschrift, den Zweck hat, die Urschrift außerhalb der Akten im Rechtsverkehr zu ersetzen und zu vertreten (BGH NJW 1981, 2356; OLG Hamm MDR 1989, 465). Die Ausfertigung muß deshalb die Urschrift wortgetreu und richtig wiedergeben (BGH NJW 1981, 2345; OLG Köln MDR 1990, 346; OVG Münster NJW 1992, 1188). Zur Erteilung einer Ausfertigung ist nur diejenige Stelle befugt, von der die Urschrift stammt.

Eine **gerichtliche Ausfertigung** trägt die Überschrift „Ausfertigung" und einen vom Urkundsbeamten der Geschäftsstelle als solchen unterschriebenen und mit dem Gerichtssiegel versehenen Ausfertigungsvermerk (BGH NJW 1991, 1116 m. w. N.).

Die Ausfertigung der Niederschrift im **notariellen Bereich** vertritt die Urschrift im Rechtsverkehr, § 47 BeurkG. Sie allein hat, wenn es auf die Vorlegung der Urkunde ankommt, dieselbe Wirkung wie die Urschrift. In allen Fällen, in denen es nach dem materiellen Recht auf den Besitz der Urkunde oder auf den Bezug an einer notariellen Erklärung ankommt, reicht die Vorlage einer beglaubigten Abschrift nicht aus, sondern es ist eine Ausfertigung erforderlich.

So kann beispielsweise der Nachweis einer Vollmacht nur durch Vorlage der Urschrift oder einer Ausfertigung der Vollmachtsurkunde, §§ 172, 175 BGB, erfolgen.

Ebenso kann die Einwilligungserklärung zur Adoption, §§ 1746, 1747, 1749, 1750 BGB, der Rücktritt vom Erbvertrag, § 2296 BGB, und der Widerruf eines Gemeinschaftlichen Testaments, § 2271 BGB, nur durch Vorlage einer Ausfertigung erreicht werden.

Die Ausfertigung besteht in einer Abschrift der Urkunde mit der Überschrift „Ausfertigung" und dem Vermerk am Schluß der Abschrift, daß sie mit der Urschrift übereinstimme. Sie enthält Tag und Ort der Erteilung und gibt die Person an, denen sie erteilt wird. Sie wird mit der Unterschrift und dem Siegel des Notars versehen, § 49 Abs. 1, Abs. 2 BeurkG.

Auf der Urschrift vermerkt der Notar, wem und an welchem Tag er eine Ausfertigung erteilt hat, § 49 Abs. 4 BeurkG.

Formulierungsvorschlag für Ausfertigungsvermerk:

Diese Ausfertigung stimmt mit der Urschrift überein. Sie wird Herrn . . . , wohnhaft in . . ., Straße . . . erteilt.

Ort, Datum

(Siegel)   Notar

Die Ausfertigung wird von der Stelle erteilt, die die Urschrift verwahrt, § 48 BeurkG. Verwahrende Stelle ist grundsätzlich der Notar, der die Niederschrift aufgenommen und zu seiner Urkundensammlung genommen hat, § 25 Abs. 1 BNotO.

Grundsätzlich müssen Ausfertigungen den **ganzen Wortlaut** der Urschrift enthalten. § 49 Abs. 5 BeurkG gestattet es jedoch, Ausfertigungen auch auszugsweise zu erteilen.

Dafür kann ein Interesse bestehen, wenn in einer Urkunde mehrere Geschäfte beurkundet sind, es aber ausreichend ist, der zuständigen Stelle nur ein Geschäft mitzuteilen. Werden z. B. Übergabevertrag und Erbvertrag in einer Niederschrift beurkundet, so wird dem Grundbuchamt nur der Übergabevertrag eingereicht. Dem Nachlaßgericht wird nur der Erbvertrag zugeleitet. Soll von den Niederschriften ein bestimmter Teil noch nicht ausgefertigt werden (um beispielsweise den Erwerber daran zu hindern, selbst vorzeitig die Eigentumsumschreibung zu bewirken), so wird eine auszugsweise Ausfertigung erteilt. In dem Ausfertigungsvermerk muß der Gegenstand des Auszugs angegeben und bezeugt werden, daß die Urschrift keine weiteren Bestimmungen über diesen Gegenstand enthält, §§ 49 Abs. 5, 42 Abs. 3 BeurkG.

Einen **Anspruch auf Erteilung** von Ausfertigungen hat gemäß § 51 Abs. 1 BeurkG jeder,

– der eine Erklärung im eigenen Namen abgegeben hat,

– für den eine Erklärung abgegeben worden ist

– sowie deren Rechtsnachfolger.

Ausgleichung unter Abkömmlingen

→ *Auseinandersetzung der Erbengemeinschaft*

Ausgleichungspflicht

→ *Auseinandersetzung der Erbengemeinschaft*

Auskunftsanspruch

1. Gesetzlich geregelte Auskunftsansprüche

Im einzelnen sieht das Gesetz durch positive Regelung Auskunftsansprüche in folgenden Fällen vor:

– des Miterben bezüglich der von einzelnen Miterben erhaltenen Vorempfänge gemäß § 2057 BGB,

- des Pflichtteilsberechtigten gegenüber dem Erben über Bestand und Wert des Nachlasses gemäß § 2314 BGB,

- des erbersatzanspruchsberechtigten nichtehelichen Kindes gegen die Erben gemäß §§ 1934 b, 2314 BGB,

- des Erben gegenüber dem Erbschaftsbesitzer gemäß § 2027 BGB,

- des Erben gegenüber dem Hausgenossen gemäß § 2028 BGB,

- des Nacherben gegenüber dem Vorerben gemäß § 2127 BGB,

- des endgültigen Erben gegenüber dem vorläufigen Erben nach den Grundsätzen über die Geschäftsführung ohne Auftrag gemäß §§ 1959, 681, 666 BGB,

- des Erben gegenüber dem Testamentsvollstrecker gemäß §§ 2218, 666 BGB,

- des Testamentsvollstrecker-Nachfolgers gegenüber seinem Testamentsvollstrecker-Vorgänger über den Bestand des Nachlasses analog § 2218 BGB,

- des Erben gegenüber dem Nachlaßverwalter gemäß §§ 1988, 1890, 1975, 1915 BGB,

- des Nießbrauchers, dem der Nießbrauch an einem Erbteil zugewandt wurde, gegenüber dem Erben bzw. dem Testamentsvollstrecker über den Umfang des Nachlasses gem. §§ 1035, 1068 BGB,

- des Pfändungspfandgläubigers bezügl. eines Erbteils gegenüber dem Erben bzw. dem Testamentsvollstrecker über den Umfang des Nachlasses als Nebenanspruch aus § 859 II ZPO, auch wenn dieser Nebenanspruch nicht ausdrücklich gepfändet wurde.

2. Durch Richterrecht anerkannte Auskunftsansprüche

Die Rechtsprechung hat lange Zeit erbrechtliche Auskunftsansprüche außerhalb der positiv rechtlich genannten Anspruchsgrundlagen verneint. Erst in den siebziger Jahren hat der BGH im Interesse der Sicherung der Rechte des Erben – gestützt auf § 242 BGB – die Auskunftsrechte erweitert. Die neuere Rechtsprechung nimmt zwar ihren Ausgang bei den genannten Einzelvorschriften des Erbrechts, hat über sie hinausgehend das Auskunftsrecht in erbrechtlichen Beziehungen jedoch inzwischen auf die breitere Grundlage des gem. § 242

BGB entwickelten allgemeinen Auskunftsanspruchs gestellt. Unter dessen Heranziehung wird dem Berechtigten eines auf Herausgabe oder sonstige Leistung gerichteten erbrechtlichen Anspruchs ein Auskunftsrecht dann allgemein zugebilligt, wenn zwischen ihm und dem auf Auskunft in Anspruch Genommenen ein Rechtsverhältnis besteht und der die Auskunft Begehrende in entschuldbarer Weise über das Bestehen oder den Umfang seines etwaigen Anspruchs im Ungewissen, der Anspruchsgegner aber in der Lage ist, die gewünschte Auskunft unschwer zu erteilen (Kerscher/Tanck/Krug, Das erbrechtliche Mandat, § 5 Rn. 4). Der Anspruch auf der Grundlage von § 242 BGB ist daher ausgeschlossen, wenn der Berechtigte sich aus ihm zugänglichen Unterlagen informieren kann (BGH WM 1971, 1196; BGH NJW 1980, 2463). Eine im allgemeinen auf § 242 BGB gestützte Auskunftspflicht gibt es grundsätzlich nicht. Vielmehr bedarf es der bereits vorbezeichneten Sonderverbindung zwischen Auskunftsschuldner und Auskunftsgläubiger (BGHZ 74, 379 ff.; BGH NJW 1978, 1002; BGH FamRZ 1989, 377).

Zu den von der Rechtsprechung entwickelten erbrechtlichen Auskunftsansprüchen gehören insbesondere diejenigen

– des nichtehelichen Kindes gegen den Vater wegen der Bemessung des Anspruchs auf vorzeitigen Erbausgleichs (OLG Nürnberg NJW-RR 1986, 83),

– des Nacherben gegen den Vorerben bzw. den Beschenkten wegen Schenkungen des Vorerben an Dritte (BGH NJW 1972, 907 = BGHZ 58, 239),

– des Vertragserben i. S. des § 2287 BGB gegen den mutmaßlich vom Erblasser Beschenkten, wenn er hinreichende Anhaltspunkte für eine unentgeltliche Verfügung dartut (BGHZ 97, 188 = NJW 1986, 1755 = FamRZ 1986, 569); mit umfaßt dürften nach der Rechtsprechung des BGH zur unbenannten Zuwendung (BGH NJW 1992, 564) und zur Vereinbarung der Gütergemeinschaft (BGH NJW 1992, 558) auch Auskünfte sein, die sich auf ehebedingte Zuwendungen und den Inhalt von Eheverträgen erstrecken,

– des ursprünglich aus einem Lebensversicherungsvertrag Bezugsberechtigten gegen den Erben des Versicherungsnehmers wegen etwaiger Änderung des Bezugsrechts (BGH NJW 1982, 1807),

– des weichenden Erben gegen den Hoferben wegen der Bemessungsgrundlage seines Abfindungsanspruchs (BGHZ 91, 171),

– des Testamentsvollstreckers, der die Nachlaßauseinandersetzung vorzunehmen hat, über ausgleichspflichtige Vorempfänge aus § 2057 BGB gegen alle Miterben (Palandt/Edenhofer, § 2057 Rn. 1).

Kein Auskunftsanspruch besteht gegenüber den Erben bezüglich solcher Umstände, die die Testierfähigkeit beeinflussen können (BGHZ 58, 239 = NJW 1972, 907).

3. Inhalt

a) Allgemeines

Der Auskunftsanspruch kann verschiedene Zielrichtungen haben, wie beispielsweise Bezifferung einer Geldforderung oder Bezeichnung herauszugebender Gegenstände. Von dieser Zielrichtung abhängig ist die Reichweite des Auskunftsanspruchs, also die Auskunftstiefe bzw. Rechnungslegungstiefe. Dies ist im Rahmen der jeweiligen Rechtsgrundlage gesondert zu betrachten und nach den Grundsätzen der Zumutbarkeit zu bestimmen (§ 242 BGB). Je nach Inhalt und Umfang des Auskunftsanspruchs bestimmen sich die Rechtsfolgen: Geschuldet wird die Auskunft als Wissenserklärung. Im Rahmen des § 2314 Abs. 1 Satz 2 BGB besteht ausnahmsweise ein Anspruch auf **Wertermittlung.**

Nach der BGH-Rechtsprechung besteht ein Anspruch des pflichtteilsberechtigten Nichterben bzw. Erben auf Wertermittlung gegen den Beschenkten analog § 2314 Abs. 1 Satz 2 BGB nicht (BGHZ 107, 200; BGHZ 108, 393; Palandt/Edenhofer, § 2329 Rn. 6). Allenfalls aus § 242 BGB kann sich auch ein Anspruch auf Wertermittlung ergeben, wenn der Pflichtteilsberechtigte deren Kosten trägt (BGHZ 108, 393). Grundsätzlich besteht kein Recht, die Vorlage von Belegen oder sonstigen Unterlagen zu verlangen (Palandt/Heinrichs, §§ 259–261 Rn. 21).

Als weiterer Inhalt des Auskunftsanspruchs sind anzuführen:

– Leistungsort ist in aller Regel der Ort des Hauptanspruchs. Erfüllungsort ist der Wohnsitz des Schuldners, § 269 Abs. 1 BGB (LG Köln NJW-RR 1988, 1200).

– Die Auskunft ist unverzüglich i. S. des § 121 Abs. 1 Satz 1 BGB, d. h. ohne schuldhaftes Zögern, zu erteilen, und zwar unter Berücksichtigung von Umfang und Schwierigkeit der begehrten Auskunft. In Betracht kommt auch die Erteilung einer vorläufigen Auskunft, wenn eine vollständige endgültige Auskunft nicht innerhalb angemessener Frist erteilt werden kann. In Betracht kommt auch die Erteilung einer Teilauskunft (BGH NJW 1962, 245; LG Stuttgart NJW 1968, 2337).

– Im Rahmen des § 242 BGB bestimmt die unzulässige Rechtsausübung die Grenzen der verlangten Auskunft (BGH MDR 1985, 31).

– Ebenfalls im Rahmen des § 242 BGB sind Verkehrssitte und Zumutbarkeit unter Berücksichtigung des Einzelfalles maßgebend (BGH NJW 1982, 574; BGH NJW 1985, 2699).

b) Auskunftserteilung durch geordnete Zusammenstellung

Nach § 260 BGB wird, wenn die Verpflichtung zur Herausgabe eines Inbegriffs von Gegenständen besteht, die Vorlage eines geordneten Bestandsverzeichnisses geschuldet, in dem die Aktiva und Passiva übersichtlich zusammengestellt sind (BGHZ 33, 374). Es kann, sofern die Übersichtlichkeit gewahrt ist, aus einer Mehrheit von Teilverzeichnissen bestehen (BGH LM § 260 BGB Nr. 14). Ein Anspruch auf Ergänzung besteht, wenn der Schuldner infolge eines Irrtums einen Teil des Bestandes weggelassen hat (RGZ 84, 44; BGH LM § 260 BGB Nr. 1), wenn in der Aufstellung bestimmte fachliche oder zeitliche Teile völlig fehlen (BGHZ 92, 69; BGH NJW 1983, 2244; OLG Köln FamRZ 1985, 935), wenn die Angaben erkennbar unvollständig sind (BGH DB 1982, 2393; OLG Oldenburg NJW-RR 1992, 778) oder wenn das Verzeichnis aufgrund gefälschter Unterlagen aufgestellt worden ist (RG HRR 1933, 465). Hat der Schuldner seine Auskunft als unrichtig widerrufen, ist er zur Wiederholung der Auskunft verpflichtet (BGH NJW 1986, 424). Im übrigen begründen materielle Mängel der Auskunft grundsätzlich keinen Anspruch auf Nacherfüllung, sondern auf Abgabe der Eidesstattlichen Versicherung (BGH LM ZPO § 254 Nrn. 4 und 6).

c) Form der Erfüllung des Auskunftsanspruchs

Die Auskunft bedarf grundsätzlich der Schriftform (OLG München FamRZ 1995, 737; Palandt/Heinrichs, §§ 259–261 Rn. 20), damit deren Richtigkeit nachgeprüft werden kann

(BayObLGZ 1975, 369 ff.). Sie kann aber in einfachen Fällen auch mündlich abgegeben werden (Soergel/Wolf, § 260 Rn. 57). Unzureichend ist das Angebot, vorgelegte Belege mündlich zu erörtern (OLG Köln NJW-RR 1989, 568).

4. Einwendungen des Auskunftsverpflichteten

a) Zurückbehaltungsrecht

Im Rahmen des Klageverfahrens ist die Geltendmachung eines Zurückbehaltungsrechts nach § 273 BGB ausgeschlossen, weil sich dies mit der Natur des Anspruchs auf Auskunft und Rechnungslegung nicht vereinbaren ließe, und zwar selbst dann, wenn der Gegenanspruch ebenfalls ein Auskunfts- oder Rechnungslegungsanspruch sein sollte (BGH NJW 1978, 1157; für familienrechtliche Auskunftsansprüche OLG Frankfurt NJW 1985, 3083; OLG Köln FamRZ 1987, 714). Anderenfalls würden sich die gegenseitigen Auskunftsansprüche so neutralisieren, daß keiner mehr durchsetzbar wäre.

Im Vollstreckungsverfahren kann einem bereits titulierten Anspruch ein Zurückbehaltungsrecht entgegengesetzt werden (BGHZ 57, 292 = NJW 1972, 251).

b) Verjährung

Der Auskunftsanspruch verjährt in 30 Jahren, § 195 BGB. Ist jedoch bereits der Hauptanspruch selbst verjährt, so ist das Rechtsschutzbedürfnis für das Auskunftsbegehren zu verneinen (BGHZ 108, 293 = NJW 1990, 180; BGH NJW 1988, 2389).

Eine nach § 254 ZPO erhobene **Stufenklage** unterbricht nicht nur die Verjährung des Auskunftsanspruchs, sondern auch die Verjährung des Hauptanspruchs selbst, § 209 Abs. 1 BGB. Dies gilt jedoch für den Hauptanspruch nur dann, wenn tatsächlich eine Stufenklage erhoben ist, und nicht nur, wenn lediglich die Auskunftsklage rechtshängig gemacht wurde (BAG NJW 1996, 1693; Stein/Jonas, § 254 Rn. 18). Zur Begründung ist anzuführen, daß mit Erhebung der Stufenklage alle darin enthaltenen Streitgegenstände rechtshängig werden, auch wenn der Zahlungsantrag noch nicht beziffert werden kann.

Die Verjährungsunterbrechung endet mit Erteilung der erforderlichen Auskunft, weil es allein in der Hand des Klägers liegt, den Zahlungsantrag nunmehr zu beziffern und damit dem Verfahren Fortgang zu geben (BAG NJW 1986, 2527).

Verjährungshemmung: Unter den Voraussetzungen der §§ 202 bis 207 BGB wird die Verjährung gehemmt. Der praktisch wichtigste Fall ist der Anspruch minderjähriger Kinder gegen einen Elternteil. Hier beginnt die Verjährung nicht vor Eintritt der Volljährigkeit des minderjährigen Pflichtteilsberechtigten, § 204 BGB.

c) Verwirkung

Verwirkung tritt nach den allgemeinen Regeln ein, wonach nicht nur das Zeitmoment, sondern auch das Verhalten des Auskunftsberechtigten zu berücksichtigen ist. Ist der Hauptanspruch selbst verwirkt, so folgt daraus nicht zwingend auch die Verwirkung des Auskunftsanspruchs, weil die Verwirkung in aller Regel nur nach Kenntnis der maßgeblichen Tatsachen, die durch die Auskunft begehrt wird, beurteilt werden kann (OLG München NJW-RR 1988, 1285).

d) Einwendungen gegen die Hauptsacheforderung

Der Anspruch auf Auskunft ist ein selbständiger Anspruch, der allerdings seine Berechtigung verliert, wenn mit Sicherheit anzunehmen ist, daß der Hauptanspruch überhaupt nicht besteht. Deshalb ist ein Auskunftsanspruch zu verneinen, wenn feststeht, daß

– die verlangte Auskunft die Hauptsacheforderung unter keinen Umständen beeinflussen kann (BGH FamRZ 1983, 473 = NJW 1983, 1429; BGH FamRZ 1985, 791),

– rechtsvernichtende Einwendungen dem Auskunftsanspruch entgegenstehen.

5. Prozessuales

Hinsichtlich Einzelfragen des erstinstanzlichen Verfahrens, des Berufungsverfahrens und der Ergänzung der erteilten Auskunft siehe Kerscher/Tanck/Krug, Das erbrechtliche Mandat, § 5 Rn. 44–52.

a) Auskunftsklage

Die Auskunfts- und ggf. Rechnungslegungsklage ist eine Leistungsklage. Es ist zu empfehlen, sie als **Stufenklage** gem. § 254 ZPO zu erheben. Die Stufenklage kann sowohl als reine

Leistungsklage als auch als Stufenfeststellungsklage erhoben werden, insbesondere bei der Erbenfeststellung, wenn sowohl die Feststellung des Erbrechts begehrt wird als auch Auskunft über den Nachlaß und dessen Herausgabe. Die einzelnen Stufen und ihre Anträge:

1. Stufe: Antrag auf Erbenfeststellung,

2. Stufe: Antrag auf Auskunftserteilung,

3. Stufe: Antrag auf Abgabe der Eidesstattlichen Versicherung, sofern ein Anspruch hierauf besteht, §§ 259 Abs. 2, 260 Abs. 2 BGB,

4. Stufe: Antrag auf Zahlung eines noch unbezifferten Geldbetrages oder auf Herausgabe von noch nicht exakt bezeichneten Gegenständen.

Prozessual ist über die einzelnen Stufen jeweils gesondert zu verhandeln, § 128 Abs. 1 ZPO, und jeweils durch Teilurteil zu entscheiden, § 301 ZPO.

Bei der Stufenklage ist für die Bemessung des Gebührenstreitwerts nach § 18 GKG nur der höchste Wert der in der Klage verbundenen Ansprüche maßgebend (Schneider/Herget, Streitwert-Kommentar, 1996, Rn. 4232 ff.).

b) Formulierungsvorschlag für Stufenklage des Pflichtteilsberechtigten

Namens und in Vollmacht des Klägers erhebe ich Klage und werde beantragen, folgendes Urteil zu erlassen:

1. Die Beklagte wird im Wege der Stufenklage verurteilt,

   a) Auskunft über den Bestand des Nachlasses des am . . . verstorbenen . . . zu erteilen, und zwar

   aa) hinsichtlich des Wertes des im Grundbuch von . . . Band . . ., Blatt . . . eingetragenen Grundstücks durch Vorlage eines Gutachtens des Ortsgerichts und

   bb) im übrigen durch Vorlage eines Verzeichnisses der Nachlaßgegenstände (§ 2314 BGB);

   b) für den Fall, daß das Verzeichnis nicht mit der erforderlichen Sorgfalt aufgestellt worden sein sollte, zu Protokoll an Eides statt zu versichern, daß sie nach bestem Wissen den Bestand des Nachlasses so vollständig angegeben hat, als sie dazu imstande ist,

c) einen nach Erteilung der Auskunft noch zu beziffernden Betrag nebst 4 % Zinsen seit Rechtshängigkeit zu zahlen.

2. Die Beklagte hat die Kosten des Rechtsstreits zu tragen.

Über die beiden Stufenanträge Ziffern 1 a) und b) wird jeweils durch Teilurteil entschieden, über den Zahlungsantrag durch Schlußurteil. Die Kostenentscheidung ergeht im Schlußurteil.

c) Streitwert

Zu unterscheiden ist zwischen dem Zuständigkeitsstreitwert und dem Gebührenstreitwert.

Bei dem Zuständigkeitsstreitwert ist grundsätzlich wegen der verschiedenen Streitgegenstände nach § 5 ZPO der Wert aller Stufen zusammenzurechnen. Der Auskunftsanspruch beträgt dabei nach Schätzung gem. § 3 ZPO zwischen $^1/_{10}$ bis $^1/_4$ des Hauptanspruchs. In erster Linie ist darauf abzustellen, welche **Aufwendungen, Arbeitszeit** und **allgemeine Kosten** die Auskunftserteilung **für den Beklagten** bringen wird (BGH NJW 1986, 1493).

Der Wert der Rechnungslegung beläuft sich auf den Wert der voraussichtlichen Arbeit für die Unterlagenbeschaffung.

Für den Antrag auf Eidesstattliche Versicherung ist maßgeblich, welche zusätzliche Auskunft sich der Kläger daraus erwartet (Zöller/Herget, ZPO, § 3 Rn. 16 Stichwort „Offenbarungsversicherung"; BGH FamRZ 1987, 39).

Der Hauptleistungsanspruch wird festgesetzt nach der Erwartung des Klägers.

Bei dem Gebührenstreitwert gilt § 18 GKG.

Bei der Stufenklage ist der höchste Wert der erhobenen Ansprüche maßgebend, es erfolgt also grundsätzlich keine Zusammenrechnung.

In der Regel ist dieser Wert der des Zahlungsantrags. Ein gesonderter Wert für die zunächst erhobene Auskunfts- und Rechnungslegungsklage samt Antrag auf Eidesstattliche Versicherung ist dann nicht hinzuzurechnen (OLG Hamm Jur-Büro, 1986, 745).

d) Zwangsvollstreckung

Die **Vollstreckung des Auskunftstitels** erfolgt aus unvertretbarer Handlung nach § 888 ZPO, die Vollstreckung der Verpflichtung zur Abgabe der eidesstattlichen Versicherung nach § 889 ZPO, erforderlichenfalls auch nach § 888 ZPO. Kommt der Schuldner der Verpflichtung zur Abgabe der eidesstattlichen Versicherung freiwillig nicht nach, so handelt es sich um ein FGG-Verfahren nach §§ 163, 169 FGG. Vollstreckungsgericht ist das Amtsgericht, wo der Rechtspfleger zuständig ist, § 20 Nr. 17 RpflG. Die Anordnung der Erzwingungshaft ist dem Richter vorbehalten, § 4 Abs. 2 Nr. 2 RpflG.

Ist der Beklagte verurteilt, **Urkunden** oder Belege **vorzulegen,** so ist die Vollstreckung nach den Vorschriften über die Herausgabe bestimmter beweglicher Sachen vorzunehmen gem. § 883 ZPO. In diesem Fall liegt keine unvertretbare Handlung vor (OLG Köln NJW-RR 1988, 1210; NJW-RR 1989, 568).

Der Kläger wird in der Regel beim Vollstreckungsgericht zunächst das Zwangsmittel des § 888 ZPO **androhen** lassen. Der Androhungsbeschluß unterliegt der sofortigen Beschwerde nach § 793 ZPO (OLG Hamm NJW-RR 1987, 765).

Wendet der Vollstreckungsschuldner ein, erfüllt zu haben, so ist streitig, ob dieser Einwand im Verfahren nach § 888 Abs. 2 ZPO zu berücksichtigen ist oder ob eine Vollstreckungsgegenklage nach § 767 ZPO erhoben werden muß (OLG Köln NJW-RR 1989, 568; BayObLG NJW-RR 1989, 932 mit einer Übersicht über den Diskussionsstand).

Kerscher/Tanck/Krug (Das erbrechtliche Mandat, § 24, Rn. 58) vertreten die Auffassung, daß der Einwand der erteilten Auskunft grundsätzlich nach § 767 ZPO geltend zu machen ist. Er könne jedoch auch im Zwangsvollstreckungsverfahren nach § 888 ZPO beachtet werden, weil dort selbstverständliche Voraussetzung für die Androhung bzw. Festsetzung von Zwangsmitteln ist, daß der Vollstreckungsschuldner die unvertretbare Handlung nicht vorgenommen hat. Ergebe die Prüfung im Rahmen dieses Verfahrens jedoch, daß die Auskunft bereits erteilt ist, so wäre die Voraussetzung für die Zwangsvollstreckung entfallen, weil der materiell-rechtliche Anspruch erfüllt wäre.

Läßt sich der Schuldner durch die Androhung von Zwangsmitteln nicht abschrecken, so ist in einem gesonderten Antrag das Zwangsmittel durch das Prozeßgericht festzusetzen. Dieses bestimmt die Höhe des Zwangsgeldes. Der Gläubiger kann hierbei nur eine Anregung geben.

6. Einzelfälle

a) Auskunftsrecht des beeinträchtigten Vertragserben

Hat der Erblasser in der Absicht, den Vertragserben zu beeinträchtigen, eine Schenkung gemacht, so ist dieses Rechtsgeschäft zwar gültig, d.h. der Beschenkte wird Eigentümer, aber nach dem Eintritt des Erbfalls kann der Vertragserbe von dem Beschenkten die Herausgabe nach den Regeln der ungerechtfertigten Bereicherung verlangen, § 2287 BGB.

Dies gilt dann nicht, wenn der Erblasser unter Verfügung durch ein anerkennenswertes lebzeitiges Eigeninteresse (bejaht, wenn der Erblasser die Schenkung gegenüber einer jüngeren Ehefrau im Hinblick auf spätere Betreuung und Pflege gemacht hat, BGH NJW 1992, 2630; zur Erfüllung einer Unterhaltsverpflichtung gegenüber dem 2. Ehegatten durch Bestellung eines Nießbrauchs, BGH ZEV 1996, 25; wenn die Übertragung eines Geschäftsanteils auf einen Mitarbeiter erfolgte, um diesen aufgrund seiner besonderen Fähigkeiten an den Betrieb zu binden, BGHZ 92, 188, 193; wenn die Schenkung aus ideellen Gründen als Belohnung für geleistete Pflege in angemessenem Umfang erfolgte, BGHZ 66, 8; wenn mit der Beschenkung die Interessen des Vertragserben wahrgenommen wurden oder wenn der Vertragserbe sich schwerer Verfehlungen gegenüber dem Erblasser schuldig gemacht hat, BGH MDR 1981, 582; wenn der Erblasser die Schenkung aus Gründen der Altersvorsorge vorgenommen hat, BGHZ 77, 264; verneinend, wenn der Erblasser nach Abschluß des Erbvertrags zum Beschenkten eine enge persönliche Beziehung entwickelte und durch die Schenkung seine Zuneigung bekunden wollte, BGH FamRZ 1992, 607; wenn der Erblasser die Schenkung deshalb machte, weil er den Beschenkten im Rahmen einer Verfügung von Todes wegen zu gering bedachte, BGHZ 77, 264; wenn die Schenkung die Zielrichtung hatte, eine Verfügung von Todes wegen zu korrigieren, BGHZ 66, 8) veranlaßt worden ist. Die Beweislast für Schenkung, Beeinträchtigung (objektiv und subjektiv) und für den Mißbrauch trägt derjenige, der Rechte aus § 2287 BGB herleiten will (BGHZ 97, 188 = NJW 1986, 1755).

Der Vertragserbe hat einen Auskunftsanspruch gegen den mutmaßlich vom Erblasser Beschenkten, wenn er hinreichende Anhaltspunkte für eine unentgeltliche Verfügung schlüssig und substantiiert darlegt (BGH NJW 1986, 1755 = FamRZ 1986, 569). Bei grobem Mißverhältnis zwischen Leistung und Gegenleistung ist der Begünstigte dafür beweispflichtig, daß ein lebzeitiges Eigeninteresse des Erblassers an der Zuwendung vorlag (BGH NJW 1986, 1755 = FamRZ 1986, 659).

b) Erweiterte Auskunftspflicht des Erbschaftsbesitzers

Der Erbschaftsbesitzer ist nach §§ 260, 261 BGB verpflichtet, dem Erben ein Verzeichnis der zur Erbschaft gehörenden einzelnen Gegenstände vorzulegen und es u. U. durch eine eidesstattliche Versicherung zu bestätigen. Darüber hinaus verpflichtet § 2027 Abs. 1 BGB den Erbschaftsbesitzer und seine Erben (BGH NJW 1985, 3068 f.), besondere Auskünfte zu erteilen über den Bestand der Erbschaft, den Verbleib von Erbschaftsgegenständen, ihre Verschlechterung, ihren Untergang und ihre Surrogate. Im Ergebnis kann das eine Pflicht zur Rechenschaftslegung bedeuten, einschließlich der Vorlage von Belegen, § 259 BGB. Die Auskunftspflicht umfaßt nicht Wertangaben und Nachlaßverbindlichkeiten. Nach § 2027 Abs. 2 BGB ist zur Auskunft auch der verpflichtet, der ohne Erbschaftsbesitzer zu sein, eine Sache aus dem Nachlaß in Besitz genommen hat. Auskunftsberechtigt können sein der Nachlaßgläubiger, der den Erbschaftsanspruch gepfändet hat, der Nachlaßverwalter oder Nachlaßpfleger, der Testamentsvollstrecker und der Nacherbe nach Eintritt des Nacherbfalls. Der Erbe kann auf seinen Auskunftsanspruch verzichten, nicht jedoch der Erblasser die Auskunftspflicht im voraus erlassen (MK/Frank, § 2027 Rn. 4). Der Erbe kann auf Auskunftserteilung klagen im allgemeinen Gerichtsstand des Erblassers, § 27 ZPO. Ein obsiegendes Urteil ist gem. § 888 ZPO zu vollstrecken.

c) Auskunftspflicht des Hausgenossen

Auskunftspflichtig ist jeder, der sich zur Zeit des Erbfalls mit dem Erblasser in häuslicher Gemeinschaft befunden hat, § 2028 Abs. 1 BGB. Der Begriff der häuslichen Gemeinschaft ist weit auszulegen. Nicht erforderlich ist die Zugehörigkeit zum Hausstand, Familienzugehörigkeit oder Unterhaltsbezug. Als auskunftpflichtige Personen sind insbesondere zu nennen: Familienbesuch (RGZ 80, 285), Lebensgefährte (LG Berlin FamRZ 1979, 509), Hauspersonal, Zimmer- und Flurnachbarn (Palandt/Edenhofer, § 2028 Rn. 1), Pflegepersonal, ebenso ein Mieter, der das eingerichtete Haus des Erblassers gemietet, ihm ein Zimmer als Untermieter überlassen und seine Verköstigung und Versorgung übernommen hat (BGH LM, § 2028 BGB Nr. 1).

d) Auskunftspflicht des Scheinerben

Durch die mit dem unrichtigen Erbschein verbundene Legitimation, vor allem durch die Vermutung des § 2365 BGB, entstehen für den wirklichen Erben ähnliche Gefahren wie sie der Erbschaftsbesitz mit sich bringt. Deshalb ist derjenige auskunftspflichtig, dem ein unrichtiger Erbschein erteilt worden ist. Der Auskunftsanspruch des wirklichen Erben setzt nicht voraus, daß der Erbscheininhaber den Nachlaß oder einzelne Gegenstände in Besitz genommen hat (MK/Promberger, § 2362 Rn. 8; Lange/Kuchinke, § 412 VI 4 a). Nach § 2362 Abs. 2 BGB erstreckt sich die Auskunftspflicht auf den Bestand der Erbschaft und den Verbleib der Erbschaftsgegenstände.

Aus dem Wortlaut des § 2362 Abs. 2 BGB wird deutlich, daß aber auch der alleinige Besitz des Erbscheins als Urkunde den Auskunftsanspruch nicht begründet (RGRK/Kregel, § 2362 Rn. 2; MK/Promberger, § 2362 Rn. 8; a.A. Erman/Schlüter, § 2362 Rn. 4) und für den Anspruch auch nicht erforderlich ist (Lange/Kuchinke, § 41 VI 4 a; Staudinger/Firsching, § 2362 Rn. 6; MK/Promberger, § 2362 Rn. 8).

Im übrigen deckt die gesetzliche Formulierung zweierlei Sachverhalte: Als „derjenige, welchem ein unrichtiger Erbschein erteilt worden ist", ist nach allgemeiner Auffassung der in dem unrichtigen Erbschein aufgeführte Scheinerbe zu verstehen, auch wenn er den Erbschein weder beantragt noch erhalten hat – so ist etwa von mehreren in dem Erbschein aufgeführten Miterben jeder, nicht nur der Antragsteller, auskunftspflichtig; andererseits auch ein sonstiger Antragsteller, dem der Erbschein erteilt wurde, z. B. ein Gläubiger aufgrund § 792 ZPO.

Der unrichtige Erbschein kann neben den darin ausgewiesenen Erben in der Handakte des Dritten, nämlich eines Gläubigers, aber auch eines Testamentsvollstreckers, zu nachteiligen Maßnahmen über den Nachlaß führen. Der Zweck des § 2362 Abs. 2 BGB deckt daher auch solche Empfänger eines unrichtigen Erbscheins, die vermöge ihrer Rechtstellung, gestützt auf den unrichtigen Erbschein, nachteilige Wirkungen für den Nachlaß herbeiführen könnten (Erman/Schlüter, § 2362 Rn. 4; RGRK/Kregel, § 2362 Rn. 2; MK/Promberger, § 2362 Rn. 8; für den Fall des Gläubigers: Staudinger/Firsching, § 2362 Rn. 6).

e) Auskunftsanspruch des Nacherben

Nach § 2327 BGB hat der Nacherbe einen Auskunftsanspruch gegenüber dem Vorerben über den Bestand der Erbschaft, wenn Grund zu der Annahme besteht, daß der Vorerbe durch seine Verwaltung die Rechte des Nacherben erheblich verletzt hat. Die Auskunft kann nur während der Vorerbschaft und nur über den gegenwärtigen Bestand (nicht auch über den Verbleib) verlangt werden. Nach Eintritt des Nacherbfalls gilt § 260 BGB (§ 2130 Abs. 2 BGB). Der Anspruch kann wiederholt geltend gemacht werden, wenn ein neuerlicher Grund gegeben ist.

f) Auskunftsanspruch des Pflichtteilsberechtigten

Der Pflichtteilsberechtigte hat gegen den Erben einen Anspruch auf Auskunft über den Bestand des Nachlasses, §§ 2314, 260 BGB. Der Auskunftsanspruch steht nur dem Pflichtteilsberechtigten zu, der nicht selbst Erbe ist, § 2314 Abs. 1 Satz 1 BGB.

Der Auskunftsanspruch des mit einem Vermächtnis bedachten Pflichtteilsberechtigten hängt nicht davon ab, daß dieser das Vermächtnis ausschlägt oder daß es den Wert des Pflichtteils übersteigt (BGHZ 28, 177).

Ein Auskunftsbegehren ist aber im allgemeinen unbegründet, wenn der Pflichtteilsanspruch selbst verjährt ist und der Erbe die Verjährungseinrede erhoben hat (BGH NJW 1985, 384 f.).

Nach § 2314 Abs. 1 BGB steht dem Pflichtteilsberechtigten ein Auskunftsanspruch nur gegen den Erben zu, also nicht gegen den Beschenkten im Fall des § 2329 BGB. Die Bestimmung ist jedoch, sofern ein Anspruch gegen den Beschenkten nach § 2329 BGB in Betracht kommt, auf das Verhältnis eines Pflichtteilsberechtigten, der nicht Erbe ist, zum Beschenkten entsprechend anwendbar (BGHZ 55, 378; 58, 237). Denn auch in diesem Fall ist der Pflichtteilsberechtigte, da er nicht am Nachlaß beteiligt ist und keinen Zugang zu ihm hat, zur Wahrnehmung seiner Rechte darauf angewiesen, durch eine entsprechende Auskunft des Beschenkten Klarheit über den Bestand und den Umfang seines Anspruchs zu erhalten. Dagegen kommt eine analoge Anwendung des § 2314 Abs. 1 BGB nicht in Betracht, wenn der Pflichtteilsberechtigte zugleich Erbe ist (BGHZ 61, 180, 185; Palandt/Edenhofer, § 2314 Rn. 3; a.A. Speckmann, NJW 1973, 1869).

Aus dem Sinn der Auskunftsvorschrift, dem Pflichtteilsberechtigten die Ermittlung der Höhe seines Anspruchs zu ermöglichen, ist zu entnehmen, daß der Anspruch auf Auskunftserteilung sehr weit geht und sich auf alle Tatsachen und Rechtsverhältnisse beziehen muß, die die Höhe des Pflichtteils beeinflussen (BGHZ 33, 373). Sogar schon dann, wenn Gegenstände u.U. veräußert wurden, die eine Schenkung vermuten lassen, besteht der Auskunftsanspruch (BGH FamRZ 1965, 135).

Der auskunftspflichtige Erbe muß sich auch über sein eigenes Wissen hinaus die zur Auskunftserteilung notwendigen Kenntnisse verschaffen. Dazu gehört, daß er Anstrengungen unternimmt und ggf. eigene Auskunftsansprüche gegen Dritte (z. B. gegen die Bank des Erblassers) geltend macht (BGH NJW 1989, 1601).

Ein unmittelbarer Auskunftsanspruch des Pflichtteilsberechtigten gegenüber der Bank des Erblassers besteht nicht. Der Erblasser kann jedoch seinen Auskunftsanspruch gegen die Bank an den Pflichtteilsberechtigten abtreten (BGH NJW 1989, 1602).

Außerdem hat der Pflichtteilsberechtigte einen Anspruch auf Ermittlung des Wertes der Nachlaßgegenstände, § 2314 Abs. 1 Satz 2 BGB. Die Kosten für die **Wertermittlung** fallen dem Nachlaß zur Last, § 2314 Abs. 2 BGB (BGHZ 84, 25). Der Wertermittlungsanspruch ist erst gegeben, wenn das Vorliegen einer ergänzungspflichtigen Schenkung feststeht (BGHZ 89, 24).

g) Auskunftsanspruch bei Pflichtteilsergänzungsansprüchen

Der Pflichtteilsberechtigte hat oftmals keine Kenntnis vom Umfang des Wertes des Nachlasses. Das Gesetz gibt ihm deshalb in § 2314 BGB einen Auskunftsanspruch. Dieser Anspruch ist auf Unterrichtung des Pflichtteilsberechtigten über den Bestand des Nachlasses gerichtet. Der Pflichtteilsberechtigte hat gegen den Erben Anspruch auf Vorlage eines Bestandsverzeichnisses, auf Auskunft hinsichtlich Anstand- und Pflichtschenkungen (einschließlich unbenannter Zuwendungen an Ehegatten, BGH NJW 1992, 564) sowie die amtliche Aufnahme des Verzeichnisses. Der Erbe ist auch verpflichtet, Auskunft über lebzeitige Zuwendungen des Erblassers, insbesondere Schenkungen innerhalb der letzten 10 Jahre sowie Zuwendungen, die zur Begründung bzw. Erlangung der derzeitigen Lebensstellung des Erben gemacht wurden bzw. für die der Erblasser bestimmt hat, daß sie auszugleichen sind, zu erteilen. Soweit der Erbe nicht über erforderliche Informationen selbst verfügt, hat er sich diese zu beschaffen (z. B. gegenüber der Bank, mit der der Erblasser in Geschäftsverbindungen stand). Das Nachlaßverzeichnis ist mit der erforderlichen Sorgfalt und Vollständigkeit zu erstellen. Der Testamentsvollstrecker ist nicht auskunftspflichtig (RGZ 50, 224).

h) Auskunftspflicht des Miterben über Zuwendungen

Jeder Miterbe hat gegen jeden einzelnen anderen Miterben das Recht auf Auskunft über die Zuwendungen, die er nach den §§ 250–253 BGB zur Ausgleichung zu bringen hat. Der Auskunftsanspruch besteht nur im Falle der gesetzlichen Erbfolge. Eine besondere Form ist für die Auskunft des Auskunftspflichtigen nicht vorgeschrieben. Deshalb kann bereits eine mündliche Mitteilung ausreichen. Der Anspruch ist einklagbar. Der Antrag und der Urteilstenor können sich darauf beschränken, Auskunft über die auszugleichenden Zuwendungen zu geben.

Wegen der Verpflichtung zur Abgabe der eidesstattlichen Versicherung wird auf die entsprechende Anwendung der §§ 260, 261 BGB verwiesen.

i) Auskunftsanspruch des Erben gegen Testamentsvollstrecker

Für das Verhältnis zwischen Testamentsvollstrecker und Erben gelten gem. § 2218 Abs. 1 die Auftragsregeln entsprechend, also die §§ 662 ff. BGB. Das Auskunftsrecht des Erben (§§ 2218, 666 BGB) umfaßt:

– **Mitteilungs- und Anhörungspflicht** des Testamentsvollstreckers: Der Testamentsvollstrecker hat dem Erben unver-
langt die erforderlichen Nachrichten zu geben, §§ 2218, 666
BGB.

– Eine **Auskunftspflicht** des Testamentsvollstreckers: Der
Testamentsvollstrecker hat dem Erben auf Verlangen Auskunft zu geben, und zwar in dem erforderlichen Umfang,
§ 666 BGB. Diese Auskunftspflicht besteht nicht gegenüber
dem Pflichtteilsberechtigten, grundsätzlich auch nicht
gegenüber dem Vermächtnisnehmer, es sei denn, der Auskunftsanspruch ist mitvermacht, was man annimmt bei
Quotenvermächtnis oder Sachinbegriffen oder sonst unbe-
stimmten Werten (BGH DB 1964, 39).

– Eine jährliche **Rechnungslegungspflicht** kann sich bei einer
länger dauernden Verwaltung, d. h. in Fällen der Verwaltungs-
und Dauervollstreckung (§§ 2209, 2210 BGB), aber auch bei
einer Abwicklungsvollstreckung, die wesentlich länger als
ein Jahr dauert, ergeben, § 2218 Abs. 2 BGB. Die inhaltlichen
Anforderungen an eine Jahresabrechnung richten sich nach
den Einzelfallumständen und werden durch den Rechnungs-
zweck einerseits, die Zumutbarkeit andererseits bestimmt.

j) Auskunftsverlangen des Nachlaßverwalters gegenüber einer Bank

Der Nachlaßverwalter hat die Verpflichtung, dem Nachlaßgericht ein komplettes Verzeichnis des Nachlasses vorzulegen,
§§ 1975, 1962, 1915, 1802 BGB. Er ist deshalb berechtigt, von
der Erblasser-Bank Auskunft über Nachlaßgegenstände, Forderungen und Verbindlichkeiten zu verlangen.

Rechtsprechungs- und allgemeine Literaturhinweise:

Bartsch, Auskunftsansprüche der Erben gegen die Bank des
Erblassers, ZErb 1999, 20; BGH ZEV 2001, 194 m. Anm. Skibbe;
LG Berlin ZEV 2002, 160 m. Anm. Krug; OLG Düsseldorf ZErb
1999, 70 m. Anm. Bartsch (zur Stufenklage); Ott-Eulberg/Sche-
besta/Bartsch, Erbrecht und Banken, Auskunft und Rechnungslegung, S. 329 ff.; Petersen, Die Beweislast bei der Auskunftspflicht unter Miterben nach § 2057 a BGB, ZEV 2000,
432; Sarres, Erbrechtliche Auskunftsansprüche aus Treu und
Glauben (§ 242 BGB), ZEV 2001, 225; Sarres, Das neue Schuldrecht und erbrechtliche Auskunftsansprüche, ZEV 2002, 96.

Auslandsimmobilien im Nachlaß

→ *Kollisionsrecht*

Auslegung letztwilliger Verfügungen von Todes wegen

1. Auslegungsfähigkeit

Ziel der Testamentsauslegung ist es, den wirklichen (realen) Willen des Erblassers zu ermitteln. Dafür ist zunächst vom Wortlaut der Erklärung auszugehen. Dieser ist jedoch für die Auslegung nicht bindend, es darf nicht am buchstäblichen Sinn des gewählten Ausdrucks gehaftet werden (§ 133 BGB; Palandt/Edenhofer, BGB, 57. Aufl. 1998, § 2084 Rn. 1). Insoweit wurde die von der älteren Rspr. angewandte „Eindeutigkeitsformel" aufgegeben, wonach die Auslegungsbedürftigkeit nur bei einer objektiven Mehrdeutigkeit des Textes bestand und der Wortlaut der Erklärung die Schranke der Auslegung ist.

Hierzu hat der BGH (BGHZ 86, 41, 45 f.; vgl. auch KG FamRZ 1987, 413 f.) in seiner grundlegenden Entscheidung festgestellt:

„Gerade weil es um die Erforschung des wirklichen Willens des Erblassers geht und weil dieser auch in den seltenen (Urteil vom 31. 1. 1973 – IV ZR 34/72 – unveröffentlicht, vgl. Johannsen, WM 1977, 273) Fällen „des klaren und eindeutigen" Wortlauts den Vorrang vor eben diesem

Wortlaut hat (BGH-Urteil vom 4. 6. 1980 – V ZR 67/79 = WM 1980, 1171), kann daher der Auslegung durch den Wortlaut keine Grenze gesetzt sein. Demgemäß hat der Bundesgerichtshof in jüngster Zeit bereits wiederholt ausgesprochen, daß der Richter auch bei einer ihrem Wortlaut nach scheinbar eindeutigen Willenserklärung an den Wortlaut nicht gebunden ist, wenn – allerdings nur dann – sich aus den Umständen ergibt, daß der Erklärende mit seinen Worten einen anderen Sinn verbunden hat, als es dem allgemeinen Sprachgebrauch entspricht (BGHZ 71, 75, 77; BGH LM BGB § 133 (D) Nr. 7; BGH, Urteil vom 4. 6. 1980 – V ZR 67/79 = WM 1980, 1171; BGH-Urteil vom 10. 7. 1981 – V ZR 51/80 = LM BGB § 1030 Nr. 1; Senatsurteil vom 23. 10. 1980 – IVa ZR 45/80 = LM BGB § 652 Nr. 70 Bl. 2 und vom 11. 11. 1981 – IVa ZR 182/80 = LM BGB § 516 Nr. 15)."

Maßgeblichkeit des Willens der Ehegatten. Bei der Auslegung eines Gemeinschaftlichen Testaments, auch bei der ergänzenden, ist stets die übereinstimmende Willensrichtung beider Erblasser maßgebend (BGH DNotZ 1953, 100 = LM § 242 BGB Nr. 7). Es ist also zu prüfen, ob eine nach den Umständen mögliche Auslegung der Erklärung des einen Erblassers auch dem Willen des anderen entsprochen hat (BGHZ 112, 229 = NJW 1991, 169; NJW 1993, 256; BayObLGZ 1981, 79); dabei kommt es auf den übereinstimmenden Willen zum Zeitpunkt der Testamentserrichtung an (BGHZ 112, 299 = NJW 1991, 169; NJW 1993, 256; BayObLGZ 1981, 79). Läßt sich eine solche Willensübereinstimmung nicht feststellen, so muß auf den Willen des Erblassers abgestellt werden, um dessen Verfügung es geht, jedoch mit der Besonderheit, daß gem. § 157 eine Beurteilung aus der Sicht des anderen Ehegatten (Empfängerhorizont) stattfindet, der sich auf den Erklärungswert dieser Erklärung einstellen mußte (BGH NJW 1993, 256). Oftmals wird dies dazu führen, daß die Auslegung nach dem reinen Wortlaut vorgenommen werden muß (BGH NJW 1951, 959 = LM § 2084 BGB Nr. 1).

2. Einfache (erläuternde) Auslegung gemäß § 133 BGB

Ein Testament stellt eine nicht empfangsbedürftige Willenserklärung dar. Somit gelten zunächst die allgemeinen Vorschriften für die Auslegung von Willenserklärungen, insb. § 133 BGB.

Aufgrund der fehlenden Empfangsbedürftigkeit und des unentgeltlichen Erwerbs ist bei einem Testament aber kein Vertrauensschutz erforderlich (lediglich bei einem Gemeinschaftlichen Testament ist der Ehegatte bzgl. der wechselbezüglichen Verfügungen schutzwürdig).

Bei der Auslegung ist daher nicht der objektive Empfängerhorizont entscheidend, sondern vielmehr der wirkliche Wille des Erblassers ausschlaggebend.

§ 157 BGB ist somit bei der Testamentsauslegung nicht anwendbar (MK/Leipold, § 2084 Rn. 5).

Eine Auslegung von Testamenten nach § 133 BGB bedeutet, daß der wirkliche Wille des Erblassers zu erforschen ist.

Auch der **eindeutige Wortlaut** setzt dabei der Auslegung keine Grenzen (BGHZ 86, 41). Allerdings muß nach der Rechtsprechung des BGH dieser vom Wortlaut abweichende Wille des Erblassers im Testament eine hinreichende Stütze haben (sog. Andeutungstheorie, vgl. unten bei 3)). Bei der Erforschung des wirklichen Willens des Erblassers ist dabei auch zu bedenken, daß es um die Auslegung einer Willenserklärung geht und daher die Auslegung nicht völlig losgelöst vom Wortlaut erfolgen kann. Es geht also nicht um die Ermittlung eines von der Erklärung losgelösten Willens, sondern um die Klärung der Frage, was der Erblasser mit seinen Worten zum Ausdruck bringen wollte.

Dem eindeutigen Wortlaut kommt dabei zumindest die Vermutung zu, daß er den wahren Willen des Erblassers wiedergibt (MK/Leipold, § 2084 Rn. 10 a). Soll also bei der Auslegung von einem eindeutigen Wortlaut abgewichen werden, dann müssen nachweisbare Umstände diese Abweichung nahelegen und dafür auch ein Anhalt im Testament gegeben sein (BGHZ 121, 357). Insbesondere Rechtsbegriffe werden als auslegungsfähig angesehen (BayObLG FamRZ 1989, 99).

Das selbst der eindeutige Wortlaut der Auslegung keine Grenzen setzt, gilt im übrigen auch bei öffentlichen Testamenten. Allerdings kann bei einer notariellen Beratung regelmäßig davon ausgegangen werden, daß die verwendeten Rechtsbegriffe dem Erblasser erläutert wurden (vgl. § 17 Abs. 1 BeurkG) und der zum Zeitpunkt der Testamentserrichtung herrschenden Rechtsauffassung entsprechen (vgl. BayObLG NJW-RR 1994, 460). Entscheidend ist, daß bei der Auslegung nicht von der Auffassung des beurkundenden Notars, sondern von dem Verständnis des Erblassers bezüglich des verwendeten Wortlauts ausgegangen werden muß (OLG Hamm FamRZ 1994, 188).

Die Auslegung hat **aus der Sichtweise des Erblassers** zu erfolgen, seine Lebensumstände sind zu berücksichtigen. Da bei der Auslegung der persönliche Sprachgebrauch und das begriffliche Verständnis des Erblassers entscheidend sind, braucht eigentlich auch auf das Institut der falsa demonstratio nicht zurückgegriffen zu werden.

Wenn der Erblasser nämlich einen falschen Begriff wählt, dann kann man schon mit einer Auslegung nach § 133 BGB zur Verwirklichung seines Willens kommen, falls diese falsche Begriffswahl dem spezifischen Sprachgebrauch des Erblassers entspricht.

Wenn diese falsche Begriffswahl hingegen nicht seinem persönlichen Sprachgebrauch entspricht, sondern auf einem Irrtum bei der Testamentserrichtung beruht, dann liegt keine falsa demonstratio vor, und es bleibt nur der Weg der Anfechtung. Trotzdem findet man oft den Hinweis, daß der Satz falsa demonstratio non nocet bei der Auslegung von Testamenten Anwendung findet; dies deshalb, weil nicht danach unterschieden wird, ob eine falsche Begriffswahl einem alleinigen Irrtum entspringt oder dem persönlichen Sprachgebrauch des Erblassers entspricht.

Beispiel:

Schreibt der Erblasser in seinem Testament, daß er seiner Frau die Hälfte seines Vermögens vermache, und ist er dabei der Überzeugung, daß ihr damit sogleich eine dingliche Berechtigung zukomme, dann ergibt sich unter Berücksichtigung seines spezifischen Sprachgebrauchs, daß seine Frau Erbin ist.

War er sich hingegen des Unterschieds zwischen Erben und Vermachen bewußt und hat er sich nur verschrieben, dann ist keine falsa demonstratio gegeben und eine Anfechtung notwendig.

Dies ist in solchen Fällen eines Erklärungsirrtums in der Literatur allerdings umstritten (vgl. die Nachweise bei MK/Leipold, § 2084 Rn. 16), es wird auch die Ansicht vertreten, daß mit einer Auslegung dem wirklichen Willen des Erblassers zum Erfolg verholfen werden kann. Nach meiner Ansicht würden dadurch aber die gesetzlichen Anfechtungsregeln umgangen werden.

Bei der Auslegung können (und müssen) auch **Umstände** berücksichtigt werden, die **außerhalb des Testaments** liegen

(BayObLG NJW 1988, 2742). Es kann aber durch eine solche Berücksichtigung von Umständen, die außerhalb des Testaments liegen, keine Auslegung gefunden werden, die über den Wortsinn hinausgeht. Daher müssen auch nach der Andeutungstheorie diese Umstände nicht im Testament zusätzlich angedeutet sein, da sie sich aus dem Wortlaut selbst ergeben (MK/Leipold, § 2084 Rn. 17). Berücksichtigt werden können etwa andere Schriftstücke des Erblassers oder seine mündlichen Äußerungen, aber auch die allgemeine Lebenserfahrung (näheres siehe unter 3.)

Entscheidungserheblicher **Zeitpunkt für die Auslegung** ist der Zeitpunkt der Errichtung des Testaments (BayObLG FamRZ 1993, 1250). Auf diesen Zeitpunkt ist also auch abzustellen, wenn der persönliche Sprachgebrauch des Erblassers berücksichtigt werden soll oder etwa seine Vorstellungen bzgl. des Umfangs des eigenen Vermögens erforscht werden sollen. Spätere Umstände können nur insoweit berücksichtigt werden, als sie ein Anzeichen für einen bestimmten Erblasserwillen zum Errichtungszeitpunkt darstellen können (BayObLG FamRZ 1995, 1446). Selbst wenn der Erblasser also durch spätere Äußerungen zu erkennen gibt, daß er seiner Willenserklärung nun einen anderen Sinn beimißt als zum Zeitpunkt der Errichtung, dann kann dies – auch wegen dem strengen Formerfordernis – nicht berücksichtigt werden (MK/Leipold, § 2084 Rn. 21).

Gegenstand der Auslegung ist die einzelne Anordnung des Erblassers. Bei dieser Auslegung der einzelnen Anordnungen ist aber jeweils der gesamte Inhalt des Testaments zu beachten, da sich oft erst aus dem Gesamtzusammenhang der Sinn bzw. die Mehrdeutigkeit einzelner Verfügungen ergeben kann (Lange/Kuchinke, § 34 III).

3. Ergänzende Auslegung

Die ergänzende Auslegung dient der Schließung von Lücken im Testament. Eine solche Lücke kann sich dadurch ergeben, daß der Erblasser bei Testamentserrichtung zukünftige Entwicklungen nicht bedacht hat bzw. nicht voraussehen konnte oder er zu diesem Zeitpunkt falsche Vorstellungen bzgl. der Sachlage hatte. Die Lücke muß aber dem Erblasser zum Errichtungszeitpunkt unbewußt gewesen sein, der Erblasser muß eine abschließende Regelung angestrebt haben. Selbst wenn ihm dann aber später die Lückenhaftigkeit seines Testaments bewußt geworden ist, spricht dies zunächst nicht gegen die Möglichkeit einer ergänzenden Auslegung (BayObLG FamRZ 1991, 982).

Bei der ergänzenden Auslegung ist in einem ersten Schritt die wirkliche Willensrichtung des Erblassers nach den Regeln der einfachen Auslegung zu erforschen. Ergibt sich bei dieser Auslegung eine Lücke im Testament, dann muß der hypothetische Wille des Erblassers ermittelt werden. Entscheidend ist dabei der **hypothetische Wille** zum Zeitpunkt der Testamentserrichtung. Es ist also zu fragen, wie der Erblasser verfügt hätte, wenn er bei der Errichtung des Testamentes die nicht in Betracht gezogenen Umstände berücksichtigt hätte. Da die ergänzende Auslegung über die Feststellung des hypothetischen Willens des Erblassers zu einer hypothetischen Verfügung führt, schließt sie die Anfechtung wegen eines Motivirrtums aus (BayObLG FamRZ 1991, 982). Auch ursprüngliche Lücken des Testaments können durch ergänzende Auslegung geschlossen werden (dies ist allerdings umstritten, vgl. Nachweise bei Soergel/Loritz, § 2084 Rn. 38).

Umstritten ist, inwieweit der ermittelte Wille im Testament angedeutet sein muß. Die Rechtsprechung fordert, daß der ermittelte hypothetische Wille sich aus der Willensrichtung des Erblassers ergeben muß und diese Willensrichtung wiederum – aufgrund der Formenstrenge – einen Anklang im Testament haben muß (BGH FamRZ 1983, 380, vgl. unten 4.).

Bei der Ermittlung des hypothetischen Willens ist zwar auf den Zeitpunkt der Testamentserrichtung abzustellen, allerdings kann der spätere wirkliche Wille einen Anhaltspunkt für einen möglichen hypothetischen Willen darstellen (BayObLG FamRZ 1991, 982).

Umstritten ist, ob im Wege der ergänzenden Auslegung **Veränderungen nach dem Erbfall** berücksichtigt werden können. Es wird vertreten, daß solche Ereignisse nur berücksichtigt werden können, wenn dies ausdrücklich im Testament vorgesehen ist (Palandt/Edenhofer, § 2084 Rn. 9) oder wenigstens seinen Ausdruck gefunden hat (KG FamRZ 1995, 762). Weiterhin wird es für möglich gehalten, wenn der Erblasser mit seiner Verfügung eine auf Dauer gedachte Wirkung erreichen wollte (etwa der Anordnung einer Testamentsvollstreckung) oder die Wirkung der Verfügung zu einem späteren Zeitpunkt als dem Erbfall eintreten sollte (zu letzterem BGH WM 1971, 533). Ansonsten soll einer ergänzenden Auslegung bei Veränderungen nach dem Erbfall der Gedanke der Rechtssicherheit entgegenstehen (MK/Leipold, § 2084 Rn. 59 m.w.N.). Eine Ausnahme vom Vorrang der Rechtssicherheit ist nach dieser Ansicht aber unter Umständen dann geboten, wenn die Auswirkungen der Wiedervereinigung in einem Testament zu berücksichtigen sind (MK/Leipold, § 2084 Rn. 59 a).

Nach anderer Ansicht können Veränderungen nach dem Erbfall aber allgemein ohne besondere Voraussetzungen bei der ergänzenden Auslegung berücksichtigt werden (OLG Frankfurt FamRZ 1993, 613; OLGZ 1993, 382; OLG Karlsruhe OLGZ 1981, 399; Meyer, ZEV 1994, 12 ff. m.w.N.). Diese Ansicht wird u. a. damit begründet, daß sich aus der langen Anfechtungsmöglichkeit nach § 2082 Abs. 3 BGB ergeben soll, daß der Vertrauensschutz hinter der Verwirklichung des Erblasserwillens zurückstehen muß (Meyer, ZEV 1994, 12 ff.).

Unstreitig ist, daß hinsichtlich einer **Nacherbfolge** die ergänzende Auslegung Veränderungen zwischen Erbfall und Nacherbfall berücksichtigen kann (Palandt/Edenhofer, § 2084 Rn. 8).

Eine ergänzende Auslegung ist auch noch **nach Ablauf der Anfechtungsfristen** bzgl. Testamente möglich, nur das Institut des Rechtsmißbrauchs bzw. der Verwirkung zieht eine zeitliche Grenze (BayObLG ZEV 1997, 339 ff.; MK/Leipold, § 2084 Rn. 50; dagegen Brox, Einschränkung der Irrtumsanfechtung S. 159).

4. Andeutungstheorie

Die Andeutungstheorie besagt, daß der durch Auslegung gefundene oder zu vermutende Wille des Erblassers in dem Testament selbst irgendwie – wenn auch nur angedeutet oder versteckt – zum Ausdruck gekommen sein muß (BGHZ 86, 41).

Dieser Anhalt im Testament muß gegeben sein, weil sonst die gesetzlichen Formvorschriften unterlaufen werden könnten. Die Andeutungstheorie spielt somit bei der Auslegung des Testaments selbst noch keine Rolle, da bei dieser Auslegung auch alle Umstände außerhalb der Testamentsurkunde herangezogen werden können.

Erst bei der Prüfung der Formgültigkeit des ermittelten Willens ist dann zu prüfen, ob dieser Wille im Testament auch Anklang gefunden hat (BGHZ 86, 41, 47).

Bei der ergänzenden Auslegung wird die Andeutungstheorie dahin gehend verstanden, daß der ermittelte hypothetische Erblasserwille eine Andeutung in der aus dem Testament erkennbaren Willensrichtung haben muß (BGH FamRZ 1983, 380).

In der Testamentsurkunde selbst kann dieser hypothetische Wille keinen Anklang gefunden haben, da es sich eben nicht um den wirklichen Willen des Erblassers handelt (dieser wird durch die einfache Auslegung ermittelt), sondern um einen real nicht vorhandenen hypothetischen Willen (MK/Leipold, § 2084 Rn. 44).

Eine **vergessene Anordnung** kann somit im Wege der einfachen oder ergänzenden Auslegung nur geschaffen werden, wenn sie im Testament oder in der Willensrichtung des Erblassers einen – wenn auch nur unvollkommenen – Anklang gefunden hat.

Die Andeutungstheorie ist in der Literatur umstritten (z.B. Brox, Erbrecht, 16. Aufl., Rn. 197 m.w.N.), in der Rechtsprechung aber einhellige Praxis. Eine Ausnahme von dieser Andeutungstheorie läßt der BGH nur zu, wenn der Erblasser aufgrund zwingender außergewöhnlicher Umstände seinen wirklichen Willen nicht niederlegen konnte (BGH WM 1976, 744). Nur dann muß der wirkliche Erblasserwille keinen Anklang im Testament bzw. der daraus erkennbaren Willensrichtung gefunden haben.

5. Grundsatz der wohlwollenden Auslegung

Der Grundsatz der wohlwollenden Auslegung (benigna interpretatio) besagt, daß bei mehreren Auslegungsmöglichkeiten einer letztwilligen Verfügung derjenigen Auslegung der Vorzug zu geben ist, bei der die Verfügung Erfolg hat, § 2084 BGB. Erfolg im Sinne dieser wohlwollenden Auslegung bedeutet dabei die Verwirklichung des Erblasserwillens in rechtswirksamer Weise (MK/Leipold, § 2084 Rn. 26). Maßgebend ist also auch hier der wirkliche oder mutmaßliche Erblasserwille, dieser ist zunächst zu erforschen. Nur wenn sich bei dieser Auslegung mehrere Möglichkeiten ergeben, ist diejenige zu wählen, bei der der festgestellte Erblasserwille rechtswirksam verwirklicht werden kann. Das Ziel, eine rechtswirksame Verfügung zu erreichen, muß sich daher immer am Erblasserwillen orientieren. Zwischen § 2084 BGB und § 133 BGB besteht somit kein Unterschied, vielmehr ist der Grundsatz der wohlwollenden Auslegung auch schon in § 133 BGB mitenthalten (MK/Leipold, § 2084 Rn. 27). Eine Trennung dieser beiden Vorschriften könnte man allenfalls dahin gehend bilden, daß zunächst gem. § 133 BGB der (wirkliche oder mutmaßliche) Erblasserwille erforscht wird und dann gem. § 2084 BGB geprüft wird, wie dieser Wille rechtswirksam verwirklicht werden kann (Lange/Kuchinke, § 34 III 1).

Zur **Umdeutung** läßt sich hingegen rein dogmatisch eine klare Abgrenzung finden. Eine Umdeutung ist nur möglich, wenn alle Auslegungsmöglichkeiten einer letztwilligen Verfügung zu deren Unwirksamkeit führen; § 2084 BGB hingegen greift nur, wenn eine dieser Auslegungsmöglichkeiten den Erblasserwillen rechtswirksam verwirklichen kann. In der Praxis wird dieser dogmatische Unterschied allerdings weniger beachtet, die Grenzen zwischen § 140 BGB und § 2084 BGB sind auch insoweit fließend (Lange/Kuchinke, § 34 III 1). Bedenkt z.B. der Erblasser „die Tiere", dann kann nach BayObLG NJW 1988, 2772 darin die Einsetzung derjenigen Tierschutzorganisation liegen, deren Mitglied der Erblasser war. In diesem Fall kann man durchaus darüber streiten, ob man zu diesem Ergebnis über eine Umdeutung oder noch über eine wohlwollende Auslegung kommt. § 2084 BGB ist sowohl auf eine einzelne Anordnung als auch die gesamte letztwillige Verfügung anwendbar.

Auf die Frage, ob eine **Verfügung von Todes** wegen **oder** ein **Rechtsgeschäft unter Lebenden** vorliegt, ist § 2084 BGB analog anwendbar (BGH LM § 2084 BGB Nr. 13). Nach der Rechtsprechung des BGH gilt das gleiche für die Frage, ob ein Schenkungsversprechen von Todes wegen oder unter Lebenden vorliegt (BGH NJW 1988, 2731; dagegen Bork, JZ 1988, 1059). Unzweifelhaft kann § 2084 BGB aber nicht zur Klärung der Frage herangezogen werden, ob überhaupt eine Willenserklärung oder nur eine unverbindliche Erklärung vorliegt; auf diese Frage ist allein § 133 BGB anwendbar. Ebensowenig ist § 2084 BGB anwendbar, wenn bei einem Testament für alle Auslegungsmöglichkeiten Zweifel bezüglich deren Formwirksamkeit bestehen (BayObLG FamRZ 1983, 836). Wenn jedoch eine dieser verschiedenen Auslegungsmöglichkeiten zur Formwirksamkeit des Testaments führen würde, dann ist gem. § 2084 BGB auch dieser Auslegung der Vorzug zu geben.

6. Gesetzliche Auslegungs- und Ergänzungsvorschriften

Der Gesetzgeber hat für die Auslegung von Testamenten eine Vielzahl von Auslegungs- und Ergänzungsregeln geschaffen, die allgemeinen Erfahrungssätzen entsprechen.

Dogmatisch lassen sich Auslegungs- und Ergänzungsvorschriften einfach unterscheiden. So setzen Ergänzungsregeln eine unvollständige oder fehlende Willenserklärung voraus, Auslegungsregeln hingegen greifen bei Unklarheit einer Willenserklärung. In der Praxis ist es aber schwierig, zwischen einer unvollständigen und einer unklaren Willenserklärung zu unterscheiden. Auch der erweiterte Anwendungsbereich der ergänzenden Auslegung erschwert eine Abgrenzung dieser Vorschriften (Lange/Kuchinke, § 34 VI 1).

Gemeinsam ist diesen Regeln, daß sie nur bei Zweifeln bzgl. des Erblasserwillens eingreifen. Der Anwendung dieser Regeln muß daher immer eine Auslegung des Testaments gem. § 133 BGB vorangehen. Da diese Regeln allgemeinen Erfahrungssätzen entsprechen, ist derjenige beweispflichtig, der einen anderen Willen des Erblassers behauptet.

Auf die einzelnen Vorschriften wird unter 3. näher eingegangen, hier sei nur auf die wichtigsten hingewiesen:

7. Umdeutung

Auch im Bereich der Verfügungen von Todes wegen kann § 140 BGB Anwendung finden.

Der wesentliche Unterschied der Umdeutung gem. § 140 BGB gegenüber der Auslegung ist, daß bei der Auslegung der wirkliche Wille des Erblassers nicht oder nicht vollständig feststeht, bei der Umdeutung hingegen der Wille bekannt ist, aber auf ein unwirksames Rechtsgeschäft gerichtet ist. Die Auslegung – auch die ergänzende – muß also der Umdeutung immer vorangehen. § 140 BGB kann daher nur zur Anwendung kommen, wenn alle Auslegungsmöglichkeiten eines mehrdeutigen Testaments zur Nichtigkeit führen.

Ändern sich nach Testamentserrichtung die **Verhältnisse** derart, daß die Verfügung nicht wirksam werden kann (verstirbt etwa der Bedachte vor dem Erbfall), dann ist nur eine ergänzende Auslegung möglich, aber keine Umdeutung, da kein nichtiges Rechtsgeschäft vorliegt (MK/Leipold, § 2084 Rn. 65).

Das gleiche gilt auch, wenn schon zum Zeitpunkt der Testamentserrichtung die Verfügung nicht ihr Ziel erreichen konnte, aber auch nicht nichtig war (wenn also z.B. der Bedachte schon zu diesem Zeitpunkt verstorben war, ohne daß der Erblasser dies wußte).

Die Umdeutung kann sich sowohl auf eine **einzelne Anordnung** des Testaments beschränken als auch **das Testament im ganzen** betreffen.

Ein **formungültiges** öffentliches Testament kann in ein eigenhändiges umdeutbar sein, wenn dessen Formvoraussetzungen erfüllt sind (MK/Leipold, § 2084 Rn. 74).

Es ist grundsätzlich auch die Umdeutung eines Testaments in ein Rechtsgeschäft unter Lebenden möglich (OLGE München 35, 374). Einer Umdeutung in ein Schenkungsversprechen (zur Zulässigkeit vgl. BGH NJW 1978, 423) kann dann aber das Formerfordernis des § 518 I BGB oder die Anwendbarkeit von § 2301 I BGB entgegenstehen.

Weiterhin kann gegen eine solche Umdeutung sprechen, daß ein **Schenkungsversprechen** eine größere Bindung des Erblassers bedeutet als eine jederzeit widerrufbare Verfügung von Todes wegen (Lange/Kuchinke, § 34 V 1 e).

Abschließend sei hier noch darauf hingewiesen, daß eine Umdeutung eines Rechtsgeschäfts unter Lebenden in eine Verfügung von Todes wegen natürlich auch möglich ist (MK/Leipold, § 2084 Rn. 81).

Zum Verhältnis der Umdeutung zum Grundsatz der wohlwollenden Auslegung vgl. oben unter 4. und zu den Besonderheiten bei Gemeinschaftlichen Testamenten unten bei 9.

8. Teilaufrechterhaltung gemäß § 2085 BGB

§ 2085 BGB enthält eine Auslegungsregel, die der Verwirklichung des Erblasserwillens dient und in Gegensatz zu § 139 BGB steht.

Bei der Berücksichtigung des Erblasserwillens ist – wie auch sonst – bei der Auslegung der Zeitpunkt der Testamentserrichtung entscheidend (MK/Leipold, § 2085 Rn. 3). Das Gesetz geht davon aus, daß der Erblasser nicht wollte, daß die Unwirksamkeit einer Verfügung zur gesamten Unwirksamkeit des Testaments führt. Soll das Gegenteil angenommen werden, so trägt die Behauptungs- und Beweislast derjenige, der sich auf die gesamte Unwirksamkeit des Testaments beruft (MK/Leipold, § 2085 Rn. 3).

§ 2085 BGB ist nicht – auch nicht analog – auf den Fall anwendbar, daß der Inhalt einer von mehreren Verfügungen unklar und nicht feststellbar ist (BGH NJW 1955, 460; BayObLGZ 1967, 197). Im Regelfall ist daher bei Ungewißheit einer einzelnen Verfügung das gesamte Testament unwirksam, da die unaufklärbare einzelne Verfügung den übrigen feststellbaren Anordnungen einen ganz anderen wirtschaftlichen Sinn geben kann. Etwas anderes kann nur dann gelten, wenn sicher feststeht, daß die einzelne unaufklärbare Verfügung den übrigen Testamentsinhalt nicht oder nicht wesentlich beeinflussen kann und deshalb der mutmaßliche Erblasserwille dafür spricht, den aufklärbaren Teil wirksam werden zu lassen (BGH NJW 1955, 460; BayObLGZ 1967, 197).

Umstritten ist die Frage, ob § 2085 BGB oder § 139 BGB anzuwenden ist, wenn nur ein Teil einer einzelnen Anordnung unwirksam ist.

Der BGH hat die Frage bis jetzt offengelassen und nur entschieden, daß sowohl für die Anwendung von § 2085 BGB als auch für § 139 BGB Voraussetzung sei, daß die einzelne unwirksame Verfügung teilbar ist (BGHZ 52 17; 53, 369).

In der Literatur wird teilweise die analoge Anwendung von § 2085 BGB befürwortet (Lange/Kuchinke, § 34 V 2), teilweise § 139 BGB angewandt (RGRK/Johannsen, § 2085 Rn. 7) und teilweise nach dem Unwirksamkeitsgrund differenziert (Soergel/Loritz, § 2085 Rn. 10).

Zu den Besonderheiten bei Gemeinschaftlichen Testamenten vgl. unten 9.

9. Besonderheiten beim Gemeinschaftlichen Testament

Der Grundsatz, daß bei der Auslegung von Testamenten kein Vertrauensschutz besteht und deshalb nur der wirkliche Wille entscheidend sei, gilt bei einem Gemeinschaftlichen Testament nur für die **nicht wechselbezüglichen Verfügungen.**

Zwar sind auch dies keine empfangsbedürftigen Willenserklärungen, da sie parallel und nicht gegenseitig abgegeben werden; ein Vertrauensschutz ist aber aufgrund der Wechselbezüglichkeit erforderlich. Bei der Auslegung der wechselbezüglichen Verfügungen ist daher der objektive Empfängerhorizont entscheidend (Lange/Kuchinke, § 34 III 7), und bei der ergänzenden Auslegung muß bei diesen Verfügungen auf die gemeinsame Willensrichtung beider Ehegatten bei Testamentserrichtung abgestellt werden (MK/Leipold, § 2064 Rn. 51).

Die gesetzlichen Auslegungsregeln gelten hingegen auch für gemeinschaftliche Testamente.

Der Grundsatz der Teilaufrechterhaltung nach § 2085 BGB wird bei Gemeinschaftlichen Testamenten für wechselbezügliche Verfügungen durch § 2270 I BGB verdrängt (wobei dann § 2270 BGB aber nur für die zur unwirksamen wechselbezüglichen Verfügung korrespondierenden Verfügung gilt).

Die Frage, ob ein Gemeinschaftliches Testament oder einzelne Anordnungen eines solchen Gemeinschaftlichen Testaments in Einzeltestamente umgedeutet werden können, wird in der Rechtsprechung und Lehre nicht einheitlich beantwortet. Unstreitig ist dabei aber, daß zumindest nichtwechselbezügliche Verfügungen in Einzeltestamente umgedeutet werden können (BGH NJW-RR 1987, 1410; BayObLG FamRZ 1993, 1370). In der Literatur wird überwiegend diese Möglichkeit der Umdeutung inzwischen auch für wechselbezügliche Verfügungen anerkannt (vgl. die Nachweise bei MK/Leipold, § 2265 Rn. 4). Bei der Prüfung des hypothetischen Erblasserwillens ist nach dieser Ansicht dann aber zu berücksichtigen, daß die Lebenserfahrung im allgemeinen dagegen spricht, daß der Erblasser seine wechselbezügliche Verfügung auch isoliert in einem Einzeltestament stehen lassen würde (MK/Leipold, § 2265 Rn. 9). Dieser Erfahrungssatz muß dann im Einzelfall aufgrund nachweisbarer besonderer Umstände widerlegt werden. In der Rechtsprechung wird die Möglichkeit der Umdeutung wechselbezüglicher Verfügungen in Einzeltestamente teilweise abgelehnt, weil es gerade im Wesen der Wechselbezüglichkeit liege, daß die jeweilige Verfügung von der Gültigkeit der anderen abhängig sei (OLG Hamm ZEV 1996, 304).

Bei Gemeinschaftlichen Testamenten von Nichtehegatten wird in der Rechtsprechung aber auch vertreten, daß das gemeinschaftliche Testament lediglich als Hülle zweier selbständiger Testamente anzusehen sei und deshalb bei Wegfallen dieser Hülle zwei Testamente fortbestehen (wenn sie als Einzeltestamente formgültig sind), ohne daß eine Umdeutung nötig sei (KG NJW 1972, 2133; OLG Frankfurt MDR 1976, 667; dagegen OLG Hamm ZEV 1996, 304). Bei der Umdeutung gemeinschaftlicher Testamente in Einzeltestamente muß auch immer darauf geachtet werden, daß die Einzeltestamente den Formerfordernissen entsprechen müssen, also insbesondere eigenhändig geschrieben sein müssen.

10. Auslegung von Testamenten mit Bezug zur ehemaligen DDR

Hat ein Testament einen Bezug zur ehemaligen DDR, so stellt sich die Frage, ob es nach den Regeln des ZGB oder des BGB auszulegen ist und inwieweit die Wiedervereinigung Anlaß und Möglichkeit zu einer ergänzenden Testamentsauslegung gibt.

Ist der Erblasser **vor dem 3. 10. 1990** gestorben, gilt für die Rechtsfolgen dieses Erbfalls das Recht, das vor dem Wirksamwerden des Beitritts gegolten hat, Art. 235 § 1 Abs. 1 EGBGB. Welches Recht dies ist, muß nach dem innerdeutschen Kollisionsrecht (das interlokale Erbrecht) entschieden werden. Es sind somit die in der Bundesrepublik anerkannten interlokalen Regeln anzuwenden (BGHZ 124, 263). Entscheidend ist daher der gewöhnliche Aufenthalt des Erblassers zum Zeitpunkt des Erbfalls (BGH NJW 1994, 582). Befand sich dieser in der ehemaligen DDR, dann ist auch DDR-Recht anzuwenden. Für diese Auslegung nach DDR-Recht ist zunächst § 372 ZGB entscheidend. Danach ist bei verschiedenen möglichen Auslegungen diejenige zu wählen, die dem wirklichen oder mutmaßlichen Willen des Erblassers Geltung verschafft. Diese Auslegungsmethode unterscheidet sich nicht grundsätzlich von der des BGB (OLG Köln FamRZ 1994, 591). Umstände außerhalb des Testaments können herangezogen werden, und auch eine ergänzende Auslegung ist möglich. Weiterhin enthält das ZGB mit den §§ 375 ff. einige gesetzliche Auslegungsregeln, die den §§ 2067, 2087, 2089–2091 BGB entsprechen oder zumindest gleichen.

Befand sich der **letzte gewöhnliche Aufenthalt** des Erblassers hingegen in der **Bundesrepublik,** dann ist grundsätzlich bei der Auslegung das Erbrecht des BGB anzuwenden. Es kann dann aber hinsichtlich in der ehemaligen DDR belegenen Grundstücken zu einer Nachlaßspaltung kommen, Art. 3 Abs. 3 EGBGB entsprechend in Verbindung mit § 25 Abs. 2 RAnwG. In diesen Fällen richtet sich dann die Auslegung hinsichtlich des in der ehemaligen DDR belegenen Nachlaßteiles nach dem Recht des ZGB (OLG Köln FamRZ 1994, 591).

Stirbt der Erblasser nach dem **3. 10. 1990** und wurde das Testament vor dem Beitritt errichtet, dann richtet sich die Auslegung nach dem beim Erbfall geltenden Recht, da Art. 235 § 2 EGBGB nur für Form, Fähigkeit zur Errichtung und Aufhebung gilt, nicht aber für die Auslegung.

Die **Wiedervereinigung** kann Anlaß für eine ergänzende Testamentsauslegung sein, wenn der Erblasser die sich daraus ergebenden Veränderungen bei Testamentserrichtung nicht berücksichtigen konnte. So haben sich z.B. die Wertverhältnisse von im Beitrittsgebiet belegenen Grundstücken mit der Wiedervereinigung erheblich geändert. Wie oben gezeigt, ist sowohl nach dem Recht des ZGB als auch nach dem BGB eine ergänzende Auslegung möglich. Voraussetzung einer ergänzenden Auslegung ist dann wiederum, daß die Willensrichtung des Erblassers einen Anhalt im Testament gefunden hat (BayObLG ZEV 1994, 47)

Auslegungsregel

→ *Auslegung letztwilliger Verfügungen von Todes wegen*

Auslegungsvertrag

1. Überblick

Um Streitigkeiten bei der Auslegung von Testamenten zu vermeiden, können die Beteiligten einen sog. Auslegungs- oder Feststellungsvertrag schließen. Wird durch diesen Vertrag ein Streit oder eine Ungewißheit beseitigt, dann liegt ein Vergleich gem. § 779 BGB vor (Soergel/Loritz, § 2084 Rn. 31).

Die Beteiligten legen durch einen solchen Vertrag für ihr Verhältnis untereinander verbindlich fest, wie das Testament auszulegen ist.

Der Auslegungsvertrag hat aber nur schuldrechtliche Wirkung, die Erbfolge oder einzelne Anordnungen des Testaments können dadurch nicht verbindlich festgelegt werden (BGH NJW 1986, 1812). Wollen die Beteiligten erreichen, daß der vereinbarten Auslegung auch eine dingliche Wirkung zukommt, dann sind Erbteilsübertragungen gem. § 2033 BGB notwendig.

Eine solche Vereinbarung fällt dann aber unter § 2385 BGB und bedarf daher der notariellen Beurkundung (BGH NJW 1986, 1812). Aber auch ohne solche Erbteilsübertragungen kann der Auslegungsvertrag formbedürftig sein (wenn er z.B. einen Erbverzicht oder einen Erbschaftskauf beinhaltet).

2. Prozessuales

Das Gericht wird durch einen solchen Vertrag nicht unmittelbar gebunden. Der geschlossene Vertrag kann jedoch die Einrede der unzulässigen Rechtsausübung begründen, wenn der Kläger einen Anspruch geltend macht, der der vereinbarten Auslegung widerspricht (Soergel/Loritz, § 2084 Rn. 32). Im Prozeß kann die Berufung auf einen geschlossenen Auslegungsvertrag des weiteren ein Zugeständnis im Sinn von § 138 Abs. 3 ZPO darstellen, da auch der Erblasserwille als sogenannte innere Tatsache dem Geständnis und der Beweisaufnahme zugänglich ist (BGHZ 86, 41, 45).

Ein Auslegungsvertrag kann auch als Prozeßvergleich vor dem Prozeßgericht geschlossen werden.

Die Aufnahme der Erklärungen ersetzt gem. § 127 a BGB die unter Umständen erforderliche notarielle Beurkundung. Umstritten ist, ob auch im Erbscheinsverfahren ein solcher Vergleich möglich ist (Soergel/Loritz, § 2084 Rn. 32). Nach der Rechtsprechung des BayObLG ist dies – wenn auch eingeschränkt – möglich. Ein Vergleich kann danach bzgl. einzelner Verfahrensrechte oder der Ausübung von Gestaltungsrechten geschlossen werden, und in diesem Zusammenhang können auch außerhalb des Verfahrensgegenstandes liegende Fragen mitgeregelt werden (BayObLG ZEV 1997, 461). Nur am Rande erwähnt sei, daß ein solcher Vergleich dann keinen Vollstreckungstitel gem. § 794 Abs. 1 Nr. 1 ZPO bildet (BayObLG ZEV 1997, 461).

Ausschlagung der Erbschaft

1. Überblick

Der Erbe kann die ihm angefallene Erbschaft ohne Begründung ausschlagen und damit rückwirkend die Erbenstellung beseitigen. Als Grund für die Ausschlagung kommt in Betracht,

– Überschuldung des Nachlasses (der Erbe haftet grundsätzlich auch für die Verbindlichkeiten des Erblassers),

– Erbschaftssteuerliche Gründe (Christ, ZEV 1995, 446; Hannes, ZEV 1996, 10),

– der Ehegatte möchte seinen Zugewinnausgleich- und Pflichtteilsanspruch geltend machen, § 1371 Abs. 3 BGB,

– der beschwerte Erbe möchte seinen Pflichtteil verlangen, § 2306 BGB,

– das Erbe soll einem anderen zufallen (Korrektur unbeabsichtigter Steuerfolgen; Flick, DStR 2000, 1816: Beim Berliner Testament treffen den überlebenden Ehegatten unerwartet hohe Steuern, so daß zu erwägen ist, daß er die Erbschaft ausschlägt, wenn sicher ist, daß die Erbschaft dann den Kindern anfällt).

2. Ausschlagungsberechtigung

Grundsätzlich kann jeder Erbe, mag seine Berufung auf Gesetz, testamentarische Erbeinsetzung oder Erbvertrag beruhen, die Erbschaft ausschlagen. Das Ausschlagungsrecht ist vererblich, § 1952 Abs. 1 BGB, jedoch nicht übertragbar. Es geht also nicht auf den rechtsgeschäftlichen Erwerber einer Erbschaft (Erbschaftskäufer) über.

Kein Ausschlagungsrecht hat der Staat als Fiskus, §§ 1942 Abs. 2, 1936 BGB, und der Erbe nach Annahme der Erbschaft, § 1943, 1. Halbs. BGB.

Die Ausschlagung ist bedingungsfeindlich. Sie kann also z.B. nicht nur für den Fall erklärt werden, daß der Nachlaß überschuldet ist oder unter einer Zeitbestimmung (auf die Dauer von fünf Jahren).

Bei der Ausschlagung zugunsten Dritter ist entscheidend, ob der gewollte Erwerb des Dritten echte Bedingung oder nur gesetzliche Wirkung der Ausschlagung oder nur Beweggrund ist (OLG Hamm NJW 1981, 2585). Echte Bedingung ist sie, wenn dem Ausschlagenden erkennbar daran liegt, daß die Erbschaft an einen bestimmten Dritten gelangt und der Erklärende mit einem möglichen anderen Erfolg keineswegs einverstanden ist (BayObLG 77, 163; Rpfleger 1982, 69). In diesem Fall ist die Ausschlagung unwirksam, falls nicht z. B. bei Wahrung der Form des § 2033 BGB eine Umdeutung in die Annahme und die Erklärung, den Erbteil eines Dritten zu übertragen, möglich ist. In allen anderen Fällen ist die Beifügung einer Bedingung unschädlich (Palandt/Edenhofer, § 1947 Rn. 2). Nach § 1948 BGB kann die Erbschaft aus einem Erwerbsgrund (z. B. Testament) ausgeschlagen und aus einem anderen (gesetzliche Erbfolge) angenommen werden. Dies kann z.B. sinnvoll sein, wenn durch eine Ausschlagung nach § 1948 BGB den anderen gesetzlichen Miterben das gesetzliche Erbteil zufallen würde und hierdurch erbschaftssteuerliche Erwägungen (Ausschöpfung von Freibeträgen) entscheidend wären.

Nach § 1951 Abs. 1 BGB kann derjenige, der zu mehreren Erbteilen berufen ist, den einen Erbteil annehmen und den anderen ausschlagen, wenn die Berufung auf verschiedenen Gründen beruht (BayObLG NJW-RR 1997, 72).

Die Ausschlagung wird durch Eröffnung des Insolvenzverfahrens über das Vermögen des Erben nicht gehindert, § 83 Abs. 1 InsO. Sie unterliegt auch nicht der Gläubigeranfechtung nach dem Anfechtungsgesetz.

3. Form und Frist der Ausschlagung

a) Adressat

Richtiger Adressat ist das örtlich zuständige Nachlaßgericht des letzten Wohnsitzes des Erblassers, § 1945 Abs. 1 BGB, § 73 FGG. Die Erklärung gegenüber einem örtlich unzuständigen Gericht ist dann nicht unwirksam, wenn sich dieses als Nachlaßgericht betätigt (§ 7 FGG; BGH Rpfleger 1977, 406). Dazu gehört auch die Weitergabe der Erklärung innerhalb der Frist an das zuständige Nachlaßgericht, auch wenn sie dort verspätet eingeht (Keidel/Reichert/Küntzel/Winkler, FGG § 7 Rn. 6). Selbst wenn das unzuständige Gericht nach Aufnahme oder Entgegennahme untätig bleibt, ist die Wirksamkeit zu bejahen, da auch die Aufnahme und Entgegennahme von Erklärungen oder deren Weitergabe gerichtliche Handlungen sind. Nur wenn das Gericht wegen Unzuständigkeit die bei ihm in öffentlich-beglaubigter Form eingereichte Erklärung zurückgibt, ist die Ausschlagung unwirksam. Sie kann aber vor Fristablauf in wirksamer Form wiederholt werden.

b) Form

Die Ausschlagungserklärung kann neben der öffentlichen Beglaubigung, die seit dem BeurkG nur durch den Notar erfolgen kann, auch durch Abgabe der Erklärung zur Niederschrift des Nachlaßgerichts erfolgen. Die notarielle Beurkundung würde erst recht genügen, § 129 Abs. 2 BGB.

Örtlich zuständig ist das Nachlaßgericht des letzten Wohnsitzes des Erblassers. Auch wenn ein unzuständiges Gericht die bei ihm eingegangene oder zur Niederschrift abgegebene Erklärung an das zuständige Gericht weiterleitet und die Erklärung dort vor Ablauf der Ausschlagungsfrist eingeht, ist die Ausschlagung wirksam. Telefonische, telegrafische, briefliche oder Fax-Mitteilung reicht nicht. Der Empfang der Ausschlagungserklärung wird von dem Nachlaßgericht auf Wunsch bestätigt. Bei Erbausschlagung durch einen Bevollmächtigten gem. § 1945 Abs. 3 BGB muß die Vollmacht öffentlich beglaubigt sein.

c) Formulierungsvorschlag

An das Amtsgericht Mannheim – Nachlaßgericht –

Betreff: Nachlaß des am . . . in . . . verstorbenen . . ., zuletzt wohnhaft in . . ., . . . Str.

Ich, . . ., geb. . . ., Schwester des Verstorbenen, schlage hiermit die Erbschaft nach dem im Betreff genannten Erblasser aus allen Berufungsgründen aus.

Ich bin verheiratet und habe zwei minderjährige Kinder:

. . ., geb. . . .

. . ., geb. . . .

Wir, die Eheleute . . ., schlagen hiermit als gesetzliche Vertreter unserer beiden Kinder die ihnen angefallene Erbschaft aus allen Berufungsgründen aus.

Als weiterer gesetzlicher Erbe kommt der Bruder des Erblassers, Herr . . ., wohnhaft . . ., in Betracht.

. . ., den . . .

Unterschriften

Beglaubigungsvermerk des Notars

d) Frist

Die Ausschlagungsfrist beträgt in der Regel 6 Wochen, § 1944 Abs. 1 BGB, ausnahmsweise 6 Monate gem. § 1944 Abs. 3 BGB, wenn der Erblasser seinen letzten Wohnsitz nur im Ausland gehabt hat oder wenn sich der Erbe bei dem Beginn der Frist im Ausland aufhält. Die Frist beginnt mit dem Zeitpunkt, in welchem der Erbe von dem Anfall und dem Grunde der Berufung Kenntnis erlangt, § 1944 Abs. 2 Satz 1 BGB. Es wird positive Kenntnis vorausgesetzt. Kennenmüssen oder fahrlässige Unkenntnis steht der Kenntnis nicht gleich. Auf Verschulden kommt es nicht an (BGH LM § 2306 BGB Nr. 4). Bei gesetzlicher Erbfolge nimmt man Kenntnis an, wenn dem Erben der Erbfall und sein Verwandtschaftsverhältnis mit dem Erblasser bekannt sind. Außerdem muß dem gesetzlichen Erben bekannt sein, daß keine letztwillige Verfügung vorhanden ist, die das gesetzliche Erbrecht ausschließt. Bei mehreren Erben wird Kenntnis vom Anfall und dem Grunde der Berufung für jeden gesondert gefordert.

Bei gewillkürter Erbfolge beginnt die Frist nach § 1944 Abs. 2 Satz 2 niemals vor der gerichtlichen Verkündung der testamentarischen Verfügung, §§ 1944 Abs. 2 Satz 2, 2260, 2300 BGB. Weitere Voraussetzung ist nach BGH (NJW 1991, 169), daß der Erbe zu dem Verkündungstermin der letztwilligen Verfügung geladen war.

Wer sich auf die Ausschlagung beruft, muß ihre Rechtzeitigkeit beweisen. Wer dagegen behauptet, das Recht der Ausschlagung sei bereits erloschen, ist beweispflichtig dafür, daß und wann der Erbe Kenntnis vom Anfall und dem Berufungsgrund erhalten hat (Palandt/Edenhofer, § 1944 Rn. 10; BGH ZEV 2000, 401 = ZErb 2000, 232).

Für **beschränkt geschäftsfähige oder geschäftsunfähige Erben** beginnt die Frist mit der Kenntnis des gesetzlichen Vertreters von den maßgeblichen Umständen.

Der nicht voll Geschäftsfähige bedarf zur Ausschlagung der Einwilligung des gesetzlichen Vertreters (vgl. § 111 BGB).

Ist ein **Testament unwirksam,** so gilt die Frist für den gesetzlichen Erben erst mit der überzeugten Kenntnis von der Unwirksamkeit des Testaments, also evtl. erst mit Rechtskraft eines entsprechenden Feststellungsurteils (KG OLGZ 1916, 251). Für einen pflichtteilsberechtigten Erben, der durch Verfügung von Todes wegen in seiner Erbenstellung beschränkt oder beschwert wurde, läuft die Ausschlagungsfrist erst, wenn er über die Voraussetzungen des § 1944 Abs. 2 BGB hinaus die Beschränkungen und Beschwerungen kennt, § 2306 Abs. 1 Satz 2 Halbsatz 2 BGB. Im Falle der Einsetzung eines Nacherben beginnt die Frist nicht vor Anfall der Erbschaft an ihn, also erst mit Eintritt des Nacherbfalls, §§ 2139, 2142 BGB. Für die Fristberechnung gelten §§ 187 Abs. 1, 188 Abs. 2, Abs. 3, 193 BGB.

Die **Versäumung der Ausschlagungsfrist** kann gem. § 1956 BGB gegenüber dem Nachlaßgericht in öffentlich-beglaubigter Form angefochten werden, §§ 1955, 1945 BGB (BayObLG FamRZ 1993, 1367 = DNotZ 1994, 402).

Formulierungsvorschlag:

In der Nachlaßsache . . . fechte ich hiermit die Versäumung der Ausschlagungsfrist wegen Irrtums an. Gleichzeitig schlage ich hiermit die mir möglicherweise angefallene Erbschaft aus allen Berufungsgründen und ohne jede Bedingung aus.

Der Erblasser, mein Ehemann, hatte Steuerschulden beim Finanzamt . . . Nach dem Tod meines Ehemannes ist das Finanzamt wegen dieser Steuerschulden mit Schreiben vom . . . an mich herangetreten. Daraufhin habe ich mich unverzüglich an den Steuerberater meines Ehemannes gewandt, . . ., . . . Ich wollte die Erbschaft ausschlagen.

Der Berater hat mit Schreiben vom . . . dem Finanzamt mitgeteilt, daß „. . . kein Rechtsnachfolger des Herrn . . . besteht, da das Erbe abgelehnt wurde und das Geschäft zum . . . geschlossen wird". Das Schreiben des Steuerberaters ist als Anlage beigefügt.

Das Finanzamt hat sich in der Folgezeit zu keinem Zeitpunkt mehr gemeldet, insbesondere hat es Ansprüche gegen mich zu keinem Zeitpunkt mehr geltend gemacht. Aufgrund dieser Umstände bin ich seither davon ausgegangen, daß ich die Erbschaft bereits wirksam ausgeschlagen hatte. Mir war weder bekannt, daß die Ausschlagungserklärung formbedürftig ist noch daß die Ausschlagung innerhalb einer bestimmten Frist vorgenommen werden muß. Niemand hat mich auf die Formbedürftigkeit und auf die Fristgebundenheit hingewiesen. Zwischenzeitlich habe ich erfahren, daß mein Ehemann nicht nur Steuerschulden, sondern auch Schulden bei der Stadt . . . hinterlassen hat. Die Stadt . . . macht diese Schulden gegen mich nunmehr geltend. Wegen dieser Forderung habe ich die Anwaltskanzlei Recht & Partner . . ., . . ., aufgesucht. Dort habe ich erstmals am 2. 1. 2003 erfahren, daß die Ausschlagung formbedürftig und fristgebunden ist.

. . ., den 7. 2. 2003

Unterschrift

Beglaubigungsvermerk des Notars.

4. Rechtsfolgen der Ausschlagung

Das Gesetz fingiert, daß der Ausschlagende die Erbschaft nie erhalten hat (→ *Vorläufiger Erbe*). Dies setzt allerdings nach § 1953 Abs. 1 BGB voraus, daß die Ausschlagung form- und fristgerecht erklärt wurde. Die Erbschaft fällt daher demjenigen an, der berufen gewesen wäre, wenn der Ausschlagende bei Erbfall nicht gelebt hätte, § 1953 Abs. 2 BGB. Das Nachlaßgericht hat, entgegen dem Gesetzeswortlaut des § 1953 Abs. 3 BGB *„soll"* die **Pflicht**, Ermittlungen zu tätigen, wer nach der Ausschlagung nächstberufener Erbe ist. Dieser ist zu benachrichtigen, §§ 1953 Abs. 3 BGB, 12 FGG, 105 KostO. Die Ausschlagungsfrist des § 1944 Abs. 1 BGB beginnt für den Nächstberufenen mit Kenntnis von Anfall der Erbschaft und Berufungsgrund neu zu laufen. Fristbeginn ist spätestens die Mitteilung durch das Nachlaßgericht, frühestens sonstige Kenntniserlangung.

Ob die Ausschlagung der Erbschaft rechtswirksam war, wird nicht von dem Nachlaßgericht überprüft. Vielmehr ist dies erst im Erbscheinsverfahren zu prüfen. Erwirbt der Gläubiger nach dem Tod des Schuldners einen Erbschein und beruft sich der darin als Erbe Bezeichnete darauf, daß er die Erbschaft ausgeschlagen habe, so darf das Gericht den Erbschein nur einziehen, wenn es von Amts wegen alle erforderlichen Ermittlungen darüber angestellt hat, ob die Ausschlagungsfrist im Zeitpunkt der Ausschlagung schon verstrichen war und wenn der Fristablauf danach nicht als erwiesen gelten kann (OLG Düsseldorf MDR 1978, 142).

Literaturhinweis:

Ivo, Die Teilausschlagung einer Erbschaft, ZEV 2002, 145.

Ausschlagung des Vermächtnisses

→ *Vermächtnis*

Ausschlagungsfrist

→ *Vermächtnis*

Ausschlußurteil im Aufgebotsverfahren

Das Aufgebotsverfahren ist eine Möglichkeit der Haftungsbeschränkung des Erben einzelnen Gläubigern gegenüber. Der Erbe kann ein Aufgebotsverfahren beantragen und die Nachlaßgläubiger auffordern, ihre Forderungen anzumelden, §§ 991, 946, 989 ZPO (→ *Aufgebotseinrede*). Auf Antrag erläßt das Gericht (funktionell zuständig ist der Rechtspfleger, § 20 Nr. 2 RpflG) ein Aufgebot, in welches die Bezeichnung des Antragstellers, die Aufforderung, die Ansprüche und Rechte spätestens im Aufgebotstermin anzumelden, die Bezeichnung der Rechtsnachteile, die eintreten, wenn die Anmeldung unterbleibt, und die Bestimmung des Aufgebotstermins aufzunehmen ist, § 527 Abs. 2 Nr. 1-4 ZPO. Die Aufgebotsfrist beträgt mindestens 6 Wochen, § 950 ZPO. Nach Ablauf dieser Frist wird vom Richter ein Ausschlußurteil erlassen, §§ 950, 952 Abs. 1 ZPO. Ein Rechtsmittel ist gegen dieses Ausschlußurteil nicht gegeben, jedoch unter den besonderen Voraussetzungen des § 957 Abs. 2 ZPO eine Anfechtungsklage.

Hat ein Gläubiger seine Forderung nicht angemeldet, so bedeutet dies nicht, daß die Forderung untergeht. Dem Erben steht jedoch bei Geltendmachung der Forderung die Ausschließungseinrede nach § 1973 Abs. 1 Satz 1 BGB zu. Verbindlichkeiten aus Pflichtteilen, Vermächtnissen oder Auflagen gehen jedoch den Forderungen ausgeschlossener Gläubiger im Range nach.

Die Wirkung der Ausschließung besteht vor allem darin, daß der Erbe die ausgeschlossenen Gläubiger nur aus dem Nachlaß, und zwar erst nach den nicht ausgeschlossenen Gläubigern befriedigen muß. Hinsichtlich des Überschusses haftet der Erbe den ausgeschlossenen Gläubigern gegenüber nach Bereicherungsgrundsätzen, §§ 1973 Abs. 2 Satz 1, 812 ff. BGB. Soweit noch Nachlaßgegenstände vorhanden sind, hat der Erbe die Zwangsvollstreckung in diese Gegenstände zu dulden. Er hat jedoch die Ersetzungsbefugnis nach § 1973 Abs. 2 Satz 2 BGB, d. h. er kann die Zwangsvollstreckung durch Zahlung des Wertes abwenden.

Literaturhinweis:

Bonefeld/Kroiß/Tanck, Der Erbprozeß, S. 574 ff.; Brox, Erbrecht, Rn. 632 ff.; Weirich, Erben und Vererben, Rn. 103 ff.

Ausstattung

Der Gesetzgeber geht davon aus, daß es Wille des Erblassers ist, seine Abkömmlinge bei der Erbfolge gleichmäßig zu berücksichtigen. § 2050 Abs. 1 BGB sieht deshalb vor, daß als gesetzliche Erben berufene Abkömmlinge verpflichtet sind, dasjenige, was sie von dem Erblasser zu Lebzeiten als Ausstattung erhalten haben, zur Ausgleichung zu bringen. Dies gilt jedoch nicht, soweit der Erblasser bei der Zuwendung etwas anderes angeordnet hat. Die gleichen Regeln gelten im Zweifel, wenn eine Verfügung von Todes wegen die gesetzliche Erbfolge lediglich bestätigt, § 2052 BGB. Eine Ausgleichsvorschrift für die übrigen Fälle der gewillkürten Erbfolge fehlt, da der Gesetzgeber davon ausgeht, daß der Erblasser hier in Kenntnis der Vorempfänge über sein Vermögen verfügt hat und diese dabei berücksichtigen konnte.

Der **Ausgleichungspflicht** unterliegen u. a. Ausstattungen. Dies sind Zuwendungen des Erblassers, die er seinem Abkömmling zur Verheiratung oder Begründung einer Lebensstellung oder zu anderen Zwecken des § 1624 BGB gemacht hat (zur Aufnahme als gleichberechtigter Gesellschafter im Geschäft des Erblassers ohne Kapitaleinlage OLG Celle NdsRpfl. 1962, 203; zur Ausgleichung einer Aussteuer, § 1620–1623 a. F., vgl. BGH NJW 1982, 575, 577). Ausstattung kann auch vorliegen, wenn regelmäßige Zahlungen geleistet werden, die nicht als Einkünfte, sondern nur zur Begründung oder Erhaltung der selbständigen Lebensstellung des Empfängers verwendet werden sollen. Meist werden solche Zahlungen jedoch unter § 2050 Abs. 2 BGB fallen. Sie sind dann auszugleichen, wenn sie als übermäßig anzusehen sind (RGZ 79, 266 f.).

Als Ausstattung kann abweichend von § 1624 BGB auch in Betracht kommen, was der Erblasser nicht seinen Kindern, sondern **entfernteren Abkömmlingen** (Enkeln, Urenkeln) mit dem Ausstattungszweck des § 1624 BGB gegeben hat; ein Wegfall der Ausgleichungspflicht bestimmt sich hier nach § 2053 BGB.

Gegenständlich zählt zur Ausstattung auch ein vom Erblasser gegebenes bloßes **Ausstattungsversprechen,** das nicht wegen der Ausgleichungspflicht hinfällig geworden, sondern von den Miterben zu erfüllen ist (BGHZ 44, 91, 95 = NJW 1965, 2056). Hierher gehört ferner, was einem bislang noch nicht oder geringer ausgestatteten Kind zur Gleichstellung mit der Ausstattung eines anderen Kindes gewährt wird (BGHZ 44, 91, 93 = NJW 1965, 2056).

Einmalige Zuwendungen von Geld oder anderen Vermögensgegenständen können als Ausstattung gegeben werden, während Zuwendungen in Rentenform, selbst wenn sie als Ausstattung beabsichtigt sind, gleichwohl als Einkünfte i. S. des § 2050 Abs. 2 BGB zu behandeln sind (RGZ 79, 266, 267).

Auch Aufwendungen für die **Berufsausbildung** können zur Ausstattung gehören, werden dann aber von § 2050 Abs. 2 BGB erfaßt (RGRK/Kregel, § 2050 Rn. 7; MK/Dütz, § 2050 Rn. 15). Sie sind nur dann ausgleichspflichtig, wenn sie zusätzlich gewährt werden oder die normalen Berufsausbildungskosten übersteigen (OLG Celle FamRZ 1965, 390), nicht hingegen, falls sie anstelle der dem Abkömmling zukommenden Ausbildung im Rahmen deren Kosten gegeben werden, weil sie dann wie die Ausbildung lediglich als Auswirkung der gesetzlichen Unterhaltspflicht der Eltern anzusehen sind (OLG Hamburg NJW 1953, 1353; OLG Celle NJW 1954, 157; Kipp/Coing, § 120 IV 2; MK/Dütz, § 2050 Rn. 15; a. A. Staudinger/Werner, § 2050 Rn. 30).

Wird eine Zuwendung nicht als Ausstattung, sondern ohne besondere Zweckrichtung als **Geschenk** erbracht, dann greift nicht § 2050 Abs. 2, sondern Abs. 3 BGB ein (RG Recht 1910 Nr. 1112). Ein Kind muß sich bei der Teilung die Zuwendungen anrechnen lassen, die es zu Lebzeiten des Vaters oder der Mutter als Ausstattung erhalten hat, § 2050 Abs. 1 BGB, es sei denn, daß vom Erblasser die Anrechnung bei der Zuwendung ausgeschlossen wurde.

Der Erblasser kann die Ausgleichspflicht ganz oder teilweise, bedingt oder unbedingt ausschließen oder ändern. Ferner kann er für die Ausgleichung einen niedrigeren Wert als den tatsächlichen festsetzen. Seine **abweichende Anordnung** muß er vor oder bei der Zuwendung treffen. Dies kann auch stillschweigend geschehen. Eine nachträgliche Anordnung ist nicht durch Rechtsgeschäft unter Lebenden, sondern nur noch durch Verfügung von Todes wegen möglich (RGZ 90, 419, als Teilungsanordnung, § 2048 BGB, oder Vorausvermächtnis, § 2150 BGB, zugunsten der anderen Abkömmlinge).

Literaturhinweis:

Mayer, Nachträgliche Änderung von erbrechtlichen Anrechnungs- und Ausgleichungsbestimmungen, ZEV 1996, 441, 443 m.w.N.

Aussteuer

Die Aussteuer (§§ 1620–1623 a. F.) ist als Unterart der Ausstattung bei Vorliegen der gesetzlichen Voraussetzungen auszugleichen. Die einer Tochter gewährte Aussteuer ist jedoch nur dann ausgleichspflichtig, wenn sie neben einer Berufsausbildung gewährt worden ist oder soweit sie deren regelmäßige Kosten übersteigt (BGH NJW 1982, 575). Im übrigen → *Ausstattung*, → *Auseinandersetzung der Erbengemeinschaft.*

Bedingung

1. Begriff

Bedingung ist eine rechtsgeschäftliche Bestimmung, durch die rechtliche Wirkungen von einem zukünftigen, ungewissen Ereignis abhängig gemacht werden. Man unterscheidet zwischen aufschiebenden Bedingungen, § 158 Abs. 1 BGB, und auflösenden Bedingungen, § 158 Abs. 2 BGB.

Durch die Möglichkeit, eine Verfügung von Todes wegen unter eine Bedingung zu stellen, wird der Erblasser in die Lage versetzt, seine Verfügung an die künftige Entwicklung anzupassen. (**Beispiel**: Meine Tochter erhält 5 000 Euro, wenn sie das Abitur bestanden hat). Bedingungen sind auch zulässig bei Erbeinsetzungen und Vermächtnissen, auch wenn sich dies nicht ausdrücklich aus dem Gesetz ergibt, sondern vorausgesetzt wird, §§ 2074, 2075 BGB. Nicht als Bedingung wird angesehen die „Zeitbestimmung" (mit Vollendung des 25. Lebensjahres...", „Sollte uns bei unserer USA-Fahrt etwas zustoßen..."), ebensowenig Hinweise auf die Beweggründe für die Errichtung der letztwilligen Verfügung, Empfehlungen oder Wünsche (BayObLG MDR 1982, 145, KG OLGZ 1911, 236; OLG Hamburg OLGZ 1916, 46, BayObLGE 93, 248).

Eine echte Bedingung liegt nur vor, wenn das künftige Ereignis sowohl objektiv als auch nach der Vorstellung des erklärenden Erblassers ungewiß ist (BayObLGE 66, 390; FamRZ 1976, 101, 103).

Die Bedingung ist ein untrennbarer Bestandteil der von ihr erfaßten Einzelverfügung. Die **Gesetzwidrigkeit** der Bedingung oder ihre **Sittenwidrigkeit** oder bei der aufschiebenden Bedingung ihre Unmöglichkeit hat die Unwirksamkeit der Einzelverfügung zur Folge (BayObLGE 22, 265; MK/Leipold, § 2074 Rn. 10 ff., 17; a. A. für auflösende Bed. Soergel/Loritz, § 2074 Rn. 33).

Beispiel:

Erblasser E verfügt:

A soll mein Erbe sein, wenn er die X heiratet.

Nach herrschender Meinung (Palandt/Edenhofer, § 2074 Rn. 4; Soergel/Stein, § 1937 Rn. 30) ist diese Bedingung sittenwidrig, da sie eine Willensbeeinflussung in einer höchst persönlichen Entscheidung bezweckt. Die Folge ist, daß nicht nur die Bedingung, sondern die gesamte Erbeinsetzung des A unwirksam ist.

Zulässig jedoch sind Verfügungen, wonach jemand unter der Bedingung Erbe werden soll, daß dieser einen bestimmten Dritten zum Erben einsetzt (Palandt/Edenhofer, § 2074 Rn. 4), ebenso die Erbeinsetzung unter der Bedingung der Verheiratung überhaupt (Palandt/Edenhofer, § 2074 Rn. 4; Staudinger/ Otte, § 2074 Rn. 33 ff., auch zulässig die Erbeinsetzung unter der Bedingung, daß der Bedachte seinerseits den Testator bedenken wird (BGH LM § 533 Nr. 1: kaptatorische Verfügung), die Erbeinsetzung unter der Bedingung der Ehescheidung ist nach den gesamten Umständen des Falles, insbesondere dem vom Erblasser verfolgten Zweck, zu beurteilen (BGH FamRZ 1956, 130; Hilgers, MittRhNotK 1962, 381, 383; Keuk, FamRZ 1972, 9).

Ein Erbverzichtsvertrag kann durch eine Bedingung mit der Leistung einer Abfindung verknüpft werden (BGHZ 37, 319, 327).

2. Aufschiebende Bedingung

Hat der Erblasser eine letztwillige Zuwendung unter einer aufschiebenden Bedingung gemacht, so ist im Zweifel anzunehmen, daß die Zuwendung nur gelten soll, wenn der Bedachte den Eintritt der Bedingung erlebt. Die Erbeinsetzung kann also von künftigen, objektiv und subjektiv ungewissen Ereignissen oder von einem bestimmten Verhalten des Bedachten abhängig gemacht werden.

Beispiel:

Erbe ist mein Sohn S, falls er bei meinem Tode die 1. und 2. Juristische Staatsprüfung bestanden hat.

3. Auflösende Bedingung

Wenn der Erblasser eine Zuwendung unter der Bedingung macht, daß der Bedachte z. B. seine Spielsucht aufgibt, übermäßiges Trinken unterläßt oder eine Person fortgesetzt pflegt, so könnte erst am Ende der genannten Zeit festgestellt werden, ob der Bedachte die Bedingung erfüllt hat oder nicht. Es wird regelmäßig nicht dem Willen des Erblassers entsprechen, wenn die Zuwendung erst zu diesem Zeitpunkt wirksam werden würde. Deshalb ist im Zweifel die Bedingung als eine auflösende anzusehen, § 2075 BGB. Der Bedachte erwirbt sofort mit dem Erbfall die Erbschaft bzw. Vermächtnisforderung, verliert sie aber mit dem Eintritt der Bedingung (falls er weiter spielt oder drogenabhängig wird). Der unter auflösender Bedingung eingesetzte Erbe hat deshalb nur die Stellung eines Vorerben. Im Zweifel ist befreite Vorerbschaft anzunehmen (BayObLG NJW 1962, 1060). Trifft die auflösende Bedingung bis zu seinem Ableben nicht ein oder kann sie zu seinen Lebzeiten nicht mehr eintreten, so steht fest, daß er von Anfang an Vollerbe war.

Eine auflösende Bedingung wird vom Erblasser in der Regel auch dann gewollt sein, wenn seine Verfügung eine **Verwirkungsklausel** enthält (**Beispiel:** „Meine Tochter wird Erbe zur Hälfte. Ficht sie mein Testament an, ist sie enterbt und erhält nur den Pflichtteil"). Tritt die Bedingung ein, ist der Erbe enterbt und verliert der Vermächtnisnehmer sein Vermächtnis. Durch Auslegung des Testaments ist im Einzelfall zu ermitteln, durch welche Handlung des Bedachten die angedrohte Folge ausgelöst wird (z. B. außergerichtlicher Schriftverkehr oder Anfechtungsklage gegen das Testament). Es kann sein, daß der Erblasser mit der Klausel nur leichtfertige oder gar böswillige Angriffe gegen seinen letzten Willen verhindern wollte. Möglich ist aber auch, daß er den Frieden unter den Bedachten unter allen Umständen gewahrt wissen wollte (Rudolf, § 2 Rn. 154 ff.; MK/Leipold, § 2074 Rn. 19 ff.).

Eine Verwirkungsklausel, durch die Angehörige dazu angehalten werden, den Wünschen des Erblassers nach seinem Tod nachzukommen, ist dann unwirksam, wenn dem Pflichtteilsberechtigten ein Erbteil hinterlassen ist, der die Hälfte des gesetzlichen Erbteils nicht übersteigt (BGHZ 120, 96).

Die **Wiederverheiratungsklausel** ist eine auflösend bedingte Bestimmung, wonach die Vollerbschaft des überlebenden Ehegatten entfallen soll mit Rückwirkung, falls dieser nach dem Tod des erstversterbenden Ehegatten wieder heiratet (Palandt/Edenhofer, § 2269 Rn. 16 ff.; MK/Musielak, § 2269 Rn. 45 ff.). Wiederverheiratungsklauseln sind in der heutigen Zeit ein „stumpfes Schwert", da ein Zusammenleben des überlebenden Ehegatten mit einem neuen Parnter heute nicht mehr als verwerflich angesehen wird.

4. Bedingte Erbeinsetzung

Nach §§ 2074, 2075 BGB kann die Erbeinsetzung unter einer aufschiebenden oder auflösenden Bedingung erfolgen, wobei die Bedingung vor oder nach dem Ableben des Erblassers eintreten kann. Die Erbeinsetzung unter einer aufschiebenden Bedingung gibt dem eingesetzten Erben nur ein Anwartschaftsrecht als Nacherbe. Die Nacherbfolge tritt mit Eintritt der Bedingung ein. Wer bis zu diesem Bedingungseintritt Vorerbe ist, richtet sich nach dem Willen des Erblassers. Ist ein solcher nicht zu erkennen, so sind nach § 2105 Abs. 1 BGB die gesetzlichen Erben des Erblassers die Vorerben.

Wird der Erbe unter einer **auflösenden Bedingung** eingesetzt, so ist er (befreiter) Vorerbe. Ob und inwieweit der Erblasser ihn befreien wollte, ist durch Auslegung der Verfügung von Todes wegen zu ermitteln. Hat der Erblasser den Nacherben auf das eingesetzt, was von der Erbschaft beim Nacherbfall übrig sein wird, gilt dies als Befreiung des Vorerben, soweit dies gesetzlich zulässig ist, § 2137 Abs. 1 BGB. Dies gilt auch dann, wenn der Vorerbe nach dem Willen des Erblassers über die Erbschaft frei verfügen können soll, § 2137 Abs. 2 BGB.

Beispiel:

Der Erblasser setzt seinen Ehegatten zum Vollerben ein mit der Maßgabe, daß im Falle der Wiederverheiratung die gemeinsamen Kinder Nacherben sein sollen.

In diesem Fall wird man eine stillschweigende Befreiung des Vorerben im gesetzlich zulässigen Umfang annehmen dürfen (BGH FamRZ 1961, 275). Die gesetzlichen Beschränkungen und Verpflichtungen, von denen der Erblasser den Vorerben ganz oder teilweise befreien kann, ergeben sich aus § 2136 BGB. Nicht befreien kann der Erblasser den Vorerben nach den Regeln der § 2113 Abs. 2 (keine Verfügungsmacht zu unentgeltlichen Verfügungen), § 2115 (Unwirksamkeit der Verfügung im Wege der Zwangsvollstreckung), § 2121 (Mitteilung des Verzeichnisses der Nachlaßgegenstände), § 2122 (Duldung der Feststellung des Zustandes der Nachlaßgegenstände) und § 2111 BGB (Ersetzungsgrundsatz).

5. Bedingtes Vermächtnis

Das Vermächtnis fällt dem Bedachten regelmäßig mit dem Erbfall an, §§ 2176, 1922 Abs. 1 BGB. Vorher hat der Vermächtnisnehmer lediglich eine Aussicht auf den Erwerb des Vermächtnisanspruchs und noch keine rechtlich geschützte Position. Dies gilt selbst dann, wenn der Erblasser durch Erbvertrag unwiderruflich gebunden ist (BGHZ 12, 115 f., da nach § 2286 BGB der Erblasser durch Erbvertrag nicht gehindert ist, über den vermachten Gegenstand durch Rechtsgeschäft unter Lebenden zu verfügen).

Das Vermächtnis kann unter einer **aufschiebenden Bedingung** angeordnet sein, §§ 2177, 2158 Abs. 1 BGB.

Formulierungsvorschlag:

Meine Cousine soll 5 000 Euro aus dem Nachlaß erhalten, wenn sie die 1. Juristische Staatsprüfung besteht.

Im Beispielsfall ist Vermächtnisanspruch erst mit Bedingungseintritt begründet. Für das Entstehen des Vermächtnisanspruchs kann der Erblasser einen Anfangstermin setzen.

Formulierungsvorschlag:

Meine Nichte soll 5 000 Euro fünf Jahre nach meinem Ableben erhalten.

Falls der Vermächtnisnehmer zum Zeitpunkt des Erbfalls noch nicht gezeugt war, fällt ihm die Zuwendung mit der Geburt (nicht mit Rückwirkung auf den Erbfall) an, § 2178 BGB.

Der Erblasser kann auch anordnen, daß der Vermächtnisgegenstand dem Bedachten bei Eintritt einer **auflösenden Bedingung** nicht mehr zustehen soll. Gleiches ist möglich durch Festlegung eines Endtermins. Man spricht dann von auflösender Befristung, § 163 BGB.

§ 2162 Abs. 1 BGB bestimmt, daß ein aufgeschobenes Vermächtnis nach Ablauf von 30 Jahren nach dem Erbfall unwirksam wird. § 2163 BGB regelt die Ausnahme von der dreißigjährigen Frist.

Der Vermächtnisnehmer hat nach dem Erbfall einen Auskunftsanspruch aus § 243 BGB gegen den Beschwerten. Dieser haftet nach § 160 Abs. 1 BGB während der Schwebezeit. Der Schadensersatzanspruch entsteht erst im Falle des Bedingungseintritts. Bei Gefährdung des Vermächtnisses kann der Vermächtnisnehmer zu den Sicherungsmitteln des Arrestes und der einstweiligen Verfügung greifen, §§ 916 Abs. 2, 936 ZPO.

6. Besondere erbrechtliche Auslegungsregeln

- § 2074 BGB (s. o. Ziffer 2)
- § 2075 BGB (s. o. Ziffer 3)
- § 2076 BGB: Die Bedingung zum Vorteil eines Dritten gilt im Zweifel als eingetreten, wenn der Dritte die zum Eintritt der Bedingung erforderliche Mitwirkung verweigert.
- § 2077 BGB: Letztwillige Verfügungen zugunsten des Ehegatten oder der Verlobten stehen im Zweifel unter der stillschweigenden Bedingung, daß die Ehe bzw. das Verlöbnis nicht vor dem Tod des Erblassers aufgelöst wird. Gleiches gilt gem. § 2077 Abs. 1 Satz 2 BGB, wenn die Ehe zwar noch nicht aufgelöst war, aber die Voraussetzungen für die Scheidung vorlagen und der Scheidungsantrag noch vor dem Tod gestellt war oder der Erblasser der Scheidung zugestimmt hat (BGH FamRZ 1995, 229 m. Anm. Schlüter, FuR 1995, 55; Brox, Rn. 216). § 2077 BGB ist auch auf Ehen anwendbar, die zur Zeit der Verfügungserrichtung noch nicht geschlossen waren, sofern schon ein Verlöbnis vorlag (BayObLG NJW–RR 1993, 12).

Für § 2077 BGB ist kein Raum, wenn feststeht, daß der Erblasser zur Zeit der Verfügung den Willen hatte, diesen auch für den Fall einer Scheidung aufrechtzuerhalten (BayObLG NJW-RR 1993, 12). § 2077 BGB ist auf eine Lebensversicherung nicht entsprechend anwendbar, so daß die Benennung des Ehegatten als Bezugsberechtigten einer Lebensversicherung durch die Scheidung der Ehe im Zweifel nicht auflösend bedingt ist (BGH NJW 1987, 3131; Palandt/Edenhofer, § 2077 Rn. 9). Hingegen ist § 2077 BGB entspre-

chend anzuwenden, wenn der Erblasser den zukünftigen Ehegatten seines Kindes bedacht hat und diese Ehe dann scheitert (OLG Saarbrücken NJW-RR 1994, 589).

Beeinträchtigung der Stellung des Vertragserben und des Schlußerben

1. Überblick
2. Herausgabeanspruch des Vertrags(Schluß)-Erben

a) Objektiver Tatbestand
b) Subjektiver Tatbestand

1. Überblick

Bei Beurkundung von Übergabeverträgen taucht regelmäßig
die Frage des Interessenkonfliktes zwischen der rechtsgeschäftlichen Verfügungsfreiheit des Erblassers und dem
Schutz des Vertragserben auf. Da auch dem durch Erbvertrag
gebundenen Erblasser, § 2289 BGB, seine Verfügungsfreiheit
unter Lebenden uneingeschränkt verbleibt, § 2286 BGB, kann
er bis zu seinem Tod sein Vermögen durch unentgeltliche lebzeitige Rechtsgeschäfte beliebig vermindern.

Seine unentgeltlichen Verfügungen sind selbst dann wirksam,
wenn damit die Beeinträchtigung des Vertragserben beabsichtigt war.

Sittenwidrig können hohe Geldzuwendungen allerdings aufgrund des vom Empfänger verfolgten Zwecks und der Art und
Weise des Vorgehens sein (BGH FamRZ 1990, 1343).

Gegen einen solchen Mißbrauch der fortbestehenden Verfü-
gungsgewalt durch „bösartige" Schenkungen des vertraglich
gebundenen Erblassers wird der Vertragserbe durch § 2287
Abs. 1 BGB wenigstens in dem Umfang geschützt, daß ihm
nach Anfall der Erbschaft ein Herausgabeanspruch gegen den
Beschenkten besteht.

Der Vermächtnisnehmer wird durch §§ 2288 BGB geschützt.
Der Schutz des Vermächtnisnehmers dient der Vorschrift des
§ 2288 BGB.

Nach herrschender Meinung (BGHZ 82, 274) findet § 2287
BGB auch Anwendung bei bindend gewordenen **Gemeinschaftlichen Testamenten.** Hat der Erblasser lebzeitig Schen-

kungen getätigt und liegen die Voraussetzungen des § 2287 BGB vor, dann kann der Schlußerbe die Schenkungsgegenstände herausverlangen.

Das Recht entsteht allerdings gem. § 2287 BGB erst mit dem Tod des Erblassers, was in der Regel nur ein schwacher Schutz ist, da der Beschenkte bis dahin die Möglichkeit hat, den Gegenstand zu verbrauchen. Dem Vertrags- oder Schlußerben steht diesbezüglich auch nicht einmal ein Sicherungsrecht durch Arrest oder einstweilige Verfügung zu (Palandt/Edenhofer, § 2287 Rn. 17; a.A. Hohmann, ZEV 1994, 133). Dem Schlußerben kann aber nach Ansicht des BGH (BGHZ 97, 188; NJW 1986, 1755) unter bestimmten Voraussetzungen bereits zu Lebzeiten ein Auskunftsanspruch gegenüber dem Beschenkten nach § 242 BGB zustehen.

Der sich aus § 2287 BGB ergebende Bereicherungsanspruch **verjährt** in drei Jahren von dem Anfall der Erbschaft an. Die Verweisung auf die Regeln der ungerechtfertigten Bereicherung (Rechtsfolgenverweisung) bedeutet, daß der Anspruch des Vertragserben ins Leere geht, wenn zwischenzeitlich die Bereicherung entfallen ist, § 818 Abs. 3 BGB. Die Haftung des Bereicherten ist jedoch verschärft, wenn er von der Schädigungsabsicht gewußt hat, § 819 BGB. Andererseits braucht der Beschenkte nur herauszugeben, was nach Begleichung seines etwaigen Pflichtteilsanspruchs übrigbleibt (BGH NJW 1984, 121).

2. Herausgabeanspruch des Vertrags(Schluß)-Erben

a) Objektiver Tatbestand

§ 2287 BGB setzt zum einen das Vorliegen einer **objektiven Beeinträchtigung** des Vertrags- oder Schlußerben voraus.

Eine solche liegt dann nicht vor, wenn

– der Erbvertrag bzw. das Testament einen ausreichenden Änderungsvorbehalt bzw. eine Freistellungsklausel vorgesehen hat,

– eine echte Wertverschiebung nicht erfolgte (BGHZ 82, 274),

– die Zuwendung im Rahmen einer vorweggenommenen Vermächtniserfüllung erfolgte (BGHZ 97, 188, 193).

§ 2287 BGB findet Anwendung auf Schenkungen, gemischte Schenkungen, verschleierte Schenkungen (Unentgeltlichkeit wird durch nicht gewollte Entgeltlichkeit getarnt – BGH FamRZ 1961, 72; FamRZ 1963, 426; FamRZ 1964, 429), Auflagenschenkungen und sog. unbenannte (ehebedingte, ehebezogene) Zuwendungen unter Ehegatten (BGHZ 116, 167).

Die Schenkung muß nach Abschluß des Erbvertrages bzw. nach Eintritt der Bindungswirkung beim Gemeinschaftlichen Testament erfolgt sein, wobei eine zeitliche Schranke wie bei § 2325 Abs. 3 BGB nicht besteht.

Erforderlich ist also eine Zuwendung des Erblassers, durch die objektiv die Substanz seines Vermögens vermindert und das Vermögen des Empfängers entsprechend vermehrt wird, sowie Einigung über die Unentgeltlichkeit dieser Zuwendung.

Dabei kommt es weder auf die Größe der Schenkung an noch auf ihren Gegenstand. Ob im übrigen der Schenkungsvertrag wirksam ist, ist ohne Bedeutung (Münzberg, JuS 1961, 389, 391; Spellenberg, FamRZ 1974, 357). Keine Zuwendung aus dem Vermögen des Erblassers ist die Aufhebung eines Erbverzichts nach § 2351 BGB. Bei auffallendem, grobem Mißverhältnis zwischen Leistung und Gegenleistung spricht eine tatsächliche Vermutung für eine Schenkung (BGHZ 82, 274).

Soweit der **Empfänger Pflichtteilsberechtigter** war und soweit sein Pflichtteilsanspruch besteht, ist eine Herausgabe nicht möglich bzw. liegt eine objektive Beeinträchtigung nur in Höhe der Differenz vor. In diesem Fall hat auch nur eine Herausgabe Zug um Zug gegen Zahlung des Pflichtteils zu erfolgen (BGHZ 88, 269). Gleiches gilt, wenn eine Zuwendung an den Miterben erfolgte. Hier liegt dann nur eine objektive Beeinträchtigung in Höhe der Differenz zwischen der Quote des Miterben und den Quoten der übrigen Erben vor (BGH NJW 1989, 2389).

b) Subjektiver Tatbestand

Zum anderen setzt § 2287 BGB **als subjektiver Tatbestand** die **Beeinträchtigungsabsicht** voraus. Beeinträchtigungsabsicht ist die Absicht des Erblassers, dem Vertragserben die Vorteile der Erbeinsetzung zu entziehen oder zu schmälern. Sie braucht nicht der eigentlich leitende Beweggrund der Schenkung zu sein (BGHZ 59, 353). Die inneren Motive des Erblassers brauchen daher nicht bis zum letzten aufgeklärt zu werden. Die Abgrenzung zwischen Mißbrauch und einer Fallgestaltung, bei der ein Vertragserbe schutzlos bleibt, erfolgt vielmehr aufgrund einer Interessenabwägung nach objektiven Kriterien, die ergeben muß, ob der Erblasser an der Schenkung ein lebzeitiges Eigeninteresse hatte, das dann eine Beeinträchtigungsabsicht ausschließt (BGHZ 82, 274; NJW 1992, 564).

Ein solches wird angenommen, wenn nach dem Urteil eines objektiven Betrachters die Beweggründe des Erblassers in Anbetracht der gegebenen Umstände so sind, daß der erbvertraglich bzw. testamentarisch Bedachte sie anerkennen und seine Benachteiligung durch die Erblasserverfügung hinnehmen muß (BGHZ 83, 44).

Das **lebzeitige Eigeninteresse** muß nicht erst nach Abschluß des Erbvertrags bzw. nach Eintritt der Bindungswirkung beim Gemeinschaftlichen Testament entstanden sein (BGHZ 83, 44), setzt aber eine sittliche Verpflichtung des Erblassers voraus, die sich nur aus besonderen Leistungen, Opfern oder Versorgungszusagen ergibt, die der Beschenkte für den Erblasser oder ihm nahestehende Personen erbracht hat (OLG Köln FamRZ 1992, 607). Dies wurde bejaht,

- wenn der Erblasser die Schenkung gegenüber einer jüngeren Ehefrau zwecks späterer Betreuung und Pflege gemacht hat (BGHZ 66, 8; BGHZ 77, 264; BGH NJW 1992, 2630),

- wenn der Vertragserbe sich schwerer Verfehlungen gegenüber dem Erblasser schuldig gemacht hatte (LG Gießen MDR 1981, 582),

- wenn der Erblasser dies aus Gründen der Altersvorsorge getan hat (BGHZ 66, 8; BGHZ 77, 264; OLG Düsseldorf NJW-RR 1986; OLG München NJW-RR 1987, 1484,

- zur Erfüllung einer Unterhaltsverpflichtung gegenüber dem zweiten Ehegatten durch Bestellung eines Nießbrauchsrechts,

- wenn mit der Schenkung die Interessen des Vertragserben wahrgenommen wurden,

- wenn die Übertragung eines Geschäftsanteils auf einen Mitarbeiter erfolgte, um diesen aufgrund seiner besonderen Fähigkeiten im Betrieb zu halten (BGHZ 97, 188, 193),

- wenn die Schenkung aus ideellen Gründen als Belohnung für geleistete Dienste in angemessenem Umfang erfolgte, beispielsweise für Pflege (BGHZ 66, 8).

Kein lebzeitiges Eigeninteresse hat der Erblasser:

– wenn er nach Abschluß des Erbvertrags zum Beschenkten eine enge persönliche Beziehung entwickelte und durch die Schenkung seine Zuneigung bekunden möchte (OLG Köln FamRZ 1992, 607),

– wenn er sich nach dem Abschluß des Erbvertrags umentschlossen hat und aufgrund seines Sinneswandels nun seine Verfügung von Todes wegen durch Zuwendung an eine ihm jetzt genehmere Person korrigieren will (BGHZ 93, 44; BGH NJW 1980, 2307; OLG Frankfurt NJW-RR 1991, 1157),

– wenn seine Schenkung der Absicht entspringt, daß er in der bindend gewordenen Verfügung von Todes wegen den Beschenkten zu gering bedacht hat (BGHZ 77, 264).

Ist der **Beschenkte** allerdings ein **Pflichtteilsberechtigter,** der auf sein gesetzliches Erbrecht verzichtet hat, ist der Schutz des Vertragserben insoweit eingeschränkt, wie dem Erblasser der Weg der Verzichtaufhebung nach § 2351 BGB offengestanden hätte (BGHZ 77, 264; a. A. Hülsmeier, NJW 1981, 2043). Ob bei nachfolgender Ehe Schenkungen des Erblassers an seinen neuen Ehegatten grundsätzlich anzuerkennen sind (so Remmele, NJW 1981, 2290), ist jedenfalls dann zweifelhaft, wenn die Schenkung den wesentlichen Teil des Nachlasses umfaßt und der Erblasser keine Anfechtung nach §§ 2281, 2079 BGB erklärt hat (Palandt/Edenhofer, § 2287 Rn. 7; OLG Koblenz OLGZ 1991, 235).

Neben der Prüfung, ob bei der lebzeitigen Verfügung ein berechtigtes Eigeninteresse vorlag, bleibt auch trotz Abkehr des BGH von den Grundsätzen der „Aushöhlungsnichtigkeit" (BGHZ 59, 343) zu prüfen, ob die lebzeitige Verfügung im Einzelfall nicht sittenwidrig ist (BGHZ 59, 343). Handeln der Erblasser und der Beschenkte bewußt gemeinsam zu Lasten des Schlußerben und hat der Beschenkte Kenntnis von der Beeinträchtigungsabsicht, dann kann auch ein Schadensersatzanspruch nach § 826 BGB in Betracht kommen (BGH DNotZ 1959, 205; BGH NJW 1989, 2389; OLG Düsseldorf NJW-RR 1986, 806).

Da nach den Vorstellungen des Gesetzgebers dem Erblasser Anstands- und Pflichtschenkungen sowie Schenkungen zu ideellen Zwecken oder aus persönlichen Rücksichten erlaubt sein sollen, begründen auch solche Schenkungen keinen Anspruch aus § 2287 BGB.

Beerdigungskosten

Die Beerdigungskosten stellen Erbfallschulden dar.

Die Beerdigungskosten stellen Erbfallschulden dar. § 1968 BGB bestimmt, daß die Kosten einer standesgemäßen Bestattung von dem Erben zu tragen sind. Was zu einer standesgemäßen Beerdigung oder Feuerbestattung gehört, richtet sich nach der Lebensstellung des Erben (OLG Düsseldorf NJW 1961, 940; OLG Düsseldorf NJW-RR 1995, 1161). In zweiter Linie kommen sonstige unterhaltspflichtige Personen als Kostenträger in Betracht. Übernimmt ein Dritter, der hierzu nicht verpflichtet ist, die Kosten, so erfüllt er damit eine Pflicht der Erben, § 679 BGB. Er hat einen Erstattungsanspruch aus Geschäftsführung ohne Auftrag gegen die Erben, aber auch unmittelbar gegen einen evtl. vorhandenen ersatzpflichtigen Schädiger (OLG Saarbrücken VersR 1964, 1257; KG VersR 1979, 379, LG Oldenburg VersR 1979, 1135). Die Höhe der standesgemäßen Beerdigungskosten richtet sich nach den in den Kreisen des Erblassers herrschenden Auffassungen und Gebräuchen (BGH VersR 1974, 140; KG VersR 1979, 379) und nach den wirtschaftlichen Verhältnissen des Verstorbenen (OLG Koblenz ZfS 1982, 7). Zu berücksichtigen sind auch örtliche Gebräuche und die Umstände des einzelnen Falles sowie der erkennbare, wenn auch formlos ausgedrückte Wille des Verstorbenen. Soweit ein solcher Wille nicht feststellbar ist, entscheiden nicht die Erben, sondern die nächsten Angehörigen (OLG Zweibrücken NJW-RR 1993, 1482).

Zu den Kosten der **standesgemäßen Beerdigung** zählen:

– die Kosten der Bestattung als solche, auch einer Feuerbestattung, einschließlich der landesüblichen kirchlichen und bürgerlichen Leichenfeierlichkeiten, Überführung der Leiche (OLG Karlsruhe VersR 1954, 12; BGH NJW 1960, 911),

– die Kosten der Trauerkleidung,

– die Kosten der üblichen Todesanzeigen und der Danksagung,

- die Kosten für Beschaffung und Herrichtung einer Grabstätte einschließlich der Errichtung eines Grabsteines oder Denkmals im Rahmen des Angemessenen, d. h. im Rahmen der Leistungsfähigkeit des Nachlasses und der Erben (Weirich, Erben und Vererben, Rn. 134; OLG Köln ZfS 1981, 73; OLG Düsseldorf MDR 1973, 671; BGH VersR 1974, 140 zum Doppelgrab),

- Kosten für Sterbeurkunde (LG Hamburg VersR 1979, 64),

- einmalige Bepflanzung (nicht zu den gesetzlichen Lasten des Erben rechnen die Kosten der späteren Instandhaltung und Pflege der Grabstätte und des Grabdenkmals; sie sind eine sittliche Verpflichtung ohne Rechtscharakter),

- Kosten der Bewirtung (Leichenschmaus),

- Unterbringung von Trauergästen, soweit üblich in beschränktem Umfang (OLG Hamm VersR 1972, 405; LG München VersR 1975).

Nicht vom Erben zu tragen sind die **Reisekosten** naher Angehöriger (es sei denn, sie sind so bedürftig, daß die Kosten nicht von ihnen selbst aufgebracht werden können, sondern vom Erben zu übernehmen sind) (BGH VersR 1960, 358; vgl. auch OLG Karlsruhe VersR 1970, 261).

Die Art der Bestattung und der Bestattungsort können **vom Erblasser** im Testament **festgelegt** werden. Allerdings werden Testamente, die in amtlicher Verwahrung sind, meist erst nach der Bestattung des Verstorbenen eröffnet. Der Bestattungswille sollte deshalb in einem gesonderten Schriftstück niedergelegt werden, das dem nächsten Angehörigen unmittelbar nach dem Todesfall zur Verfügung steht.

Literaturhinweis:

Berger, Die Erstattung der Beerdigungskosten, Diss. Köln 1968, S. 26; Widmann, Der Bestattungsvertrag, 3. Aufl. 2000, S. 42 ff.; zum Aufstellen von Schnittblumen am Grab AG Grevenbroich NJW 1998, 2063 ff.; AG Hamburg Kündigung eines Bestattungsvertrages durch Stellvertreter, FamRZ 2001, 125; OLG Saarbrücken Keine Auszahlung der Beerdigungskosten aus Girokonto des Erblassers an Nichterben, der Beerdigung veranlaßt hat m. Anm. Widmann, S. 1489, FamRZ 2001, 1487; Widmann, Testamentserklärungen und Bestattungsanordnungen in Bestattungsvorsorgeverträgen, FamRZ 2001, 74.

Befristung

1. Befristung der Vorerbschaft

§ 2109 Abs. 1 BGB bestimmt, daß nach Ablauf von 30 Jahren nach dem Erbfall die Einsetzung eines Nacherben unwirksam wird, wenn nicht vorher der Fall der Nacherbfolge eingetreten ist. Hiervon gibt es zwei Ausnahmen:

– wenn ein bestimmtes Ereignis in der Person des Vorerben oder des Nacherben den Nacherbfall herbeiführen soll, gleichgültig, ob der Eintritt vom Willen des Vorerben oder Nacherben abhängig ist oder nicht, § 2109 Abs. 1 Nr. 1 BGB:

Beispiel:

Nacherbfolge ist für den Fall angeordnet, daß der Vorerbe stirbt oder sich wiederverheiratet oder einen bestimmten Beruf ergreift.

– wenn ungeborene Geschwister als weitere Nacherben eingesetzt sind, § 2109 Abs. 1 Nr. 2 BGB.

Eine weitere Ausnahme macht § 2109 Abs. 2 BGB für juristische Personen als Vorerbe oder Nacherbe.

2. Befristung des Teilungsverbots

Der Übergeber von Grundbesitz kann mit dem bzw. den Übernehmern im Übergabevertrag, aber auch gem. § 2044 Abs. 1 BGB durch letztwillige Verfügung anordnen, daß die Auseinandersetzung ausgeschlossen ist. Ein derartiges Teilungsverbot wird spätestens nach 30 Jahren unwirksam, § 2044 Abs. 2 BGB (zum ganzen: Kerscher/Tanck/Krug, § 8 Rn. 117 ff.).

Behindertentestament

Eine besondere Problematik innerhalb der erbrechtlichen Gestaltungspraxis bildet die letztwillige Verfügung von Eltern behinderter Kinder; dies insbesondere vor dem Hintergrund allseits leerer öffentlicher Kassen, insbesondere im sozialen Bereich. Deshalb ist im Rahmen der erbrechtlichen Gestaltung bei Vorhandensein eines oder mehrerer behinderter Familienangehöriger äußerste Behutsamkeit angebracht.

Die Gefahr lauert hier insbesondere in Gestalt des § 92 c BSHG, der es dem Sozialhilfeträger, der Leistungen für den Behinderten erbringt oder erbracht hat, grundsätzlich ermöglicht, Erb-, aber auch Pflichtteilsansprüche des behinderten Kindes vollumfänglich auf sich überzuleiten.

Das sogenannte klassische Behindertentestament sieht daher die Erbeinsetzung des behinderten Kindes lediglich zum **Vorerben** vor, wobei darauf zu achten ist, daß der Erbteil auf jeden Fall höher als der Pflichtteil ist. Ansonsten kann zum einen der gem. § 2305 BGB entstehende Zusatzpflichtteil durch den Sozialhilfeträger übergeleitet werden, und zum anderen gilt gem. § 2306 Abs. 1 Satz 2 BGB dann die Anordnung der Nacherbschaft als nicht erfolgt. Zum **Nacherben** wird ein gesundes Kind oder eine andere Person eingesetzt. Somit fällt das elterliche Vermögen nicht in den Nachlaß des behinderten Kindes, so daß insoweit auch ein Zugriff des Sozialhilfeträgers nicht möglich ist.

Um zu vermeiden, daß die dem Vorerben zustehenden Nutzungen dem Zugriff der Gläubiger und damit auch dem des Sozialhilfeträgers unterliegen, wird gleichzeitig **Dauertestamentsvollstreckung** auf Lebzeiten gem. §§ 2209, 2210 BGB angeordnet, mit der Maßgabe, dem Vorerben bestimmte **Nutzungen** des Nachlasses, die seine Lebensqualität verbessern und zum geschützten **Schonvermögen** gem. §§ 88 Abs. 2 BSHG gehören, zukommen zu lassen (Nieder, Handbuch der Testamentsgestaltung, Rn. 1298 mit Formulierungsvorschlägen). Gemäß der Rechtsprechung des BGH BGHZ 111, 36 widerspricht die Anordnung der Dauertestamentsvollstreckung auch nicht der Vorerbschaft (Muster in Tanck/Daragan/Krug, Testamente, § 21 Rn. 15).

Neben der Gestaltung dieses klassischen Behindertentestaments kommt aber etwa auch die Zuwendung des lebenslangen **Wohnrechts** an das im elterlichen Haushalt lebende behinderte Kind in Betracht. Diese Zuwendung könnte etwa auch von der **Bedingung** abhängig gemacht werden, daß das Kind oder dessen Betreuer seinen Pflichtteil nicht geltend macht (Weirich, Erben und Vererben, Rn. 681).

Das Hauptproblem bei dieser Form der erbrechtlichen Gestaltung ist die Frage nach einer eventuellen **Sittenwidrigkeit**.

Der **BGH** hat zuletzt zu dieser Frage in seiner Entscheidung vom 20. 10. 1993 (BGHZ 123, 368) dahin gehend Stellung genommen, als er die Sittenwidrigkeit sowohl im Hinblick auf eine Benachteiligung des behinderten Kindes gegenüber seinen nicht behinderten Geschwistern als auch im Hinblick auf die Verhinderung des Sozialhilferegresses gem. § 92 c BSHG **verneint** hat.

Als weiteres Problem ist die eventuelle Möglichkeit für den Sozialhilfeträger anzusprechen, das **Ausschlagungsrecht des § 2306 I 2 BGB,** das dem behinderten Kind zusteht, auf sich **überzuleiten.** Die h. M. lehnt diese Möglichkeit aber mit der Begründung ab, daß es sich bei der Ausschlagung nach § 2306 Abs. 1 Satz 2 BGB um ein höchstpersönliches Recht des Erben handelt, das gar nicht übergeleitet werden kann (Weirich, Erben und Vererben, Rn. 677).

Allerdings besteht theoretisch die Möglichkeit für den **Betreuer** des Kindes, gem. §§ 1793, 1902, 1908 i, 1822 Nr. 2 BGB mit Zustimmung des Vormundschaftsgerichts die Ausschlagung gem. § 2306 Abs. 1 Satz 2 BGB zu erklären, um den unbelasteten Pflichtteil geltend zu machen. Hierbei hat er aber zunächst zu prüfen, ob die Ausschlagung für das Kind überhaupt **vorteilhaft** wäre. Hierbei ist zu differenzieren zwischen dem Fall, in dem das Kind bereits Sozialhilfe erhält, und dem Fall, in dem Sozialhilfe noch nicht gewährt wird. Zugrunde zu legen ist insoweit eine rein **wirtschaftliche Betrachtungsweise** (Tanck/Daragan/Krug, Testamente, § 21 Rn. 8).

In dem Fall, in dem das Kind bereits Sozialhilfe erhält, muß er zu dem Ergebnis kommen, daß eine Ausschlagung aufgrund der Tatsache, daß dem Kind dann nicht einmal mehr die Nutzungen erhalten werden könnten, nicht vorteilhaft ist. Umgekehrt wäre aber eine Ausschlagung dann zunächst für das Kind von Vorteil, wenn es noch keine Sozialhilfe erhält, ein Regreß des Sozialhilfeträgers also noch nicht in Sicht ist (vgl. zum Ganzen: Kerscher/Tanck/Krug, Das erbrechtliche Mandat, § 8 Rn. 346).

Belegenheitsstatut

→ *Kollisionsrecht*

Benachrichtungspflicht in Nachlaßsachen

Bei einem notariell beurkundeten Testament oder Erbvertrag hat der Notar zu veranlassen, daß diese in die amtliche Verwahrung gegeben werde. Örtlich zuständig ist das Amtsgericht, in dessen Bezirk der Notar seinen Amtssitz hat, § 2258 a Abs. 2 Ziff. 1 BGB. Der Erblasser könnte jedoch, falls sein Wohnsitz im Bezirk eines anderen Amtsgerichts liegt, verlangen, daß die Verwahrung bei einem anderen Amtsgericht durchgeführt wird, § 2258 a Abs. 3 BGB. Das betreffende Amtsgericht unterrichtet das Standesamt des Geburtsortes des Erblassers über die Verwahrung. Falls der Geburtsort des Erblassers außerhalb Deutschlands liegt, wird Mitteilung an die Hauptkartei für Testamente beim Amtsgericht in Berlin-Schönefeld gemacht. Nach dem Tod des Erblassers unterrichtet das Standesamt des Sterbeortes dasjenige des Geburtortes. Das Standesamt des Geburtsortes benachrichtigt das Amtsgericht, bei welchem die letztwillige Verfügung in Verwahrung gegeben worden ist. Durch dieses Verfahren wird die Gefahr des Verlustes, des Beiseiteschaffens oder des Vergessens nahezu ausgeschlossen.

Das Verfahren der Benachrichtigungspflicht ist bundeseinheitlich geregelt in der Bekanntmachung über die Benachrichtigung in Nachlaßsachen vom 30. 11. 1970 (Schönfelder, Deutsche Gesetze, Fn. 3 zu § 2248 BGB).

Sobald ein Testament oder ein Erbvertrag in die amtliche Verwahrung des Amtsgerichts gegeben wird, ist dieses verpflichtet, dem Standesbeamten des Geburtsortes des Erblassers Mitteilung über diesen Vorgang zu machen. Diese Mitteilung geht an das Amtsgericht Berlin-Schöneberg, falls der Geburtsort des Erblassers außerhalb der Bundesrepublik Deutschland liegt. Die Mitteilung des Amtsgerichts wird in die Testamentskartei des Standesbeamten des Geburtsortes aufgenommen. Durch diese Registrierung wird sichergestellt, daß beim Tod einer Person das Standesamt des Geburtsortes zwecks Austragung im Geburtenbuch benachrichtigt und anschließend der Standesbeamte des Geburtsorts dem verwahrenden Amtsgericht Mitteilung von dem Sterbefall macht. Dadurch wird gewährleistet, daß eine dort hinterlegte letztwillige Verfügung eröffnet wird.

Bei Erbverträgen geht das Gesetz davon aus, daß diese in die besondere Verwahrung des Amtsgerichts gegeben werden, § 2277 BGB, § 34 BeurkG. Die Benachrichtigung erfolgt nach dem gleichen Verfahren wie bei in Verwahrung genommenen Testamenten. Um die Kosten der Verwahrung einzusparen, weisen manche Beteiligten den Notar an, den Erbvertrag in Urschrift in seine amtliche Verwahrung zu nehmen, § 25 Abs. 2 BNotO.

Der Notar erteilt den Beteiligten dann beglaubigte Abschriften der Urkunde. Auf einer vorgeschriebenen Karteikarte informiert der Notar das Standesamt des Geburtsortes des Erblassers über die Errichtung der Urkunde. Diese Kartei wird von dem Standesbeamten zu seiner Testamentskartei genommen und die Kartennummer im Geburtenbuch vermerkt. Ist der Erblasser nicht in der Bundesrepublik Deutschland geboren, geht die Karteikarte an die Hauptkartei für Testamente beim Amtsgericht in Berlin-Schöneberg. Das weitere Verfahren gleicht dem beim amtlich verwahrten Testament. Allerdings wird der verwahrende Notar über den Sterbefall von dem Standesbeamten des Geburtsorts bzw. der Hauptkartei in Berlin-Schöneberg informiert. Der Notar ist sodann verpflichtet, die Urkunde dem zuständigen Nachlaßgericht zur Eröffnung zu übersenden.

Bereicherungsanspruch gegen den Beschenkten

1. Überblick

Hat der Erblasser in Beeinträchtigungsabsicht eine Schenkung gemacht, kann der beeinträchtigte Vertragserbe die Herausgabe des Geschenks von dem Beschenkten verlangen. Der Vertragserbe kann diesen Anspruch erst geltend machen, nachdem ihm die Erbschaft angefallen ist, also mit dem Tod des Erblassers, §§ 1922 Abs. 1, 1942 Abs. 1 BGB. Der Anspruch aus § 2287 BGB wird vom Vertragserben originär erworben (BGH NJW 1961, 78; RGZ 77, 5), der Anspruch fällt deshalb auch nicht in den Nachlaß und kann auch nicht von einem Testamentsvollstrecker erhoben werden (BGH NJW 1980, 2461; RGZ 77, 6 ff.). Sind mehrere Erben vertraglich berufen, so ist nicht die Erbengemeinschaft Gläubiger des Anspruchs, sondern es ist bei Teilbarkeit des Geschenkes jeder Miterbe berechtigt, den Anspruch in Höhe seiner Erbquote geltend zu machen, §§ 741 ff., 420 BGB (BGH FamRZ 1961, 70; BGH NJW 1980, 2461, 2464; MK/Musielak, § 2286 BGB Rn. 14). Bei Unteilbarkeit des Geschenkes ist § 432 BGB zu beachten (MK/Musielak, § 2286 BGB Rn. 14).

Bei einer durch Erbvertrag angeordneten Vor- und Nacherbschaft steht bis zum Eintritt des Nacherbfalls der Anspruch aus § 2287 BGB dem Vorerben (MK/Musielak, § 2286 Rn. 15), danach dem Nacherben zu (RG JW 1938, 5353; OLG Celle MDR 1948, 142; Soergel/Wolf, § 2286 Rn. 12).

Schuldner ist stets der Beschenkte, niemals der Erblasser oder ein anderer Miterbe (Palandt/Edenhofer, § 2287 Rn. 13; MK/Musielak, § 2286 Rn. 16).

2. Voraussetzungen

Anspruchsvoraussetzungen sind:

– Schenkung i. S. des § 516 BGB: Unbenannte Zuwendungen unter Ehegatten werden im Erbrecht grundsätzlich wie Schenkungen behandelt (BGH NJW 1992, 564; NJW-RR 1996, 133, vgl. auch → *Unbenannte Zuwendung*),

– Beeinträchtigungsabsicht des Erblassers; diese fehlt nur dann, wenn der Erblasser ein anerkennenswertes lebzeitiges Eigeninteresse hatte (BGHZ 59, 343, 349; BGH WM 1986, 647, 648; NJW-RR 1986, 1135 f.; NJW 1992, 564, 566 u. 2630 f.; BGH NJW-RR 1996, 133 f.; Waltermann, JuS 1993, 276 ff.). Im einzelnen: → *Beeinträchtigung der Stellung des Vertragserben und des Schlußerben* m.w.N.

Schenkungen i.S. des § 2287 BGB sind auch gemischte Schenkungen (Zuwendung ist z.T. entgeltlich, z.T. unentgeltlich) und verschleierte Schenkungen (Unentgeltlichkeit wird durch nicht gewollte Entgeltlichkeit getarnt; BGH FamRZ 1961, 72 f.). Auch die sog. „unbenannte (ehebedingte, ehebezogene)

Zuwendung unter Ehegatten" ist im Erbrecht grundsätzlich wie eine Schenkung zu behandeln (BGHZ 116, 167 → *Unbenannte Zuwendung*).

Bei derartigen Schenkungen kommt es neben dem objektiven Wertverhältnis von Leistung und Gegenleistung auch auf die Wertvorstellung der Beteiligten an. Bei einem auffälligen groben Mißverhältnis von Leistung und Gegenleistung spricht jedoch eine widerlegbare Vermutung dafür, daß zwischen den Beteiligten Einigkeit über die teilweise Unentgeltlichkeit bestand (BGH NJW 1982, 43, 45).

Bei einer **gemischten Schenkung** geht der Bereicherungsanspruch des § 2287 BGB nur dann auf Herausgabe des geschenkten Gegenstandes Zug um Zug gegen Erstattung der erbrachten Gegenleistung, wenn der unentgeltliche Charakter des Geschäftes überwiegt. Ansonsten geht der Anspruch auf Erstattung des Mehrwertes (BGH NJW 1980, 2307 ff.; BGH NJW 1982, 43 f.).

Unentgeltliche Zuwendungen an Dritte, die in einem angemessenen Verhältnis zur wirtschaftlichen Lage des Erblassers stehen, sind zulässig (Pflicht- und Anstandsschenkungen) (BGH NJW 1976, 749; BGH NJW 1984, 2939).

3. Rechtsfolgen

Die Rechtsfolge der beeinträchtigenden Schenkung ist, daß der Vertragserbe, nachdem ihm die Erbschaft angefallen ist, von dem Beschenkten die Herausgabe des Geschenkten nach den Vorschriften der ungerechtfertigten Bereicherung, §§ 818–822 BGB, verlangen kann. Bei § 2287 BGB handelt es sich um eine Rechtsfolgenverweisung.

4. Umfang

Grundsätzlich ist das Geschenk **in Natur herauszugeben.** Ist dies nicht möglich, so ist der **Wert zu ersetzen,** § 818 Abs. 2 BGB. Der Beschenkte kann sich jedoch auf den Wegfall der Bereicherung berufen, § 818 Abs. 3 BGB. Dieser Einwand ist ihm jedoch verwehrt, wenn er nach § 819 BGB oder nach § 818 Abs. 4 BGB verschärft haftet. Die verschärfte Haftung tritt in dem Fall des § 819 BGB ein, sobald der Beschenkte von der erbrechtlichen Bindung des Erblassers und von dessen Beeinträchtigungsabsicht Kenntnis erlangt (Beckmann, Mitt-

RhNotK 1977, 30; Brox, Rn. 158; Soergel/Wolf, § 2287 Rn. 14; RGRK/Kregel, § 2287 Rn. 9; MK/Musielak, § 2287 Rn. 17). Die Kenntnis der Tatsachen, aus denen nach der Lebenserfahrung auf eine Beeinträchtigung zu schließen ist, reicht aus (Beckmann, MittRhNotK 1977, 30).

Ob der Vertragserbe unter den Voraussetzungen des § 822 BGB die Herausgabe des Geschenkes auch von einem **Dritten** verlangen kann, hat der BGH nunmehr positiv entschieden (BGH NJW 2000, 134).

Da jedoch auch in den Fällen des § 2287 BGB der unentgeltliche Erwerb des Dritten weniger schutzwürdig erscheint als das Interesse des Vertragserben an der Herausgabe des Geschenkten, dürfte eine entsprechende Anwendung des § 822 BGB gerechtfertigt sein (MK/Musielak, § 2287 Rn. 17 m.w.N.).

Bei einer **gemischten Schenkung** richtet sich der Anspruch nach § 2287 BGB in Fällen, in denen die Unentgeltlichkeit des Rechtsgeschäfts überwiegt, auf die Herausgabe des Geschenkes gegen Erstattung der Gegenleistung (BGH NJW 1953, 501; BGH FamRZ 1961, 73; 1964, 430; Kohler, NJW 1964, 1398; MK/Musielak, § 2287 Rn. 18 m.w.N.). Der Erbe kann jedoch auf die Rückgabe verzichten und Zahlung der Wertdifferenz fordern (MK/Musielak, § 2287 Rn. 18). Überwiegt die Entgeltlichkeit, dann geht der Anspruch auf die Differenz zwischen dem Wert des Gegenstandes und dem Wert der Gegenleistung (BGH NJW 1953, 501; BGH FamRZ 1961, 73; 1964, 430; Palandt/Edenhofer, § 2287 Rn. 5; a. A. Enneccerus/Kipp/Wolff, § 38 IV 2 a [Herausgabe des Gegenstandes]; Lange/Kuchinke, § 25 V).

5. Auskunftsanspruch des Erben

Der Vertragserbe hat gem. § 2287 BGB keinen Auskunftsanspruch über die vom Erblasser einem anderen gemachten Schenkungen (BGHZ 18, 67 f.; Brox, Rn. 158; RGRK/Kregel, § 2287 Rn. 10; Palandt/Edenhofer, § 2287 Rn. 14). Ein solcher Auskunftsanspruch kann sich jedoch nach dem Grundsatz von Treu und Glauben ergeben, wenn der Vertragserbe auf die Auskunft des Beschenkten angewiesen ist, um Aufschluß über die Schenkung zu erhalten, und der Beschenkte durch die Auskunft nicht unbillig belastet wird (BGH NJW 1973, 1876 f. m.w.N.). Man wird verlangen müssen, daß der Vertragserbe seinen Anspruch aus § 2287 BGB schlüssig und substantiiert darlegt (BGHZ 97, 188 m.w.N.; Brox, Erbrecht, Rn. 159; Hohloch, JuS 1986, 811), um sich nicht den Vorwurf einzuhandeln, lediglich zur bloßen Ausforschung der Schenkung Auskunft zu begehren (BGHZ 61, 180). Die Darlegungspflicht des Vertragserben ist dabei um so höher, je konkreter der Begünstigte Behauptungen zu lebzeitigem Eigeninteresse aufstellt (BGH NJW 1986, 1755).

6. Ausschluß des Anspruchs

Der Erblasser kann sich im Erbvertrag oder im Gemeinschaftlichen Testament das Recht vorbehalten, beliebig Schenkungen zu machen, ohne daß dadurch ein Anspruch auf § 2287 BGB begründet wird (MK/Musielak, § 2287 Rn. 20; Erman/ Hense, § 2287 Rn. 1; RGRK/Kregel, § 2287 Rn. 2; a.A. Ennecerus/Kipp/Wolff, § 38 IV 2 b). Ein solches Recht des Erblassers nimmt den Verfügungen im Erbvertrag bzw. dem Gemeinschaftlichen Testament nicht den erbrechtlich bindenden Charakter, denn der Erblasser bleibt trotz der vorbehaltenen Schenkungsbefugnis gebunden und kann keine davon abweichenden Verfügungen von Todes wegen treffen. Ein Anspruch des Vertragserben wird auch ausgeschlossen, wenn er der Schenkung des Erblassers zustimmt (MK/Musielak, § 2287 Rn. 20 m.w.N.). Durch eine solche Zustimmung verzichtet er auf den ihm durch § 2287 BGB gewährten Schutz. Ein solcher Verzicht ist im Regelfall nicht sittenwidrig (MK/Musielak, § 2287 Rn. 20).

7. Verjährung

Für den Beginn der Verjährung ist allein der Anfall der Erbschaft an den Vertragserben maßgebend, ohne daß es darauf ankommt, ob der Vertragserbe in diesem Zeitpunkt Kenntnis von der Schenkung, von der Beeinträchtigungsabsicht des Erblassers oder von seiner Berufung zum Erben hatte, §§ 1922 Abs. 1, 1942 Abs. 1 BGB.

8. Beweislast

Der Vertragserbe hat die Voraussetzungen des Anspruchs, insbesondere die Unentgeltlichkeit der Zuwendung und die Beeinträchtigungsabsicht des Erblassers, zu beweisen. Ist die Frage der Entgeltlichkeit der Zuwendung streitig, reicht es aus, wenn der Vertragserbe Tatsachen darlegt, aus denen sich ein auffallend grobes Mißverhältnis von Leistung und Gegenleistung ergibt. Es entspricht dann der Lebenserfahrung, daß die Vertragsparteien in Kenntnis dieses Mißverhältnisses gehandelt haben und sich über die Unentgeltlichkeit der Zuwendung einig waren. Von der Beeinträchtigungsabsicht des Erblassers hat das Gericht auszugehen, wenn die vom Erblasser vorgenommene Schenkung nach der Sachdarstellung des Vertragserben als unvereinbar mit der durch den Erbvertrag gebotenen Vertragstreue erscheint. Es ist dann Sache des Beschenkten, darzulegen, aus welchen Gründen die Schenkung doch mit der erbvertraglichen Bindung des Erblassers vereinbar ist (MK/ Musielak, § 2287 Rn. 22) (→ *Beeinträchtigung der Stellung des Vertragserben und des Schlußerben*).

Berliner Testament

1. Überblick

Unter einem „Berliner Testament" versteht man ein Gemeinschaftliches Testament, in dem die Ehegatten sich gegenseitig und einen Dritten (meist die gemeinschaftlichen Abkömmlinge) zu Erben des Überlebenden einsetzen. In diesem Fall ist durch Auslegung zu ermitteln, was die beiden Erblasser gewollt haben. Dabei gibt es zwei Gestaltungsmöglichkeiten:

– das sog. „**Trennungsprinzip**": Jeder Ehegatte setzt den anderen zum Vorerben ein und den Dritten zum Nacherben sowie für den Fall, daß der andere Ehegatte zuerst versterben sollte, zum Ersatzerben. Die Konsequenz ist, daß bei dem überlebenden Ehegatten zwei getrennte Vermögensmassen zu unterscheiden sind: das eigene – freie – Vermögen und das von dem verstorbenen Ehegatten erworbene Vermögen, hinsichtlich dessen er die Stellung des Vorerben und der Dritte die Stellung des Nacherben hat.

Stirbt nunmehr der längstlebende Ehegatte, erwirbt der Dritte den Nachlaß des zuerst Verstorbenen als dessen Nacherbe und im übrigen den Nachlaß des zuletzt Verstorbenen als dessen Ersatzerbe. Bei diesem Trennungsprinzip ist der Dritte also teils Erbe (Nacherbe) des Erstverstorbenen, teils Erbe (Ersatzerbe) des zuletzt Verstorbenen.

– das sog. „**Einheitsprinzip**": Jeder Ehegatte setzt den anderen zu seinem alleinigen Erben (Vollerben) ein und für den Fall, daß dieser vor ihm sterben sollte, den Dritten zum Ersatzerben. Die Konsequenz ist, daß der überlebende Ehegatte aufgrund der letztwilligen Verfügung des zuerst Verstorbenen dessen alleiniger Vollerbe wird. Die Einsetzung des Dritten zum Ersatzerben im Testament des Vorverstorbenen ist dann gegenstandslos geworden. Stirbt nunmehr der überlebende Ehegatte, so erhält der Dritte aufgrund der Verfügung des Überlebenden als dessen Erbe (Ersatzerbe) den gesamten Nachlaß. Bei diesem Einheitsprinzip wird das gesamte Vermögen als Einheit behandelt. Der Dritte ist nicht Erbe des Erstverstorbenen, sondern nur Erbe (Schlußerbe) des Letztverstorbenen.

Ob in einem „Berliner Testament" die eine oder andere Regelung gewollt ist, ist durch Auslegung zu ermitteln. Wenn Zweifel bleiben, kommt die spezielle Auslegungsregel des § 2269 BGB zur Anwendung, nachdem der Dritte „für den gesamten Nachlaß als Erbe des zuletzt versterbenden Ehegatten eingesetzt ist". Im Zweifel gilt also das Einheitsprinzip (Langenfeld, NJW 1987, 1577; NJW 1996, 2601; Langenfeld, Testamentsgestaltung, Rn. 223 ff.; Weirich, Erben und Vererben, Rn. 436).

Der Inhalt eines „Berliner Testaments" kann somit Gegenstand eines

– eigenhändigen Gemeinschaftlichen Testaments,

– notariell beurkundeten Gemeinschaftlichen Testaments oder

– notariell beurkundeten Ehegatten-Erbvertrags

sein.

2. Steuerfolgen

Erbschaftsteuerlich werden beim „Berliner Testament" beide Erbfälle getrennt versteuert. Wenn jedoch für den Schlußerben unterschiedliche Verwandtschaftsgrade zu den Eheleuten bestehen, etwa wenn die lediglich einseitigen Abkömmlinge eines Ehegatten Schlußerben werden, wird für ihren Erwerb die günstigere Steuerklasse nach dem erstverstorbenen Ehegatten zugrunde gelegt, soweit dessen Vermögen beim Tod des überlebenden Ehegatten noch vorhanden ist, § 15 Abs. 3 ErbStG.

Je mehr das vorhandene Vermögen die Ehegattenfreibeträge übersteigt, desto nachteiliger wirkt sich das „Berliner Testament" aus, da der Nachlaß des Erstversterbenden zweimal zu versteuern ist, nämlich einmal beim Anfall an den Überlebenden, zum zweiten – sofern noch vorhanden – beim Anfall an die Schlußerben.

Hinsichtlich der **Steuerklasse** trifft § 15 Abs. 3 ErbStG für das „Berliner Testament" eine Sonderregelung: Obwohl der Schlußerbe allein den länger lebenden Ehegatten beerbt, kann – in Anlehnung an die entsprechende Regelung zur Vor- und Nacherbfolge – auch auf den zuerst Verstorbenen rekurriert werden: Soweit das Vermögen des Erstverstorbenen beim Tod des länger Lebenden noch vorhanden ist, sind die mit ihm näher verwandten Erben als seine Erben anzusehen.

Beispiel:

M. und F. haben sich gegenseitig zu Erben und D. zum Schlußerben eingesetzt. Nach M. besteht Steuerklasse II, nach F. Steuerklasse III. D. wird Schlußerbe nach F.; er erbt 100 000 Euro. Hiervon stammen 70 000 Euro von M. und 30 000 Euro von F. Die Steuer beträgt nicht 17 % aus 90 000 Euro (Zuwendung abzüglich Freibetrag). Vielmehr ist (für den anteiligen Betrag abzüglich Freibetrag) auf die günstigere Steuerklasse nach M. abzustellen. D. versteuert also 60 000 Euro, (70 000 Euro ./. Freibetrag) nach M. mit 12 %, 30 000 Euro (ohne Freibetrag) nach F. mit 17 % (vgl. Meincke, § 15 Rn. 31).

Im Hinblick auf § 15 Abs. 3 ErbStG ist bei nachträglichen Verfügungen des länger lebenden Ehegatten Vorsicht geboten, wenn der vorgesehene Schlußerbe zu diesem in der schlechteren Steuerklasse zu den Ehegatten steht. § 15 Abs. 3 ErbStG führt nur zu einer Begünstigung, „soweit der überlebende Ehegatte an die Verfügung gebunden ist". Änderungsvorbehalte schaden nicht, sofern der länger Lebende davon keinen Gebrauch macht (BFH BStBl II 1983, 44). Hat der länger Lebende jedoch von einer Änderungsmöglichkeit – wenn auch nur geringfügig – Gebrauch gemacht, entfallen die Voraussetzungen des § 15 Abs. 3 ErbStG. Dies soll auch dann gelten, wenn der länger Lebende in seiner eigenen Verfügung diejenigen des Gemeinschaftlichen Testamentes nur wiederholt (BFH DB 1990, 2507, str.). Im Hinblick hierauf kann es sich empfehlen, von einer Änderung der Verfügung von Todes wegen abzusehen und auf eine Verfügung unter Lebenden auszuweichen.

3. Einseitige Abkömmlinge als Schlußerben

a) Gemeinschaftliche Erbteile

Auch bei nicht gemeinsamen Abkömmlingen kann die Einheitslösung gewählt werden. Wenn nur ein Ehegatte Abkömmlinge hat, können diese wie gemeinsame behandelt werden. Bei jeweils einseitigen Abkömmlingen beider Ehegatten, also im Falle „meine Kinder – deine Kinder", können gemeinschaftliche Erbteile nach §§ 2093 und 2094 BGB ausgeworfen werden, damit jeder Stamm immer seinen hälftigen Erbteil erhält und die Anwachsung bei Wegfall von Erben sich innerhalb des eigenen Stammes vollzieht:

Formulierungsvorschlag zum „Berliner Testament"
mit jeweils einseitigen Abkömmlingen als Schlußerben:

Für den Tod des Längstlebenden von uns bestimmen wir, daß dann die Hälfte des vorhandenen Nachlasses als gemeinschaftlicher Erbteil an die Abkömmlinge des Ehemannes und die andere Hälfte als gemeinschaftlicher Erbteil an die Abkömmlinge der Ehefrau als Erben fallen soll, die jeweils unter sich einen Erbstamm bilden sollen. Die einzelnen Erbstämme sind unter sich nach Maßgabe der gesetzlichen Erbfolge zu Erben eingesetzt (Langenfeld, Testamentsgestaltung, Rn. 225).

Immer häufiger sind Fälle, in denen beide Ehegatten Kinder aus einer früheren Beziehung mitbringen. Dies kann zu sehr unterschiedlichen Überlegungen führen:

– Begünstigung des einseitigen Kindes: Manchmal ist gewünscht, daß die jeweils einseitigen Kinder zuletzt das (wesentliche) Vermögen des leiblichen Elternteils erhalten.

Gestaltungsmöglichkeiten:

– Erbeinsetzung des einseitigen Kindes, evtl. mit vermächtnisweiser Zuwendung bestimmter Gegenstände (Hausrat) sowie eines Nießbrauchsrechts (z. B. am Hausgrundstück) an den Ehegatten.

– Pflichtteilsverzicht des Ehegatten.

– Vor- Nacherbfolge (Ehegatte Vorerbe, Kind Nacherbe) evtl. verbunden mit Vermächtnissen (z. B. wegen Hausrat) für den Ehegatten, Pflichtteilsverzicht des Ehegatten.

– Gleichbehandlung aller Kinder:

Häufig ist auch gewünscht, daß alle Kinder, ggf. einschließlich gemeinsamer Kinder, gleich zu behandeln sind.

Beispiel:

M. hat ein Kind (K 1); Vermögen 700 000 Euro. F. hat zwei Kinder (K 2, K 3); Vermögen 200 000 Euro.

Nach Interessenlage würde sich ein Testament anbieten mit gegenseitiger Erbeinsetzung der Ehegatten. Alle Kinder werden zu gleichen Teilen Schlußerben.

Probleme:

1. Pflichtteil: Stirbt M. als zweiter, würde der Gesamtnachlaß (900 000 Euro) dem Pflichtteilsanspruch von K 1 unterliegen; bei einer Pflichtteilsquote von $^1/_2$ könnte er zwingend 450 000 Euro (anstelle der ihm zugedachten 300 000 Euro) verlangen.

2. Nachteilige Verfügungen des länger Lebenden: Die Rechte jedes Kindes beschränken sich auf den Pflichtteil am Nachlaß seines Elternteils. Zu erwägen ist in diesem Fall ein Schutz gegen lebzeitige Verfügungen des länger Lebenden sowie ein Schutz gegen abweichende nachteilige Verfügungen von Todes wegen durch den länger Lebenden. Dem kann das Interesse entgegenstehen, daß der länger Lebende auch einem „mißratenen" Kind des Erstverstorbenen die vorgesehene Zuwendung entziehen können soll.

Gestaltungsmöglichkeiten:

1. M. setzt F. zur Alleinerbin ein, F. jedoch M. nur zum Vorerben. Schluß- bzw. Nacherben werden Kinder zu je $^1/_3$. Die Schluß- bzw. Nacherbeneinsetzung ist in der Weise bedingt,

daß sie hinsichtlich desjenigen Kindes entfällt, das beim Tod des leiblichen Elternteils seinen Pflichtteil geltend macht (solche Pflichtteilsklauseln sind auch in Stiefkinderfällen zulässig (BayObLG MittBayNot 1994, 445) (stirbt M. dann als zweiter, könnte K 1 wenigstens nur 350 000 Euro – statt 450 000 Euro – verlangen).

2. Eine mildere Variante der Regelung gegenüber dem das Pflichtteilsrecht verlangenden Kind wäre folgender **Formulierungsvorschlag**:

Für den Fall, daß nach dem Erstversterbenden von uns Pflichtteilsrechte seiner Kinder geltend gemacht wurden, beschwert jeder von uns für den Fall, daß er als zweiter verstirbt, seine Erben mit folgendem Vermächtnis: Jedes seiner einseitigen Kinder erhält denjenigen Betrag, der erforderlich ist, damit alle drei Kinder unter Berücksichtigung desjenigen, was ein Kind des Erstverstorbenen aufgrund seines Pflichtteilsanspruchs erhalten hat, gleichgestellt sind.

Hinsichtlich der Bindungswirkung werden in der Regel keine Bedenken bestehen, diejenige Verfügungen auf den Tod des länger Lebenden, die dessen leiblichen Kinder betreffen, einseitig – also abänderbar – zu treffen. Ob Änderungsbefugnis auch hinsichtlich der Stiefkinder gewünscht ist, wird häufig „Vertrauenssache" sein. Jedenfalls werden damit Gestaltungen zur Verhinderung der Geltendmachung von Pflichtteilsansprüchen unterlaufen.

Zu erwägen kann auch sein, dem länger Lebenden Änderungsbefugnis einzuräumen, das jeweilige Kind aber dann durch ein bindendes Vermächtnis (z. B. über einen bestimmten, wertgesicherten Geldbetrag) zu schützen.

– Vormundschaft:

Sind einseitige Kinder noch minderjährig, kommt die Benennung eines Vormundes in Betracht.

Formulierungsvorschlag:

Für den Fall, daß eines meiner Kinder zum Zeitpunkt meines Ablebens noch minderjährig sein sollte, benenne ich zu seinem Vormund meinen Lebensgefährten, Herrn . . . Y. Der Vormund soll sowohl die Personen- als auch die Vermögenssorge ausüben. Testamentsvollstreckung will ich nicht anordnen.

Bei geschiedenen Ehegatten ist allerdings zu beachten, daß der hier geregelten Anordnung nach § 1777 BGB die Regelung zugunsten des lebenden leiblichen Elternteils des § 1681 Satz 2 BGB vorgeht.

b) Gemeinschaftliches Versterben

Die lediglich gegenseitige Erbeinsetzung ist nicht ausreichend, wenn die Eheleute gemeinsam oder aufgrund ein und desselben Ereignisses (Unfall) kurz hintereinander versterben. Im Falle des gleichzeitigen Versterbens beerbt kein Ehegatte den anderen, die gegenseitige Erbeinsetzung wird gegenstandslos (RGZ 149, 201) und jeder Ehegatte wird von seinen gesetzlichen oder gewillkürten Erben beerbt. Dabei ist es wegen der Kinderfreibeträge wichtig, daß auch im Falle des Versterbens kurz hintereinander die jeweiligen Abkömmlinge direkt ihren Elternteil beerben. Dies setzt wegen des erforderlichen Pflichtteilsverzichts notarielle Form voraus.

Formulierungsvorschlag zum „Berliner Testament" und gemeinschaftliches Versterben:

Im Falle des gemeinschaftlichen Versterbens und des Versterbens kurz hintereinander aus gleicher Ursache wird jeder Ehegatte ausschließlich von seinen Abkömmlingen nach Maßgabe der gesetzlichen Erbfolge 1. Ordnung beerbt. Der zunächst überlebende Ehegatte wird nicht Erbe des Erstversterbenden. Jeder von uns verzichtet in vertraglicher Übereinstimmung mit dem anderen auf Pflichtteilsrechte des überlebenden Ehegatten (Langenfeld, Testamentsgestaltung, Rn. 226).

c) Sonstige Schlußerben

Sind keine Abkömmlinge vorhanden, können auch andere Personen zu Schlußerben eingesetzt werden.

Formulierungsvorschlag zum „Berliner Testament" mit sonstigen Schlußerben:

Schlußerben beim Tod des Letztversterbenden sollen sein die Nichten des Ehemannes A. und B., ersatzweise deren Abkömmlinge nach Maßgabe der gesetzlichen Erbfolge (Langenfeld, Testamentsgestaltung, Rn. 226).

4. Bindung an das Ehegatten-Testament

Solche Verfügungen, von denen anzunehmen ist, daß die Verfügung des einen Ehegatten nicht ohne die Verfügung des anderen getroffen sein würde, werden als „wechselbezügliche" bezeichnet, §§ 2270 BGB. Eine solche Verfügung kann der Erblasser nur durch eine notariell beurkundete Erklärung gegenüber seinem Ehegatten widerrufen. Nach dem Tod des Ehepartners ist der Erblasser an seine wechselbezüglichen Verfügungen gebunden, es sei denn, daß er das ihm Zugewendete ausschlägt. Die Wechselbezüglichkeit gilt nur für Erbeinsetzungen, Vermächtnisse oder Auflagen, § 2270 Abs. 3 BGB. Dies ergibt sich beim Erbvertrag aus der Vertragsmäßigkeit des § 2278 BGB, die ebenfalls nur bei Erbeinsetzungen, Vermächtnissen und Auflagen möglich ist. Die Ehegatten können selbst bestimmen, welche Verfügungen wechselbezüglich bzw. vertragsgemäß getroffen werden.

5. Rechtsgeschäftliche Verfügungen

Beim Gemeinschaftlichen Testament mit Schlußerbeneinsetzung kann jeder Ehegatte, solange beide Ehegatten noch leben, über sein Vermögen frei verfügen, auch schenkweise in Benachteiligungsabsicht. Um dies zu verhindern, bietet sich insbesondere bei Grundstücken an, einen Verfügungsunterlassungsvertrag abzuschließen, der der notariellen Beurkundung bedarf.

Formulierungsvorschlag zum Verfügungsunterlassungsvertrag:

Der Ehemann verpflichtet sich, über das Grundstück, Grundbuch von . . . Band . . . Blatt . . . Flurstück . . . nicht ohne Zustimmung der Ehefrau zu verfügen. Verstößt der Ehemann gegen seine Verpflichtungen, kann die Ehefrau auf Kosten des Ehemannes die sofortige Übertragung des Grundbesitzes auf sich selbst verlangen. Zur Sicherung des bedingten Anspruchs auf Übertragung des Eigentums ist für die Ehefrau eine Vormerkung im Grundbuch einzutragen, deren Eintragung hiermit bewilligt und beantragt wird.

Beim Erbvertrag sind der andere Ehegatte und der Schlußerbe gegen beeinträchtigende Schenkungen an Dritte schon ab Vertragsabschluß gem. § 2287 BGB geschützt (→ *Beeinträchtigung der Stellung des Vertragserben und des Schlußerben*).

Bindung an die letztwilligen Verfügungen auf den Tod → *Gemeinschaftliches Testament;* → *Änderungsvorbehalt;* → *Pflichtteilsstrafklausel;* → *Pflichtteilsverzicht.*

Beschränkung der Erbenhaftung

1. Überblick

Der Erbe haftet grundsätzlich mit seinem ganzen Vermögen – dem Privatvermögen und dem erworbenen Nachlaß – für die Nachlaßverbindlichkeiten, § 1967 BGB. Er haftet unbeschränkt. Es gelten jedoch nachstehende Besonderheiten:

– Der Erbe haftet bis zum Ablauf von „Schonfristen" nur beschränkt, d. h. nur mit dem Nachlaß.

– Er kann nach Ablauf der „Schonfristen" durch Vereinbarung oder Ergreifen der gesetzlichen Maßnahmen seine Haftung auf den Nachlaß beschränken.

– Die Möglichkeit, die Haftungsbeschränkung herbeizuführen, kann durch Fristversäumungen oder Pflichtverletzungen verloren werden.

2. Beschränkte Erbenhaftung bis zum Ablauf der Schonfristen

Vor Annahme der Erbschaft haftet der Erbe den Nachlaßgläubigern nur mit dem Nachlaß. Eine persönliche Haftung des Erben scheidet aus, eine Klage gegen den Erben ist unzulässig, § 1958 BGB. Sollen Ansprüche gegen den Nachlaß geltend gemacht werden, so muß auf Antrag des Berechtigten ein Nachlaßpfleger bestellt werden, §§ 1960, 1961 BGB.

Nach der Annahme der Erbschaft wird dem Erben eine gewisse Zeit gelassen, damit er sich Klarheit über den Nachlaßbestand und die Nachlaßverbindlichkeiten verschaffen kann. Daher sind ihm sog. „Schonfristen" eingeräumt, während deren er die Befriedigung der Nachlaßverbindlichkeiten verweigern kann, und zwar durch

– die sog. Dreimonatseinrede, § 2014 BGB, → *Dreimonatseinrede* oder

– die Aufgebotseinrede, § 2015 BGB, → *Aufgebotseinrede.*

3. Haftungsbeschränkung nach Ablauf der Schonfristen

a) Haftungsbeschränkung gegenüber einzelnen Gläubigern

Sie bewirkt der Erbe dadurch, daß er

– mit dem Gläubiger eine entsprechende Vereinbarung trifft oder

– ein Aufgebotsverfahren durchführt.

Der Nachlaßgläubiger, der seine Forderung später als fünf Jahre nach dem Erbfall dem Erben gegenüber geltend macht, steht den im Aufgebotsverfahren ausgeschlossenen Gläubigern gleich, § 1974 BGB.

b) Haftungsbeschränkung allen Gläubigern gegenüber

Die Herbeiführung der beschränkten Erbenhaftung allen Gläubigern gegenüber hat immer nur dann praktische Bedeutung, wenn die eine oder die andere Vermögensmasse nicht zur Befriedigung der einzelnen Gläubiger ausreicht. Wenn der Nachlaß ausreichend ist, um die Schulden des Erblassers zu tilgen, und auch der Erbe über ein hinreichendes Vermögen zur Befriedigung seiner Gläubiger verfügt, so treten keine haftungsrechtlichen Probleme auf. Der Erbe kann nach seinem Belieben die Nachlaßverbindlichkeiten aus seinem Privatvermögen, die Privatgläubiger aus dem Nachlaß befriedigen und umgekehrt.

Wenn der **Erbe** im Zeitpunkt des Todes des Erblassers **überschuldet,** der Nachlaß aber ausreichend ist, um die Nachlaßgläubiger zu befriedigen, dann haben die Nachlaßgläubiger ein berechtigtes Interesse daran, daß sie aus dem Nachlaß befriedigt werden und die Privatgläubiger des Erben den Nachlaß nicht für sich in Anspruch nehmen dürfen.

Ist dagegen der **Erbe vermögend** und kann seine Verbindlichkeiten tilgen, der Nachlaß aber überschuldet, so hat der Erbe ein berechtigtes Interesse daran, daß er dem Nachlaßgläubiger nicht mit seinem Privatvermögen haftet.

Es muß deshalb eine Trennung der Vermögensmassen in der Form erfolgen, daß grundsätzlich die Nachlaßgläubiger nur den Nachlaß in Anspruch nehmen dürfen und Privatgläubiger auf das Privatvermögen des Erben verwiesen sind.

Die **Trennung der Vermögensmassen** kann durch Eröffnung der Nachlaßverwaltung oder des Nachlaßinsolvenzverfahrens herbeigeführt werden. Mit dem Inkrafttreten der Insolvenzordnung vom 5. 10. 1994 (BGBl 1994, I S. 2866) am 1. 1. 1999 gibt es nur noch ein einheitliches Insolvenzverfahren unter Wegfall des Nachlaßvergleichsverfahrens. Die KO, VerglO sowie die GesO gelten lediglich noch für alle bis zum 1. 1. 1999 beantragten Verfahren fort.

Der Erbe und die Nachlaßgläubiger können die Nachlaßverwaltung bzw. in bestimmten Fällen die Eröffnung des **Nachlaßinsolvenzverfahrens** beantragen. Nach § 1981 Abs. 1 BGB kann der Erbe die Nachlaßverwaltung beantragen, während die Gläubiger gem. § 1981 Abs. 2 Satz 1 BGB den Antrag nur stellen dürfen, wenn ihre Befriedigung aus dem Nachlaß gefährdet wird. Der Antrag muß innerhalb von zwei Jahren seit Annahme der Erbschaft gestellt werden, § 1981 Abs. 2 Satz 2 BGB.

Eröffnungsgründe für das Nachlaßinsolvenzverfahren sind:

- Zahlungsunfähigkeit,

- Überschuldung,

- drohende Zahlungsunfähigkeit, § 320 InsO; § 1980 BGB.

§ 1980 BGB bestimmt, daß der Erbe im Falle der Zahlungsunfähigkeit oder der Überschuldung verpflichtet ist, den Antrag auf Eröffnung des Insolvenzverfahrens zu stellen. Diese Antragspflicht besteht beim Eröffnungsgrund der drohenden Zahlungsunfähigkeit nicht (MK/Leipold, Einleitung § 1922 Rn. 46 b). Gemäß § 317 InsO ist jeder Erbe, der Nachlaßverwalter, der Testamentsvollstrecker sowie jeder Nachlaßgläubiger berechtigt, den Antrag auf Eröffnung des Insolvenzverfahrens zu stellen. Bei der drohenden Zahlungsunfähigkeit entfällt die Antragsberechtigung der Nachlaßgläubiger, § 320 Satz 2 InsO.

Mit der **Eröffnung der Nachlaßverwaltung** bzw. des Nachlaßinsolvenzverfahrens tritt eine Trennung der Vermögensmassen ein. Zu beachten ist:

– Der Insolvenz- bzw. Nachlaßverwalter nimmt den Nachlaß
  in Besitz, § 1985 Abs. 1 BGB, § 148 InsO.

– Die infolge des Erbfalls durch Vereinigung von Recht und
  Verbindlichkeit oder von Recht und Belastung erloschenen
  Rechtsverhältnisse gelten als nicht erloschen, § 1976 BGB.
  Eine erklärte Aufrechnung wird unwirksam, § 1977 BGB.

– Der Erbe ist nicht berechtigt, den Nachlaß zu verwalten
  oder über ihn zu verfügen. Es tritt eine Verfügungsbeschränkung ein, und die Privatgläubiger des Erben dürfen nicht in
  den Nachlaß vollstrecken, § 1984 Abs. 1 BGB, §§ 81, 82
  InsO, § 1984 Abs. 2 BGB.

– Die Vorrechte der Aussonderungsberechtigten, §§ 47 f.
  InsO, und Absonderungsberechtigten, §§ 49 ff. InsO, sind
  bei der Befriedigung der Nachlaßgläubiger zu beachten.
  Masseverbindlichkeiten sind vorrangig zu erfüllen, §§ 54,
  55, 324 InsO. Zuletzt sind die Ansprüche von Pflichtteilsberechtigten und aus Vermächtnissen zu erfüllen, § 327
  InsO.

Auch wenn Nachlaßverwaltung oder Nachlaßinsolvenzverfahren beendet sind, haftet der Erbe nur mit dem Nachlaß, es
sei denn, der Erbe haftet einzelnen oder allen Gläubigern
gegenüber unbeschränkbar.

Der Erbe, der nicht unbeschränkbar haftet, kann gem. § 1990
BGB die → *Dürftigkeitseinrede* geltend machen und somit die
Haftung auf den Nachlaß beschränken,

– wenn mangels einer die Kosten deckenden Masse die Nachlaßverwaltung oder das Nachlaßinsolvenzverfahren nicht
  tunlich ist oder

– wenn die Nachlaßverwaltung oder das Nachlaßinsolvenzverfahren mangels Kostendeckung aufgehoben oder eingestellt wurde, § 1988 Abs. 2 BGB, § 207 InsO (Brox, Rn. 679).

4. Unbeschränkte Erbenhaftung

Der Erbe haftet einzelnen oder allen Nachlaßgläubigern
gegenüber auch mit seinem Privatvermögen, wenn ein vereinbarter oder gesetzlicher Grund vorliegt.

Der Erbe haftet einzelnen Nachlaßgläubigern mit seinem Privatvermögen (unbeschränkt), wenn

– eine diesbezügliche Vereinbarung mit den Nachlaßgläubigern getroffen wurde,

– er sich weigert, die Eidesstattliche Versicherung zum Nachlaß abzugeben, § 2006 Abs. 3 BGB,

– es versäumt wurde, sich im Urteil die beschränkte Erbenhaftung vorzubehalten, §§ 780 ff. ZPO,

– er ein zum Nachlaß gehörendes Handelsgeschäft fortführt, § 27 HGB.

Der Erbe haftet allen Nachlaßgläubigern gegenüber unbeschränkt,

– wenn er eine Inventaruntreue begangen hat, § 2005 BGB, oder

– bei Versäumung der Inventarfrist, § 1994 Abs. 1 Satz 2 BGB.

Die unbeschränkte Haftung des Erben ist unabhängig davon, ob das Nachlaßinsolvenzverfahren oder die Nachlaßverwaltung durchgeführt worden ist. Die Nachlaßgläubiger können die Nachlaßverwaltung auch noch dann beantragen, wenn der Erbe seinen Gläubigern unbeschränkt haftet, falls sie verhindern wollen, daß die Privatgläubiger Zugriff auf den Nachlaß nehmen, § 1975 BGB.

5. Besonderheiten bei der Haftung von Miterben

Die Vorschriften §§ 1967–2017 BGB regeln die Haftung des Alleinerben, aber auch die der Miterben. Bezüglich der Miterben gibt es Sondervorschriften in §§ 2058–2063 BGB.

a) Vor der Teilung des Nachlasses

– Nach § 2059 Abs. 2 BGB kann der Nachlaßgläubiger die Miterbengemeinschaft, also die Miterben in ihrer gesamthänderischen Bindung, verklagen (Gesamthandsklage). Aus dem Urteil kann der Nachlaßgläubiger jedoch nur in den ungeteilten Nachlaß vollstrecken.

– Der Nachlaßgläubiger kann den einzelnen Miterben als Gesamtschuldner verklagen (Gesamtschuldklage). Will der Miterbe nicht mit seinem Privatvermögen haften, muß er sich im Urteil die beschränkte Erbenhaftung vorbehalten und sie herbeiführen.

b) Nach der Teilung des Nachlasses

Jetzt kann der Nachlaßgläubiger nur die Gesamtschuldklage erheben, weil die Gesamthandsgemeinschaft aufgelöst ist. Der einzelne Miterbe haftet als Gesamtschuldner grundsätzlich in voller Höhe mit seinem gesamten Vermögen. Ausnahmsweise wird nach §§ 2060 f. BGB aber nur in Höhe eines der Erbteilsquote entsprechenden Teils der Nachlaßverbindlichkeiten gehaftet. In dieser Höhe haftet der Miterbe auch mit dem Eigenvermögen. Nach den allgemeinen Grundsätzen kann er jedoch die Haftungsbeschränkung herbeiführen, wobei allerdings Nachlaßverwaltung nicht mehr beantragt werden kann, § 2062 BGB.

Besitzübergang auf den Erben

Nach § 857 BGB geht der gesamte Besitz des Erblassers mit dem Erbfall auf den Erben über. Der Besitzübergang ist von der Kenntnis des Erben vom Erbfall unabhängig. Der Besitzübergang verschafft dem Erben nur einen Besitz ohne Sachherrschaft. Diese erlangt der Erbe erst mit der tatsächlichen Besitzergreifung. Der erbrechtliche Besitzübergang hat jedoch bereits rechtliche Wirkung, zu deren Durchsetzung der Erbe berechtigt ist. Dem Erben stehen die Rechte bei Ausübung verbotener Eigenmacht (§ 858 BGB), bei Besitzstörung und -entziehung (§§ 861, 862 BGB) und bei Abhandenkommen von Nachlaßgegenständen (§ 935 BGB) zu.

Besondere amtliche Verwahrung

→ *Amtliche Verwahrung*

Bestandsverzeichnis

Nach § 260 Abs. 1 BGB hat derjenige, der verpflichtet ist, einen Inbegriff von Gegenständen herauszugeben oder über den Bestand eines solchen Inbegriffs Auskunft zu erteilen, dem Berechtigten ein Verzeichnis des Bestandes vorzulegen.

Es kann, sofern die Übersichtlichkeit gewahrt ist, aus einer Mehrheit von Teilverzeichnissen bestehen (BGH LM § 260 BGB Nr. 14). In dem Bestandsverzeichnis sind Aktiva und Passiva übersichtlich zusammenzustellen (BGHZ 33, 374). Dem Berechtigten muß es möglich sein, die Richtigkeit des Bestandsverzeichnisses nachzuprüfen (RGZ 127, 243, 244); was hierzu erforderlich ist, bestimmt sich nach den Umständen des einzelnen Falles unter Berücksichtigung der Verkehrsübung und nach § 242 BGB (RGZ 127, 243, 244). Z. B. können Angaben über den Verbleib von Gegenständen (OLG Köln HRR 1938, 758) oder über Lieferzeiten erforderlich sein.

Ein Anspruch auf Ergänzung besteht,

– wenn der Schuldner infolge eines Irrtums einen Teil des Bestandes weggelassen hat (RGZ 84, 44; BGH LM § 260 BGB Nr. 1),

– wenn in der Aufstellung bestimmte sachliche oder zeitliche Teile völlig fehlen (BGHZ 92, 69; NJW 1983, 2244; OLG Köln FamRZ 1985, 935),

– wenn die Angaben erkennbar unvollständig sind (BGH DB 1982, 2393; OLG Oldenburg NJW-RR 1992 778), oder

– wenn das Verzeichnis aufgrund gefälschter Unterlagen aufgestellt worden ist (RG HRR 1933, 465).

Hat der Schuldner seine Auskunft als unrichtig widerrufen, ist er zur Wiederholung der Auskunft verpflichtet (BGH NJW 1986, 424). Im übrigen begründen materielle Mängel der Auskunft grundsätzlich keinen Anspruch auf nachträgliche Ergänzung, sondern auf Abgabe der Eidesstattlichen Versicherung gem. § 261 BGB (BGH LM § 254 ZPO Nrn. 3 und 6).

Bestätigung anfechtbarer letztwilliger Verfügungen

1. Anfechtbares Testament

Als „Bestätigung" bezeichnet man ein Verhalten, aus dem sich der Wille erkennen läßt, das Testament trotz Kenntnis des Anfechtungsgrundes gelten zu lassen mit der Folge, daß eine nachfolgende Anfechtung dann ausgeschlossen ist (Kerscher/Tanck/Krug, Das erbrechtliche Mandat, § 3 Rn. 195).

Fraglich ist, ob eine solche Bestätigung durch den Erblasser selbst erfolgen kann. Die herrschende Meinung lehnt dies mit der Begründung ab, § 144 BGB könne für ihn deshalb nicht gelten, da er selbst seine einseitige letztwillige Verfügung auch nicht anfechten könne (Bengel, DNotZ 1984, 132 ff.; Brox, Rn. 237; BayObLG Rpfleger 1975, 242). Dies wird jedoch mit der Begründung kritisiert, der Erblasser habe, da er sein Testament zwar nicht anfechten, aber doch frei widerrufen könne, eine gesteigerte Herrschaft über seine Willenserklärung (MK/Leipold, § 2078 Rn. 47 m.w.N.). Nach dem Erbfall spricht alles dafür, daß eine Bestätigung des Testaments durch die Anfechtungsberechtigten erfolgen kann mit der Folge, daß eine Anfechtung durch die bestätigende Person nicht mehr möglich ist (BGH FamRZ 1970, 79; BGHZ 37, 331; Rudolf, § 5 Rn. 127 ff.).

2. Formnichtiges Testament

Hat der Minderjährige ein ungültiges (wegen § 2247 Abs. 4 BGB) eigenes Testament errichtet, wird es nicht dadurch gültig, daß er es als Volljähriger formlos bestätigt, § 141 BGB. Denn die Bestätigung eines formbedürftigen Rechtsgeschäfts muß als Neuvornahme formgerecht erfolgen. Erforderlich ist also die Errichtung eines neuen Testaments (Brox, Rn. 97).

3. Anfechtbarer Erbvertrag

Außer durch Fristablauf, §§ 2283, 2285 BGB, wird das Anfechtungsrecht durch Bestätigung des anfechtbaren Erbvertrags, § 2284 BGB, ausgeschlossen. Diese kann nur durch den Erblasser persönlich erfolgen, § 2284 Satz 1 BGB. Da die Bestätigung den Erblasser weiterhin bindet, kann ein beschränkt Geschäftsfähiger nicht wirksam bestätigen, § 2284 Satz 2 BGB. Die Bestätigungserklärung bedarf keiner Form, § 144 Abs. 2 BGB, und ist nicht empfangsbedürftig (BayObLG NJW 1954, 1039; Brox, Rn. 244).

Bestimmung durch Dritte

Der Erblasser muß seine Verfügung von Todes wegen persönlich errichten. § 2064 BGB regelt dies für das Testament,

§ 2274 BGB für den Erbvertrag. Eine **Stellvertretung** ist dabei nicht möglich, allenfalls eine Beratung durch eine andere Person. Da der Erblasser höchst persönlich für den Inhalt seiner testamentarischen Verfügungen verantwortlich ist, kann die Gültigkeit einer Verfügung von Todes wegen nicht vom Willen eines Dritten abhängig gemacht werden, §§ 2065 Abs. 1, 2279 Abs. 1 BGB. Unzulässig ist auch, einem Dritten die Bestimmung eines zuzuwendenden Gegenstandes zu überlassen, §§ 2065 Abs. 2, 2279 Abs. 1 BGB.

Der Grundsatz der persönlichen Entscheidung des Erblassers erfährt folgende **Ausnahmen:**

– Einem **Dritten** kann vom Erblasser die Auswahl des Erben unter mehreren Personen übertragen werden. Der Personenkreis und die Auswahlkriterien müssen jedoch so genau festgelegt werden, daß eine Willkür des Dritten ausgeschlossen ist. Ob dem Dritten ein Beurteilungsspielraum zusteht, ist strittig. Der BGH (NJW 1955, 100) zieht die Grenzen sehr eng: Der Dritte darf nur Tatsachen feststellen. Ihm darf nur die Bezeichnung des Bedachten überlassen werden, nicht aber auch dessen Bestimmung. Dazu muß der Inhalt des Testaments so genaue Hinweise enthalten, daß die Bezeichnung von jeder mit genügender Sachkunde ausgestatteten Person erfolgen kann, ohne daß deren Ermessen bestimmend oder auch nur mitbestimmend ist (BGHZ 15, 199; BGH NJW 1965, 2201; OLG Celle NJW 1958, 953).

Ausreichend bestimmt ist: den Geeignetsten zur Übernahme eines Geschäftes oder Hofes usw. zu ermitteln (RGZ 159, 299), oder der als Vorerbe eingesetzte Ehegatte hat den Hoferben unter den als Nacherben eingesetzten Abkömmlingen auszuwählen (OLG Köln FamRZ 1995, 57 m.w.N.).

Kein Kriterium ist aber bestimmt, wenn der Erblasser dem Vorerben einen aus dem Kreis als Nacherben nur empfiehlt (OLG Hamm NJW-RR 1995, 1477). Als auslegungsfähig i. S. entweder der Erbeinsetzung einer Tierschutzorganisation oder als Zweckauflage wurde noch angesehen, wenn der Erblasser sein Vermögen „den Tieren zugute kommen lassen" will (BayObLG NJW 1988, 2742) oder „dem Tierschutz" (OLG Oldenburg NJW-RR 1993, 581) oder den „Altersheimen der Stadt" bei drei vorhandenen (BayObLG FamRZ 1990, 1275).

In der Literatur wird teilweise ein etwas weiterer Ermessensspielraum befürwortet (Soergel/Damrau, § 2065 Rn. 4 ff.). Weirich (Erben und Vererben, Rn. 587) erscheint dies auch sinnvoll, soweit dem Dritten nicht die Ersetzung eines fehlenden Erblasserwillens, sondern dessen Konkretisierung übertragen ist. Solange aber diese Auffassung nicht in der Rechtsprechung ausdrücklich Anerkennung gefunden habe, sei Vorsicht geboten.

– Zulässig ist es auch, wenn der Erblasser in einem seiner Meinung nach vollständigen Testament für den Fall von Streitigkeiten über die Gültigkeit, Anfechtung oder Auslegung des Testaments die Entscheidung einem **Schiedrichter** oder **Testamentsvollstrecker** überträgt, weil der Schiedsrichter an die Stelle eines ordentlichen Richters tritt (RGZ 100, 76, 78). Auch Entscheidungen durch das Los sind zulässig.

– Nach §§ 2074, 275 BGB ist zulässig eine **Bedingung,** deren Eintritt vom Willen des Bedachten abhängt. Beispiel: In einem „Berliner Testament" werden die Kinder unter der Bedingung als Schlußerben eingesetzt, daß sie beim ersten Erbfall keinen Pflichtteilsanspruch geltend machen.

– **Nacherben** können unter der aufschiebenden Bedingung eingesetzt werden, daß der Vorerbe nicht letztwillig anders über den Nachlaß verfügt (BGH NJW 1972, 1987 = DNotZ 1973, 105).

– Der Erblasser kann nach §§ 2151, 2152 BGB mehrere mit einem **Vermächtnis** in der Weise bedenken, daß der Beschwerte oder ein Dritter zu bestimmen hat, wer von den mehreren das Vermächtnis erhalten soll. Derartige Bestimmungen kommen insbesondere bei der Unternehmensnachfolge in Betracht. Der Kreis der Bedachten muß bestimmbar sein (RGZ 96, 15) (z. B.: Testamentsvollstrecker, Präsident des Landgerichts oder der IHK, überlebender Ehegatte).

– Bei einem **Zweckvermächtnis** gem. § 2156 BGB kann der Erblasser anordnen, daß die Bestimmung der Leistung dem billigen Ermessen des Beschwerten oder eines Dritten überlassen bleibt. Die Zweckbestimmung (Studium, Reise, Verschaffung der Stellung eines Gesellschafters BGH NJW 1984, 2570, Ersatz für den entgangenen Erbteil BGH NJW 1983, 277) muß von dem Erblasser selbst getroffen werden. Der Bestimmungsberechtigte kann dann den Gegenstand, die Bedingungen der Leistung und deren Zeit festlegen, jedoch nicht die Person des Empfängers, soweit nicht zugleich ein Fall der §§ 2151, 2152 BGB vorliegt.

– § 2048 BGB läßt zu, daß der Erblasser bei **Teilungsanordnungen** bestimmen kann, daß die Auseinandersetzung nach billigem Ermessen eines Dritten zu erfolgen hat.

– Der Erblasser kann gem. § 2193 Abs. 1 BGB dem Erben oder Vermächtnisnehmer mit einer **Auflage beschweren** und die Bestimmung der begünstigten Person dem Beschwerten oder einem Dritten überlassen. Zweck und Umfang der Leistung muß er jedoch selbst bestimmen (RGZ 96, 15, 19). (**Beispiel**: „Mein Erbe soll 50 000 Euro aus meinem Nachlaß an die Bedürftigen meines Wohnortes verteilen. Die Auswahl der Empfänger soll das Sozialamt der Stadt treffen.")

– Nach § 2198 BGB kann der Erblasser die Bestimmung der Person des **Testamentsvollstreckers** einem Dritten überlassen (z. B. dem LG-Präsidenten nach OLG Hamm DNotZ 1965, 487, dem Erben selbst nach RGZ 92, 68, dem Nachlaßgericht nach § 2200 BGB). Voraussetzung ist, daß der Erblasser überhaupt Testamentsvollstreckung angeordnet hat, wobei ggf. wohlwollende Auslegung nach § 2084 BGB helfen kann.

Bestimmungsvermächtnis

→ *Vermächtnis*

Beteiligung an einer Personengesellschaft

→ *Personengesellschaften*

Betreuung

1. Überblick

Das Ende der Vormundschaft über Volljährige und die Gebrechlichkeitspflegschaft endeten mit Inkrafttreten des

Betreuungsgesetzes am 1. 1. 1992 und des Betreuungsrechtsänderungsgesetzes am 1. 1. 1999. Für Menschen, die aufgrund
einer psychischen Krankheit oder Behinderung oder aufgrund
Altersverwirrtheit nicht mehr über ihre persönlichen und
finanziellen Angelegenheiten entscheiden können, gibt es
nunmehr das Rechtsinstitut der „Betreuung" für Volljährige,
§§ 1896 ff. BGB. Die Bestellung des Betreuers erfolgt durch das
Vormundschaftsgericht auf Antrag des Betroffenen oder von
Amts wegen aufgrund sonstiger Kenntniserlangung. Hierbei
ist das Gericht über jeden – unverbindlichen – Vorschlag, wer
als Betreuer eingesetzt werden soll, dankbar.

2. Betreuungsverfügung

Schlägt der Volljährige eine Person vor, die zum Betreuer
bestellt werden soll, so ist dem Vorschlag zu entsprechen,
wenn es dem Wohl des Volljährigen nicht zuwiderläuft, § 1897
Abs. 4 Satz 1 BGB. Dem Gericht steht kein Auswahlermessen
zu (Staudinger/Bienwald, § 1897 BGB Rn. 28). Mit der Betreuungsverfügung nimmt der Betroffene selbst Einfluß auf die
Auswahl des Betreuers und die Führung der Betreuung.

Er kann damit jedoch nicht eine Betreuerbestellung überflüs-
sig machen. Durch die Betreuungsverfügung wird die Auswahl
durch das Vormundschaftsgericht nach § 1779 Abs. 2 BGB
durch den ausgesprochenen Willen des Betroffenen ersetzt.

Wer ein **Schriftstück** besitzt, in dem jemand für den Fall seiner
Betreuung Vorschläge zur Auswahl des Betreuers oder Wünsche zur Wahrnehmung der Betreuung äußert, hat dieses
unverzüglich an das **Vormundschaftsgericht abzuliefern,** nachdem er von der Einleitung eines Verfahrens über die Bestellung
eines Betreuers Kenntnis erlangt hat, § 1901 a BGB (Rudolf/
Bittler, § 3 Rn. 13).

Entscheidend ist, daß die Betreuungsverfügung ggf. auch
gefunden wird. Damit der Betroffene nicht der Unwägbarkeit
der Auffindbarkeit der Betreuungsverfügung unterliegt, sollte
diese beim Vormundschaftsgericht hinterlegt werden. Die
Betreuungsverfügung kann direkt zur Niederschrift beim Vormundschaftsgericht erklärt werden und bietet in dieser Art
den größten Schutz sowie die bestmögliche Sicherheit für den
Verfügenden, daß ggf. sein Wille tatsächlich umgesetzt wird
(zur mutmaßlichen Einwilligung des Betroffenen OLG Frank-

furt NJW 1998, 2747 f.; zur Notwendigkeit vormundschaftsge-
richtlicher Genehmigung bei Einwilligungsunfähigkeit siehe
BGH NJW 1995, 204; Coeppicus, Behandlungsabbruch, mut-
maßlicher Wille und Betreuungsrecht, NJW 1998, 3381, 3387).

Das zum 1. 1. 1999 in Kraft getretene Betreuungsrechtsände-
rungsgesetz will eine weitere Stärkung der ehrenamtlichen
Betreuung, eine Eingrenzung und leichtere Ermittlung der
Berufsbetreuervergütung, die Forderung der Vorsorgevollmacht sowie vereinzelte Verfahrenserleichterungen erreichen
(Dodegge, Das Betreuungsrechts-Änderungsgesetz, NJW 1998,
3073 ff.).

Nach dem Betreuungsrecht sind auch Personen, für die eine
Betreuung bestellt ist, grundsätzlich **testierfähig,** es sei denn,
daß eine Bewußtseinsstörung vorliegt (krankhafte Störung der
Geistestätigkeit, Geistesschwäche, Bewußtseinsstörung; Trun-
kenheit ist im Gesetz zwar nicht ausdrücklich erwähnt, dürfte
aber ggf. als vorübergehende Bewußtseinsstörung anzusehen
sein.). Die Frage der Testierfähigkeit hängt ausschließlich
davon ab, ob der Betreute bei der Errichtung der Verfügung oder
ihrem Widerruf geschäftsfähig war. Eine Mitwirkung des
Betreuers kommt nicht in Betracht.

Bei der Frage der Testierfähigkeit ist auf den Zeitpunkt der
Errichtung der letztwilligen Verfügung abzustellen. Deren
Gültigkeit wird durch den nachträglichen Verlust der Testier-
fähigkeit nicht berührt. Falls nur eine vorübergehende
Bewußtseinsstörung vorliegt, ist entscheidend die geistige
Verfassung des Erblassers zum Zeitpunkt der Errichtung der
letztwilligen Verfügung.

Die Betreuungsverfügung ist an keine Formvorschrift gebun-
den. Im Hinblick auf § 1901 a BGB ist aus Beweisgründen die
Einhaltung der schriftlichen Form aber zweckmäßig (Rudolf/
Bittler, § 3 Rn. 8).

Das von einem entmündigten Erblasser vor dem 1. 1. 1992
errichtete Testament ist und bleibt auch nach dem 1. 1. 1992
unwirksam.

Gemäß § 1903 BGB kann das Vormundschaftsgericht anordnen, soweit es zur Abwendung einer erheblichen Gefahr für
die Person oder das Vermögen des Betreuten erforderlich ist,
daß der Betreute zu einer Willenserklärung, die den Aufgaben-

kreis des Betreuers betrifft, dessen Einwilligung bedarf, sog. **„Einwilligungsvorbehalt".** Ein **Einwilligungsvorbehalt** kann sich jedoch gem. § 1903 Abs. 2 BGB nicht auf Verfügungen von Todes wegen, die der Betreute errichten will, beziehen. Hier ist nach § 2229 Abs. 4 BGB allein entscheidend, ob der Betreute wegen eines dort genannten Zustandes nicht in der Lage ist, die Bedeutung einer von ihm abgegebenen Willenserklärung einzusehen. Liegen keine begründeten Zweifel an der Geschäftsfähigkeit des Betreuten vor, ist er in seinen Verfügungen von Todes wegen frei und bedarf nicht der Mitwirkung seines Betreuers (Jürgens, Betreuungssrecht, § 1903 BGB Rn. 11).

Literaturhinweis:

Sonnenfeld, Bericht über die Rechtsprechung zum Betreuungsrecht seit Inkrafttreten des Betreuungsrechtsänderungsgesetzes, FamRZ 2002, 429.

Beurkundung

→ *Notarielle Beurkundung*

Beweislastumkehr bei Inventarerrichtung

→ *Inventarerrichtung*

Bindungswirkung bei einem Gemeinschaftlichen Testament

→ *Gemeinschaftliches Testament*

Bindungswirkung beim Erbvertrag

1. Vertragsmäßige Verfügungen

Ein Erbvertrag liegt nur vor, wenn er mindestens eine vertragsmäßige, d. h. bindende Verfügung beinhaltet. Ob daneben weitere vertragsmäßige oder nur einseitige Verfügungen getroffen sind, ist unerheblich. Sind in der Urkunde keine entsprechenden Anhaltspunkte gegeben, muß die Zuordnung im Wege der Auslegung erfolgen, §§ 133, 157 BGB. Haben die am Vertrag beteiligten Personen sich gegenseitig Zuwendungen gemacht, so sind diese in der Regel vertragsmäßig, wenn nichts Abweichendes zum Ausdruck gebracht wird (BGH NJW 1958, 498; NJW 1962, 343).

Der Grundsatz der Vertragsfreiheit ermöglicht es, daß einer oder beide Vertragspartner sich vorbehalten, abweichende Verfügungen von Todes wegen treffen zu können, z. B. die Erbquoten zu ändern, Nacherben zu ernennen, einen Testamentsvollstrecker zu ernennen oder Vermächtnisse und Auflagen anzuordnen.

Diese Überlegungen zeigen, daß es in Erbverträgen notwendig ist, klarzustellen, welche Verfügungen vertraglich bindenden Charakter haben sollen und welche einseitig abgeändert werden dürfen. Ansonsten kann es bei später errichteten Testamenten oder mit anderen Personen geschlossenen Erbverträgen eines Beteiligten zu großer Rechtsunsicherheit kommen.

2. Änderungsvorbehalt

Änderungsvorbehalte setzen Bindung voraus. Mit ihnen kann eine bindende Regelung partiell geändert werden (Hülsmeier, NJW 1986, 3115). Ein Totalvorbehalt ist bei einem Erbvertrag nicht statthaft, da der Erbvertrag damit seinem Wesen entgleiten würde. Er muß mindestens eine bindende Verfügung enthalten (BGHZ 26, 204, 208; OLG Stuttgart DNotZ 1986, 551). Ein Änderungsvorbehalt, nachdem jeder Erblasser jederzeit beliebige Änderungen verfügen kann, wird dahin gehend auszulegen sein, daß die fragliche Regelung gar nicht bindend – also nicht vertragsmäßig – getroffen sein soll.

Folgende Gestaltungen haben insbesondere in der Praxis größere Bedeutung (Nieder, Handbuch der Testamentsgestaltung, Rn. 400, 638 ff.; Mayer, DNotZ 1990, 774 ff.):

a) Inhaltliche Änderungen

Ein Änderungsvorbehalt kann z. B. dahin gehen, daß der länger Lebende

– im Rahmen einer bestimmten Quote des Nachlasses frei verfügen kann (die Bindungswirkung beschränkt sich dann auf den Rest),

– den Schlußerben mit Vermächtnissen (in beliebigem Umfang oder über sämtliche Nachlaßgegenstände mit Ausnahme z. B. des Familienheims) belasten kann (OLG Düsseldorf OLGZ 1966, 68),

– die Schlußerbeneinsetzung mit der Maßgabe beliebig ändern kann, daß die Berufung einer bestimmten Person als Schlußerbe ausgeschlossen ist (BGH WM 1986, 1222; a.A. MK/Musielak, § 278 Rn. 19),

– zur Anordnung einer Testamentsvollstreckung berechtigt ist.

b) Zeitliche Beschränkungen

Die Bindungswirkung kann zeitlich beschränkt werden, etwa dahin gehend, daß ein Ehepartner erst nach dem Tod des anderen abweichend verfügen kann. Zu Lebzeiten beider Ehegatten können Änderungen dann nur durch gemeinsame Verfügung von Todes wegen getroffen werden.

c) Eintritt bestimmter Bedingungen

Änderungen können auch bezüglich sämtlicher bindender Bestimmungen für den Fall des Eintritts bestimmter Bedingungen zugelassen werden (MK/Musielak, § 2278 Rn. 19 c), etwa

– wenn ein Kind nach dem Tod des Erstversterbenden sein Pflichtteilsrecht geltend macht,

– wenn in der Person eines Kindes Gründe eintreten, die die Entziehung des Pflichtteils rechtfertigen,

– wenn der länger Lebende pflegebedürftig wird,

– wenn der länger Lebende sich wieder verheiratet (Langenfeld, Das Ehegattentestament, Rn. 233; OLG Hamm Mitt-BayNot 1994, 546).

3. Erbvertragliche Bindung und rechtsgeschäftliche Verfügungsfreiheit

a) Verfügungsgeschäfte unter Lebenden

Der Abschluß eines Erbvertrages hindert den Erblasser nicht, über sein Vermögen durch Rechtsgeschäft unter Lebenden zu verfügen, § 2286 BGB. Zu Lebzeiten kann der Erblasser deshalb sein Vermögen verkaufen, verschenken, verbrauchen oder verprassen. Der Bundesgerichtshof (NJW 1973, 240) hat in Abkehr zu der sog. „Aushöhlungsnichtigkeit" (BGH NJW 1973, 240 m. w. N.) entschieden, daß die Übertragung von Vermögensgegenständen durch einen erbvertraglich gebundenen Erblasser an Dritte nicht deshalb nichtig ist, weil dadurch dem Vertragserben das erwartete Erbgut entzogen wird. Nichtigkeit nach § 138 BGB wird nur dann angenommen, wenn beide Parteien des Schenkungsvertrages in anstößiger Weise zusammenwirken, um die in einem Erbvertrag übernommene Bindung im Ergebnis wirkungslos zu machen (BGH NJW 1973, 240; BGH NJW 1973, 1645; BGH NJW 1976, 749; BGH NJW 1980, 2307; BGH NJW 1982, 1100; BGH NJW 1985, 121; Finger, Ende der Aushöhlungsnichtigkeit, FamRZ 1975, 251). Der gleiche Maßstab wird für Gemeinschaftliche Testamente angenommen, § 2272 Abs. 1 Satz 2 BGB.

Inwieweit der vertragliche Schlußerbe oder Vermächtnisnehmer Ansprüche aus lebzeitigen Verfügungen geltend machen kann, richtet sich nach den §§ 2287, 2288 BGB (→ *Beeinträchtigung der Stellung des Vertragserben und des Schlußerben*).

b) Rechtsgeschäfte unter Lebenden auf den Tod

Besonders bei unentgeltlichen Rechtsgeschäften besteht oft der Wunsch, einerseits die Rechtsfolgen erst nach dem Tod des Veräußerers wirksam werden zu lassen, andererseits aber dem Bedachten bereits zu Lebzeiten des Veräußerers eine mehr oder weniger unentziehbare Rechtsposition zu verschaffen. Dieser Wunsch kann weitgehend durch sog. „Rechtsgeschäfte unter Lebenden auf den Tod" erfüllt werden, die wie reine Rechtsgeschäfte unter Lebenden bereits zu Lebzeiten des Veräußerers im gewünschten Umfang Rechte und Pflichten begründen, ihre volle Wirksamkeit aber erst nach dem Tod des Verpflichteten entfalten.

Die gebräuchlichsten und von der Rechtsprechung anerkannten unentgeltlichen Rechtsgeschäfte unter Lebenden auf den Tod sind:

→ *Schenkung,*

– Vertrag zugunsten Dritter auf den Tod,

→ *Rechtsgeschäfte unter Lebenden auf den Todesfall.*

c) Schenkungen im Wege vorweggenommener Erbfolge

Wie bereits oben ausgeführt, kann der Erblasser zu Lebzeiten frei über sein Vermögen verfügen trotz erbvertraglicher Bindung. Hierzu zählen auch Verfügungen im Wege der vorweggenommenen Erbfolge. Der Vertragserbe wird jedoch geschützt durch § 2287 Abs. 1 BGB (→ *Beeinträchtigung der Stellung des Vertragserben und des Schlußerben*). Der BGH (NJW 1982, 43 ff.) hat entschieden, daß der Erblasser, der seine beiden Söhne zu gleichen Teilen im bindend gewordenen Gemeinschaftlichen Testament zu Erben eingesetzt hat, auch dann nicht gegen seine erbrechtlichen Bindungen verstößt, wenn er die Hälfte seines Vermögens bei Lebzeiten auf den einen Sohn überträgt und den anderen wegen seines Anteils auf den Nachlaß verweist, bei der Zuwendung aber durch Ausgleichsanordnungen zugleich sicherstellt, daß der letztere nicht zu kurz kommt.

4. Beseitigung der Bindungswirkung

Zur Beseitigung der Bindungswirkung bestehen folgende Möglichkeiten:

– Aufhebung durch die Vertragsparteien, Aufhebungsvertrag (→ *Aufhebung von Erbverträgen*).

– Gemeinschaftliches Aufhebungstestament: Während der Aufhebungsvertrag nur vor einem Notar geschlossen werden muß, §§ 2290 Abs. 4, 2276 BGB, kann das Gemeinschaftliche Ehegatten-Testament auch als eigenhändiges, § 2267 BGB, oder als Nottestament errichtet werden. Hinsichtlich des Vertragspartners des Vertragserblassers gilt bei beschränkter Geschäftsfähigkeit das beim Aufhebungsvertrag Gesagte, §§ 2292, 2290 Abs. 3 BGB. Nach seinem Wortlaut ist § 2292 BGB nur anwendbar, wenn die Parteien bei Abschluß des Erbvertrags schon Eheleute waren. Entscheidend sollte jedoch darauf abgestellt werden, daß die Eheleute zum Zeitpunkt der Aufhebung miteinander verheiratet sind.

– Aufhebungstestament mit Zustimmung des Vertragspartners: Enthält der Erbvertrag eine vertragsmäßige Verfügung, die ein Vermächtnis oder eine Auflage anordnet, kann der Erblasser diese nach § 2291 BGB durch Testament aufheben. Die Aufhebung bedarf allerdings der Zustimmung des Vertragspartners, um dessen Interessenwahrung zu gewährleisten. Die Zustimmungserklärung muß notariell beurkundet werden. Sie wird mit dem Zugang beim Erblasser unwiderruflich, § 2291 Abs. 2 BGB. Bei beschränkter Geschäftsfähigkeit des Vertragspartners und bei Betreuung, wenn die Aufhebung vom Aufgabenkreis des Betreuers erfaßt wird, gilt das oben Gesagte zum Aufhebungsvertrag.

5. Rücktritt

Der Erblasser kann sich von der erbvertraglichen Bindung lösen, wenn ihm im Erbvertrag ein Rücktrittsrecht vorbehalten ist, § 2293 BGB, oder das Gesetz ihm ein solches Recht einräumt, §§ 2294 f. BGB (→ *Rücktrittsvorbehalt beim Erbvertrag*).

6. Anfechtung

Der Erbvertrag kann auch durch Anfechtung vernichtet werden, §§ 2241–2285 BGB. Insbesondere für den Erblasser kann mit Rücksicht auf die Bindungswirkung der vertragsmäßigen Verfügungen ein Interesse an der Vernichtung durch Anfechtung bestehen.

7. Besonderheiten bei Erbverträgen unter Ehegatten und Verlobten

Bei Abschluß eines Erbvertrages gehen die Parteien regelmäßig davon aus, daß das Verlöbnis oder die Ehe nicht vor dem Tod eines Partners aufgelöst bzw. beendet wird. § 2077 BGB regelt ausdrücklich, daß im Falle der Scheidung einer Ehe oder der Auflösung eines Verlöbnisses die vertragsmäßig getroffenen Verfügungen unwirksam werden (BayObLG NJW-RR 1997 und NJW 1996, 133).

Nach § 2077 Abs. 1 Satz 2 und 3 BGB ist eine letztwillige Verfügung auch dann unwirksam, wenn die Ehe als gescheitert anzusehen ist und der Erblasser die Scheidung beantragt oder ihr zugestimmt hat oder wenn die Aufhebung der Ehe berechtigt gewesen wäre und er Klage erhoben hatte. Erforderlich ist dafür die Rechtshängigkeit des Scheidungsantrages bzw. der Aufhebungsklage des Erblassers nach §§ 622 Abs. 2 Satz 2, 253 Abs. 1, 261 Abs. 1 ZPO bzw. die Zustimmung i. S. von § 1566 Abs. 1 BGB, § 630 Abs. 2 ZPO zum rechtshängigen Scheidungsantrag des überlebenden Ehegatten. Die Voraussetzungen für die Scheidung bzw. Aufhebung der Ehe sind vom Nachlaßgericht im Erbscheinsverfahren oder vom Prozeßgericht bei der Erbschaftsklage als Vorfrage nach §§ 1565 ff. BGB bzw. §§ 30–34 EheG zu prüfen.

Die Rechtsfolgen des § 2077 Abs. 1 Satz 2 und 3 BGB treten nur dann nicht ein, wenn die Verfügungen des Erblassers in Kenntnis des Scheiterns der Ehe getroffen worden sind oder anzunehmen ist, daß sie auch für diesen Fall gelten sollen. Es ist ratsam, insofern einen Hinweis in die letztwillige Verfügung aufzunehmen.

Beispiel:

Im Falle der Scheidung unserer Ehe wird der heutige Erbvertrag seinem gesamten Inhalt nach unwirksam. Das gleiche gilt für den Fall, daß beim Erbfall die Voraussetzungen für die Scheidung vorlagen und der Erblasser die Scheidung beantragt oder ihr zugestimmt hat.

Blinde

→ *Testierfähigkeit*

Bodenrichtwert

Im Rahmen von Übergabeverträgen im Wege vorweggenommener Erbfolge und bei Kaufverträgen, gleichgültig ob Vertragsgegenstand ein unbebautes oder bebautes Grundstück ist, hat der Notar den Wert des Grund und Bodens der Wertberechnung seiner Urkunde zugrunde zu legen. Hierbei bedient er sich der Boden-Richtwerte, § 196 BauGB i.V.m. der Durchführungsverordnung zum BauGB. Die Bodenrichtwerte werden von den **Gutachterausschüssen der Stadtkreise und Landkreise** festgesetzt für

– Wohnbauflächen (baureifes Land),

– Gewerbliche Bauflächen (baureifes Land),

– Ackerland,

– Grünland.

Die so ermittelten Werte werden von den jeweiligen Städten und Gemeinden aufgrund der Verordnung zur Durchführung des Baugesetzbuches (für Hessen vom 21. 2. 1990 – GVBl I S. 49) ortsüblich bekanntgemacht.

Die steuerrechtliche Grundstücksbewertung für inländischen Grundbesitz ist in Artikel 1 des Jahressteuergesetzes 1997 (BGBl I 1996, 2049) geregelt.

Der **Wert unbebauter Grundstücke** bemißt sich nach der Grundstücksfläche und dem um 20 % ermäßigten Bodenrichtwert, § 145 Abs. 3 BewG. Nach dieser Vorschrift sind die Bodenrichtwerte von den Gutachterausschüssen der Städte oder Landkreise nach § 196 BauGB zu ermitteln und den Finanzämtern mitzuteilen.

Der Bodenrichtwert ist für Finanzbehörden und Bürgern verbindlich. Weicht das Grundstück in bezug auf seine Lage, Beschaffenheit und rechtlich zulässige Ausnutzung vom Referenzgrundstück ab, muß dies bei der Wertfindung berücksichtigt werden. Dies gilt vor allem für Fälle, in denen das zu bewertende Grundstück von der des Bodenrichtwerts abweicht. Die vom Finanzamt angesetzten Werte sind unselbständige Feststellungsbestandteile, d. h. der steuerliche Bodenwert kann durch Einspruch gegen den Wertfeststellungsbescheid angefochten werden. Ein höherer Abschlag als 20 % rechtfertigt sich nur bei besonderen Umständen (Altlasten; besonders ungünstige Lage usw.).

Wenn der Steuerpflichtige nachweist, daß der gemeine Wert des unbebauten Grundstücks niedriger ist als der Wert nach § 145 Abs. 3 Satz 1 BewG, ist der gemeine Wert für die Festsetzung der Erbschaft- oder Schenkungsteuer maßgebend. Dies bedeutet, daß es durchaus lohnenswert sein kann, vergleichbare Grundstücke zu ermitteln. Haben deren Erwerber deutlich weniger gezahlt, als der Gutachterausschuß für das betreffende Grundstück feststellt, ist der Wert entsprechend zu reduzieren. Der Nachweis kann regelmäßig durch ein Gutachten eines vereidigten Bau- und Grundstückssachverständigen oder eines Gutachterausschusses erbracht werden.

Grundstücke, auf die die in § 145 Abs. 1 BewG genannten Merkmale nicht zutreffen, sind **bebaute Grundstücke** § 146 Abs. 1 BewG. Bei der Bedarfsbewertung wird im Gegensatz zur Einheitsbewertung, § 75 BewG, grundsätzlich nicht nach Grundstücksarten unterschieden. Der Wert eines bebauten Grundstücks ist das 12,5fache der für dieses im Durchschnitt der letzten drei Jahre vor dem Besteuerungszeitpunkt erzielten Jahresnettokaltmiete, § 146 Abs. 2 Satz 1 BewG, vermindert um die Wertminderung wegen des Alters des Gebäudes, § 146 Abs. 4 BewG. Jahresmiete ist das Gesamtentgelt, das der Mieter (Pächter) für die Nutzung des bebauten Grundstücks aufgrund vertraglicher Vereinbarungen für den Zeitraum von 12 Monaten zu zahlen haben, § 146 Abs. 2 Satz 2 BewG. Betriebskosten nach § 27 Abs. 1 der Zweiten Berechnungsverordnung sind nicht einzubeziehen, § 146 Abs. 2 Satz 3 1. Halbsatz BewG. Die Wertminderung wegen des Alters des Gebäudes (Alterswertminderung) beträgt für jedes Jahr, das seit Bezugsfertigkeit des Gebäudes bis zum Besteuerungszeitraum vollendet worden ist, 0,5 v. H., höchstens jedoch 25 v. H. des Wertes nach §§ 145 Abs. 2 und Abs. 3, 146 Abs. 4 Satz 1 BewG.

Für ein bebautes Grundstück, das ausschließlich Wohnzwekken dient und nicht mehr als zwei Wohnungen enthält, ist ein besonderer Zuschlag von 20 v. H. zu machen, § 146 Abs. 5 BewG.

Das vorgenannte Verfahren für die Bewertung bebauter Grundstücke gilt auch für Geschäfts- und andere Betriebsgrundstücke.

Im **Ausland** gelegene Grundstücke werden nach dem Verkehrswert umgerechnet in Deutsche Mark bewertet.

Brieftestament

→ *Testament*

Bürgermeister-Testament

→ *Nottestament*

Datierung des Testaments

1. Überblick
2. Beweisregel

3. Maßgebliches Datum
4. Unklares Datum

1. Überblick

Der Erblasser soll in dem privatschriftlichen Testament Ort und vollständiges Datum der Errichtung angeben, § 2247 Abs. 2 BGB. Sind sie angegeben, so wird bis zum Beweis des Gegenteils vermutet, daß die Angaben richtig sind. **Fehlen Orts- oder Zeitangabe** oder sind sie, was dem gleich steht, von Anfang an unleserlich gewesen, so ist nach § 2247 Abs. 5 BGB zweistufig zu prüfen. Zunächst ist zu fragen, ob sich aus dem Fehlen der Orts- oder Datumsangabe Zweifel an der Wirksamkeit des Testaments ergeben. Dies kann zum Beispiel bei fehlendem Datum der Fall sein, wenn mehrere sich widersprechende Testamente vorliegen oder wenn der Erblasser während eines bestimmten Zeitraums nicht testierfähig gewesen ist. Ergeben sich solche Zweifel nicht, so ist das Testament wirksam. Bestehen hingehen derartige Zweifel, so ist weiter zu fragen, ob sich die notwendigen Feststellungen über Ort bzw. Zeitpunkt der Errichtung des Testaments anderweitig treffen lassen, etwa durch andere Schriftstücke, Zeugen, aber auch durch Schlußfolgerungen aus bekannten Lebensumständen des Erblassers.

Nur die **notwendigen Feststellungen** müssen sich treffen lassen, also diejenigen, die nötig sind, um die aus den fehlenden Angaben herrührenden Zweifel an der Wirksamkeit des Testaments auszuräumen. Es braucht also zum Beispiel lediglich festzustehen, daß das undatierte Testament später errichtet worden ist als ein anderes datiertes oder früher errichtet worden ist, als der geistige Abbau des Erblassers begonnen hat. Der genaue Zeitpunkt muß dann nicht festgestellt werden. Läßt sich ausreichendes feststellen, so ist das Testament wirksam. Nur wenn sich die durch die fehlenden Angaben begründeten Zweifel an der Wirksamkeit nicht endgültig ausräumen lassen, ist die Testamentsform nichtig gemäß § 2247 Abs. 2, Abs. 5 i.V.m. § 125 Satz 1 BGB.

2. Beweisregel

Der Sache nach enthält § 2247 Abs. 5 BGB eine Beweisregel. Während grundsätzlich, um die Unwirksamkeit eines Testaments feststellen zu können, die Errichtung während bestehender Testierunfähigkeit oder der Widerruf durch ein späteres Testament feststehen müssen, führen hier schon unbehebbare Zweifel zur Unwirksamkeit, wenn sie auf der fehlenden Orts- und Zeitangabe beruhen.

Wer in einem Rechtsstreit aus einem Testament Rechte herleitet, muß dessen **Echtheit,** also Eigenhändigkeit, beweisen. Wer sich auf die Unwirksamkeit beruft, hat die Umstände nachzuweisen, aus denen er die Unwirksamkeit herleitet. Es ist davon auszugehen, daß ein Testament, das formgerecht, also eigenhändig mit Orts- und Zeitangabe errichtet ist, echt ist. Die Orts- und Zeitangabe stellt keine Willenserklärung dar, sondern lediglich ein Zeugnis, das zu den Formerfordernissen gehört. Auch diese ist im Bestreitensfall nachzuweisen, auch wenn die Echtheit der Unterschrift feststeht (BGHZ 53, 369, 379; RGZ 101, 197; OLG Hamm DNotZ 1950, 43; OLG Neustadt DNotZ 1962, 414; OLG Celle MDR 1962, 410; MK/Burkart, § 2247 Rn. 53).

3. Maßgebliches Datum

Maßgebliches Datum ist der Zeitpunkt des Abschlusses des Testaments.

Der Erblasser soll in seiner Erklärung angeben, zu welcher Zeit (Tag, Monat, Jahr) er sie niedergeschrieben hat. Enthält ein eigenhändiges Testament keine Angabe über die Zeit der

Errichtung und ergeben sich hieraus Zweifel über seine Gültigkeit, so ist das Testament nur dann als gültig anzusehen, wenn sich die notwendigen Feststellungen über Zeit und Ort der Errichtung anderweitig treffen lassen, § 2247 Abs. 5 BGB.

Der Erblasser kann ein von ihm **früher errichtetes Testament** benutzen und durch eigenhändige Ergänzung mit Zeit und Ortsangabe so vollenden, daß es sein nunmehr gewolltes Testament darstellt (RGZ 111, 247; RGZ 115, 111). Dabei ist es unerheblich, daß zur Zeit der Errichtung des früheren Testaments die Testierfähigkeit gefehlt hat. Ist das Hindernis im Zeitpunkt des Abschlusses beseitigt, ist an der Gültigkeit der Gesamturkunde nicht zu zweifeln (RGZ 111, 247; RGZ 115, 111; RGRK/Kregel, § 2247 Rn. 25, 26; Staudinger/Firsching, § 2247 Rn. 29).

Zur Ermittlung des tatsächlichen Zeitpunkts der Errichtung können auch **Umstände außerhalb der Urkunde** herangezogen werden. Eigenhändige Orts- und Zeitangabe hat die Vermutung der Richtigkeit für sich.

Das Datum muß nicht unterschrieben werden, jedoch mit der unterschriebenen letztwilligen Verfügung in einem räumlichen Zusammenhang gebracht sein, so daß seine Bedeutung als Datum der unterschriebenen Erklärung ersichtlich ist. Es ist nichts einzuwenden, wenn der Zeitpunkt mit Schreibmaschine, mit Datumstempel angebracht oder ein Vordruck benutzt ist.

Das Testament ist nicht deshalb unwirksam, weil die Zeitangabe **unleserlich** geworden ist. Schwer lesbare Schriften können durch Zuziehung eines Schriftsachverständigen geklärt werden (Staudinger/Firsching, § 2247 Rn. 85, 38 mit weiteren Nachweisen). Beim Gemeinschaftlichen Testament kann die Zeitangabe des anderen Ehegatten mit verwendet werden.

Irrtum über das Datum schadet nicht, sofern sich das richtige Datum aus dem sonstigen Inhalt der Urkunde unter Verwendung offen kundiger Tatsachen ermitteln läßt. Entstehen Zweifel an der Gültigkeit, weil die Zeitangabe überhaupt fehlt, lassen sie sich anderweitig auch durch außerhalb der Urkunde liegenden Umstände und Beweismittel nicht beheben, ist das Testament ungültig (OLG Braunschweig OLGE 35, 375; LG Koblenz DNotZ 1970, 426). Es genügt, als Zeitangabe etwa „Weihnachten 1999" oder andere Ereignisse anzugeben. Ist das Datum erst später eingefügt, ist dieses als Zeitpunkt der Errichtung der letztwilligen Verfügung anzusehen.

4. Unklares Datum

Bei einander **widersprechenden Testamenten,** von denen nur ein Testament mit Datum versehen ist, hat dieses den Vorrang vor dem undatierten, wenn der Zeitpunkt der Errichtung nicht nachweisbar ist (RGZ 115, 111; Staudinger/Firsching, § 2247 Rn. 84, 85; BayObLG Rpfleger 1979, 123).

Doppeldatum ist dahin zu verstehen, daß ein Testament an einem früheren Zeitpunkt begonnen und an einem späteren Tag vollendet wurde. Das Testament mit dem früheren Datum ist als Entwurf zu behandeln, erst das neue Datum macht es zu einer gültigen letztwilligen Verfügung. Es ist belanglos, ob der Erblasser über Mitternacht hinaus schreibt und dabei als Tag die Errichtung des abgelaufenen Tages bezeichnet (RGZ 136, 125; OLG München DNotZ 1937, 817; RGRK/Kregel, § 2247 Rn. 28).

Dienstleistungen

→ *Auseinandersetzung der Erbengemeinschaft*

Dolo-Facit-Einrede

→ *Dürftigkeitseinrede*

Dreimonatseinrede

1. Überblick

Der Erbe soll nach dem Erbfall Zeit zur Unterrichtung über den Umfang des Nachlasses haben. § 1958 BGB gewährt ihm insofern eine Schonfrist. Nach dieser Vorschrift kann gegen den Erben vor Annahme der Erbschaft eine Nachlaßschuld nicht gerichtlich geltend gemacht werden. § 2014 BGB räumt ihm sogar nach Annahme der Erbschaft noch eine dreimonatige Frist ein, während der er die Befriedigung von Nachlaßgläubigern verweigern kann. Falls jedoch bereits zu Lebzeiten des Erblassers ein Gläubiger die Zwangsvollstreckung betrieben hat, greifen die Sonderregelungen der §§ 779 Abs. 1, 782 ZPO. Danach kann der Erbe verlangen, daß sich die Zwangsvollstreckung lediglich auf bloße Arrestmaßnahmen nach §§ 930–932 ZPO beschränkt. § 778 ZPO verhindert eine Vollstreckung der Gläubiger in das Eigenvermögen des Erben.

Die Dreimonatseinrede steht auch dem Nachlaßpfleger, dem Nachlaßverwalter, dem verwaltenden Testamentsvollstrecker und dem gesamtgutsverwaltenden Ehegatten bei der Gütergemeinschaft zu.

Voraussetzung für die Dreimonatseinrede ist, daß der Erbe nicht bereits unbeschränkt haftet nach § 2016 Abs. 1 BGB.

Aus der Natur der Sache ergibt sich, daß die Dreimonatseinrede **nicht anwendbar** ist auf

- Unterhaltsverpflichtungen nach §§ 1963, 1969 BGB,
- auf die den Erben als solchen treffenden Anzeige- und Notbesorgungspflichten nach §§ 673, 727, 894, 2218 BGB und 137 HGB auf Vorlegungspflichten des Erben nach §§ 809 bis 811 BGB,
- Gebrauchsgewährungspflichten nach Übergabe der Miet- oder Pachtsache durch den Erblasser (MK/Siegmann, § 2014 BGB Rn. 3; Staudinger/Lehmann, § 2014 Rn. 1; Bartholomeyczik/Schlüter, Erbrecht, § 2014 Rn. 4.

2. Fristbeginn

Die Frist des § 2014 BGB beginnt mit der Annahme der Erbschaft, also spätestens nach Ablauf der Ausschlagungsfrist, §§ 1943, 1944 BGB, und endet mit Ablauf von 3 Monaten. Die Frist kann auch schon vorher enden, nämlich mit Errichtung der Inventarliste, da der Erbe genügend Überblick über die Erbschaftsverhältnisse und Nachlaßschulden erhalten haben wird.

3. Wirkung der Einrede

Die Wirkung der Einrede ist im BGB nicht weiter geregelt. Ob die Einrede nur prozessuale oder auch vollstreckungsrechtliche Wirkungen habe, ist strittig. Eine materiell-rechtliche Wirkung der aufschiebenden Einreden wird überwiegend verneint (RGZ 79, 201, 204 ff.; Lange/Kuchinke, § 48 III 2; MK/Siegmann, § 2014 BGB Rn. 5). Nach diesen Meinungen kann der Erbe trotz der Einrede in Schuldnerverzug kommen. Aus dem Wortlaut und der Entstehungsgeschichte der §§ 2014 f. BGB schließt eine andere Meinung (Kipp/Coing, § 100 IV, 1; Staudinger/Marotzke, § 2014 BGB Rn. 8; RGRK/Johannsen, § 2014 BGB Rn. 6 f.), daß die Einrede auch materiell-rechtliche Bedeutung haben soll (der Erbe solle durch die Weigerung nicht in Verzug kommen).

Durch diese prozessuale Ausgestaltung wird klargestellt, daß der endgültige Erbe anders als der vorläufige nach § 1958 BGB aufgrund der Einrede keine Abweisung der Klage, sondern nur eine Verurteilung unter dem Vorbehalt der beschränkten Haftung erreichen kann. Die Erhebung der Einrede führt mithin nur zur Aufnahme des allgemeinen Beschränkungsvorbehalts nach § 780 ZPO. Erst aufgrund dieses Vorbehalts kann der Erbe bei Zwangsvollstreckungen in den Nachlaß oder eigenes Vermögen mit der Klage nach § 785 ZPO verlangen, daß die Zwangsvollstreckung für die Dauer der in § 2014 BGB bestimmten, im Urteil kalendermäßig festzulegenden Frist sich auf eine Sicherungsvollstreckung beschränkt, §§ 782, 930–932 ZPO (MK/Siegmann, § 2014 Rn. 4).

Dreißigster

Verbindlichkeiten, die sich durch den Erbfall ergeben, nennt man Erbfallschulden, § 1967 Abs. 2 BGB. Zu ihnen gehören u. a. gesetzliche Vermächtnisse. Ein gesetzliches Vermächtnis ist auch der Dreißigste.

Nach § 1969 Abs. 1 BGB ist der Erbe verpflichtet, Familienangehörigen, die zum Zeitpunkt des Todes des Erblassers zu dessen Hausstand gehörten oder von ihm Unterhalt bezogen haben, in den ersten 30 Tagen nach dessen Tod Unterhalt zu gewähren und die Benutzung der Wohnung und der Haushaltsgegenstände zu gestatten.

Zu den Familienangehörigen gehören unzweifelhaft Ehegatte, Verwandte und Verschwägerte, aber auch der Lebensgefährte des Erblassers, der zu ihm in einem eheähnlichen Verhältnis gelebt hat (OLG Düsseldorf NJW 1983, 1566; MK/Siegmann, § 1969 BGB Rn. 9; Soergel/Stein, § 1969 BGB Rn. 2; a.A. Steinert, NJW 1986, 686). Weiterhin sind Pflegekinder hinzuzurechnen.

Weitere Voraussetzung ist, daß die betreffenden Anspruchsberechtigten **Unterhalt bezogen** haben, ohne Rücksicht darauf, ob je eine Verpflichtung des Erblassers bestand. In der Regel ist ein nach Trennung in Scheidung lebender Ehegatte nicht anspruchsberechtigt (Palandt/Edenhofer, § 1969 Rn. 1; a. A. Soergel/Stein, § 1969 Rn. 2).

Die Regelung der Vermächtnisunwürdigkeit gilt auch für den Dreißigsten, §§ 1932 Abs. 2, 1969 Abs. 2, 2345 Abs. 1 BGB.

Durch letztwillige Verfügung kann der Erblasser den Dreißigsten erhöhen, verringern oder ausschließen. Vor Annahme der Erbschaft ist notfalls ein Pfleger zu bestellen, §§ 1958, 1960 Abs. 3 BGB.

Der Anspruch ist grundsätzlich nicht übertragbar und unpfändbar, §§ 399, 400 BGB, 850 b Abs. 1 Nr. 2, Abs. 2, 851 ZPO.

Dreizeugentestament

Im Falle einer **„Absperrung"** besteht die Wahlmöglichkeit zwischen dem Bürgermeister- und dem Dreizeugentestament. Unter Absperrung versteht man außerordentliche Umstände wie Hochwasser, Verschüttung, auch Absperrung in einem Haus oder an anderer Örtlichkeit.

Weitere Voraussetzung ist, daß sich der Erblasser in so **naher Todesgefahr** befindet, daß voraussichtlich auch die Errichtung eines Bürgermeistertestaments nicht möglich ist, § 2250 Abs. 2 BGB. Hierunter fällt zum Beispiel auch die Errichtung eines Testaments durch die Insassen eines Flugzeugs bei naher Todesgefahr.

Über die Errichtung muß eine **Niederschrift** aufgenommen werden, die zu verlesen und von dem Erblasser sowie von drei Zeugen zu unterschreiben ist, § 2250 Abs. 3 BGB.

Formverstöße sind nur dann unschädlich, wenn sie nur bei Abfassung der Niederschrift unterlaufen sind, also nicht mehr den Errichtungsakt als solchen betreffen (es fehlen Angaben von Tag, Ort oder Beteiligten; Zeugen haben die vom Erblasser unterschriebene Urkunde im Eingangsteil statt am Ende unterzeichnet – BayObLGE 90, 294 – oder gar nicht – KG NJW 1966, 1161). Stirbt der Erblasser nach Erklärung seines letzten Willens, bevor die Niederschrift vorgelesen oder genehmigt oder unterschrieben worden, ist, liegt kein wirksames Testament vor (OLG Hamm JMBl NRW 1962, 212; OLG Köln JMBl NRW 1974, 221; BayObLGE 79, 232).

Das Dreizeugentestament hat nur **beschränkte Gültigkeitsdauer.** Lebt der Erblasser drei Monate nach Testamentserrichtung noch, tritt das Nottestament außer Kraft § 2252 Abs. 1 BGB. Die Erleichterungen der Testamentserrichtung sollen nur der besonderen Situation Rechnung tragen, aber nicht, wenn diese folgenlos geblieben ist, den dann möglichen Gang zum Notar ersparen. Es könnten die in einer Notsituation getroffenen Anordnungen auf Motiven beruhen, die bei späterer ruhiger Betrachtung nicht mehr ausschlaggebend wären.

Drohung

→ *Anfechtung der Verfügungen von Todes wegen*

Dürftigkeit des Nachlasses

Bei dürftigem Nachlaß steht dem Erben die Unzulänglichkeitseinrede im engeren Sinne oder die Überschwerungseinrede zu. Haftet er allerdings bereits unbeschränkbar, kann er die Einrede nicht mit Erfolg erheben, § 2013 Abs. 1 Satz 1 BGB, weil er ohnehin auch mit seinem eigenen Vermögen haftet.

Die **Unzulänglichkeitseinrede** im engeren Sinne, § 1990 BGB, setzt voraus, daß die Anordnung der Nachlaßverwaltung oder die Eröffnung des Insolvenz-Verfahrens mangels einer der Kosten entsprechenden Masse nicht tunlich ist, § 1982 BGB, § 26 InsO, oder daß aus diesem Grunde die Nachlaßverwaltung aufgehoben bzw. das Insolvenzverfahren eingestellt worden ist, § 1988 Abs. 2 BGB, § 207 InsO.

Die Einrede ist also gegeben, wenn

– der Nachlaß dürftig ist, ohne überschuldet zu sein,

– der Nachlaß dürftig und überschuldet ist,

– kein Nachlaßgegenstand mehr vorhanden ist.

Für die Voraussetzungen des § 1990 BGB kommt es nicht auf den Zeitpunkt des Erbfalls, sondern auf den der Entscheidung über die Einrede an (= Dürftigkeitseinrede). Das ist der Zeitpunkt der letzten mündlichen Verhandlung in der letzten Tatsachen-Instanz (BGHZ 85, 274, 280 ff.). Selbst wenn also der Nachlaß erst nach dem Erbfall unzulänglich geworden ist, steht dem Erben die Einrede zu.

Die **Überschwerungseinrede**, § 1992 BGB ist schon dann gegeben, wenn die Überschuldung des Nachlasses auf Vermächtnissen und Auflagen beruht, ohne daß die Voraussetzungen des § 1990 BGB vorzuliegen brauchen. Ohne Vermächtnisse und Auflagen muß der Nachlaß zur Berichtigung von Nachlaßverbindlichkeiten ausreichen (Soergel/Stein, § 1992 Rn. 2; a.A. Kipp/Coing, § 99 V I; RGRK/Johannsen, § 1992 Rn. 2, die es für die Anwendung des § 1992 BGB genügen lassen, daß der Nachlaß auch ohne die Vermächtnisse von Auflagen verschuldet ist). Dieser letztgenannten Ansicht kann nicht gefolgt werden. In diesem Falle wäre der Erbe zum Insolvenzantrag verpflichtet, § 1980 Abs. 1 Satz 1 BGB. Ihm daneben noch den § 1992 BGB zur Verfügung zu stellen, ist kein Grund ersichtlich (Brox, Rn. 680).

Bei begründeter Überschwerungseinrede kann dem Erben im Urteil vorbehalten werden, die Vollstreckung in Nachlaßgegenstände durch Zahlung des Werts abzuwenden, § 1992 Satz 2 BGB.

Dürftigkeitseinrede

Der Erbe kann die Dürftigkeit des Nachlasses einredeweise geltend machen, § 1990 Abs. 1 BGB. Wird im Erkenntnisverfahren gegenüber dem Anspruch des Nachlaßgläubigers auf Zahlung vom Erben die Einrede erhoben, ergeben sich für das Prozeßgericht zwei Möglichkeiten:

– Das Gericht prüft nach, ob die Einrede begründet ist. Kommt es zum Ergebnis, daß der Nachlaß völlig erschöpft ist, weist es die Klage ab.

– Sind noch einzelne Nachlaßgegenstände vorhanden, kommt es bei entsprechendem Klageantrag zu einer Verurteilung des Erben, die Zwangsvollstreckung in die genannten Gegenstände zu dulden. Das Gericht kann aber auch den Erben nach Klageantrag verurteilen und ihm im Urteilstenor die beschränkte Erbenhaftung vorbehalten („Dem Beklagten wird die Beschränkung seiner Haftung auf den Nachlaß vorbehalten.").

In aller Regel wird von den Instanzgerichten auf diese Weise verfahren. Die Prüfung der Frage der Haftungsbeschränkung wird damit in das Zwangsvollstreckungsverfahren verlagert.

Der Erbe muß die Einrede bis zur letzten mündlichen Verhandlung in der letzten Tatsacheninstanz erhoben haben (Ausnahme BGHZ 17, 69).

Eheaufhebung

→ *Scheidung*

Eheauflösung

→ *Scheidung*

Ehebedingte Zuwendung

→ *Unbenannte Zuwendung*

Ehegattenerbrecht

1. Voraussetzungen
   a) Bestehen der Ehe
   b) Kein Erbrecht trotz Bestehens der Ehe
2. Umfang
   a) Ehegatte neben gesetzlichen Erben 1. Ordnung
   b) Ehegatte neben Erben der 2. Ordnung
   c) Ehegatte neben gesetzlichen Erben 3. Ordnung
   d) Ehegatte neben gesetzlichen Erben 4. Ordnung
   e) Ehegatte neben Erben fernerer Ordnungen
3. Einfluß des Güterrechts auf das Ehegattenerbrecht
4. Gesetzlicher Voraus des Ehegatten
5. Dreißigster

Das gesetzliche Erbrecht des überlebenden Ehegatten wird von zwei Faktoren bestimmt. Zum einen davon, ob Verwandte des Erblassers vorhanden sind und welcher Ordnung diese angehören. Der Ehegatte selbst zählt nicht zu den Verwandten, § 1589 BGB. Zum anderen spielt eine Rolle, in welchem Güterstand (→ *Ehevertrag*) die Ehegatten im Zeitpunkt des Erbfalls gelebt haben.

1. Voraussetzungen

a) Bestehen der Ehe

Im Zeitpunkt des Todes des Erblassers muß die Ehe bestanden haben.

Folgende Fälle sind zu unterscheiden:

- Bei einer **Nichtehe** (→ *Nichteheliche Lebensgemeinschaft*) ist der Überlebende nicht Ehegatte des Erblassers gewesen und deshalb auch nicht dessen gesetzlicher Erbe.

- Bei einer **nichtigen Ehe** (→ *Scheidung*) scheidet ein gesetzliches Ehegattenerbrecht aus, wenn ein rechtskräftiges Urteil vorliegt, welches die Nichtigkeit feststellt, §§ 16–26 EheG.

- Wurde die **Ehe** vor dem Tod des Erblassers rechtskräftig **aufgehoben**, §§ 28–37 EheG, so besteht zum Zeitpunkt des Todes keine Ehe mehr. Folge ist, daß das Ehegattenerbrecht entfällt.

- Im Falle **rechtskräftiger Scheidung** der Ehe vor dem Tod des Erblassers, § 1564 BGB, besteht beim Tod keine Ehe und damit auch kein Ehegattenerbrecht mehr.

b) Kein Erbrecht trotz Bestehens der Ehe

Nach § 1933 BGB erbt der Ehegatte nicht, wenn zur Zeit des Todes des Erblassers die Voraussetzungen für die Scheidung der Ehe gegeben waren und der Erblasser die Scheidung beantragt oder ihr zugestimmt hatte.

§ 1933 BGB setzt voraus, daß der Erblasser die Scheidung beantragt hat oder, falls der Ehegatte den Scheidungsantrag gestellt hat, der Scheidung zugestimmt hatte. Nach herrschender Meinung muß das Scheidungsbegehren rechtshängig, also der Scheidungsantrag dem anderen Ehegatten bereits zugestellt sein (BGHZ 111, 329 m.w.N.). Nach dem Wortlaut des § 1933 BGB müßte die Anhängigkeit des Scheidungsbegehrens ausreichen, der Antrag also lediglich bei Gericht eingegangen sein (so Brox, Rn. 56).

Weiterhin verlangt § 1933 BGB, daß zur Zeit des Todes des Erblassers die Voraussetzungen für die Ehescheidung gegeben waren, die sich aus §§ 1565–1568 BGB ergeben.

Vorstehende Ausführungen gelten auch für die Eheaufhebungsklage.

2. Umfang

Die Erbquote des überlebenden Ehegatten bestimmt sich zunächst danach, zu welcher Ordnung die erbenden Verwandten des Erblassers gehören. Zu unterscheiden ist wie folgt:

a) Ehegatte neben gesetzlichen Erben 1. Ordnung

Gesetzliche Erben 1. Ordnung sind die Abkömmlinge des Erblassers, § 1924 Abs. 1 BGB. Neben Abkömmlingen des Erblassers ist dessen überlebender Ehegatte zu $1/4$ gesetzlicher Erbe, § 1931 Abs. 1 Satz 1 BGB. Lebten die Eheleute im gesetzlichen Güterstand der Zugewinngemeinschaft, so erbt der überlebende Ehegatte nach § 1371 Abs. 1 BGB ein weiteres Viertel, insgesamt also die Hälfte des Nachlasses. Das ihm nach § 1371 BGB zustehende Viertel des Nachlasses stellt seinen Zugewinnausgleich dar, der im Falle der Auflösung der Ehe in dieser Weise pauschal und ohne Rücksicht darauf, ob tatsächlich überhaupt Zugewinn und in welcher Höhe entstanden ist, ermittelt wird (erbrechtliche Lösung).

$1/2$ des Nachlasses gehen also an die gesetzlichen Erben des Erblassers, wobei die Aufteilung nach § 1924 BGB erfolgt.

Beispiel:

Der Erblasser ist im gesetzlichen Güterstand der Zugewinngemeinschaft verheiratet und hinterläßt zwei Kinder. Dann erbt die Ehefrau $1/2$, die Kinder je $1/4$ des Nachlasses. Wären drei Kinder vorhanden, so würden diese je $1/6$ erben, während es bei dem $1/2$ des Nachlasses für die Ehefrau verbleibt. Sind ein Kind und anstelle eines vorverstorbenen Kindes zwei Enkel vorhanden, so erbt das Kind $1/4$, die Enkel je $1/8$.

Bei ehevertraglich vereinbarter Gütergemeinschaft s. unten 3.

b) Ehegatte neben Erben der 2. Ordnung

Gesetzliche Erben der 2. Ordnung sind die Eltern des Erblassers und deren Abkömmlinge, § 1925 Abs. 1 BGB.

Der gesetzliche Erbteil des Ehegatten beträgt neben Verwandten der 2. Ordnung $1/2$ des Nachlasses. Bei gesetzlichem Güterstand kommt das pauschale Viertel nach § 1371 BGB hinzu, so daß der Ehegatte letztendlich $3/4$ des Nachlasses erbt.

Beispiel:

Der kinderlos verstorbene Erblasser hinterläßt seine Frau. Seine Eltern sind vorverstorben. Es lebt noch eine Schwester von ihm. Bei gesetzlichem Güterstand erbt nunmehr der überlebende Ehegatte $3/4$, die Schwester des Erblassers $1/4$.

c) Ehegatte neben gesetzlichen Erben 3. Ordnung

Gesetzliche Erben der 3. Ordnung sind die Großeltern des Erblassers und deren Abkömmlinge.

Hier gilt das gleiche wie vorstehend unter b).

Das Erbrecht von Verwandten der 2. Ordnung oder Großeltern neben dem Ehegatten wird häufig als nicht sachgerecht angesehen. Kinderlosen Ehepaaren ist deshalb zu raten, ein Testament zu errichten, in dem sie sich gegenseitig zu Erben einsetzen.

d) Ehegatte neben gesetzlichen Erben 4. Ordnung

Gesetzliche Erben der 4. Ordnung sind die Urgroßeltern des Erblassers und deren Abkömmlinge, § 1928 Abs. 1 BGB.

Leben außer dem Ehegatten nur Verwandte der 4. Ordnung, erbt der überlebende Ehegatte allein, § 1931 Abs. 2 BGB.

e) Ehegatte neben Erben fernerer Ordnungen

Gesetzliche Erben der 5. Ordnung und der ferneren Ordnungen sind die entfernteren Voreltern des Erblassers und deren Abkömmlinge.

In diesem Falle erbt der überlebende Ehegatte allein, § 1931 Abs. 2 BGB.

3. Einfluß des Güterrechts auf das Ehegattenerbrecht

Der gesetzliche Güterstand der Zugewinngemeinschaft wurde bereits unter Ziffer 2. a) behandelt.

Im Falle der Gütergemeinschaft, §§ 1415 ff. BGB, ist nach den einzelnen Vermögensmassen zu unterscheiden:

– Der Anteil am Gesamtgut, das grundsätzlich das gesamte Vermögen beider Ehegatten umfaßt, § 1416 BGB, gehört zum Nachlaß des Erblassers, der nach den allgemeinen Vorschriften beerbt wird, § 1482 BGB. Haben die Eheleute durch Ehevertrag fortgesetzte Gütergemeinschaft, §§ 1483 ff. BGB, vereinbart, wird der Anteil des verstorbenen Ehegatten am Gesamtgut nicht vererbt. Vielmehr besteht die Gesamthand zwischen dem überlebenden Ehegatten und den gemeinschaftlichen erbberechtigten Abkömmlingen fort, § 1483 Abs. 1 BGB. Hinterläßt der verstorbene Ehegatte nicht gemeinschaftliche Abkömmlinge (z. B. Kinder aus einer früheren Ehe), bestimmen sich deren Erbteile so, wie wenn die fortgesetzte Gütergemeinschaft nicht eingetreten wäre, § 1483 Abs. 2 BGB.

– Die zum Sondergut (→ *Ehevertrag*) und zum Vorbehaltsgut (→ *Ehevertrag*) gehörenden Gegenstände werden nach den allgemeinen erbrechtlichen Vorschriften vererbt. Dies gilt auch im Fall der fortgesetzten Gütergemeinschaft, § 1483 Abs. 1 Satz 3, letzter HS BGB.

Im Fall der Gütertrennung (→ *Ehevertrag*), § 1414 BGB, erbt der überlebende Ehegatte zu $^1/_4$, $^1/_2$ oder $^1/_1$, je nachdem zu welcher Ordnung die Verwandten des Erblassers gehören, § 1931 Abs. 1, Abs. 2 BGB. Nach § 1931 Abs. 4 BGB erben jedoch der überlebende Ehegatte und jedes Kind zu gleichen Teilen, wenn der Erblasser neben seinem Ehegatten ein oder zwei Kinder als gesetzliche Erben hinterläßt.

Beispiel:

Der überlebende Ehegatte erhält neben einem Kind die Hälfte des Nachlasses, neben zwei Kindern einen Erbteil von $^1/_3$.

Von drei Kindern an gilt wieder die allgemeine Regelung des § 1931 Abs. 1 BGB.

4. Gesetzlicher Voraus des Ehegatten

Der überlebende Ehegatte erlangt als gesetzlicher Erbe (nicht als gewillkürter Erbe) neben seinem Erbteil auch noch einen Anspruch auf den Voraus (→ *Voraus des Ehegatten*). Hierbei handelt es sich um die zum ehelichen Haushalt gehörenden Gegenstände, soweit sie nicht Zubehör eines Grundstücks sind, und die Hochzeitsgegenstände.

Der Anspruch auf den Voraus steht dem überlebenden Ehegatten neben Verwandten der 2. Ordnung oder Großeltern schlechthin zu, neben Abkömmlingen des Erblassers nur insoweit, als der Ehegatte die Gegenstände zur Führung eines angemessenen Haushalts benötigt, § 1932 Abs. 1 Satz 2 BGB.

Der Voraus ist ein gesetzliches Vermächtnis, § 1932 Abs. 2 BGB. Der Anspruch ist unabhängig vom Güterstand.

Der überlebende Ehegatte hat also einen schuldrechtlichen Anspruch auf Übereignung der genannten Gegenstände.

5. Dreißigster (→ *Dreißigster*)

Literaturhinweis:

Ripfel, Der gesetzliche Voraus des überlebenden Ehegatten, BWNotZ 1965, 267; Eigel, Der Voraus des überlebenden Ehegatten, MittRhNotK 1983, 1.

Ehevertrag

1. Überblick

Obwohl die Regelungsgegenstände von Eheverträgen, Scheidungsvereinbarungen und Trennungsvereinbarungen in der

Praxis häufig gleich sind, soll nachstehend lediglich auf Eheverträge im engeren Sinne eingegangen werden. Die Legaldefinition des Ehevertrages ergibt sich aus § 1408 Abs. 1 BGB. Danach können die Ehegatten ihre güterrechtlichen Verhältnisse durch Vertrag regeln. § 1408 Abs. 2 BGB bringt eine Erweiterung dahin gehend, daß auch Vereinbarungen über den Versorgungsausgleich geschlossen werden können.

Einzelne Ehevertragstypen wurden von Langenfeld entwickelt (Ehevertragsgestaltung nach Ehetypen – zur Fallgruppenbildung in der Kautelarjurisprudenz, FamRZ 1985, 148).

2. Der gesetzliche Güterstand der Zugewinngemeinschaft

Der gesetzliche Güterstand der sog. „Zugewinngemeinschaft" tritt kraft Eheschließung ein. Das Vermögen beider Ehegatten bleibt jedoch – entgegen dem Wortlaut Zugewinngemeinschaft – getrennt, gleichgültig, ob es bereits vor der Ehe bestanden hatte, also in die Ehe mit eingebracht wurde oder während der Ehe erworben wurde, § 1363 Abs. 2 Satz 1 BGB. § 1364 BGB bestimmt, daß jeder Ehegatte sein Vermögen grundsätzlich selbständig verwaltet. Nur dann, wenn ein Ehegatte über sein Vermögen im ganzen oder wesentliche Teile hiervon verfügen möchte, benötigt er die Zustimmung des anderen Ehegatten, § 1365 BGB. Während des Bestehens der Ehe ist die Zugewinngemeinschaft eine Gütertrennung mit Verfügungsbeschränkungen. Bei Scheidung der Ehe können Ansprüche auf Zugewinnausgleich entstehen (→ *Zugewinngemeinschaft*). Im Falle der Beendigung der Ehe durch Tod eines Ehegatten erhöht sich der gesetzliche Erbteil des überlebenden Ehegatten, §§ 1371 ff. BGB (→ *Ehegattenerbrecht*).

Bei **Scheidung der Ehe** sollen beide Ehegatten gleichmäßig an dem während der Ehe entstandenen Vermögenszuwachs teilhaben. Das Zugewinnausgleichsverfahren ist ein rein rechnerisches Verfahren. Bei beiden Ehegatten wird zunächst das bei Beginn der Ehe vorhandene Anfangsvermögen ermittelt, sodann das Endvermögen. Hierbei ist entscheidend der sog. „Stichtag", d. h. der Tag, an dem der Scheidungsantrag dem anderen Ehegatten von dem Familiengericht zugestellt wurde. So wird zunächst der Zugewinn eines jeden Ehegatten ermittelt. Der Ehegatte, der den geringeren Zugewinn erzielt hat, kann von dem anderen die Hälfte des Mehrzugewinns in Geld verlangen. Hierbei sind nicht auszugleichen die durch Geldentwertung

eingetretenen nominalen Wertsteigerungen (Palandt/Diede-
richsen, § 1376 Rn. 12 ff.). Erbschaften und Schenkungen werden grundsätzlich dem Anfangsvermögen zugerechnet und sind
daher nicht auszugleichen, § 1374 Abs. 2 BGB.

Die Ehegatten können ihre güterrechtlichen Verhältnisse **abweichend** von dem bisher beschriebenen gesetzlichen Güterstand regeln, ohne gleich Gütertrennung oder Gütergemeinschaft vereinbaren zu müssen. Jeder Ehevertrag bedarf der
notariellen Beurkundung, § 1410 BGB. Inhaltlich besteht
größtmögliche Gestaltungsfreiheit der Eheleute. Ein Ehevertrag kann demgemäß auch so gestaltet werden, daß der gesetzliche Güterstand lediglich modifiziert wird (sogenannte modifizierte Zugewinngemeinschaft).

Hierbei kommen folgende **Modifizierungen** in Betracht:

– die Herausnahme bestimmter Vermögensgegenstände aus
  der Berechnung des Zugewinns, siehe nachstehendes Beispiel;

– die Festlegung eines Höchstbetrags für den Zugewinnausgleich;

– die Herausnahme bestimmter Zeiträume aus der Berechnung;

– eine andere Berechnungsweise, als sie das Gesetz vorsieht
  (z. B. keine Erfassung von Wertsteigerungen der durch
  Schenkung, Erbschaft oder durch Ausstattung erworbenen
  Vermögenswerte; keine Erfassung der stillen Reserven des
  Betriebsvermögens).

Formulierungsvorschlag:

Hinsichtlich des ehelichen Güterrechts soll es grundsätzlich
beim gesetzlichen Güterstand verbleiben. Die Eheleute vereinbaren jedoch, daß jegliches Betriebsvermögen des Ehemannes
einschließlich der Verbindlichkeiten, insbesondere betreffend die
Firma X GmbH, nicht ausgleichspflichtig sein soll, so daß es also
weder beim Anfangsvermögen noch beim Endvermögen des
Ehemannes Berücksichtigung finden soll. Auch Surrogate dieser
aus dem Zugewinnausgleich herausgenommenen Gegenstände
sollen nicht ausgleichspflichtiges Vermögen darstellen. Sie werden also bei der Berechnung des Endvermögens nicht berücksichtigt. Erträge der vom Zugewinnausgleich ausgenommenen

Vermögensgegenstände können auf diese Gegenstände verwendet werden, ohne daß dadurch für den anderen Ehegatten Ausgleichsansprüche entstehen. Macht jedoch ein Ehegatte aus einem sonstigen Vermögen Verwendungen auf die vom Zugewinnausgleich ausgenommenen Gegenstände, so werden diese Verwendungen mit ihrem Wert zum Zeitpunkt der Verwendung des Endvermögens des Eigentümers des Gegenstandes hinzugerechnet. Sie unterliegen also, ggf. um den Geldwertverfall berichtigt, dem Zugewinnausgleich. Zur Befriedigung der sich heraus etwa ergebenden Zugewinnausgleichsforderungen gilt das vom Zugewinn ausgenommene Vermögen i. S. von § 1378 Abs. 2 BGB als vorhandenes Vermögen.

(Wegen weiterer Formulierungsvorschläge s. Langenfeld, Handbuch der Eheverträge und Scheidungsvereinbarungen, Rn. 338 ff.)

Häufig werden in Eheverträgen vorstehender Art gleichzeitig Vereinbarungen über den Versorgungsausgleich und den nachehelichen Unterhalt getroffen (Weirich, Erben und Vererben, Rn. 64 ff.).

3. Die Gütertrennung

Die Ehegatten können durch Ehevertrag Gütertrennung vereinbaren, § 1414 BGB. Gütertrennung tritt ein, wenn die Ehegatten den gesetzlichen Güterstand ausschließen oder ihn aufheben. Gleiches gilt, wenn der Ausgleich des Zugewinns oder der Versorgungsausgleich ausgeschlossen oder die Gütergemeinschaft aufgehoben wird. Als Auffanggüterstand tritt Gütertrennung ein nach § 1388 BGB mit der Rechtskraft des Urteils, durch das auf vorzeitigen Ausgleich des Zugewinns erkannt wurde, sowie mit der Rechtskraft des die Gütergemeinschaft aufhebenden Urteils, §§ 1449, 1470 BGB.

Das Wesen der Gütertrennung ist gekennzeichnet durch das Fehlen jeglicher güterrechtlicher Beziehungen zwischen den Ehegatten. Die Ehegatten stehen sich vermögensrechtlich gegenüber wie nicht verheiratete Personen.

In der Praxis bestehen häufig falsche Vorstellungen, wann die Vereinbarung von Gütertrennung sinnvoll ist. Viele Heiratswillige gehen entweder vor der Eheschließung oder aber auf Rat „erfahrener" Personen nach der Eheschließung zum Notar, um den gesetzlichen Güterstand umzuwandeln und

Gütertrennung zu vereinbaren. Sie haben oft die Vorstellung, die Gütertrennung bringe haftungsrechtliche Vorteile. Dies trifft jedoch grundsätzlich nicht zu, da auch beim gesetzlichen Güterstand der Zugewinngemeinschaft jeder Ehegatte nur für die von ihm selbst eingegangenen Schulden haftet. Anderes gilt nur, wenn der Ehegatte Schulden mit übernimmt, anerkennt oder durch Bürgschaft sich verpflichtet.

Häufig wird **Gesellschaftern** durch den Gesellschaftsvertrag aufgegeben, mit ihrem Ehegatten den Güterstand der Gütertrennung zu vereinbaren. Hierdurch sollen Schwierigkeiten des Gesellschafters und der Gesellschaft im Falle der Scheidung vermieden werden, insbesondere die mit dem Zugewinnausgleich verbundenen Auskunftspflichten, Bewertungsprobleme und evtl. Ausgleichsforderungen des geschiedenen Ehegatten gegenüber dem Gesellschafter.

Die Vereinbarung des Güterstands der Gütertrennung hat zur Folge, daß sich die **gesetzliche Erbfolge** nach § 1931 BGB richtet. Hat der Erblasser ein oder zwei Kinder hinterlassen, so erbt der überlebende Ehegatte und jedes Kind zu gleichen Teilen, § 1931 Abs. 4 BGB (→ *Ehegattenerbrecht*). Bei drei und mehr Kindern bleibt es jedoch bei der Grundregel, weil der Ehegattenerbteil von $^1/_4$ dann nicht mehr kleiner ist als der Erbteil jedes Kindes.

Bei Gütertrennung entfällt die beim gesetzlichen Güterstand gem. § 5 Abs. 1 Satz 1 ErbStG gegebene Erbschaftssteuerfreiheit des Zugewinnausgleichs (Kanzleiter/Wegmann, Rn. 23; Wegmann, Eheverträge, Rn. 93; Weirich, Erben und Vererben, Rn. 948).

Bei Bestehen der Gütertrennung kann deren **Aufhebung** und die Wiederbegründung des gesetzlichen Güterstandes oder einer modifizierten Zugewinngemeinschaft durch notariellen Ehevertrag vereinbart werden. Hierbei kann zivilrechtlich eine Rückwirkung auf den Tag der Eheschließung vereinbart werden. Diese Rückbeziehung des Zugewinnausgleichs wird steuerlich jedoch nicht anerkannt (Langenfeld, Handbuch der Eheverträge und Scheidungsvereinbarungen, Rn. 408 m.w.N.), so daß ein geltend gemachter Zugewinnausgleich als steuerpflichtiger Erwerb behandelt wird, soweit er auf die Zeit vor dem Vertragsabschluß entfällt.

Bei Vereinbarung der Gütertrennung ist den Eheleuten eine **Auflistung des jeweiligen Vermögens** zu empfehlen. Dadurch kann die gem. § 1362 BGB zugunsten des Gläubigers eines Ehegatten bestehende Vermutung widerlegt werden, daß die im Besitz eines Ehegatten oder beider Ehegatten befindlichen Gegenstände dem Schuldner gehören.

Beispiel:

Wegen einer Schuld des Ehemannes wird in der Ehewohnung ein wertvolles Bild der Ehefrau gepfändet. Die Ehefrau erhebt dagegen Drittwiderspruchsklage gem. § 771 ZPO und beruft sich auf das im Zusammenhang mit dem notariellen Ehevertrag gefertigte Vermögensverzeichnis, wonach das Bild ihr gehört.

Gütertrennung und Versorgungsausgleich: Zu beachten ist, daß der Ausschluß des Versorgungsausgleichs nach § 1408 Abs. 2 BGB den Eintritt der Gütertrennung zur Folge hat, § 1414 Satz 2 BGB. Dies gilt jedoch nicht umgekehrt. Der Ausschluß des Zugewinnausgleichs oder die Vereinbarung der Gütertrennung haben nicht den Ausschluß des Versorgungsausgleichs zur Folge.

Formulierungsvorschläge:

– Ehevertrag vor Eheschließung:

Wir vereinbaren für unsere zukünftige Ehe den Güterstand der Gütertrennung. Der Notar hat uns über die Unterschiede zwischen dem gesetzlichen Güterstand der Zugewinngemeinschaft und dem Güterstand der Gütertrennung informiert, insbesondere darüber, daß bei Gütertrennung bei Beendigung der Ehe der beiderseitige Zugewinn nicht auszugleichen ist und jeder Ehegatte ohne Einschränkung über sein Vermögen ohne Zustimmung des anderen Ehegatten verfügen kann. Der Notar hat uns auch darauf hingewiesen, daß durch die Vereinbarung der Gütertrennung das gesetzliche Erb- und Pflichtteilsrecht der Kinder oder Eltern sich regelmäßig erhöht.

– Vereinbarung während der Ehe:

Wir vereinbaren für die weitere Dauer unserer Ehe den Güterstand der Gütertrennung. Wir verzichten gegenseitig auf den Ausgleich des bisherigen Zugewinns, soweit einem von uns ein Zugewinnausgleichsanspruch gegen den anderen zustehen sollte. Diesen Verzicht nehmen wir wechselseitig an.

4. Die Gütergemeinschaft

a) Überblick

Der vor 1900 in Norddeutschland weitestgehend vorherrschende Güterstand der Gütergemeinschaft wurde vom Bürgerlichen Gesetzbuch nicht als gesetzlicher Güterstand übernommen. Er kann nur durch Ehevertrag vereinbart werden, § 1415 BGB. Während zwischen der Gütertrennung und dem gesetzlichen Güterstand weitgehend Verwandtschaft besteht – der gesetzliche Güterstand ist eine modifizierte Gütertrennung mit Verfügungsbeschränkungen und Ausgleich des Zugewinns bei Beendigung der Ehe –, unterscheidet sich die Gütergemeinschaft von beiden grundlegend:

Bei der Gütergemeinschaft verschmelzen die Vermögen der Ehegatten zu einem **Gesamtgut** (Gesamthandsvermögen der Ehegatten). Das gesamte voreheliche Vermögen wird vergemeinschaftet. Es fällt in das Gesamtgut, jedoch mit der zwingenden Ausnahme derjenigen Vermögensgegenstände, die dem Sondergut zuzuordnen sind, § 1717 BGB, und solcher, die als Vorbehaltsgut ausgeklammert werden, § 1418 BGB.

Insbesondere die Komplexität, die durch die verschiedenen Vermögensmassen entsteht, und durch die Probleme der Verwaltung des Gesamtgutes ist zumindest heute dieser Güterstand von keiner aktuellen Bedeutung (Weirich, Erben und Vererben, Rn. 959). Bedeutsam mag die Gütergemeinschaft noch in landwirtschaftlichen Bereichen sein, um dem mitarbeitenden Ehegatten gemeinsames Vermögen von Anbeginn an zu verschaffen. Die Haftungskonsequenzen aus dem Gesamtgut führen jedoch wohl zu überwiegenden Nachteilen der Vereinbarung der Gütergemeinschaft (Vor- und Nachteile der Gütergemeinschaft siehe Kanzleiter/Wegmann, Rn. 25 ff.). Grundsätzlich wird man sagen können, daß Gütergemeinschaft vor allem dann in Betracht kommt, wenn das Vermögen der beiden Ehegatten sehr ungleich verteilt ist, jedoch der übereinstimmende Wunsch nach gleichmäßiger Teilhabe besteht. Die erbrechtliche Auswirkung der Gütergemeinschaft liegt darin, daß sich das Vermögen gleichwertig verteilt und daher beim Eintritt des ersten Erbfalls der Nachlaß in jedem Fall nur aus der Hälfte des Gesamtvermögens besteht, §§ 1482, 1476 BGB. Im Falle einer Scheidung der Ehe kann jedoch jeder Ehegatte verlangen, daß er bei der Auseinandersetzung das behält, was er in die Gesamthandsgemeinschaft eingebracht und was er durch Erbfolge oder Schenkung für die Gesamthandsgemeinschaft erworben hat, § 1478 BGB.

b) Gesamtgut

Eingebrachtes als auch während des Bestehens der Ehe bei Gütergemeinschaft erworbenes Vermögen wird gemeinschaftliches Vermögen beider Ehegatten. Dies gilt auch für solche Vermögenswerte, die von einem Ehegatten aufgrund Schenkung oder Erbschaft erworben werden, es sei denn, daß der Schenker oder der Erblasser bestimmt hat, daß sie Vorbehaltsgut sein sollen, § 1418 Abs. 2 Nr. 2 BGB.

Die gemeinsame Verwaltung des Gesamtgutes bildet die gesetzliche Regel, § 1421 BGB. Es kann jedoch auch vereinbart werden, daß die Verwaltung des Gesamtgutes dem Mann oder der Frau allein vorbehalten ist. Der verwaltende Ehegatte handelt bei Einzelverwaltung im eigenen Namen und kraft eigenen Rechts, § 1422 BGB. Er ist nicht Vertreter des anderen Ehegatten, dieser wird durch seine Verwaltungshandlungen nicht persönlich verpflichtet. Wie in jedem Güterstand gilt jedoch § 1357 BGB, der in einem praktisch weiten Bereich jedem Ehegatten Rechtsmacht zur persönlichen Verpflichtung auch des anderen Ehegatten gibt. Im Umfang des § 1357 BGB besteht also im Ergebnis alternative Verwaltung des Gesamtguts durch beide Ehegatten mit persönlicher Haftung beider Ehegatten, d. h. auch des beiderseitigen Sonder- und Vorbehaltsguts.

Durch ein Notverwaltungsrecht des anderen Ehegatten sichert § 1429 BGB der Gesamthand die Funktionsfähigkeit bei Krankheit oder Abwesenheit des verwaltenden Ehegatten. Die Pflicht zur Notverwaltung kann sich aus § 1353 BGB ergeben.

Verweigert der verwaltende Ehegatte ohne ausreichenden Grund die Zustimmung zu einem Rechtsgeschäft, das der andere Ehegatte zur ordnungsgemäßen Besorgung seiner persönlichen Angelegenheiten vornehmen muß, aber ohne diese Zustimmung nicht mit Wirkung für das Gesamtgut vornehmen kann, so kann das Vormundschaftsgericht nach § 1430 BGB die Zustimmung des verwaltenden Ehegatten auf Antrag ersetzen.

Die gemeinschaftliche Verwaltung des Gesamtguts hat oftmals größte Schwerfälligkeit zur Folge. Beide Ehegatten sind nämlich nur gemeinschaftlich berechtigt, über das Gesamtgut zu verfügen und Rechtsstreitigkeiten zu führen, die sich auf das Gesamtgut beziehen. Der Besitz an den zum Gesamtgut gehörenden Sachen gehört beiden Ehegatten gemeinschaftlich. Ist eine Willenserklärung den Ehegatten gegenüber abzugeben, so genügt die Abgabe gegenüber einem Ehegatten.

Hinsichtlich der Haftung der Ehegatten und des Gesamtguts gegenüber den Gläubigern gilt, daß für alle persönlichen Schulden der Ehegatten das Gesamtgut haftet, § 1459 Abs. 1 BGB. Die persönliche Mithaftung des anderen Ehegatten entsteht über die Haftung des Gesamtguts nach § 1459 Abs. 2 BGB. Hiervon ausgenommen sind nur Verbindlichkeiten aus eigenmächtigen Rechtsgeschäften eines Ehegatten, die weder durch Notverwaltungsrechte noch durch die Befugnis zum selbständigen Betrieb eines Erwerbsgeschäfts gedeckt sind, § 1460 BGB.

c) Sondergut

Vom Gesamtgut ist das Sondergut ausgeschlossen, § 1417 Abs. 1 BGB. Hierunter gehören alle Gegenstände, die nicht durch Rechtsgeschäfte übertragen werden können, § 1417 Abs. 2 BGB.

Zum Sondergut gehören demgemäß z. B.:

- nicht abtretbare und unpfändbare Forderungen,
- Nießbrauchsrecht,
- Dienstbarkeiten,
- Schmerzensgeldanspruch,
- unübertragbare Personengesellschaftsbeteiligungen.

Zum Sondergut gehören nicht:

- Nutzungen aus unübertragbaren Rechten,
- Auseinandersetzungsguthaben oder die Abfindung nach Auflösung einer Personengesellschaft,
- Personengesellschaft,
- gemeinsames Wohnrecht für beide Ehegatten,
- Reallast für die Eheleute als Gesamtberechtigte.

Die Eheleute können nicht Gesamtgut zu Sondergut oder umgekehrt durch Vereinbarung bestimmen. Das Sondergut entsteht vielmehr nur kraft Gesetzes (Soergel/Gaul, § 1417 Rn. 4; BGH LM § 260 BGB Nr. 1).

Die Umwandlung von Sondergut in das Gesamtgut tritt ein, wenn die Voraussetzungen für das Sondergut wegfallen (Lutter, AcP 161 [1962], 167; a. A.: Weimar, JR 1981, 448 zu § 847 BGB). Handelt es sich um Sondergut, so verwaltet jeder Ehegatte sein Sondergut selbständig, § 1417 Abs. 3 Satz 1 BGB. Er verwaltet es hingegen für Rechnung des Gesamtgutes. Die Nutzung des Sondergutes als auch die Lasten hieraus sind dem Gesamtgut zuzuordnen mit der Folge, daß wirtschaftlich das Sondergut zum Gesamtgut gehört. Rechtlich bleibt jeder Ehegatte Eigentümer seines Sondergutes.

d) Vorbehaltsgut

Vom Sondergut zu unterscheiden ist das Vorbehaltsgut. Hierunter fallen die Gegenstände, die durch Ehevertrag zum Vorbehaltsgut eines Ehegatten erklärt werden, § 1418 Abs. 2 Ziff. 1 BGB, die ein Ehegatte von Todes wegen erwirbt oder die ihm von einem Dritten unentgeltlich zugewandt werden, wenn entweder in der letztwilligen Verfügung oder mit der Zuwendung bestimmt ist, daß der Erwerb Vorbehaltsgut sein soll, § 1418 Abs. 2 Satz 2 BGB. Surrogate verbleiben im Vorbehaltsgut, § 1418 Abs. 2 Satz 3 BGB. Die Möglichkeit, Vorbehaltsgut zu verschaffen, ist in § 1418 Abs. 2 BGB abschließend aufgeführt (Soergel/Gaul, § 1418 Rn. 2). Jeder Ehegatte verwaltet das Vorbehaltsgut selbständig und auf eigene Rechnung, § 1418 Abs. 3 BGB.

e) Steuer

Ist das Vermögen der Ehegatten bei Begründung der Gütergemeinschaft unterschiedlich groß, wird der Ehegatte mit dem bisher geringeren Vermögen objektiv bereichert, weil zukünftig im Innenverhältnis beide Ehegatten am Gesamtgut je zur Hälfte beteiligt sind. Diese Bereicherung gilt steuerlich als Schenkung unter Lebenden, § 7 Abs. 1 Nr. 4 ErbStG. Ob Schenkungssteuer anfällt, richtet sich nach dem Wert der Schenkung unter Berücksichtigung der Ehegattenfreibeträge (→ *Erbschaftsteuer*).

f) Formulierungsvorschlag

Wir schließen folgenden Ehevertrag:

Unter Ausschluß des gesetzlichen Güterstandes vereinbaren wir für unsere Ehe den Güterstand der Gütergemeinschaft.

Der Notar hat uns darüber belehrt, daß durch die Vereinbarung der Gütergemeinschaft das Vermögen des Mannes als auch das der Frau gemeinschaftliches Vermögen wird und daß zu dem gemeinschaftlichen Vermögen auch wird, was einer von uns in Zukunft erwirbt. Wir sind weiter darüber belehrt, daß Gegenstände zum Vorbehaltsgut eines Ehegatten erklärt werden können. Wir wurden über den Ausschluß des Sondergutes vom Gesamtgut informiert. Nach Belehrung erklären wir, daß wir keine vom Gesetz abweichende Verwaltungsregelung treffen, somit das Gesamtgut gemeinschaftlich verwalten wollen. Wir beantragen die Eintragung in das Güterrechtsregister.

Formulierung alternativ:

Vermögen, welches bei Abschluß dieses Vertrages bereits vorhanden war, erklären wir zum Vorbehaltsgut. Wir nehmen Bezug auf das zur Anlage dieses Vertrages genommene Verzeichnis (Langenfeld, FamRZ 1987, 9).

g) Das Ende des Güterstandes

Die Gütergemeinschaft endet gem. §§ 1447, 1449 Abs. 1, 1470 Abs. 1, 1469 BGB durch

– aufhebenden Ehevertrag,

– Auflösungsklage durch gerichtliches Urteil,

– Auflösung der Ehe durch Scheidung oder Tod, soweit nicht fortgesetzte Gütergemeinschaft vereinbart ist, §§ 1482 f. BGB,

– durch Ausschluß des Versorgungsausgleichs, § 1414 Satz 2 BGB (Kraßmann, FamRZ 1984, 957).

Nach der Beendigung der Gütergemeinschaft haben sich die Ehegatten über das Gesamtgut auseinanderzusetzen, § 1471 Abs. 1 BGB. Wird die Gütergemeinschaft durch Urteil aufgehoben, kann der klagende Ehegatte zur Vermeidung von Vermögensmanipulationen zwischen dem Tag der Rechtskraft und dem Tag der Rechtshängigkeit als Auseinandersetzungsstichtag wählen, § 1479 BGB. Nach verbreiteter Meinung ist § 1479 BGB nicht abdingbar (Jauernig/Schlechtriem, § 1479 Rn. 1). Bei der Scheidung besteht ein derartiges Wahlrecht nicht (RGRK/Finke, § 1479 Rn. 3). Der Anspruch kann im Scheidungsverbund geltend gemacht werden (BGHZ 84, 333 = FamRZ 1982, 991).

Im einzelnen ist bei der Auseinandersetzung wie folgt vorzugehen:

- Berichtigung der Gesamtgutsverbindlichkeiten, § 1475 Abs. 1 Satz 1 BGB, erforderlichenfalls nach Versilberung von Gesamtgut, § 1475 Abs. 3 BGB,

- Bildung von Rückstellungen, wenn eine Verbindlichkeit noch nicht fällig oder streitig ist, § 1475 Abs. 1 Satz 2 BGB,

- hälftige Verteilung des Überschusses unter Anrechnung von Ersetzungsverpflichtungen, §§ 1476, 1477 Abs. 1, 752 ff. BGB, und Ausübung des Rechts zur Übernahme von persönlichen Gegenständen, eingebrachten oder privilegiert erworbenen Gegenständen gegen Wertersatz, § 77 Abs. 2 BGB. Die Wertermittlung erfolgt zum Zeitpunkt der Übernahme (BGH FamRZ 1986, 40), und zwar auch bei landwirtschaftlichem Vermögen (BGH FamRZ 1986, 776) nach Verkehrswert.

Selbstverständlich können die Eheleute über die Art und Weise der Auseinandersetzung **abweichende Vereinbarungen** treffen. Hierbei bietet sich an, daß die Ehewohnung dem Ehegatten verbleibt, der auch die Kinder betreut. Weiterhin ist möglich, Vereinbarungen über die Festlegung oder die Ermittlung von Werten verschiedener Gegenstände zu treffen.

Können sich die Parteien über die Auseinandersetzung nicht einigen, so verbleibt lediglich die **Klage auf Zustimmung** zu einem den gesetzlichen Vorschriften entsprechenden **Teilungsplan** (BGH FamRZ 1988, 813). Im Klageantrag muß deshalb der Teilungsplan Schritt für Schritt beschrieben werden. Das Gericht kann die Teilung jedoch nicht gestalten, sondern nur feststellen, ob der eingeklagte Teilungsplan den gesetzlichen Vorschriften entspricht oder nicht (→ *Auseinandersetzung der Erbengemeinschaft*).

Für die Auseinandersetzung ist nach § 1474 BGB in erster Linie der Auseinandersetzungsvertrag maßgeblich (BGH FamRZ 1980, 989), in Ermangelung von Regelungen gelten die gesetzlichen Auseinandersetzungsregeln der §§ 1474–1481 BGB (Langenfeld, Handbuch der Eheverträge und Scheidungsvereinbarungen, Rn. 517 ff.).

h) Fortgesetzte Gütergemeinschaft

Die Ehegatten können durch Ehevertrag vereinbaren, daß die Gütergemeinschaft nach dem Tod eines Ehegatten mit den

gemeinsamen Abkömmlingen fortgesetzt wird, § 1483 Abs. 1
Satz 1 BGB. Die Gütergemeinschaft wird nur hinsichtlich des
Gesamtgutes fortgesetzt. Vorbehalts- und Sondergut des verstorbenen Ehegatten gehören zum Nachlaß, §§ 1483 Abs. 1
Satz 2, 1485 BGB. Der überlebende Ehegatte nimmt die Stellung eines Alleinverwalters ein, § 1487 Abs. 1 BGB (Langenfeld, Handbuch der Eheverträge und Scheidungsvereinbarungen, Rn. 506 ff.).

Die fortgesetzte Gütergemeinschaft hat in der Praxis kaum
noch Bedeutung. Der Hauptgrund liegt wohl darin, daß sie
durch das Bild einer Hausgemeinschaft zwischen Eltern und
Kindern geprägt ist und eine **Mehrgenerationen-Familie** heute
kaum noch vorkommt. Grundgedanke ist, dem überlebenden
Ehegatten die lebzeitigen Auseinandersetzungen mit den
Abkömmlingen zu ersparen und das gesamte Vermögen bis zu
seinem Tod zu erhalten. Die gemeinschaftlichen Abkömmlinge haben also keine Pflichtteilsansprüche gegen den überlebenden Ehegatten, wenn Vorbehalts- oder Sondergut nicht
besteht. Hierin liegt ein unbestreitbarer Vorteil der fortgesetzten Gütergemeinschaft, wenn es den Eheleuten darauf
ankommt, den überlebenden Ehegatten vor Pflichtteilsansprüchen der gemeinsamen Abkömmlingen zu schützen (selbstverständlich unter Hintanstellung aller anderen Nachteile).
Pflichtteilsergänzungsansprüche nach § 2325 BGB können
beim Tod des erstversterbenden Ehegatten nur aus dessen Vor-
behalts- und Sondergut geltend gemacht werden (Palandt/Die-
derichsen, § 1483 Anm. 2; Staudinger/Thiele, § 1483 Rn. 16).
Hat der erstversterbende Ehegatte einem Abkömmling lebzeitige Schenkungen gemacht, so können die anderen Abkömmlinge Pflichtteilsergänzungsansprüche erst bei Beendigung der
fortgesetzten Gütergemeinschaft, regelmäßig also beim Tod
des überlebenden Ehegatten geltend machten. Die 10-Jahres-
Frist des § 2325 BGB läuft aber weiter, so daß Pflichtteilsergänzungsansprüche ganz ausgeschlossen sind, wenn nur einer
der beiden Ehegatten die Schenkung um mehr als 10 Jahre
überlebt (MK/Kanzleiter, § 1506 Rn. 3).

i) Vermögensauseinandersetzung bei Gütergemeinschaft

Nach § 1472 BGB setzen sich die Ehegatten nach Beendigung
der Gütergemeinschaft über das Gesamtgut auseinander. Dies
kann geschehen in einer notariellen Scheidungsvereinbarung

im Vorfeld der Scheidung oder durch gerichtliche Vereinbarung im Zusammenhang mit dem Scheidungsurteil. Auf diese Weise können beispielsweise Grundstücke vom Gesamtgut der beendeten Gütergemeinschaft in das Alleineigentum eines Ehegatten aufgelassen werden.

Denkbar ist allerdings auch, daß die Ehegatten lediglich eine Verpflichtung eingehen, nach rechtskräftiger Scheidung die Auseinandersetzung in einer bestimmten Art und Weise zu betreiben. Diese Verpflichtung kann formlos abgeschlossen werden (RGZ 89, 294; MK/Kanzleiter, §§ 1471 Rn. 3, § 1474 Rn. 3, 4; Soergel/Gaul, §§ 1474 Rn. 2, 1408 Rn. 5, 7), es sei denn, sie wäre wegen § 313 BGB formbedürftig.

Rechtsprechungs- und Literaturhinweis:

BVerfG, Inhaltliche Kontrolle eines Ehevertrages, der vor der Eheschließung mit einer Schwangeren geschlossen wurde, FamRZ 2001, 985; Bergschneider, Zur Inhaltskontrolle bei Eheverträgen, FamRZ 2001, 1337.

Eidesstattliche Versicherung

Der erbrechtlich zur Auskunft Verpflichtete (bzw. der Erbe gegenüber dem Pflichtteilsberechtigten, § 2314 BGB) ist unter Umständen auch verpflichtet, die Richtigkeit seiner erteilten Auskunft eidesstattlich zu versichern.

Besteht nach Erteilung der Auskunft Grund zu der Annahme, daß das von dem Erben vorgelegte Verzeichnis nicht mit der erforderlichen Sorgfalt aufgestellt worden ist, so hat dieser auf Verlangen zu Protokoll an Eides statt zu versichern, daß er nach bestem Wissen den Bestand so vollständig angegeben hat, als er dazu imstande war, § 260 Abs. 2 BGB. Es muß also Grund zu der Annahme bestehen, daß die in der Rechnung enthaltenen Angaben über die Einnahmen oder das Bestandsverzeichnis nicht mit der erforderlichen Sorgfalt erstellt worden sind. Maßgeblich ist das Gesamtverhalten des Schuldners. Es genügt nicht, daß er die Auskunft verweigert hat (BGH NJW 1966, 1117), daß das Verzeichnis ohne Zuziehung von Zeugen aufgestellt worden ist oder daß der Schuldner Belege verspätet vorgelegt hat. Auch die Unrichtigkeit oder Unvollständigkeit begründen keinen Anspruch auf Abgabe der Eidesstattlichen Versicherung, wenn sie auf entschuldbare Unkenntnis oder einem unverschuldeten Irrtum beruhen (BGHZ 89, 140).

Anders ist es jedoch zu sehen, wenn die Unrichtigkeit oder Unvollständigkeit bei gehöriger Sorgfalt hätte vermieden werden können. Auch wenn inhaltliche Mängel nicht feststehen, kann Grund für die Annahme einer Sorgfaltspflichtverletzung gegeben sein (BGHZ 89, 140), so etwa bei mehrfach berichtigten Angaben (BGH LM § 259 BGB Nr. 8) oder wenn der Schuldner mit allen Mitteln versucht hat, die Auskunftserteilung zu verhindern (OLG Frankfurt NJW-RR 1993, 1483).

Der Anspruch auf Eidesstattliche Versicherung ist bei **Angelegenheiten von geringer Bedeutung** ausgeschlossen, §§ 259 Abs. 3, 260 Abs. 3 BGB. Dies gilt nicht nur, wenn die Angelegenheit insgesamt unbedeutend ist, sondern auch, wenn der beanstandete Mangel unbedeutend ist.

(→ *Auskunftsanspruch*)

Eigenhändiges Testament

→ *Letztwillige Verfügung*

Eingetragene Lebenspartner

1. Gesetzliche Grundlage

Das Gesetz zur Beendigung der Diskriminierung gleichgeschlechtlicher Gemeinschaften: Lebenspartnerschaften (LPartG) vom 16. 2. 2001 (BGBl I 2001, 266 ff.) hat nicht unerhebliche Auswirkungen auf das Erbrecht. Der eingetragene Lebenspartner wird genauso behandelt wie ein Ehegatte. Die Regeln des § 1586 b BGB, wonach die Unterhaltpflicht auf den Erben übergeht (Art. 1 § 16 Abs. 2 LPartG), finden in bezug auf den Lebenspartner entsprechende Anwendung. Dieser soll ebenso einen Voraus erhalten, wenn er neben den Verwandten erster Ordnung gesetzlicher Erbe wird. Sofern keine Verwandten der ersten oder zweiten Ordnung sowie Großeltern des Erblassers vorhanden sind, hat der überlebende Lebenspartner einen Anspruch auf die gesamte Erbschaft (Art. 1 § 10 Abs. 2 LPartG). Die Abkömmlinge der dritten Ordnung bei Vorversterben der Großeltern bleiben somit entgegen § 1926 BGB und die der vierten Ordnung entgegen § 1928 BGB von der Erbfolge ausgeschlossen.

Ein Lebenspartner gilt als Familienangehöriger des anderen Lebenspartners, sofern im Lebenspartnerschaftsvertrag nichts Abweichendes vereinbart ist. Demgemäß sind die Verwandten eines Lebenspartners mit dem anderen Lebenspartner verschwägert.

Die Erbberechtigung erlischt, wenn zum Zeitpunkt des Todes des Erblassers

– die Voraussetzungen für die Aufhebung der Lebenspartnerschaft gegeben waren und ein Antrag des Erblassers auf Aufhebung gestellt wurde oder er einem solchen Antrag zugestimmt hat oder

– ein Antrag auf Aufhebung der Partnerschaft nach Art. 1 § 15 Abs. 1 LPartG gestellt wurde und wegen einer unzumutbaren Härte auch begründet war, Art. 1 § 15 Abs. 2 Nr. 3 LPartG.

2. Gestaltungsmöglichkeiten der Lebenspartner

Lebenspartner können auch ein Gemeinschaftliches Testament errichten, wobei die Vorschriften der §§ 2266–2273 BGB entsprechend gelten. Nach § 2279 BGB wird eine Erbeinsetzung des Lebenspartners bei Auflösung der Partnerschaft unwirksam. Haben Lebenspartner einen Erbvertrag geschlossen, können sie dieses durch Gemeinschaftliches Testament aufheben, wobei § 2090 Abs. 3 BGB Anwendung findet. Die Anwendung der §§ 2269, 2280 BGB bei Erbverträgen, wonach die Lebenspartner einen Dritten zum Schlußerben eingesetzt haben, führt dazu, daß im Zweifel der Dritte den gesamten Nachlaß des Letztversterbenden erhält (Redig, ZErb 2002, 148, 346; 2003, 14).

Aufgrund der erbrechtlichen Gleichstellung ist die Rechtsprechung zu der unbenannten (ehebedingten) Zuwendung auch auf lebenspartnerschaftliche Zuwendungen entsprechend anwendbar (Stehlin, ZErb 1999, 52 ff.).

Die Vorschriften des Bürgerlichen Gesetzbuches über den Pflichtteil gelten entsprechend auch für den Lebenspartner, der somit wie ein Ehegatte behandelt wird, Art. 1 § 10 Abs. 6 Satz 2 LPartG.

Literaturhinweis:

Bohnefeld, „Eingetragene Lebenspartnerschaft" und Erbrecht, ZErb 2001, 1; Büttner, FamRZ 2001, 1105; Eue, Erbrechtliche Zweifelsfragen des Gesetzes zur Beendigung der Diskriminierung gleichgeschlechtlicher Partnerschaften, FamRZ 2001, 1196; Grziwotz, Die Lebenspartnerschaft zweier Personen gleichen Geschlechts, DNotZ 2001, 280; Grziwotz, Erbrechtliche Gestaltungen bei gleichgeschlechtlichen Lebenspartnern, ZEV 2002, 55; Henrich, FamRZ 2002, 137; Krings, Die eingetragene Lebenspartnerschaft für gleichgeschlechtliche Paare, ZErb 2000, 409; Langenfeld, ZEV 2002, 8; Leipold, Die neue Lebenspartnerschaft aus erbrechtlicher Sicht, insbesondere bei zusätzlicher Eheschließung, ZEV 2001, 218; Löhnig, FamRZ 2001, 891; Norbert Mayer, Das Gesetz zur Beendigung der Diskriminierung gleichgeschlechtlicher Gemeinschaften: Lebenspartnerschaften, ZEV 2001, 169; Müller, Partnerschaftsverträge nach dem Lebenspartnerschaftsgesetz, DNotZ 2001, 581; Rieger, FamRZ 2001, 1497, 1507; Scholz/Uhle, „Eingetragene Lebenspartnerschaft" und Grundgesetz, NJW 2001, 393; Schwab, Eingetragene Lebenspartnerschaft, FamRZ 2001, 385; Süß, Notarieller Gestaltungsbedarf bei eingetragenen Lebenspartnerschaften mit Ausländern, DNotZ 2001, 168.

Einheitslösung

→ *Gemeinschaftliches Testament*

Einheitsprinzip

→ *Berliner Testament*
→ *Gemeinschaftliches Testament*

Einreden im Erbrecht

→ *Aufgebotseinrede*
→ *Beschränkung der Erbenhaftung*
→ *Dreimonatseinrede*

→ *Dürftigkeitseinrede*

→ *Gläubigerversäumnis*

→ *Überschwerungseinrede*

Einsetzung auf den Überrest

Der Vorerbe ist in seiner Handlungsbefugnis sehr stark eingeschränkt. Der Erblasser kann durch letztwillige Verfügung den Vorerben in gewissem Umfang von den gesetzlichen Beschränkungen befreien und ihm somit eine stärkere Stellung einräumen. Bei dieser sog. befreiten Vorerbschaft ist es dem Vorerben jedoch nicht erlaubt, unentgeltliche Verfügungen über den Nachlaß zu treffen. Er darf die Erbschaft zum Nachteil des Nacherben nicht verschenken oder verschleudern. Im Zweifel sind alle Befreiungsmöglichkeiten des § 2136 BGB erfaßt, wenn der Erblasser den Nacherben auf den „Überrest" eingesetzt hat, § 2137 BGB. Die Nacherbeneinsetzung auf den Überrest muß nicht wörtlich verfügt sein und liegt praktisch immer dann vor, wenn der Vorerbe von allen zulässigen Beschränkungen und Verpflichtungen befreit ist oder ihm der Verbrauch des Geerbten gestattet wird. Voraussetzung ist jedoch, daß eine Nacherbfolge gewollt ist. U. U. ist auch eine Auslegung dahin gehend möglich, wonach bezüglich des Überrestes ein aufschiebend bedingtes Vermächtnis vorliegt (OLG Oldenburg DNotZ 1958, 95).

Nach herrschender Meinung handelt es sich bei § 2137 Abs. 1 BGB um eine Ergänzungsregelung, die keine abweichende Auslegung zuläßt (RGRK/Johannsen, § 2137 Rn. 1; Soergel/Knopp, § 2137 Rn. 1; Palandt/Edenhofer, § 2137 Rn. 1; zustimmend nur mit Einschränkungen MK/Grunsky, § 2137 Rn. 1; Kipp/Coing, § 51 II 1 b; Staudinger/Behrends, § 2137 Rn. 2, für die Möglichkeit einer Auslegung, daß nicht jede zulässige Befreiung gewollt war).

Eine **Auslegungsregel** enthält dagegen § 2137 Abs. 2 BGB für die Anordnung der Befugnis zur freien Verfügung des Vorerben über die Erbschaft. Verfügung ist hier untechnisch gemeint. Ob der Vorerbe völlig oder nur teilweise befreit sein soll, ist durch Auslegung zu ermitteln. Bestimmt der Erblasser, daß seine Ehefrau unter Lebenden und von Todes wegen frei über den Nachlaß verfügen kann, und gestattet er ihr damit auch unentgeltliche Verfügungen, ist die Ehefrau Vollerbin und nicht nur befreite Vorerbin. Den Verwandten, die den Teil des Nachlasses erhalten sollen, über den die Ehefrau bei ihrem Tod nicht verfügt hat, ist nur ein befristetes Vermächtnis zugewendet (OLG Bremen DNotZ 1956, 149; MK/Grunsky, § 2137 Rn. 3; Staudinger/Behrends, § 2138 Rn. 5).

Eintrittsklausel

Wenn in einem Gesellschaftsvertrag Regelungen über die Erbfolge getroffen sind, kann dies durch eine Eintrittsklausel (oder Nachfolgeklausel oder Fortsetzungsklausel) geschehen. Eine Eintrittsklausel gibt einer Person das Recht, nach dem Tod eines Gesellschafters in die Gesellschaft einzutreten (BGHZ 68, 225, 233). Der Wechsel in der Gesellschafterstellung erfolgt jedoch nicht automatisch, sondern nur unter Mitwirkung des Eintrittsberechtigten. Dieser kann sein Erbe, Miterbe, Vorerbe, Nacherbe, Vermächtnisnehmer oder Dritter.

Der Tod eines Gesellschafters führt trotz Vorliegens einer Eintrittsklausel nicht zu einem unmittelbaren (automatischen) Nachrücken der bezeichneten Person. Vielmehr wächst der Gesellschaftsanteil des verstorbenen Gesellschafters den verbliebenen Gesellschaftern an, die die Gesellschaft fortführen. Die Mitgliedschaft in der Gesellschaft muß deshalb nach dem Erbfall neu begründet werden. Die Eintrittsklausel kann auch selbst bereits ein bindendes Vertragsangebot an den Nachfolger auf Aufnahme in die Gesellschaft vorsehen (Optionsrecht).

Die Mitgliedschaft in der Gesellschaft wird hierbei nicht kraft Erbrechts, sondern vielmehr durch Rechtsgeschäft unter Lebenden begründet. Bei der Eintrittsklausel handelt es sich insoweit um einen **Vertrag zugunsten Dritter,** §§ 328 ff. BGB. Der Eintritt in die Gesellschaft erfolgt somit nicht durch Erbfolge. Der Erblasser ist gut beraten, die Bedingungen des Eintritts genau festzulegen.

Der Erblasser kann die Person des Eintrittsberechtigten bereits im Gesellschaftsvertrag benennen (was unüblich ist) oder in einer erbrechtlichen Verfügung.

Es besteht keine Verpflichtung des vom Erblasser Benannten, in die Gesellschaft einzutreten. Vielmehr muß er das Recht haben, einer Gesellschaft fernzubleiben, wenn ihm die Mitgesellschafter nicht genehm sind, kein Vertrauensverhältnis vorhanden ist oder er nicht als Gesellschafter „geeignet" ist.

Literaturhinweis:

Brox, Rn. 746, 749, 751.

Eintrittsrecht

→ *Eintrittsklausel*

Einzelunternehmen

Die Eintragung einer Firma in das HGB bewirkt, daß für ihre Rechtsbeziehungen zu Dritten das Handelsgesetzbuch und nicht mehr das Bürgerliche Gesetzbuch Anwendung findet. Unter Geltung des HGB kann die Firma bei Tod des Inhabers fortbestehen, der Firmenwert (Goodwill) bei einem Unternehmensverkauf zu berücksichtigen sein und die Firma grundsätzlich beibehalten werden im Falle des Verkaufs oder der Verpachtung. Eine Einzelfirma ist nach den Vorschriften der §§ 22, 23, 27 HGB vererblich. Vererbt werden alle tatsächlichen und rechtlichen Beziehungen zu Dritten (natürliche und juristische Personen des privaten und öffentlichen Rechts) und das Know-how. Nicht vererblich ist die Kaufmannseigenschaft, da diese an die Person des Inhabers gebunden ist. Falls der Erblasser als Inhaber eines Maurergeschäfts Maurermeister war, muß grundsätzlich auch der Erbe die Meisterprüfung im Maurerhandwerk besitzen.

Der oder die Erben erwerben das Einzelunternehmen mit sämtlichen Rechten und Pflichten. Der Alleinerbe kann mit oder ohne Nachfolgezusatz die bisherige Firma fortführen, §§ 22 Abs. 1, 27 Abs. 1 HGB.

Wird das Einzelunternehmen an eine Mehrheit von Erben vererbt, bestehen für diese folgende Möglichkeiten:

– Das Unternehmen kann von allen Erben in Erbengemeinschaft fortgeführt werden (BGH NJW 1955, 1227; BGH NJW 1985, 136). Nach der Rechtsprechung des BGH bleibt das Unternehmen Einzelunternehmen.

– Die Erben können das geerbte Einzelunternehmen in eine neu zu gründende Personen- oder Kapitalgesellschaft einbringen und auf diese Weise fortführen.

In der Praxis muß der Einzelfall entscheiden, in welcher Form das Einzelunternehmen fortgeführt werden soll. Im Zweifel ist der Einbringung des geerbten Unternehmens in eine neue Gesellschaft der Vorzug zu geben.

Falls der Erbe ein geerbtes Unternehmen unter der gleichen Firma mit oder ohne Nachfolgezusatz fortführt, haftet er den Gläubigern nach §§ 27 Abs. 1, 25 Abs. 1 HGB für alle früheren im Betrieb des Geschäfts begründeten Verbindlichkeiten persönlich, auch mit seinem Privatvermögen. Wird die Firma nicht fortgeführt, kann der Erbe seine Haftung für die Betriebsverbindlichkeiten gem. §§ 1967–2017 BGB auf den Nachlaß beschränken (wegen der erb- und handelsrechtlichen Haftung siehe: Baumbach/Hopt, § 27 Rn. 3, 5, 8; BGH NJW 1992, 911 f.; offengelassen von BGH JR 1991, 455 f.; Brox, Rn. 187; K. Schmidt, § 8 IV 2 b und K. Schmidt, JZ 1991, 734.

Einziehung des Erbscheins

→ *Erbschein*

Enterbung

1. Überblick
2. Formen der Enterbung
3. Rechtsfolgen
4. Enterbung und Pflichtteilsrecht

1. Überblick

Enterbung ist der Ausschluß eines gesetzlichen Erben von der Erbfolge durch Verfügung von Todes wegen, § 1938 BGB. Die Testierfreiheit gibt dem Erblasser das Recht, seine gesetzlichen Erben ohne weiteres von der Erbfolge auszuschließen. Der Fiskus als letzter gesetzlicher Erbe kann dagegen nicht enterbt werden (Palandt/Edenhofer, § 1938 Rn. 1).

2. Formen der Enterbung

Der Ausschluß von der Erbfolge kann nur durch Testament oder Verfügung in einem Erbvertrag erfolgen, er kann auch bedingt oder für einen Teil des Nachlasses erklärt werden.

Die Enterbung bedarf keiner Begründung. Auch eine unzutreffende Begründung ist unschädlich, berechtigt aber unter Umständen zur Anfechtung gemäß § 2078 Abs. 2 BGB (BGH NJW 1965, 584).

Der stillschweigende Ausschluß von der Erbfolge ist möglich. In diesem Fall muß jedoch der Ausschließungswille unzweideutig zum Ausdruck kommen (BayObLG FamRZ 1992, 986).

Die Ausschließung kann auch in der bloßen Zuwendung des Pflichtteils liegen (RGZ 61, 15).

Erfolgt der Ausschluß durch Einsetzung eines anderen als des gesetzlichen Erben, bleibt er auch im Fall der Nichtigkeit der Erbeinsetzung wirksam, wenn er unter allen Umständen gewollt war (BGH RdL 1966, 320).

Der Erblasser kann im Testament seine gesetzlichen Erben von der Erbfolge ausschließen, ohne einen Erben einzusetzen, (sog. Negativtestament).

Formulierungsvorschlag:

Meine Ehefrau und meine Kinder sollen mich nicht beerben.

Der Erblasser kann auch alle oder einzelne gesetzliche Erben dadurch von der Erbfolge ausschließen, daß er den gesamten Nachlaß durch Erbeinsetzung anderweit zuwendet.

Formulierungsvorschlag:

Alleinerbe soll mein Bundesbruder Felix sein.

In diesem Fall spricht man von einem positiven Testament.

Der Erblasser kann bei ausdrücklicher Enterbung des gesetzlichen Erben einen dritte Person als Erbe eingesetzten.

Formulierungsvorschlag:

Mein Freund Felix soll Erbe zu $\frac{1}{3}$ sein. Mein Sohn Siegfried soll auch von dem Rest nichts erhalten.

Ist in einer Verfügung von Todes wegen ohne ausdrückliche Enterbung angeordnet, daß ein gesetzlicher Erbe nur den Pflichtteil erhalten soll, so ist durch Auslegung zu ermitteln, ob der gesetzliche Erbe einen Erbteil in Höhe des Pflichtteils oder nur den Pflichtteilsanspruch haben soll. Nach § 2304 BGB ist im Zweifel anzunehmen, daß nur der Pflichtteilsanspruch bestehen soll und das gesetzliche Erbrecht ausgeschlossen ist.

Formulierungsvorschlag:

Alleinerbin ist meine Tochter Klara. Meinen Sohn Siegfried setze ich auf den Pflichtteil.

In einer **Pflichtteilsentziehung** ist regelmäßig auch die Enterbung zu sehen. Schwieriger ist die Frage zu beantworten, wie eine als „Vermächtnis" bezeichnete Zuwendung an einen gesetzlichen Erben zu beurteilen ist. Hierbei kann es sich um eine Zuwendung als Vorausvermächtnis, eine Teilungsanordnung oder ein Vermächtnis mit Enterbung als gesetzlicher Erbe zu sehen sein.

3. Rechtsfolgen

Der Enterbte wird nicht Erbe. Er wird so behandelt, als ob er nicht vorhanden wäre. Die Erbschaft fällt dem an, der Erbe geworden wäre, wenn der Enterbte zum Zeitpunkt des Erbfalls nicht gelebt hätte.

Die Enterbung erstreckt sich im Zweifel nicht auf die Abkömmlinge (BayObLG Rpfleger 1989, 369).

Will der Erblasser auch die Abkömmlinge des Enterbten von der gesetzlichen Erbfolge ausschließen, dann muß er diese ebenfalls enterben. Was im Einzelfall gewollt ist, muß durch Auslegung der letztwilligen Verfügung ermittelt werden.

4. Enterbung und Pflichtteilsrecht

Die Enterbung berührt das Pflichtteilsrecht (→ *Pflichtteilsrecht*) nicht. Dieses kann nur unter den besonderen Voraussetzungen der §§ 2333 ff. entzogen werden.

Entlastung des Testamentsvollstreckers

→ *Testamentsvollstreckung*

Erbauseinandersetzung

→ *Auseinandersetzung der Erbengemeinschaft*

Erbe

1. Überblick

Erbe ist die Person bzw. sind diejenigen Personen, auf die das Vermögen und die Verbindlichkeiten des Erblassers im ganzen übergehen. Mit dem Tod des Erblassers wird anstelle des Verstorbenen sein Erbe Inhaber seiner Forderungen, Eigentümer seiner Gegenstände und Schuldner seiner Verbindlichkeiten.

Insofern gilt der Grundsatz der **Gesamtrechtsnachfolge** oder **Universalsukzession.** Dabei geht mit dem Erbfall das Eigentum an Grundstücken des Erblassers auf den Erben über, auch wenn dieser noch nicht im Grundbuch eingetragen ist.

Bei mehreren Erben gehen das Vermögen und die Verbindlichkeiten auf die Erben zur gesamten Hand über (→ *Miterbengemeinschaft*).

Mehrere Erben bilden untereinander eine Erbengemeinschaft, die die Erbschaft gemeinschaftlich bis zur Auseinandersetzung verwaltet und für die Nachlaßschulden aufkommen muß.

2. Keine Vererbung von Einzelgegenständen

Nach deutschem Erbrecht ist es nicht möglich, einen Erben für einzelne Nachlaßgegenstände, etwa ein Hausgrundstück, einzusetzen. Auf den oder die Erben geht der gesamte Nachlaß im ganzen über. Die Zuwendung von einzelnen Gegenständen kann nur durch Vermächtnis oder Teilungsanordnung erfolgen.

Sind einer Person in einem Testament oder Erbvertrag einzelne Gegenstände zugewiesen, die nicht den wesentlichen Teil des Nachlasses ausmachen, und wird die Person als Erbe bezeichnet, ist dennoch nicht anzunehmen, daß sie als Erbe eingesetzt ist. Dies wäre nur dann der Fall, wenn sich aus sonstigen Umständen Anhaltspunkte dafür ergeben, daß ihr der gesamte Nachlaß zukommen soll. Andererseits ist ein Bedachter als Erbe eingesetzt, wenn ihm der Erblasser sein gesamtes Vermögen oder ein Bruchteil seines Vermögens zuspricht, auch wenn er nicht als Erbe bezeichnet wird.

3. Vorläufiger Erbe

Der Erbe ist bis zur Annahme oder Ausschlagung der Erbschaft vorläufiger Erbe. Als solcher ist er regelmäßig nicht verpflichtet, für den Nachlaß tatsächliche Handlungen oder Rechtsgeschäfte vorzunehmen und Prozesse zu führen. Macht er Rechte aus dem Nachlaß prozessual geltend, so ist darin eine Annahme der Erbschaft zu erblicken, sofern es sich nicht um eine unaufschiebbare Angelegenheit handelt (Brox, Rn. 306).

Hatte der vorläufige Erbe bereits Verpflichtungsgeschäfte abgeschlossen, bleibt er trotz der Ausschlagung der Erbschaft dafür mit seinem Eigenvermögen verpflichtet, es sei denn, daß er für den Vertragspartner erkennbar nur für den Nachlaß gehandelt hat. Im Verhältnis zum endgültigen Erben hat er die Stellung eines Geschäftsführers ohne Auftrag mit den sich daraus ergebenden Rechten und Pflichten, §§ 1959 Abs. 1, 677 ff. BGB. Zu diesen Maßnahmen gehören solche zur Sicherung des Nachlasses, sämtliche Geschäfte im Zusammenhang mit der Bestattung, unaufschiebbare Verfügungen wie die Zahlungen dringender Erblasserschulden, Beerdigungskosten etc. Diese Maßnahmen bleiben sämtlich wirksam, § 1959 Abs. 2 BGB.

Nicht eilige Verfügungen sind an sich unwirksam, können jedoch durch gutgläubigen Erwerb oder durch Genehmigung des endgültigen Erben wirksam werden.

Einseitige Erklärungen Dritter, die den vorläufigen Erben gegenüber abgegeben worden sind, wie zum Beispiel Kündigungen und Rücktrittserklärungen, bleiben gegenüber dem endgültigen Erben wirksam, § 1959 Abs. 3 BGB (Weirich, Erben und Vererben, Rn. 63).

Erbeinsetzung

1. Überblick

Mit der Erbeinsetzung bestimmt der Erblasser, wer sein Erbe wird. Sind **mehrere Personen** als Erben vorgesehen, müssen die jeweiligen Erbteilsquoten angegeben werden. Werden mehrere Erben ohne Angaben der Erbteilsquoten eingesetzt, gelten sie grundsätzlich als zu gleichen Teilen zur Erbschaft berufen. Jede Person, auch juristische Personen wie eine GmbH, eine Aktiengesellschaft, ein eingetragener Verein, eine Gemeinde oder der Staat, können als Erbe eingesetzt werden.

Im Einzelfall kann die **Feststellung, wer Erbe ist,** schwierig sein, weil der Erblasser bei der Formulierung der letztwilligen Verfügung keinen bestimmten Wortlaut gebrauchen muß. Entscheidend ist dann der durch Auslegung zu ermittelnde Wille. Oftmals werden Begriffe verwendet wie: „Ich vermache . . .", „Ich vererbe . . .", „Erben sollen . . ." etc.

§ 2087 Abs. 2 BGB gibt eine **Auslegungsregel,** wonach im Zweifel keine Erbeinsetzung anzunehmen ist, wenn dem Bedachten nur einzelne Gegenstände zugewendet sind. Diese Auslegungsregel greift nicht ein, wenn ein anderer Wille des Erblassers festgestellt werden kann (BGH FamRZ 1972, 561; OLG Köln DNotZ 1993, 133).

Hat der Erblasser seinem Sohn ein bestimmtes Grundstück zugewandt, so ist davon auszugehen, daß es sich um ein Vermächtnis handelt, wenn noch weiterer erheblicher Nachlaß vorhanden ist.

Stellte aber das Grundstück bei Testamentserrichtung den einzigen Vermögensgegenstand des Erblassers dar, so ist eine Einsetzung des Sohnes als Alleinerbe gewollt. Bei der Auslegung dürfen also die einzelnen Testamentsbestimmungen nicht isoliert betrachtet werden. Zu berücksichtigten sind vielmehr alle Umstände, gleichgültig, ob sie in der Urkunde angedeutet sind oder nicht.

2. Zuwendung eines Einzelgegenstandes

Die Zuwendung eines einzelnen Gegenstandes spricht also nicht zwingend gegen eine Erbeinsetzung. Es kann sich auch um eine Erbeinsetzung mit Teilungsanordnung oder um eine reine Teilungsanordnung (bei gesetzlicher Erbfolge) handeln, § 2048 BGB (→ *Teilungsanordnung*). Der Bedachte ist dann Miterbe. Er hat bei der Erbteilung einen schuldrechtlichen Anspruch auf den Gegenstand, dessen Wert er sich auf seinen Erbteil anrechnen lassen muß (→ *Auseinandersetzung der Erbengemeinschaft*).

3. Vorausvermächtnis

Schließlich kann mit der Zuwendung eines Gegenstandes auch ein Vorausvermächtnis gewollt sein, § 2150 BGB. Der Bedachte ist dann Miterbe und außerdem hinsichtlich des Gegenstandes Vermächtnisnehmer. Im Unterschied zur Teilungsanordnung erhält er den Gegenstand neben seinem Erbteil.

Gemäß § 2087 Abs. 1 BGB ist eine Verfügung als Erbeinsetzung zu werten, wenn der Erblasser sein Vermögen oder einen Bruchteil seines Vermögens den Bedachten zugewendet hat. Allerdings handelt es sich nicht um eine zwingende Vorschrift. Sie ist z. B. dann nicht anwendbar, wenn ein Quotenvermächtnis vorliegt, wenn der Bedachte also einen Bruchteil des Nachlasses haben soll, jedoch nicht als Erbe, sondern nur als Anspruch gegen den Erben.

4. Erbeinsetzung nach Bruchteilen

Häufig werden mehrere Personen als Erben eingesetzt. Dann entsteht beim Erbfall eine Miterbengemeinschaft. Unproblematisch ist es, wenn der Erblasser die Bruchteile selbst angegeben hat. Hat er keine Bruchteile angegeben, so erben die Mitglieder der Erbengemeinschaft zu gleichen Teilen. Hat der Erblasser jedoch verschiedenen Bedachten statt einer Erbquote bestimmte Gegenstände zugewendet, so ist die Frage zu stellen, ob der Erblasser eine Erbeinsetzung oder ein Vermächtnis gewollt hat. Stellen die genannten Vermögensgegenstände wirtschaftlich das gesamte oder nahezu das gesamte Vermögen dar, kann Erbeinsetzung gegeben sein, § 2087 Abs. 1 BGB (BGH NJW 1972, 500).

In diesem Fall ergibt sich jedoch das weitere Problem, in welchem **Quotenverhältnis die Erbteile zueinander** stehen, weil sich danach auch der Erbteil an den restlichen, nicht genannten Ver-

mögenswerten und auch die Mitverpflichtung aus den Nachlaßverbindlichkeiten bestimmen. Die Erbquoten müssen dann nach
dem Wertverhältnis der zugewendeten Gegenstände entweder
im Erbscheinsverfahren durch das Nachlaßgericht ermittelt oder
im Prozeßverfahren durch das Prozeßgericht festgestellt werden.
Die gegenständlichen Zuwendungen bleiben als Teilungsanordnungen bestehen und werden auf die Erbquoten angerechnet.

In dem Fall, daß Unklarheit über die Höhe der Erbteile
besteht, gibt das Gesetz in §§ 2088 ff. BGB folgendes vor:

– Wird bei einer Erbeinsetzung auf einen oder mehrere Bruchteile der Nachlaß nicht voll ausgeschöpft, so gilt im Zweifel
  für den Rest die gesetzliche Erbfolge, §§ 2088 BGB. Sollen
  aber dem durch Auslegung zu ermittelnden Willen des
  Erblassers die eingesetzten Erben die alleinigen Rechtsnachfolger sein, so tritt eine verhältnismäßige Erhöhung der
  Bruchteile ein, § 2089 BGB.

– Übersteigen die Bruchteile 100 %, so tritt eine verhältnismäßige Minderung der Bruchteile ein, § 2090 BGB.

– Sind mehrere Personen als Erben benannt, ohne daß eine
  bestimmte Erbquote angegeben ist, ist davon auszugehen,
  daß alle zu gleichen Teilen Erben sind, § 2091 BGB.

5. Bedingte und befristete Erbeinsetzung

Die Erbeinsetzung kann vom Erblasser unter einer → *Bedingung* oder → *Befristung* erfolgen. Bei einer aufschiebenden
Bedingung oder einem Anfangstermin wird der Benannte
Nacherbe, sofern die Bedingung (der Termin) beim Erbfall noch
nicht eingetreten ist. Bei einer auflösenden Bedingung oder
einem Endtermin wird er beim Erbfall (i.d.R. befreiter) Vorerbe
(Weirich, Erben und Vererben, Rn. 575 ff.; Brox, Rn. 320).

Erben-Feststellungsklage

Bei einer Vielzahl von Gelegenheiten (bei Banken, beim
Grundbuchamt, bei Versicherungen) muß der Erbe sein Erbrecht nachweisen. Dies geschieht regelmäßig durch einen
vom Nachlaßgericht erteilten Erbschein, §§ 2353 ff. BGB, oder
durch Vorlage einer beglaubigten Abschrift einer Verfügung
von Todes wegen nebst Eröffnungsniederschrift.

Besteht Streit um die Testierfähigkeit des Erblassers, die Anfechtung oder Sittenwidrigkeit einer Verfügung von Todes wegen, die Frage eines wirksamen Widerrufs oder bei der Auslegung von Verfügungen von Todes wegen, muß der Erbe sich vor dem Zivilgericht sein Erbrecht erstreiten.

Dies geschieht über eine Feststellungsklage gem. § 256 ZPO. Für eine derartige Klage besteht dann kein Rechtsschutzbedürfnis, wenn ein Erbscheinserteilungsverfahren anhängig gemacht werden könnte oder wenn ein Erbschein bereits erteilt ist (BGHZ 86, 41; BGH NJW 1983, 277).

Ein Erbschein kann im Gegensatz zu einem Feststellungsurteil weder in formelle noch in materielle Rechtskraft erwachsen (→ *Erbschein*).

Die **Zuständigkeit** für die Feststellungsklage ergibt sich nach den allgemeinen Zuständigkeitsregeln der §§ 12, 13 ZPO und der besonderen Vorschrift über den Gerichtsstand der Erbschaft nach § 27 ZPO.

Erbengemeinschaft

→ *Miterbengemeinschaft*

Erbenhaftung

→ *Miterbenhaftung*

Erbersatzanspruch

→ *Vorzeitiger Erbausgleich*

Erbfähigkeit

1. Überblick
2. Nasciturus
3. Kommorientenvermutung
4. Nondum conceptus
5. Juristische Personen

1. Überblick

Erbfähigkeit ist die Fähigkeit, Erbe zu sein. Diese besitzt nur derjenige, der fähig ist, Träger von Rechten und Pflichten zu sein. Die Erbfähigkeit ist deshalb ein Teil der allgemeinen Rechtsfähigkeit.

Rechtsfähig und damit auch erbfähig ist jede natürliche oder juristische Person. Tiere können, obwohl sie keine Sachen sind, nicht Erbe sein.

Ein Vermächtnis für den Hund „Lumpi" wäre nichtig, kann jedoch umgedeutet werden in eine Auflage zu Lasten der Erben, für „Lumpi" bis zu dessen Lebensende zu sorgen.

Die Rechtsfähigkeit muß **im Zeitpunkt des Erbfalls** gegeben sein. Der Erbe muß also den Erblasser, wenn auch nur um den Bruchteil einer Sekunde, überleben (OLG Hamm NJW-RR 1996, 70).

2. Nasciturus

Eine **Vorverlegung** der Rechtsfähigkeit bestimmt § 1923 Abs. 2 BGB. Der bereits erzeugte, aber noch nicht geborene Mensch (nasciturus) gilt als vor dem Erbfall geboren. § 1923 Abs. 2 BGB greift auch dann ein, wenn das lebend zur Welt gekommene Kind nur ein paar Minuten gelebt hat. Nur dann, wenn es tot geboren wäre, ist es nie rechtsfähig gewesen und kommt als Erbe nicht in Betracht.

Zweifelhaft ist, ob § 1923 Abs. 2 BGB entsprechend anwendbar ist, wenn das Kind dadurch entsteht, daß der Samen seines Vaters nach dessen Tod der Mutter eingespritzt wird (sog. **homologe Insemination**) oder daß Samen und Ei der Eltern in der Retorte verschmolzen werden und der Embryo nach dem Tod des Vaters in den Uterus der Mutter eingesetzt wird (sog. homologe In-vitro-Vertilisation) (Brox, Festschrift für Stree und Wessel 1993, S. 965). Brox (Erbrecht, Rn. 9) hält es wegen des Gleichheitsgrundsatzes und dem Gebot der Gerechtigkeit für geboten, daß das nach dem Tod des Erblassers gezeugte Kind erbrechtlich ebenso wie alle anderen Kinder des Erblassers behandelt wird. Hierfür spreche auch der hypothetische Willen des Gesetzgebers.

3. Kommorientenvermutung

Kann bei dem Tod mehrerer Personen nicht bewiesen werden, welcher von ihnen länger gelebt hat, gilt die gesetzliche Vermutung, daß sie gleichzeitig verstorben sind (sog. Kommorientenvermutung, § 11 Verschollenengesetz). In diesem Fall kann keiner Erbe, Nacherbe oder Vermächtnisnehmer des anderen werden.

4. Nondum conceptus

Wer zur Zeit des Erbfalls noch nicht gezeugt ist (nondum conceptus), kann nicht Erbe sein (vgl. aber oben unter Ziffer 2). Sollte er dennoch als Erbe eingesetzt werden, gilt er im Zweifel als Nacherbe, § 2101 Abs. 1 BGB. Er könnte auch mit einem Vermächtnis bedacht werden, §§ 2162 Abs. 2, 2178 BGB.

5. Juristische Personen

Juristische Personen besitzen eine eigene allgemeine Rechtsfähigkeit, d.h. die Fähigkeit, selbständig Träger von Rechten und Pflichten zu sein. Dabei spielt es keine Rolle, ob es sich um juristische Personen des Privatrechts (z. B. GmbH, Aktiengesellschaft, Genossenschaft, eingetragener Verein, rechtsfähige Stiftung usw.) handelt oder um juristische Personen des öffentlichen Rechts, wie z. B. Bundesrepublik Deutschland, Länder, Gemeinden, öffentlich-rechtliche Körperschaften, Anstalten, Stiftungen usw.

Obwohl **OHG und KG** keine juristischen Personen des Privatrechts sind, sind sie dennoch erbfähig, da sie gem. §§ 124 Abs. 1, 161 Abs. 2 HGB im Rechtsverkehr als Einheit auftreten und Rechte sowie Verbindlichkeiten erwerben können.

Bei privatrechtlichen Stiftungen gilt die Sondervorschrift des § 84 BGB. Ansonsten gilt der Grundsatz, daß erbfähig jede juristische Person ist, die zum Zeitpunkt des Erbfalls die Rechtsfähigkeit besitzt.

Erbfallschulden

→ *Nachlaßverbindlichkeiten*

Erblasser

Erblasser ist der Verstorbene, dessen Vermögen auf die Erben übergeht. Erblasser kann nur ein Mensch sein. Als Erblasser wird in Einzelfällen auch die noch lebende Person bezeichnet, wenn sie beispielsweise eine Verfügung von Todes wegen errichtet.

Eine juristische Person kann nicht sterben. Endet sie durch Auflösung, kann sie selbst zwar nicht mehr Träger von Rechten und Pflichten sein. Insofern spricht man jedoch von Liquidation.

Erblasserschulden

→ *Nachlaßverbindlichkeiten*

Erbnachweis

Wenn der Erbe über Bankkonten des Erblassers nach dessen Tod verfügen will, so wird von ihm der Nachweis verlangt, daß er Erbe ist.

Will der Erbe ein Grundstück des Erblassers auf sich umschreiben lassen, veräußern oder belasten, so verlangt das Grundbuchamt den Nachweis der Erbfolge. Der Nachweis der Erbfolge wird in der Regel durch einen Erbschein geführt (→ *Erbschein*). Er ist ein amtliches Zeugnis des Nachlaßgerichts mit der Bezeichnung des Erblassers und der Erben. Sind mehrere Erben vorhanden, so wird das Verhältnis der Erbteile angegeben. Hat der Erblasser Nacherbfolge oder Testamentsvollstreckung angeordnet, so sind auch diese Beschränkungen zu vermerken. Der Erbschein enthält keine Angaben über die Zusammensetzung und den Wert des Nachlasses und über schuldrechtliche Verpflichtungen des Erben aus Vermächtnissen, Auflagen, Pflichtteilslasten usw. Die Anordnung einer Nachlaßverwaltung oder eines Nachlaßinsolvenzverfahrens wird nicht angegeben.

Erbquote

Hat der Erblasser in einer Verfügung von Todes wegen eine Aufteilung des Nachlasses ohne Bestimmung der Erbquoten vorgenommen, so stellt sich die Frage, ob der Erblasser eine → *Erbeinsetzung* oder ein Vermächtnis gewollt hat. Falls die Vermögensgegenstände wirtschaftlich das gesamte oder nahezu das gesamte Vermögen darstellen, kann Erbeinsetzung entgegen der Auslegungsregel des § 2087 Abs. 2 BGB vorliegen. Diese greift nämlich dann nicht ein, wenn durch individuelle Auslegung die Zweifel überwunden sind, die sonst zur Auslegung als Vermächtnisanordnung führen müßten (BayObLGE 65, 460; Rpfleger 1980, 471; OLG Köln Rpfleger 1980, 344). Für eine Erbeinsetzung ist entscheidend, wer nach dem Willen des Erblassers den Nachlaß zu regeln und die Nachlaßschulden zu tilgen hat und ob der Erblasser dem Bedachten eine möglichst starke Stellung verschaffen wollte oder ihn lediglich auf schuldrechtliche Ansprüche gegen den Erben hinsichtlich Einzelgegenstände wie Mobiliar, Grundstück, Geldsumme usw. verweisen wollte (BGH MDR 1960, 484; BayObLGE 63, 319).

Probleme können entstehen, wenn die Einsetzung nach Vermögensgruppen erfolgte. In diesen Fällen hat der Erblasser ohne ausdrückliche Erbeinsetzung sein gesamtes Vermögen durch Bezeichnung der wichtigsten Vermögensgegenstände (etwa Grundstück, Bankguthaben, PKW) auf verschiedene Personen verteilt. Hier kann die Auslegung ergeben, daß der Erblasser in Wirklichkeit sein Vermögen zuwenden wollte, also eine Erbeinsetzung nach § 2087 Abs. 1 BGB gegeben ist. Möglich ist jedoch auch eine Auslegung, daß bei nicht erschöpfender Verteilung entweder nur eine Erbeinsetzung der hierbei Bedachten auf einen den Wert der Zuwendung entsprechenden Bruchteil gewollt ist, § 2088 BGB, oder der Erblasser über sein gesamtes Vermögen im Wege der Erbeinsetzung der Bedachten verfügen wollte und sich deren Erbquoten nach dem Wertverhältnis der Zuwendungen richten sollte (BGH FamRZ 1972, 561, 563; KG NJW 1958, 504; BayObLG MDR 1980, 937).

Die §§ 2088 ff. BGB geben im Falle von **Unklarheiten** über die Höhe der Erbteile folgende **Anhaltspunkte:**

– Hat der Erblasser bei einer Erbeinsetzung auf einen oder mehrere Bruchteile den Nachlaß nicht in vollem Umfang ausgeschöpft, so ist nach § 2088 Abs. 1 BGB im Zweifel für den übrigen Rest die gesetzliche Erbfolge anzunehmen. Ergibt die Auslegung des Willens des Erblassers jedoch, daß die von ihm eingesetzten Erben Alleinerben sein sollen, erfolgt nach § 2089 BGB eine verhältnismäßige Erhöhung der Bruchteile.

– Falls die Bruchteile den ganzen Nachlaß übersteigen, tritt nach § 2090 BGB eine verhältnismäßige Minderung der Bruchteile ein (Beispiel: siehe MK/Skibbe, § 2090 BGB Rn. 3).

– Sind mehrere Erben eingesetzt, ohne daß die Erbteile bestimmt sind, so sind sie zu gleichen Teilen eingesetzt, soweit sich aus den §§ 2066–2069 BGB nicht ein anderes ergibt.

Erbrecht

1. Überblick

Das Erbrecht beruht auf der Anerkennung des Privateigentums und der Selbstverantwortung des Menschen in unserer Rechtsordnung. Es wird durch drei rechtspolitische Grundentscheidungen geprägt: das Privaterbrecht, das Familienerbrecht und die Testierfreiheit.

Das Privateigentum und das private Erbrecht sind die wichtigsten Elemente einer freiheitlichen Gesellschaftsordnung. Sie ermöglichen dem Individuum ein Stück Freiheit und Unabhängigkeit von Staat und Gesellschaft. Ihre Grundlage ergibt sich aus Artikel 14 Abs. 1 des GG: „Das Eigentum und das Erbrecht werden gewährleistet. Inhalt und Schranken werden durch die Gesetze bestimmt." Damit werden Erbrecht und Eigentum verfassungsrechtlich geschützt. Wenn ein Mensch stirbt, fällt sein Vermögen nicht an den Staat, sondern es geht grundsätzlich auf Privatpersonen über. Das Erbrecht gewährleistet den Fortbestand des Privateigentums über den Tod des jeweiligen Eigentümers hinaus. Ohne privates Erbrecht würde sich das persönliche Eigentum in der nächsten Generation in staatliches Eigentum verwandeln.

Die Testierfreiheit gibt dem Erblasser grundsätzlich das Recht, nach seinem Gutdünken zu vererben. Dieses Recht korrespondiert mit demjenigen des Erben, kraft Erbfolge zu erwerben. Auch der Erbe genießt somit den Schutz des Grundrechts und kann diesen nach Eintritt des Erbfalls gerichtlich durchsetzen.

2. Verwandtenerbrecht

a) Kinder

Gesetzliche Erben 1. Ordnung sind die Abkömmlinge des Erblassers, § 1924 Abs. 1 BGB. Die Abkömmlinge des Erblassers erben nach Stämmen, § 1924 Abs. 3 BGB. Stämme werden durch die Kinder einer Person gebildet. Jedes Kind bildet einen Stamm. Die Kindeskinder (Enkel) bilden weitere Unterstämme. Geteilt wird durch die Anzahl der Stämme, und zwar zu gleichen Teilen, § 1924 Abs. 4 BGB. Dabei wird ein Stamm aber nur dann berücksichtigt, wenn in ihm zum Zeitpunkt des Erbfalls überhaupt noch ein erbfähiger Abkömmling vorhanden ist.

Innerhalb eines Stammes gilt das → *Repräsentationssystem*, § 1924 Abs. 2 BGB. Es bedeutet, daß lebende Stammeltern ihre Abkömmlinge von der Erbschaft ausschließen. Die Eltern repräsentieren den Stamm.

Im übrigen gilt innerhalb des Stammes das Eintrittsrecht, § 1924 Abs. 3 BGB. Dies bedeutet, daß an die Stelle verstorbener Eltern deren Kinder treten (→ *Ehegattenerbrecht*).

Grundlagen für das Erbrecht nicht ehelicher Kinder sind das Nichtehelichengesetz vom 19. 8. 1969 (BGBl I, 1243) und das Erbrechtsgleichstellungsgesetz vom 16. 12. 1997 (BGBl I, 2968). Durch das Gesetz zur erbrechtlichen Gleichstellung nicht ehelicher Kinder vom 16. 12. 1997 werden die durch das **Nichtehelichengesetz** eingefügten §§ 1934 a–1934 e BGB gestrichen. Damit sind die nichtehelichen Kinder nunmehr den ehelichen Kindern erbrechtlich in jeder Hinsicht gleichgestellt. Sie erwerben im Erbfall also keinen bloßen Erbersatzanspruch (→ *Auseinandersetzung der Erbengemeinschaft;* → *Vorzeitiger*

Erbausgleich). Sie werden vielmehr, wie wenn sie ehelich wären, erben. Sie sind auch nicht mehr berechtigt, einen → *vorzeitigen Erbausgleich* zu verlangen.

b) Nasciturus

§ 1923 Abs. 2 BGB bestimmt eine Vorverlegung der Rechtsfähigkeit. Der bereits erzeugte, aber noch nicht geborene Mensch (nasciturus) gilt als vor dem Erbfall geboren (→ *Erbe*).

c) Adoptierte → *Adoption*

d) Eltern

Ist kein Erbe 1. Ordnung vorhanden, erben die Erben der 2. Ordnung. Dazu gehören die Eltern des Erblassers und deren Abkömmlinge, § 1925 Abs. 1 BGB. Sind solche Personen vorhanden, scheiden etwa noch lebende Großeltern des Erblassers und deren Abkömmlinge als gesetzliche Erben aus. Sie gehören nämlich nicht zur 2., sondern erst zur 3. Ordnung, §§ 1926 Abs. 1, 1930 BGB (→ *Parentelsystem*; → *Ehegattenerbrecht*).

e) Geschwister

Sind Abkömmlinge des Erblassers nicht vorhanden, fällt der Nachlaß je zur Hälfte an den Vater bzw. dessen Abkömmlinge und an die Mutter bzw. deren Abkömmlinge, § 1925 BGB. Diese Aufteilung in eine väterliche und eine mütterliche Linie findet man auch in der 3. Parentel, § 1926 BGB. Wenn man von einer Person aufwärts zu deren Vorfahren blickt, spricht man von „Linie" (→ *Linienprinzip*).

f) Großeltern

Die Großeltern des Erblassers und deren Abkömmlinge sind Erben 3. Ordnung, § 1926 Abs. 1 BGB. Diese sind nur dann berufen, wenn Erben der 1. und 2. Ordnung nicht vorhanden sind. Der Nachlaß fällt je zur Hälfte in die großelterliche Linie väterlicherseits und die großelterliche Linie mütterlicherseits. Lebten alle Großeltern noch, so erben sie zu je $\frac{1}{4}$, § 1926 Abs. 2 BGB.

Sind Großeltern verstorben, so vererbt sich deren Anteil in den von den verstorbenen Großeltern ausgehenden Stämmen,

§ 1926 Abs. 3 Satz 1 BGB. Sind keine Abkömmlinge eines verstorbenen Großelternteils vorhanden, so fällt dessen Anteil an den anderen Großelternteil derselben Linie, § 1926 Abs. 3 Satz 2 BGB. Erst wenn beide Großeltern einer Linie verstorben und von ihnen auch keine Abkömmlinge mehr vorhanden sind, fällt der Anteil in die andere Großelternlinie, § 1926 Abs. 4.

g) Urgroßeltern

Urgroßeltern sind gesetzliche Erben der 4. Ordnung, § 1928 BGB. Ab der 4. Ordnung gilt anstelle der Erbfolge nach Stämmen oder Linien das sog. → *Gradualsystem*. Dieses besagt, daß der mit dem Erblasser gradmäßig nähere Verwandte die entfernteren Verwandten ausschließt, §§ 1928 Abs. 3, 1929 BGB. Der Grad der Verwandtschaft bestimmt sich nach der Zahl der sie vermittelnden Geburten, § 1589 Satz 3 BGB. Die Graderbfolge gilt jedoch immer nur in der jeweils zur Erbfolge berufenen Ordnung. Sind also nur noch der Urgroßvater, ein Großonkel und eine Tochter eines anderen verstorbenen Großonkels vorhanden, so wird der Erblasser lediglich von dem Urgroßvater allein beerbt, § 1928 Abs. 2 BGB. Da Linien- und Stammsystem nicht gelten, treten an die Stelle der weggefallenen Urgroßeltern nicht deren Abkömmlinge. Die überlebenden Urgroßeltern erben als gradmäßig nächste Verwandte immer allein.

h) Ehegatten (→ *Ehegattenerbrecht*)

i) Nicht ehelicher Vater

Stirbt das nicht eheliche Kind und wird es von seinem Vater überlebt, so ist dieser gesetzlicher Erbe, sofern das nicht eheliche Kind keine Abkömmlinge hinterläßt, §§ 1925 Abs. 1, 1930 BGB. Das Erbrecht des Vaters wandelt sich jedoch in einen Erbersatzanspruch um, wenn er neben der Mutter und/ oder ihren ehelichen Abkömmlingen, § 1934a Abs. 2 BGB, oder neben dem überlebenden Ehegatten des nicht ehelichen Kindes, § 1934a Abs. 3 BGB, Erbe wäre.

Verwandte des Vaters haben beim Tod des nicht ehelichen Kindes nur dann ein gesetzliches Erbrecht, wenn der Vater nicht Erbe wird und er auch **keinen Erbersatzanspruch** erwirbt (z. B. weil er vorverstorben ist). Ihr Erbrecht wandelt sich in den Fällen des § 1934 a Abs. 2 und Abs. 3 BGB in einen Erbersatzanspruch um.

3. Erbrecht des Staates

Der Staat wird dann gesetzlicher Erbe, wenn weder ein Verwandter noch ein Ehegatte des Erblassers vorhanden ist, § 1936 Abs. 1 BGB, oder alle Erben die Erbschaft ausgeschlagen haben. Der Staat selbst kann als gesetzlicher Erbe den Nachlaß nicht ausschlagen, § 1942 Abs. 2 BGB. Der Staat wird dann gesetzlicher Erbe, wenn weder ein Verwandter noch ein Ehegatte des Erblassers vorhanden ist, § 1936 Abs. 1 BGB, oder alle Erben die Erbschaft ausgeschlagen haben. Der Staat selbst kann als gesetzlicher Erbe den Nachlaß nicht ausschlagen, § 1942 Abs. 2 BGB. Er kann jedoch seine Haftung auf den Nachlaß beschränken durch Beantragung von Nachlaßverwaltung und Nachlaßinsolvenz. Die Haftungsbeschränkung kann er in der Zwangsvollstreckung auch dann noch geltend machen, wenn er sich diese nicht im Urteil vorbehalten hat, § 780 Abs. 2 ZPO. Dem Staat kann keine Inventarfrist mit drohendem Verlust der Haftungsbeschränkung gesetzt werden, §§ 1994, 2011 BGB. Als eingesetzter Erbe kann der Staat jedoch die Erbschaft ausschlagen.

Träger des Staatserbrechts ist das Bundesland der Bundesrepublik Deutschland, dem der Erblasser zur Zeit seines Todes angehört hat.

Literaturhinweis:

Brox, Rn. 67 ff.

Erbschaftsanspruch

Gläubiger des Erbschaftsanspruchs ist nach § 2018 BGB der Erbe. Der Miterbe kann den Anspruch für die Erbengemeinschaft geltend machen, § 2039 BGB.

Der Vorerbe hat den Anspruch bis zum Eintritt des Nacherbfalls. Danach steht er dem Nacherben zu, §§ 2100, 2139 BGB.

Der **Erbschaftskäufer** kann den Erbschaftsanspruch erst geltend machen, wenn dieser ihm vom Verkäufer abgetreten worden ist, §§ 398, 413, 2374 BGB.

Der verwaltende Testamentsvollstrecker, §§ 2205, 2209 BGB, der Nachlaßverwalter, § 1985 BGB, sowie der Nachlaßinsolvenzverwalter, § 80 Abs. 1 InsO, sind anstelle des Erben berechtigt, da sie für die Dauer ihres Amtes zur Verwaltung des Nachlasses befugt und verpflichtet sind.

Ob dem Nachlaßpfleger, § 1960 BGB, der Erbschaftsanspruch zusteht, ist strittig (bejahend: RG JW 1931, 44; Lange/Kuchinke, § 40 II 1 a; verneinend: RGRK/Kregel, § 2018 Rn. 3, der die Anwendung des § 2018 BGB ablehnt). Der BGH (NJW 1972, 1952; NJW 1983, 226) nimmt einen vermittelnden Standpunkt ein.

Nach ihm steht dem Nachlaßpfleger ein Herausgabeanspruch gegen den Erbschaftsbesitzer zu, ohne daß er dessen Nichtberechtigung zu beweisen braucht.

Den Anspruch kann der Nachlaßpfleger auch gegen den wahren Erben geltend machen, solange dessen Erbrecht dem Nachlaßpfleger gegenüber noch nicht rechtskräftig festgestellt ist. Der Herausgabeanspruch soll sich jedoch unmittelbar aus dem Recht des Nachlaßpflegers ergeben, weil die Wahrnehmung seiner Aufgabe voraussetzt, daß er den gesamten Nachlaß in Besitz nehmen könne. Der BGH ist jedoch der Auffassung, daß auf den Herausgabeanspruch des Nachlaßpflegers § 2022 BGB, der die Rechte des Erbschaftsbesitzers wegen Verwendungen regelt, entsprechend anwendbar sei. Nachdem damit die analoge Anwendung der §§ 2019 ff. BGB anerkannt ist, besteht bezüglich des Ergebnisses zwischen der vorstehend zitierten bejahenden Meinung und der des BGH kein wesentlicher Unterschied mehr.

Schuldner des Erbschaftsanspruchs ist nach § 2018 BGB der → *Erbschaftsbesitzer.*

Neben den sachenrechtlichen und schuldrechtlichen Herausgabeansprüchen auf einzelne Gegenstände gibt das Gesetz dem Erben gegen den Erbschaftsbesitzer einen erbrechtlichen Gesamtanspruch auf Herausgabe aller oder einzelner Erbschaftsgegenstände, §§ 2018 ff. BGB. Es spielt hierbei keine Rolle, ob sich der Erbschaftsbesitzer in gutem oder bösem Glauben an seiner Erbenstellung befindet.

Der Erbschaftsanspruch kann außer durch Abtretung, §§ 398, 413 BGB, und Erbfolge, § 1922 BGB, auch im Wege der

Zwangsvollstreckung auf einen anderen übergehen, §§ 829, 835, 857 ZPO.

Der Erbe kann den gesamten Anspruch und die Einzelansprüche in einer Klage verbinden, § 260 ZPO. Bei einem Übergang des Erben vom Erbschaftsanspruch zu den Einzelansprüchen ist regelmäßig eine sachdienliche Klageänderung anzunehmen. Der besondere Gerichtsstand des § 27 ZPO gilt nicht für die Klage aus Einzelansprüchen. Der Bestimmtheitsgrundsatz verlangt die exakte Bezeichnung der heraus verlangten Gegenstände im Klageantrag, § 253 Abs. 2 Nr. 2 ZPO. Kann der Erbe einzelne Gegenstände nicht genau bezeichnen, steht ihm ein Auskunftsanspruch, § 2027 f. BGB zu. Er kann diesen Auskunftsanspruch zusammen mit dem Herausgabeanspruch in einer Klage verbinden, Stufenklage gem. § 254 ZPO. Rechtshängigkeit und Rechtskraft erstrecken sich nur auf die im Urteil benannten Gegenstände. Die Rechtskraft des Urteils umfaßt nicht das Erbrecht selbst. Diesbezüglich müßte der Erbe eine entsprechende Feststellungs- oder Zwischenfeststellungsklage erheben. Da es sich bei dem Erbschaftsanspruch um einen besonderen erbrechtlichen Anspruch handelt, kann er außer im allgemeinen Gerichtsstand des Erbschaftsbesitzers im Gerichtsstand der Erbschaft, § 27 ZPO, nicht aber im dinglichen Gerichtsstand, § 24 ZPO, geltend gemacht werden.

Literaturhinweis:

Brox, Rn. 547 ff.

Erbschaftsbesitzer

1. Überblick
2. Haftung
3. Verwendungen
4. Verjährung

1. Überblick

Erbschaftsbesitzer ist derjenige, der Erbschaftsgegenstände unter Berufung auf sein vermeintliches Erbrecht dem wirklichen Erben vorenthält (sog. Erbrechtsanmaßung). Hierbei kommt es nicht darauf an, ob die Anmaßung des Erbrechts gut- oder bösgläubig erfolgt. Es spielt auch keine Rolle, wie und auf welche Weise der Erbschaftsbesitzer die Nachlaßgegenstände erhalten hat. Erbschaftsbesitzer ist auch der, welcher bereits zu Lebzeiten des Erblassers etwas aus dem Vermögen erlangt hat, was er nach dem Erbfall als vermeintlicher Erbe zurückerhält (RGZ 81, 293). Erbschaftsbesitzer ist auch derjenige, der ohne Erbrechtsanmaßung Gegenstände aus dem Nachlaß erlangt hat, die er später als Erbe beansprucht. Eine im Testament als Erbe eingesetzte Person wird durch Anfechtung der Verfügung rückwirkend zum Erbschaftsbesitzer (BGH NJW 1985, 3068 ff. m.w.N.).

Entsprechendes gilt, wenn der Erbe für erbunwürdig erklärt wird. Ein Miterbe, der sich ein weiter gehendes Erbrecht anmaßt, als ihm in Wahrheit zusteht, ist nur dann Erbschaftsbesitzer, wenn er unter Berufung auf dieses angemaßte Erbrecht andere Miterben vom Besitz an den Nachlaßgegenständen ausschließt. Solange der Nachlaß jedoch im gesamthänderischen Mitbesitz aller Erben verbleibt, ist § 2018 BGB nicht anwendbar. Die anderen Miterben können in diesem Fall lediglich Feststellung des Erbteils verlangen. Sie haben Anspruch auf Auskunft gegen den Erbschaftsbesitzer → *Auskunftsanspruch*.

Nach § 2030 BGB steht einem Erbschaftsbesitzer derjenige gleich, der von diesem die Erbschaft durch Vertrag erwirbt, d. h. aufgrund eines einheitlichen Verpflichtungsgeschäfts über den ganzen Nachlaß, §§ 2371, 2385 BGB, oder einen Erbteil, §§ 1922 Abs. 2, 2033 BGB, im Wege einzelner Verfügungsgeschäfte Erbschaftsgegenstände an sich bringt.

Kein Erbschaftsbesitzer ist, wer eine ihm angefallene **Erbschaft ausschlägt**, §§ 1953, 2018 BGB. Er haftet jedoch nach den schärferen Regelungen des § 1959 BGB wie ein Geschäftsführer ohne Auftrag, §§ 677 ff. BGB. Dies gilt auch, wenn er die Ausschlagung der Erbschaft zu Unrecht nicht als wirksam gelten lassen will (Palandt/Edenhofer, § 2018 Rn. 6; a.A. Lange/Kuchinke, § 40 II 2 Fn. 38). Auch der Vorerbe haftet nach der schärferen Bestimmung des § 2130 BGB, selbst wenn er den Eintritt des Nacherbfalles bestreitet (Lange/Kuchinke, § 40 II 2 Fn. 30; a.A. Soergel/Harder, § 2130 Rn. 6).

Keine Erbschaftsbesitzer sind weiterhin im Verhältnis zu den Erben der Nachlaß- und Insolvenzverwalter, der Nachlaßpfleger und der Testamentsvollstrecker.

Der Herausgabeanspruch gegen den Erbschaftsbesitzer richtet sich auf die Herausgabe dessen, was dieser erlangt hat, § 2018

BGB. Hierzu gehören auch Gegenstände, die mit Mitteln der Erbschaft erlangt sind, § 2019 BGB (Surrogate), und die Nutzungen, § 2020 BGB.

2. Haftung

Die Haftung des Erbschaftsbesitzers richtet sich danach, ob dieser gut- oder bösgläubig, verklagt oder nicht verklagt ist.

Kann der gutgläubige und nicht verklagte Erbschaftsbesitzer dasjenige, was er nach §§ 2018–2020 BGB schuldet, nicht mehr herausgeben, so haftet er gem. § 2021 BGB nach den Vorschriften über die ungerechtfertigte Bereicherung. Der Grund für die Unmöglichkeit der Herausgabe ist gleichgültig. Die Verweisung erstreckt sich nur auf die §§ 818 ff. BGB, so daß die besonderen Voraussetzungen eines Bereicherungsanspruchs nicht gegeben sein brauchen (RGZ 139, 17, 22; Rechtsfolgenverweisung). Der Anspruch aus § 2021 BGB geht demnach auf Wertersatz, § 818 Abs. 2 BGB. Der Erbschaftsbesitzer kann den Einwand des **Wegfalls der Bereicherung** bringen, § 818 Abs. 3 BGB. Wurde der erlangte Gegenstand von dem Erbschaftsbesitzer bereits einem Dritten geschenkt, so ist dieser zur Herausgabe verpflichtet, § 822 BGB.

Nach dem Eintritt der **Rechtshängigkeit** des Erbschaftsanspruchs haftet der Erbschaftsbesitzer verschärft nach den Vorschriften, die für das Verhältnis zwischen dem Eigentümer und dem unrechtmäßigen Besitzer von dem Eintritt der Rechtshängigkeit des Eigentumsanspruchs an gelten, §§ 2023, 987 Abs. 2, 989 BGB. Der Erbschaftsbesitzer muß von der Rechtshängigkeit an mit der Möglichkeit rechnen, daß es sich bei den Gegenständen der Erbschaft um für ihn fremde Güter handelt. Der Erbschaftsbesitzer kann sich nur durch einen nicht zu vertretenden Wegfall der Bereicherung entlasten.

Der **bösgläubige Erbschaftsbesitzer** wird so behandelt wie der Erbschaftsbesitzer nach Rechtshängigkeit, § 2024 BGB. Er ist nicht gutgläubig, wenn er bei der Begründung des Erbschaftsbesitzes weiß oder infolge grober Fahrlässigkeit nicht weiß, daß er Erbe ist, oder wenn er dies später erfährt. Dabei wird der späteren Kenntnis die vorsätzliche Vermeidung der Kenntnisnahme vom fehlenden Erbrecht gleichgesetzt (MK/Frank, § 2024 Rn. 3). Gerät der bösgläubige Erbschaftsbesitzer in Verzug, so haftet er verschärft nach dem Recht des Schuldnerverzugs, §§ 2024 Satz 3, 284 ff. BGB. Der leicht fahrlässige Irrtum über die Erbberechtigung schadet also nicht.

Der deliktische Erbschaftsbesitzer haftet nach den Regeln über den Schadensersatz bei unerlaubten Handlungen, § 2025 BGB. Bei Haftung wegen verbotener Eigenmacht muß Verschulden vorliegen, §§ 992, 823 ff. BGB (MK/Frank, § 2025 Rn. 4). Art und Umfang der Deliktshaftung richten sich nach §§ 823 ff., 848–850, 249 ff. BGB.

3. Verwendungen

Unter Verwendungen sind vermögenswerte Maßnahmen und Ausgaben zu verstehen, die einer Sache zugute kommen sollen (BGHZ 10, 171, 177; BGHZ 41, 157).

Der gutgläubige und nicht verklagte Erbschaftsbesitzer braucht den Erbschaftsanspruch nur dann zu erfüllen, wenn der Erbe ihm alle Verwendungen ersetzt, soweit sie nicht bereits durch Anrechnung auf die gem. § 2021 BGB geschuldete Bereicherung gedeckt werden. Es kommt also darauf an, ob es sich um notwendige, nützliche, überflüssige oder überhaupt um werterhöhende Verwendungen handelt.

Hier sind zu nennen:

Aufwendungen zur Bestreitung von **Lasten der Erbschaft** oder von Nachlaßverbindlichkeiten; die eigene **Arbeitsleistung** nur dann, wenn dadurch für den Besitzer ein **Verdienstausfall** entsteht (KG OLGZ 1974, 17); hat der Erbschaftsbesitzer irrtümlich eine vermeintliche Nachlaßschuld bezahlt, so steht der Rückzahlungsanspruch bei Leistung aus dem Nachlaß unmittelbar dem Erben zu, § 2019 BGB. Bei Zahlung mit eigenen Mitteln muß der Erbschaftsbesitzer seine Leistung selbst zurückverlangen, da die Zahlung der Erbschaft nicht zugute gekommen ist.

Der Erbschaftsbesitzer muß die Verwendungen vor Rechtshängigkeit und vor seiner Bösgläubigkeit gemacht haben (MK/Frank, § 2022 Rn. 6).

Durch die Verweisung von § 2022 Abs. 1 Satz 2 BGB auf die Vorschriften der §§ 1000–1003 BGB besteht für den Erbschaftsbesitzer zunächst ein Zurückbehaltungsrecht wegen aller sich noch in seinem Besitz befindlichen Nachlaßsachen, auch wenn die Verwendungen nur bestimmten oder nicht mehr vorhandenen Sachen oder dem gesamten Nachlaß zugute gekommen sind.

Für die Verwendungen des gutgläubigen Erbschaftsbesitzers nach Rechtshängigkeit und für die des bösgläubigen gelten die Vorschriften des **Eigentümer-Besitzer-Verhältnis,** §§ 2023 Abs. 2, 2024, 994–1003 BGB. Danach kann nur nach den Regeln über die Geschäftsführung ohne Auftrag, §§ 677 ff. BGB, Ersatz für notwendige Verwendungen verlangt werden, §§ 994–996, 998 BGB. Diese müssen also den wirklichen bzw. mutmaßlichen Willen des Erben entsprochen haben oder von ihm genehmigt worden sein oder aber noch eine ungerechtfertigte Bereicherung des Erben darstellen, §§ 683 ff. BGB. Hieraus ist weiter zu entnehmen, daß der Erbschaftsbesitzer Ersatz für die Berichtigung von Erbschaftsschulden nur beanspruchen kann, soweit er die hier entsprechend anwendbaren Vorschriften der §§ 1978–1980, 1991 BGB beachtet hat (MK/ Frank, § 2023 Rn. 6; a. A. RGRK/Kregel, § 2023 Rn. 7). Unerheblich ist, ob die notwendigen Verwendungen auf die herauszugebenden Sachen oder auf andere Erbschaftsgegenstände oder den Nachlaß insgesamt gemacht wurden, da der Erbschaftsanspruch stets als einheitlicher Gesamtanspruch zu sehen ist.

Der deliktische Erbschaftsbesitzer kann selbst bei Gutgläubigkeit im Hinblick auf das Erbrecht nicht alle Verwendungen ersetzt verlangen. Nach § 2025 BGB steht ihm vielmehr nur eine Vergütung für die notwendigen und nützlichen Verwendungen zu, §§ 850, 994–1003 BGB. Ein Zurückbehaltungsrecht wird ihm nicht eingeräumt, wenn der Erbschaftsbesitz durch eine vorsätzlich begangene unerlaubte Handlung erlangt wurde, § 1000 Satz 2 BGB.

4. Verjährung

Der Erbschaftsanspruch gegenüber dem Erbschaftsbesitzer verjährt in 30 Jahren, § 195 BGB.

Bewegliche Sachen können bereits mit Ablauf von 10 Jahren ersessen werden, § 937 Abs. 1 BGB.

Erbschaftskauf

1. Überblick

Der Erbe kann ein Interesse daran haben, die Erbschaft rasch finanziell zu verwerten, ohne erst die Abwicklung des Nachlasses abwarten zu müssen. §§ 2371, 2385 BGB geben ihm die rechtliche Möglichkeit, die Erbschaft oder den Miterbenanteil im ganzen zu verkaufen. Kennzeichnend für einen derartigen Vertrag ist die Vereinbarung, daß der Käufer für einen Gesamtpreis das ererbte Vermögen mit allen Aktiva und Passiva übernimmt und hierbei wirtschaftlich und schuldrechtlich in die Stellung des Erben einrückt. Der Verkauf einzelner oder mehrerer Nachlaßgegenstände ist deshalb Einzelverkauf und richtet sich nach den allgemeinen Regeln des Kaufrechts, nicht jedoch Erbschaftskauf i. S. von §§ 2371 ff. BGB. Gleiches gilt, wenn der Käufer lediglich die Aktiva erwirbt (Lange/Kuchinke, § 47 I 2 d; Staudinger/Ferid/Cieslar, vor § 2371 BGB Rn. 36).

2. Form

Der Erbschaftskauf bedarf der **notariellen Beurkundung,** § 2371 BGB (Keller, Formproblematik der Erbteilsveräußerung, Schriftenreihe des DNotI Band 4). Der Erbe soll damit vor einem unüberlegten Vertragsabschluß geschützt werden. Außerdem kommt die Form dem Interesse der Vertragsparteien und der Nachlaßgläubiger an Abschluß- und Inhaltsklarheit des Vertrages entgegen. Wird die Form nicht eingehalten, ist der Vertrag nach § 125 Satz 1 BGB nichtig. Der Formmangel wird beim Verkauf einer ganzen Erbschaft nicht durch Erfüllung geheilt, § 313 Satz 2 BGB ist nicht entsprechend anwendbar (Brox, Rn. 765; BGH NJW 1967, 1128; BGH DNotZ 1971, 37; MK/Musielak, § 2371 Rn. 7).

3. Rechtsfolgen

Der Alleinerbe erfüllt den Erbschaftskaufvertrag durch Einzelübertragung der verkauften Sachen und Rechte, § 2374 BGB, der Miterbe durch Übertragung seines Erbteils nach § 2033 BGB, der Nacherbe durch Übertragung des Anwartschaftsrechts entsprechend § 2033 BGB. Bewegliche Gegenstände werden durch Einigung und Übergabe, § 929 BGB, Grundstücke durch Auflassung und Eintragung im Grundbuch, §§ 873, 925 BGB übertragen. Forderungen sind abzutreten, § 398 BGB.

Der Erwerber ist zur Zahlung des vereinbarten Kaufpreises verpflichtet.

Die Regelungen über **Gefahrübergang und Gewährleistung** weichen von den allgemeinen Kaufvorschriften ab. Die Gefahr des zufälligen Untergangs und der zufälligen Verschlechterung von Erbschaftsgegenständen trägt der Käufer vom Abschluß des Erbschaftskaufvertrags an, § 2380 Satz 1 BGB. Es besteht keine Haftung für Sachmängel der zur Erbschaft gehörenden Gegenstände, § 2376 Abs. 2 BGB. Die Haftung für Rechtsmängel weicht beim Erbschaftskauf stark von den §§ 434 ff. ab. Der Verkäufer haftet ausschließlich dafür, daß ihm das Erbrecht zusteht, keine Nacherbschaft oder Testamentsvollstreckung angeordnet ist, keine Vermächtnisse, Auflagen, Pflichtteilslasten, Ausgleichspflichten oder Teilungsanordnungen bestehen und keine unbeschränkte Haftung gegenüber den Nachlaßgläubigern eingetreten ist, § 2376 Abs. 1 BGB.

Auch wenn sich im Nachlaß **Grundstücke** befinden, ist der Erbschaftskauf kein Kauf von Grundstücken, sondern der Kauf eines Rechts. Eine Sicherung des Käufers durch die Eintragung einer Vormerkung im Grundbuch ist nicht möglich, da es sich nicht um einen Anspruch auf Übertragung eines Grundstücks handelt. Der Käufer kann deshalb nicht wirksam geschützt werden, daß der Verkäufer vertragswidrig über den Nachlaß verfügt oder der Nachlaß gepfändet wird.

Der Käufer der Erbschaft **haftet** gem. § 2382 Abs. 1 BGB den Nachlaßgläubigern vom Abschluß des Kaufvertrags an für Nachlaßverbindlichkeiten, und zwar auch insoweit, als der Käufer sie dem Verkäufer gegenüber nach §§ 2378, 2379 BGB nicht zu erfüllen braucht. Daneben besteht die Haftung des Verkäufers fort, § 2382 Abs. 1 BGB. § 2382 BGB ist gegenüber dem Erbteilskäufer auch zugunsten eines Miterben anzuwenden, der durch Abschluß eines Auseinandersetzungsvertrages einen schuldrechtlichen Anspruch auf bestimmte Nachlaßgegenstände erworben hat (BGHZ 38, 187, 193 ff.). Käufer und Verkäufer können keine Haftungsbeschränkungen des Käufers mit Wirkung gegen die Nachlaßgläubiger vereinbaren, § 2382 Abs. 2 BGB. Der Käufer kann seine Haftung nur nach den Vorschriften über die Beschränkung der Erbenhaftung begrenzen, §§ 2383 Abs. 1 Satz 1, 1975 ff. BGB. Er muß jedoch eine bereits beim Verkäufer eingetretene unbeschränkte Haftung gegen sich gelten lassen, § 2383 Abs. 1 Satz 2 BGB. Ist seine Haftung auf die Erbschaft beschränkt, so muß er die Vollstreckung in seine Ansprüche gegen den Verkäufer dulden, § 2323 Abs. 1 Satz 3 BGB.

Den Verkäufer trifft die Verpflichtung gegenüber den Nachlaßgläubigern, den Verkauf und den Namen des Erwerbers dem Nachlaßgericht anzuzeigen, § 2384 Abs. 1 Satz 1 BGB. Eine entsprechende Anzeige des Käufers ersetzt die Anzeige des Verkäufers, § 2384 Abs. 1 Satz 2 BGB.

4. Verkauf eines Miterbenanteils

Häufiger als der Verkauf einer gesamten Erbschaft kommt in der Praxis der Verkauf eines Miterbenanteils vor. § 2033 Abs. 1 Satz 1 BGB gibt dem Miterben das Recht, über seinen Anteil am gesamten Nachlaß zu verfügen. Der Miterbenanteil ist die Summe der Rechte, die dem einzelnen aufgrund seiner Miterbenstellung vor der Auseinandersetzung zustehen. Der Miterbenanteil gehört also zum ungebundenen Eigenvermögen des Miterben. Gegenstand der Verfügung nach § 2033 Abs. 1 Satz 1 BGB ist somit die vermögensrechtliche Stellung des Miterben in der Erbengemeinschaft zum Zeitpunkt der Verfügung. Der Miterbe kann auch über einen Bruchteil seines Anteils verfügen (BGH NJW 1963, 1610). Dies hat zur Konsequenz, daß die Übertragung eines Bruchteils zu einer Bruchteilsgemeinschaft des Erwerbers mit den Miterben am Anteil führt. Die Bruchteilsgemeinschaft ist gleichzeitig Mitglied in der Gesamthand am ganzen Nachlaß.

Auch die Übertragung des Miterbenanteils bedarf der notariellen Beurkundung, § 2033 Abs. 1 Satz 2 BGB. Der schuldrechtliche Kaufvertrag und die dingliche Übertragung werden regelmäßig in einer notariellen Urkunde erfolgen. Werden Grundstücke aus dem Nachlaß verkauft, wird mit der dinglichen Übertragung des Erbteils das Grundbuch unrichtig. Der Erbteilskäufer ist aufgrund Antrags auf Grundbuchberichtigung als Mitglied der Gesamthandsgemeinschaft im Grundbuch einzutragen.

Da es sich beim Erbschaftskauf wie beim Kauf eines Miterbenanteils um die Übertragung eines Rechts handelt, scheidet die Eintragung einer Eigentumsvormerkung im Grundbuch aus.

Erbschaftsteuer

1. Überblick

Das Bundesverfassungsgericht hat in zwei Beschlüssen vom 22. 6. 1995 (DNotZ 1995, 758 f. und BStBl 1995 Teil II S. 655, 671) die Vermögen- und Erbschaftsbesteuerung insoweit mit dem Gleichheitsgrundsatz des Art. 3 GG für unvereinbar erklärt, als Grundbesitz – obwohl wesentlich niedriger bewertet – mit dem gleichen Steuersatz wie das übrige Vermögen besteuert wurde. Der Gesetzgeber wurde verpflichtet, bei der Erbschaft- und Schenkungsbesteuerung mit Wirkung zum 1. 1. 1996 und bei der Vermögensbesteuerung im Fall der Beibehaltung ab dem 1. 1. 1997 eine gleichmäßigere Steuerbelastung von Grundbesitz und anderem Vermögen herzustellen. Das BVerfG verlangte bei der Erbschaftsteuer die Anwendung gegenwartsnäherer Grundstückswerte und die Anpassung der Freibeträge, Freigrenzen und der Steuersätze. Bei dem politischen Ringen um das Jahressteuergesetz 1997 ging es weniger um steuersystematische Gesichtspunkte als vielmehr darum, die Einnahmeverluste der Länder auszugleichen, insbesondere im Hinblick auf die Abschaffung der Vermögensteuer. Das Jahressteuergesetz 1997 vom 20. 9. 1996 (BGBl I 1996, 2049) brachte Neuregelungen des Bewertungsgesetzes, des Erbschaftsteuergesetzes, des Grunderwerbsteuergesetzes und verschiedener Nebengesetze.

2. Bewertung von Grundstücken

Die Änderungen des Bewertungsgesetzes betreffen in erster Linie den Wegfall der bisherigen Einheitswerte für die Erbschaft- und Schenkungsteuer ab dem 1. 1. 1996, für die Grunderwerbsteuer ab dem 1. 1. 1997, § 138 Abs. 1 Satz 2 BewG.

Die Neubewertung **inländischen Grundbesitzes** stellt die Hauptänderung des Bewertungsgesetzes dar. Da für die laufende Besteuerung weiterhin die Einheitswerte herangezogen werden, ist der Grundbesitz nur noch bei Bedarf zu bewerten. Der Bedarfswert wird vom Finanzamt nach den tatsächlichen Gegebenheiten am Stichtag des Erbfalls bzw. der Schenkung ermittelt, § 138 Abs. 5 BewG. Die festgestellten Werte beruhen auf den Wertverhältnissen zum 1. 1. 1996 und bleiben danach bis zum 31. 12. 2001 gültig. Die Feststellung des Wertes erfolgt durch rechtsmittelfähigen Bescheid des Finanzamtes. Es handelt sich hierbei um einen Grundlagenbescheid, der im späteren Erbschaft- bzw. Schenkungsteuerveranlagungsverfahren nicht mehr angefochten werden kann.

Der Wert unbebauter Grundstücke, zu denen auch Ruinengrundstücke gehören, und solche, die noch unbedeutend genutzt werden, bestimmt sich nach der Fläche und dem Bodenwert i. S. des § 196 BauGB. Dieser wird letztlich anhand der amtlichen Kaufpreissammlung ermittelt. Alle wertmindernden Umstände werden pauschal durch einen Abschlag von 20 % berücksichtigt. Der Grundstückseigentümer kann allerdings den Nachweis eines niedrigeren als des angenommenen Bodenwertes führen, § 145 Abs. 3 Satz 3 BewG.

Bei **bebauten Objekten** hat sich der Bundestag für ein **einfaches Ertragswertverfahren** entschieden. Danach sollen im Regelfall bebaute Grundstücke mit der 12,5fachen Jahresnettokaltmiete der letzten drei Jahre bewertet werden. Der so ermittelte Ertragswert ist um die Alterswertminderung (pauschal 0,5 v. H. pro Jahr Gebäudealter) bis zum Besteuerungszeitpunkt, höchstens um 25 v. H., zu kürzen. Bauliche Maßnahmen nach Bezugsfertigkeit, die die gewöhnliche Nutzungsdauer des Gebäudes um mindestens 25 Jahre verlängert haben, mindern den Altersabschlag entsprechend, § 146 Abs. 4 Satz 2 BewG. Ein getrennter Bodenwertansatz entfällt. Ein- und Zweifamilienhäuser erhalten, da sie üblicherweise mit höheren Faktoren gehandelt werden, einen Zuschlag von 20 %. Der so ermittelte Steuerwert muß mindestens 80 % des Bodenrichtwertes betragen.

Dieses Verfahren soll grundsätzlich auch für Geschäfts- und andere Betriebsgrundstücke gelten. Statt der Jahresrohmiete, die für die Einheitsbewertung zum 1. 1. 1964 zugrunde gelegt wurde, wird die jährliche Nettokaltmiete als Grundlage für die Ertragsbewertung vorgesehen, die mietrechtlich allgemeine Bedeutung erlangt hat und etwa auch in den von den Gemeinden aufgestellten Mietspiegeln Verwendung findet.

Mit dem Vervielfältiger abgegolten sind Instandhaltungskosten, Mietausfallwagnis, Verwaltungskosten und Schönheitsreparaturen des Vermieters.

Bei Selbstnutzung oder in den Fällen, in denen keine Miete gezahlt wird oder aufgrund der tatsächlichen Umstände daraus geschlossen werden kann, daß die Miete nicht unter marktgerechten Bedingungen vereinbart wurde, ist die übliche Miete als Berechnungsgrundlage heranzuziehen. Vor allem für Einkommensteuerzwecke wurden und werden auch bisher Vergleichsmieten ermittelt. Die individuelle Ermittlung ermöglicht ein Eingehen auf die Gegebenheiten des Einzelfalls. Es können aber auch **Mietspiegel,** die für einen größeren Bezirk aufgestellt wurden oder beispielsweise Vergleichsmieten aus demselben Haus oder der selben Wohnlage herangezogen werden. Zunächst einmal muß das Finanzamt die herangezogene Miete beweisen. Problematisch ist allerdings, daß der Bürger nicht von vornherein feststellen kann, welchen Mietwert das Finanzamt bei der Berechnung letztendlich zugrunde legen wird. Hier ist zu raten, mit dem Finanzamt rechtzeitig in einen Dialog bei der Festlegung des Mietwertes zu treten.

Ein- und Zweifamilienhäuser werden in der Regel nicht zu Renditezwecken, sondern zum Eigengebrauch errichtet. Werden sie vermietet, so liegt die Miete im Verhältnis zu den ursprünglichen Investitionen meist niedriger als bei von vornherein als Renditeobjekte vorgesehenen Gebäuden. Dies liegt daran, daß die Vermieter bei der Auswahl der Mieter höhere Anforderungen stellen und ggf. auch Mieteinbußen in Kauf nehmen, aber auch daran, daß die Stellung der Mieter wegen möglicher Eigenbedarfskündigung und weniger langfristig gesichert ist als in Renditeobjekten. Zudem ist der Grundstücksanteil bei Ein- und Zweifamilienhäusern naturgemäß in der Regel höher, ohne daß sich dieser auf die Mieter auswirkt. Deshalb wird der Ertragswert abzüglich einer Alterswertminderung bei Ein- und Zweifamilienhäusern um einen Zuschlag von 20 v. H. erhöht. Dies ist wohl auch anzunehmen bei Gebäuden mit ein oder zwei Eigentumswohnungen, umstritten jedoch bei größeren Wohnungseigentumsanlagen.

Sonderfälle der Bewertung sind Gebäude, für die keine übliche Miete ermittelbar ist, Gebäude auf fremdem Grund und Boden, Erbbaurechte und Erbbaurechtsgrundstücke sowie Gebäude im Zustand der Bebauung, §§ 147 ff. BewG. Der Wert eines mit einem Erbbaurecht belasteten Grundstücks wird mit dem 18,6fachen des Erbbauzinsanspruchs (Jahreswert) angesetzt. Der Wert des Erbbaurechts selbst ist der nach dem Ertragswertverfahren ermittelte Grundstückswert abzüglich des Werts des belasteten Grundstücks. Da Verwaltungskosten und sonstige durch Abschläge zu berücksichtigende Belastungen bei Erbbaurechten nicht in größerem Umfang vorliegen, wurde ein Kapitalisierungsfaktor von 18,6 gewählt. Durch den Abzug dieses Wertes bei der Ermittlung des Werts des Erbbaurechts wird sichergestellt, daß die Werte des belasteten Grundstücks und des Erbbaurechts insgesamt den gleichen Wert erbringen wie ein unbelastetes Grundstück mit entsprechender Bebauung. Eine Berücksichtigung der Restlaufzeit des Erbbaurechts erfolgt daher nicht.

Für Grundstücke auf fremden Grund und Boden sind diese Grundsätze entsprechend anzuwenden.

Ausländischer Grundbesitz wird mit dem Verkehrswert am Belegenheitsort bewertet, § 12 Abs. 6 ErbStG i. V. m. § 31 BewG.

Die inländische **Land- und Forstwirtschaft** wird gesondert bewertet. Zu einem derartigen Betrieb gehören alle Wirtschaftsgüter, die einem Betrieb der Land- und Forstwirtschaft dauernd zu dienen bestimmt sind, §§ 140, 141, 33 BewG. Hinzuzuzählen sind auch immaterielle Wirtschaftsgüter, wie Lieferrechte. Grundsätzlich wird getrennt zwischen dem Wert der Betriebswohnungen und des Wohnteils, der gem. § 143 BewG nach den allgemeinen Bestimmungen zu bewerten ist, und dem Betrieb selbst. Bei besonderer Verbindung der Betriebswohnung mit der Hofstelle ergibt sich nach § 143 BewG eine weitere Ermäßigung von 15 v. H. Der Betriebswert selbst wird nach § 142 BewG in einem Pauschalertragswertverfahren bestimmt, wobei sich die Bewertung nach der Nutzung pro Flächeneinheit regelt. Von diesem pauschalierenden Ertragswertverfahren kann jedoch auf Antrag abgewichen werden, § 142 Abs. 3 BewG.

3. Steuertatbestände

Der Erbschaftsteuer (Schenkungsteuer) unterliegen folgende Vorgänge, § 1 ErbStG:

Erwerb von Todes wegen, § 3 ErbStG:

– der Erwerb durch Erbanfall, aufgrund Erbersatzanspruchs, durch Vermächtnis oder aufgrund eines geltend gemachten Pflichtteilsanspruchs,

– der Erwerb durch Schenkung auf den Todesfall,

– die sonstigen Erwerbe, auf die die für Vermächtnisse geltenden Vorschriften des Bürgerlichen Rechts Anwendung finden,

– jeder Vermögensvorteil, der aufgrund eines vom Erblasser geschlossenen Vertrages, bei dessen Tode von einem Dritten unmittelbar erworben wird. Als vom Erblasser zugewendet gilt u. a. auch der Übergang von Vermögen auf eine vom Erblasser angeordnete Stiftung sowie alle Leistungen, die jemand aufgrund einer vom Erblasser angeordneten Auflage erwirbt, oder was als Abfindung für einen entstandenen Pflichtteilsanspruch, die Ausschlagung der Erbschaft oder ein aufschiebend bedingtes, betagtes oder befristetes Vermächtnis gewährt wird.

Schenkung unter Lebenden, § 7 ErbStG:

– jede freigiebige Zuwendung unter Lebenden, soweit der Bedachte durch sie auf Kosten des Zuwendenden bereichert wird,

– was jemand aufgrund einer vom Schenker angeordneten Auflage oder bei einer einem Rechtsgeschäft unter Lebenden beigefügten Bedingung ohne entsprechende Gegenleistung erlangt, es sei denn, daß eine einheitliche Zweckzuwendung vorliegt,

– die Bereicherung, die ein Ehegatte bei Vereinbarung der Gütergemeinschaft erfährt,

– was als Abfindung für einen Erbverzicht gewährt wird,

– was ein nicht eheliches Kind durch vorzeitigen Erbausgleich von seinem Vater erwirbt.

Zweckzuwendungen:

– Als Zweckzuwendungen gelten Zuwendungen von Todes wegen oder freigiebige Zuwendungen unter Lebenden, die mit der Auflage verbunden sind, zugunsten eines bestimmten Zwecks verwendet zu werden, oder die von der Verwendung zugunsten eines bestimmten Zwecks abhängig sind, soweit hierdurch die Bereicherung des Erwerbers gemindert wird, § 8 ErbStG.

– Das Vermögen einer Stiftung oder eines Vereins in Zeitabständen von je 30 Jahren, sofern diese wesentlich im Interesse einer Familie oder bestimmter Familien errichtet sind.

Freibeträge für Hausrat, Kunstgegenstände usw.:

Neben den persönlichen Freibeträgen und den besonderen Versorgungsfreibeträgen kann jeder Erwerber gem. § 13 ErbStG aus sachlichen Gründen **weitere Steuerbefreiungen** beanspruchen. Hierzu zählen Hausrat einschließlich Wäsche- und Kleidungsstücke beim Erwerb durch Personen der Steuerklasse I im Gesamtwert bis zu 41 000 Euro und bei den übrigen Steuerklassen (II und III) bis zum Gesamtwert von 10 300 Euro. Eine Steuerbefreiung kann beansprucht werden bei anderen beweglichen körperlichen Gegenständen bei allen Steuerklassen bis zu einem Gesamtwert von 10 300 Euro. Nicht hierher zählen Gegenstände, die zum land- und forstwirtschaftlichen Vermögen, Grund- oder Betriebsvermögen gehören, sowie Wertpapiere, Münzen, Edelsteine, Perlen, Edelmetalle und Zahlungsmittel. Grundbesitz, Kunstgegenstände, Kunstsammlungen, wissenschaftliche Sammlungen, Bibliotheken und Archive können ganz oder teilweise steuerfrei bleiben, wenn die Erhaltung dieser Gegenstände im öffentlichen Interesse liegt und der Steuerpflichtige bereit ist, diese zur „Volksbildung" zur Verfügung zu stellen.

Nach § 13 ErbStG bleiben unter Lebenden u. a. steuerfrei Zuwendungen zum Zwecke des **angemessenen Lebensunterhalts** und zur Ausbildung des Bedachten sowie übliche Gelegenheitsgeschenke.

4. Einfluß des Güterstandes

Bei der Erbschaftsteuer bleibt der fiktive güterrechtliche Zugewinnausgleichsanspruch steuerfrei, § 5 ErbStG, und zwar zusätzlich zu dem persönlichen Freibetrag von 307 000 Euro und einem evtl. Versorgungsfreibetrag von bis zu 256 000 Euro.

Bei Gütertrennung ist der jeweilige Erwerb des Ehegatten voll zu versteuern, §§ 3, 7 ErbStG.

Der **Wechsel** des Güterstandes kann Erbschaft- oder Schenkungsteuer auslösen, §§ 5 Abs. 1 Satz 4, Abs. 2, § 7 Abs. 1 Nr. 4

ErbStG. Wechseln Ehegatten von der Zugewinngemeinschaft zur Gütertrennung, entsteht nur Schenkungsteuerpflicht, soweit der Ehegatte auf die ihm zustehende Ausgleichsforderung in Höhe der Hälfte des Zugewinns des anderen Ehegatten verzichtet, § 1372 f. BGB. Beim Wechsel von der Gütertrennung oder Gütergemeinschaft zur Zugewinngemeinschaft entsteht keine Schenkungsteuer, wenn damit keine Zuwendungen verbunden werden. Ein rückwirkender Wechsel des Güterstandes ist steuerlich nur für die Zukunft anzuerkennen.

Die Besteuerung der Gütergemeinschaft erfolgt nach §§ 4, 7 Abs. 1 Nr. 4 ErbStG.

Nach § 13 Abs. 1 Nr. 4 a ErbStG bleiben ehebedingte Zuwendungen unter Ehegatten steuerfrei, mit denen ein Ehegatte dem anderen Ehegatten Eigentum oder Miteigentum an einen im Inland liegenden zu eigenen Wohnzwecken genutzten Haus oder einer im Inland gelegenen, zu eigenen Wohnzwecken genutzten Eigentumswohnung verschafft oder den anderen Ehegatten von eingegangenen Verpflichtungen im Zusammenhang mit der Anschaffung oder der Herstellung des Familienwohnheims freistellt. Entsprechendes gilt, wenn ein Ehegatte nachträglichen Herstellungs- oder Erhaltungsaufwand für ein Familienwohnheim trägt, das in gemeinsamem Eigentum der Ehegatten oder im Eigentum des anderen Ehegatten steht. Diese befreiten ehebedingten Zuwendungen sind weder zeitlich noch betragsmäßig beschränkt, d.h. abgesehen von krassen Mißbrauchsfällen können sich Ehegatten mehrere Objekte zuwenden. Sonstige unbenannte Zuwendungen sind in der Regel erbschaft- und schenkungsteuerpflichtig (BFH vom 2. 3. 1994, BStBl II 1994, 366).

5. Berücksichtigung früherer Erwerbe

Mehrere innerhalb von 10 Jahren von derselben Person anfallende Vermögensvorteile werden in der Weise zusammengerechnet, daß dem letzten Erwerb die früheren Erwerbe nach ihrem früheren Wert zugerechnet werden und von der Steuer für den Gesamtbetrag die Steuer abgezogen wird, welche für die früheren Erwerbe zur Zeit des letzten zu erheben gewesen wäre. Erwerbe, für die sich nach den steuerlichen Bewertungsgrundsätzen kein positiver Wert ergeben hat, bleiben unberücksichtigt. Die durch jeden weiteren Erwerb veranlaßte Steuer darf nicht mehr betragen als 50 v. H. dieses Erwerbes,

§ 14 ErbStG. Dies bedeutet, daß die persönlichen Freibeträge innerhalb der 10-Jahres-Frist nur einmal in Anspruch genommen werden können. Dies gilt jedoch für den Erwerb von jedem Erblasser oder Schenker getrennt.

Beispiel:

Der Vater schenkt seinem Sohn 200 000 Euro. Wegen des Steuerfreibetrages ist diese Schenkungsteuer frei. 5 Jahre später erbt der Sohn von seiner Mutter weitere 200 000 Euro. Auch dieser Erwerb ist steuerfrei, da er von einer anderen Person stammt.

§ 27 ErbStG sieht eine Ermäßigung der Erbschaftsteuer für diejenigen Fälle vor, in denen Vermögen innerhalb einer Frist von 10 Jahren von Todes wegen von einer Person der Steuerklasse I nochmals auf Personen dieser Steuerklasse übergehen. Voraussetzung ist jedoch, daß für den ersten Vermögensanfall Erbschaft- oder Schenkungsteuer entrichtet werden mußte. Für die Berechnung der Steuervergünstigung kommt es ferner darauf an, ob der Zweiterwerb ausschließlich aus begünstigtem Vermögen, also bereits versteuertem Vermögen, besteht, oder ob dieses mit sog. „nicht begünstigem Vermögen", also zusätzlichem eigenen Vermögen des Erblassers zusammentrifft.

6. Fortgeltung einzelner Rechtsprechungsgrundsätze

Das Jahressteuergesetz und dessen Begründung gehen nicht darauf ein, ob bestimmte von der Rechtsprechung entwickelte Grundsätze im Erbschaftsteuerrecht weiter gelten.

a) Gemischte Schenkung

Das BMF-Schreiben zur gemischten Schenkung (Ländererlasse vom 9. 11. 1989, BStBl I 1989, 445, und vom 6. 12. 1993, BStBl I 1993, 1002) geht auf die Entscheidung des BFH vom 21. 10. 1981 (BStBl II 1982, 82) zurück. Danach erfolgt bei der schenkweisen Übertragung eines belasteten Grundstücks kein Vollabzug der Verbindlichkeiten vom Steuerwert des Grundstücks. Vielmehr richtet sich der Steuerwert der Schenkung nach der Formel (Einheitswert x wirtschaftliche Bereicherung) : Verkehrswert der unbelasteten Leistung des Schenkers. Ob diese Rechtsprechung weiter Anwendung findet, ist umstritten (Bejahend: Thiel, DB 1997, 18; Halaczinsky, NWB 1997, 249; verneinend Schuck, DNotZ 1997, 213, 220, der aus dem Auftrag des Bundesverfassungsgerichts folgert, daß nur eine realitätsnahe Neubewertung der Vermögenswerte die Verfassungswidrigkeit beseitige).

b) Mittelbare Grundstücksschenkung

Die Festlegung des Gegenstandes der unentgeltlichen Zuwendung richtet sich grundsätzlich nach Bürgerlichem Recht, dort nach dem Parteiwillen. Es geht also nicht primär um die Steuerwerte, sondern um die Festlegung des Schenkungsgegenstandes. Es wird also nicht auf den Steuerwert abgestellt, sondern auf den vom Parteiwillen abhängigen Schenkungsgegenstand, so daß die bisherigen Grundsätze weiter gelten (übereinstimmend Thiel, DB 1997, 67; Schuck, DNotZ 1997, 213, 220).

Literaturhinweis:

Schuck, Änderung des Erbschaft- und Schenkungsteuergesetzes sowie des Bewertungsgesetzes durch das Jahressteuergesetz 1997, DNotZ 1997, 213 ff.; Kastner/Gross, Leitfaden durch das Erbschaftsteuer- und Schenkungsteuerrecht, Sterben und Steuern, 1998; Erbschaftsteuer-Durchführungsverordnung, BGBl I 1998, 2658, die rückwirkend zum 1. 8. 1998 in Kraft getreten ist; Weinmann, Neubewertung des Grundbesitzes ab 1. 1. 1996, ZEV 1997, 40; Weinmann, Neuregelung der Erbschaftsteuer durch das Jahressteuergesetz 1997, ZEV 1997, 15; Meincke, Freibeträge und Steuersätze im neuen Erbschaftsteuerrecht, ZEV 1997, 52; Piltz, Die neue Erbschaftsbesteuerung des unternehmerischen Vermögens, ZEV 1997, 61; Norbert Mayer, Neues zum Berliner Testament aufgrund der Erbschaftsteuerreform?, ZEV 1997, 325; Stuhrmann, Überblick über das Jahressteuergesetz 1997, NJW 1997, 681; Söffing, Änderungen im Erbschaft- und Schenkungsteuerrecht durch das Jahressteuergesetz 1997, NJW 1997, 686; Brox, Rn. 34 ff.; Weirich, Erben und Vererben (Erbschaft- und Schenkungsteuer) Rn. 1336 ff.

Erbschaftsverträge

Erbschaftsverträge sind Vereinbarungen unter künftigen möglichen Erben über den Nachlaß eines noch lebenden Dritten.

Im Gegensatz hierzu steht der Erbschaftskauf, der sich auf eine angefallene Erbschaft bezieht. Nach § 312 Abs. 1 Satz 1 BGB ist ein Vertrag über den Nachlaß eines noch lebenden Dritten nichtig. Gleiches gilt für Verträge über künftige Ansprüche aus Vermächtnissen und Pflichtteilsrechten, § 312 Abs. 1 Satz 2 BGB. Als **Gründe für die Nichtigkeit** werden angeführt:

– Verträge dieser Art sind sittlich verwerflich, weil die Vertragspartner mit dem Ableben des Erblassers spekulieren, wenn nicht gar auf seinen alsbaldigen Tod hoffen (BGHZ 26, 320, 324 = NJW 1958, 705 f.).

– Werden dem Erblasser solche Verträge bekannt, so könnte er sich in seiner Testierfreiheit beschränkt sehen (Staudinger/Kaduk, § 312 Rn. 1).

– Gefährliche Geschäfte unter Ausbeutung des Leichtsinns und eine Vermögensverschleuderung sollen vermieden werden (BGHZ 26, 320; BGHZ 104, 281; BGH NJW 1995, 448; DNotZ 1997, 122).

Bei der Frage der Nichtigkeit ist es gleichgültig, ob der Vertrag eine Verpflichtung enthält, über den Nachlaß des Dritten nach dessen Tod in bestimmter Weise zu verfügen, oder ob er ein Versprechen zur Annahme oder Ausschlagung der Erbschaft, zur Unterlassung einer Testamentsanfechtung oder dergleichen zum Inhalt hat (MK/Föllner, § 312 Rn. 4 m.w.N.). Möglich sind dagegen Verträge über das mit dem Vorerbfall entstandene Anwartschaftsrecht des Nacherben (Palandt/Edenhofer, § 2100 Rn. 11).

Nach § 312 Abs. 2 BGB gibt es **Ausnahmen** von der Nichtigkeit von Erbschaftsverträgen. Danach sind zulässig Verträge, die einer vorgezogenen Auseinandersetzung zwischen künftigen gesetzlichen Erben dienen (Palandt/Heinrichs, § 312 Rn. 5 f.). Hierbei geht es um Regelungen im Zusammenhang mit Übergabeverträgen, Regelungen über die Abfindung von Geschwistern usw. Der Erbschaftsvertrag muß sich jedoch auf den gesetzlichen Erbteil oder den Pflichtteil beziehen. Dem stehen gleich Verträge über künftige testamentarische Erbteile oder Vermächtnisse, allerdings nur bis zur Höhe des gesetzlichen Erbteils (BGHZ 104, 279; Kuchinke, JZ 1990, 601; a.A. BGH NJW 1956, 1151).

Ein nach § 312 Abs. 2 BGB zulässiger Vertrag bedarf der **notariellen Beurkundung.** Im Gegensatz zu erbrechtlichen Verträgen, die unmittelbar auf die Erbfolge einwirken, haben Erbschaftsverträge nur schuldrechtliche Wirkung (Palandt/Heinrichs, § 312 Rn. 7). Das Vollzugsgeschäft, etwa die Übertragung eines Erbanteils, muß nach dem Erbfall durchgeführt werden (BGHZ 104, 280). Werden die Vertragsschließenden später jedoch nicht Erbe bzw. Vermächtnisnehmer, gelten die Regeln über den Wegfall der Geschäftsgrundlage.

Der Pflichtteilsanspruch kann als künftige Forderung auch schon vor dem Erbfall abgetreten werden (Palandt/Heinrichs, § 398 Rn. 11).

Die Formvorschrift des § 312 Abs. 2 Satz 2 BGB gilt **auch für Vertragskombinationen,** bei denen der Erblasser dem Vertrag ausdrücklich zustimmt (BGH NJW 1995, 448). Ein nach § 312 BGB nichtiger Abfindungsvertrag kann u.U. in einen Erbverzichtsvertrag oder eine Verpflichtung zum Abschluß eines Erbverzichtsvertrages umgedeutet werden (BGH NJW 1974, 44; BGHZ 37, 328). Umgekehrt ist u.U. die Umdeutung eines nichtigen Erbschaftsvertrages in einen Vertrag nach § 312 Abs. 2 BGB möglich (RG JR 1927 Nr. 1403).

Die praktische Bedeutung von Erbschaftsverträgen ist gering. Regelmäßig bieten sich andere Vertragsformen, wie Übergabevertrag, Erbvertrag, Erb- bzw. Pflichtteilsverzichtsvertrag, an.

Erbschein

1. Nachweis des Erbrechts

Sobald der Erbe Rechte wahrnehmen will, die auf ihn kraft Gesamtrechtsnachfolge übergegangen sind, muß er sein Erbrecht nachweisen. Wenn der Erbe z. B. über das Bankkonto des Erblassers verfügen will, wird die Bank von ihm den Nachweis verlangen, daß er Erbe ist. Erst recht verlangt das Grundbuchamt den Nachweis der Erbfolge, wenn der Erbe ein Grundstück des Erblassers auf sich umschreiben, veräußern oder belasten will. Das Erbrecht braucht nicht durch Vorlage eines Erbscheins nachgewiesen zu werden, wenn **beglaubigte Abschriften** der notariell-beurkundeten Verfügung von Todes wegen sowie der Eröffnungsniederschrift des Nachlaßgerichts vorgelegt werden können, § 35 Abs. 1 GBO. Bei Lebensversicherungen ist danach zu unterscheiden, ob ein Bezugsberechtigter benannt wurde oder nicht. Die Versicherungsgesellschaft kann denjenigen als empfangsberechtigt ansehen, wer den Versicherungsschein vorlegt. Ist ein Bezugsberechtigter benannt, so wird der Versicherer die Versicherungsleistung an diesen erbringen, ohne daß ein Erbschein vorgelegt zu werden braucht. Ist ein Bezugsberechtigter jedoch nicht benannt, so fällt die Versicherungssumme grundsätzlich in den Nachlaß. Der Erbe hat dann zum Nachweis seiner Empfangsberechtigung einen Erbschein vorzulegen.

War der Erblasser an einer im Handelsregister eingetragenen Personenhandelsgesellschaft beteiligt, so ist das Erbrecht bei der vorzunehmenden Registerberichtigung ebenfalls durch Erbschein oder in entsprechender Anwendung von § 35 Abs. 1 Satz 2 GBO mittels beglaubigter Abschrift des Testaments samt Eröffnungsniederschrift zu führen, § 12 Abs. 2 Satz 2 HGB.

2. Inhalt des Erbscheins

Der Erbschein stellt ein Zeugnis über das Erbrecht und die Höhe des Erbteils dar, § 2353 BGB. Er ist eine öffentliche Urkunde i. S. der §§ 715 ff. ZPO, 371 StGB. Der Erbschein erwächst **nicht in materielle Rechtskraft.**

Der Erbschein begründet gem. § 2365 BGB eine **doppelte widerlegbare Rechtsvermutung,** wonach

– das im Erbschein angegebene Erbrecht einer Person und die Erbquote vermutet werden (positive Vermutung), und

– im Erbschein nicht angegebene Verfügungsbeschränkungen (Testamentsvollstreckung, Nacherbfolge, Ersatznacherbfolge) auch nicht bestehen (negative Vermutung).

Pflichtteilsrechte, Vermächtnisse und Teilungsanordnungen werden im Erbschein nicht angegeben, so daß deren Bestehen oder Nichtbestehen von der Vermutung des § 2365 BGB nicht umfaßt werden.

Im Rechtsstreit führt die Vermutung des § 2365 BGB in analoger Anwendung des § 292 ZPO zur Umkehr der Beweislast (Palandt/Edenhofer, § 2365 Rn. 3). Diese Vermutung kommt vor allem dem im Erbschein genannten Erben bei Rechtsstreitigkeiten mit Dritten zugute. Streitig ist allerdings, ob die Vermutung auch im Verhältnis zweier sich gegenseitig das Erbrecht streitig machenden Parteien gilt (Palandt/Edenhofer, § 2365 Rn. 3, 4). Über die Rechtsvermutung hinaus bietet der Erbschein Dritten, insbesondere Vertragspartnern des Erben, insofern Schutz im Rechtsverkehr, als der Erbschein öffentlichen Glauben genießt, was Richtigkeit und Vollständigkeit anbelangt, §§ 2366, 2367 BGB.

3. Verfahren der Erbscheinserteilung

Sachlich zuständig ist das Amtsgericht, §§ 2353 BGB, 72 FGG. In Baden-Württemberg sind kraft des landesrechtlichen Vorbehalts in Art. 147 EGBGB die staatlichen Notariate zuständig, §§ 1, 36, 38 BaWü LFGG.

Funktionell zuständig ist der Richter, wenn ein Testament oder ein Erbvertrag vorliegt. Der Rechtspfleger ist zuständig, wenn der Erbschein auf der Grundlage gesetzlicher Erbfolge erteilt werden soll, §§ 3 Nr. 2 c; 16 Abs. 1 Nr. 6 RpflG. Gegen Entscheidungen des Richters ist grundsätzlich die **Beschwerde** statthaft, § 19 FGG, gegen Entscheidungen des Rechtspflegers die Erinnerung, § 11 RpflG.

Ist ausländisches Recht anzuwenden, so ist immer der Richter zuständig, § 16 Abs. 2 RpflG.

Örtlich zuständig ist das Nachlaßgericht am **letzten Wohnsitz** des Erblassers, §§ 3, 73 Abs. 1 FGG, 7 BGB.

Antragsberechtigt sind:

– der Alleinerbe (der endgültige Erbe nach Annahme der Erbschaft) und jeder Miterbe allein, § 2357 BGB,

– der Vorerbe bis zum Nacherbfall,

– der Nacherbe erst nach Eintritt des Nacherbfalls,

– der Ersatzerbe erst nach Anfall der Erbschaft,

– der Rechtsnachfolger des Erben, allerdings nicht auf den eigenen Namen, sondern auf den Namen des Erben (insbesondere beim Erbteilserwerb, § 2033 BGB) und beim Erbeserben,

– der Testamentsvollstrecker, §§ 2197 ff. BGB,

– der Nachlaßverwalter, § 1985 BGB,

– der Nachlaßinsolvenzverwalter, nach den Vorschriften der InsO,

– der Nachlaßgläubiger, §§ 792, 896 ZPO, der im Besitz eines endgültig vollstreckbaren Vollstreckungstitels ist; hierzu gehören auch Vermächtnisnehmer, Pflichtteilsberechtigte und Erbersatzberechtigte,

– der gesetzliche Vertreter für einen nicht voll Geschäftsfähigen (Eltern für ihr minderjähriges Kind).

Der Erbschein wird nur **auf Antrag** erteilt, § 2353 BGB. Eine Form ist für die Antragstellung nicht vorgesehen. Falls ein Rechtsanwalt für seinen Mandanten den Erbschein beantragt, muß er eine schriftliche Vollmacht vorlegen, § 13 FGG.

Checkliste für Erbscheinsantrag:

Angaben des Antragsstellers, §§ 2354, 2355 BGB:

– Genaue Personalien des Erblassers samt Staatsangehörigkeit und letztem Wohnsitz,

– Todeszeit und Sterbeort des Erblassers,

– beim gesetzlichen Erben: Verhältnis, auf dem das Erbrecht beruht,

– beim Ehegatten: Güterstand, ggf. unter Vorlage einer Ausfertigung des Ehevertrages, § 47 BeurkG,

– beim eingesetzten Erben: Vorlage des Originals des Testaments bzw. des Erbvertrags, aus dem der Erbe sein Erbrecht herleitet,

– die Angabe, ob und ggf. welche weiteren Verfügungen von Todes wegen der Erblasser noch hinterlassen hat,

– die genauen Personalien des bzw. der Erben samt Wohnsitz,

– bei Miterben Angabe der Erbquoten,

– bei Miterben, die Erklärung, daß die anderen nicht antragstellenden Miterben die Erbschaft angenommen haben,

– der Berufungsgrund aller Erben (Gesetz, Testament oder Erbvertrag),

– Angaben über vorhandene oder vorhanden gewesene Personen, die für den Ausschluß oder die Minderung des Erbrechts der in Betracht kommenden Erben von Bedeutung sein können,

– Verfügungsbeschränkungen, wie Testamentsvollstreckung, Nacherbfolge oder Ersatznacherbfolge,

– Angabe, ob ein Rechtsstreit über das Erbrecht anhängig ist,

– Eidesstattliche Versicherung nach § 2356 Abs. 2 BGB.

Vom Antragsteller vorzulegende Beweise, § 2356 BGB:

– Originalurkunden (wichtigste: Testament bzw. Erbvertrag), insbesondere Standesurkunden (Sterbeurkunde, Geburtsurkunde, Heiratsurkunde, § 61 a ff. PstG), auch Ausschlagungserklärung, § 1945 BGB, Scheidungsurteil, § 1933 BGB, Erbverzichtsvertrag, § 2346 BGB. Soweit keine Originalurkunden vorgelegt werden können – dies gilt insbesondere für notarielle Urkunden –, sind Ausfertigungen vorzulegen, die die Urschrift ersetzen, § 47 BeurkG.

– Wo der Urkundenbeweis der Natur nach nicht möglich ist, hat Glaubhaftmachung durch Eidesstattliche Versicherung zu erfolgen, § 2356 Abs. 2 BGB. Dies gilt vor allem für negative Tatsachen, wie beispielsweise Nichtvorhandensein eines Testaments oder eines Ehevertrages, aber auch das Nichtvorhandensein weiterer Abkömmlinge. Die Eidesstattliche Versicherung ist entweder vor einem Notar oder zu nachlaßgerichtlichem Protokoll erklären. Das Nachlaßgericht kann allerdings die Abgabe der Eidesstattlichen Versicherung erlassen, § 2356 Abs. 2 Satz 2 BGB. Dies ist der Regelfall in der Praxis. Für das Nachlaßgericht offenkundige Tatsachen, wie beispielsweise dort bereits vorliegende Ausschlagungs- oder Anfechtungserklärungen, brauchen nicht mehr nachgewiesen bzw. glaubhaft gemacht zu werden. Es genügt die Bezugnahme auf die Nachlaßakten.

Wegen der strengen Bindung des Nachlaßgerichts an den gestellten Antrag empfiehlt es sich, bei zweifelhafter Erbfolge einen oder mehrere **Hilfsanträge** zu stellen.

Bei behebbaren Mängeln hat das Nachlaßgericht in analoger Anwendung von § 18 GBO eine Zwischenverfügung zu erlassen. Sind die Mängel nicht behebbar, so ist der Antrag sofort zurückzuweisen.

4. Die verschiedenen Arten des Erbscheins

Nach den Besonderheiten des Inhalts oder ihrer Zwecke unterscheidet man verschiedene Arten von Erbscheinen:

– Erbschein des Alleinerben, § 2353 Fall 1 BGB,

– Gemeinschaftlicher Erbschein, bei dem alle Miterben unter Angabe ihrer Erbteile aufgeführt sind, § 2357 BGB. Diesen Antrag können entweder alle Miterben stellen oder nur einer von ihnen.

– Teilerbschein, wenn einem Miterben ein Erbschein nur über sein Teilerbrecht erteilt wird, § 2353 Fall 2 BGB. Ein gemeinschaftlicher Teilerbschein kann über das Erbrecht mehrerer Miterben – nicht aller, sonst wäre es ein Gemeinschaftlicher Erbschein – und ihren Anteil am Nachlaß erteilt werden.

– Erbschein des Vorerben, § 2363 BGB,

– Sammelerbschein, d. h. bei mehrfachem Erbgang die formale Zusammenfassung mehrerer Erbscheine in einer Urkunde,

– Fremdrechtserbschein für Erbfälle, auf die ganz oder teilweise ausländisches Recht anzuwenden ist, § 2369 BGB.

Der **Erbschein für den Vorerben** bezeugt nur das Erbrecht des Vorerben bis zum Eintritt des Nacherbfalles, § 2363 Abs. 1 BGB. Der Vorerbe kann jedoch über den Nachlaß nicht frei verfügen. Er ist im Interesse der Rechte des Nacherben in der Verfügungsfreiheit beschränkt, § 2112 ff. BGB.

Deshalb sind in dem dem Vorerben erteilen Erbschein anzugeben:

– die Nacherbfolge und eine etwaige Ersatznacherbfolge,

– die Voraussetzungen, unter denen die Nacherbfolge eintritt,

– die Namen der Nacherben einschließlich der Ersatznacherben.

Der **Erbschein des Nacherben** kann beantragt werden mit Eintritt des Nacherbfalles, weil zu diesem Zeitpunkt die Erbenstellung des Vorerben endet, § 3139 BGB. Der Erbschein des Vorerben ist damit unrichtig geworden und von Amts wegen einzuziehen, § 2361 BGB. Mit Eintritt des Nacherbfalls kann nur noch von den Nacherben ein Erbschein beantragt werden. Im Erbschein ist dieser zu nennen und der Zeitpunkt des Eintritts des Nacherbfalls.

In Erbfällen, auf die ganz oder teilweise **ausländisches Recht** anzuwenden ist, ist das deutsche Nachlaßgericht an sich nicht zur Erteilung des Erbscheins berechtigt. Es kommt jedoch vor, daß ein Ausländer Vermögen im Inland hinterläßt und dafür einen Erbnachweis benötigt wird, z. B. zur Berichtigung des Grundbuchs. Dann kann ein auf dieses Inlandsvermögen gegenständlich beschränkter Erbschein erteilt werden, der sich aber materiell-rechtlich nach dem ausländischen Heimatrecht des Erblassers richtet, § 2369 BGB. Man nennt diese Art des Erbscheins deshalb auch „Fremdrechtserbschein". Dabei sind das dem Erbschein zugrundeliegende ausländische Recht und die Beschränkung auf den im Inland befindlichen Nachlaß anzugeben. Die einzelnen im Inland befindlichen Nachlaßgegenstände werden nicht aufgeführt. Verweist das ausländische Recht hinsichtlich des in Deutschland gelegenen Vermögens im ganzen oder bezüglich des Grundvermögens auf deutsches Recht zurück, § 4 Abs. 1 EGBGB (sog. „renvoi"), ist ein gegenständlich beschränkter Erbschein nach materiellem deutschen Erbrecht zu erteilen, „Eigenrechtserbschein".

5. Einziehung des Erbscheins

a) Überblick

Der Erbschein stellt ein Zeugnis über das Erbrecht und die Höhe des Erbteils dar, § 2353 BGB. Er ist eine öffentliche Urkunde i. S. der §§ 415 ff. ZPO, 271 StGB. Der Erbe weist mit dem Erbschein sein Erbrecht nach. Dies muß er dann tun, sobald er irgendwelche Rechte, die auf ihn kraft der Universalsubzession übergegangen sind, wahrnehmen will.

Ergibt sich, daß der erteilte Erbschein unrichtig ist oder daß erhebliche Zweifel an seiner Richtigkeit bestehen, hat das

Nachlaßgericht den Erbschein von Amts wegen einzuziehen, § 2361 Abs. 1 BGB. Das Gesetz sieht deshalb die Einziehung unrichtiger Erbscheine von Amts wegen vor, weil Erbscheine mit der Gutglaubenswirkung ausgestattet sind und deshalb bei Unrichtigkeit so schnell als möglich aus dem Verkehr gezogen werden müssen.

Ausnahmsweise darf statt Einziehung eine Berichtigung oder eine Ergänzung des Erbscheins zur Beseitigung von **offenbaren Unrichtigkeiten** (Schreibfehler, unerhebliche Falschbezeichnung) oder von unzulässigen bzw. überflüssigen Zusätzen vorgenommen werden, wenn dies den sachlichen Inhalt des Erbscheins unberührt läßt und die zu streichenden Angaben nicht an seinem öffentlichen Glauben teilnehmen (KG OLGZ 1966, 612; OLG Hamm OLGZ 1983, 59; BayObLG FamRZ 1989, 1348). Eine weiter gehende, die Richtigkeitsvermutung berührende Änderung, Berichtigung oder Ergänzung des Erbscheins ist nicht statthaft (OLG Frankfurt Rpfleger 1978, 310 f.). Deshalb ist z. B. bei Erledigung der Testamentsvollstreckung der Erbschein nicht zu berichtigen, sondern einzuziehen (OLG Hamm OLGZ 1983, 59).

Unrichtigkeit des erteilten Erbscheins liegt vor, wenn die Voraussetzungen für die Erteilung etwa schon ursprünglich nicht gegeben waren oder nachträglich nicht mehr vorhanden sind. Dies ist z. B. der Fall bei falscher Bezeichnung der Erben oder der Erbteile, Übersehen von Erbberechtigten oder weiterer Testamenten, wirksame Anfechtung, wirksame Ausschlagung nach Erteilung des Erbscheins, Ausschlagung eines Nacherben oder Wechsel in der Person der angegebenen Nacherben oder Eintritt der Nacherbfolge, Testamentsnichtigkeit infolge Geisteskrankheit, Nichtanführung von Beschränkungen oder Befreiungen (Palandt/Edenhofer, § 2371 Rn. 3 m.w.N.).

Verfahrensfehler im Erteilungsverfahren sind nur in **gravierenden Fällen** Veranlassung zur Einziehung. Solche sind Erteilung durch ein örtlich unzuständiges Gericht (OLG Hamm OLGZ 1972, 352 f.; BayObLG Rpfleger 1975, 304, 81, 112), bei Erteilung ohne Antrag oder auf Antrag eines Nichtberechtigten oder abweichend vom Antrag eines Berechtigten ist die Einziehung nur geboten, wenn nicht der Antragsberechtigte die Erteilung nachträglich ausdrücklich oder stillschweigend genehmigt hat (BGH NJW 1989, 984; BGHZ 30, 220, 223; OLG Stuttgart Justiz 1979, 437; Erman/Schlüter, § 2361 Rn. 1;

Palandt/Edenhofer, § 2361 Rn. 5; MK/Promberger, § 2361 Rn. 9). Auch die unrichtige Beurteilung des Erbstatuts des Erblassers oder die Nichtangabe des die Erbfolge bestimmenden ausländischen Rechts oder die unrichtige Beurteilung der Staatsangehörigkeit des Erblassers können zur Unrichtigkeit des Erbscheins führen (KG Rpfleger 1977, 307).

Dagegen führen **andere Verstöße** gegen Verfahrensregeln, wie z. B. die Verletzung des (nachholbaren) rechtlichen Gehörs, für sich allein nicht zur Einziehung.

Keine Unrichtigkeit des Erbscheins tritt ein durch Erbteilsübertragung, § 2033 BGB, Erbschaftsverkauf oder bei Wechsel in der Person des Testamentsvollstreckers. Eine im Erbscheinverfahren abgegebene falsche Eidesstattliche Versicherung, § 2356 Abs. 2 BGB, nötigt für sich allein nicht zur Einziehung des Erbscheins (OLG Hamm OLGZ 1967, 74). Die Einziehung des Erbscheins kommt auch dann nicht in Betracht, wenn sich nachträglich herausstellt, daß die letztwillige Verfügung, von der das Nachlaßgericht bei Erteilung ausgegangen ist, aus irgendeinem Grund unwirksam ist oder sein könnte, sich das bezeugte Erbrecht im selben Umfang aber aus einer anderen letztwilligen Verfügung ergibt (OLG Hamm OLGZ 1967, 74).

Das Nachlaßgericht hat **von Amts wegen** zu ermitteln, **wenn Zweifel** an der Richtigkeit eines erteilten Erbscheins sich amtlich ergeben oder von einem Beeinträchtigten dem Nachlaßgericht mitgeteilt werden. Dies kann auch noch lange nach Erteilung des Erbscheins erfolgen. Zur Einleitung des Einziehungsverfahrens ist kein Antrag erforderlich. Er kann aber gestellt und mit einem neuen Erbscheinsantrag verbunden werden. Der Antrag auf Vornahme einer nicht zulässigen Berichtigung kann als Antrag auf Einziehung und Neuerteilung des Erbscheins ausgelegt werden.

Zuständig ist nur dasjenige Nachlaßgericht, das den Erbschein erteilt hatte ohne Rücksicht darauf, ob es international und an sich zuständig war (BayObLGZ 1977, 59; OLG Hamm OLGZ 1972, 352; KG Rpfleger 1966, 209; OLG Frankfurt Rpfleger 1982, 21).

Das Nachlaßgericht ordnet durch **Beschluß** die **Einziehung** an. Dieser wird mit der Aufforderung an den Besitzer verbunden, die erteilten Ausfertigungen innerhalb kurzer Frist bei Vermeidung eines Zwangsgeldes abzuliefern. Eine gewaltsame

Wegnahme ist zulässig. Durchgeführt ist die Einziehung erst mit Ablieferung der Urschrift und aller erteilten Ausfertigungen. Erst damit wird der eingezogene Erbschein kraftlos, § 2361 Abs. 1 Satz 2 BGB.

b) Rechtsbehelfe gegen die Entscheidungen des Nachlaßgerichts

Die Entscheidung des Nachlaßgerichts kann mit der **Beschwerde** nach §§ 19 ff. FGG angegriffen werden. Beschwerdegericht ist das Landgericht, § 19 Abs. 2 FGG. **Anwaltszwang** besteht für das Beschwerdeverfahren **nicht** (arg. aus § 29 Abs. 1 FGG). Es handelt sich um eine einfache, d. h. unbefristete Beschwerde. Sie kann entweder beim Amtsgericht (in Baden-Württemberg beim staatlichen Notariat) oder beim Landgericht eingelegt werden, § 21 FGG. Weder ein bestimmter Antrag noch eine Beschwerdebegründung ist erforderlich. Für das Beschwerdeverfahren gilt ebenfalls der Amtsermittlungsgrundsatz des § 12 FGG. Da im Beschwerdeverfahren Tatsachen und Rechtsfragen überprüft werden, können neue Tatsachen und Beweise vorgebracht werden. Die Vorschriften über Zurückweisung verspäteten Vorbringens (analog §§ 296, 528 ZPO) gelten im Amtsermittlungsverfahren nicht.

Eine Zwischenverfügung ist anfechtbar, wenn Erteilungshindernisse, z. B. das Fehlen von Urkunden, angemahnt werden, obwohl sich die Rechtslage anders darstellt, als vom Nachlaßgericht angenommen.

Die Möglichkeit des Erlasses eines **Vorbescheides** wurde von der Rechtsprechung deshalb entwickelt, weil vor der Erteilung eines mit Gutglaubenswirkung ausgestatteten Erbscheins bereits die Ankündigung der beabsichtigten Erteilung eines Erbscheins bestimmten Inhalts angefochten werden können soll. Als Verfügung i. S. von § 19 FGG ist der Vorbescheid mit der Beschwerde anfechtbar (BGHZ 20, 255 = NJW 1956, 987; BayObLG FamRZ 1995, 60; KG OLGZ 1991, 144). Beschwerdeberechtigt i. S. von § 20 Abs. 1 FGG ist derjenige Beteiligte, dessen Erbscheinsantrag im Fall der Erteilung des angekündigten Erbscheins zurückgewiesen würde. Ist die Beschwerde begründet, so erläßt nicht etwa das Landgericht einen entsprechenden Erbschein. Zuständig für die Erbscheinserteilung ist nach § 2353 BGB das Nachlaßgericht, welches vom Landgericht angewiesen wird, einen Erbschein bestimmten Inhalts

zu erteilen. Das Nachlaßgericht ist an die in der Beschwerdeentscheidung genannte Rechtsauffassung des Beschwerdege-
richts gebunden (OLG Karlsruhe Rpfleger 1988, 315).

Die **Anfechtung** eines **Zurückweisungsbeschlusses** ist für denjenigen möglich, der ein Erbrecht für sich in Anspruch nimmt
und dessen Erbscheinsantrag mit Beschluß zurückgewiesen
wurde. Ihm steht die einfache Beschwerde zur Verfügung, § 20
Abs. 1 FGG. Wenn von mehreren Miterben nur einer den Erbscheinsantrag gestellt hat, so wäre im Falle der Zurückweisung dieses Antrages streng genommen nur der Antragssteller
und nicht auch die übrigen Miterben beschwerdebefugt. Die
Rechtsprechung legt § 20 Abs. 2 FGG jedoch weit aus und
gewährt jedem der anderen Miterben ein Beschwerderecht,
auch wenn sie in erster Instanz nicht Antragsteller waren
(BayObLG FamRZ 1990, 650; KG MDR 1990, 1023).

Die Anordnung zur Erbschaftserteilung durch das Nachlaßgericht ist nach § 19 FGG anfechtbar, solange der Erbschein
noch nicht ausgehändigt wurde.

Ist der Erbschein jedoch einmal erteilt und ausgehändigt, so
kann er nicht mit der Beschwerde angefochten werden. Vielmehr ist in diesem Fall nur noch die Einleitung eines Einziehungsverfahrens nach § 2361 BGB möglich. Eine Beschwerde
gegen einen erteilten Erbschein kann aber grundsätzlich als
Antrag auf Einziehung ausgelegt bzw. in einen solchen umgedeutet werden.

Die Beschwerdeentscheidung des Landgerichts kann mit der
weiteren Beschwerde zum Oberlandesgericht angefochten
werden, §§ 27 ff. FGG. Für die weitere Beschwerde besteht
Anwaltszwang, § 29 Abs. 1 Satz 1 FGG. Das Erfordernis einer
schriftlichen Vollmacht nach § 13 FGG ist zu beachten. Die
weitere Beschwerde kann beim Nachlaßgericht, beim Landgericht oder beim Oberlandesgericht eingelegt werden, § 29
Abs. 1 FGG. Da es sich um eine Rechtsbeschwerde handelt,
können neue Tatsachen nicht vorgebracht werden.

Ist eine Verfügung von Todes wegen nicht vorhanden und soll
der Erbschein aufgrund **gesetzlichen Erbrechts** erteilt werden,
so ist funktionell für dieses Erbscheinserteilungsverfahren der
Rechtspfleger nach § 3 Nr. 2 c RpflG zuständig. In allen anderen Fällen ist der Richter zuständig, § 16 Abs. 1 Nr. 6, 7
RpflG). Gegen die Entscheidung des Rechtspflegers findet die

Erinnerung nach § 11 Abs. 1 RpflG statt, die dem Richter vorzulegen ist. Dieser kann der Erinnerung abhelfen. Hilft er
nicht ab, so ist die Sache dem Landgericht als Beschwerde vorzulegen. Für die Erinnerung gibt es keine bestimmte Form. Sie
ist, wie die Beschwerde, nicht fristgebunden. Es besteht kein
Anwaltszwang.

c) Verfahren der Einziehung

Wegen der Gutglaubenswirkung des Erbscheins müssen
unrichtige Erbscheine so schnell als möglich „aus dem Verkehr gezogen" werden. § 2361 BGB sieht deshalb vor, daß
unrichtige Erbscheine von Amts wegen einzuziehen sind.
Zuständig hierfür ist das Nachlaßgericht, das den Erbschein
erteilt hat. Grundsätzlich entscheidet der Rechtspfleger über
die Einziehung, § 3 Nr. 2 c RpflG. Hat der Richter den Erbschein erteilt, so ist er auch für die Einziehung zuständig, § 16
Abs. 1 Nr. 7 RpflG. Erst mit dem Zurückgelangen **aller erteilten Ausfertigungen** wird der Erbschein kraftlos (Palandt/Eden-
hofer, § 2361 Rn. 10).

Der Amtsermittlungsgrundsatz gilt auch für das Einziehungs-
verfahren. Selbst die Einleitung des Verfahrens erfolgt von
Amts wegen, § 2361 Abs. 1 Satz 1 BGB. Einziehungsanträge
von Beteiligten stellen lediglich Anregungen für ein Tätigwerden des Nachlaßgerichts dar.

Wurde ein Erbschein unter Verletzung wesentlicher Verfah-
rensvorschriften erteilt, so ist er auch dann formell unrichtig,
wenn sein Inhalt der wirklichen Rechtslage entspricht (Erbschein wurde vom örtlich zuständigen Nachlaßgericht erteilt;
fehlender Erbscheinsantrag; Rechtspfleger hat statt Richter
den Erbschein erteilt).

Weicht die wirkliche Rechtslage von der im Erbschein bezeugten ab, so ist der Erbschein materiell unrichtig (Erbschein
wurde aufgrund Testaments erteilt, wobei der Erblasser bei
dessen Errichtung bereits testierunfähig war).

Kommt das Nachlaßgericht zu dem Ergebnis, daß der Erbschein materiell oder formell unrichtig ist, so hat es durch
Beschluß die Einziehung des Erbscheins anzuordnen. Der
Beschluß ist zu begründen und den Antragstellern des Erb-
scheinsverfahrens zuzustellen. Diese sind aufzufordern, binnen einer bestimmten Frist alle Ausfertigungen dem Nachlaß-

gericht zurückzugeben. Zur Durchsetzung der Rückgabe stehen die **Zwangsmittel** des § 33 FGG zur Verfügung (Androhung von Zwangsgeld, Festsetzung von Zwangsgeld, Androhung von Zwangshaft, Festsetzung von Zwangshaft). Erst mit der tatsächlichen Ablieferung aller Ausfertigungen ist die Einziehung vollzogen und der Erbschein kraftlos, § 2361 Abs. 1 Satz 2 BGB.

Können nicht alle Ausfertigungen des einzuziehenden Erbscheins erlangt werden, so ist der Erbschein vom Nachlaßgericht für kraftlos zu erklären, § 2361 Abs. 2 BGB. Das Erfordernis der Kraftloserklärung kann sich während des Einziehungsverfahrens ergeben, wenn klar wird, daß nicht alle Ausfertigungen des Erbscheins zurückerlangt werden können. Dies bedeutet, daß die Kraftloserklärung subsidiär ist gegenüber der Einziehung. Mit der Kraftloserklärung verliert der Erbschein seine Rechtswirkungen. Für das Kraftloserklärungsverfahren gelten die §§ 12 FGG, 2361 Abs. 3 BGB. Das Nachlaßgericht ermittelt von Amts wegen. Der formelle Vollzug der Kraftloserklärung richtet sich nach § 104 ZPO, d. h. durch Anheftung des Beschlusses über die Kraftloserklärung an die Gerichtstafel, Bekanntmachung im Bundesanzeiger und ggf. Veröffentlichung in örtlichen Zeitungen. Mit Ablauf einer Monatsfrist nach der letzten erforderlichen Veröffentlichung wird der Erbschein wirkungslos, auch wenn nicht alle Ausfertigungen wieder zu den Nachlaßakten zurückgelangt sein sollten, § 2361 Abs. 2 Satz 3 BGB.

Gegen den **ablehnenden Beschluß** auf Einziehung oder Kraftloserklärung findet die **einfache Beschwerde** und **weitere Beschwerde** statt nach den §§ 19, 20 Abs. 1, 27 FGG. Da es sich um ein Amtsverfahren handelt, ist beschwerdeberechtigt nach § 20 Abs. 1 FGG jeder, dessen Rechtsstellung im Erbschein nicht richtig angegeben ist. Auch hier kann das Beschwerdegericht keine eigene Sachentscheidung treffen, sondern nur das Nachlaßgericht anweisen, den Erbschein einzuziehen bzw. für kraftlos zu erklären.

Gegen den Beschluß über die Einziehung des Erbscheins ist die einfache Beschwerde und die weitere Beschwerde statthaft mit dem Ziel, daß der Einziehungsbeschluß aufgehoben werde. Ist der Erbschein allerdings schon eingezogen, so ist er kraftlos geworden. Mit der Beschwerde kann diese Rechtswirkung nicht mehr rückgängig gemacht werden. Allerdings kann die Beschwerde trotzdem erhoben werden mit dem Ziel, daß ein gleichlautender Erbschein neu erteilt wird. **Beschwerdeberechtigt** ist gem. § 20 Abs. 1 FGG jeder, der am Fortbestand des Erbscheins ein rechtliches Interesse hat, also jeder Antragsberechtigte für einen gleichlautenden Erbschein, auch wenn er den eingezogenen Erbschein nicht selbst beantragt hat (BGHZ 30, 220).

Wurde der Erbschein für kraftlos erklärt, so ist vor der Veröffentlichung des Kraftloserklärungsbeschlusses die einfache und ggf. die weitere Beschwerde statthaft mit dem Ziel, daß der Kraftloserklärungsbeschluß aufgehoben werde. Ab dem Zeitpunkt der Veröffentlichung des Kraftloserklärungsbeschlusses ist eine Beschwerde mit dem Ziel der Aufhebung des Beschlusses nicht statthaft, § 84 Abs. 1 FGG. Allerdings kann die Beschwerde erhoben werden mit dem Ziel, daß der gleichlautende Erbschein neu erteilt werde (Palandt/Edenhofer, § 2361 Rn. 13).

6. Vergleich im Erbscheinsverfahren

Ein Vergleich im Erbscheinsverfahren kann sowohl vor dem Nachlaßgericht als auch vor dem Beschwerdegericht abgeschlossen werden (BGHZ 14, 381; BayObLG FamRZ 1998, 35). Der Vergleich hat verfahrensbeendende Wirkung hinsichtlich des anhängigen Verfahrensgegenstandes. Die Verfahrensbeteiligten können sich darauf einigen, bestimmte Anträge nicht zu stellen, bereits gestellte Anträge zurückzunehmen, nicht weiter zu verfolgen oder Rechtsmittel nicht einzulegen bzw. zurückzunehmen. Auch eine vergleichsweise Einigung über die Erbenstellung der Beteiligten ist möglich, wenn die Auslegung streitig ist (BGH NJW 1986, 1812, Anm. v. Damrau, JR 1986, 375, und Cieslar, DNotZ 1987, 13). Der Auslegungsvertrag, gleichgültig ob gerichtlich oder außergerichtlich geschlossen, hat jedoch nur schuldrechtliche Wirkung. Als anderer Erbschaftsveräußerungsvertrag i. S. von § 2385 BGB bedarf er der notariellen Beurkundung oder des die notarielle Beurkundungsform ersetzenden gerichtlichen Vergleichs, § 127 a BGB. Die Einigung kann sich auf **alle erbrechtlichen Positionen** beziehen, wie Erbenstellung, Vermächtnisansprüche einschließlich der Kürzung, Pflichtteilsrechte, Pflichtteilstragungslast usw. Der Vergleich kann auch vor dem Nachlaßgericht im Rahmen eines Erbscheinserteilungsverfahrens geschlossen werden (BGHZ 14, 381; OLG Celle DNotZ 1954, 123), selbst wenn der Rechtspfleger für das betreffende Verfahren zuständig sein sollte (OLG Nürnberg Rpfleger 1972, 305), und auch vor dem Schiedsgericht als Schiedsvergleich (MK/Förschler, § 127 a Rn. 4).

7. Kosten und Gegenstandswert des Erbscheins

Die Kosten für die Erteilung des Erbscheins hat der **Antragsteller** zu tragen, §§ 2 Nr. 1, 49, 107, 130 KostO. Es ensteht eine volle Gebühr nach dem Nettowert des Nachlasses, §§ 49 Abs. 1, 107 KostO. Für die eidesstattliche Versicherung zur Niederschrift des Nachlaßgerichts entsteht eine weitere volle Gebühr nach § 49 KostO. Diese kommt dann nicht zum Ansatz, wenn in einer einzigen Niederschrift Erbscheinsantrag und Eidesstattliche Versicherung erklärt werden, § 49 Abs. 3 KostO.

Der Gegenstandswert bemißt sich nach dem Wert des reinen Nachlasses, also nach Abzug der Verbindlichkeiten, wozu auch Vermächtnisse und Pflichtteile gehören.

Wird der Erbschein nur zur Berichtigung des Grundbuchs benötigt, so wird für die Gebühren ein ermäßigter Gegenstandswert zugrunde gelegt, beispielsweise nur der Wert der betroffenen Grundstücke unter Abzug der Belastungen, §§ 107 Abs. 3, 107 a KostO. Der Erbschein wird dann mit einem entsprechenden Vermerk versehen und der betreffenden Behörde übersandt, ohne daß er dem Antragssteller ausgehändigt würde. Wird der Grundbuchberichtigungsantrag binnen zwei Jahren seit dem Erbfall gestellt, so ist die Grundbuchberichtigung gem. § 60 Abs. 4 KostO gebührenfrei.

8. Formulierungsvorschläge

a) Erbscheinsantrag bei gesetzlicher Erbfolge

An das
Amtsgericht (bzw Notariat in Baden-Württemberg)
Nachlaßgericht
. . .

Erbscheinsantrag

Unter Vorlage der mich legitimierenden Vollmacht zeige ich die Vertretung von Herrn . . . an. In seinem Namen **beantrage** ich in der Nachlaßsache . . . die Erteilung eines Erbscheins mit folgendem Inhalt:

Erbe des am . . . in . . . gestorbenen, zuletzt in . . . wohnhaft gewesenen Herrn . . . ist kraft Gesetzes geworden Herr . . . als Alleinerbe.

Begründung:

Am 12. 5. 2003 ist in . . . der Vater meines Mandanten, Herr . . ., geb. am . . ., zuletzt wohnhaft . . ., verstorben. Der Erblasser war zur Zeit des Todes verwitwet. Ein Ehescheidungs-, Eheaufhebungs- oder Nichtigkeitsverfahren war zur Zeit des Todes nicht anhängig. Gesetzliche Erben sind geworden: der Antragsteller, Herr . . . .

Weggefallen ist die Ehefrau des Erblassers, Frau . . ., geb. . . ., geb. am . . ., verstorben am . . . .

Ein Testament oder eine sonstige Verfügung von Todes wegen hat der Erblasser nicht hinterlassen. Andere Personen, durch welche der vorgenannte Erbe von der Erbfolge ausgeschlossen oder sein Erbteil gemindert werden würde, sind und waren nicht vorhanden. Ein Erb- oder Ehevertrag ist nicht geschlossen. Ehelichkeitserklärungen sind nicht abgegeben, Adoptionen sind nicht vorgenommen. Nichteheliche Abkömmlinge sind und waren nicht vorhanden. Ein Rechtsstreit über das Erbrecht des genannten Erben ist nicht anhängig. Die Erbschaft wurde von meinem Mandanten angenommen.

Nach Belehrung über die Bedeutung einer eidesstattlichen Versicherung und auf die strafrechtlichen Folgen einer vorsätzlich oder fahrlässig falsch abgegebenen Erklärung an Eides statt hingewiesen, versichert hiermit der diesen Antragschriftsatz mit unterzeichnende Antragsteller, daß ihm nicht bekannt ist, was der Richtigkeit seiner vorstehenden Angaben entgegensteht.

Der Wert des Nachlasses nach Abzug der Verbindlichkeiten beträgt ca. . . . Euro.

Es wird gebeten, von dem Erbschein eine Ausfertigung und zwei beglaubigte Abschriften dem Antragsteller zu Händen des unterzeichnenden Rechtsanwalts zu erteilen.

Unterschrift.

Erklärung des Antragstellers: Der unterzeichnende Antragsteller erklärt, den obigen Schriftsatz gelesen und verstanden zu haben. Er versichert nach bestem Wissen und Gewissen, daß ihm nichts bekannt ist, was der Richtigkeit der oben genannten Angaben entgegensteht.

Ort, Datum, Unterschrift

b) Erbscheinsantrag bei testamentarischer Erbfolge

An das
Amtsgericht (bzw. Notariat in Baden-Württemberg)
Nachlaßgericht
. . .

Erbscheinsantrag

Unter Vorlage der mich legitimierenden Vollmacht zeige ich die Vertretung von Frau . . . an. In ihrem Namen **beantrage** ich in der Nachlaßsache . . . die Erteilung eines Erbscheins mit folgendem Inhalt:

Alleinerbin des am . . . in . . . gestorbenen, zuletzt in . . . wohnhaft gewesenen Herrn . . . ist aufgrund Testaments geworden die Witwe, Frau . . ., wohnhaft in . . . .

Begründung:

Der Erblasser ist lt. Sterbeurkunde des Standesamts . . . am . . . in . . . verstorben. Der Erblasser hatte seinen letzten Wohnsitz in . . . . Auf die beiliegende beglaubigte Abschrift der Sterbeurkunde wird Bezug genommen.

Der Erblasser hat mit seiner Ehefrau und jetzigen Witwe unter dem Datum . . . ein privatschriftliches Testament errichtet, wonach sich die Eheleute gegenseitig zu unbeschränkten Alleinerben eingesetzt haben. Auf den Tod des überlebenden Ehegatten sollen die gemeinschaftlichen Abkömmlinge nach den gesetzlichen Erbfolgeregeln Erben werden. Vom Vorhandensein einer weiteren vom Erblasser errichteten Verfügung von Todes wegen ist der Antragstellerin nichts bekannt. Das Testament wurde von dem Erblasser in seinem vollständigen Wortlaut von Hand geschrieben, mit Ort und Datum versehen und eigenhändig unterschrieben. Die Antragstellerin hat ihrerseits das Testament eigenhändig mit Ort und Datum versehen und eigenhändig unterschrieben. Das Testament ist damit gem. § 2247 BGB formwirksam. An der Testierfähigkeit des Erblassers bestehen keine Zweifel.

Das Testament wurde vom Nachlaßgericht bereits am . . . unter A.Z. . . . eröffnet und befindet sich im Original bei den dortigen Nachlaßakten, worauf Bezug genommen wird.

Der Erblasser war verheiratet in erster und einziger Ehe mit seiner jetzigen Witwe, Frau . . . . Die Eheschließung war am . . . in . . . erfolgt. Beide Eheleute hatten im Zeitpunkt der Eheschließung und auch während der gesamten Ehezeit die deutsche Staatsangehörigkeit und ihren Wohnsitz dauernd in Deutschland. Einen Ehevertrag haben die Eheleute nicht errichtet, so daß in der Ehe ununterbrochen der gesetzliche Güterstand der Zugewinngemeinschaft bestand.

Aus der Ehe sind die beiden Söhne . . . und . . . hervorgegangen.

Beweis: Beiliegende beglaubigte Abschrift des Familienbuchs.

Sie kämen, wenn kein Testament vorhanden wäre, neben der Witwe als gesetzliche Erben in Betracht.

Weitere Personen, durch die die vorgenannten von der gesetzlichen Erbfolge, wenn diese eintreten würde, ausgeschlossen oder ihre Erbteile gemindert werden würden, sind und waren nicht vorhanden. Insbesondere hat der Erblasser keine weiteren Kinder – eheliche, nicht eheliche, adoptierte oder für ehelich erklärte – hinterlassen.

Bei der Testamentseröffnung waren die beiden Söhne des Erblassers anwesend und haben zu Protokoll des Nachlaßgerichts die Rechtsgültigkeit des Testaments anerkannt.

Irgendwelche Beschränkungen der Alleinerbenstellung der Witwe, die Testamentsvollstreckung oder Nacherbschaft, sind nicht angeordnet.

Die Witwe hat die Erbschaft als Alleinerbin angenommen. Ein Rechtsstreit über das Erbrecht ist nicht anhängig. Im Ausland befindet sich kein Vermögen.

Die diesen Antragschriftsatz mit unterzeichnende Antragstellerin versichert nach bestem Wissen und Gewissen, daß ihr nichts bekannt ist, was der Richtigkeit der obigen Angaben entgegensteht. Sie erklärt sich bereit, die Angaben an Eides statt zu versichern, bittet jedoch darum, ihr die Abgabe der Eidesstattlichen Versicherung gem. § 2356 Abs. 2 Satz 2 BGB zu erlassen.

Der Wert des Nachlasses nach Abzug der Verbindlichkeiten beträgt ca. . . . Euro.

Es wird gebeten, von dem Erbschein eine Ausfertigung und zwei beglaubigte Abschriften der Antragstellerin zu Händen des unterzeichnenden Rechtsanwalts zu erteilen.

Maßnahmen zur Sicherung des Nachlasses wurden nicht ergriffen. Solche sind und waren auch nicht geboten.

Unterschrift

Erklärung der Antragstellerin:

Die unterzeichnete Antragstellerin erklärt, den obigen Schriftsatz gelesen zu haben. Sie versichert nach bestem Wissen und Gewissen, daß ihr nichts bekannt ist, was der Richtigkeit der oben gemachten Angaben entgegensteht.

Ort, Datum, Unterschrift

c) Antrag auf Erteilung eines Eigenrechtserbscheins

Verhandelt am . . .

zu . . .

Vor mir, dem unterzeichnenden Notar, mit dem Amtssitz in . . ., erschien heute, unbedenklich geschäftsfähig und ausgewiesen durch türkischen Reisepaß . . .

Frau . . . geb. . . ., Hausfrau, geb. am . . . in . . ./Türkei; wohnhaft . . ., verwitwet.

Frau . . . handelt zugleich für sich selbst und für ihre minderjährigen Kinder

a) . . . geb. am . . ., in . . ., wohnhaft ebenda,

b) . . . geb. am . . ., in . . ., wohnhaft ebenda,

als alleinige Inhaberin der elterlichen Sorge.

Frau . . . ist türkische Staatsangehörige. Der Notar hat sich durch ein Gespräch mit Frau . . . überzeugt, daß diese nicht hinreichend der deutschen Sprache mächtig ist, so daß es der Hinzuziehung eines Dolmetschers bedarf.

Als Dolmetscher habe ich daher

Herrn . . ., geb. . . ., wohnhaft . . .,

hinzugezogen. Ein Grund, durch den der Dolmetscher nach §§ 6 oder 7 BeurkG von der Mitwirkung ausgeschlossen wäre, lag nicht vor. Der Dolmetscher ist nicht allgemein vereidigt. Die

Antragstellerin hat jedoch auf die Vereidigung des Dolmetschers verzichtet.

Der Notar fragte vor Beurkundung nach einer möglichen Vorbefassung i. S. von § 3 Abs. 1 Nr. 7 BeurkG (nur in Bundesländern mit Anwaltsnotariat). Die Beteiligte erklärte, daß eine Vorbefassung i. S. der genannten Vorschrift nicht vorliegt.

Des weiteren wurde die Antragstellerin darauf hingewiesen, daß sie eine schriftliche Übersetzung verlangen kann. Sie hat hierauf verzichtet.

Mit Urkunde vom . . . des Notars . . ., UR-Nr. . . . haben die Antragstellerin und der Erblasser vereinbart, daß sie für ihr gesamtes in der Bundesrepublik Deutschland gelegenes unbewegliches Vermögen den Güterstand der Zugewinngemeinschaft als gesetzlichen Güterstand des deutschen Rechts gewählt haben.

Sodann ersuchte mich die Erschienene um die Beurkundung eines **Antrags auf Erteilung eines Erbscheins**

und erklärte:

Am . . . ist mein Ehemann . . ., geb. am . . . in . . ., zuletzt wohnhaft . . ., (nachfolgend „Erblasser" genannt) in . . . verstorben. Der Erblasser war türkischer Staatsangehöriger und zur Zeit seines Todes mit der Antragstellerin verheiratet. Verfügungen von Todes wegen hat der Erblasser nicht hinterlassen.

Seine gesetzlichen Erben sind geworden

a) die Antragstellerin (Ehefrau) zu $\frac{1}{4}$ Erbteil,

b) die Kinder: 1. . . und 2. . . zu je $\frac{3}{8}$ Erbteil.

Andere Personen, durch welche die vorgenannten Erben von der Erbfolge ausgeschlossen oder ihre Erbteile gemindert werden würden, sind und waren nicht vorhanden. Insbesondere sind Ehelichkeitserklärungen nicht abgegeben und Adoptionen nicht vorgenommen worden. Auch nicht eheliche Abkömmlinge sind und waren nicht vorhanden.

Ein Rechtsstreit über das Erbrecht der genannten Erben ist nicht anhängig. Alle Erben haben die Erbschaft angenommen.

Nach Belehrung über die Bedeutung einer Eidesstattlichen Versicherung und über die strafrechtlichen Folgen einer vorsätzlich oder fahrlässig falschen Abgabe versichere ich hiermit vor dem Notar an Eides statt, daß mir nichts bekannt ist, was der Richtigkeit meiner Angaben entgegensteht.

Gleichzeitig **beantrage** ich hiermit, den nicht erschienenen Miterben die Abgabe der Eidesstattlichen Versicherung zu erlassen.

Ich **beantrage** einen

Eigenrechtserbschein

nach deutschem Recht unter Beschränkung auf den im Inland befindlichen unbeweglichen Nachlaß, nämlich bezüglich nachbenannten Grundbesitzes, Grundbuch von ... Blatt ..., Lfd. Nr. ..., Flur ..., Flurstück Nr. ..., Gebäude- und Freifläche, ... str. ..., ... qm, zu erteilen.

Es ist gesetzliche Erbfolge mangels einer Verfügung von Todes wegen eingetreten. Nach dem anwendbaren Artikel 444 Türk. Zivilgesetzbuch haben die Antragsstellerin zu $1/4$ und die beiden Kinder zu je $3/8$ geerbt. Im Verhältnis zwischen der Bundesrepublik Deutschland und der Türkei gilt der deutsch-türkische Konsularvertrag vom 28. 5. 1929. Als Anlage zu Art. 20 des Konsularvertrages wurde das deutsch-türkische Nachlaßabkommen geschlossen. Nach dessen § 14 bestimmen sich die erbrechtlichen Verhältnisse in Ansehung des unbeweglichen Nachlasses nach den Gesetzen des Landes, in dem dieser Nachlaß liegt, und zwar in der gleichen Weise, wie wenn der Erblasser zur Zeit seines Todes Angehöriger dieses Landes gewesen wäre. Hinsichtlich des in Deutschland belegenen Grundbesitzes ist somit deutsches Erbrecht anwendbar. Hinsichtlich des in Deutschland belegenen Grundstücks leben die Eheleute im gesetzlichen Güterstand des deutschen Rechts, also der Zugewinngemeinschaft, aufgrund notarieller Urkunde des Notars ... vom ... .

Nach Abzug der Verbindlichkeiten beträgt der Wert des reinen Nachlasses ... Euro.

Die Kosten dieser Verhandlung und des Erbscheins werden von mir getragen.

Vorstehende Urkunde wurde von dem Notar vorgelesen, übersetzt, von der Erschienenen genehmigt und von ihr eigenhändig wie folgt unterschrieben:

Unterschrift

Notar

Literaturhinweis:

Weirich, Erben und Vererben, Rn. 145 ff.; ein Beschwerde-
schriftsatz gegen Vorbescheid findet sich bei Kerscher/Tanck/
Krug, Das erbrechtliche Mandat, § 25 Rn. 81.

Erbstatut

→ *Kollisionsrecht*

Erbteil

→ *Ersatzerbfolge*

Erbteilskauf

→ *Erbschaftskauf*

Erbteilsübertragung

Unter der Abschichtung von Miterben versteht man eine teilweise Auseinandersetzung des Nachlasses in personeller Hinsicht. Der Abzuschichtende erhält einzelne Nachlaßgegenstände übertragen, die dem Wert seines Anteils entsprechen.
Bleiben sie unter diesem Wert, so zahlen die verbleibenden
Erben einen Ausgleich. Damit beinhaltet diese Art der perso-
nellen Teilauseinandersetzung gleichzeitig eine gegenständli-
che Teilauseinandersetzung.

Das Ausscheiden des weichenden Miterben kann dadurch
geschehen, daß er seinen Anteil den verbleibenden Erben nach
§ 2033 BGB überträgt. Auf diese Weise erfolgt eine Anwachsung bei den anderen Miterben analog §§ 1935, 2094 BGB
(BGHZ 21, 229). Die Erbengemeinschaft umfaßt damit nur
noch die verbleibenden Miterben. Die Übertragung des Erbteils nach § 2033 BGB ist der entschieden sicherere Weg.

Dem steht allerdings die Meinung gegenüber, ein **Ausscheiden** eines Miterben könne auch **ohne Erbteilsübertragung** erfolgen. Dies geschehe in der Weise, daß sich alle Erben über das Ausscheiden des Betroffenen einig sind und auf diesen Nachlaßgegenstände übertragen. Dies wird mit einer Analogie zu § 738 BGB, also aus dem Recht der BGB-Gesellschaft, begründet. Die herrschende Meinung nimmt allerdings an, der Abschichtungsvertrag unterliege im schuldrechtlichen Teil den Vorschriften der §§ 2385, 2371 BGB und müsse deshalb notariell beurkundet werden (RGRK/Kregel, § 2033 Rn. 13 m.w.N.).

Die Abschichtung ohne Erbteilsübertragung ist die in der Praxis am häufigsten vorkommende Form. Die Miterben einigen sich hier darauf, daß der Abzuschichtende mit dem Erhalt bestimmter Nachlaßgegenstände aus der Erbengemeinschaft ausscheidet und diese unter den verbleibenden Miterben weiter besteht. Die Möglichkeit des Ausscheidens eines Miterben aus der Erbengemeinschaft nach gesellschaftsrechtlichen Grundsätzen ohne Anteilsübertragung ist anerkannt (KG OLGZ 1965, 244, 247; LG Ulm BWNotZ 1985, 141, 143).

Der BGH hat in seinem Urteil vom 11. 3. 1968 (III ZR 223/65) die Möglichkeit erörtert, daß der abzuschichtende Miterbe aus dem Nachlaß bestimmte Nachlaßgegenstände übertragen erhält, mit denen er sich für abgefunden erklärt, und seinerseits den anderen Erben dasjenige überträgt, was ihm bei der Auseinandersetzung zukommen würde (s. Bühler, BWNotZ 1987, 73). Da die verbleibenden Erben die ihnen überlassenen Nachlaßgegenstände nicht aufgrund Erbfolge erwerben, sondern aufgrund Rechtsgeschäft, erwerben sie das, was ihnen der Ausscheidende übertragen hat, in Bruchteilsgemeinschaft. Damrau (ZEV 1996, 361, 365) sieht darin das Ende der Erbengemeinschaft. Denn damit würde der restliche Nachlaß ebenfalls in Bruchteilseigentum überführt, die Erbengemeinschaft wäre damit endgültig auseinandergesetzt. Der abgeschichtete Erbe sei damit „draußen", und die anderen Erben seien nicht mehr Gesamthänder, sondern Bruchteilsgemeinschafter.

Erbteilung

→ *Auseinandersetzung der Erbengemeinschaft*

Erbunwürdigkeit

1. Überblick

Bei bestimmten schweren Verfehlungen des Erben gegen den Erblasser verlangt das Gerechtigkeitsempfinden den Ausschluß oder die Beschränkung des Erbrechts. Dies kann häufig dadurch erreicht werden, daß der Erblasser den Täter enterbt. Diese Möglichkeit scheidet jedoch aus, wenn der Erblasser zu einer letztwilligen Verfügung nicht mehr in der Lage ist oder von der Tat keine Kenntnis erlangt. Hier helfen die gesetzlichen Regeln über die Erbunwürdigkeit, die für die gesetzliche, aber auch für die gewillkürte Erbfolge gelten.

Nach §§ 2339 ff. BGB bedeutet Erbunwürdigkeit nicht Erbunfähigkeit. Auch der erbunwürdige Erbe erwirbt zunächst die Erbschaft. Sie kann ihm aber später auf eine Anfechtungsklage hin mit Rückwirkung wieder entzogen werden. Wird eine solche Klage nicht erhoben, so bleibt die Verfehlung des unwürdigen Erben ohne erbrechtliche Sanktion.

Die Erbunwürdigkeitsgründe sind in § 2339 BGB abschließend aufgezählt.

Unwürdigkeitstatbestände sind Handlungen gegen den Erblasser, die in dessen Testierfreiheit eingegriffen haben oder eingreifen sollten. Sie beinhalten Verfehlungen gegenüber dem Erblasser. Voraussetzung sind Rechtswidrigkeit und Schuld.

Liegt eine **strafrechtliche Verurteilung** vor, so ist der **Zivilrichter** daran **nicht gebunden.** Vielmehr hat er alle objektiven und subjektiven Tatbestandsmerkmale, Rechtswidrigkeit und Schuld wie ein Strafrichter zu prüfen. Stets wird eine vorsätzliche Handlung vorausgesetzt (BGH FamRZ 1965, 495). Strafrechtliche Verurteilung ist nicht Voraussetzung für die Erbunwürdigkeit.

Unter die Erbunwürdigkeitshandlungen fallen nicht nur Allein- und Mittäterschaft, sondern auch Anstiftung und Beihilfe.

2. Erbunwürdigkeitsgründe

– § 2339 Abs. 1 Nr. 1, 1. Fall BGB:

Erbunwürdig ist, wer den Erblasser vorsätzlich und widerrechtlich getötet oder zu töten versucht hat. Strafrechtlich sind das die versuchten und vollendeten Fälle des § 211 Mord, § 212 Totschlag, § 217 Kindestötung StGB. Bei Tötung auf Verlangen, § 216 StGB, dürfte regelmäßig Verzeihung, § 2343 BGB, vorliegen. Beruft sich der Täter auf seine Unzurechnungsfähigkeit zur Tatzeit, ist er dafür beweispflichtig (BGH NJW 1988, 822). Weil das Gesetz Tötungsvorsatz verlangt, genügen vorsätzlich begangene sonstige Straftaten mit Todesfolge nicht (§§ 178 Abs. 3, 221 Abs. 3, 226, 229 Abs. 2, 239 Abs. 3, 251 StGB). Tötet der Nacherbe den Vorerben (also nicht den Erblasser), liegt keine Erbunwürdigkeit nach § 2339 Abs. 1 Nr. 1 BGB vor. Nach § 162 Abs. 2 BGB gilt der Nacherbfall jedoch als nicht eingetreten (BGH FamRZ 1968, 518).

Vorbereitungshandlungen reichen nicht. Ist der Täter vom Versuch zurückgetreten, so liegt keine Erbunwürdigkeit vor (RGRK/Kregel, § 2339 Rn. 2).

– § 2339 Abs. 1 Nr. 1, 2. Fall BGB:

Erbunwürdig ist, wer den Erblasser vorsätzlich und widerrechtlich in einen Zustand versetzt hat, infolge dessen der Erblasser bis zu seinem Tod unfähig war, eine Verfügung von Todes wegen zu errichten oder aufzuheben. Der Vorsatz des Täters braucht sich nur auf Herbeiführung des Zustandes zu erstrecken, der objektiv die Testierunfähigkeit bis zum Tode bewirkt. Es kommt nicht darauf an, ob der Täter die Fortdauer dieses Zustandes bis zum Tode und die Beseitigung der Testierfähigkeit gewollt oder in Kauf genommen hat. Demnach ist derjenige, der den Erblasser durch Beibringung von Gift für dauernd geschäftsunfähig macht, auch dann erbunwürdig, wenn dieser Zustand nach seiner Vorstellung nur wenige Tage dauern sollte.

– § 2339 Abs. 1 Nr. 2 BGB:

Erbunwürdig ist, wer den **Erblasser** vorsätzlich und widerrechtlich **gehindert** hat, eine Verfügung von Todes wegen zu errichten oder aufzuheben. Tatbegehung ist auch möglich durch Unterlassen, beispielsweise bei Nichtausführung des Auftrages, ein Testament zu vernichten (Kipp/Coing, § 85 II

Fn. 12). Die Hinderung des Erblassers kann durch Gewalt, Täuschung und Drohung erfolgen. Voraussetzung ist immer, daß die Errichtung oder Aufhebung einer letztwilligen Verfügung vom Erblasser konkret beabsichtigt war. Bestimmung trifft auch diese Fälle, in denen der Täter nicht die Errichtung oder Aufhebung einer Verfügung von Todes wegen überhaupt, sondern nur deren Wirksamkeit verhindert.

– § 2339 Abs. 1 Nr. 3 BGB:

Erbunwürdig ist, wer den Erblasser durch **arglistige Täuschung** oder widerrechtlich durch **Drohung** bestimmt hat, eine Verfügung von Todes wegen zu errichten oder aufzuheben. Die Vorschrift entspricht in ihren Voraussetzungen dem § 123 Abs. 1 BGB. Das bloße Verschweigen einer Tatsache erfüllt den Tatbestand nur, wenn eine Offenbarungspflicht bestand. Bestand diese, kann die Täuschung auch durch Unterlassen begangen werden. Ob allerdings ein Ehegatte sein ehewidriges Verhalten immer dann, wenn sein Verschweigen bestimmend für die Testierung des Ehepartners wird, diesem offenbaren muß, ist fraglich. Diese Frage dürfte nur ausnahmsweise zu bejahen sein. Anderenfalls würde ehewidriges Verhalten als ein neuer Erbunwürdigkeitsgrund geschaffen, was jedoch mit dem Analogieverbot des § 2339 BGB unvereinbar ist (BGHZ 49, 155 = NJW 1968, 642; Deubner, JuS 1968, 449).

Wird der Erblasser durch arglistige Täuschung oder widerrechtliche Drohung zur Errichtung einer Verfügung von Todes wegen bestimmt, dann kann neben der Erbunwürdigkeit ein Anfechtungsrecht desjenigen gegeben sein, dem die Aufhebung der letztwilligen Verfügung unmittelbar zustatten kommen würde, §§ 2078 Abs. 2, 2080 Abs. 1 BGB.

– § 2339 Abs. 1 Nr. 4 BGB:

Erbunwürdig ist, wer sich in Ansehung einer Verfügung des Erblassers von Todes wegen eines **Urkundsdelikts** i. S. der §§ 267, 271–274 StGB schuldig gemacht hat. Nach herrschender Meinung kommt es auf die Motive des Täters bei seiner Handlung – auch wenn sie achtenswert sein könnten – nicht an. Vielmehr führt jede Fälschung zur Erbunwürdigkeit, auch wenn der Erblasserwille dadurch gar nicht verdunkelt wurde (BGH FamRZ 1970, 17 = NJW 1970, 197; Palandt/Edenhofer, § 2339 Rn. 9; a.A. RGZ 72, 207; 81, 413; MK/Frank, § 2339

Rn. 12, wonach ein Fall der Erbunwürdigkeit nach § 2339 Abs. 1 Nr. 4 BGB jedoch nicht vorliege, wenn der Täter ein falsches Testament herstellt, das dem wahren Willen des Erblassers entspricht).

3. Geltendmachung der Erbunwürdigkeit

Die Erbunwürdigkeit wird im Wege der **Anfechtungsklage** geltend gemacht, §§ 2340, 2342 BGB. Ihre Gestaltungsklage ist nicht zu verwechseln mit der Irrtumsanfechtung nach § 2078 ff. BGB, die durch einseitige empfangsbedürftige Erklärung erfolgt.

Die Erbunwürdigkeit kann nicht als Einrede im Erbscheinsverfahren geltend gemacht werden (BayObLGZ 73, 257) oder beispielsweise im Rechtsstreit gegen einen Erbschaftsbesitzer erhoben werden. Hat der Erbunwürdige bereits die Erbschaft ausgeschlagen, so kann die Anfechtungsklage dennoch erhoben werden, weil die Ausschlagung nach deren (Irrtums-)Anfechtung auch wieder entfallen könnte (KG FamRZ 1989, 675).

Anfechtungsberechtigt ist jeder, dem der Wegfall des Erbunwürdigen zustatten kommt, § 2341 BGB. Das Gesetz verlangt keine unmittelbare Begünstigung des Anfechtungsberechtigten durch die Erbunwürdigkeitserklärung. Die Begünstigung muß jedoch erbrechtlicher Art sein. Das **Anfechtungsrecht ist vererblich,** jedoch nicht übertragbar und **nicht pfändbar** (Palandt/Edenhofer, § 2341 Rn. 1). Jeder Anfechtungsberechtigte kann das Recht selbständig aber auch gemeinsam mit anderen ausüben. Im Prozeß sind mehrere Anfechtungsberechtigte, die gemeinsam klagen, notwendige Streitgenossen, § 62 ZPO, weil die Entscheidung ihnen gegenüber nur einheitlich ergehen kann. Hat der Erblasser dem Erbunwürdigen die Tat verziehen, so entfällt das Anfechtungsrecht, § 2343 BGB.

Die Anfechtungsklage ist **binnen Jahresfrist** zu erheben, §§ 2340, 2082 Abs. 1 BGB. Die Frist beginnt mit Kenntnis von den Tatsachen, die die Erbunwürdigkeit begründen können, frühestens jedoch mit dem Erbfall, § 2340 Abs. 2 Satz 1 BGB (BGH NJW 1989, 3214). Der Tod des Erbunwürdigen vor Ablauf der Anfechtungsfrist hindert die Anfechtung nicht. Die Erbunwürdigkeitsklage ist dann gegen die Erben des Unwürdigen zu richten.

Mit **Rechtskraft** des der Anfechtungsklage stattgebenden Urteils ist nicht nur für den klagenden Anfechtungsberechtigten, sondern auch für alle anderen Anfechtungsberechtigten das Ausscheiden des Erbunwürdigen rechtsverbindlich, § 2342 Abs. 2 BGB (BGH NJW 1970, 197). Er gilt als vor dem Erbfall weggefallen, § 2344 BGB. Der neue Erbe hat gegen den für erbunwürdig Erklärten, der zugleich Erbschaftsbesitzer ist, die Rechte aus den §§ 2018 ff. BGB.

Die **Beweislast** für einen Erbunwürdigkeitstatbestand trifft denjenigen, der sich darauf beruft. Beruft sich der potentiell Erbunwürdige auf Schuldausschließungsgründe, so hat er diese zu beweisen (BGHZ 102, 230).

Gerichtsstand ist wahlweise der allgemeine Gerichtsstand des beklagten Anfechtungsgegners (= Erbunwürdiger), §§ 12, 13 ZPO, oder der Gerichtsstand der Erbschaft, § 27 ZPO.

4. Vermächtnis- und Pflichtteilsunwürdigkeit

Die Vorschriften über die Erbunwürdigkeit finden auf Vermächtnisnehmer und Pflichtteilsberechtigte **entsprechende Anwendung**, ausgenommen das Erfordernis der Klageerhebung, § 2345 BGB. Die schuldrechtlichen Ansprüche des Unwürdigen entfallen mit der Anfechtungserklärung des Anfechtungsberechtigten gegenüber dem Unwürdigen, §§ 143 Abs. 1, Abs. 4, 142 Abs. 1 BGB. Da keine Gestaltungsklage erforderlich ist, kann diese Unwürdigkeit auch im Wege der Einrede geltend gemacht werden.

Erbvertrag

1. Überblick

Im Gegensatz zum Testament als einer einseitigen Willenserklärung entfaltet der Erbvertrag, bei dem entweder beide Vertragsteile oder nur einer eine Verfügung von Todes wegen treffen, vertragliche Bindung, § 1941 BGB. Das einseitige Testament ist im Gegensatz hierzu jederzeit frei widerruflich. Von diesem Grundsatz gibt es beim Erbvertrag zwei Ausnahmen: Anfechtung und Rücktritt.

Der Erbvertrag ist Verfügung von Todes wegen und Vertrag (**Doppelnatur**). Da er Verfügung von Todes wegen ist, gelten die Vorschriften über letztwillige Verfügungen und Auflagen entsprechend. Der bindende Erbvertrag hindert den Erblasser nicht, über sein Vermögen durch Rechtsgeschäft unter Lebenden zu verfügen, §§ 2286 ff. BGB (BGHZ 8, 23, 30). Seine Verfügung von Todes wegen wird nämlich erst mit seinem Tod wirksam. Der im Erbvertrag bedachte Erbe oder Vermächtnisnehmer erwirbt, wie beim Testament, vor dem Tod des Erblassers weder einen künftigen Anspruch noch eine rechtlich gesicherte Anwartschaft, sondern lediglich eine tatsächliche Aussicht. Deshalb kann z. B. ein im Erbvertrag enthaltenes Grundstücksvermächtnis vor dem Erbfall nicht durch eine Eigentumsvormerkung gesichert werden (BGHZ 12, 115). Jedoch kann sich der Erblasser bei bestehender erbvertraglicher Bindung zusätzlich verpflichten, über den vermachten Gegenstand auch unter Lebenden nicht mehr zu verfügen (Verfügungsunterlassungsvertrag, § 137 Abs. 2 BGB; BGHZ 31, 13, 21; BGH NJW 1963, 1576). Dieser Vertrag bedarf, auch wenn er sich auf Grundstücke bezieht, **keiner Form** (BGH FamRZ 1967, 470). Er ist Rechtsgeschäft unter Lebenden. Ein solcher zusätzlicher Verfügungsunterlassungsvertrag wirkt aber nur schuldrechtlich. Verfügungen, die dagegen verstoßen, sind wirksam. Allerdings macht sich der Erblasser schadensersatzpflichtig mit der Folge, daß für diese Nachlaßverbindlichkeit die Erben haften, §§ 1967, 2058 BGB (BGH NJW 1964, 549). Der Unterlassungsanspruch auf Nichtvornahme einer Verfügung ist im Grundbuch nicht durch Vormerkung sicherbar (BGH FamRZ 1967, 470).

Keine Erbverträge sind: Verträge unter Lebenden, in denen die Erfüllung bis nach dem Tod des einen Vertragspartners hinausgeschoben ist; Erbschaftskaufverträge, weil sich bei diesen der Erbe nach dem Erbfall verpflichtet, die ihm angefallene Erbschaft auf den Käufer zu übertragen; Verträge zwischen künftigen gesetzlichen Erben über den gesetzlichen Erbteil oder Pflichtteil, mangels unmittelbarer erbrechtlicher Wirkung; Schenkungen von Todes wegen sind Rechtsgeschäfte unter Lebenden, § 2301 BGB.

Da der Erbvertrag auch Vertrag ist, ergibt sich die **Bindung des Erblassers** (→ *Bindungswirkung beim Erbvertrag*) und die Einschränkung seiner Testierfreiheit. Insoweit unterscheidet sich der Erbvertrag vom Testament. Insbesondere ist beim Erbvertrag die freie Widerrufbarkeit ausgeschlossen.

2. Arten von Erbverträgen

Bei einem einseitigen Erbvertrag trifft nur ein Vertragsteil eine Verfügung von Todes wegen, der andere nicht. Bei einem zwei- oder mehrseitigen Erbvertrag treffen zwei oder mehrere Vertragspartner Verfügungen von Todes wegen.

Äußerlich kann der Erbvertrag verbunden werden mit anderen Rechtsgeschäften, ohne daß die einzelnen Rechtsgeschäfte ihre Selbständigkeit dadurch verlieren würden (z. B. Ehe- und Erbvertrag, bei dem die güterrechtlichen Verhältnisse geregelt werden und gleichzeitig ein Erbvertrag unter den Ehegatten geschlossen wird). Beide Vertragstypen behalten ihre Selbständigkeit. Der Ehevertrag ist ein Rechtsgeschäft unter Lebenden, der Erbvertrag eine Verfügung von Todes wegen.

3. Abschluß des Erbvertrags

Der Erblasser muß höchstpersönlich ohne Ausnahme den Erbvertrag schließen. Eine **Stellvertretung** ist somit **ausgeschlossen.**

Für den Vertragspartner kann jedoch der gesetzliche oder ein gewillkürter Vertreter handeln. Ist allerdings der Vertragspartner selbst Erblasser, so muß auch er persönlich abschließen.

Der Erblasser muß grundsätzlich **voll geschäftsfähig** sein, § 2275 Abs. 1 BGB, weil er sich vertragsmäßig bindet. Es gelten die Bestimmungen des allgemeinen Teils, §§ 104 ff. BGB. Bei Erbverträgen zwischen Eheleuten oder Verlobten reicht für den Erblasser beschränkte Geschäftsfähigkeit aus, § 2275 Abs. 2, Abs. 3 BGB. Erforderlich ist jedoch die Zustimmung des gesetzlichen Vertreters. Ist dies ein Vormund, muß auch noch eine vormundschaftsgerichtliche Genehmigung erteilt werden, § 2275 Abs. 2 Satz 2 BGB.

Für den Vertragspartner gilt keine von den allgemeinen Vorschriften abweichende Regelung. Er kann beschränkt geschäftsfähig oder geschäftsunfähig sein. In letzterem Falle handelt der gesetzliche Vertreter.

Ein Erbvertrag muß vor einem **Notar** bei **gleichzeitiger Anwesenheit beider Teile** abgeschlossen werden, § 2276 Abs. 1 Satz 1 BGB. Getrennte Beurkundung von Vertragsangebot und Vertragsannahme ist nicht zulässig.

Die Form ist auch gewahrt, wenn der Erbvertrag im Wege eines **Prozeßvergleichs** geschlossen wird, § 127 a BGB. Jedoch muß der Erblasser seine Erklärung persönlich vor dem Gericht abgeben, § 2274 BGB. Eine Hoferbenbestimmung, die in einem formlosen Erbvertrag enthalten war, wurde als nach Treu und Glauben bindend angesehen (BGHZ 23, 249).

Verwahrung des Erbvertrags → *Amtliche Verwahrung.* Die Rücknahme des Erbvertrags aus der Verwahrung gilt nicht als Aufhebung desselben wie beim Testament.

4. Inhalt

Als vertragsmäßige Verfügungen sind **nur möglich: Erbeinsetzung, Vermächtnis- und Auflagenanordnung,** §§ 1941, 2278 Abs. 2 BGB. Hiervon zu unterscheiden ist die Frage der Wechselbezüglichkeit. Diese ist nur möglich, wenn mindestens zwei Personen als Erblasser handeln und die Verfügung des einen mit der des anderen steht und fällt, § 2298 BGB.

Die im Erbvertrag enthaltenen Erbeinsetzungen, Vermächtnisse und Auflagen können vertragsmäßige Verfügungen sein, sie müssen es aber nicht. Nach § 2299 Abs. 1 BGB darf jede Verfügung, die durch Testament erfolgen kann, auch einseitig im Erbvertrag getroffen werden. Es muß deshalb bei jeder Erbeinsetzung, jedem Vermächtnis und jeder Auflage im Erbvertrag angegeben werden, ob es sich um eine vertragsmäßige oder um eine einseitige Verfügung handelt. Nur im ersten Falle besteht die Bindung. Im zweiten Falle bleibt die Möglichkeit des freien Widerrufs erhalten. Was im Einzelfall gewollt ist, muß im Zweifel durch Auslegung ermittelt werden. Eine Auslegungsregel ist nicht vorhanden. Mangels anderer Anhaltspunkte wird man bei der Auslegung darauf abzustellen haben, ob der Vertragspartner des Erblassers ein Interesse an der Aufrechterhaltung der Verfügung und damit an der Bindung des Erblassers an diese Verfügung gehabt hat oder jedenfalls haben konnte. Ist ein solches Interesse zu bejahen, so spricht das für die Vertragsmäßigkeit der Verfügung.

5. Gemeinschaftliches Testament oder Erbvertrag?

a) Überblick

Die Gestaltung als Erbvertrag oder Gemeinschaftliches Testament ist in der notariellen Praxis häufig austauschbar:

Nur der Erbvertrag steht zur Verfügung,

– wenn andere als Ehegatten gemeinsame Verfügungen von Todes wegen errichten wollen,

– bei Verbindung mit einem Ehevertrag, es sei denn, die Beteiligten wollten auf die kostenmäßige Begünstigung nach § 46 Abs. 3 KostO verzichten,

– wenn die amtliche Verwahrung ausgeschlossen werden soll (zur Ersparnis der damit verbundenen Gebühr, § 101 KostO),

– wenn kein Widerrufsrecht bestehen soll,

– wenn der Schutz der §§ 2286, 2287 BGB gegen die Bindungswirkung beeinträchtigende Verfügungen zu Lebzeiten schon vor dem Tod eines Ehegatten erreicht werden soll (Nieder, Handbuch der Testamentsgestaltung, Rn. 945).

Nur das Gemeinschaftliche Testament steht zur Verfügung,

– in den (seltenen) Fällen, in denen keinerlei bindende Verfügungen getroffen werden sollen, da der Erbvertrag begriffsnotwendig mindestens eine vertragsmäßige bindende Verfügung enthalten muß (BGHZ 26, 204, 208), die freilich mit einem Rücktrittsvorbehalt versehen sein kann (BayObLG FamRZ 1989, 1353 f.),

– wenn die Möglichkeit erhalten bleiben soll, die Verfügung später gegenständlich aufzuheben.

In allen anderen Fällen ist die Gestaltungsform für die Beteiligten austauschbar (→ *Gemeinschaftliches Testament*).

b) Vorzüge des Erbvertrags

– Er kann nicht nur vom Ehegatten, sondern auch von Verlobten und anderen Personen (z. B. Partner nichtehelicher Lebensgemeinschaften oder unter Verwandten) abgeschlossen werden, §§ 2265, 2274 BGB.

– Zur Erreichung der vertraglichen Bindung reicht es aus, wenn nur einer der Vertragsschließenden eine Verfügung von Todes wegen trifft (beim Gemeinschaftlichen Testament müssen beide Partner wechselbezügliche Verfügungen treffen).

– Beim Erbvertrag tritt die **Bindungswirkung** bereits **mit dem Abschluß** des Vertrages ein, beim Gemeinschaftlichen Testament erst mit dem Ableben eines Ehegatten, §§ 2271, 2287, 2288, 2290 BGB.

– Beim Gemeinschaftlichen Testament ist es selbst nach dem Tod des anderen Ehegatten noch möglich, sich durch **Ausschlagung** des Zugewendeten aus der Wechselbezüglichkeit zu lösen und im Anschluß daran wieder frei zu testieren, § 2271 Abs. 2 Satz 1 2. Halbsatz BGB. Beim Erbvertrag dagegen führt die Ausschlagung des überlebenden Ehegatten dazu, daß er auch noch nach dem Tod des anderen Vertragsschließenden seine Verfügung durch Testament aufheben kann, § 2297 BGB, sei es ausdrücklich, sei es durch eine neue widersprechende Verfügung, §§ 2258 Abs. 1, 2298 Abs. 2 Satz 3 BGB. Diese Regeln gelten allerdings nur dann, wenn kein anderer Wille der Vertragsschließenden anzunehmen ist (MK/Musielak, § 2298 Rn. 6). Die Ausübung eines vorbehaltenen Rücktritts führt zur Wiedererlangung der Testierfreiheit. Der Schutz gegen das Abwandern von Familienvermögen ist beim Erbvertrag stärker als beim Gemeinschaftlichen Testament.

– Beim Gemeinschaftlichen Testament kann es bei nicht ausdrücklicher Gestaltung häufig **Streit** darüber geben, ob **Wechselbezüglichkeit** der Verfügungen i. S. der Auslegungsregel des § 2270 Abs. 2 BGB gewollt ist. Beim Erbvertrag ist dagegen die Bindung des Erblassers an vertragsmäßige Verfügungen eindeutiger gestaltet, §§ 2278, 2289 BGB.

– Das beurkundete Gemeinschaftliche Testament muß beim Amtsgericht hinterlegt werden. Beim **Erbvertrag** können die Vertragspartner die amtliche Verwahrung ausschließen.

c) Nachteil des Erbvertrags

Das eigenhändige gemeinschaftliche Testament kann aus der amtlichen Verwahrung des Amtsgerichts zurückgenommen werden, ohne daß es unwirksam wird, § 2256 Abs. 2 BGB. Beim notariell beurkundeten Testament wirkt die Rücknahme als Widerruf, § 2256 Abs. 1 Satz 1 BGB.

Bei der Rücknahme eines privatschriftlichen Testaments muß zur Aufhebung noch eine Aufhebungshandlung hinzukommen, entweder durch eine neue Verfügung von Todes wegen oder die körperliche Vernichtung oder Veränderung der Testamentsurkunde, § 2255 BGB. Das Gemeinschaftliche Testament bietet daher die Möglichkeit, die spätere Eröffnung und Bekanntgabe zu verhindern. Beim Erbvertrag besteht dagegen keine Rücknahmemöglichkeit, so daß beim Erbfall auch ein überholter, weil abgeänderter Erbvertrag mit eröffnet werden muß. Dessen Inhalt wird bekannt, was nicht immer gewünscht wird.

d) Wichtige Entscheidungskriterien

Bei der Frage, ob Gemeinschaftliches Testament oder Erbvertrag gewählt wird, sollten folgende Probleme stets angesprochen werden:

Entwicklungen im Leben des länger Lebenden,

– Nichteheliche Lebensgemeinschaft,

– Wiederverheiratung,

– Kinder aus 2. Ehe (insbesondere bei Ausschluß des Anfechtungsrechts gem. §§ 2079, 2281 BGB),

wirtschaftliche Angemessenheit,

– nach dem Tod des länger Lebenden hinzu erworbenes Vermögen,

– Einschränkung von Dispositionsmöglichkeiten,

spätere Entwicklung der Kinder,

– mißraten (Sekte, Drogen, Verschwendung, Alkoholmißbrauch, „schiefe Bahn"),

– Verhältnis zu dem länger lebenden Elternteil (Wegzug der Kinder; Pflege),

- Einfluß späterer Schwiegerkinder,
- evtl. Scheitern der Ehe des Kindes,
- Behinderung von Kindern (Unfall) und Enkeln,
- Pflichtteilsrecht der Abkömmlinge.

6. Anfechtung des Erbvertrags

a) Überblick

Bei der Anfechtung der bei einem Erbvertrag abgegebenen Willenserklärungen sind zu unterscheiden:

- die Erklärungen des Vertragspartners, der nicht als Erblasser gehandelt hat,
- einseitige Verfügungen des Erblassers i. S. von § 2299 BGB,
- die vertraglich bindenden Verfügungen von Todes wegen des Erblassers.

Auch beim Erbvertrag hat die Auslegung Vorrang vor der Anfechtung. Für die Auslegung sind die §§ 133, 157 BGB heranzuziehen.

Für die Erklärungen des Vertragspartners, die keine Verfügungen von Todes wegen sind, gelten die allgemeinen Anfechtungsvorschriften der §§ 119 ff. BGB, also keine Anfechtung bei Motivirrtum. Die Frist richtet sich nach §§ 121, 124 BGB. Es gibt keine Formvorschriften. Es handelt sich jedoch um eine empfangsbedürftige Willenserklärung. Anfechtungsgegner ist der Erblasser oder dessen Rechtsnachfolger, § 143 BGB.

Der Erblasser kann einseitige Verfügungen stets nach den allgemeinen Vorschriften widerrufen. Eines Anfechtungsrechts des Erblassers bedarf es dafür deshalb nicht. Für die Anfechtung einseitiger Verfügungen von Todes wegen durch Dritte gelten die allgemeinen Testamentsanfechtungsvorschriften der §§ 2078 ff. BGB.

Bei den erbvertraglich bindenden Verfügungen von Todes wegen ist zu unterscheiden:

- Anfechtung durch den Erblasser, § 2281 BGB. Weil der Erbvertrag für den Erblasser von Anfang an bindend ist, gewährt ihm das Gesetz eine Anfechtungsmöglichkeit.

Anfechtungsgründe sind: Irrtum, Drohung, Täuschung, auch Irrtum darüber, daß er sich gebunden hat. Trotz der erheblich anderen Interessenlage als beim einseitigen Testament ist auch die Anfechtung wegen Motivirrtums und wegen Übergehens eines Pflichtteilsberechtigten möglich, §§ 2281, 2078 Abs. 2, 2079 BGB. Die Anfechtung hat höchstpersönlich zu erfolgen, § 2281 Abs. 1 BGB. Für Geschäftsunfähige handelt deren gesetzlicher Vertreter mit Genehmigung des Vormundschaftsgerichts, § 2282 Abs. 2 BGB.

Die Anfechtung bedarf der notariellen Beurkundung, §§ 2282 Abs. 3 BGB.

Erklärungsempfänger ist zu Lebzeiten der Vertragspartner, § 143 Abs. 2 BGB, nach dem Tod des Vertragspartners das Nachlaßgericht, § 2281 Abs. 2 BGB.

Die Anfechtungsfrist beträgt ein Jahr, § 2283 Abs. 1 BGB.

- Bei der Anfechtung durch Dritte nach dem Tod des Erblassers gelten die allgemeinen Anfechtungsregeln der §§ 2078 ff. BGB.

b) Wirkung der Anfechtung

Folge einer wirksamen Anfechtung ist die **Nichtigkeit** der betreffenden Erklärung, § 142 Abs. 1 BGB. Bei einem gegenseitigen Erbvertrag hat die Nichtigkeit einer Verfügung die Nichtigkeit des ganzen Vertrages zur Folge, § 2298 Abs. 1 BGB. Ein Anspruch auf Ersatz des negativen Interesses, § 122 BGB, kommt auch bei Anfechtung durch den Erblasser in Betracht (strittig, verneinend: OLG München ZEV 1998, 69; bejahend: Mankowski, ZEV 1998, 46).

c) Ausschluß des Anfechtungsrechts

Eine Anfechtung ist ausgeschlossen, wenn der Erblasser den anfechtbaren Erbvertrag bestätigt hat, § 2284 BGB. Eine Form ist hierfür nicht erforderlich, § 144 Abs. 2 BGB. Dritte können den Erbvertrag nicht anfechten, wenn das Anfechtungsrecht des Erblassers im Zeitpunkt seines Todes – durch Fristablauf oder Bestätigung – erloschen war, § 2285 BGB.

In der Praxis wird das Anfechtungsrecht des Erbvertrags in der notariellen Urkunde regelmäßig ausgeschlossen.

7. Rücktritt vom Erbvertrag

a) Rücktrittsrecht des Vertragspartners

Der Vertragspartner, der nicht als Erblasser gehandelt hat, kann nach den allgemeinen Regeln über den Rücktritt vom Vertrag vom Erbvertrag zurücktreten, §§ 346 ff. BGB. Damit entsteht ein Rückabwicklungsverhältnis.

Das Rücktrittsrecht kann entweder im Erbvertrag vereinbart sein oder sich aus den allgemeinen Vorschriften ergeben.

b) Rücktrittsrecht des Erblassers

Dem Erblasser kann entweder ein vertraglich vereinbartes vollständiges oder teilweises Rücktrittsrecht, §§ 2293 BGB, oder ein durch Gesetz gewährtes Rücktrittsrecht zustehen, §§ 2294 ff. BGB.

Ein im Erbvertrag vorbehaltenes Rücktrittsrecht

– bietet dem Erblasser die Möglichkeit, durch einseitige Erklärung vom Vertrag loszukommen. Ob und in welchem Umfang die Rücktrittsmöglichkeit bestehen soll, unterliegt dem Willen der Vertragsparteien und ist notfalls durch Auslegung zu ermitteln, wobei auch auf den Empfängerhorizont abzustellen ist.

Ein gesetzliches Rücktrittsrecht besteht bei:

– Verfehlung des Bedachten, § 2294 BGB, wobei die Pflichtteilsentziehungsgründe in § 2333 BGB abschließend aufgezählt sind, und bei

– Wegfall der Gegenverpflichtung, § 2295 BGB, wobei hier entgeltliche Erbverträge gemeint sind. Bereits erbrachte Leistungen kann der Vertragspartner im Fall des Rücktritts nach § 812 Abs. 1 Satz 2 BGB zurückverlangen (Nichterreichen des bezweckten Erfolgs). Leistet der Vertragspartner schlecht oder kommt er in Verzug, so hat der Erblasser kein Rücktrittsrecht, weil §§ 325, 326 BGB nicht gelten. Es kommt ein Anfechtungsrecht nach §§ 2281, 2078 Abs. 2 BGB in Betracht (Irrtum über einen künftigen Umstand; Zahlungsunfähigkeit bzw. -willigkeit des Vertragspartners).

Die Rücktrittserklärung bedarf zu Lebzeiten beider Vertragspartner der notariellen Beurkundung, § 2296 Abs. 2 BGB.

Adressat ist der andere Vertragsteil. Die Erklärung muß höchstpersönlich abgegeben werden.

Nach dem Tod des Vertragspartners erfolgt die Rücktrittsausübung durch Testament, § 2297 BGB.

c) Zweiseitiger Erbvertrag

Bei einem zweiseitigen korrespektiven Erbvertrag bestehen Besonderheiten, § 2298 BGB. Werden von beiden Vertragsteilen vertragsmäßige Verfügungen getroffen, so wird nach § 2298 Abs. 2 BGB vermutet, daß die Verfügung des einen vom Bestehen der Verfügung des anderen abhängig sein soll. Eine ausdrückliche Regelung im Erbvertrag oder seine Auslegung kann ergeben, daß etwas anderes vereinbart ist, § 2298 Abs. 3 BGB. Die Nichtigkeit einer der Verfügungen hat die Unwirksamkeit der anderen zur Folge.

Die Ausübung des vereinbarten Rücktritts führt im Zweifel zur Aufhebung des gesamten Vertrags.

Beim Rücktritt aufgrund gesetzlichen Rücktrittsrechts, §§ 2294, 2295 BGB, bleiben im Zweifel die übrigen, vom Rücktritt nicht betroffenen Verfügungen gem. §§ 2279, 2085 BGB bestehen.

Erbverzicht

1. Überblick

Erbverzicht ist der vor Eintritt des Erbfalls mit dem Erblasser vereinbarte vertragliche Verzicht des zukünftigen Erben (auch der zukünftige Ehegatte) auf sein gesetzliches Erbrecht,

§§ 2346, 2352 BGB. Der Verzicht umfaßt **auch das Pflichtteilsrecht.** Der Verzichtende wird dann im Erbfall so behandelt, als ob er überhaupt nicht vorhanden gewesen wäre, § 2346 Abs. 1 Satz 2 BGB.

Hierdurch erhöhen sich die Erbquoten der übrigen gesetzlichen Erben und entsprechend auch ihre Pflichtteilsquoten.

Verzichtet ein Abkömmling oder ein Seitenverwandter des Erblassers, so erstreckt sich die Wirkung des Verzichts auf seine Abkömmlinge, sofern nicht ausdrücklich etwas anderes bestimmt wird, § 2349 BGB.

Erfolgt der Verzicht gegen eine **Abfindung,** ist die Erstreckung auf Abkömmlinge auch sinnvoll, weil sonst dieser Stamm vor den anderen Stämmen bevorzugt würde. Eine klarstellende Erwähnung im Verzichtsvertrag ist in jedem Fall zweckmäßig.

Bei Abfindungsvereinbarungen unterscheidet man zwischen kausalem Grundgeschäft (schuldrechtlicher Vertrag gem. § 241 BGB, bei dem sich ein Vertragsteil zur Zahlung des Abfindungsbetrages, der andere Vertragsteil verpflichtet, auf sein gesetzliches Erbteil zu verzichten) und abstraktem Erfüllungsgeschäft (Zahlung der Abfindungssumme gegen Erklärung des Erbverzichts nach §§ 2346 ff. BGB – MK/Strobel, § 2346 Rn. 22; Lange/Kuchinke, § 7 V 2 c). Regelmäßig kommen derartige Erbverzichte gegen Zahlung einer Abfindung in Betracht, wenn der Erbanwärter mit dem Kapital die Gründung einer eigenen Existenz beabsichtigt oder wenn abzeichnende spätere Auseinandersetzungen vermieden werden sollen (Brox, Rn. 291).

Der Erbverzicht kann unter einer Bedingung erklärt werden (der Verzichtende erhält ein bestimmtes Vermächtnis; eine bestimmte andere Person wird Erbe; eine bestimmte Abfindung soll gezahlt werden).

2. Notarielle Beurkundung

Das Formerfordernis gilt nicht nur für das Erfüllungsgeschäft Erbverzicht, sondern **auch** für den **Abfindungsvertrag,** also das Kausalgeschäft (KG OLGZ 1974, 263; MK/Strobel, § 2348 Rn. 2; Soergel, § 2346 Rn. 3).

In einem zwischen Ehegatten einerseits und einem ihrer Kinder andererseits abgeschlossenen Erbvertrag kann ein konkludenter Pflichtteilsverzicht des als Schlußerben eingesetzten Kindes gegenüber dem Erstversterbenden der Eltern enthalten sein (BGHZ 22, 364). Ein notarielles gemeinschaftliches Ehegattentestament kann einen Erb- oder Pflichtteilsverzicht eines Ehegatten enthalten (BGH NJW 1977, 1728; Habermann, JuS 1979, 169; MK/Strobel, § 2348 Rn. 8).

3. Stellvertretung

Der Erblasser muß grundsätzlich persönlich handeln, § 2347 Abs. 2 Satz 1 BGB, Ausnahme: § 2347 Abs. 2 Satz 2 BGB. Der Verzichtende kann sich nach den allgemeinen Regeln vertreten lassen. Handelt ein Betreuer für den Verzichtenden, so bedarf er der Genehmigung des Vormundschaftsgerichts, § 2347 Abs. 1 Satz 2 BGB.

4. Arten des Verzichts

– Verzicht auf das gesetzliche Erbrecht, § 2346 Abs. 1 BGB.

Jeder, der als gesetzlicher Erbe in Betracht kommt, kann auf sein Erbrecht verzichten. Notwendigerweise braucht ein Verzichtsvertrag aber nur mit denjenigen gesetzlichen Erben geschlossen werden, die zum Kreis der Pflichtteilsberechtigten gehören (Abkömmlinge, Ehegatten, Eltern). Alle anderen gesetzlichen Erben kann der Erblasser ohne weiteres durch Verfügung von Todes wegen von der Erbfolge ausschließen, § 1938 BGB. Wenn nichts anderes vereinbart ist, enthält der Erbverzicht auch den Verzicht auf das Pflichtteilsrecht, § 2346 Abs. 1 Satz 2, 2. HS BGB.

– Pflichtteilsverzicht, § 2346 Abs. 2 BGB.

Der Verzicht kann auf das Pflichtteilsrecht beschränkt werden. Hierdurch erlangt der Erblasser die Sicherheit, daß die von ihm mittels Verfügung von Todes wegen vorgenommene Verteilung des Nachlasses nicht durch Geltendmachung von Pflichtteilsansprüchen vereidigt wird. Andererseits bleibt ihm auch die Möglichkeit, gesetzliche Erbfolge eintreten zu lassen und nach seinem Gutdünken dem Verzichtenden durch letztwillige Verfügung zu bedenken.

Der Pflichtteilsverzicht erstreckt sich auch auf den Pflichtteilsergänzungsanspruch. Möglich ist ein Teilverzicht, bezogen auf den Ergänzungsanspruch aus einem konkreten Schenkungsvorgang.

– Zuwendungsverzicht, § 2352 BGB.

Ein Verzicht des eingesetzten Erben oder des Vermächtnisnehmers hat Bedeutung für den Fall, daß der Erblasser eine bindend gewordene Verfügung von Todes wegen (Gemeinschaftliches Testament, Erbvertrag) nicht mehr ändern kann.

– Aufhebungsvertrag, § 2351 BGB.

Als actus contrarius kann der Erbverzichtsvertrag durch Aufhebungsvertrag rückgängig gemacht werden. Auch dieser bedarf der notariellen Beurkundung, ebenso der der Aufhebung zugrundeliegende Kausalvertrag.

5. Wirkungen des Verzichts

– Verzicht auf das gesetzliche Erb- und Pflichtteilsrecht.

Der Verzichtende wird so behandelt, als wäre er vorverstorben. Bei der Berechnung des Pflichtteils eines anderen Pflichtteilsberechtigten wird der Verzichtende nicht mitgezählt, § 2310 BGB. War der Verzicht auf den Pflichtteil beschränkt, so wird der Verzichtende im Rahmen des § 2310 BGB noch mitgezählt. Im Zweifel erstreckt sich der Verzicht auf die Abkömmlinge, § 2349 BGB, so daß der ganze Stamm von der Erbfolge ausgeschlossen ist, und zwar unabhängig davon, ob gegen Abfindung verzichtet wurde oder nicht. Diese Rechtsfolge kann im Vertrag abbedungen werden. Auch der reine Pflichtteilsverzicht erstreckt sich auf die Abkömmlinge.

– Zuwendungsverzicht

Verzicht auf eine bindende testamentarisch oder erbvertragliche Zuwendung, § 2352 BGB.

In diesem Fall entfällt die Bindungswirkung mit dem Verzicht. Der Erblasser wird in seiner Verfügung wieder frei. Hierin liegt die entscheidende praktische Bedeutung des Zuwendungsverzichts. Der Verzicht wirkt nur für den Verzichtenden selbst und erstreckt sich nicht auf dessen Abkömmlinge. § 2349 BGB findet keine Anwendung. Das gesetzliche Erb- und Pflichtteilsrecht bleibt erhalten.

– Verzicht zugunsten eines anderen, § 2350 BGB.

Hier zu unterscheiden zwischen:

– dem absoluten Erbverzicht. Hier ist es dem Verzichtenden gleichgültig, wem sein Erbteil zufällt.

– dem relativen Erbverzicht: Der Verzicht wird zugunsten einer anderen Person oder mehrerer anderer erklärt. In diesem Fall gibt § 2350 BGB zwei Auslegungsregeln: § 2350 Abs. 1 BGB: Der Verzicht steht unter der Bedingung, daß der Begünstigte auch tatsächlich Erbe wird; § 2350 Abs. 2 BGB: Es wird vermutet, daß der Verzicht eines Abkömmlings nur wirksam sein soll, wenn er den anderen Abkömmlingen und/oder dem Ehegatten des Erblassers zugute kommt.

6. Nichteheliche Kinder

Erklärt ein nichteheliches Kind gegenüber seinem Vater einen Erbverzicht, so entfallen neben dem Erb- und Pflichtteilsrecht auch der Erbersatzanspruch nach § 1934a BGB und der Anspruch auf vorzeitigen Erbausgleich nach § 1934d BGB. Diese Vorschriften galten bis 31. 3. 1998. Seit 1. 4. 1998 gelten für nichteheliche Kinder keine Sonderregelungen mehr.

7. Formulierungvorschläge

a) Erbverzicht

Ich habe von meinem Vater zu meiner Ausbildung und zu meinem Lebensunterhalt mehr empfangen, als voraussichtlich mein Erbteil betragen wird. Ich verzichte daher gegenüber meinem Vater auf mein gesetzliches Erbrecht.

Der Vater erklärt: Ich nehme den Verzicht an.

Unterschriften

Notar

b) Pflichtteilsverzicht

Wir, . . ., verzichten hiermit – jeder für sich und für seine Abkömmlinge – sowohl gegenüber unserem Vater . . . als auch gegenüber unserer Mutter . . . auf unser jeweiliges gesetzliches Pflichtteilsrecht. Unser jeweiliges gesetzliches Erbrecht bleibt unberührt.

Wir, die Eheleute . . . und . . . (Eltern) nehmen die Pflichtteilsverzichte hiermit an.

Unterschriften

Notar

c) Gegenständlich beschränkter Pflichtteilsverzicht

Wir, . . ., verzichten hiermit – jeder für sich und für seine Abkömmlinge – auf unser jeweiliges Pflichtteilsrecht am Nachlaß unserer Mutter, Frau . . . in der Weise, daß die Vertragsgegenstände gem. gegenwärtigem Übergabevertrag, UR-Nr. . . ., bei der Berechnung des jeweiligen Pflichtteilsanspruchs als nicht zum Nachlaß des Übergebers gehörend angesehen und aus der Berechnungsgrundlage für den Pflichtteilsanspruch, Ausgleichspflichtteil und Pflichtteilsergänzungsanspruch ausgeschieden werden.

Der Übergeber nimmt diese gegenständlich beschränkten Pflichtteilsverzichte jeweils entgegen und an.

Die Erschienenen wurden von dem Notar darauf hingewiesen, daß der gegenständlich beschränkte Pflichtteilsverzicht die gesetzliche Erbfolge und den Pflichtteil am Restvermögen des Übergebers unberührt läßt.

Unterschriften

Notar

d) Bedingter Pflichtteilsverzicht

Ich, . . ., verzichte auf jegliche Pflichtteilsansprüche auf den Tod meines Vaters, und zwar für mich und meine Abkömmlinge. Der Verzicht ist aufschiebend bedingt durch die Zahlung von . . . Euro bis zum . . . . Ich verpflichte mich, die Zahlung dem beurkundenden Notar unmittelbar nach Zahlungseingang schriftlich mitzuteilen.

Unterschriften

Notar

8. Aufhebung von Erb- und Pflichtteilsverzichtsverträgen

Gemäß § 2346 BGB können die Verwandten und der Ehegatte auf das gesetzliche Erbrecht verzichten. Ein Erbverzicht umfaßt dem Wortlaut des Gesetzes nach auch einen Pflichtteilsverzicht. Es wird in der Regel angenommen, daß der Verzichtende auch auf sein Pflichtteilsrecht verzichten will, § 2346 Abs. 1 Satz 2 HS 2 BGB. Dennoch ist es möglich, daß der Verzichtende sich entgegen dem Wortlaut des § 2346 BGB sein Pflichtteilsrecht vorbehält (Palandt/Edenhofer, § 2346 Rn. 7).

Der Verzicht auf das gesetzliche Erbrecht oder auf Pflichtteilsansprüche kann durch Aufhebungsvertrag wieder beseitigt werden. Für den Aufhebungsvertrag gilt hinsichtlich der Form und der Stellvertretung des Erblassers das gleiche wie für den Verzichtvertrag selbst, § 2351 BGB. Jedoch bedarf der beschränkt geschäftsfähige Erblasser zu dem Aufhebungsvertrag der Genehmigung des gesetzlichen Vertreters.

Besondere Probleme ergeben sich, wenn der Erbverzicht gegen Zahlung einer Abfindung erfolgt. Da der Verzicht bereits mit Vertragsschluß wirksam wird, besteht für den Verzichtenden die Gefahr, daß er gebunden ist, die Abfindung nicht erhält.

Schwierigkeiten lassen sich indes vermeiden, wenn die **Wirksamkeit** des Erbverzichts vom **Vollzug der Abfindung** abhängig gemacht wird (BayObLG FamRZ 1995, 964). Ist dies nicht geschehen, kommt § 139 BGB in Betracht, falls Erbverzicht und Aufhebungsvereinbarung in einer Urkunde stehen. Für den Fall, daß dieser Weg nicht zum Ziel führt, werden verschiedene Lösungsmöglichkeiten vorgeschlagen. Nach RGRK/Johannsen, § 2346 Rn. 6, soll der Verzicht kondizierbar sein. Strohal, Das deutsche Erbrecht, § 59 V 1, will dem Verzichtenden ein Anfechtungsrecht entsprechend den §§ 2281, 2078 BGB, Larenz (JherJb 81, 1, 18) will ihm ein Rücktrittsrecht gem. §§ 2295 ff. BGB geben. Schließlich wird dem Verzichtenden gegenüber Angriffen auf sein Erbrecht der Einwand unzulässiger Rechtsausübung zugestanden. Brox, Rn. 291, schlägt ein Vorgehen nach den §§ 320 ff. BGB vor. Bei Nichterfüllung der Abfindungsverpflichtung führten die §§ 323 bis 326 BGB, sei es über den Schadensersatzanspruch, sei es über die Verpflichtung zur Rückgabe der empfangenen Geldleistung nach Rücktritt, auch zum Wegfall des Erbverzichts.

Streitig ist, ob der Erbverzichtsvertrag nur zu Lebzeiten des Verzichtenden aufgehoben werden kann oder ob das **Aufhebungsrecht** selbst auch **auf die Erben** des Verzichtenden **übergeht**. Nach Ansicht der Literatur ist der Aufhebungsvertrag nur zu Lebzeiten des Verzichtenden möglich (MK/Strobel, § 2351 Rn. 2). Nach einer neueren Entscheidung des OLG München (ZEV 1997, 299, Revision beim BGH anhängig) sind die Abkömmlinge des Verzichtenden dagegen berechtigt, den Erbverzicht mit dem Erblasser wieder aufzuheben.

Ergänzende Auslegung

→ *Auslegung letztwilliger Verfügungen von Todes wegen*

Ergänzungsregeln

→ *Auslegung letztwilliger Verfügungen von Todes wegen*

Erinnerung im Erbscheinsverfahren

→ *Erbschein*

Erklärungsirrtum

→ *Anfechtung der Verfügungen von Todes wegen*

Eröffnung

→ *Testamentseröffnung*

Errichtungsort

→ *Letztwillige Verfügung*

Ersatzerbfolge

1. Überblick
2. Nacherbe als Ersatzerbe
3. Anwachsung

1. Überblick

Ersatzerbe ist der Erbe, der vom Erblasser für den Fall eingesetzt ist, daß ein anderer Erbe vor oder nach dem Eintritt des Erbfalls wegfällt, § 2096 BGB. Die Ersatzerbfolge steht somit unter der Bedingung, daß der zuerst Berufene nicht Erbe wird. Der Grund hierfür kann darin liegen, daß der zunächst Berufene vor dem Erblasser verstirbt oder die Erbschaft ausschlägt.

Wenn der Wille des Erblassers jedoch nicht feststellbar ist, gibt das Gesetz eine **Auslegungsregel**:

Hat der Erblasser einen seiner Abkömmlinge bedacht und fällt dieser nach der Errichtung des Testaments weg, so ist im Zweifel anzunehmen, daß dessen Abkömmlinge insoweit bedacht sind, als sie bei der gesetzlichen Erbfolge an dessen Stelle treten würden, § 2069 BGB.

§ 2094 Abs. 1 BGB bestimmt, daß dann, wenn mehrere Erben in der Weise eingesetzt sind, daß sie die gesetzliche Erbfolge ausschließen, und einer der Erben vor oder nach dem Eintritt des Erbfalls wegfällt, dessen Anteil den übrigen Erben nach dem Verhältnis ihrer Erbteile anwächst. Der Wegfall eines Erben tritt vor dem Erbfall durch Tod, § 1923 Abs. 1 BGB, oder bei Erbverzicht, § 2352 BGB, ein. Nach dem Erbfall erfolgt der Wegfall durch Ausschlagung, § 1953 BGB, Erbunwürdigkeitserklärung, § 2344 BGB, Nichterleben einer aufschiebenden Bedingung, § 2074 BGB, Anfechtung, §§ 2078, 2079 BGB, und Nichtigerklärung der staatlichen Genehmigung nach § 84 BGB ein.

Der Erblasser kann die Anwachsung durch Verfügung von Todes wegen ausschließen, § 2094 Abs. 3 BGB. Dieser Ausschluß kann allgemein oder gegenüber einzelnen Erben festgelegt werden.

2. Nacherbe als Ersatzerbe

Vom Ersatzerben ist der Nacherbe zu unterscheiden. Dieser wird erst Erbe, nachdem zunächst ein anderer (Vorerbe) Erbe des Erblassers geworden ist, § 2100 BGB. Bei der Nacherbfolge tritt also zweimal, bei der Ersatzerbschaft hingegen nur einmal eine Rechtsnachfolge ein. Ob jemand Ersatzerbe oder Nacherbe ist, hängt vom Erblasserwillen ab, der durch Auslegung zu ermitteln ist. Im Zweifelsfall greift die Auslegungsregel des § 2102 Abs. 2 BGB ein, wonach der Eingesetzte als Ersatzerbe gilt.

Der Nacherbe ist gleichzeitig auch Ersatzerbe, § 2102 Abs. 1 BGB.

3. Anwachsung

Der Ersatzerbe muß vom Erblasser eingesetzt sein. Anderenfalls kommt es bei Wegfall eines Erben zur Anwachsung. Es gibt keine vom Gesetz angeordnete Ersatzerbfolge ohne entsprechenden Erblasserwillen. Es gibt lediglich die Auslegungsregeln, wonach im Zweifel ein auf Ersatzerbeinsetzung gerichteter Wille des Erblassers anzunehmen ist, §§ 2069, 2102 BGB.

Der Erblasser kann anordnen, daß die Ersatzerbfolge **nur in bestimmten Fällen** des Wegfalls eines Erben eintreten soll.

Beispiel:

Bei Vorversterben des Erben E soll an dessen Stelle X treten. Bei Ausschlagung des Erben E soll Anwachsung eintreten.

Sind die Erben gegenseitig als Ersatzerben eingesetzt, so ist nach § 2098 Abs. 1 BGB im Zweifel anzunehmen, daß sie nach dem Verhältnis ihrer Erbteile als Ersatzerben eingesetzt sind. Entsprechendes gilt im Zweifel, wenn nur für den Wegfall eines Erben die anderen als Ersatzerben eingesetzt sind.

Bestimmt der Erblasser keine Ersatzerben und kommt auch keine Auslegungsregel in Betracht (§ 2069 BGB), tritt Anwachsung ein.

Mehrere Personen können hinter einander als Ersatzerben eingesetzt werden.

Wenn der Erblasser mehrere Personen als Erbe eingesetzt hat und einer von ihnen vor dem Erblasser verstirbt, so stellt sich die Frage, wem der für ihn vorgesehene Erbteil zufällt. Das gleiche Problem stellt sich, wenn ein eingesetzter Miterbe die Erbschaft ausschlägt. Kann der Wille des Erblassers nicht festgestellt werden, so bestimmt die gesetzliche Auslegungsregel des § 2094 BGB:

Mit Rückwirkung auf den Erbfall fällt der Erbe weg bei Ausschlagung, ebenso der Erbeserbe, § 1953 BGB, bei Erbunwürdigkeitserklärung, § 2344 BGB, bei Nichterleben einer aufschiebenden Bedingung, § 2074 BGB, oder Anfechtung, §§ 2078 ff. BGB. Im Fall des Todes eines Miterben nach dem Erbfall geht sein Recht auf seine Erben über.

Beispiel:

Erblasser E setzt seine 4 Kinder K1, K2, K3 und K4 zu je $\frac{1}{4}$ zu Erben ein. K4 schlägt die Erbschaft wirksam aus.

Wer erbt wieviel, wenn K4 seinerseits 3 Kinder hat? Mit der Ausschlagung fällt K4 mit Rückwirkung auf den Erbfall als

Erbe weg, § 1953 Abs. 1 BGB. Die Erbschaft fällt den Kindern anstelle ihres vorverstorbenen Elternteils als Ersatzerben gem. §§ 2068, 2069, 1953 Abs. 2 BGB an. Erben werden K1 zu $^1/_4$, K2 zu $^1/_4$, K3 zu $^1/_4$ und die Kinder von K4 zu je $^1/_{12}$.

Abwandlung:

K4 hat keine Kinder. Da Kinder des K4 als Ersatzerben nicht in Betracht kommen und der Erblasser auch keine anderweitige Ersatzerbeinsetzung angeordnet hat, wächst der Erbteil von K4 den anderen Kindern verhältnismäßig an, § 2094 BGB. Erben werden also K1, K2 und K3 zu je $^1/_3$.

§ 2096 BGB räumt dem Erblasser das Recht ein, für den Fall, daß ein Erbe vor oder nach dem Eintritt des Erbfalls wegfällt, einen anderen als Erben einzusetzen (Ersatzerbe). Der Ersatzerbe tritt also an die Stelle eines anderen und wird nur dann Erbe, wenn der Erstberufene nicht Erbe geworden ist. Die Einsetzung als Ersatzerbe kann im Testament, aber auch im Erbvertrag enthalten sein. Zahl und Auswahl der Ersatzerben stehen dem Erblasser ebenso frei wie der Umfang der Berufung zum Ersatzerben. Der Ersatzerbe kann ein Miterbe, gesetzlicher Erbe oder ein Dritter sein und er kann auf den ganzen Nachlaß oder einen Nachlaßanteil berufen sein (RGRK/Johannsen, § 2096 Rn. 7).

Unproblematisch ist der Fall, wenn der Erblasser verfügt „X ist mein Erbe und für den Fall, daß er nicht Erbe wird, ist Y zum Erben berufen". Schwierigkeiten bereitet vor allem die Abgrenzung zur Einsetzung als **Nacherbe** (§ 2102 BGB). Die Frage, ob der als Ersatzerbe Eingesetzte auch Nacherbe sein soll, ist in § 2102 BGB zwar nicht ausdrücklich geregelt, aus dem Gesamtzusammenhang jedoch klar zu verneinen (Palandt/Edenhofer, § 2102 Rn. 3; RGRK/Johannsen, § 2102 Rn. 8; Lange-Kuchinke, § 25 VI). Bei Unklarheit darüber, ob Ersatz- oder Nacherbschaft gewollt war, entscheidet § 2102 Abs. 2 BGB zugunsten der Ersatzerbschaft. Dies basiert darauf, daß bei Anordnung von Ersatzerbschaft eben keine Nacherbschaft gewollt war. Bei der Auslegung der letztwilligen Verfügung muß allerdings berücksichtigt werden, daß der Unterschied zwischen Ersatzerbschaft und Nacherbschaft rechtsunkundigen Personen häufig nicht bekannt ist, so daß es durchaus möglich ist, daß trotz Verwendung des Wortes „Ersatzerbschaft" in Wirklichkeit „Nacherbschaft" gemeint war bzw. daß der als Ersatzerbe Eingesetzte auch Nacherbe sein soll.

Beispiel:

A ist als Erbe und B als Ersatzerbe eingesetzt. A erlebt den Erbfall und wird damit Erbe. B kommt infolgedessen als Ersatzerbe nicht zum Zuge. Er ist auch nicht als Nacherbe eingesetzt und geht damit leer aus.

Rechtsprechungs- und Literaturhinweis:

BayObLG ZErb 2000, 85 m. Anm. Tanck; BGH Ersatzerbenstellung vorverstorbener Schlußerben, NJW-RR 2001, 1153; BGH Keine Ersatzerbfolge durch die kumulative Anwendung der Auslegungsregeln des § 2069 BGB und des § 2270 Abs. 2 BGB m. Anm. Otte, ZEV 2002, 150.

Ersatznacherbfolge

Der Erblasser kann auch einen **Ersatzerben** für **einen Vorerben** oder für einen **Nacherben** bestimmen. Der Ersatznacherbe muß zur Zeit des Nacherbfalls leben oder erzeugt sein, braucht aber den Wegfall des Nacherben nicht zu erleben. Das den Ersatzerbfall auslösende Ereignis kann zeitlich vor dem Erbfall, z. B. zwischen Erbfall und Nacherbfall, und nach dem Nacherbfall liegen, in letzterem Falle aber nur, wenn das Ereignis auf den Nacherbfall rückbezogene Wirkungen auslöst, wie z.B. Ausschlagung, Erbunwürdigkeit, Anfechtung der Annahme.

Vor dem Eintritt des Ersatzerbfalls hat der Ersatznacherbe zwar eine im Zweifel vererbliche und übertragbare Anwartschaft, aber keine Rechte hinsichtlich des Nachlasses, insbesondere keine Kontroll-, Sicherungs- und Zustimmungsrechte gegenüber dem Vorerben. Der Grund liegt darin, daß auch dem gewöhnlichen Ersatzerben vor dem Ersatzerbfall keine Rechte am Nachlaß zustehen (Palandt/Edenhofer, § 2102 Rn. 5).

Im Erbschein ist der Ersatznacherbe stets anzugeben, weil der Erbschein von Anfang an spätere Änderungen berücksichtigen muß. Das gleiche gilt für die Eintragung des Nacherbvermerks im Grundbuch (Palandt/Edenhofer, § 2102 Rn. 6).

Beispiel:

Der Erblasser verfügt:

Ich setze hiermit A, ersatzweise B, ersatzweise C, zu meinen Erben ein.

Im Beispielsfall ist B Ersatzerbe für den Fall, daß A nicht Erbe wird. C ist Ersatzerbe für den Fall, daß auch B nicht Erbe wird.

Ersatzvermächtnisnehmer

Falls der Vermächtnisnehmer den Erbfall nicht mehr erlebt, ist das Vermächtnis nach § 2160 BGB unwirksam. Dies gilt nicht bei Ersatzberufung, § 2190 BGB, oder bei Anwachsung, § 2158 BGB. § 2190 BGB gibt dem Erblasser die Möglichkeit, einen Ersatzvermächtnisnehmer zu bestimmen für den Fall, daß der zunächst Bedachte das Vermächtnis nicht erwirbt. Gründe für den unterbliebenen Anfall sind insbesondere: Vorversterben des Bedachten § 2160 BGB, Verzicht auf das Vermächtnis § 2352 BGB, Ausschlagung § 2180 BGB, Vermächtnisunwürdigkeit § 2345 BGB, Tod vor Eintritt einer aufschiebenden Bedingung § 2074 BGB, Ausfall einer aufschiebenden Bedingung, Nichtigkeit oder ursprüngliche Unwirksamkeit der Vermächtnisanordnung und deren Anfechtung § 2078 BGB, Eintritt einer auflösenden Bedingung oder eines Endtermins.

§ 2190 BGB bestimmt, daß die Vorschriften über die Ersatzerbfolge entsprechend anzuwenden sind, §§ 2097–2099 BGB. Neben der ausdrücklichen Anordnung kommt auch die stillschweigende Ersatzberufung gem. § 2069 BGB in Betracht.

Die ausdrückliche oder stillschweigende Anordnung eines Ersatzvermächtnisnehmers geht der Anwachsung vor, §§ 2190, 2099 BGB. Hat der Erblasser einen Ersatzvermächtnisnehmer bestimmt, ist daher eine Anwachsung ausgeschlossen, § 2158 Abs. 2 BGB.

Erweiterter Erblasserbegriff

Haben gemeinschaftliche Abkömmlinge von ihren beiden Eltern ausgleichspflichtige Zuwendungen erhalten und werden sie Schlußerben des überlebenden Elternteils, so sind auch die ausgleichspflichtigen Zuwendungen des Erstversterbenden auf den Tod des Überlebenden auszugleichen (BGHZ

88, 102; Kerscher/Tanck/Krug, Das erbrechtliche Mandat, § 13 Rn. 352).

(→ *Auseinandersetzung der Erbengemeinschaft*)

Familienerbfolge

Die Familie ist grundgesetzlich geschützt (Art. 6 Abs. 1 GG) und Grundlage für das gesetzliche Erbrecht. Nach diesem Grundsatz geht der Nachlaß des Erblassers mit desen Tod auf seine Verwandten und seinen Ehegatten über. Die nächsten Verwandten erben vor den entfernteren Angehörigen. Die Familienerbfolge ist in der gesetzlichen Erbfolge des BGB konsequent durchgeführt, §§ 1924 ff. BGB.

Der Grundsatz der Familienerbfolge steht in einem gewissen Widerspruch zum Grundsatz der Testierfreiheit. Diese schließt auch das Recht des Erblassers ein, von der gesetzlichen Erbfolge abzuweichen. Der Gesetzgeber hat sich dafür entschieden, der Testierfreiheit den Vorrang gegenüber der Familienerbfolge einzuräumen. Den berechtigten Interessen der nächsten Angehörigen ist durch das Pflichtteilsrecht Rechnung getragen (→ *Pflichtteilsrecht*). Bestimmt der Erblasser durch Verfügung von Todes wegen eine andere Person als seine nächsten Familienangehörigen zu Erben, dann steht diesen gegen den Erben ein Pflichtteilsanspruch zu.

Familienrechtliche Anordnungen

1. Ausschluß bzw. Beschränkung der elterlichen Vermögensverwaltung
2. Anordnungen für die Vermögensverwaltung durch die Eltern
3. Vormundbenennungsrecht der Eltern

1. Ausschluß bzw. Beschränkung der elterlichen Vermögensverwaltung

§ 1638 Abs. 1 BGB sieht den Ausschluß der elterlichen Vermögensverwaltung bei einer letztwilligen Zuwendung einer Erbschaft an Minderjährige vor. Dieser Ausschluß kann auch hinsichtlich der gesetzlichen Erbfolge vorgenommen werden (BayObLG FamRZ 1964, 522 ff.). Ebenso besteht diese Möglichkeit beim Pflichtteilsanspruch und des zu seiner Erfüllung Geleisteten (MK/Hinz, § 1638 Rn. 2). Die Bestimmung kann auch unter einer Bedingung oder einer Zeitbestimmung getroffen werden (MK/Hinz, § 1638 Rn. 4).

Der Ausschluß der elterlichen Vermögensverwaltung stellt **keine Beschränkung i. S. von § 2306 BGB** dar (Wendelstein, BWNotZ 1974, 10) und kann auch nicht Inhalt eines Erbvertrages sein. Die Ausschließung der elterlichen Vermögensverwaltung in einer letztwilligen Verfügung ist auch dann wirksam, wenn hierin nicht gleichzeitig die Anordnung der Zuwendung an das Kind erfolgt (Staudinger/Engler, § 1638 Rn. 12).

Gem. § 1638 Abs. 3 BGB verwaltet der andere Elternteil bei der Entziehung der Vermögensverwaltung nur einem Elternteil gegenüber allein. Eine Entziehung braucht nicht begründet zu werden, da sie im Ermessen bzw. im Belieben des Zuwendenden steht (Soergel/Stretz, § 1638 Rn. 6). Insoweit entfaltet sie auch nur für das durch Erbschaft erlangte Vermögen Wirkung.

Wird die Vermögensverwaltung beiden Elternteilen bzw. dem überlebenden Elternteil entzogen, so entsteht verwaltungsfreies Vermögen, was eine Pflegerbestellung gem. § 1909 Abs. 1 Satz 2 BGB nach sich ziehen muß. Insofern entsteht ein Benennungsrecht des Zuwendenden gem. § 1917 Abs. 1 BGB sowie eine Anzeigepflicht der Eltern gem. § 1909 Abs. 2 BGB. Erfolgt eine Entziehung gem. § 1638 Abs. BGB bei einer vorliegenden Dauertestamentsvollstreckung, so nimmt der Pfleger alle Rechte des Kindes gegenüber dem Testamentsvollstrecker war (MK/Hinz, § 1638 Rn. 9).

Bezüglich des der Vermögenssorge der Eltern entzogenen Vermögens gilt gem. § 1638 Abs. 2 BGB das **Surrogationsprinzip.** Trotz deren Ausschließung von der Vermögensverwaltung verbleibt den Eltern allerdings das Ausschlagungsrecht bezüglich der Erbschaft (Staudinger/Engler, § 1638 Rn. 16).

2. Anordnungen für die Vermögensverwaltung durch die Eltern

Der Erblasser kann gem. § 1639 BGB Anordnungen hinsichtlich der Verwaltung des zugewendeten Vermögens treffen, die vom zuständigen Vormundschaftsgericht mittels geeigneter und in dessen Ermessen stehender Maßnahmen durchgesetzt werden. In Betracht kommen insbesondere mündliche bzw. schriftliche Aufforderungen an die Eltern, die Verpflichtung der Eltern zu einer Sicherheitsleistung sowie letztlich sogar eine Entziehung der Verwaltungsübertragung und Übertragung auf einen Pfleger.

Nach § 1664 BGB besteht eine Verpflichtung zum **Schadenersatz** bei Zuwiderhandlung durch die Eltern.

Gem. § 1639 Abs. 2 bzw. § 1803 Abs. 2 und Abs. 3 BGB sind die Eltern und der Vormund nur in den vom Gesetz genannten Fällen berechtigt, von den Anordnungen des Erblassers abzuweichen.

Ebenso können Anordnungen für die Vermögensverwaltung durch einen Pfleger gem. §§ 1915, 1917 Abs. 3 BGB durch letztwillige Verfügung erfolgen.

3. Vormundbenennungsrecht der Eltern

Eine Vormundbenennung kann gem. §§ 1777 Abs. 1 und 3, 1776 BGB erfolgen. § 1776 Abs. 2 BGB ordnet an, daß grundsätzlich die Benennung durch den letztverstorbenen Elternteil gilt, nicht etwa die zeitlich letzte Benennung. Diese Benennung ist jederzeit einseitig frei widerruflich (MK/Schwab, § 1776 Rn. 8), wohingegen teilweise vertreten wird, daß eine gemeinsame Benennung grundsätzlich bindend ist (Soergel/Damrau, § 1776 Rn. 4).

§ 1778 Abs. 1 BGB nennt die Gründe für eine Nichtberücksichtigung des so benannten Vormunds. Gem. § 1782 BGB ist auch eine Ausschließung eines bestimmten Vormunds zulässig, wohingegen die Ausschließung ganzer Personenklassen oder der Amtsvormundschaft unzulässig ist (BayObLG NJW 1961, 1865).

§ 1856 BGB regelt die sog. befreite Vormundschaft, die unter den Voraussetzungen der §§ 1851–1854 BGB angeordnet werden kann. Besondere Anordnungen über die Führung der Vormundschaft durch mehrere benannte Vormünder werden durch § 1797 Abs. 3 BGB geregelt.

Literaturhinweis:

Kerscher/Tanck/Krug, Das erbrechtliche Mandat, § 8 Rn. 295 ff.

Feststellungsklage

→ *Erben-Feststellungsklage*

Fiskus als gesetzlicher Erbe

Der Staat wird nur dann gesetzlicher Erbe, wenn weder ein Verwandter noch ein Ehegatte des Erblassers vorhanden ist, § 1936 Abs. 1 Satz 1 BGB. Diese Formulierung könnte mißverstanden werden. Hat nämlich ein Verwandter oder Ehegatte den Erblasser überlebt und hat die betreffende Person auf ihr Erbrecht verzichtet, so ist sie zwar tatsächlich, nicht aber i. S. von § 1936 BGB vorhanden. Der Verzichtende ist nämlich von der Erbfolge ausgeschlossen, wie wenn er zur Zeit des Erbfalls nicht mehr lebte, § 2346 Abs. 1 Satz 2 BGB. Gleiches gilt für den Fall der Ausschlagung, § 1953 Abs. 1 BGB und der Erbunwürdigkeit, § 2344 Abs. 1 BGB.

Träger des gesetzlichen Staatserbrechts ist der Fiskus des Landes, dem der Erblasser zur Zeit seines Todes angehört hat (Verordnung über die deutsche Staatsangehörigkeit vom 5. 2. 1934). Das Gesetz verwendet den Begriff der „Niederlassung", die weiter ist als der des „Wohnsitzes". Eine Niederlassung ist schon dann gegeben, wenn der Erblasser an einem Ort Obdach und Unterkommen irgendwelcher Art hatte und es sich hierbei nicht nur um ein bloß vorübergehendes Verweilen handelte. Nach dem Gesagten ist es möglich, daß ein Erblasser mehrere Niederlassungen hatte. Gehören die betreffenden Orte zu mehreren Ländern, erben diese entsprechend § 1936 Abs. 1 Satz 2 BGB zu gleichen Teilen. Die Länder sind dann Miterben in einer Erbengemeinschaft.

War der Erblasser ein Deutscher, der keinem Bundesland angehörte, erbt nach § 1936 Abs. 2 BGB der Bundesfiskus.

Das Nachlaßgericht hat den Erben zu ermitteln. Es hat zur Anmeldung der Erbrechte grundsätzlich eine Bestimmung unter Anmeldefrist öffentlich aufzufordern. Das Verfahren, das der Ermittlung und nicht der Ausschließung von Erben dient, richtet sich nach den FGG. Das Nachlaßgericht muß also von Amts wegen ermitteln.

Nach fruchtlosem Ablauf der Anmeldefrist ergeht ein Feststellungsbeschluß des Inhalts, daß ein anderer Erbe als der Fiskus nicht vorhanden ist, § 1964 Abs. 1 BGB. Demzufolge ist der Nachlaß dem jeweiligen Fiskus auszuhändigen.

Da der Staat Zwangserbe ist, hat er nicht das Recht, als gesetzlicher Erbe die Erbschaft auszuschlagen, § 1942 Abs. 2 BGB. Das Ausschlagungsrecht steht dem Staat nur als gewillkürtem Erben zu. Der Staat kann auch nicht auf sein gesetzliches Erbrecht verzichten.

Der Staat als gesetzlicher Erbe kann auch nicht infolge Erbunwürdigkeit wegfallen, § 2344 Abs. 1 BGB.

Der Erblasser kann nicht verhindern, daß der Staat letzter gesetzlicher Erbe wird. Ein Testament, welches das gesetzliche Erbrecht des Staates ausschließt, ist insoweit wegen Verstoßes gegen ein gesetzliches Verbot nach § 134 BGB nichtig.

Den Staat trifft jedoch **keine unbeschränkte Erbenhaftung.** Er haftet für Nachlaßschulden nur beschränkt mit dem Nachlaß.

Literaturhinweis:

Brox, Rn. 67 ff.

Formerfordernis

Der Erbvertrag unterliegt der Formvorschrift der notariellen Beurkundung, § 2276 Abs. 1 BGB (→ *Erbvertrag*).

Der Anwalt, der nicht zugleich Notar ist, hat bei seinen Entwürfen die gesetzlichen Formvorschriften zu beachten. Nach § 313 Satz 1 BGB bedarf ein Vertrag, durch den sich der eine Teil verpflichtet, das Eigentum an einem Grundstück zu übertragen oder zu erwerben, der notariellen Beurkundung. Ist durch Gesetz notarielle Beurkundung eines Vertrages vorgeschrieben, so genügt es, wenn zunächst der Antrag und sodann die Annahme des Antrags von einem Notar beurkundet wird, § 128 BGB (Ausnahme: → *Erbvertrag*).

Damit ein Testament nicht bereits aufgrund eines Formfehlers der Anfechtbarkeit unterliegt, sollte bei dessen Errichtung darauf geachtet werden, daß nachstehende Fehler nicht begangen werden:

– Der Text wird von jemand anderem geschrieben, weil dieser eine bessere Handschrift hat;

– der Text wird mit einer Schreibmaschine geschrieben;

– der Text wird nicht unterschrieben;

– mehrere undatierte Testamente sind vorhanden.

Die wichtigsten von einem im Erbrecht tätigen Rechtsanwalt zu beachtenden Formvorschriften:

– Erbvertrag oder Aufhebung desselben, **notarielle Beurkundung**, § 2276 Abs. 1 BGB,

– Erbverzichtsvertrag oder Aufhebung desselben, **notarielle Beurkundung**, § 2348 BGB,

– Erbscheinsantrag, eidesstattliche Versicherung, § 2356 Abs. 2 Satz 1 BGB,

– Übergabevertrag im Wege vorweggenommener Erbfolge, wenn der Gegenstand der Übertragung notarieller Beurkundung nach § 313 Satz 1 BGB bedarf, Eintragungsänderungen im Grundbuch, z. B. Löschungsbewilligung, **öffentliche Beglaubigung**, §§ 129, 29 GBO,

– Erbschaftsausschlagung, **öffentliche Beglaubigung**, §§ 1945 Abs. 1, 129 BGB,

– Erbauseinandersetzung, wenn der Gegenstand der Auseinandersetzung notarieller Beurkundung nach § 313 Satz 1 BGB bedarf,

– Erbschaftskauf, **notarielle Beurkundung**, § 2371 BGB,

– Erbteilsübertragung, **notarielle Beurkundung**,

– Übertragung eines Miterbenanteils, **notarielle Beurkundung**,

– Pflichtteilsverzichtsvertrag, **notarielle Beurkundung**,

– Zuwendungsverzichtsvertrag, **notarielle Beurkundung**, § 2352 BGB.

Ein Rechtsgeschäft, welches der durch Gesetz vorgeschriebenen Form mangelt, ist nichtig, § 125 BGB.

Fortsetzungsklausel

Unter Fortsetzungsklausel versteht man die gesellschaftsvertragliche Vereinbarung, wonach bei dem Tod eines Gesellschafters (→ *Personengesellschaften*) die Gesellschaft mit den übrigen Gesellschaftern fortgeführt wird, § 138 HGB. In diesem Falle scheidet der Gesellschafter mit seinem Tod aus der Gesellschaft aus, und sein Anteil wächst den verbleibenden Gesellschaftern an, §§ 138, 105 Abs. 2 HGB, 738 Abs. 1 BGB. Dem/den Erben steht dann lediglich ein Abfindungsanspruch gegen die Gesellschaft in Höhe des Anteilswertes zu, soweit er nicht durch den Gesellschaftsvertrag gekürzt oder pauschaliert ist, §§ 738 Abs. 1 Satz 2 BGB, § 105 Abs. 2 HGB. Möglich ist auch der völlige Ausschluß des Abfindungsanspruchs für alle Gesellschafter. Die Frage, ob und in welcher Höhe bzw. nach welcher Bemessungsgrundlage die Erben einen Abfindungsanspruch erhalten sollen, sollte bei der Ausgestaltung der Fortsetzungsklausel stets berücksichtigt werden.

Beispiel:

Stirbt einer der Gesellschafter, so wird die Gesellschaft unter den übrigen Gesellschaftern fortgesetzt.

Den Erben des verstorbenen Gesellschafters steht kein Abfindungsanspruch zu.

Alternativ:

Den Erben des Gesellschafters steht entsprechend seinem Anteil ein Abfindungsanspruch zu. Die Höhe des Abfindungsanspruchs berechnet sich nach den Buchwerten ohne Berücksichtigung der stillen Reserven und eines evtl. vorhandenen Firmenwertes (Good will). Ebenso unberücksichtigt bleiben bei der Bewertung noch nicht abgewickelte Geschäfte.

(Kerscher/Tanck/Krug, Das erbrechtliche Mandat, § 8 Rn. 366 f., § 13 Rn. 125, 127).

Frankfurter Testament

→ *Unternehmensnachfolge/Unternehmertestament*

Freibetrag

→ *Erbschaftsteuer*

Freistellung von Verbindlichkeiten

Sowohl bei der Teilungsanordnung als auch beim Vermächtnis sollten Regelungen getroffen werden, wenn der als Vermächtnis oder im Wege der Teilungsanordnung zugewendete Gegenstand mit Verbindlichkeiten belastet ist. Beim Vermächtnis ist zu bestimmen, ob der Vermächtnisnehmer die Belastung zu übernehmen hat oder ob ihm der Gegenstand des Vermächtnisses frei von Belastungen zu übertragen ist. Soweit der Vermächtnisnehmer die Belastung zu übernehmen hat (BGH NJW 1963, 1612; MK/Skibbe, § 2166 Rn. 2), ist folgendes zu berücksichtigen:

Kraft Gesetzes geht auf den Vermächtnisnehmer die Verbindlichkeit nicht über. Wenn die Verpflichtung zur Schuldübernahme auch dem Gläubiger gegenüber gelten soll, wodurch der mit dem Vermächtnis belastete Erbe von der Haftung freigestellt wird, bedarf die Schuldübernahme der Genehmigung durch den Gläubiger, § 415 Abs. 1 BGB. Bis zur Genehmigung und für den Fall, daß diese verweigert werden sollte, ist der Vermächtnisnehmer den Erben gegenüber zur Freistellung von der Schuld verpflichtet, § 415 Abs. 3 BGB.

Auch bei Zuwendung eines Nachlaßgegenstandes im Wege der Teilungsanordnung ist eine Regelung bezüglich der Schuldenzuordnung erforderlich, wenn der Miterbe, dem der Gegenstand zugeordnet wird, die damit verbundenen Schulden zu übernehmen hat. Nur eine solche Anordnung verhindert, daß die Verbindlichkeit vorab aus dem Nachlaß zu berichtigen ist, § 2046 BGB (RG DNotZ 1937, 447; MK/Dütz, § 2046 Rn. 3). Nur durch eine Schuldentlassungserklärung analog § 415 BGB können die Erben, denen der Gegenstand nicht zugewendet wird, von der gesamtschuldnerischen Miterbenhaftung freigestellt werden. Der Gläubiger muß der Schuldentlassung zustimmen. Wenn die Genehmigung verweigert wird, ist eine schuldrechtliche Freistellungsverpflichtung gegenüber den Miterben erforderlich (Wegmann, Ehegattentestament und Erbvertrag, S. 73).

Fristen

→ *Anfechtung beim Gemeinschaftlichen Testament*

Fristversäumung

→ *Versäumnis der Ausschlagungsfrist*

Gattungsvermächtnis

→ *Vermächtnis*

Gegenständlich beschränkter Pflichtteilsverzicht

→ *Pflichtteilsverzicht*

Geistes- und Bewußtseinsstörung

→ *Testierfähigkeit*

Geldvermächtnis

→ *Vermächtnis*

Geliebtentestament

→ *Sittenwidrigkeit einer Verfügung von Todes wegen*

Gemeinschaftliches Testament

1. Gegenseitige Abhängigkeit der Verfügungen
2. Umfang und Grenzen der Bindungswirkung
3. Gestaltung der Bindung
4. Einseitige Vernichtung oder Rücknahme des Gemeinschaftlichen Testaments
5. Auflösung der Ehe
6. Bindungswirkung nach dem Ableben eines Ehegatten
7. Lösung aus der Bindung nach dem Ableben eines Ehegatten
8. Anfechtung
9. Aufhebung

1. Gegenseitige Abhängigkeit der Verfügungen

Eheleute können in einem Gemeinschaftlichen Testament alle Regelungen treffen, die sie auch in Einzeltestamenten treffen können. Im Unterschied zum Einzeltestament sind letztwillige Verfügungen in einem Gemeinschaftlichen Testament durch den gemeinschaftlichen rechtsgeschäftlichen Willen beider Ehegatten miteinander so verbunden, daß sie in ihrer Wirksamkeit voneinander abhängen. Nach der Auslegungsregel des § 2270 Abs. 1 BGB sind die in einem Gemeinschaftlichen Testament getroffenen Verfügungen wechselbezüglich, wenn anzunehmen ist, daß die Verfügung des einen Ehegatten nicht ohne die Verfügung des anderen Ehegatten getroffen worden wäre. Da die Wechselbezüglichkeit nur die einzelne Verfügung, nicht jedoch das Gemeinschaftliche Testament insgesamt erfaßt, muß die Wechselbezüglichkeit für jede einzelne Verfügung des Gemeinschaftlichen Testaments gesondert geprüft werden (BayObLG FamRZ 1985, 392 f.; FamRZ 1986, 604, 606). Die Eheleute können nach Belieben im Gemeinschaftlichen Testament gar keine wechselbezüglichen Verfügungen treffen oder neben wechselbezüglichen auch voneinander unabhängigen Verfügungen. Es kann auch nur die Verfügung eines Ehegatten von der Wirksamkeit der des anderen abhängig gemacht werden, während die Verfügung des anderen Ehegatten unabhängig sein soll. Insofern spricht man von einseitiger Wechselbezüglichkeit (BayObLG FamRZ 1985, 392 f.; BayObLG FamRZ 1986, 604, 606).

2. Umfang und Grenzen der Bindungswirkung

Bindend sind beim Gemeinschaftlichen Testament die wechselbezüglichen Verfügungen. Als solche kommen Erbeinsetzung, Vermächtnisse und Auflagen in Betracht, § 2270 Abs. 3 BGB, nicht dagegen Teilungsanordnungen, die Ausschließung der Auseinandersetzung, die Einsetzung eines Testamentvollstreckers, die Pflichtteilsentziehung. Hierbei handelt es sich vielmehr um einseitige Verfügungen, die jeder Ehegatte allein und frei widerrufen oder ändern kann, selbst wenn sie in einem Gemeinschaftlichen Testament getroffen sind. Sie sind nach der Rechtsprechung des BGH nach dem Tod des Erstversterbenden sogar dann noch zulässig, soweit sie nicht in Widerspruch zu den wechselbezüglichen Verfügungen stehen (BGH NJW 1982, 43).

In notariellen Urkunden über das Gemeinschaftliche Testament sollte eine **klare Aussage** darüber enthalten sein, welche Verfügungen wechselbezüglich bindend getroffen sind (BayObLG MittBayNot 1997, 179).

Über den Umfang der Bindungswirkung hat der Notar zu belehren, § 17 BeurkG. Die Bindungswirkung steht späteren einseitigen Änderungen durch Verfügung von Todes wegen entgegen, §§ 2271 Abs. 2 Satz 1, 2289 Abs. 1 Satz 2 BGB. Kommt es den Beteiligten auf die Bindung an, sollte in der Urkunde darauf hingewiesen werden, daß lebzeitige Verfügungen über einzelne Vermögensgegenstände möglich bleiben und die den bindend Bedachten an sich schützenden §§ 2287, 2288 BGB in der Praxis in den allermeisten Fällen ausgehebelt werden können. Wer das verhindern will, muß Vermögen eigentlich schon selbst zu Lebzeiten übertragen. Es kann auch ein beim Tod des Erstversterbenden fälliges Vermächtnis vorgesehen werden, wobei allerdings die Möglichkeit der Ausschlagung der Erbschaft bleibt. Keine Belehrungspflicht besteht darüber, daß ein Gemeinschaftliches Testament zwischen Ehegatten unwirksam wird, wenn die Ehe zu Lebzeiten aufgelöst wird oder u. U. bei einem rechtshängigen Scheidungsverfahren (zur Notwendigkeit des Vorliegens der Scheidungsvoraussetzungen OLG Stuttgart OLGZ 1993, 263). Wenn Ehegatten aber in einem mehrseitigen Erbvertrag einen Dritten bedenken, ist wegen §§ 2279 Abs. 2, 2077 Abs. 3 BGB klarzustellen, daß diese Verfügung auch bei einer evtl. Auflösung der Ehe gelten soll (OLG Hamm OLGZ 1992, 272; BayObLGZ 1993, 240).

3. Gestaltung der Bindung

Unter dem Gesichtspunkt der Bindungswirkung bietet sich für die Gestaltung einer Gemeinschaftlichen Verfügung von Todes wegen folgender Aufbau an:

– Zunächst wird bestimmt, welche Verfügungen bindend getroffen werden. So kann die Bindungswirkung z. B. beschränkt werden auf die Verfügungen des erstversterbenden Beteiligten (BGHZ 2, 35), auf bestimmte Verfügungen (z. B. die Erbeinsetzung zugunsten einer von mehreren Personen OLG Köln OLGZ 1993, 275) oder ein einzelnes Vermächtnis oder auf eine bestimmte Quote im Rahmen einer

Erbeinsetzung. Alle anderen Verfügungen sind folglich einseitig getroffen, können also von jedem Erblasser jederzeit einseitig geändert werden.

– In einem zweiten Schritt ist zu erwägen, ob und in welchem Umfang die vereinbarte Bindungswirkung eingeschränkt ist. Dies ist möglich durch einen Änderungsvorbehalt. Die Ehegatten können sich gegenseitig oder einem von ihnen das Recht einräumen, nach dem ersten Erbfall die für ihn bestehende Bindung ganz oder teilweise aufzuheben oder zu ändern. Eine volle Aufhebungsmöglichkeit ist möglich. Dann besteht jedoch überhaupt keine Wechselbezüglichkeit. Eine Einschränkung der Bindungswirkung schafft eine Bandbreite, innerhalb deren der Längstlebende befugt ist, anders zu verfügen. Sie kann quotenmäßig, gegenständlich, bedingt oder unbedingt sein.

– Beim Erbvertrag stellt sich sodann die Frage nach einem Rücktrittsrecht (→ *Bindungswirkung beim Erbvertrag*).

4. Einseitige Vernichtung oder Rücknahme des Gemeinschaftlichen Testaments

Die Errichtung eines Gemeinschaftlichen Testaments mit Bindungswirkung wechselbezüglicher Verfügungen ist Ausdruck des Vertrauens, das die Ehegatten einander entgegenbringen. Die Eheleute können das Gemeinschaftliche Testament jederzeit durch ein anderes Gemeinschaftliches Testament oder einen Erbvertrag aufheben oder ändern. Eine Aufhebung oder Änderung durch einen Ehegatten allein ohne Mitwirkung des anderen ist jedoch nicht möglich, wobei es keine Rolle spielt, ob es sich um ein privatschriftlich errichtetes oder notariell beurkundetes Gemeinschaftliches Testament handelt.

Ein Gemeinschaftliches Testament kann nur gemeinschaftlich aus der amtlichen Verwahrung zurückgenommen werden, §§ 2256, 2272 BGB.

Solange beide Ehegatten leben, kann jeder von ihnen seine wechselbezüglichen Verfügungen jederzeit widerrufen, § 2271 Abs. 1 Satz 1 BGB. Ein Rücktrittsgrund braucht nicht angegeben zu werden. Der Widerruf kann nur in notariell beurkundeter Form erklärt werden, wobei er auch in einem notariellen Testament mit aufgenommen werden kann. Der **Widerruf** ist dem anderen Ehegatten durch eine Ausfertigung des notariellen Protokolls mitzuteilen. Eine beglaubigte Abschrift genügt dazu nicht. Der Widerruf muß dem anderen Ehegatten zu seinen Lebzeiten zugehen. Stirbt der Widerrufende vor dem Zugang, so ist der Widerruf nur dann wirksam, wenn der Erklärende alles seinerseits Erforderliche getan hat, um den alsbaldigen Zugang zu bewirken und dieser alsbald erfolgt, § 130 Abs. 2 BGB (Palandt/Edenhofer, § 2271 Rn. 5 m.w.N.).

Durch den Widerruf werden auch die wechselbezüglichen Verfügungen des anderen Ehegatten unwirksam, § 2270 Abs. 1 BGB. Der andere Ehegatte kann nunmehr ebenfalls wieder frei über seinen Nachlaß verfügen.

5. Auflösung der Ehe

§ 2077 Abs. 1 BGB läßt das Gemeinschaftliche Testament unwirksam werden, wenn die Ehe nichtig oder wenn sie vor dem Tode des Erblassers aufgelöst worden ist. Die Nichtigkeit ergibt sich aus §§ 17–21 EheG, die Auflösung erfolgt durch rechtskräftige Scheidung § 1564 BGB, oder durch Eheaufhebung §§ 28, 29 EheG, oder durch Wiederheirat nach irrtümlicher Annahme des Todes des Erblassers und Todeserklärung § 38 EheG. Nach § 2077 Abs. 1 Satz 2 BGB steht der Auflösung der Ehe gleich, wenn zur Zeit des Todes des Erblassers die Voraussetzungen für die Scheidung der Ehe gegeben waren und der Erblasser die Scheidung beantragt oder ihr zugestimmt hatte. Diese Rechtsfolge tritt nur dann nicht ein, wenn nach § 2077 Abs. 3 BGB anzunehmen ist, daß der Erblasser die Verfügung auch für einen solchen Fall getroffen haben würde (BGH FamRZ 1961, 366; Battes, JZ 1978, 733).

Fraglich ist, ob das Bezugsrecht einer Lebensversicherung mit Auflösung der Ehe entfällt. Sicherheitshalber sollte der Versicherungsnehmer die Benennung seines geschiedenen oder getrennt lebenden Ehegatten durch Erklärung gegenüber der Versicherungsgesellschaft widerrufen (MK/Leipold, § 2077 Rn. 25).

6. Bindungswirkung nach dem Ableben eines Ehegatten

Mit dem Tod eines Ehegatten tritt für den Überlebenden die Bindung an seine wechselbezüglichen Verfügungen und die Beschränkung seiner Testierfreiheit (nicht seiner Testierfähigkeit) ein (BGHZ 82, 274; BGHZ 87, 19, 23 f.). Zu beachten ist, daß der Überlebende Verfügungen unter Lebenden weiterhin frei vornehmen kann. Insofern besteht keine Bindung, da § 2286 BGB entsprechend anwendbar ist (BGH DNotZ 51, 344). Eine Ausnahme besteht nur im Höferecht.

Das Recht jedes Ehegatten, über sein Vermögen durch Rechtsgeschäft unter Lebenden zu verfügen, wird durch das Gemeinschaftliche Testament nicht beschränkt. Der Erblasser kann also sowohl zu Lebzeiten des anderen Ehegatten als auch nach dessen Tod über die Gegenstände seines Vermögens nach freiem Ermessen verfügen. Der Schlußerbe erhält nur, was beim Erbfall vorhanden ist. Ein gewisser Schutz bietet lediglich § 2287 BGB: Ist nämlich durch das Ableben eines Ehegatten die wechselbezügliche Bindung wirksam geworden und nimmt der Längstlebende dennoch Schenkungen in der Absicht vor, das Erbrecht des Bedachten zu beeinträchtigen, hat dieser nach dem Eintritt des Erbfalls einen Bereicherungsanspruch gegen den Beschenkten (BGH NJW 1983, 1847). Dieser Schutz besteht jedoch nicht, wenn und soweit die Schenkung durch ein lebzeitiges Eigeninteresse des Schenkers gerechtfertigt ist (→ *Lebzeitiges Eigeninteresse,* → *Rechtsgeschäfte unter Lebenden auf den Todesfall*). Einem überlebenden Ehegatten kann man nur den Rat geben, durch Rechtsgeschäft unter Lebenden zu verfügen, wenn er aus einer „sittlichen Pflicht" oder „einer auf den Anstand zu nehmenden Rücksicht" Zuwendungen machen will. Diese Gründe sind nämlich nicht geeignet, die Bindungswirkung nach § 2271 Abs. 2 BGB zu durchbrechen (BGH NJW 1978, 423).

7. Lösung aus der Bindung nach dem Ableben eines Ehegatten

Wegen des **Vertrauensschutzes** sind diese Möglichkeiten auf wenige Fälle beschränkt.

– Ausschlagung:

Der längstlebende Ehegatte kann das ihm Zugewendete (Erbschaft, Erbteil, Vermächtnis) ausschlagen, §§ 2271 Abs. 2 Satz 1, 1942 ff. BGB. Mit der Ausschlagung fällt der Vermögensanfall weg und somit auch die damit verbundene wechselbezügliche Bindungswirkung. Der längstlebende Ehegatte kann wieder völlig frei erbrechtlich verfügen.

– Gegenstandslosigkeit:

Die erbrechtliche Bindung des längstlebenden Ehegatten entfällt, wenn seine wechselbezügliche Verfügung gegenstandslos wird, z. B. wenn der als Schlußerbe Bedachte vorzeitig stirbt oder erbunwürdig wird und weder eine Ersatzerbfolge noch eine Anwachsung eintritt.

– Zuwendungsverzicht:

Die erbrechtliche Bindung entfällt auch, wenn der Bedachte auf die vorgesehene Zuwendung durch Vertrag mit dem überlebenden Ehegatten verzichtet, § 2352 BGB.

– Verfehlungen des Bedachten:

Der längstlebende Ehegatte ist zur Aufhebung seiner wechselbezüglichen Verfügung berechtigt, wenn der bedachte Dritte sich einer schweren Verfehlung schuldig macht, die dazu berechtigt, ihm den Pflichtteil zu entziehen, §§ 2271 Abs. 2 Satz 2, 2294, 2336 BGB (Palandt/Edenhofer, § 2333 Rn. 2 ff. und § 2335 Rn. 2 ff.).

– Beschränkungen in guter Absicht:

Ist der Bedachte ein pflichtteilsberechtigter Abkömmling, so können im Falle der Verschwendung oder Überschuldung gewisse Beschränkungen angeordnet werden, §§ 2271 Abs. 3, 2289 Abs. 2, 2338 BGB.

8. Anfechtung

Für das gemeinschaftliche Testament sieht das Gesetz keine besonderen Anfechtungsregeln vor. Dies bedeutet jedoch nicht, daß eine Anfechtung eines Gemeinschaftlichen Testaments nicht zulässig wäre. Die Gesetzeslücke ist durch entsprechende Anwendung der für den Erbvertrag bestimmten Anfechtungsregeln, §§ 2281 ff. BGB, zu schließen.

Ein Bedürfnis für eine **Anfechtung des Erblassers** besteht wegen der Bindung nur bei wechselbezüglichen Verfügungen. Nicht wechselbezügliche Verfügungen sind, wie Testamente, frei widerruflich. Da auch wechselbezügliche Verfügungen zu Lebzeiten des anderen Ehegatten widerrufbar sind, kommt eine Anfechtung durch den Erblasser erst mit dem Tod des anderen Ehegatten in Betracht. Mit dem Tod des anderen Ehegatten erlischt nämlich das Recht zum Widerruf, § 2271 Abs. 2 Satz 1 BGB (BGH FamRZ 1956, 83; FamRZ 1960, 145; BGHZ 37, 331 ff.; BGH FamRZ 1970, 79). Häufigster Fall ist, daß der überlebende Ehegatte wieder heiratet. Sein neuer Ehegatte ist demgemäß pflichtteilsberechtigt, so daß der Überlebende nach § 2079 BGB anfechten kann. Es ist deshalb ratsam, bei Errichtung eines Gemeinschaftlichen Testamentes auch Regelungen darüber zu treffen, was bei Wiederverheiratung des Überlebenden gelten soll, ob also das Anfechtungsrecht nach § 2079 BGB ausgeschlossen sein soll oder nicht.

Die Anfechtungserklärung des Erblassers muß notariell beurkundet sein, § 2282 Abs. 3 BGB, und muß binnen Jahresfrist, § 2283 BGB, dem Nachlaßgericht, § 2281 Abs. 2 BGB, zugehen. Die Jahresfrist beginnt frühestens mit dem Tod des anderen Ehegatten.

Eine Anfechtung ist unzulässig, wenn der Erblasser durch sein gegen Treu und Glauben verstoßendes Verhalten den Anfechtungsgrund selbst geschaffen hat (BGHZ 4, 91, 96; BGH FamRZ 1962, 427; FamRZ 1970, 79).

Die Anfechtung bewirkt die Nichtigkeit der angefochtenen Verfügung, § 142 BGB. Die wechselbezügliche Verfügung des anderen Ehegatten ist wegen der Abhängigkeit der Verfügungen auch unwirksam, § 2270 Abs. 1 BGB (zur Teilnichtigkeit: OLG Hamm NJW 1972, 1088).

Nach dem Tod des Erblassers kann dessen Verfügung durch diejenigen angefochten werden, denen die Aufhebung unmittelbar zustatten kommen soll, § 2080 Abs. 1 BGB. Zu diesen Personen können der **überlebende Ehegatte,** aber auch **Dritte** gehören. Der Dritte kann dann nicht mehr anfechten, wenn der Erblasser selbst sein Anfechtungsrecht verloren hat, § 2285 BGB analog (RGZ 77, 165).

Es gelten die allgemeinen Regeln über die → *Anfechtung der Verfügungen von Todes wegen.*

Bei einseitigen testamentarischen Verfügungen fehlt die Bindungswirkung, → *Anfechtung der Verfügungen von Todes wegen.*

Für wechselbezügliche Verfügungen besteht eine Gesetzeslücke. Die Bindung an wechselbezügliche Verfügungen in Gemeinschaftlichen Testamenten soll jedoch nicht stärker sein als die Bindung an vertragsmäßige Verfügungen eines Erbvertrags. Die Regeln über die Anfechtung eines Erbvertrags wegen Irrtum, Drohung oder Übergehung eines Pflichtteilsberechtigten werden deshalb auf das Gemeinschaftliche Testament entsprechend angewendet, §§ 2281–2285, 2078, 2079

BGB (BGH NJW 1962, 1913). Eine Anfechtung kommt beim Gemeinschaftlichen Testament jedoch erst nach dem Tod eines Ehegatten in Betracht, weil zu Lebzeiten beider Ehegatten von jedem der Widerruf erklärt werden kann (→ *Anfechtung beim Gemeinschaftlichen Testament*).

9. Aufhebung

Die Ehegatten können ein Gemeinschaftliches Testament jederzeit durch ein anderes Gemeinschaftliches Testament (oder einen Erbvertrag) aufheben oder ändern, §§ 2254, 2258, 2276 BGB. Eine Aufhebung oder Änderung des Gemeinschaftlichen Testaments durch einen Ehegatten allein, ohne Mitwirkung des anderen, ist jedoch nicht möglich. Hierbei spielt es keine Rolle, ob es sich um ein privatschriftliches Testament, § 2267 BGB, oder ein notarielles Testament handelt. Ein Gemeinschaftliches Testament kann gem. §§ 2256, 2272 BGB nur gemeinschaftlich aus der amtlichen Verwahrung zurückgenommen werden.

Rechtsprechungs- und Literaturhinweis:

BGH BGH-Report 2002, 282 m. Anm. Koutses; BayObLG Auswirkungen eines Zuwendungsverzichts auf Gemeinschaftliches Testament, FamRZ 2001, 319; BayObLG Selbstanfechtung eines Gemeinschaftlichen Testaments durch überlebenden wiederverheirateten Ehegatten, FamRZ 2001, 1250; BayObLG Abänderung eines Erbvertrags durch Gemeinschaftliches Testament, FamRZ 2001, 1327; BayObLG Wechselbezüglichkeit in gemeinschaftlichem Testament bei unterschiedlichen Erbeinsetzungen, FamRZ 2001, 1734; Nieder, Feststellung der Wechselbezüglichkeit beim Gemeinschaftlichen Testament, ZErb 2001; OLG Frankfurt Auslegung von „Unser Haus schenken wir der Gemeinde" im gemeinschaftlichen Testament, FamRZ 2001, 1173; OLG Frankfurt Formwirksame Bezugnahme auf vom Ehegatten geschriebenes Gemeinschaftliches Testament, NJW-RR 2002, 7; OLG Hamm Wechselbezüglichkeit, wenn Ehegatten Nachbarn als Erben einsetzen, FamRZ 2001, 1647; Wacke, Gemeinschaftliche Testamente von Verlobten, FamRZ 2001, 457.

Gemischte Schenkung

Von einer gemischten Schenkung spricht man, wenn der Wert des geschenkten Gegenstandes bei objektiver Betrachtung höher ist als der der Gegenleistung. Die Beteiligten müssen weiter darüber einig sein, daß der Mehrwert unentgeltlich zugewandt sein soll (BGH NJW-RR 1996, 754 m. w. N.). Eine gesetzliche Regelung für die gemischte Schenkung fehlt. Man nimmt einen Vertrag an mit Elementen der Schenkung und des entgeltlichen Austauschvertrages (zu den insoweit vertretenen Theorien s. Palandt/Heinrichs, § 516 Rn. 14 m.w.N.). Der BGH (NJW 1972, 274; NJW 1992, 2566) entscheidet eher pragmatisch ohne dogmatische Ansätze.

Gemischte Schenkungen können eine Rolle spielen bei der Geltendmachung von Pflichtteilsergänzungsansprüchen nach § 2325 BGB bzw. von Bereicherungsansprüchen gem. §§ 2287, 2288 BGB. Sie sind nur hinsichtlich ihres unentgeltlichen Teils heranzuziehen, z. B. bei Übergabeverträgen (BGHZ 59, 132; BGH NJW 1964, 1323; NJW 1965, 1526; FamRZ 1967, 214; FamRZ 1974, 650). Bewertungen der Vertragspartner über Leistungen bei Übergabeverträgen müssen dabei anerkannt werden, wenn sie auch unter Berücksichtigung eines Verwandtschaftsverhältnisses noch in einem vernünftigen Rahmen bleiben (BGH LM Nr. 1). Vertraglich vereinbarte Gegenleistungen können nachträglich noch erhöht werden (RGZ 72, 188; RGZ 94, 157). Der Schenker hat vertraglich sogar das Recht, das zunächst unentgeltliche Geschäft durch einseitige Erklärung nachträglich in ein vollentgeltliches umzugestalten. Dies ist auch durch Verfügung von Todes wegen möglich (BGH FamRZ 1985, 696).

Gesamtanspruch der Erben

→ *Erbschaftsanspruch*

Gesamtgut

→ *Ehevertrag*

Gesamthandsgemeinschaft

→ *Miterbengemeinschaft*

Gesamthandsklage

1. Überblick

Ein Nachlaßgläubiger ist stets daran interessiert, in das Gesamthandsvermögen (Nachlaß) zu vollstrecken. Er hat die Klage gegen alle Gesamthänder, also alle Miterben, zu richten (Gesamthandsklage § 747 ZPO). Die Miterben sind notwendige Streitgenossen nach § 62 ZPO. Haben einzelne Miterben ihre Zustimmung dazu erteilt, daß die Forderung des Nachlaßgläubigers aus dem Nachlaß erfüllt wird, so würde einer Klage auch gegen diese Miterben das Rechtsschutzbedürfnis fehlen. Es brauchen also nur die „unwilligen" Miterben verklagt werden (BGH NJW 1982, 441 ff.; BGH WM 1994, 2124 ff.).

Wird die Übereignung eines Nachlaßgegenstands geschuldet, führt nur die Gesamthandsklage zum Ziel, weil nur alle Erben als gemeinsam Verfügungsberechtigte nach § 2040 BGB den Anspruch auch erfüllen können. Sind einzelne Miterben bereit, die entsprechenden Rechtshandlungen (z. B. Auflassungserklärung) vorzunehmen, so brauchen sie nicht verklagt zu werden, weil auch insoweit das Rechtsschutzbedürfnis fehlen würde.

2. Geschuldete Willenserklärungen

Formulierungsvorschlag für Klageantrag betreffend Auflassung:

Die Beklagten werden verurteilt, ihre Zustimmung zu erteilen zur Übertragung des Eigentums an dem Grundstück (genaue Bezeichnung von Grundbuch-Band, Grundbuch-Blatt, Flurstück-Nr., Beschreibung des Grundstücks) auf den Kläger und die

Umschreibung des Eigentums an dem bezeichneten Grundstück auf ihn im Grundbuch zu bewilligen.

Nach Brox (Rn. 696) ist eine Verurteilung zur Duldung der Zwangsvollstreckung in den Nachlaß herbeizuführen, weil Haftungsobjekt lediglich der Nachlaß ist und nicht auch das Eigenvermögen des jeweiligen Miterben. Würde nämlich nur auf Zahlung tituliert, so könnte der Gerichtsvollzieher bzw. der Vollstreckungsrechtspfleger nicht differenzieren, ob die Zahlung aus dem Nachlaß oder dem Eigenvermögen des Erben zu erbringen wäre.

Formulierungsvorschlag für Klageantrag bei Geldschulden:

Die Beklagten werden verurteilt, wegen der Klageforderung die Zwangsvollstreckung in den Nachlaß des am ... verstorbenen ... zu dulden.

Formulierungsvorschlag für dingliche Ansprüche auf Herausgabe:

Die Beklagten werden verurteilt, den Pkw, Marke ..., Typ ..., Fahrzeug-Ident-Nr. ..., Amtl. Kennzeichen: ..., an den Kläger herauszugeben.

Diese Ansprüche können nur von allen Erben gemeinschaftlich erfüllt werden, so daß eine Gesamthandsklage nach § 2059 Abs. 2 BGB zu erheben ist.

In der Praxis ist es häufig nicht ganz eindeutig, ob einzelne Miterben letztendlich bei den Erfüllungshandlungen mitwirken werden oder nicht. Es ist deshalb empfehlenswert, vor Klageerhebung von allen Miterben in Verzug begründender Weise die entsprechenden Handlungen bzw. Willenserklärungen zu fordern. Wird dieser Forderung innerhalb der gesetzten Frist nicht entsprochen, so vermeidet man bei einem sofortigen Anerkenntnis die Kostentragungspflicht nach § 93 ZPO.

Gesamtschuldklage

Mit der Gesamtschuldklage beabsichtigt der Gläubiger die Vollstreckung in das Eigenvermögen des jeweiligen Miterben, wobei zu beachten ist, daß auch der dem Miterben zustehende

Erbteil Teil des Eigenvermögens des Miterben ist (→ *Gesamt-schuldner*).

Hat der Gläubiger gegen alle Miterben einen Titel oder einzelne Vollstreckungstitel erwirkt, so liegen die formalen Voraussetzungen des § 747 ZPO vor, so daß er damit in Gegenstände des Nachlasses vollstrecken kann.

Ist eine Beschränkung auf Nachlaßgegenstände nicht im Titel vermerkt, so kann auch die Vollstreckung in das Eigenvermögen des jeweiligen Miterben erfolgen.

Da der Gläubiger nicht notwendigerweise alle Miterben in einer einzigen Klage verklagen muß, sondern jeden einzelnen Miterben verklagen kann, um die Rechtsfolgen des § 747 ZPO herbeizuführen, sind die im Wege der Gesamtschuldklage in Anspruch genommenen Miterben keine notwendigen Streitgenossen, sondern einfache Streitgenossen.

Der als Gesamtschuldner in Anspruch genommene Miterbe kann Ausgleich von den übrigen Miterben verlangen im Verhältnis der Erbquoten, § 426 BGB, und unter Berücksichtigung der Ausgleichsverhältnisse der §§ 2050 ff. BGB.

Klageanträge:

– Bei Geldforderungen beziffert der Kläger einen Anspruch in voller Höhe gegen den einzelnen Miterben, wobei er sowohl Zugriff auf den Nachlaß als auch auf das eigene Vermögen des Miterben nehmen will.

– Ist die Abgabe einer Willenserklärung geschuldet, so ist zu beachten, daß die Verfügungsbefugnis über den Nachlaßgegenstand nach § 2040 Abs. 1 BGB nur allen Erben gemeinschaftlich zusteht. Deshalb kann der einzelne Miterbe nicht auf Vornahme der gesamten Verfügung verklagt werden. Vielmehr hat sich in der Praxis eingebürgert, hier lediglich die Zustimmung zu einem bestimmten Rechtsgeschäft (z. B. Auflassung oder Einigung nach § 929 BGB) zu erteilen. Liegen sämtliche Zustimmungen aller Miterben durch eine einzige oder mehrere nebeneinander erwirkte Urteile vor, so sind die von Seiten der Miterben geschuldeten Willenserklärungen gem. § 894 ZPO mit Rechtskraft des bzw. der Urteile abgegeben. Der Nachlaßgläubiger braucht dann lediglich noch seine eigene Erklärung abzugeben.

Literaturhinweis:

Brox, Rn. 692, 697, 702; Kerscher/Tanck/Krug, Das erbrechtliche Mandat, § 21 Rn. 266, 272.

Gesamtschuldner

Die Gesamtschuld ist dadurch gekennzeichnet, daß der Gläubiger die Leistung von jedem Gesamtschuldner nach seinem Belieben ganz oder teilweise fordern kann, die Leistung aber nur einmal zu beanspruchen hat, § 421 BGB. Der Anspruch des Gläubigers richtet sich also gegen mehrere Schuldner. Die Leistung darf von dem Gläubiger nur einmal gefordert werden (Palandt/Heinrichs, § 421 Rn. 2 ff.).

Bei der Erbengemeinschaft stellt sich die Frage, ob ein Nachlaßgläubiger seine Forderung gegenüber jedem einzelnen Miterben als Gesamtschuldner oder nur als Teilschuldner entsprechend seinem Erbteil geltend zu machen hat.

Beispiel:

Der Erblasser schuldete einem Darlehensgläubiger 15 000 Euro. Erben sind A, B, C. Es stellt sich die Frage, ob der Darlehensgläubiger die geschuldeten 15 000 Euro nun von jedem der drei Erben als Gesamtschuldner (natürlich nur max. 15 000 Euro) oder lediglich von jedem einen Teilbetrag von 5 000 Euro verlangen kann.

Es ist wie folgt zu unterscheiden:

– **Vor der Annahme** der Erbschaft schützt § 2058 BGB die Miterben vor gerichtlicher Inanspruchnahme (ebenso beim Alleinerben).

– **Nach der Annahme** bis zur Erbteilung stellt der Nachlaß ein gesamthänderisches Sondervermögen dar (→ *Miterbengemeinschaft*). § 2059 Abs. 1 Satz 1 BGB beschränkt die Haftung des Miterben auf seinen Anteil am Nachlaß. Der Nachlaßgläubiger kann die Zwangsvollstreckung in einzelne zum Nachlaß gehörende Gegenstände im Wege der sog. „Gesamthandsklage" betreiben, § 2059 Abs. 2 BGB, oder den Erbteil jedes Miterben pfänden und verwerten, sog. „Gesamtschuldklage", §§ 859, 857 Abs. 5 ZPO.

In letzterem Falle hat der in Anspruch genommene Miterbe einen Anspruch auf Gesamtschuldnerausgleich gem. § 426 BGB (Kerscher/Tanck/Krug, Das erbrechtliche Mandat, § 21 Rn. 310).

– **Mit der Erbteilung** entfällt die Trennung des Nachlasses vom Eigenvermögen des Erben. Die Miterben haften gesamtschuldnerisch für gemeinschaftliche Nachlaßschulden, § 2058 BGB.

Geschäftsanteile

Nach § 15 Abs. 1 GmbHG sind Geschäftsanteile einer GmbH vererblich. Der Gesellschaftsvertrag kann die Vererblichkeit nicht ausschließen oder eine mit dem Tod automatisch wirkende Einziehung des Geschäftsanteils vorsehen. Auf mehrere Erben geht der ererbte Geschäftsanteil in Erbengemeinschaft über. Sie können ihre Gesellschaftsrechte nach § 18 Abs. 1 GmbHG jedoch nur gemeinschaftlich ausüben. Wenn im Wege eines Vermächtnisses ein Geschäftsanteil zugewendet wurde, hat der Vermächtnisnehmer nach § 2174 BGB einen Anspruch gegen die Erben auf Übertragung des Geschäftsanteils.

Vererbungsbeschränkungen können in einem GmbH-Vertrag nur in dem Sinne enthalten sein, daß in jedem Erbfall der ererbte Geschäftsanteil der Einziehung unterliegt oder an die Gesellschaft oder die Gesellschafter abzutreten ist. Weiterhin kann vereinbart werden, daß nur bestimmte Erben, etwa Ehegatten oder Abkömmlinge oder Erben mit bestimmter beruflicher Qualifikation, den Erbteil behalten dürfen. Sieht eine erbrechtliche Nachfolgeklausel vor, daß nur bestimmte Erben nachfolgeberechtigt sind, während sonstige Erben die Einziehung dulden müssen oder zur Abtretung verpflichtet sind, können sich Auslegungsprobleme ergeben, wenn der Geschäftsanteil einer Erbengemeinschaft anfällt, der teils nachfolgeberechtigte, teils nichtnachfolgeberechtigte Erben angehören. Hier ist Regelungsbedarf in der Satzung.

Befindet sich im Nachlaß ein Gesellschaftsanteil an einer Personengesellschaft, so gilt der Grundsatz „Gesellschaftsrecht geht vor Erbrecht", § 2 EGHGB. Auch bei einer OHG oder KG

(→ *Kommanditgesellschaft/Kommanditanteil*) ist Voraussetzung für die Vererblichkeit des Anteils eines persönlich
haftenden Gesellschafters, daß der Gesellschaftsvertrag bestimmt, daß eine Nachfolge in der Gesellschaft möglich ist
(→ *Personengesellschaften*). Fehlt eine derartige Regelung
oder eine Fortsetzungsklausel, so wird die Gesellschaft nach
altem Recht durch den Tod des persönlich haftenden Gesellschafters aufgelöst, § 727 BGB, § 131 Nr. 4, § 161 Abs. 2 HGB.
Nach neuem Recht ab 1. 7. 1998 (BGBl I 1998, 1474) besteht
die OHG und die KG auch bei Fehlen einer Fortsetzungsklausel im Gesellschaftsvertrag beim Tod eines persönlich haftenden Gesellschafters fort. Enthält der Gesellschaftsvertrag eine
qualifizierte Nachfolgeklausel, so kann die Gesellschaft nur
mit einem bestimmten Nachfolger fortgeführt werden (Ker-
scher/Tanck/Krug, Das erbrechtliche Mandat, § 8 Rn. 745 f.,
§ 13 Rn. 127).

(→ *Kapitalgesellschaft*)

Geschäftsfähigkeit

Für die Errichtung eines Testaments hat das Gesetz den besonderen Begriff der → *Testierfähigkeit* geschaffen. Dem gegenüber kann einen Erbvertrag nur schließen, wer unbeschränkt
geschäftsfähig ist, § 2275 Abs. 1 BGB.

Entgegen diesem Grundsatz können nach § 2275 Abs. 2 Satz 1
BGB einen Erbvertrag in der Geschäftsfähigkeit beschränkte
Ehegatten und Verlobte schließen. Hier genügt beschränkte
Geschäftsfähigkeit, § 106 BGB. Die Zustimmung des gesetzli-
chen Vertreters erfolgt formlos.

§ 2275 Abs. 2 BGB gilt auch für die eheähnliche Lebensgemeinschaft.

Geschäftsschulden

→ *Handelsgeschäft*

Gesellschaftsrecht

Schwierigkeiten können entstehen, wenn zum Nachlaß Geschäftsanteile gehören. Hier tritt das Spannungsverhältnis zwischen Gesellschaftsrecht und Erbrecht zu Tage. Gesellschaftsvertraglich können Abfindungsansprüche für ausscheidende Gesellschafter ausgeschlossen werden. Dem gegenüber können erbrechtliche Pflichtteilsansprüche nicht abbedungen werden (Ausnahme: Pflichtteilsverzicht).

Die Unternehmensnachfolge (→ *Personengesellschaften*) muß deshalb sowohl auf das Gesellschaftsrecht wie auf das Erbrecht Rücksicht nehmen. Die Übertragung von Gesellschaftsanteilen ist je nach Gesellschaftsform unterschiedlich geregelt. Die Regelungen im Gesellschaftsvertrag und die erbrechtlichen Bestimmungen müssen aufeinander abgestimmt werden.

Literaturhinweis:

Crezelius, Unternehmenserbrecht; Mayer, Grundzüge des Rechts der Unternehmensnachfolge.

Gesetzliche Erbfolge

1. Überblick
2. Personenkreis
3. Verhältnis zur gewillkürten Erbfolge
4. Verwandten-Erbfolge

a) Erben 1. Ordnung
b) Erben 2. Ordnung
c) Erben 3. Ordnung
d) Erben 4. Ordnung
5. Ehegatten-Erbrecht

1. Überblick

Das Bürgerliche Gesetzbuch behandelt die gesetzliche Erbfolge vor der gewillkürten Erbfolge. Daraus darf jedoch nicht geschlossen werden, daß die gesetzliche der gewillkürten Erbfolge vorgehen soll. Wenn der Gesetzgeber schon die Möglichkeit der gewillkürten Erbfolge eingeräumt hat, §§ 1937, 1941 BGB, dann folgt daraus zwingend deren Vorrang vor der gesetzlichen. Anderenfalls wären die Bestimmungen über die Erbeinsetzung durch Rechtsgeschäft gegenstandslos.

Nur dann, wenn keine gewillkürte Erbfolge vorliegt, kommt die gesetzliche Erbfolge zum Zuge. Dies ist dann der Fall, wenn keine gültige Verfügung von Todes wegen existiert oder aber eine solche keine Erbeinsetzung enthält (sondern lediglich Vermächtnisse oder Auflagen).

Die gesetzliche Erbfolge kann jedoch auch neben der gewillkürten Erbfolge dann in Betracht kommen, wenn der Erblasser nur über einen Bruchteil des Vermögens letztwillig verfügt hat, während hinsichtlich des anderen Bruchteils gesetzliche Erbfolge eintreten soll.

Beispiel:

Erblasser E setzt den Freund F hinsichtlich der Hälfte seines Nachlasses als Erben ein. Hinsichtlich der anderen Hälfte des Nachlasses soll gesetzliche Erbfolge eintreten.

Auch bei gewillkürter Erbfolge können Auslegungsregeln der gesetzlichen Erbfolge zu beachten sein, wie §§ 2066 Satz 2, 2067, 2069 BGB. Diese Vorschriften verweisen auf die gesetzliche Erbfolge.

Zur Unterscheidung zwischen gesetzlicher Erbfolge und gewillkürter Erbfolge → *Gewillkürte Erbfolge.*

Gesetzliche Erbfolge tritt immer dann ein,

- wenn der Erblasser keinen Erben bestimmt hat oder

- die Erbenbestimmung in einer Verfügung von Todes wegen unwirksam ist oder

- die wirksame Verfügung von Todes wegen aus tatsächlichen oder rechtlichen Gründen nicht ausgeführt werden kann (z. B. vorheriger Tod des Bedachten, Ausschlagung, Erbunwürdigkeit oder -verzicht).

Hierbei ist es unerheblich, worauf die Gründe für das Fehlen einer Erbeinsetzung in einer Verfügung von Todes wegen beruhen. Der Erblasser kann an der Äußerung seines entgegenstehenden Willens durch seinen plötzlichen Tod gehindert worden sein, er kann bewußt auf eine letztwillige Verfügung verzichtet haben usw.

2. Personenkreis

Das Gesetz kennt als gesetzlichen Erben die Verwandten einschließlich nicht ehelicher Kinder, §§ 1924–1930 BGB, den

Ehegatten, §§ 1931–1934 BGB und letztlich den Staat, § 1936 BGB (→ *Fiskus als gesetzlicher Erbe*).

Absolute Priorität haben die Verwandten. Der Staat kann erst dann Erbe werden, wenn keinerlei Verwandte innerhalb der Frist des § 1964 BGB ermittelt werden (Grundsatz der Familienerbfolge).

3. Verhältnis zur gewillkürten Erbfolge

Die Testierfreiheit ist Teil der Erbrechtsgarantie des Art. 14 GG. Die vom Erblasser verfügte Erbfolge geht deshalb der gesetzlichen vor, die gesetzliche Erbfolge ist gegenüber der gewillkürten Erbfolge subsidiär.

Die gesetzliche Erbfolge tritt nur ein, wenn der Erblasser keine Verfügung von Todes wegen hinterläßt oder wenn der eingesetzte Erbe mit Rückwirkung auf den Zeitpunkt des Erbfalls als Erbe wegfällt, wie z. B. nach Ausschlagung oder nach Anfechtung.

Gesetzliche und gewillkürte Erbfolge können aber auch gleichzeitig zur Anwendung kommen, wenn der Erblasser beispielsweise nur bezüglich eines Teils seines Nachlasses ein Testament errichtet hat. Für den Rest des Nachlasses gilt dann die gesetzliche Erbfolge.

4. Verwandten-Erbfolge

Die Verwandten des Erblassers kommen nicht nach dem Verwandtschaftsgrad als Erben zum Zuge, sondern vielmehr teilt sie das Gesetz in Ordnungen bzw. Parentelen ein. Danach sind diejenigen berufen, die von gemeinsamen Stamm-Eltern abstammen (innerhalb der Parentel nach Stämmen).

Innerhalb der Ordnungen unterscheidet man Stämme und Linien. Der Stamm bezeichnet das Verhältnis einer Person zu seinen Verwandten in absteigender Richtung, also zu den Abkömmlingen hin. Einen Stamm bilden die Abkömmlinge eines Erblassers, die über denselben Abkömmling mit dem Erblasser in gerader Linie verwandt sind, § 1924 Abs. 3 BGB.

Die Linie bezeichnet das Verhältnis in aufsteigender Richtung, also zu Eltern, Großeltern etc.

Der Nachlaß wird nach der Zahl der Stämme und nicht nach der Personenzahl geteilt, § 1924 Abs. 3, Abs. 4 BGB. Innerhalb der ersten drei Ordnungen gilt strenges Parentelsystem mit Berufung nach Stämmen und Unterstämmen. Ab der 4. Ordnung erfolgt die Berufung nach Gradesnähe der Verwandtschaft, § 1928 Abs. 3 BGB. Der Verwandtschaftsgrad bestimmt sich nach der Zahl der die Verwandtschaft vermittelnden Geburten, § 1589 Satz 3 BGB.

Es gibt im Verhältnis zum Erblasser nähere und fernere Ordnungen. Die Stamm-Eltern repräsentieren ihren Stamm, also ihre Abkömmlinge (Repräsentationssystem, § 1924 Abs. 2 BGB). Nähere Abkömmlinge schließen fernere aus. Fällt ein solcher Repräsentant mit Wirkung auf den Erbfall weg, so treten an seine Stelle seine Abkömmlinge, § 1924 Abs. 3 BGB. Eine Ausnahme gibt es beim Erbverzicht, der auch für und gegen die Abkömmlinge wirkt, sofern nichts abweichendes vereinbart ist, § 2349 BGB.

Der Nachlaß wird unter den Kindern zu gleichen Teilen aufgeteilt, § 1924 Abs. 4 BGB. Damit ist gleichzeitig ausgedrückt, daß die Stämme, die jeweils von einem Kind repräsentiert werden, zu gleichen Teilen erben.

Die einer näheren Ordnung zugehörigen Verwandten schließen die der ferneren von der Erbfolge aus, § 1930 BGB.

Die nachfolgenden Regeln gelten nur dann uneingeschränkt, wenn der Erblasser keinen Ehegatten hinterläßt (das → *Ehegattenerbrecht* folgt anderen Grundsätzen, vgl. Ziffer 5).

Das gesetzliche Erbrecht steht nur den Verwandten und dem Ehegatten zu. Der Partner einer nicht ehelichen Lebensgemeinschaft kann nicht gesetzlicher Erbe werden, da die Vorschriften der §§ 1931, 1371 BGB zwingend eine Ehe voraussetzen. Eine analoge Anwendung des Ehegattenerbrechts wird abgelehnt, weil das Ehegattenerbrecht sich als Durchbrechung des Verwandtenerbrechts nur durch die ein Leben lang andauernde Solidargemeinschaft der Ehe rechtfertigt (Palandt/Edenhofer, § 1931 Rn. 15 m. w. N.). Der Partner einer nicht ehelichen Lebensgemeinschaft kann allenfalls als testamentarischer Erbe eingesetzt werden. Er kann auch aus § 1969 BGB Rechte herleiten, weil der Begriff „Familienangehöriger" hier weit verstanden wird. Der Zweck der Vorschrift ist nämlich, die dem Erblasser nahestehenden Personen zumindest für den ersten Monat nach dem Tod des Erblassers abzusichern (OLG Düsseldorf NJW 1983, 1566; MK/Siegmann, § 1969 Rn. 2) (→ *Dreißigster*).

Nach dem Gesetz zur Beendigung der Diskriminierung gleichgeschlechtlicher Gemeinschaften (LPartG) vom 16. 2. 2001 (BGBl I 2001, 266 ff.) wird jedoch der eingetragene Lebenspartner erbrechtlich genauso behandelt wie ein Ehegatte (→ *Ehegattenerbrecht,* Ziffer 6).

a) Erben 1. Ordnung

Die gesetzlichen Erben 1. Ordnung sind die Abkömmlinge des Erblassers, also seine Kinder, Enkel und Urenkel, § 1924 Abs. 1 BGB. Dabei ist zu beachten, daß jedes Kind des Erblassers seine eigenen Abkömmlinge von der Erbfolge nach dem Erblasser ausschließt (Repräsentationsprinzip § 1924 Abs. 2 BGB). Dies bedeutet, daß der Erbe seinen Großvater nur dann beerbt, wenn das Kind des Großvaters, also der Elternteil des Enkels, weggefallen ist, § 1924 Abs. 2 BGB. Innerhalb des Stammes gilt das Eintrittsrecht, § 1924 Abs. 2 BGB. D. h. an die Stelle verstorbener Eltern treten deren Kinder.

Beispiel:

Der Erblasser E hat vier Kinder, K 1, K 2, K 3 und K 4, hinterlassen, wobei K 2, K 3 und K 4 vorverstorben sind. K 1 hat einen Sohn, den Enkel E 1 des Erblassers. K 2 hat zwei Kinder, die Enkel E 2 und E 3 des Erblassers, hinterlassen. K 3 hat das verstorbene Kind E 4 und das noch lebende Kind E 5 hinterlassen. E 4 hat zwei lebende Kinder U 1 und U 2. K 4 ist kinderlos.

K 1 schließt seinen Sohn E 1 von der Erbfolge aus (Repräsentationsprinzip). Statt des K 2 sind E 2 und E 3 Erben geworden. An die Stelle des verstorbenen K 3 ist K 5 und, weil auch E 4 verstorben ist, an dessen Stelle U 1 und U 2 getreten (Eintrittsrecht).

Die Stämme erben zu gleichen Teilen, § 1924 Abs. 4 BGB. Im vorstehenden Beispielfall erben die Stämme K 1, K 2 und K 3 zu je $1/3$ Anteil. K 1 repräsentiert seinen Stamm allein und wird zu $1/3$ Anteil Erbe. E 2 und E 3 müssen sich den Anteil des verstorbenen K 2 teilen; sie erben zu je $1/6$ Anteil. Der $1/3$-Anteil, der auf den Stamm K 3 entfällt, teilt sich zu gleichen Anteilen zwischen den Unterstämmen E 4 und E 5 auf, so daß E 4 $1/6$ Anteil erhält, während der weitere $1/6$ Anteil nach dem gleichen Prinzip auf U 1 und U 2 aufgeteilt werden muß, beide somit je $1/12$ Anteil erben.

Für nicht eheliche Kinder gilt seit 1. 4. 1998 das Gesetz der erbrechtlichen Gleichstellung nicht ehelicher Kinder (BGBl I 1997, 2968). Nicht eheliche Kinder haben volles Erbrecht nach dem Tod von Vater oder Mutter. Das bisherige Recht gilt weiter, wenn vor dem 1. 4. 1998 der Erblasser verstorben ist oder über den Erbausgleich eine wirksame Vereinbarung getroffen oder der Erbausgleich durch rechtskräftiges Urteil zuerkannt worden ist (Art. 225 Abs. 1 EGBGB).

Die erbrechtlichen Wirkungen zwischen nicht ehelichem Kind und Vater treten mit Wirkung auf den Erbfall erst nach Vaterschaftsanerkenntnis oder rechtskräftiger Vaterschaftsfeststellung ein, §§ 1594, 1600 d Abs. 4 BGB. War beim Tode des Vaters bereits eine Klage auf Feststellung der Vaterschaft rechtshängig, so tritt Erledigung des Rechtsstreits ein, §§ 640 Abs. 1, 619 ZPO.

Nach dem Tode des Vaters kann die Feststellung auf Antrag des Kindes oder der Mutter beim Familiengericht im Verfahren der Freiwilligen Gerichtsbarkeit erfolgen, §§ 1600 e Abs. 2 BGB, 56 c FGG.

Für bis zum 31. 12. 1976 adoptierte Kinder gilt: Die Annahme an Kindes Statt hat nach altem Recht (bis 31. 12. 1976) das Verwandtschaftsband zu den natürlichen Eltern und Verwandten nicht aufgelöst. Das Adoptivkind behielt also Erb- und Pflichtteilsrecht gegenüber dem Blutsverwandten, § 1764 a. F. BGB. Durch die Adoption erwarb das Kind zusätzlich Erb- und Pflichtteilsrecht am Annehmenden, sofern das Erbrecht nicht im Adoptionsvertrag ausgeschlossen war, § 1767 Abs. 1 a. F. BGB. Kein Erb- und Pflichtteilsrecht erwarb das adoptierte Kind gegenüber den Verwandten (Eltern und Großeltern) des/der Annehmenden, § 1763 a.F. BGB.

Für Adoptionen seit dem 1. 1. 1977 gilt: Zu unterscheiden ist die Adoption Minderjähriger von der Adoption Volljähriger. Die Annahme Minderjähriger führt zur Volladoption. Das Verwandtschaftsband zur natürlichen Familie wird gelöst. Das Kind verliert Erb- und Pflichtteilsrecht gegenüber den natürlichen Eltern und Großeltern, § 1755 BGB. Das Kind wird in die Familie des Annehmenden vollständig und mit allen rechtlichen Konsequenzen eingegliedert und erlangt somit gegenüber dem/den Annehmenden und dessen/deren Eltern und Großeltern Erb- und Pflichtteilsrecht, § 1754 BGB. In Ausnahmefällen wird das Band zu den Blutsverwandten nicht aufgelöst, so daß Erb- und Pflichtteilsrecht erhalten bleiben (Verwandten-, Verschwägerten- und Stiefkinder-Adoption, §§ 1755 Abs. 2, 1756 Abs. 1, Abs. 2 BGB).

Bei der Annahme Volljähriger wird das Verwandtschaftsband zu den Blutsverwandten grundsätzlich nicht zerschnitten, § 1770 Abs. 2 BGB. Der/die Angenommene bleibt gegenüber den natürlichen Verwandten erb- und pflichtteilsberechtigt. Verwandtschaftliche Beziehungen werden nur gegenüber dem/der Annehmenden begründet, nicht auch gegenüber dessen/deren Verwandten § 1770 Abs. 1 BGB. Auf Antrag kann allerdings das Vormundschaftsgericht der Adoption eines Volljährigen die rechtlichen Wirkungen der Adoption eines Minderjährigen zusprechen. Dann gelten die Regeln der Volladoption des Minderjährigen, § 1772 BGB.

b) Erben 2. Ordnung

Die gesetzlichen Erben der 2. Ordnung sind die Eltern des Erblassers und deren Abkömmlinge, § 1925 Abs. 1 BGB. Leben zum Zeitpunkt des Erbfalls noch beide Elternteile, so erben diese allein und zu gleichen Teilen, § 1925 Abs. 2 BGB, und zwar unabhängig davon, ob ihre Ehe noch besteht. Lebt nur noch ein Elternteil, so treten an die Stelle des verstorbenen Elternteils dessen Abkömmlinge, § 1925 Abs. 3 BGB. Hinterläßt der vorverstorbene Elternteil keine Abkömmlinge, so fällt seine Hälfte an den noch lebenden Elternteil, § 1925 Abs. 3 Satz 2 BGB.

c) Erben 3. Ordnung

Die gesetzlichen Erben 3. Ordnung sind die Großeltern des Erblassers und ihre Abkömmlinge, § 1926 Abs. 1 BGB. Dabei erben die Großeltern väterlicherseits und die Großeltern mütterlicherseits jeweils die Hälfte. Zu beachten ist, daß hier zwei Gruppen von Erben entstehen und beim Vorversterben eines Großelternpaares das andere Großelternpaar nur dann zusätzlich erbt, wenn keine Abkömmlinge des vorverstorbenen Großelternpaares mehr vorhanden sind, § 1926 Abs. 4 BGB.

Lebt nur ein Teil eines Großelternpaares nicht mehr, so treten an die Stelle des verstorbenen Teils dessen Abkömmlinge,

§ 1926 Abs. 3 BGB. Hat der verstorbene Großelternteil keine Abkömmlinge, so fällt die Erbschaft dem überlebenden Großelternteil, und wenn dieser ebenfalls nicht mehr lebt, dessen Abkömmlingen zu, § 1926 Abs. 3 Satz 2 BGB.

d) Erben 4. Ordnung

Die gesetzlichen Erben 4. Ordnung sind die Urgroßeltern des Erblassers und deren Abkömmlinge, § 1928 Abs. 1 BGB. Im Unterschied zu den Erben vorhergehender Ordnungen erben hier die Großeltern allein und ansonsten nur derjenige Abkömmling, der mit dem Erblasser am nächsten verwandt ist, § 1928 Abs. 2, Abs. 3 BGB. Nach diesem sog. „Gradualsystem" erben Verwandte im gleichen Verwandtschaftsgrad zu gleichen Teilen. Gem. § 1589 Satz 3 BGB bestimmt sich der Grad der Verwandtschaft nach der Zahl der sie vermittelnden Geburten.

5. Ehegatten-Erbrecht

Das gesetzliche Erbrecht des überlebenden Ehegatten wird von zwei Faktoren bestimmt: zum einen davon, ob Verwandte des Erblassers vorhanden sind und welcher Ordnung diese angehören, wobei der Ehegatte nicht zu den Verwandten zählt. Zum anderen spielt eine Rolle, in welchem Güterstand die Ehegatten zum Zeitpunkt des Erbfalls gelebt haben (→ *Ehegattenerbrecht*).

Literaturhinweis:

Weirich, Erben und Vererben, Rn. 20 ff.; Kerscher/Tanck/Krug, Das erbrechtliche Mandat, § 11 Rn. 454 ff.; Brox, Rn. 36 ff.

Gewillkürte Erbfolge

Von gewillkürter Erbfolge spricht man, wenn der Erblasser gem. §§ 1937, 1941 BGB durch → *Testament*, → *Gemeinschaftliches Testament* oder → *Erbvertrag* seinen/seine Erben bestimmt (→ *Letztwillige Verfügung*). Hierbei ist er nach dem Grundsatz der → *Testierfreiheit* nicht an die gesetzliche Erbfolge gebunden. Er kann seine Erben nach freiem Ermessen bestimmen. Das Gesetz sieht in der Testierfreiheit jedoch

gewisse Schranken. Enterbten nahen Angehörigen bleibt das
→ *Pflichtteilsrecht.* Außerdem wird von der Rechtsprechung
in extremen Fällen Nichtigkeit von Verfügungen von Todes
wegen als eine gegen die guten Sitten verstoßende Ausnutzung der Testierfreiheit angenommen (Weirich, Erben und
Vererben, Rn. 271 ff.; Palandt/Edenhofer, § 1937 Rn. 20–26).

Wenn der Gesetzgeber eine gewillkürte Erbfolge zugelassen
hat, §§ 1937, 1941 BGB, dann folgt daraus zwingend deren Vorrang vor der gesetzlichen Erbfolge. Anderenfalls wären die
Bestimmungen über die Erbeinsetzung durch Rechtsgeschäft
gegenstandslos.

Grundsätzlich geht die gewillkürte Erbfolge der gesetzlichen Erbfolge vor. Die gesetzliche Erbfolge kann jedoch neben der gewillkürten in Betracht kommen. Dies steht nicht in Widerspruch zu
dem soeben erwählten Prinzip der Subsidiarität der gesetzlichen
Erbfolge. Es kann nämlich sein, daß der Erblasser nur über einen
Bruchteil seines Vermögens letztwillig verfügt hat. Soweit er
nicht verfügt hat, tritt dann gesetzliche Erbfolge ein.

Gläubigeraufgebot

1. Überblick
2. Verfahrensrecht

3. Wirkung des Ausschluß-
   urteils

1. Überblick

Der Erbe hat ein Interesse daran, die Passiva des Nachlasses zu
erfahren, weil er sich erst dann entscheiden kann, ob er eine
Beschränkung der Haftung auf den Nachlaß durch Nachlaßverwaltung oder -konkurs herbeiführen soll. Aus diesem Grund
gibt ihm das Gesetz die Möglichkeit, in einem gerichtlichen
Verfahren (§§ 946 ff., 989 ff. ZPO) die Nachlaßgläubiger auffordern zu lassen, ihre Forderungen anzumelden, § 1970 BGB.

Die Nachlaßgläubiger sind nicht zur Anmeldung gezwungen.
Meldet sich ein Gläubiger nicht, ist er durch das Aufgebotsverfahren ausgeschlossen. Dem ausgeschlossenen Gläubiger
haftet der Erbe nur mit dem Nachlaß. Der Erbe läuft demnach
nicht mehr Gefahr, daß unbekannte Gläubiger wegen ihrer
Forderungen auf sein Eigenvermögen Zugriff nehmen können.

Stellt der Erbe nach Durchführung des Aufgebotsverfahrens fest, daß die Aktiva des Nachlasses zur Befriedigung der bekannten Gläubiger ausreichen, so kann er den Nachlaß selbst abwickeln

2. Verfahrensrecht

Zuständig ist das Nachlaßgericht, § 990 ZPO, in dessen Bezirk der Erblasser zur Zeit des Erbfalls seinen Wohnsitz, hilfsweise seinen Aufenthalt hatte, § 73 FGG.

Antragsberechtigt sind:

- der Erbe nach Annahme der Erbschaft, sofern er nicht schon allen Nachlaßgläubigern gegenüber unbeschränkt haftet, § 991 Abs. 1, Abs. 3 ZPO,
- der verwaltende Nachlaßpfleger,
- der Nachlaßverwalter,
- der verwaltende Testamentsvollstrecker nach Annahme der Erbschaft, § 991 Abs. 2, Abs. 3 ZPO,
- der das Gesamtgut (mit) verwaltende Ehegatte, wenn der Nachlaß zum Gesamtgut gehört, § 999 ZPO,
- der Erbschaftskäufer, § 1000 ZPO.

Der Antrag ist schriftlich oder zu Protokoll der Geschäftsstelle zu stellen, § 947 Abs. 1 Satz 1 ZPO.

Der Erlaß des Aufgebots erfolgt durch Beschluß des Rechtspflegers, § 20 Nr. 2 RpflG, §§ 947 Abs. 2, 948, 950, 994 ZPO.

Bei der Anmeldung hat der Gläubiger den Gegenstand und Grund der Forderung anzugeben, § 996 Abs. 1 Satz 1 ZPO, um im Ausschlußurteil die Forderung möglichst konkret bezeichnen zu können.

Das vom Richter in öffentlicher Sitzung auf Antrag zu verkündende Ausschlußurteil, § 952 Abs. 1 ZPO, ist nur unter besonderen Voraussetzungen mit einer vor dem Landgericht zu erhebenden Anfechtungsklage angreifbar. Ein Rechtsmittel gegen das Ausschlußurteil findet nicht statt, § 957 ZPO.

3. Wirkungen des Ausschlußurteils

Die Forderung eines ausgeschlossenen Gläubigers erlischt nicht. Jedoch haftet der Erbe, der insoweit die Möglichkeit einer Haftungsbeschränkung noch nicht verloren hat, für eine solche Forderung nur mit dem Nachlaß, obwohl keine Trennung der Vermögensmassen erfolgt ist. Der Erbe darf bei seinen Maßnahmen in bezug auf den Nachlaß davon ausgehen, daß andere als die angemeldeten Forderungen nicht vorhanden sind. Macht der ausgeschlossene Gläubiger seine Forderungen gegen den Erben geltend, so hat dieser die Ausschließungseinrede, § 1973 Abs. 1 Satz 1 BGB (→ *Ausschlußurteil im Aufgebotsverfahren*, → *Aufgebotseinrede*), wenn er nachweist, daß der Nachlaß durch Befriedigung der nicht ausgeschlossenen Gläubiger bereits erschöpft ist oder durch die noch ausstehende Befriedigung solcher Gläubiger erschöpft wird.

Literaturhinweis:

Brox, Rn. 632 ff.; Kerscher/Tanck/Krug, Das erbrechtliche Mandat, § 21 Rn. 65, 148 ff., 298, 306.

Gläubigerversäumnis

Ein Nachlaßgläubiger, der seine Forderung erst später als fünf Jahre nach dem Erbfall gegenüber dem Erben geltend macht, steht einem ausgeschlossenen Gläubiger gleich, § 1971 Abs. 1 Satz 1 BGB. Diese Regelung schützt den Erben davor, daß er nach so langer Zeit noch bis dahin unbekannte Nachlaßverbindlichkeiten zu befriedigen hat.

§ 1974 BGB hat Bedeutung für die Fälle, in denen kein Aufgebotsverfahren (→ *Gläubigeraufgebot*; → *Ausschlußurteil im Aufgebotsverfahren*; → *Aufgebotseinrede*) stattgefunden oder der Gläubiger erst nach Ablauf der Anmeldefrist im Aufgebotsverfahren die Forderung erworben hat, sowie für die nach § 1972 BGB durch das Aufgebot nicht betroffenen Personen.

Die Säumnis des Gläubigers ist unschädlich bei Nachlaßverbindlichkeiten, die dem Erben schon vor Ablauf der fünf Jahre bekanntgeworden oder die im Aufgebotsverfahren angemeldet worden sind, § 1974 Abs. 1 Satz 1 BGB, bei dinglich gesicherten Nachlaßverbindlichkeiten, §§ 1974 Abs. 3, 1971 BGB, und bei Nachlaßverbindlichkeiten, für die der Erbe unbeschränkbar haftet (Brox, Rn. 637).

Gleichberechtigungsgesetz

Zum 1. 4. 1998 ist das Gesetz zur erbrechtlichen Gleichstellung nichtehelicher Kinder (Erbrechtsgleichstellungsgesetz, BGBl I 1997, 2968) in Kraft getreten (→ *Nichteheliche Kinder*). Nach Erlaß dieses Gesetzes bestehen keine erbrechtlichen Unterschiede mehr zwischen ehelichen und nicht ehelichen Kindern. Gesetzestechnisch wurde dieses Ziel durch die Streichung der §§ 1934a–1934e sowie § 2338a BGB erreicht. Nicht eheliche Kinder werden daher als Abkömmlinge 1. Ordnung bei der gesetzlichen Erbfolge gesamthänderisch am Nachlaß des Vaters beteiligt. Sie sind nicht mehr auf den Erbersatzanspruch (→ *Vorzeitiger Erbausgleich*) verwiesen. Sie können andererseits aber auch nicht den vorzeitigen Erbausgleich verlangen (→ *Gesetzliche Erbfolge*).

GmbH-Anteil

§ 15 Abs. 1 GmbHG sieht ausdrücklich die Vererblichkeit von GmbH-Anteilen vor (→ *Gesellschaftsanteil*). Mehrere Erben werden auch Anteilsinhaber in gesamthänderischer Bindung der Erbengemeinschaft. Damit werden die Miterben Mitberechtigte i.S.von § 18 GmbHG, der eine gemeinschaftliche Ausübung ihrer Rechte, insbesondere des Stimmrechts, vorsieht. Allerdings können sich die Miterben durch einen gemeinsamen Vertreter vertreten lassen (Kerscher/Tanck/Krug, Das erbrechtliche Mandat, § 3 Rn. 379).

Goodwill

Leben Eheleute im gesetzlichen Güterstand, so stellt sich bei Scheidung der Ehe die Frage von Zugewinnausgleichsansprüchen (→ *Pflichtteilsrecht*). Hierbei können Handwerksbetriebe, Unternehmungen, freiberufliche Praxen, Beteiligungen über ihren Substanz- oder Ertragswert hinaus einen Mehrwert haben. Dieser Mehrwert wird als innerer Wert, „Goodwill" oder als „Firmenwert" bezeichnet. Es handelt sich dabei um ein immaterielles Wirtschaftsgut, welches die Vorteile als wertbildende Faktoren bündelt, die einer Unternehmung, einer freiberuflichen Praxis oder einem Handwerksbetrieb wegen des gewachsenen Ansehens, des Kundenpotentials, der besonderen Organisationsstruktur und dadurch bedingten Stellung am Markt zukommen (Schröder, Bewertungen im Zugewinnausgleich, Rn. 86 f. m.w.N.; Johannsen/Henrich, Eherecht, § 1374 Rn. 12, § 1376 Rn. 17; Schwab, Handbuch des Scheidungsrechts, VII Rn. 80 ff.).

Grabstätte

Der Erbe ist an den irgendwie geäußerten oder auch nur mutmaßlichen Willen des verstorbenen Erblassers gebunden (BGH FamRZ 1992, 657; KG FamRZ 1969, 414; OLG Frankfurt NJW-RR 1989, 1159). Dessen Anordnungen und Wünsche können sowohl in einem Testament als auch formlos zum Ausdruck gebracht und ebenso widerrufen worden sein. Bei der Auswahl und Beschriftung des Grabmals hat der Berechtigte in erster Linie den Willen des Verstorbenen zu berücksichtigen. Im übrigen ist dabei nach allgemeinem Herkommen und den sittlichen Anschauungen zu verfahren (→ *Beerdigungskosten*) (Palandt/Edenhofer, vor § 1922 BGB Rn. 10).

Gradualsystem

Bei den Erben 1., 2. und 3. Ordnung (→ *Gesetzliche Erbfolge*) gilt das Repräsentationsprinzip (→ *Repräsentationssystem*, §§ 1925 Abs. 2, 1926 Abs. 2 BGB). Danach schließen die näheren Abkömmlinge die eigenen Abkömmlinge von der Erbschaft aus.

Ab der 4. Ordnung, §§ 1928 Abs. 3, 1929 Abs. 2 BGB, wird innerhalb der erbberechtigten Ordnung nicht nach Stämmen, sondern nach dem Grad der Verwandtschaft geerbt (Gradualsystem). Es erben diejenigen Abkömmlinge der Urgroßeltern bzw. der weiter entfernten Voreltern, die mit dem Erblasser dem Grade nach am nächsten verwandt sind. Der Grad der Verwandtschaft richtet sich dabei nach der Zahl der sie vermittelnden Geburten, § 1589 Satz 3 BGB. Verwandte im gleichen Verwandtschaftsgrad erben zu gleichen Teilen (Weirich, Erben und Vererben, Rn. 36 mit Beispiel; Brox, Rn. 45).

Grundbuch

1. Überblick

Das Grundbuchrecht regelt Einrichtung und Führung des Grundbuches als öffentliches Buch über Rechtsverhältnisse am Grundbesitz. Das Grundbuch hat die Aufgabe, dem Immobiliarverkehr eine sichere Grundlage zu geben. Hauptzweck der Bucheinrichtung ist es, auf zuverlässiger Grundlage bestimmte und sichere Rechtsverhältnisse für unbewegliche Sachen zu schaffen und zu erhalten (RGZ 61, 374, 377; RGZ 145, 343, 354). Wesentlich ist das Grundbuch dazu bestimmt, klar und übersichtlich über den dinglichen Rechtszustand an Grundstücken Auskunft zu geben. Damit ist das Grundbuch insbesondere für die Rechtsbeziehungen zwischen den Grundstückseigentümern und den an Grundstücken dinglich Berechtigten maßgeblich. Wer am Grundstücksverkehr teilnehmen will, ist gehalten, sich durch Einsicht des Grundbuchs die Erkenntnisquelle zu erschließen, die ihm eine zuverlässige Beurteilung des dinglichen Rechtszustandes ermöglicht. Allerdings entspricht der Inhalt des Grundbuchs nicht immer den tatsächlich bestehenden Verhältnissen. Er kann durch Rechtsänderungen, die außerhalb des Grundbuchs eingetreten sind, oder durch Eintragungen, die allein nicht zu den erstrebten Rechtsänderungen führen, unvollständig oder unrichtig geworden sein. Aus diesen Gründen gilt zum Schutz des Grundstücks- und Hypothekenverkehrs der in §§ 892, 893 BGB geregelte sog. öffentliche Glaube des Grundbuchs. Dieser geht dahin, daß man auf den Inhalt des Grundbuchs vertrauen kann. Nach § 892 BGB gilt zugunsten desjenigen, welcher ein Recht an einem Grundstück oder ein Recht an einem solchen Recht durch Rechtsgeschäft erwirbt, der Inhalt des Grundbuchs als richtig, es sei denn, daß ein Widerspruch gegen seine Richtigkeit eingetragen oder die Unrichtigkeit dem Erwerber bekannt ist. Geschützt durch den öffentlichen Glauben des Grundbuchs ist nur derjenige, der das Grundstücksrecht (z. B.

Eigentum oder Hypothek) oder ein Recht an einem solchen Recht (z. B. Pfandrecht an einer Hypothek) im Wege des Rechtsgeschäfts (also nicht im Wege des gesetzlichen Rechtsübergangs, wie es namentlich die Erbfolge darstellt) erwirbt. Darauf, ob der rechtsgeschäftliche Erwerb ein entgeltlicher oder unentgeltlicher ist, kommt es nicht an.

Alle den Eintragungen im Grundbuch zugrundeliegenden Urkunden werden beim Grundbuchamt gesammelt und ergeben die sog. „Grundakten", § 10 GBO. Außerdem werden über alle eingetragenen Grundstücke besondere Eigentümerregister geführt. Diese dienen insbesondere der leichteren Auffindbarkeit eines gesuchten Grundstücks oder Grundstückseigentümers und werden bei jeder Eintragung auf dem laufenden gehalten.

2. Einteilung

Das Bestandsverzeichnis gibt Auskunft über den Bestand an Grundstücken oder grundstücksgleichen Rechten und ist in 8 Spalten gegliedert.

Spalte 1
gibt die laufende Nummer des Grundstücks an.

Spalte 2
dient der Aufnahme der früheren lfd. Nummern.

Spalte 3
weist die Bezeichnung der Gemarkung sowie die Nr. der Flur und des Flurstücks, die Nr. des Liegenschafts- und Gebäudebuches wie auch die Wirtschafts-Art und -Lage auf.

Spalte 4
gibt die Grundstücksgröße nach ha, ar und qm an.

Spalten 5 und 6
nehmen den Bestand bei Anlegung des Blattes und die nachträglichen Zuschreibungen auf.

Spalten 7 und 8
dienen für die Abschreibung, bei denen das Grundstück aus dem Grundbuchblatt ausscheidet, weil etwa infolge Verkaufs die Eintragungen auf ein anderes Grundbuchblatt übertragen werden. Dabei werden die Eintragungen zum Grundstück in den Spalten 1 bis 6 gerötet (= gelöscht).

Abteilung I des Grundbuchs dient der Eintragung des Eigentümers.

Spalte 1:
die laufende Nummer der Eintragung.

Spalte 2:
den Eigentümer (bei mehreren Eigentümern das zwischen ihnen bestehende Anteilsverhältnis: z. B. Eheleute – je zur ungeteilten Hälfte oder zum Gesamtgut einer Gütergemeinschaft, Geschwister je zur Hälfte usw. Dabei werden natürliche Personen mit Vor- und Familiennamen, Stand, Beruf, Geburtsdatum, Wohnort und Juristische Personen und Handelsgesellschaften mit ihren Namen oder mit dem Firmennamen unter Angabe des Sitzes eingetragen.

Spalte 3:
die laufende Nummer der Grundstücke im Bestandsverzeichnis, auf welche sich die Eintragung bezieht.

Spalte 4:
den Rechtsvorgang, auf den die Eintragung beruht, also z. B. Auflassung vom ... aufgrund Kaufvertrags vom ... oder Erbfolge vom ....

Abteilung II des Grundbuchs:

Diese Abteilung dient der Aufnahme aller das Grundstück betreffenden Belastungen mit Ausnahme von Hypotheken, Grundschulden und Rentenschulden (einschließlich der sich auf diese Belastungen beziehenden Vormerkungen und Widersprüche), denen wegen ihrer Häufigkeit eine besondere Abteilung, nämlich Abteilung III, gewidmet ist. Insbesondere sind also aus Abteilung II des Grundbuchs ersichtlich: Dienstbarkeiten, Vorkaufsrechte sowie Reallasten.

Eingetragen werden in Abteilung II des Grundbuchs ferner: Beschränkungen des Verfügungsrechts des Eigentümers, soweit diese überhaupt eintragungsfähig sind, wie es auf den Zwangsversteigerungsvermerk oder Insolvenzvermerk zutrifft.

Abteilung III des Grundbuchs:

Diese Abteilung dient ausschließlich der Eintragung von Hypotheken, Grundschulden und Rentenschulden, einschließlich der sich auf diese Rechte beziehenden Vormerkungen und Widersprüche.

3. Pflicht zur Grundbuchberichtigung

War der Erblasser im Grundbuch als Eigentümer oder als Inhaber eines beschränkten dinglichen Rechts eingetragen, so ist es häufig erforderlich, den/die Erben anstelle des Erblassers im Grundbuch eintragen zu lassen. Der gesetzliche Rechtsübergang nach § 1922 BGB führt zur Unrichtigkeit des Grundbuches, § 894 BGB, mit der Folge, daß eine Grundbuchberichtigung vorzunehmen ist. Es besteht ein öffentliches Interesse daran, z. B. aus Gründen der Besteuerung, daß die Eigentümereintragung im Grundbuch mit der wirklichen Rechtslage übereinstimmt. Das Grundbuch muß, um seine Funktion als öffentliches Register erfüllen zu können, dadurch berichtigt werden, daß der Erbe als neuer Eigentümer bzw. Miteigentümer eingetragen wird. Der Erbe ist deshalb verpflichtet, die Berichtigung des Grundbuchs zu beantragen und dazu die erforderlichen Erbnachweise vorzulegen, §§ 82, 83 GBO.

Der **Grundbuchberichtigungsantrag** nach § 13 GBO kann von jedem Miterben allein gestellt werden. Der Antrag bedarf nicht der in § 29 GBO vorgesehenen Form. Vielmehr reicht Schriftlichkeit aus. Will allerdings der Rechtsanwalt für seinen Mandanten als dessen Bevollmächtigter einen Grundbuchberichtigungsantrag stellen, so bedarf die Vollmacht der qualifizierten Form des § 29 GBO (öffentliche bzw. öffentlichbeglaubigte Urkunde). Aus diesem Grunde wird im Regelfall der Rechtsanwalt aus Kostengründen den Grundbuchberichtigungsantrag für seinen Mandanten lediglich entwerfen und ihn nicht als Bevollmächtigter stellen.

Formulierungsvorschlag:

(nach Kerscher/Tanck/Krug, Das erbrechtliche Mandat, § 22 Rn. 29)

An das
Amtsgericht
Grundbuchamt
Köln

Im Grundbuch von Köln, Band 100, Blatt 100 sind die Eheleute Hannes und Marie Schmitz als Miteigentümer der dort im Bestandsverzeichnis unter Nr. 1–10 gebuchten Grundstücke, Flurstück 101–110 je zur Hälfte eingetragen.

Der Miteigentümer Hannes Schmitz ist am . . . verstorben und von der Witwe Marie Schmitz, geb. Kunz, und den beiden Kindern . . . beerbt worden. Die Erbfolge ist nachgewiesen durch Erbschein des Nachlaßgerichts Köln vom . . . . Auf den in den Nachlaßakten des Amtsgerichts Köln, A.Z. . . ., befindlichen Erbschein wird Bezug genommen.

Die unterzeichnete Witwe Marie Schmitz beantragt hiermit die Berichtigung des Grundbuchs bezüglich der Eigentumshälfte des Hannes Schmitz durch Eintragung der bezeichneten Erben in Erbengemeinschaft im Grundbuch.

Köln, den . . .

gez. Marie Schmitz

(keine Unterschriftsbeglaubigung)

Formulierungsvorschlag:

Für die Eintragung eines Alleinerben aufgrund öffentlichen Testaments (nach Kerscher/Tanck/Krug, Das erbrechtliche Mandat, § 22 Rn. 29).

An das
Amtsgericht
Grundbuchamt
Köln

Im Grundbuch von Köln, Band 100, Blatt 100, ist in Abteilung I der Kaufmann Karl Maier, zuletzt wohnhaft in Köln, als Eigentümer des Gebäudegrundstücks Bestandsverzeichnis Nr. 1 Markung Köln, Domplatz 10, Wohn- und Geschäftshaus, 10 ar = 1000 qm, eingetragen.

Der Eigentümer Karl Maier ist am . . . in . . . verstorben. Aufgrund des am . . . vor Notar Scheffel, Köln, unter UR-Nr. . . . errichteten Testaments wurde ich, die unterzeichnete Witwe, Maria Maier, wohnhaft . . ., Alleinerbin des Karl Maier. Dieses Testament wurde am . . . vom Amtsgericht – Nachlaßgericht – Köln unter A.Z. . . . eröffnet. Auf das in den bezeichneten Nachlaßakten des Amtsgerichts Köln befindliche Original-Testament und die Original-Eröffnungsniederschrift nehme ich Bezug. Der Beifügung von Abschriften dieser Urkunden bedarf es deshalb nicht. Ich beantrage hiermit, mich im Wege der Grundbuchberichtigung anstelle des Erblassers als neue Eigentümerin des bezeichneten Grundbesitzes im Grundbuch einzutragen.

Köln, den ...

gez. Maria Maier

(ohne Unterschriftsbeglaubigung)

4. Eintragung bei Vor- und Nacherbschaft

Der Vorerbe (→ *Vor- und Nacherbschaft*) kann beantragen, daß ihm ein Erbschein (→ *Erbschein*) erteilt wird. In diesem Erbschein wird durch einen Nacherbenvermerk kenntlich gemacht, daß Vorerbschaft vorliegt, unter welchen Voraussetzungen diese eintritt und wer Nacherbe ist, § 2363 Abs. 1 Satz 1 BGB. Durch den Nacherbenvermerk wird die Möglichkeit des gutgläubigen Erwerbs zum Nachteil des Nacherben ausgeschlossen. Nach § 53 GBO wird der Nacherbenvermerk in Abt. II des Grundbuchs eingetragen.

Durch den Nacherbfall wird auch das Grundbuch unrichtig. Der Nacherbe ist verpflichtet, die Berichtigung des Grundbuchs zu beantragen, § 82 GBO. Dazu hat er den Nachweis der eingetretenen Nacherbfolge durch seinen Erbschein (→ *Erbschein*) zu erbringen. Ein Erbschein ist auch dann erforderlich, wenn das Recht des Nacherben gemäß § 51 GBO im Grundbuch eingetragen ist und eine Sterbeurkunde des Vorerben vorgelegt wird, denn ein über den Vorerbfall erteilter Erbschein beweist nicht, daß der darin als Nacherbe Bezeichnete später tatsächlich Erbe wird (BGH NJW 1982, 2499).

5. Testamentsvollstreckung

Ist ein Testamentsvollstrecker ernannt, so steht ihm die Verfügungsbefugnis über die Nachlaßgegenstände und damit auch über die Nachlaßgrundstücke zu und nicht mehr dem/den Erben, §§ 2205, 2211 BGB. Weil der Erbe in seiner Verfügungsmacht beschränkt ist, sieht § 52 GBO vor, daß bei Eintragung des Erben als Eigentümer im Grundbuch die Ernennung eines Testamentsvollstreckers von Amts wegen dort in Abteilung II eingetragen wird, es sei denn, das betreffende

Nachlaßgrundstück unterläge nicht der Verwaltung des Testamentsvollstreckers. Dann nämlich wäre der Erbe auch insoweit nicht in seiner Verfügung beschränkt.

Die Eintragung des Testamentsvollstreckervermerks erfolgt auf der Grundlage der im Erbschein angegebenen Anordnung der Testamentsvollstreckung, § 2364 Abs. 1 BGB, oder auf der Grundlage des Erbennachweises durch Verfügung von Todes wegen in einer notariellen Urkunde mit Niederschrift des Nachlaßgerichts über die Eröffnung, § 35 Abs. 1 Satz 2 GBO.

Im Grundbuch eingetragen wird nicht die Person des Testamentsvollstreckers, sondern nur die Tatsache, daß Testamentsvollstreckung angeordnet ist. Die Formulierung lautet: „Testamentsvollstreckung ist angeordnet."

Ist irrtümlich die Eintragung des Testamentsvollstreckervermerks bei der Eintragung des Erben als Eigentümer unterblieben, so kann der Vermerk jederzeit von Amts wegen nachgeholt werden (Kerscher/Tanck/Krug, Das erbrechtliche Mandat, § 22 Rn. 42 ff.).

Grundstück

1. Grundstück und Vollmacht

Die Vollmacht zum Erwerb oder zur Veräußerung eines Grundstücks sowie die Genehmigung eines Grundstücksvertrages sind grundsätzlich formfrei möglich, §§ 167 Abs. 2, 182 Abs. 2 BGB. Dies gilt auch dann, wenn die Vollmacht die Befugnis zum Selbstkontrahieren enthält. Die Erteilung einer unwiderruflichen Vollmacht ist dagegen formbedürftig, da sie bereits eine bindende Verpflichtung zur Veräußerung oder zum Erwerb eines Grundstücks begründet (BGH NJW-RR 1988, 348, 351 = WM 1988, 48 = DB 1988, 176 = BB 1988, 163).

Formulierungsvorschlag:

Frau ... ist Alleineigentümerin folgenden Grundbesitzes: (genaue Bezeichnung)

Frau ... bevollmächtigt hiermit die Herren ... und ..., sie bei jeder Verfügung über den in Ziffer 1 (Ziffer 1 ist entbehrlich bei einer generellen Vollmacht) näher beschriebenen Grundbesitz uneingeschränkt vertreten, soweit eine Vertretung gesetzlich zulässig ist. Jeder Bevollmächtigte ist einzelvertretungsberechtigt. Der jeweilige Bevollmächtigte ist insbesondere ermächtigt,

– alle mit dem Verkauf von Eigentumswohnungen bzw. nicht zu Wohnzwecken dienenden Teileigentumseinheiten und Wohnhäusern im Zusammenhang stehenden Rechtsgeschäfte abzuschließen und Erklärungen abzugeben gegenüber Notar und Grundbuchamt,

– Kaufverträge abzuschließen, die Auflassung zu erklären und entgegenzunehmen,

– Belastungen des verkauften Grundbesitzes einschließlich der Unterwerfung des jeweiligen Grundstückseigentümers unter die sofortige Zwangsvollstreckung, die bereits vor Umschreibung des verkauften Grundbesitzes auf die jeweiligen Käufer erfolgen soll, vorzunehmen,

– die Aufteilung des Grundbesitzes nach dem Wohnungseigentumsgesetz vorzunehmen, etwa noch erforderliche Identitätserklärungen hinsichtlich des verkauften Grundbesitzes abzugeben,

– Anträge auf Wahrung des Veränderungsnachweises zu stellen,

– die Lastenfreistellung herbeizuführen, d. h. Löschungszustimmung zu erteilen, Pfandfreigabe zu beantragen, Grundpfandrechte ganz oder teilweise abzutreten,

– Löschung von Grundpfandrechten herbeizuführen,

– Grundstücksvereinigungen oder Bestandteilszuschreibungen vorzunehmen,

– Grunddienstbarkeiten und Baulasten zu bestellen,

– Rechte, insbesondere Grundpfandrechte, ganz oder teilweise abzutreten,

– Teile des haftenden Grundbesitzes oder grundstücksgleicher Rechte aus der Haftung freizugeben (Bewilligungen von Pfandfreigaben),

– Änderungen von Teilungserklärungen zuzustimmen,

– abgeschlossene Verträge abzuändern oder aufzuheben.

Der jeweilige Bevollmächtigte ist berechtigt, diese Vollmacht ganz oder teilweise auf dritte Personen zu übertragen. Von den Beschränkungen des § 181 BGB ist der jeweilige Bevollmächtigte befreit.

Die Vollmacht erlischt, wenn der Vollmachtgeber oder seine Erben sie widerrufen.

Vorgelesen vom Notar, von den Beteiligten genehmigt und eigenhändig unterschrieben wie folgt:

gez. Unterschriften

2. Grundstück und Auslandsberührung

Nach deutschem Recht ist bezüglich des Erbrechts das Heimatrecht des Erblassers maßgeblich (Staatsangehörigkeitsprinzip). Art. 25 Abs. I EGBGB bestimmt demgemäß, daß sich die Erbfolge einer Person nach dem Recht des Staates richtet, dem der Erblasser zum Zeitpunkt seines Todes angehört (Kerscher/Tanck/Krug, § 13 Rn. 299). Nach Art. 25 Abs. II EGBGB kann ein ausländischer Staatsangehöriger jedoch bestimmen, daß für sein in Deutschland gelegenes Grundvermögen deutsches Erbrecht gelten soll. Dies ist regelmäßig dann sinnvoll, wenn der ausländische Staatsangehörige in Deutschland voraussichtlich seinen dauernden Wohnsitz haben wird oder wenn die Geltung seines Heimatrechts zu unerwünschten Ergebnissen führen würde.

Formulierungsvorschlag:

Ich bestimme gem. Art. 25 Abs. II EGBGB, daß für mein gesamtes gegenwärtiges und zukünftiges in Deutschland belegenes Grundvermögen deutsches Erbrecht gilt.

Die Rechtswahl kann nur hinsichtlich des in Deutschland befindlichen unbeweglichen Vermögens ausgeübt werden (Grundstücke, Eigentumswohnungen, Erbbaurechte, Grundpfandrechte). Das Wahlrecht kann auch für ein einzelnes Grundstück ausgeübt werden (Palandt/Heldrich, Art. 15 EGBGB Rn. 22 m.w.N.). Die Rechtswahl kann sich nicht auf Anteile an Gesellschaften oder Erbengemeinschaften beziehen, selbst wenn diese über Grundvermögen verfügen.

Art. 25 Abs. II, Abt. 26 Abs. I–IV EGBGB bestimmt, daß die Rechtswahl in Form einer letzwilligen Verfügung zu treffen ist. Die Rechtswahl kann allerdings auch isoliert (siehe obigen Formulierungsvorschlag) erfolgen. Es ist ratsam, die Rechtswahl notariell zu beurkunden mit der Folge der Beweissicherung und amtlichen Registrierung durch den Notar.

Gütergemeinschaft

→ *Ehevertrag*

Güterrechtsregister

Jede Vereinbarung über den Güterstand (analog beim Vermögensstand nach dem Lebenspartnerschaftsgesetz) kann in das Güterrechtsregister des zuständigen Amtsgerichts eingetragen werden, §§ 1558 ff. BGB, § 161 FGG. Es besteht keine Pflicht zur Eintragung. Die Eintragung hat lediglich negative Publizitätswirkung, d. h. nur eingetragene Tatsachen können einem Dritten entgegengehalten werden (Beispiel: Wenn die Ehefrau den im Rahmen vereinbarter Gütertrennung getrennt lebenden Ehemann immer wieder im Rahmen der sog. „Schlüsselgewalt" vertraglich verpflichtet, kann der Ehemann ein Interesse an der Eintragung der Gütertrennung im Güterrechtsregister haben. Er ist dann Gläubigern gegenüber nicht mehr zur Zahlung verpflichtet).

Formulierungsvorschlag:

Eine Eintragung in das Güterrechtsregister soll nicht erfolgen. Jeder Ehegatte ist jedoch berechtigt, den Antrag auf Eintragung in das Güterrechtsregister jederzeit zu stellen. Hierzu bevollmächtigen wir uns gegenseitig.

Der Notar wies daraufhin, daß im Falle der Eintragung des neuen Güterstandes in das Güterrechtsregister die Eintragung beim neuen zuständigen Register zu wiederholen ist, falls der gewöhnliche Aufenthalt gewechselt wird. Die Eintragung ist bei jedem Amtsgericht zu bewirken, in dessen Bezirk auch nur einer der Ehegatten seinen gewöhnlichen Aufenthalt hat.

Güterstände

→ *Ehevertrag*

Gütertrennung

→ *Ehevertrag*

Gutglaubensschutz

1. Erbschein

Der → *Erbschein* ist das vom Nachlaßgericht erteilte Zeugnis über das Erbrecht, bei mehreren Erben auch über die Größe des Erbteils. Er ist eine öffentliche Urkunde i. S. des § 415 ZPO. Ähnlich wie das Grundbuch (→ *Grundbuch*) genießt der Erbschein sog. „öffentlichen Glauben" nach § 2366 BGB. Dies bedeutet, daß der Inhalt des Erbscheins gegenüber einem Gutgläubigen als richtig gilt. Der öffentliche Glaube ist jedoch beschränkt auf den gesetzlichen Inhalt des Erbscheins. Diese Vermutung gilt gegenüber Dritten und ist widerlegbar. Der Schutz des öffentlichen Glaubens an die Richtigkeit des Erbscheins erlischt dann, wenn das Nachlaßgericht den Erbschein eingezogen oder für kraftlos erklärt hat, § 2361 BGB, oder der Besitzer den Erbschein auf Verlangen des wahren Erben dem Nachlaßgericht herausgegeben hat, § 2362 BGB. Ein redlicher Erwerb ist somit nur bei positiver Kenntnis der Unrichtigkeit des Erbscheins oder des Rückgabeverlangens des Nachlaßgerichtes ausgeschlossen. Ein einfacher Verlust des Erbscheins schadet nicht.

Der durch einen Erbschein Ausgewiesene gilt im bezeugten Umfang als Erbe, solange die Erbscheinsvermutung nicht ausgeräumt ist.

Der öffentliche Glaube ist beschränkt auf den gesetzlichen Inhalt des Erbscheins. Ein Rechtsschein besteht nur für das bezeichnete Erbrecht im angegebenen Umfang und das Fehlen nicht aufgeführter Nacherbfolgen und Testamentsvollstreckungen.

Ist bei einem Grundstückserwerb aufgrund unrichtigen Erbscheins jemand als Eigentümer im Grundbuch eingetragen worden, so gilt für den Erwerb vom Erbscheinserben außer § 2396 BGB auch § 892 BGB. Die Frage des gutgläubigen Erwerbs ist dann nicht nach dem Erbschein, sondern nach den Gutglaubensvorschriften des Grundbuchrechts zu beurteilen (Weirich, Erben und Vererben, Rn. 150).

2. Testamentsvollstreckerzeugnis

Das Testamentsvollstreckerzeugnis hat eine zweifache Wirkung, die sich in der Vermutung für das Amt des darin Bezeichneten und in einem Verkehrsschutz zugunsten Gutgläubiger äußert. Diese Rechtswirkungen beschränken sich auf den gesetzlich zulässigen Inhalt des Zeugnisses. Es wird gesetzlich vermutet, daß der im Testamentsvollstreckerzeugnis bezeichnete Testamentsvollstrecker mit den gesetzlichen Regelbefugnissen ausgestattet ist und andere als die angegebenen Beschränkungen und Erweiterungen seines Amtes nicht bestehen, §§ 2368 Abs. 3, 2365 BGB. Die Vermutung erstreckt sich nicht auf den Fortbestand des Amtes (BGHZ 41, 23).

Nach § 2368 Abs. 1 Satz 2 BGB erstreckt sich der öffentliche Glaube auch auf Verpflichtungsgeschäfte des Testamentsvollstreckers, die nach dem ausgewiesenen Umfang zu dessen Amtsbereich gehören (der öffentliche Glaube des Erbscheins erstreckt sich nur auf Verfügungsgeschäfte).

Mit der Beendigung der Testamentsvollstreckertätigkeit wird das erteilte Zeugnis von selbst kraftlos, § 2368 Abs. 3 BGB. Es braucht daher zur Aufhebung seiner Rechtswirkungen, anders als beim Erbschein, nicht eingezogen oder für kraftlos erklärt zu werden. Ein Vertragspartner kann sich deshalb trotz Vorlage des Testamentsvollstreckerzeugnisses nicht darauf verlassen, daß die Testamentsvollstreckung noch fortbesteht. Sie stellt gegenüber dem Erbschein eine wichtige Einschränkung des Gutglaubensschutzes dar.

Haftung beim Erbschaftskauf

→ *Erbschaftskauf*

Haftung des Beschenkten

Wenn der Erblasser in der Absicht, den Vertragserben zu beeinträchtigen, eine Schenkung macht, ist dieses Rechtsgeschäft gültig. Nach Eintritt des Erbfalls kann jedoch der Vertragserbe von dem Beschenkten die Herausgabe nach den Regeln der ungerechtfertigten Bereicherung verlangen (→ *Herausgabeanspruch des Vertrags-(Schluß-)erben*). Der Vertragserbe hat insofern einen entsprechenden Auskunftsanspruch (BGH NJW 1986, 1755). Der Bereicherungsanspruch verjährt in drei Jahren von dem Anfall der Erbschaft an. Vor dem Erbfall besteht ein Sicherungsanspruch nicht.

Entgeltliche Veräußerungen werden hiervon nicht erfaßt. Es gilt die Vorschrift des § 818 Abs. 3 BGB, so daß der Anspruch des Vertragserben ins Leere geht, wenn zwischenzeitlich Entreicherung eingetreten ist. Die Haftung des Beschenkten ist jedoch verschärft, wenn er von der Schädigungsabsicht gewußt hat, § 818 BGB. Nach BGH NJW 1984, 121 braucht der Beschenkte nur herauszugeben, was nach Begleichung seines etwaigen Pflichtteilsanspruchs übrig bleibt. Beim Gemeinschaftlichen Testament mit Bindungswirkung werden diese Regeln entsprechend angewendet (Nieder, Handbuch der Testamentsgestaltung, Rn. 1199 ff.).

Literaturhinweis:

Remmele, NJW 1981, 2290 zur Frage, ob bei lebzeitigem Eigeninteresse des 2. Ehegatten ein Anspruch aus § 2287 BGB besteht.

Haftung des Testamentsvollstreckers

→ *Testamentsvollstreckung*

Haftungsbeschränkung

→ *Beschränkung der Erbenhaftung*

Haftungsvorbehalt

→ *Beschränkung der Erbenhaftung*

Halbgeschwister

Das → *Linienprinzip* greift von der 2. Orndung an ein. Der Begriff der Linie bestimmt die aufsteigenden Verhältnisse des Erblassers zu seinen Eltern und den weiteren Vorfahren. Je die Hälfte des Nachlasses geht an die väterliche und mütterliche Linie, § 1925 Abs. 2 und 3 BGB. Durch das Linienprinzip wird auch das Problem der erbrechtlichen Stellung von Voll- und Halbgeschwistern gelöst. Halbgeschwister nehmen nur an der Hälfte des Nachlasses teil, die auf den Elternteil entfallen wäre, den sie mit dem Erblasser gemeinsam haben.

Handelsgeschäft

1. Überblick
2. Unternehmensnießbrauch mit voller dinglicher Rechtsstellung
3. Einzelne Gesellschaftsformen

a) Einzelkaufmännisches Unternehmen
b) Offene Handelsgesellschaft
c) Kommanditgesellschaft
d) Kapitalgesellschaften

1. Überblick

Die Handelsfirma (der Handelsname des Kaufmanns) ist mit dem Handelsunternehmen vererblich. Erwirbt jemand ein bestehendes Handelsunternehmen von Todes wegen, darf er das Geschäft unter der bisherigen Firma fortführen, § 22 HGB. Dies gilt auch dann, wenn der Erwerber (Erbe) einen anderen Namen hat. In diesem Fall gilt eine Ausnahme vom Grundsatz der Firmenwahrheit (→ *Miterbenhaftung*; Brox (zur Haftung des Erben bei Firmenfortführung), Rn. 629; Brox (zur Fortführung eines Handelsgeschäfts durch eine Erbengemeinschaft), Rn. 745.

Bis zum Inkrafttreten des Handelsrechtsreformgesetzes (ab 1. 7. 1998) wurden beim Tod eines persönlich haftenden

Gesellschafters Personenhandelsgesellschaften grundsätzlich aufgelöst. Der Tod eines Kommanditisten löst die Gesellschaft nicht auf. In allen Fällen konnte aber der Gesellschaftsvertrag etwas anderes vorsehen, was auch regelmäßig der Fall war.

Diese Rechtsfolge ist mit Inkrafttreten des Handelrechtsreformgesetzes aufgehoben worden, §§ 131 Abs. 3 Nr. 1, 161 Abs. 2 HGB (Karsten Schmidt, NJW 1998, 2161). Die Änderung des § 131 HGB dient der Erhaltung von Gesellschaften. Die bisherigen Auflösungsgründe wurden zu Ausscheidungsgründen.

Beispiele:

– Tod eines Gesellschafters,

– Insolvenz eines Gesellschafters,

– Kündigung eines Gesellschafters,

– Kündigung eines Privatgläubigers eines Gesellschafters,

– Eintritt weiterer im Gesellschaftsvertrag vorgesehener Fälle,

– Gesellschafterbeschluß.

2. Unternehmensnießbrauch mit voller dinglicher Rechtsstellung

Der Nießbrauch an einem Handelsgeschäft ist im BGB nicht ausdrücklich geregelt. Er wird jedoch in § 22 Abs. 2 HGB vorausgesetzt. Nach dem Spezialitätsprinzip des Sachenrechts muß die dingliche Bestellung an den einzelnen zum Unternehmen gehörenden Gegenständen jeweils nach deren Regeln vorgenommen werden. Darüber hinaus ist der Nießbraucher in den unternehmerischen Tätigkeitsbereich einzuweisen. Ob dann ein einheitliches dinglich wirkendes Recht an dem Unternehmen als ganzes besteht, ist strittig, wird von der wohl herrschenden Meinung jedoch bejaht (Staudinger/Frank, Anh. §§ 1068, 1069, Rn. 27 ff. m.w.N.).

Hinsichtlich der Vermögenszuordnung gilt, daß das Anlagevermögen beim Besteller verbleibt, ebenso entsprechend die langfristigen Verbindlichkeiten. Die Vorräte gehen gem. § 1067 BGB auf den Nießbraucher über. Die kurzfristigen Forderungen und Verbindlichkeiten werden regelmäßig auf den Nießbraucher übertragen bzw. von ihm übernommen.

Den Nießbraucher trifft eine Verpflichtung zum Betrieb des Unternehmens, §§ 1036 Abs. 2, 1037 Abs. 1, 1041 BGB. Er kann die Firma fortführen, § 22 Abs. 2 HBG, haftet dann aber auch für die früheren Geschäftsverbindlichkeiten, § 25 HGB. Dem Nießbraucher gebührt nur der Überschuß (Reingewinn), der nach Abzug aller zur Erhaltung des Handelsgeschäfts als Erwerbsquelle erforderlichen Aufwendungen verbleibt. Bei Beendigung des Nießbrauchs hat der Nießbraucher das Unternehmen in dem Zustand zurückzugeben, der sich bei ordnungsgemäßer Fortführung ergibt, §§ 1055 Abs. 2, 591 BGB.

3. Einzelne Gesellschaftsformen

Hinsichtlich der Gesellschaftsformen ist wie folgt zu unterscheiden:

a) Einzelkaufmännisches Unternehmen

Hat der Erblasser ein Handelsgeschäft als Einzelfirma betrieben und führt der Erbe das Geschäft nicht fort, so haftet er nach den allgemeinen Grundsätzen für die bis zum Erbfall entstehenden Schulden unbeschränkt, aber mit der Möglichkeit, mit den allgemeinen Haftungsbeschränkungsmaßnahmen seine Haftung zu beschränken.

Wird das Geschäft vom Erben fortgeführt, so haftet er für die bisherigen Geschäftsschulden unbeschränkt, auch mit seinem eigenen Vermögen, §§ 27 Abs. 1, 25 HGB. Für die neuen Geschäftsschulden haftet er ohnehin kraft Rechtsgeschäfts.

Durch Handelsregistereintragung und Bekanntmachung nach § 25 Abs. 2 HGB kann der Erbe die Haftung für Altschulden auf den Nachlaß beschränken (Brox, Rn. 629 m.w.N.). Das Gesetz räumt dem Erben allerdings eine 3-monatige Überlegungsfrist ein, § 27 Abs. 2 HGB: Gibt der Erbe das Geschäft binnen drei Monaten auf, so tritt die unbeschränkte Haftung nicht ein. (Der Erbe erfährt eine Schonfrist entsprechend der → *Dreimonatseinrede* des § 2014 BGB.) Verbindlichkeiten, die der Erbe im Rahmen der Führung des Unternehmens eingeht, sind Nachlaßerbenschulden, für die das Eigenvermögen und der Nachlaß haften. Insoweit tritt also eine unbeschränkte Haftung ein.

b) Offene Handelsgesellschaft

Nach altem Recht wurde die OHG durch den Tod eines Gesellschafters aufgelöst, sofern der Gesellschaftsvertrag nichts

anderes bestimmte, § 131 Abs. 4 HGB. Nach neuem Recht
(BGBl I 1998, 1474) wird die OHG durch den Tod eines Gesellschafters nicht aufgelöst.

In der Praxis enthalten nahezu alle Gesellschaftsverträge
abweichende Bestimmungen von der bis 30. 6. 1998 geltenden
Rechtslage. Wird die Gesellschaft aufgelöst, so gilt der Grundsatz, daß der Erbe vorläufig unbeschränkt, aber beschränkbar
haftet (BGHZ 55, 271). Tritt der Erbe als persönlich haftender
Gesellschafter ein, so gilt § 139 HGB. Er haftet für alle bisher
entstandenen Gesellschaftsschulden unbeschränkt (BGH
NJW 1982, 45). Für die neuen Gesellschaftsschulden haftet er
ohnehin kraft Rechtsgeschäfts.

Wird der Erbe Kommanditist im Rahmen der Möglichkeiten
des §139 BGB und tritt er in dieser Eigenschaft die Nachfolge
des persönlich haftenden Erblassers an und wird die OHG zur
KG, so haftet der Erbe für die bisherigen Verbindlichkeiten
unbeschränkt, aber beschränkbar, § 139 Abs. 4 HGB. Für neue
Schulden haftet er mit der Kommanditeinlage. Ob er auch
damit für die Altschulden haftet, ist streitig (zum Meinungs-
stand Baumbach/Hopt, § 139 Rn. 3 b).

c) Kommanditgesellschaft

War der Erblasser persönlich haftender Gesellschafter, so gilt
dasselbe wie bei der OHG, §§ 161 Abs. 2, 139 HGB. War der
Erblasser Kommanditist, so wird durch seinen Tod die Gesellschaft nicht aufgelöst, der Kommanditanteil vererbt sich,
§ 177 HGB. Mit diesem Anteil haftet der Erbe für die alten
und neuen Verbindlichkeiten.

d) Kapitalgesellschaften

Geschäftsanteile der GmbH und Aktien der AG sind vererblich. Insofern ergibt sich für die Haftung nichts besonderes.
Die Stellung als Geschäftsführer einer GmbH oder als Vorstandsmitglied einer AG ist höchst persönlich und vererbt
sich deshalb nicht.

Literaturhinweis:

Brandi/Mühlmeyer, GmbHR 1997, 734 ff. zur Übertragung
von Gesellschaftsanteilen im Wege vorweggenommener Erbfolge und Vorbehaltsnießbrauch; Kerscher/Tanck/Krug, § 21

Rn. 129 ff.; Münch, Vorbehaltsnießbrauch am betrieblichen Vermögen – eine Steuerfalle?, ZEV 1988, 8 ff.

Handelsregister

Rechtsänderungen aufgrund des Erbfalls sind zum Handelsregister anzumelden. Der Erbnachweis ist durch Vorlage des Erbscheins (→ *Erbschein*) zu führen, § 12 Abs. 2 Satz 2 HGB.

a) War der Erblasser Inhaber eines eingetragenen Handelsgeschäfts, so ist zum Handelsregister anzumelden:

– Übergang eines Handelsgeschäfts durch Erbgang auf einen Alleinerben unter Fortführung der Firma,

– Übergang eines Handelsgeschäfts durch Erbgang auf mehrere Erben unter Fortführung der Firma,

– das Erlöschen der Firma.

Maßgebliche Vorschriften: §§ 29, 31, 12 Abs. 1 HGB.

b) War der Erblasser persönlich haftender Gesellschafter einer OHG oder KG, so ist durch alle Gesellschafter anzumelden:

– Auflösung der OHG durch den Tod eines Gesellschafters, § 143 Abs. 1, Abs. 3 HGB,

– Fortsetzung der OHG unter den verbleibenden Gesellschaftern oder unter Beteiligung aller oder einzelner Miterben (für den Fall, daß die Gesellschaft durch den Tod eines Gesellschafters nicht aufgelöst wird),

– Wechsel des Erben in die Stellung eines Kommanditisten, § 139 Abs. 1 HGB,

– Ausscheiden des Erben aus der Gesellschaft, §§ 143 Abs. 2, 161 Abs. 2 HGB,

– Eintritt einzelner oder aller Miterben anstelle des verstorbenen Kommanditisten, §§ 161 Abs. 2, 143 Abs. 2, 107 HGB,

– beim Tod eines Komplementärs gelten dieselben Regeln wir für die OHG.

c) War der Erblasser GmbH-Gesellschafter, so gilt:

– Der Rechtsübergang eines Geschäftsanteils ist nicht förmlich anzumelden; die jährlich vorzulegende Gesellschafterliste ist nach dem Erbfall lediglich zu aktualisieren, § 40 GmbHG,

– Das Ausscheiden eines Geschäftsführers durch Tod ist nicht von dessen Erben, sondern von allen Geschäftsführern anzumelden.

Literaturhinweis:

Kerscher/Tanck/Krug, § 23 Rn. 9 ff.; Krug, Unternehmenserbrecht und Handelsregister, ZEV 2001, 51; Weirich, Rn. 144.

Hausgenosse

→ *Auskunftsanspruch*

Hausratsvermächtnis

Da der überlebende Ehegatte bei der Trennungslösung (→ *Berliner Testament*) nicht zum unbeschränkten Vollerben eingesetzt wird, sollte in jedem Fall bei der Gestaltung des Testaments die Frage aufgeworfen werden, ob der Längstlebende im Wege des Vorausvermächtnisses zumindest den Hausrat und die sonstigen persönlichen Gegenstände, einschließlich des Pkw des Erstversterbenden, erhalten soll und ihm diese dann zur unbeschränkten Verfügung stehen. In diesem Zusammenhang spricht man von einem sog. Hausratsvermächtnis (Kerscher/Tanck/Krug, Das erbrechtliche Mandat, § 8 Rn. 421; Keller, BWNotZ 1970, 49 ff.).

Herausgabeanspruch des Vertrags-(Schluß-)Erben

Die Voraussetzungen des § 2287 BGB sind zum einen das Vorliegen einer objektiven Beeinträchtigung des Vertrages- oder Schlußerben sowie einer Beeinträchtigungsabsicht (subjektiver Tatbestand). Die genannte Vorschrift findet Anwendung auf Schenkungen, gemischte Schenkungen und Auflagenschenkungen und wohl auch auf ehebezogene Zuwendungen (BGHZ 116, 156) (→ *Haftung des Beschenkten*).

Objektive Beeinträchtigung liegt jedoch dann nicht vor, wenn

- das Testament einen ausreichenden Änderungsvorbehalt bzw. eine Freistellungsklausel vorgesehen hat,
- eine echte Wertverschiebung nicht erfolgte (BGHZ 82, 274),
- die Zuwendung im Rahmen einer vorweggenommenen Vermächtniserfüllung erfolgte (BGHZ 97, 188, 193).

Soweit der Empfänger Pflichtteilsberechtigter war und soweit sein Pflichtteilsanspruch besteht, ist eine Herausgabe nicht möglich bzw. liegt eine objektive Beeinträchtigung nur in Höhe der Differenz vor, so daß auch nur eine Herausgabe Zug um Zug gegen Zahlung des Pflichtteils zu erfolgen hat (BGHZ 88, 269). Gleiches gilt, wenn eine Zuwendung an den Miterben erfolgte. Hier liegt dann nur eine objektive Beeinträchtigung in Höhe der Differenz zwischen der Quote des Miterben zu den Quoten der übrigen Erben vor (BGH NJW 1989, 2389).

Im subjektiven Tatbestand setzt § 2287 BGB die Beeinträchtigungsabsicht voraus. Die Absicht des Erblassers, dem Vertrags- oder Schlußerben die Erbeinsetzung zu entziehen oder zu verringern, muß jedoch nicht der ausschließliche Grund der Schenkung sein. Während die Rechtsprechung des BGH früher jeden Mißbrauch der Verfügungsfreiheit als Beeinträchtigung angesehen hat, ist nach derzeitiger Rechtsprechung des BGH ein Mißbrauch der Verfügungsfreiheit einer Interessenabwägung nach objektiven Kriterien zu unterziehen. Es muß geprüft werden, ob nicht etwa der Erblasser ein lebzeitiges Eigeninteresse an der Schenkung hat (BGHZ 82, 274; BGH NJW 1992, 564). Liegt ein solches vor, dann schließt dies die Beeinträchtigungsabsicht aus (Fälle des lebzeitigen Eigeninteresses (→ *Beeinträchtigung der Stellung des Vertragserben und des Schlußerben*).

Hinterlegung

→ *Amtliche Verwahrung*

Höchstpersönliche Rechte und Pflichten

Beim Erbfall kommen höchstpersönliche Rechte und Pflichten regelmäßig zum Erlöschen. Hierzu zählen:

- der Unterhaltsanspruch mit der Wiederheirat oder dem Tod des Berechtigten, § 1586 Abs. 1 BGB,
- der Anspruch auf Pflege aus einem Pflegevertrag,
- das Recht und die Pflicht zur Führung einer ehelichen Gemeinschaft,
- das elterliche Sorgerecht.

Nicht hinzuzurechnen sind:

- Zugewinnausgleichsanspruch gem. § 1371 ff. BGB, da vererblich,
- Übergang der Unterhaltspflicht auf den Erben mit dem Tod des Verpflichteten, § 1586 b Abs. 1 BGB.

Höchstpersönlichkeit

→ *Letztwillige Verfügung*

Höfeordnung

→ *Höferecht*

Höferecht

1. Überblick
2. Rechtliche Grundlagen
3. Hoferbfolge
4. Hofübergabevertrag

1. Überblick

Hof i. S. der Höfeordnung (HöfeO, BGBl I 1976, 1934; BGBl I 1997, 2968) ist eine im Gebiet der Länder Hamburg, Niedersachsen, Nordrhein-Westfalen und Schleswig-Holstein belegene land- oder forstwirtschaftliche Besitzung mit einer zu ihrer Bewirtschaftung geeigneten Hofstelle, die sich im Alleineigentum einer natürlichen Person oder im gemeinschaftlichen Eigentum von Ehegatten (Ehegattenhof) steht oder zum Gesamtgut einer fortgesetzten Gütergemeinschaft

(→ *Ehevertrag*) gehört, sofern sie einen Wirtschaftswert von mindestens 10 300 Euro hat, § 1 Abs. 1 Satz 1 HöfeO.

Die Hoferbfolge gilt nur in den vorgenannten Ländern der ehemaligen britischen Besatzungszone, nicht in den übrigen Ländern Deutschlands. Sinn der Hoferbfolge ist, daß die Aufsplitterung eines Hofes im Erbfall in der Regel verhindert wird. Der Hof soll auf einen Erben übergehen.

2. Rechtliche Grundlagen

Nach Art. 64 Abs. 1 EGBGB bleiben die landesgesetzlichen Vorschriften über das Anerbenrecht in Ansehung landwirtschaftlicher und forstwirtschaftlicher Grundstücke nebst deren Zubehör unberührt. Durch das Reichserbhofgesetz vom 29. 9. 1933 und die dazu erlassenen Verordnungen wurden die Anerbenrechte der Länder vorübergehend außer Kraft gesetzt. Dieses Gesetz brachte zwangsläufig für alle Erbhöfe im ganzen Reichsgebiet ein **einheitliches Anerbenrecht,** da sie Testierfreiheit des Erblassers weitgehend beseitigte und die Rechte der weichenden Erben zugunsten des Hoferben stark einschränkte (Palandt/Edenhofer, Art. 64 EGBGB Rn. 4 ff.; MK/Leipold, Einl. Art. 64 EGBGB Rn. 71 ff.). Die Erbhofgesetzgebung wurde durch das Kontrollratsgesetz Nr. 45 vom 20. 2. 1947 aufgehoben und die am 1. 1. 1933 geltenden Landesgesetze wieder in Kraft gesetzt, soweit sie nicht gesetzlichen Vorschriften des Kontrollrats widersprachen. Die Zonenbefehlshaber wurden ermächtigt, Abänderungs- und Durchführungsbestimmungen zu erlassen. Hiervon wurde nur in der britischen Zone Gebrauch gemacht, in dem durch Verordnung Nr. 84 vom 24. 4. 1947 der Britischen Militärregierung eine Höfeordnung eingeführt wurde.

Die Höfeordnung der britischen Zone gilt seit 1. 7. 1976 auf der Grundlage des 2. Gesetzes zur Höfeordnung. Sie stellt eine Ausnahme vom Grundsatz der Gesamtrechtsnachfolge dar und bildet somit eine sog. „Sondererbfolge". Höfe mit einem Wirtschaftswert von 10 300 Euro unterliegen der Sondererbfolge der Höfeordnung. Eine landwirtschaftliche und forstwirtschaftliche Besitzung mit einem geringeren Wert, jedoch mindestens 5 200 Euro Wirtschaftswert wird Hof durch Erklärung des Eigentümers und Eintragung des Hofvermerks im Grundbuch, § 1 Abs. 1 Satz 3 HöfeO.

Es gibt **landesrechtliche Sonderregelungen** in weiterhin vier der übrigen Bundesländer, nämlich Bremen (HöfeG), Hessen (Hess. LandgüterO), Rheinland-Pfalz (HöfeO) und Baden-Württemberg (vgl. zu BaWü: BGH ZEV 1994, 234 ff. mit Anm. Sick, ZEV 1994, 242).

Damit der Hof als Wirtschaftseinheit erhalten bleibt, ist es notwendig, ihn auf einen Erben zu übertragen. Eine Aufteilung ist zu vermeiden.

3. Hoferbfolge

Die Hoferbfolge ist ein geeignetes Mittel zur Reduzierung der Pflichtteilsansprüche. Ist Teil des Nachlasses landwirtschaftlicher Besitz unter dieser Hofeigenschaft, werden die Pflichtteilsansprüche nach der Höfeordnung berechnet. Für Erbfälle nach dem 1. 7. 1976 berechnen sich die Pflichtteilsansprüche bei landwirtschaftlichem Besitz nach dem $1^{1}/_{2}$fachen Einheitswert 1964, welcher nur einen Bruchteil des Verkehrswertes darstellt. Der Erbe, auf den der Hof übergeht, soll vor hohen Pflichtteilsansprüchen geschützt werden, die den wirtschaftlichen Bestand des Hofes gefährden könnten.

Liegt die Eigenschaft eines Landguts (→ *Landgut*) vor, also eine Hofstelle mit landwirtschaftlichen Nutzflächen, kann durch eine entsprechende Anordnung erreicht werden, daß der Pflichtteilsanspruch lediglich nach dem Ertragswert des Betriebes errechnet wird, nicht nach dem Verkehrswert, §§ 2312, 2049 BGB. Die Rechtsprechung versteht als Landgut eine Besitzung, die eine zum selbständigen und dauernden Betrieb der Landwirtschaft geeignete und bestimmte Wirtschaftseinheit darstellt und mit den nötigen Wohn- und Wirtschaftsgebäuden versehen ist (BGHZ 98, 375). Das Bestimmungsrecht obliegt insoweit dem Eigentümer im Rahmen der Verkehrsauffassung (BGHZ 98, 382). Die Besitzung muß eine ausreichende Größe erreichen und für den Inhaber eine selbständige Nahrungsquelle darstellen, ohne daß eine sog. „Ackernahrung" vorliegen muß. Die Besitzung kann verhältnismäßig klein sein (BGH NJW-RR, 770).

Zur Landwirtschaft zählen nicht nur Viehzucht und Ackerbau, sondern auch Forstwirtschaft und neuerdings auch Gartenbau (OLG Oldenburg FamRZ 1992, 726). Hierher zu rechnen ist auch der erwerbsgärtnerische Anbau von Blumen und

Zierpflanzen, auch wenn er überwiegend in Gewächshäusern und in Behältern betrieben wird (BGH ZEV 1997, 126 f., unter Aufgabe der bisherigen Rechsprechung).

Entscheidend für die Beurteilung einer Besitzung als Landgut ist der Zeitpunkt des Erbfalls (BGH NJW 1995, 1352).

Der Ertragswert liegt in den alten Bundesländern bei ca. einem Viertel des Verkehrswertes. Mithin erreicht der Erblasser durch eine solche Anordnung ebenfalls eine erhebliche Verringerung der Pflichtteilsansprüche.

4. Hofübergabevertrag

Bei einem Hof-Übergabevertrag gilt, daß zugunsten der anderen Abkömmlinge des Übergebers der Erbfall eingetreten ist, wenn der Hof einem hoferbenberechtigten Abkömmling übertragen wird, § 17 Abs. 2 HöfeO. Die anderen Abkömmlinge erlangen dann bereits zu Lebzeiten des Erblassers die durch vertragliche Vereinbarung zugesicherten Ansprüche, ansonsten die gesetzlichen Geldabfindungsansprüche, § 12 HöfeO. Die anderen Abkömmlinge erhalten jedoch mindestens die nach dem $1^1/_2$fachen Einheitswert des Hofes zu ermittelnden Pflichtteilsansprüche. Darin ist die sog. „Doppelnatur" des Hofübergabevertrages als Rechtsgeschäft unter Lebenden und als Verfügung von Todes wegen zu sehen.

Gehören neben dem Hof auch Grundstücke zum Nachlaß, die **Baulandqualität** aufweisen, so hängt ein **Zuschlag** zum Hofeswert gem. § 12 Abs. 2 Satz 3 HöfeO bezüglich der Abfindung der Miterben nach dem Erbfall nicht davon ab, ob der Hofeigentümer den Wert der Baulandqualität schon realisiert hat oder dies konkret beabsichtigt. Die Zuschlagsregelung gilt vielmehr auch, wenn der Hofeigentümer die Grundstücke weiter nur landwirtschaftlich nutzen will (BGH ZEV 1996, 351 ff.).

Der an einem Hofübergabevertrag nicht beteiligte weichende Erbe hat grundsätzlich kein Beschwerderecht nach § 20 FGG gegen die landwirtschaftsgerichtliche Genehmigung des Vertrages, und zwar weder unter dem Gesichtspunkt seiner eigenen Erbchance noch unter dem seiner gesetzlichen oder vertraglichen Abfindungsansprüche noch allein aus seiner formellen Beteiligteneigenschaft im Verfahren (BGH ZEV 1996, 353 ff.).

Bei einem Ehegattenhof fällt der Anteil des Erblassers dem überlebenden Ehegatten als Hoferben zu, § 8 Abs. 1 HöfeO.

Bei der Vererbung eines Ehegattenhofes an den längstlebenden Ehegatten ist ein Erbschein bzw. Hoffolgezeugnis nicht erforderlich. Die Nachfolge des Ehegatten ist gem. § 8 HöfeO zwingend, so daß ein formlos bestimmter anderer Hoferbe den Ehegatten nicht verdrängen kann. Der überlebende Ehegatte braucht nicht wirtschaftsfähig zu sein (OLG Oldenburg ZEV 1997, 128 ff.).

Ein Erbverzichtsvertrag nach § 2346 BGB schließt auch Nachabfindungsansprüche nach § 13 HöfeO aus. Der dem Verzichtsvertrag zugrundeliegende Abfindungsvertrag kann nach den Grundsätzen über die Änderung und den Wegfall der Geschäftsgrundlage u. U. dann angepaßt werden, wenn die Vertragsteile mit dem Vertrag den Zweck nicht erreichen können, den sie angestrebt haben, ohne ihn zum Vertragsinhalt zu machen (BGH ZEV 1997, 69 ff.).

Inhaltsirrtum

→ *Anfechtung der Verfügungen von Todes wegen*

Insolvenz

→ *Nachlaßinsolvenzverfahren*

Interessenkollision und Tätigkeitsverbot

1. Überblick
2. Interessenkonflikt im Rahmen der Erbengemeinschaft
3. Interessenkonflikt bei der Beratung hinsichtlich eines Ehegattentestaments
4. Beratung von Pflichtteilsberechtigten
5. Pflicht des Anwaltsnotars zur Unparteilichkeit

1. Überblick

Der **Rechtsanwalt** ist unter bestimmten Konstellationen nicht nur berechtigt, sondern sogar verpflichtet, ein **Mandat abzulehnen.** Hierzu gehören Fälle der Interessenkollision.

Übersehen wird oft, daß ein Verstoß gegen den Verbotskatalog der §§ 45, 46 BRAO nicht nur standeswidrig ist, sondern daß sich der Rechtsanwalt auch nach § 356 StGB strafbar macht. Ein Parteiverrat i. S. dieser Vorschrift liegt vor, wenn ein Rechtsanwalt bei der ihm in dieser Eigenschaft anvertrauten Angelegenheit in derselben Rechtssache beide Parteien durch Rat oder Beistand zur Seite steht. Dies kann im erbrechtlichen Mandat dann der Fall sein, wenn bei einem Gemeinschaftlichen Testament für die Eheleute der Rechtsanwalt nicht bemerkt, daß sich die Ehegatten bezüglich verschiedener regelungsbedürftiger Punkte nicht einig sind (z. B. Schlußerbfolge, Wiederverheiratungsklausel). Wird bei dieser Konstellation der Rechtsanwalt dennoch tätig und gestaltet er das Testament im Sinne nur einer Partei, so begeht er bezüglich der anderen Partei Parteiverrat. Das Einverständnis der Parteien schließt die Tatbestandsvoraussetzungen des § 356 StGB und § 45 BRAO nicht aus (BGHSt 3, 400: § 356 StGB ist Rechtspflegedelikt, welches die Ordnungsmäßigkeit der anwaltschaftlichen Berufsausübung sichern soll; erst in zweiter Linie geht es um die Rechte der betroffenen Beteiligten).

Praktisch seltener sind die Tätigkeitsverbote des § 45 Abs. 1 und Abs. 2 BRAO. Eine Interessenkollision i. S. des § 45 Abs. 1 BRAO liegt vor, wenn der Rechtsanwalt in derselben Sache als Richter, Schiedsrichter, Staatsanwalt, Angehöriger des öffentlichen Dienstes, Notar oder Notarvertreter bereits tätig geworden ist, wenn er als Notar oder Notarvertreter eine Urkunde aufgenommen hat, deren Rechtsbestand oder Auslegung streitig ist oder die Vollstreckung aus ihr betrieben wird, wenn er gegen den Träger des von ihm verwalteten Vermögens vorgehen soll, in allen Angelegenheiten, mit denen er als Konkursverwalter (Insolvenzverwalter), Vergleichsverwalter, Nachlaßverwalter, Testamentsvollstrecker, Betreuer oder in ähnlicher Funktion bereits befaßt war, und schließlich auch dann, wenn er in derselben Angelegenheit außerhalb seiner Anwaltstätigkeit oder sonstigen Tätigkeit i. S. des § 59 a Abs. 1 Satz 1 BRAO bereits beruflich tätig war. Nach § 45 Abs. 2 BRAO darf der Anwalt nicht tätig werden in den Angelegenheiten, in denen er bereits als Rechtsanwalt gegen den Träger des zu verwaltenden Vermögens befaßt war, als Konkursverwalter (Insolvenzverwalter), Vergleichsverwalter, Nachlaßverwalter, Testamentsvollstrecker, Betreuer oder in ähnlicher Funktion.

Die vorstehenden Tätigkeitsverbote des § 45 Abs. 1 und Abs. 2 BRAO treffen in gleicher Weise im Rahmen von Sozietäten oder in sonstiger Weise zur gemeinschaftlichen Berufsausübung verbundenen oder verbunden gewesenen Rechtsanwälte und deren Angehörigen anderer Berufe. Muß also ein Rechtsanwalt ein Mandat wegen Interessenkollision niederlegen, so kann das Mandat nicht von einem anderen Sozietätsmitglied fortgeführt werden.

Parteiverrat bezieht sich nicht nur auf prozessuale Tätigkeit, sondern auch auf beratende (BGHSt 7, 17).

Ein Interessenwiderstreit kann nur vorliegen, wenn der Rechtsanwalt in derselben Rechtssache tätig wird. Dies ist dann gegeben, wenn durch die Tätigkeit aufgrund des derzeitigen sachlichen und rechtlichen Inhalts die vom Mandanten anvertrauten Informationen und Interessen tangiert werden würden. Dieselbe Rechtssache liegt also vor, wenn es sich bei natürlicher Betrachtungsweise um ein zusammengehöriges einheitliches Lebensverhältnis handelt. Die Interessenkollision wird zur Nichtigkeit des Anwaltsvertrages mit der Folge, daß der Rechtsanwalt seinen Vergütungsanspruch und seinen Aufwendungsersatzanspruch verliert (BGH DNotZ 1992, 455, Kerscher/Tanck/Krug, Das erbrechtliche Mandat, § 4 Rn. 1 ff.).

2. Interessenkonflikt im Rahmen der Erbengemeinschaft

Auch wenn der Rechtsanwalt im Rahmen einer Erbauseinandersetzung von mehreren Miterben gleichzeitig beauftragt wird, kann es im Rahmen der Auseinandersetzung zu vielfältigen Interessengegensätzen kommen. Kommt es beispielsweise nach den §§ 2055–2057 a BGB zur Anwendung der Ausgleichsvorschriften, so kann in der Regel davon ausgegangen werden, daß ein Interessenkonflikt vorliegt. Dies ist nur dann nicht der Fall, wenn die Abkömmlinge mit der Ausgleichung ihrer Vorempfänge von Anfang an einverstanden sind und diesbezüglich nie eine Streitfrage zu erkennen war, um jedoch in der Praxis gegen unvorhergesehene Meinungswechsel gewappnet zu sein, sollte im Falle der Ausgleichung von Vorempfängen der Anwalt sich gut überlegen, ob er nicht lieber nur einen Mandanten vertritt, da er ansonsten gezwungen ist, bei Aufdeckung des Interessenkonfliktes beide Mandate zu beenden. Dem Rechtsanwalt sei anempfohlen, bei Erbengemeinschaften nur einen Miterben zu vertreten und den anderen an einen Kollegen weiter zu empfehlen (Kerscher/Tanck/ Krug, Das erbrechtliche Mandat, § 4 Rn. 13 ff.).

3. Interessenkonflikt bei der Beratung hinsichtlich eines Ehegattentestaments

Regelmäßig liegen bei der Beratung von Ehegatten in bezug auf ein Gemeinschaftliches Testament übereinstimmende Vorstellungen vor. Dies schließt nicht aus, daß bei sachgerechter Beratung Interessengegensätze zwischen den Ehegatten auftreten können. Beispielsweise wünscht ein Ehegatte die Aufnahme einer Wiederverheiratungsklausel, während der andere dies strikt ablehnt. Ist hierbei keine Einigung zu erzielen, muß der Rechtsanwalt das Mandat für beide Ehegatten niederlegen. Ein vergleichbarer Fall ist der, in denen einer der Ehegatten bereits ein zweites Mal verheiratet ist und Kinder aus erster Ehe hat, die er bei der Schlußerbfolge genauso bedenken will wie die ehegemeinschaftlichen Kinder, während dies der andere Ehegatte strikt ablehnt. Kommt es in einem derartigen Fall dennoch zu einer Einigung, so ist darauf zu achten, daß auch die Regelungen bezüglich der Schlußerbfolge wechselbezüglich und bindend sind und der überlebende Ehegatte nur die Möglichkeit hat, im Kreis der ehegemeinschaftlichen Kinder eine Änderung vorzunehmen. Würde man ihm einen allgemeinen Abänderungsvorbehalt bezüglich der Schlußerbfolge belassen, so könnte er nach dem Tod des Erstversterbenden die Schlußerbfolge auch auf seine nicht ehegemeinschaftlichen Kinder aus erster Ehe ausweiten. Dies würde möglicherweise den Tatbestand des Parteiverrats für den Rechtsanwalt auslösen (Kerscher/Tanck/Krug, Das erbrechtliche Mandat, § 4 Rn. 16 ff.).

4. Beratung von Pflichtteilsberechtigten

Im Rahmen der Vertretung mehrerer Pflichtteilsberechtigter besteht in der Praxis grundsätzlich kein Interessenkonflikt, da die sämtlich enterbten Pflichtteilsberechtigten regelmäßig einig sind. Um späteren Überraschungen vorzubeugen, sollte der Rechtsanwalt bereits im Vorgespräch klären, ob eine der Pflichtteilsberechtigten ausgleichspflichtige Vorempfänge nach § 2316 BGB erhalten hat. Ist dies zu bejahen, sollte auf die Vertretung des weiteren Pflichtteilsberechtigten verzichtet werden, da im Rahmen der Ausgleichung nach § 2316 BGB sich zwangsläufig Auswirkungen auf den Pflichtteil des anderen Berechtigten ergeben (Kerscher/Tanck/Krug, Das erbrechtliche Mandat, § 4 Rn. 20 ff.).

5. Pflicht des Anwaltsnotars zur Unparteilichkeit

In den Bundesländern, in denen der Rechtsanwalt gleichzeitig auch Notar sein kann, kommt zu den bisherigen Pflichten noch das besondere Problem des Anwaltsnotars hinzu. Dies ist die Pflicht zur Unparteilichkeit nach § 14 Abs. 1 DNotO. In der Praxis wird häufig der Fehler begangen, daß sich die Mandanten von einem Anwaltsnotar ein Testament entwerfen lassen und nach dem Erbfall derselbe oder ein anderes Mitglied der Sozietät die Erben oder Pflichtteilsberechtigten in dieser Sache vertritt (BGH MDR 1992, 415).

Die Neufassung der BNotO und des BeurkG vom 8. 9. 1998 (BGBl I 1998, 2585) hat die Fragepflicht des Notars nach einer Vorbefassung gebracht. Nach § 3 Abs. 1 Satz 2 BeurkG hat der Notar vor der Beurkundung nach einer Vorbefassung i. S. des § 3 Abs. 1 Nr. 7 BeurkG zu fragen und in der Urkunde die Antwort zu vermerken. § 3 Abs. 1 Nr. 7 BeurkG sieht ein Mitwirkungsverbot vor in Angelegenheit einer Person, für die der Notar außerhalb seiner Amtstätigkeit (also als Rechtsanwalt) oder eine Person i. S. von Nr. 4 (anderes Sozietätsmitglied oder Mitglied einer Bürogemeinschaft) außerhalb ihrer Amtstätigkeit in derselben Angelegenheit bereits tätig war oder ist, es sei denn, daß diese Tätigkeit im Auftrag aller Personen ausgeübt wurde, die an der Beurkundung teilnehmen (Kerscher/Tanck/Krug, Das erbrechtliche Mandat, § 4 Rn. 26 ff.).

Interlokales Erbrecht

Für Erbfälle, die mit Wirkung vom 3. 10. 1990 eingetreten sind, gilt nach Art. 8 des Einigungsvertrages i. V. m. Art. 230 Abs. 2 EGBGB das Erbrecht des BGB mit Ausnahmen. Für früher eingetretene Erbfälle gilt das ehemalige Recht der DDR, Art. 235 EGBGB.

Literaturhinweis:

Weirich, Erben und Vererben, Rn. 555 ff.

Internationales Privatrecht

→ *Kollisionsrecht*

Inventarerrichtung

1. Überblick

Das Inventarverzeichnis, §§ 1993 ff. BGB, dient zunächst dem Erben dazu, sich über den Bestand des Nachlasses – Aktiva und Passiva – zu informieren. Es gibt aber auch dem Nachlaß-gläubiger Aufschluß über den Umfang des Nachlasses. Das Inventar kann von dem Erben entweder freiwillig, § 1993 BGB, oder auf Antrag eines Gläubigers errichtet werden, § 1994 BGB. Das Inventarverzeichnis erzeugt keine Haftungs-beschränkung, sondern lediglich die Vermutung im Verhältnis zwischen dem Erben und den Nachlaßgläubigern, daß weitere Nachlaßgegenstände als die im Inventar verzeichneten nicht vorhanden sind, § 2009 BGB. Es wird nicht vermutet, daß die verzeichneten Gegenstände auch tatsächlich zum Nachlaß gehören. Die vorstehenden Regeln gelten nur bei Beachtung der Formalien der §§ 1993 ff. BGB.

2. Formelle Erfordernisse

Ein privat errichtetes Inventar entspricht nicht den gesetzli-chen Voraussetzungen. Der Erbe muß bei der Aufnahme eine Behörde oder einen Notar hinzuziehen, § 2002 BGB. Auch das Nachlaßgericht selbst kann das Inventar aufnehmen, § 2003 BGB. Das Inventar soll den gesamten Nachlaßbestand und den Wert der Nachlaßgegenstände enthalten, § 2001 BGB. Es ist beim örtlich zuständigen Nachlaßgericht einzureichen. Dies ist der letzte Wohnsitz des Erblassers, § 73 FGG.

Sofern der Erbe das Inventar nicht ohnehin freiwillig errichtet, kann jeder Nachlaßgläubiger beantragen, daß das Nachlaßgericht dem Erben eine Frist zur Inventarerrichtung setzt, § 1994 BGB. Der Nachlaßgläubiger hat seine Forderung glaubhaft zu machen, §§ 1994 Abs. 2 Satz 1 BGB, 15 FGG, 294 ZPO. Auf Antrag eines Nachlaßgläubigers ist der Erbe verpflichtet, die Vollständigkeit des Inventars an Eides Statt zu versichern, § 2006 BGB. Zuständig hierfür ist das Nachlaßgericht. Die Eidesstattliche Versicherung kann nicht erzwungen werden. Weigert sich der Erbe, die Eidesstattliche Versicherung abzugeben, so tritt unbeschränkte Haftung gegenüber den betreffenden Gläubigern ein, § 2006 Abs. 3 BGB. Die unbeschränkte Erbenhaftung tritt auch dann ein, wenn die von dem Nachlaßgericht gesetzte Frist zur Errichtung des Inventars nicht eingehalten wird, § 1994 Abs. 1 Satz 1 und Satz 2 BGB. Der Erbe kann vor Fristablauf bei dem Nachlaßgericht Fristverlängerung beantragen (BayObLG FamRZ 1992, 1326). Das Nachlaßgericht ist hierbei jedoch weder an den Antrag noch an die Höchstfrist von drei Monaten gebunden. Vielmehr liegt die Entscheidung in seinem Ermessen (KG Rpfleger 1985, 193).

3. Wirkung rechtzeitiger Inventarerrichtung

Im Verhältnis zwischen Erbe und Nachlaßgläubiger wird vermutet, daß nur die im Inventarverzeichnis verzeichneten Nachlaßgegenstände vorhanden sind, § 2009 BGB. Für den Erben erlangt diese Vermutung praktische Bedeutung, wenn er den Nachlaß herauszugeben oder über seine Verwaltung des Nachlasses Rechenschaft abzulegen hat. Die Vermutung kann im Wege des § 292 ZPO widerlegt werden (Kerscher/Tanck/Krug, Das erbrechtliche Mandat, § 21 Rn. 143).

4. Folgen von Unkorrektheiten bei der Inventarerrichtung (Inventaruntreue)

Der Erbe hat das Inventarverzeichnis richtig zu erstellen. Die bewußte unrichtige Erstellung des Inventars führt zur unbeschränkten Haftung des Erben, § 2005 Abs. 1 Satz 1 BGB. Gleiches gilt, wenn er die Erteilung der Auskunft verweigert oder absichtlich in erheblichem Maße verzögert, nachdem er von dem Nachlaßgericht zur Inventarerstellung aufgefordert wurde, §§ 2005 Abs. 1 Satz 2, 2003 BGB.

Falls der Erbe die Abgabe der Eidesstattlichen Versicherung verweigert, so haftet er dem Gläubiger, der den Antrag auf

Erstellung des Inventarverzeichnisses gestellt hat, unbeschränkt, § 2006 Abs. 3 Satz 1 BGB.

Unrichtige Angaben (Inventaruntreue) haben die unbeschränkte Haftung des Erben gegenüber allen Gläubigern zur Folge, wobei es nicht darauf ankommt, ob das Inventar freiwillig oder auf Antrag errichtet wurde, § 2005, 2013 BGB.

Erstellt der Erbe das Inventar ordnungsgemäß und reicht es fristgemäß bei Gericht ein, bewirkt dies, daß im Verhältnis zwischen Erben und Nachlaßgläubigern vermutet wird, daß die Aktiva des Nachlasses, mithin sämtliche Vermögensgegenstände, vollständig erfaßt sind, § 2009 BGB. Behauptet ein Gläubiger, daß der Nachlaß noch weiteres Vermögen umfaßt, so obliegt ihm im Streitfall die Beweislast.

Inventarfrist

→ *Inventarerrichtung*

Inventaruntreue

→ *Inventarerrichtung*

Irrtum

→ *Anfechtung der Verfügungen von Todes wegen*

Jastrow'sche Klausel

→ *Pflichtteilsstrafklausel*

Juristische Person

→ *Erbfähigkeit*

Kapitalgesellschaft

Grundsätzlich sind Anteile an Kapitalgesellschaften, also Geschäftsanteile der GmbH sowie Aktien der AG, **frei** gem. § 1922 BGB **vererblich** (→ *Geschäftsanteile*). Für die GmbH folgt dies bereits aus § 15 I GmbHG. Die Vererblichkeit von GmbH-Anteilen kann grundsätzlich auch nicht in der GmbH-Satzung ausgeschlossen werden. Ebenfalls unzulässig ist die Bestimmung in einer Satzung, daß die Erben verpflichtet sind, Aktien an bestimmte Aktionäre zu übertragen. Möglich sind jedoch gesellschaftsvertragliche Vereinbarungen darüber, ob und unter welchen Voraussetzungen die Erben nach erfolgtem erbrechtlichem Erwerb den Geschäftsanteil behalten dürfen (Langenfeld, Testamentsgestaltung, 7. Kap., § 5 Rn. 370).

Eine Beschränkung zur Verhinderung des Eintritts unerwünschter Personen in die Gesellschaft ist insoweit also nur durch ein gesellschaftsvertragliches Einziehungsrecht (Esch/Baumann/Schulze zur Wiesche, Handbuch der Vermögensnachfolge, 1. Buch, Rn. 1272) oder eine Abtretungsverpflichtung (Priester, GmbHR 1981, 206) möglich. Ebenso kann gem. § 237 AktG die Zwangseinziehung von Aktien im Falle des Todes vorgesehen sein (Esch/Baumann/Schulze zur Wiesche, Handbuch der Vermögensnachfolge, 1. Buch, Rn. 1272, Rn. 1371).

Bestehen demgegenüber gem. Gesellschaftsvertrag **Sonderrechte** einzelner Gesellschafter, etwa ein Mehrstimmrecht, ein erhöhter Gewinnanteil, ein persönliches Kündigungsrecht, die persönliche Geschäftsführungsbefugnis etc., dann ist eine ausdrückliche Regelung im Gesellschaftsvertrag erforderlich, damit diese Sonderrechte vererbt werden können, da diese höchstpersönliche Rechte darstellen und somit im Zweifel als unvererblich gelten müssen (Langenfeld, Testamentsgestaltung, 7. Kap., § 5 Rn. 370).

Sowohl GmbH-Anteile als auch Aktien werden von mehreren Miterben gesamthänderisch als gemeinschaftliches Vermögen gem. § 2032 BGB gehalten.

Etwas anderes gilt für die Stellung als Geschäftsführer einer GmbH bzw. Vorstandsmitglied einer AG. Hierbei handelt es sich um eine höchstpersönliche Position, die deshalb unvererblich ist.

Kaptatorische Verfügung

Hierunter versteht man die letztwillige Zuwendung unter der auflösendenden Bedingung, daß der Bedachte nicht bzw. der aufschiebenden Bedingung, daß der Bedachte seinerseits einen bestimmten Dritten durch Verfügung von Todes wegen bedenkt. Die Zuwendung begründet grds. keine schuldrechtliche Verpflichtung i.S.d. § 2302 BGB, was die Verfügung auch per se unwirksam machen würde. Es steht im freien Belieben des Bedachten, ob er die Bedingung erfüllen will und dadurch die Zuwendung behalten darf oder nicht. Sofern die Bedingung nicht erfüllt wird, hat der Zuwendende einen Bereicherungsanspruch gem. § 812 I 2 2. Alt. BGB (vgl. BGH NJW 1977, 950; Nieder, Handbuch der Testamentsgestaltung, Rn. 306, der sich auf die Erben vererbt.

Im übrigen liegt grds. auch kein Verstoß gegen § 138 oder § 2065 BGB vor, es sei denn im Einzelfall lägen besondere Umstände vor (vgl. hierzu Nieder, Handbuch der Testamentsgestaltung, Rn. 267).

Kaufkraftveränderung/Kaufkraftschwund

Sowohl im Rahmen des güterrechtlichen Zugewinnausgleichs als auch bei der Durchführung von Ausgleichung und Anrechnung sowie bei der Pflichtteilsergänzung im Erbrecht ist die rein inflationsbedingte lediglich nominale Wertsteigerung sowohl beweglicher als auch unbeweglicher Gegenstände aufgrund der allgemeinen Geldentwertung wieder auszugleichen.

Diese „Inflationsbereinigung" soll verhindern, daß unechte Wertsteigerungen letztendlich zu einer Ungleichbehandlung führen. Die Werterhöhung ist also in diesen Fällen nur scheinbar und die Folge davon, daß bei der Differenzrechnung Anfangs- und Endvermögen bzw. Wert im Zeitpunkt der Zuwendung und Wert im Zeitpunkt des Erbfalls mit einem zwar äußerlich gleichen, in Wahrheit aber unterschiedlichen Maßstab bewertet werden (Palandt/Diederichsen, § 1376 Rn. 24).

Beim **Zugewinnausgleich** geschieht dies dadurch, daß das gesamte Anfangsvermögen unter Anwendung der Preisindices für die Lebenshaltung auf die Wertverhältnisse im Zeitpunkt der Berechnung des Endvermögens umgerechnet wird.

Das Statistische Bundesamt hat den Lebenshaltungsindex auf 1995 als Basisjahr umgestellt und verschiedene Lebenshaltungstabellen entwickelt. Für die familien- und damit auch erbrechtliche Praxis haben danach drei verschiedene Indices Bedeutung: Der in der Entscheidung BGHZ 61, 385, gebilligte Index ging von der Lebenshaltung eines 4-Personen-Haushalts von Arbeitern und Angestellten mit mittlerem Einkommen aus und beschränkte sich auf das frühere Bundesgebiet. Lebensnäher für die Beurteilung der Geldentwertung im privaten Bereich war der Preisindex der Lebenshaltung im früheren Bundesgebiet, der vielfach schon bisher zugrunde gelegt wurde. Aber er klammert ebenso wie der Lebenshaltungsindex in langjähriger Übersicht, der den Anstieg der Lebenshaltungskosten von 1924–1995 nachweist, die Entwicklung im neuen Bundesgebiet aus. Außerdem ergeben sich bei beiden Indices Wertdivergenzen zum Index des BGH. Bei Beginn des Güterstandes nach Wiedervereinigung liegt deshalb die Anwendung des Index für die Gesamtlebenshaltung aller privaten Haushalte in Deutschland am nächsten. Zu beachten ist, daß ab 2003 nur noch **ein** Preisindex gilt, nämlich für Deutschland insgesamt (Palandt/Diederichsen, § 1376 Rn. 26 ff.).

Die genauen Indexzahlen können beim Statistischen Bundesamt abgefragt werden.

Die Umrechnung erfolgt dann bei der **Durchführung des Zugewinnausgleichs** anhand folgender Formel:

Umrechnungsformel:

Wert des Anfangsvermögens bei Beginn des Güterstandes geteilt durch den Lebenshaltungskostenindex zum Zeitpunkt des Beginns des Güterstandes multipliziert mit dem Lebenshaltungskostenindex zum Zeitpunkt der Beendigung des Güterstandes.

Bei der **Durchführung der erbrechtlichen Ausgleichung gem. §§ 2050 ff. BGB** gilt folgendes:

Gem. § 2055 II BGB ist für die Wertbemessung bei der **Ausgleichung** der Zeitpunkt der Zuwendung maßgeblich. Es muß somit der Wert des zugewandten Gegenstandes zum Zeitpunkt der Zuwendung gegebenenfalls durch Sachverständigengutach-

ten festgestellt werden und dann mittels des Lebenshaltungskostenindex der um den Kaufkraftschwund erhöhte Geldbetrag
in Ansatz gebracht werden (BGHZ 65, 75; Staudinger/Ferid/
Cieslar, § 2055 Rn. 7).

Umrechnungsformel:

Geldwert im Zeitpunkt der Zuwendung multipliziert mit
dem Lebenshaltungsindex im Zeitpunkt der Auseinandersetzung geteilt durch den Lebenshaltungsindex im Zeitpunkt der
Zuwendung.

Gem. § 2315 II 2 BGB ist auch bei der **Anrechnung auf den
Pflichtteil** der Wert der Zuwendung im Zeitpunkt des Emp-
fangs maßgeblich, wobei ebenfalls der Kaufkraftschwund zu
berücksichtigen ist. Der Wert des Zuwendungsgegenstandes
ist also auf den Zeitpunkt des Erbfalls hochzurechnen, wobei
wiederum der Lebenshaltungskostenindex heranzuziehen ist
(BGH NJW 1975, 2292).

Es ist allerdings zu beachten, daß der Erblasser die Möglichkeit hat, die anrechenbaren Werte in Abweichung der oben
genannten Umrechnungsformeln zu bestimmen oder die Berücksichtigung des Lebenshaltungskostenindex gänzlich auszuschließen.

Bei der **Pflichtteilsergänzung** ist Stichtag für die Bewertung von
Schenkungen verbrauchbarer Sachen i. S. des § 92 BGB der
Zeitpunkt der Schenkung, für die Bewertung anderer Gegenstände sowohl der Zeitpunkt der Schenkung als auch der Zeitpunkt des Erbfalls, wobei allerdings das Niederstwertprinzip
des § 2325 II 2 BGB (→ *Pflichtteilsergänzungsanspruch*) zu
beachten ist. Der Zweck dieser Vorschrift ist es, dem Ergänzungspflichtigen echte Wertsteigerungen, die seit der Schenkung eingetreten sind, zu belassen. Hierbei dürfen die Werte
aber ebenfalls nicht nominal verglichen werden, da aufgrund
des Kaufkraftschwundes bei nominaler Betrachtung mit unterschiedlichen Maßstäben bewertet würde (s. o.). Daher ist der
Kaufkraftschwund entsprechend der Berechnung des Anfangsvermögens beim Zugewinnausgleich nach dem jeweiligen
Lebenshaltungskostenindex auszugleichen (s. o.) (vgl. Rohlfing, Erbrecht in der anwaltlichen Praxis, § 5 Rn. 181).

Bei einer Wertsicherungsklausel ist grundsätzlich zu **differenzieren** zwischen der **Wertsicherung für die Zeit bis zum Eintritt des Erbfalls und für die Zeit nach Eintritt des Erbfalls:**

Enthält das Testament Geldvermächtnisse, Geldauflagen oder Teilungsanordnungen, die Ausgleichszahlungen vorsehen, so können diese für den Zeitraum vor Eintritt des Erbfalls problemlos mittels des Lebenshaltungskostenindex wertgesichert werden, ohne daß insoweit eine Genehmigung gem. § 2 PreisG erforderlich wäre. In diesem Fall ist ein Schuldverhältnis nämlich noch gar nicht entstanden.

Für die Zeit nach Eintritt des Erbfalls ist eine solche Genehmigung demgegenüber erforderlich, da ab diesem Zeitpunkt ein Schuldverhältnis besteht (Nieder, Handbuch der Testamentsgestaltung, Rn. 586).

Bei den insoweit genehmigungsbedürftigen Wertsicherungsklauseln stellt sich weiter die Frage, wann diese **genehmigungsfähig** sind und wann nicht:

Die Genehmigungsfähigkeit richtet sich seit 1. 1. 1999 nach der Preisklauselverordnung vom 23. 9. 1998 (PrKV). Zuständige Genehmigungsbehörde ist das Bundesamt für Wirtschaft, Frankfurter Str. 29–31, 65760 Eschborn (Nieder, Handbuch der Testamentsgestaltung, Rn. 586).

Kinder

Sofern der Erblasser in seiner letztwilligen Verfügung „seine Kinder" oder „seine Abkömmlinge" bedacht hat, so wird entsprechend der gesetzlichen Auslegungsregeln der §§ 2068, 2069 BGB vermutet, daß im Zweifel der hypothetische Erblasserwille dahin geht, daß für den Fall, daß einer der Bedachten unter Hinterlassung von Abkömmlingen wegfällt, der Stamm des Weggefallenen bedacht ist. Eine Auslegung gem. § 2069 BGB kann aber auch dann in Betracht kommen, wenn der Erblasser jemanden zum Erben eingesetzt hat, der zwar nicht von ihm abstammt, mit dem er aber in einem besonders engen Verhältnis stand (BayObLG NJW 1988, 1033; Weirich, Erben und Vererben, Rn. 346).

Hinsichtlich der optimalen Testamentsgestaltung ist eine genaue Differenzierung vorzunehmen:

Insbesondere beim gemeinschaftlichen Ehegattentestament oder Ehegattenerbvertrag stellt sich oftmals die Problematik des Zusammentreffens einseitiger Kinder eines der Ehegatten mit gemeinschaftlichen Kindern der Ehegatten.

Häufig ist es gerade bei älteren Ehegatten aber so, daß diese jeweils einseitige Abkömmlinge haben, während gemeinschaftliche Abkömmlinge überhaupt nicht vorhanden sind.

Es kommt aber auch vor, daß lediglich einer der Ehegatten über Abkömmlinge verfügt.

In diesem Zusammenhang ist es von elementarer Wichtigkeit, daß die jeweilige Konstellation bei der Gestaltung des Ehegattentestaments anhand der Interessenlage genau berücksichtigt wird (→ *Gemeinschaftliches Testament*).

Kollisionsrecht

1. Allgemeines

Wenn Menschen ausländischer Staatsangehörigkeit im Inland Vermögen hinterlassen, stellt sich die Frage, welches Recht für die Beurteilung der Erbfolge in Betracht kommt.

Desgleichen fragt sich, in welcher Form und mit welchem Inhalt Ausländer in Deutschland eine letztwillige Verfügung errichten können.

Ähnliche Fragen stellen sich aber auch für den Fall, daß ein Deutscher im Ausland Vermögen besitzt bzw. im Ausland lebt und dort eine letztwillige Verfügung errichten will.

Für die Beantwortung dieser Fragen sind die Kollisionsnormen des Internationalen Privatrechts (IPR) heranzuziehen. Anknüpfungspunkte dort können sein: Staatsangehörigkeit, Wohnsitz, Aufenthalt, Belegenheit einer Sache oder Ort der Vornahme einer Handlung.

2. Form der letztwilligen Verfügung

Die Formgültigkeit einer Verfügung von Todes wegen regelt Art. 26 EGBGB. Danach kommt es darauf an, daß sie den

Formerfordernissen zumindest einer der folgenden Rechtsordnungen entspricht:

– dem Heimatrecht des Erblassers im Zeitpunkt der Testamentserrichtung bzw. des Erbfalls, Art. 26 I Nr. 1 EGBGB

– dem Recht des Errichtungsortes, Art. 26 I Nr. 2 EGBGB

– dem Recht des Wohnsitzes oder gewöhnlichen Aufenthalts des Erblassers im Zeitpunkt der Testamentserrichtung bzw. des Erbfalls, Art. 26 I Nr. 3 EGBGB

– dem Recht der belegenen Sache (lex rei sitae), soweit sich die Verfügung auf unbewegliches Vermögen bezieht, Art. 26 I Nr. 4 EGBGB

– dem Recht, nach dem sich im Falle einer Rück- oder Weiterverweisung die Erbfolge im Zeitpunkt der Testamentserrichtung oder des Erbfalls beurteilt hätte, Art. 26 I Nr. 5 EGBGB.

Diese „Anknüpfungshäufung" soll die Formgültigkeit der letztwilligen Verfügung begünstigen und dem Erblasserwillen weitgehend Geltung verschaffen (favor testamenti).

Grundsätzlich ist zu beachten, daß das **Haager Übereinkommen** über das auf die Form letztwilliger Verfügungen anzuwendende Recht vom 5. 10. 1961 (abgedruckt in Palandt, Anh. zu Art. 26 EGBGB) den Vorschriften des EGBGB vorgeht, so daß lediglich Art. 26 IV und V EGBGB unmittelbare Anwendung finden. Die Art. 26 I–III EGBGB finden aber zumindest mittelbar dadurch Anwendung, als sie inhaltsgleich mit den entsprechenden Vorschriften des HTÜ sind (Krug/Rudolf/Kroiß, Erbrecht, § 21 Rn. 62).

Wirksamkeit und Bindungswirkung der letztwilligen Verfügung sind gem. Art. 26 V 1 EGBGB grundsätzlich nach dem Recht im Zeitpunkt der Errichtung der Verfügung von Todes wegen zu beurteilen, so daß Geschehnisse im Zeitraum zwischen (wirksamer) Errichtung und Erbfall, etwa eine Änderung der Staatsangehörigkeit, nicht zur Unwirksamkeit der letztwilligen Verfügung oder zur Beseitigung ihrer Bindungswirkung führen können. Entsprechendes gilt etwa auch für den Erbverzicht (Palandt/Heldrich, Art. 26 EGBGB Rn. 7).

Neben der formellen Wirksamkeit kommt es wegen Art. 25 EGBGB aber auch darauf an, ob die Verfügung von Todes wegen von der einschlägigen Rechtsordnung materiell überhaupt anerkannt wird. Dies ist insbesondere beim gemeinschaftlichen Ehegattentestament sowie beim zweiseitigen bindenden Erbvertrag von Belang, da die meisten ausländischen Rechtsordnungen, insbesondere die der romanischen Länder, diese erbrechtlichen Gestaltungsformen nicht kennen. Zusammenfassend kann gesagt werden:

– Sofern nach dem Heimatrecht beider Ehegatten das gemeinschaftliche Testament zulässig ist, gelten für dessen Form die Regeln des § 26 EGBGB.

– Sofern das maßgebliche ausländische Recht eines der Ehegatten oder beider das gemeinschaftliche Testament nicht kennt und es diese Problematik als eine Frage des formellen Rechts beurteilt, dann richtet sich die Wirksamkeit nach den Formvorschriften des Ortes der Errichtung.

– Sofern die Problematik von mindestens einer der beiden Rechtsordnungen als eine Frage des materiellen Rechts beurteilt wird, ist das gemeinschaftliche Testament nichtig. In Betracht kommt jedoch u. U. eine Aufrechterhaltung als Einzeltestament (ohne Wechselbezüglichkeit; vgl. Weirich, Erben und Vererben, Rn. 529 ff.).

3. Bestimmung des Erbstatuts

Unter einem Statut versteht man im Internationalen Privatrecht die Summe derjenigen Rechtsnormen, die für die inhaltliche Beurteilung eines bestimmten Rechtsverhältnisses maßgebend sind.

Um das Erbstatut zu ermitteln, ist also zunächst nach dem anwendbaren Erbrecht zu fragen.

Primärer Anknüpfungspunkt sind insoweit zunächst **staatsvertragliche Regelungen**, die gem. § 3 II EGBGB den Regelungen des EGBGB vorgehen. Für das Erbrecht relevant sind insoweit das deutsch-iranische Niederlassungsabkommen vom 17. 2. 1929 (abgedruckt in Jayme/Hausmann, IPR, Nr. 17), der deutsch-türkische Konsularvertrag vom 28. 5. 1929 (abgedruckt in Jayme/Hausmann, IPR, Nr. 40) sowie der deutsch-sowjetische Konsularvertrag vom 25. 4. 1958 (abgedruckt in Jayme/Hausmann, IPR, Nr. 22).

Fehlen staatsvertragliche Regelungen für den zu beurteilenden Sachverhalt, so ist auf **Art. 25 EGBGB** zurückzugreifen.

Danach richtet sich das anwendbare materielle Recht nach der Staatsangehörigkeit des Erblassers im Zeitpunkt seines Todes, so daß sowohl die Sachnormen als auch das IPR des jeweiligen Heimatstaates anzuwenden sind (sogenannte **Gesamtverweisung gem. Art. 4 EGBGB**). Grundsätzlich gilt damit für einen deutschen Erblasser auch deutsches Erbrecht und für einen ausländischen Erblasser das Recht seines Heimatstaates.

Ebenso gilt nach dem **Grundsatz der Nachlaßeinheit** das ermittelte Erbstatut für alle Fragenkomplexe des materiellen Erbrechts. Gemäß dem oben erwähnten Grundsatz der Gesamtverweisung wird aber eben auch auf das IPR des betreffenden Heimatstaates verwiesen, so daß zu prüfen ist, ob dieser die Verweisung annimmt oder ob eine Rückverweisung (sog. renvoi) oder gar eine Weiterverweisung auf eine dritte Rechtsordnung stattfindet. Zu Rückverweisungen kommt es in der Praxis dann, wenn nach dem Recht des jeweiligen Heimatstaates eine andere Anknüpfung als die Staatsangehörigkeit – etwa den letzten Wohnsitz des Erblassers oder die Belegenheit unbeweglichen Vermögens – erfolgt. Erfolgt eine Rückverweisung auf deutsches Recht, so bestimmt Art. 4 I 2 EGBGB, dass diese Rückverweisung auch endgültig angenommen wird.

Beispiel:

Der ausländische Erblasser lebt in Deutschland. Zunächst bestimmt sich das Erbrecht gem. Art. 25 EGBGB nach seinem Heimatstaat. Das IPR des Heimatstaates knüpft aber nicht an die Staatsangehörigkeit, sondern etwa an den letzten Wohnsitz an, so daß eine Rückverweisung stattfindet. Diese wird durch Art. 4 I 2 EGBGB angenommen und das deutsche Erbrecht kommt endgültig zur Anwendung.

4. Nachlaßeinheit/Nachlaßspaltung

Der im deutschen IPR herrschende Grundsatz der Nachlaßeinheit wird gem. Art. 3 III EGBGB durchbrochen, wenn sich einzelne Nachlaßgegenstände, insbesondere Immobilien, in einem anderen Staat befinden und diese nach dem Recht dieses Staates besonderen Vorschriften unterliegen (**lex rei sitae**). In diesem Falle tritt eine sog. **Nachlaßspaltung** ein mit der Folge, daß verschiedene Bestandteile des Gesamtnachlasses nach unterschiedlichen Rechtsordnungen vererbt werden.

Beispiel:

Der deutsche Erblasser besitzt ein Ferienhaus in der Provence und hat seine Ehefrau in einem Erbvertrag zur Alleinerbin eingesetzt. Grundsätzlich käme hier nach Art. 25 EGBGB deutsches Erbrecht zur Anwendung. Allerdings sieht das französische Recht für in Frankreich belegene Immobilien eine Vererbung nach dem Recht des Ortes der belegenen Sache, also in diesem Fall nach französischem Recht, vor. Das französische Erbrecht kennt allerdings den Erbvertrag nicht. Es kommt also zur Nachlaßspaltung, d.h. die verfügte Erbeinsetzung der Ehefrau gilt nicht in Bezug auf das Hausgrundstück, sondern nur auf den übrigen Nachlaß. Das Hausgrundstück wird demgemäß nach französischem gesetzlichem Erbrecht vererbt (Weirich, Erben und Vererben, Rn. 538).

Andere Rechtsordnungen, die das lex rei sitae kennen, sind etwa Großbritannien, Belgien, einige Bundesstaaten der USA, Kanada und Rumänien (vgl. Krug/Rudolf/Kroiß, Erbrecht, § 21 Rn. 45).

Eine Möglichkeit, die meist unerwünschten Folgen einer solchen Nachlaßspaltung zu vermeiden, besteht darin, die letztwillige Verfügung im Staat der belegenen Sache zu treffen oder aber dem Erben, Vermächtnisnehmer oder einer sonstigen Person eine postmortale Vollmacht zu erteilen, die es ihm möglich macht, alle zur Eigentumsübertragung an den Begünstigten notwendigen Erklärungen abzugeben. Hierfür ist unter Umständen auch eine Befreiung von § 181 BGB erforderlich, die allerdings in manchen Rechtsordnungen nicht anerkannt wird (Weirich, Erben und Vererben, Rn. 538 ff.).

Eine Nachlaßspaltung kann aber auch bei einer Rückverweisung des ausländischen IPR auf deutsches Erbrecht auftreten, weil das ausländische Recht zwischen beweglichem und unbeweglichem Vermögen unterscheidet.

Beispiel:

Ein britischer Staatsangehöriger, der in London wohnt, hinterläßt in München sowohl ein Hausgrundstück als auch Geldvermögen. Das britische Recht, auf das gem. Art. 25 EGBGB zunächst verwiesen wird, knüpft hier bezüglich des beweglichen Vermögens an den Wohnsitz an, also an englisches Erbrecht, bezüglich des Hausgrundstücks erfolgt aber eine Rückverweisung (lex rei sitae) auf deutsches Recht, die auch angenommen werden muß. Das deutsche Nachlaßgericht wird dann einen Fremdrechtserbschein gem. §§ 2369 BGB, 73 III FGG sowie einen gegenständlich beschränkten Eigenrechtserbschein gem. § 2353 BGB erteilen (BayObLG DNotZ 1984, 47; Weirich, Erben und Vererben, Rn. 541).

5. Rechtswahl

Gem. § 25 II EGBGB kann der (ausländische) Erblasser für im Inland belegenes unbewegliches Vermögen durch letztwillige Verfügung deutsches Erbrecht wählen. Es handelt sich hierbei um eine **beschränkte Rechtswahl.** Die Wahl ausländischen Rechts ist insoweit ausgeschlossen. Im Grundsatz gilt, daß zum unbeweglichen Vermögen alle im Grundbuch eintragbaren Rechte gehören (Plünder, MittRhNotK 1989, 3).

Die h. M. hält auch eine Teilrechtwahl für zulässig, d. h. die Beschränkung der Rechtswahl auf einzelne Grundstücke (Firsching/von Hoffmann, IPR, § 9 Rn. 20; Saoergel-Schurig, Art. 25 EGBGB Rn. 11).

Nach h. M. richtet sich auch der Widerruf der einmal getätigten Rechtswahl analog Art. 27 IV, 31 I EGBGB nach deutschem Recht, so daß der Erblasser die Rechtswahl jederzeit in Form einer letztwilligen Verfügung widerrufen kann (Palandt/Heldrich, Art. 25 EGBGB Rn. 8). Eine Rechtswahl kann auch kraft ausländischen Kollisionsrechts in Betracht kommen. So ermöglichen etwa die Schweiz, Italien und Rumänien eine Rechtswahl. Das deutsche IPR erkennt eine solche Rechtswahl an (vgl. hierzu Mankowski/Osthaus, Gestaltungsmöglichkeiten durch Rechtswahl beim Erbrecht überlebender Ehegatten in internationalen Fällen, DNotZ 1997, 10).

In einigen Staaten, so in Deutschland, Österreich, Frankreich, Spanien und Italien kann auch eine **Wahl des Ehegüterrechts** erfolgen.

In Deutschland regelt dies Art. 15 II EGBGB. Danach können die Ehegatten mittels notarieller Beurkundung oder letztwilliger Verfügung das Güterrecht des Staates wählen

– dem einer von ihnen angehört,

– in dem einer von ihnen seinen gewöhnlichen Aufenthalt hat,

– der Belegenheit einer unbeweglichen Sache.

Grundsätzlich ist bei einer Wahl deutschen Erbrechts auch eine Wahl des deutschen Ehegüterrechts zu empfehlen, da es ansonsten zu Unklarheiten kommen kann. Ist die Wahl entsprechend erfolgt, hat dies für das Erbrecht insbesondere die Konsequenz, daß der gesetzliche Erbteil des Ehegatten gem. § 1371 BGB um das pauschale Zugewinnviertel erhöht wird.

6. Zusammenfassung

Der mit Fragen erbrechtlicher Gestaltung im Zusammenhang mit IPR betraute Rechtsanwalt hat sich also immer folgende Fragen zu stellen:

– Sind die Formvorschriften des BGB für die gewünschte Gestaltungsform überhaupt anwendbar?

– Welche Rechtsordnung ist als materielles Recht anwendbar?

– Ist Vermögen im Ausland (insbesondere Immobilien) vorhanden (Stichwort Nachlaßspaltung)?

– Kommt das deutsche Erb- bzw. Güterrecht eventuell durch Rechtswahl in Betracht?

Kommanditgesellschaft/Kommanditanteil

Da bei Personengesellschaften wie der Kommanditgesellschaft die persönliche Zusammenarbeit der Gesellschafter im Vordergrund steht, sah das Gesetz früher beim Tode des **Komplementärs** der KG vom Grundsatz her die Auflösung der Gesellschaft gem. §§ 161 Abs. 2, 131 Nr. 4 HGB vor, was in der Praxis allerdings in den allermeisten Fällen weder sachgerecht noch erwünscht war.

Seit Einführung des Handelsrechtsreformgesetzes gilt nunmehr aber der Grundsatz, daß die Gesellschaft beim Tode eines der Gesellschafter mit den verbleibenden Gesellschaftern fortgesetzt wird (→ *Personengesellschaften*).

Des weiteren haben die Gesellschafter aber die Möglichkeit, hiervon abweichende vertragliche Vereinbarungen im Gesellschaftsvertrag zu treffen. Hierfür bieten sich grundsätzlich drei Möglichkeiten an: die sog. Fortsetzungsklausel, die Nachfolgeklausel sowie die Eintrittsklausel (→ *Personengesellschaften*).

War der Erblasser allerdings **Kommanditist,** so steht der kapitalmäßige Charakter der Beteiligung im Vordergrund. Deshalb vererbt sich sein Anteil gem. § 177 HGB bereits kraft Gesetzes, eine Auflösung der Gesellschaft kommt hier nicht in Betracht. Der Alleinerbe wird daher unmittelbar Kommanditist. Soll der Kommanditanteil auf mehrere Erben übergehen, so wird jeder Miterbe mit einem Anteil, der seiner Erbquote entspricht, selbständiger Kommanditist (BGH NJW 1986, 2431).

Mit dem so ererbten Kommanditanteil haftet der Erbe sowohl für die alten als auch für neu entstehende Verbindlichkeiten. Nach h. M. treten mehrere Erben **nicht als Erbengemeinschaft** ein, **sondern einzeln** mit dem erbrechtlich zugewandten Anteil. Es findet also hier genau wie beim persönlich haftenden Gesellschafter einer **Personengesellschaft** eine Sonderrechtsnachfolge (Singularsukzession) statt, was aber nichts an der Tatsache ändert, daß der Anteil im übrigen als Nachlaßbestandteil betrachtet wird (BGH NJW 1983, 2376).

Ist der Anteil dagegen einem **Nichterben** als **Vermächtnis** zugewandt, so bedarf es zur Erfüllung des Vermächtnisses eines Vertrages mit den/dem Erben (Weirich, Erben und Vererben, Rn. 1219).

Kommorientenvermutung

§ 11 des Verschollenheitsgesetzes bestimmt für den Fall, daß beim Tod mehrerer Personen nicht ermittelt werden kann, wer von ihnen zuerst verstorben ist bzw. länger gelebt hat, eine gesetzliche Vermutung dafür gilt, daß sie gleichzeitig verstorben sind. Dies hat zur Folge, daß keiner der Verstorbenen von dem jeweils anderen beerbt wird, und daher auch keine Verwandten des jeweils anderen an den Nachlaß des Verstorbenen gelangen, sofern dieser sie nicht selbst ausdrücklich eingesetzt hat.

Kosten und Gebühren

1. Kosten und Gebühren des erbrechtlichen Mandats
2. Kosten des notariellen Testaments
3. Kosten des Erbvertrags
4. Kosten der Vermächtnisauslieferung

1. Kosten und Gebühren des erbrechtlichen Mandats

Im **streitigen** erbrechtlichen Verfahren berechnen die Gebühren sich nach §§ 31 ff. BRAGO, im **außergerichtlichen** Verfahren nach § 118 BRAGO, sofern nicht lediglich eine Erstberatung i. S. d. § 20 BRAGO vorlag. Eine **Geschäftsgebühr** i. S. d. §§ 118 ff. BRAGO liegt immer dann vor, wenn der Anwalt nach außen tätig wird, so etwa bei einem Verhandeln mit der Gegenseite, aber auch bei der Beantragung eines Testamentsvollstreckerzeugnisses oder Erbscheins (Kerscher/Tanck/Krug, Das erbrechtliche Mandat, § 6 Rn. 6).

Erteilt der Mandant dem Anwalt Auftrag zur außergerichtlichen Erledigung der Angelegenheit, ist dessen Tätigwerden grundsätzlich nicht auf bestimmte Tätigkeiten beschränkt, sondern umfaßt all diejenigen, die der schnellen und effektiven Erledigung der Angelegenheit dienen. Hierzu gehören insbesondere auch Besprechungen, die gem. dem Wortlaut des § 118 Abs. 1 BRAGO keines besonderen Auftrages bedürfen. Ebenfalls ist unerheblich, auf wessen Veranlassung die Besprechung erfolgt (vgl. auch Hartmann, Kostengesetze, 30. Aufl. 2000, § 118 Rn. 36).

Sofern die außergerichtliche Interessenwahrnehmung in ein gerichtliches Verfahren übergeht, ist die Geschäftsgebühr des § 118 BRAGO auf die Gebühren des gerichtlichen Verfahrens anzurechnen.

Beschränkt sich die anwaltliche Tätigkeit im Rahmen des erbrechtlichen Mandats auf die reine **Beratung** und Auskunftserteilung, bestimmt sich die Gebühr nach § 20 BRAGO. Zu beachten ist, daß auch die Fertigung von Testaments- oder Vertragsentwürfen u. U. unter § 20 BRAGO fallen kann. Hier ist aber zwischen einer sog. erbrechtlichen **Erstberatung** gem. § 20 I 2 BRAGO, die eine pauschale Vergütung von maximal 180 Euro erlaubt, und einer „normalen" Beratungsgebühr gem. § 20 I 1 BRAGO, die in ihrer Höhe der Geschäftsgebühr entspricht, zu unterscheiden.

Für die Mitwirkung beim Abschluß eines **außergerichtlichen Vergleichs** erhält der Anwalt gem. § 23 I 1 BRAGO eine $^{15}/_{10}$-Vergleichsgebühr, während die Vergleichsgebühr bei Anhängigkeit eines gerichtlichen Verfahrens gem. § 23 I 3 BRAGO lediglich $^{10}/_{10}$ beträgt.

Sofern die anwaltliche Tätigkeit auf die Durchführung eines gerichtlichen Verfahrens gerichtet ist, ist der **Gegenstandswert** gem. § 8 I BRAGO nach den für die Gerichtsgebühren geltenden Vorschriften, also den §§ 12 ff. GKG, zu ermitteln. Besteht die anwaltliche Tätigkeit dagegen in der Begründung von Rechten, insbesondere in der Gestaltung von Verträgen bzw. letztwilligen Verfügungen, bestimmt sich der Gegenstandswert gem. § 8 II BRAGO nach den Vorschriften der KostO bzw. nach billigem Ermessen.

§ 3 I BRAGO eröffnet dem Rechtsanwalt die Möglichkeit einer **Honorarvereinbarung,** mit der er eine höhere Gebühr als die gesetzliche beanspruchen kann. Gem. § 3 V BRAGO kann er in außergerichtlichen Angelegenheiten auch Pauschal- und Zeitvergütungen vereinbaren, die niedriger als die gesetzlichen Gebühren sind. Insbesondere kann hierdurch der erheblich günstigere Tarif der KostO, der die Testamentsgestaltung beim Notar für den Mandanten u. U. finanziell attraktiver macht, ausgeglichen werden (vgl. hierzu Kerscher/Tanck/ Krug, Das erbrechtliche Mandat, § 6 Rn. 39).

2. Kosten des notariellen Testaments

Für das notarielle Testament fällt eine volle Gebühr gem. §§ 32, 46, 140 KostO an, die sich nach dem Wert des Vermögens bemißt, über das der Erblasser im Zeitpunkt des Testierens verfügte, wobei spätere Wertsteigerungen unberücksichtigt bleiben. Hinzu kommen Schreib- und sonstige Auslagen sowie die gesetzliche Mehrwertsteuer, §§ 136, 137, 151a KostO. Für die Verwahrung des Testaments entsteht dann nochmals eine $1/4$-Gebühr aus obigem Vermögenswert.

Beim gemeinschaftlichen Ehegattentestament verdoppelt sich die volle Gebühr gem. §§ 32, 46 I 2. Hs., 140 KostO.

Durch das notarielle Testament spart der Erbe aber in der Regel die Kosten für einen Erbschein, da zum Nachweis des Erbrechts grundsätzlich die beglaubigte Abschrift des notariellen Testaments i. V. m. der beglaubigten Abschrift des Eröffnungsprotokolls des Nachlaßgerichts genügt (vgl. Rohlfing, Erbrecht in der anwaltlichen Praxis, § 3 Rn. 62).

3. Kosten des Erbvertrags

Auch hier verdoppelt sich die volle Gebühr wie beim gemeinschaftlichen Ehegattentestament (s. o.). Beim Erbvertrag entfällt allerdings die Verwahrungsgebühr, sofern die Vertragsparteien gem. § 34 II BeurkG die besondere amtliche Verwahrung ausschließen, was in der Praxis regelmäßig der Fall ist, da der Notar die Niederschrift über den Erbvertrag ohnehin gem. § 25 II BNotO, § 19 DONot in seiner Urkundensammlung zu verwahren hat, so daß die Gefahr des Verlustes oder Beiseiteschaffens etc. keine Rolle spielen dürfte. Der Notar muß nämlich das Standesamt des Geburtsortes des Erblassers von der Existenz des Erbvertrages benachrichtigen und hat die Urkunde nach Eintritt des Erbfalls an das zuständige Nachlaßgericht abzuliefern (Rohlfing, Erbrecht in der anwaltlichen Praxis, § 3 Rn. 64).

4. Kosten der Vermächtnisauslieferung

Diese hat grundsätzlich der mit dem Vermächtnis Beschwerte zu tragen, es sei denn, der Erblasser hat ausdrücklich etwas anderes bestimmt (BGH NJW 1963, 1602). Hingegen ist die auf das Vermächtnis entfallende Erbschaftssteuer vom Vermächtnisnehmer selbst zu tragen. Für die Erfüllung der Steuer haftet jedoch der Erbe gem. § 20 III ErbStG, weshalb er (bei einem Geldvermächtnis) einen entsprechenden Betrag zurückhalten bzw. (bei einem Gegenstandsvermächtnis) ein Zurückbehaltungsrecht ausüben kann (Weirich, Erben und Vererben, Rn. 709).

Kündigung des Testamentsvollstreckers

→ *Testamentsvollstreckung*

Landgut

Der Begriff des Landgutes i. S. d. § 2049 BGB erfaßt eine Besitzung, die eine zum selbständigen und dauernden Betrieb der Landwirtschaft geeignete und bestimmte Wirtschaftseinheit darstellt und mit den nötigen Wohn- und Wirtschaftsgebäuden versehen ist, wobei das Bestimmungsrecht insoweit dem Eigentümer im Rahmen der Verkehrsauffassung obliegt (BGH 98, 375 ff.). Die Besitzung muß eine ausreichende Größe erreichen und für den Inhaber eine selbständige Nahrungsquelle darstellen, ohne daß eine sog. Ackernahrung vorliegen muß. Der Betrieb kann auch nebenberuflich geführt werden, sofern er nur zu einem erheblichen Teil zum Lebensunterhalt seines Inhabers beiträgt (BGH 98, 375 ff.). Hierbei kommt es auf die Verhältnisse z.Zt. des Erbfalles an (BGH NJW 1995, 1352). Der Betrieb muß zu diesem Zeitpunkt aber nicht bewirtschaftet sein, sofern nur die geeignete Besitzung noch vorhanden ist und die begründete Erwartung besteht, daß der stillgelegte Betrieb durch den Eigentümer oder einen seiner Abkömmlinge künftig wieder aufgenommen wird (BGH NJW-RR 1992, 770). Die künftige Bewirtschaftung muß der auf den Pflichtteil in Anspruch genommene Erbe darlegen und beweisen (BGH NJW-RR 1990, 68).

Durch § 2312 BGB wird der den land- bzw. forstwirtschaftlichen Betrieb fortführende Erbe in besonderer Weise vor existenzgefährdenden Pflichtteilsansprüchen geschützt, da der Erblasser für diesen Fall anordnen kann, daß bei der Bewertung der Ertragswert an die Stelle des Verkehrswertes zu treten hat. Hat der Erblasser angeordnet, daß ein Miterbe berechtigt sein soll, den Betrieb zu übernehmen, so gilt im Zweifel gem. § 2049 BGB auch ohne besondere Bestimmung der Ertragswert. Dieser beträgt, je nach dem gem. Art. 137 EGBGB dafür maßgeblichen Landesrecht, das 18–25fache des jährlichen Reinertrages und liegt damit in der Regel weit unter dem Verkehrswert (Weirich, Erben und Vererben, Rn. 931). Bei „Höfen" i. S. der HöfeO, also sog. „Anerbenrecht", beträgt der maßgebliche Wert gem. § 12 II HöfeO sogar nur das 1,5fache des Einheitswertes. Die darin liegende Benachteiligung der weichenden Miterben rechtfertigt sich aus dem agrarpolitischen Interesse an der Erhaltung leistungsfähiger landwirtschaftlicher Betriebe möglichst in einer Hand (Palandt/Edenhofer, § 2049 Rn. 1).

Entsprechendes gilt auch bei einer lebzeitigen Hofübergabe, sofern gegen den Übernehmer später Pflichtteilsergänzungsansprüche geltend gemacht werden (BGH NJW 1964, 1414).

Übernimmt ein Miterbe allerdings nur einen Bruchteil des Eigentums an einem Landgut, so ist im Zweifel nicht anzunehmen, daß dieser ebenfalls nur zum Ertragswert angesetzt werden soll (BGH NJW 1973, 995).

Lastentragung

Bei den auf einem Grundstück ruhenden Lasten sowohl in Abt. II als auch Abt. III handelt es sich um Nachlaßverbindlichkeiten, die grundsätzlich von den Erben zu tragen sind.

Die Rechte in Abt. II des Grundbuchs haben häufig auf Dauer angelegte Duldungspflichten des Eigentümers oder Nutzungsrechte zum Gegenstand.

In Abt. II des Grundbuchs sind gem. § 10 GBVfg einzutragen Vormerkungen, Widersprüche, Belastungen und bestimmte Vermerke.

Eintragungsfähig sind insoweit **Rechte an Grundstücken,** wie:

- Grunddienstbarkeit

- Nießbrauch

- Beschränkt persönliche Dienstbarkeit

- Dauerwohnrecht

Sowie **Rechte an Grundstücksrechten,** wie:

- Nießbrauch und Pfandrecht (§§ 1069 II, 1274 II BGB beachten!)

- Vormerkungen und Widersprüche

- Relative Verfügungsbeschränkungen

- Nacherbfolge

- Testamentsvollstreckung

- Insolvenzeröffnung

- Nachlaßverwaltung

- Anordnung der Zwangsvollstreckung

- Verfügungsverbote

- Rechtshängigkeitsvermerk

Nicht eintragungsfähig sind dagegen:

- Überbau und Notwegrechte gem. §§ 914 II, 917 II BGB

- Mietrecht

- Ankaufsrecht

- Absolute Verfügungsbeschränkungen

In Abt. III befinden sich gem. § 11 GBVfg Hypotheken, Grundschulden und Rentenschulden.

Gerade bei Grundstücksvermächtnissen spielt die Frage der Lastentragung eine entscheidende Rolle.

In der Praxis kommt es des öfteren zu Auslegungsschwierigkeiten dahin gehend, ob der Erbe oder aber der Vermächtnisnehmer die vorgenannten Lasten zu tragen hat, insbesondere wenn die auf dem Grundstück ruhenden Lasten anläßlich des Grundstückserwerbs entstanden sind. Insoweit gilt § 2165 II BGB, wonach aus den Umständen zu entnehmen ist, ob die entsprechende Last als mitvermacht gilt. Es ist daher enorm wichtig, bereits im Testament klarzustellen, ob und inwieweit der Vermächtnisnehmer an der Lastentragung zu beteiligen ist. Hierfür ist unbedingt erforderlich, daß der Rechtsanwalt zuvor die den Grundpfandrechten zugrundeliegenden Kreditverträge einsieht und insbesondere darauf hin überprüft, ob die Kredite auch das Vermächtnis betreffen.

Grundsätzlich gelten die Vermutungsregelungen der §§ 2165-2168 BGB und bei Grundstücken die Sonderregelung des § 2182 III BGB. Danach haftet der mit dem Grundstücksvermächtnis Beschwerte im Zweifel nicht für die Freiheit des Grundstücks von Grunddienstbarkeiten, beschränkten persönlichen Dienstbarkeiten und Reallasten, so daß der Vermächtnisnehmer auch nicht die Beseitigung dieser Lasten verlangen kann. Lediglich dann, wenn dem Erblasser bereits ein Anspruch auf entsprechende Beseitigung zustand, erstreckt sich gem. § 2165 I 2 BGB im Zweifel auch das Vermächtnis auf diesen Anspruch.

Deshalb sollte in jedem Fall eine Klarstellung im Rahmen der letztwilligen Verfügung erfolgen.

Lebenserwartung

Die durchschnittliche statistische Lebenserwartung spielt überall dort eine Rolle, wo **wiederkehrende Geld- oder sonstige Leistungen** in ihrer Gesamtheit **bewertet** werden müssen, da hier die **konkrete Inanspruchnahme der entsprechenden Leistung** durch den Berechtigten **ermittelt** werden muß. Dies ist etwa bei der Einräumung eines Renten-, Nießbrauchs- oder Wohnungsrechts der Fall, bei denen die mögliche Gesamtbelastung sich aus der Lebenszeit des Berechtigten ergibt. Seit 1949 werden in der Bundesrepublik regelmäßig sog. „**Allgemeine Sterbetafeln**" ermittelt und veröffentlicht. Die Sterbetafeln geben für jedes Alter die durchschnittliche Lebenserwartung an.

Da Frauen statistisch gesehen eine höhere Lebenserwartung als Männer haben, sind die Sterbetafeln nach Geschlechtern getrennt, wobei die höhere Lebenserwartung der Frauen sich mit zunehmendem Alter relativiert.

Außerdem ist zu beachten, daß sich mit zunehmendem Alter eine relative Zunahme der Lebenserwartung ergibt, was damit zusammenhängt, daß eine lebensältere Person im Verhältnis zu einer lebensjüngeren das Sterberisiko ihrer bisherigen Lebenszeit bereits überwunden hat.

Hat der Erblasser, was in der Praxis oft der Fall ist, genaue Vorstellungen darüber, welcher Kapitalbetrag in etwa verrentet werden soll, so stellt sich für die Berechnung des einzelnen monatlichen Rentenbetrages außer der Frage der statistischen Lebenserwartung des weiteren die Frage, welcher **Zinsfuß** für die Aufzinsung der Rentenbeträge zugrunde gelegt werden soll, ob die Rente als Vorschuß oder im nachhinein gezahlt werden soll und ob sie bei der Begünstigung von Ehegatten nur bis zum Tode des Erstversterbenden oder noch bis zum Tode des Längstlebenden von ihnen gezahlt werden soll. Die hierbei auftretenden versicherungsmathematischen Probleme können im Einzelfall höchst kompliziert werden, weshalb es sich empfiehlt, vor einer Festlegung entsprechenden Rat eines Versicherungsfachmannes hinzuzuziehen.

Literaturhinweis:

Weirich, Erben und Vererben, Rn. 749 f.

Lebensversicherung

1. Kapitallebensversicherung

Ob die Lebensversicherung in den Nachlaß fällt, hängt davon ab, ob insoweit ein **Vertrag zugunsten Dritter** vorliegt und um welche Art von Lebensversicherung es sich handelt.

Ein Vertrag zugunsten Dritter liegt dann vor, wenn ein **Bezugs-berechtigter** benannt ist und der Versicherer insoweit verpflichtet ist, an den Bezugsberechtigten zu leisten (Palandt/ Heinrichs, § 330 Rn. 2), wobei es keine Rolle spielt, ob die Bezugsberechtigung widerruflich oder unwiderruflich ist (Kerscher/Riedel/Lenz, Pflichtteilsrecht, § 15 Rn. 4). Liegt danach ein Vertrag zugunsten Dritter vor, entsteht der Auszahlungsanspruch direkt beim Bezugsberechtigten, ohne zuvor im Vermögen des Erblassers vorhanden gewesen zu sein (BGHZ 13, 232), also ohne in den Nachlaß zu fallen. Dies gilt auch dann, wenn Versicherungsfall der Todesfall ist, wofür auch die gesetzlichen Vermutungsregelungen der §§ 330 BGB, 167 VVG sprechen (Kerscher/Riedel/Lenz, Pflichtteilsrecht, § 15 Rn. 3).

Die Versicherungssumme einer **Kapitallebensversicherung** fällt nach h. M. entsprechend der Auslegungsregelung des § 167 II VVG ebenfalls nicht in den Nachlaß, wenn der oder die Erben als Empfänger benannt sind, da hier im Zweifel anzunehmen ist, daß die Erben in Höhe ihres jeweiligen Erbteils bezugsberechtigt sein sollen. Bei Vorliegen einer Vor- und Nacherbschaft gilt lediglich der Vorerbe als Bezugsberechtigter der Lebensversicherung, da nur er mit dem Tode des Erblassers zunächst Erbe wird (BGH ZEV 1995, 415; Kerscher/ Riedel/Lenz, Pflichtteilsrecht, § 15 Rn. 4).

Wichtige Konsequenz dieses Grundsatzes ist, daß die Versicherungssumme direkt an den/die Bezugsberechtigten gelangt, auch wenn etwa die Erbschaft selbst ausgeschlagen wurde.

Sofern der Erblasser einer Person von Anfang an, also bereits bei Vertragsabschluß, ein Bezugsrecht eingeräumt hat, unterliegt dieses nicht der Anfechtung wegen Gläubigerbenachteiligung (Palandt/Heinrichs, § 330 Rn. 6).

Zu beachten ist weiter, daß die im Verhältnis zum Bezugsberechtigten regelmäßig vorliegende **Schenkung** aber zu → *Pflichtteilsergänzungsansprüchen* führen kann (Kerscher/Riedel/ Lenz, Pflichtteilsrecht, § 15 Rn. 16), bei denen nicht die Versicherungssumme, sondern die gezahlten Prämien zugrunde zu legen sind (BGH FamRZ 1976, 615 und bereits RGZ 61, 217), wobei die 10-Jahres-Frist des § 2325 III BGB zu beachten ist.

Das Vorliegen einer Schenkung ist in diesem Zusammenhang aber von weiterer Bedeutung: Falls die Erben des Erblassers diese

Schenkung nach dessen Tod **widerrufen,** bevor die Mitteilung des Bezugsrechts dem Berechtigten durch die Versicherung zugegangen ist, kann dieser Rückabwicklungsansprüchen i. H. d. Versicherungssumme ausgesetzt sein. Diese vom Erblasser nicht gewünschte Rechtsfolge kann dadurch ausgeschlossen werden, daß dieser den Bezugsberechtigten bereits vorher entsprechend informiert, die **Annahme des Schenkungsverspreches** ausdrücklich oder konkludent erklärt wird und mithin ein **wirksamer Schenkungsvertrag** zustande kommt, der durch die Erben nicht mehr einseitig widerrufen werden kann.

Im Verhältnis zum Ehegatten kann in der Einräumung der Bezugsberechtigung auch eine ehebedingte Zuwendung (→ *Unbenannte Zuwendung*) liegen, insoweit kommen deren Grundsätze zur Anwendung. Im Verhältnis der Ehegatten zueinander besteht noch eine weitere Besonderheit im Falle der Ehescheidung: Hierin ist regelmäßig ein Wegfall der Geschäftsgrundlage der ehebedingten Zuwendung zu sehen, so daß der Ehegatte selbst bei unwiderruflicher Bezugsberechtigung nach Bereicherungsrecht zur Herausgabe der erlangten Versicherungssumme verpflichtet ist (BGHZ 118, 242 ff.).

Der Erblasser kann seinen Ehegatten aber auch von vornherein lediglich unter der auflösenden Bedingung der Ehescheidung zum Bezugsberechtigten einsetzen, um diese Problematik zu umgehen.

Sofern der Erblasser dies bei der Einsetzung des Bezugsberechtigten diesem gegenüber **bestimmt** hat, erfolgt auch eine **Anrechnung** der Versicherungssumme **auf** einen eventuellen **Pflichtteilsanspruch** des Bezugsberechtigten gem. § 2315 BGB. Die Höhe des Anrechnungsbetrages bestimmt sich gem. § 2315 II BGB grundsätzlich nach dem Wert zum Zeitpunkt der Zuwendung. Hierbei fragt sich aber, ob insoweit die **Versicherungssumme oder** aber der **Rückkaufswert** maßgeblich ist. Es erscheint sachgerecht, die Versicherungssumme selbst als den maßgeblichen Wert anzunehmen, da der Anspruch hierauf ja bereits mit Abschluß des Versicherungsvertrages entstanden ist (Klingelhöffer, ZEV 1995, 180).

2. Kreditsichernde Lebensversicherung

Tritt der Erblasser zur Sicherung eines Darlehens das Bezugrecht aus seiner Lebensversicherung an die Bank ab, wie dies heute in zunehmendem Maße der Fall ist, und bestimmt der Versicherungsvertrag, daß für die Dauer der Sicherungsabtretung das bisherige Bezugsrecht widerrufen ist, so stellt sich die Frage, wie der Wert des Nachlasses zu berechnen ist, wenn der Erblasser stirbt, bevor das Darlehen vollständig getilgt ist:

Der Anspruch auf die Versicherungssumme fällt in der Höhe in den Nachlaß, in der sie noch an das Kreditinstitut abgetreten ist (BGH ZEV 1996, 263). In Höhe des insoweit „freien Teils" sind die oben genannten Grundsätze zur Kapitallebensversicherung mit Bezugsberechtigung heranzuziehen. Der Grund hierfür liegt in der Vermeidung einer unangemessenen Benachteiligung der Erben und Pflichtteilsberechtigten, da die bestehenden Schulden auf jeden Fall zu den Nachlaßverbindlichkeiten gehören, die Lebensversicherung selbst aber auf der Aktivseite nicht in den Nachlaß fällt. Der **BGH** interpretiert die Abtretung der Lebensversicherung an die Bank zum Zwecke der Kreditsicherung lediglich als einen **Rangrücktritt des Bezugsberechtigten,** nicht aber als einen vollständigen Widerruf des Bezugsrechts (BGHZ 109, 67). Bezüglich des nicht von der Sicherungsabrede betroffenen Teils der Versicherungssumme bleibt das Bezugsrecht also bestehen, so daß diese direkt an den Bezugsberechtigten und nicht in den Nachlaß fällt (Kerscher/Riedel/Lenz, Pflichtteilsrecht, § 15 Rn. 9).

Lebzeitiges Eigeninteresse

Die frühere restriktive Handhabung des § 2287 BGB zur Beeinträchtigungsabsicht war Grund für die Lehre des BGH von der sogenannten „Aushöhlungsnichtigkeit". Zwar wurde diese nunmehr von der Rechtsprechung aufgegeben, jedoch machte dies erforderlich, die Voraussetzungen des Vorliegens einer Beeinträchtigungsabsicht deutlich niedriger anzusetzen. Diese setzt nun nicht mehr voraus, daß die Absicht, dem Vertragserben die Vorteile der Erbeinsetzung zu entziehen oder zu schmälern, der eigentlich leitende Beweggrund bzw. das überwiegende Motiv der Schenkung war (BGHZ 59, 343 ff.), sondern läßt genügen, daß es dem Erblasser darum ging, wesentliche Teile seines Vermögens einer anderen Person als dem Vertragserben zuzuwenden, ohne daß hierfür ein **anerkennenswertes lebzeitiges Eigeninteresse** des Erblassers erkennbar ist. Von der Rechtsprechung werden insoweit als lebzeitige Eigeninteressen die **Erfüllung einer sittlichen Pflicht sowie die Sicherung der eigenen Altersversorgung des Erblassers** anerkannt (BGH NJW 1982, 43 ff) (→ *Beeinträchtigung der Stellung des Vertragserben und des Schlußerben*). An einem lebzeitigen Eigeninteresse fehlt es dagegen beispielsweise, wenn der Erblasser lediglich der Ansicht ist, er habe jemanden (auch einen gesetzlichen Erben) in seiner letztwilligen Verfügung nur ungenügend bedacht, und er dies nun durch die beeinträchtigende Verfügung quasi korrigieren will (BGHZ 77, 264). Die wichtigste Einschränkung für das Vorliegen eines lebzeitigen Eigeninteresses besteht aber darin, daß **nach** Abschluß des Erbvertrages bzw. Gemeinschaftlichen Testaments eine **Änderung der Sachlage** eingetreten sein muß und deshalb das Interesse des Erblassers an der beeinträchtigenden Verfügung anerkannt werden muß (BGH NJW 1984, 731 ff.).

Eine eventuelle **Zustimmung** des Vertragserben zu der beeinträchtigenden Verfügung bedarf analog der Vorschriften über den Erbverzicht gem. §§ 2352 S. 2 und 3, 2348 BGB der **notariellen Beurkundung** (BGH NJW 1989, 2618; Leipold, Erbrecht, Rn. 391).

Legitimation

Vor Einführung des Erbrechtsgleichstellungsgesetzes war die Legitimation des nichtehelichen Kindes von erheblicher Bedeutung. Das Kind erlangte dadurch nämlich die erbrechtliche Stellung eines ehelichen Kindes.

Das BGB kannte **zwei verschiedene Arten der Legitimation** nichtehelicher Kinder: die Legitimation durch **Eheschließung gem. § 1719 ff. BGB** und durch **Ehelicherklärung gem. §§ 1723 ff. BGB.** Beide Möglichkeiten waren in Voraussetzungen und Wirkung zu unterscheiden:

Die Legitimation durch nachfolgende Ehe der leiblichen Eltern trat automatisch kraft Gesetzes ein, ohne daß insoweit eine Willensäußerung irgendeines der Beteiligten erforderlich gewesen wäre, unabhängig von der Frage, ob das Kind noch minderjährig oder bereits volljährig war.

Demgegenüber setzte die Ehelicherklärung gem. §§ 1723 ff. BGB grundsätzlich zwingend einen Antrag des Vaters nebst der Einwilligung des Kindes selbst sowie der Ehefrau des Vaters voraus. Die Ehelicherklärung selbst mußte durch das Vormundschaftsgericht erfolgen, allerdings auch nur dann, wenn sie dem Wohle des Kindes entsprach und ihr keine schwerwiegenden Gründe gem. §§ 1723, 1740 a BGB entgegenstanden.

Leibgedingvertrag

Unter einem Leibgedingvertrag versteht man eine Vereinbarung über einen Inbegriff von Rechten verschiedener Art, die durch ihre Zweckbestimmung, dem Berechtigten ganz oder teilweise für eine bestimmte Zeit oder dauernd Versorgung zu gewähren, zu einer Einheit verbunden sind (BGH NJW-RR 1989, 451).

Der Charakter des Leibgedingvertrages wird durch folgende Kriterien bestimmt:

– Sicherung der Generationennachfolge,

– Versorgungsabsicht des Übergebers,

– Subjektive Unentgeltlichkeit,

– Übertragung eines wesentlichen Vermögenswertes (→ *Übergabevertrag*),

– Das Übergabeobjekt ist eine die wirtschaftliche Existenz wenigstens teilweise begründende Wirtschaftseinheit.

Zu beachten ist im Zusammenhang mit Versorgungsleistungen, die im Rahmen von Leibgedingverträgen vereinbart werden, insbesondere, daß diese gem. Art. 96 EGBGB i. V. mit der jeweiligen landesrechtlichen Vorschrift im Falle der Leistungsstörung unter Umständen durch den **Sozialhilfeträger übergeleitet** werden können.

Leibrente

Diese spielt sowohl beim lebzeitigen Übergabevertrag zur **Absicherung der Liquidität des Übergebers** als auch bei einer letztwilligen Verfügung, bei der etwa ein Hausgrundstück nicht dem überlebenden Ehegatten, sondern einer dritten Person zugewandt wird, zur **Absicherung des Ehegatten** eine wichtige Rolle (→ *Vermächtnis*).

Die Leibrente ist zu unterscheiden von der **dauernden Last gem. § 323 ZPO.** Im Gegensatz zu dieser handelt es sich bei der Leibrente um eine gleichbleibende Geldleistung. Die dauernde Last orientiert sich demgegenüber an der Bedürftigkeit des Berechtigten und der Leistungsfähigkeit des Verpflichteten (BFHE 165, 225), wobei nach § 323 ZPO eine Anpassung nach oben oder unten zu erfolgen hat.

Zwar hat die dauernde Last gegenüber der Leibrente den Vorteil, daß sie **steuerlich** in voller Höhe abzugsfähig ist (wohingegen die Abzugsfähigkeit der Leibrente nur in Höhe des Ertragsanteils gegeben ist), allerdings birgt sie das nicht zu unterschätzende **Risiko der Insolvenz des Verpflichteten,** die bewirken kann, daß der Anspruch des Berechtigten sich gerade wegen § 323 ZPO gar auf Null reduziert.

Bei der erbrechtlichen Beratung ist daher die familiäre und eventuell unternehmerische Situation genau zu beleuchten und entsprechend einer Risikoabwägung u. U. zu einer **Leibrente** zu raten, die dem Berechtigten **feste und gleichbleibende wöchentliche, monatliche oder jährliche Einkünfte** sichert.

Bei der Leibrente, die u. U. jahrzehntelang gezahlt wird, ist aber wegen des **Geldwertverfalls** (→ *Kaufkraftveränderung/ Kaufkraftschwund*) insbesondere auf eine **Wertsicherungsklausel** zu achten, die nicht etwa dazu führt, daß das Merkmal der gleichbleibenden Leistung entfällt (Mayer, MittBayNot 1992, 70). Diese kann eine automatische Wertanpassung vorsehen, aber auch eine Wertanpassung, die erst bei Geltendmachung erfolgt.

Im einzelnen sind insoweit zu beachten:

– Möglich ist sowohl eine Leibrente auf Lebenszeit als auch mit einer Mindest- oder Höchstlaufzeit.

– Rentenberechtigt können auch mehrere Personen sein, wobei zu empfehlen ist, hier das Gemeinschaftsverhältnis genau zu bezeichnen.

– Die Leibrente kann entweder im voraus oder nachschüssig zu entrichten sein.

– Es ist darauf zu achten, daß bei Zahlungsverzug regelmäßig ein Ablöserecht bestimmt wird.

– Des weiteren kann die Leibrente im Grundbuch als Reallast gesichert werden.

(Vgl. hierzu Kerscher/Tanck/Krug, Das erbrechtliche Mandat, § 8 Rn. 228 ff.).

Letztwillige Verfügung

Der hierzu gehörende Oberbegriff der **Verfügung von Todes wegen** umfaßt einerseits Verfügungen durch einseitiges Rechtsgeschäft, also → *Testament* gem. § 1937 BGB, und andererseits vertragliche Verfügungen durch Erbvertrag gem. § 1941 BGB. Der Begriff der letztwilligen Verfügung bezeichnet nur testamentarische Verfügungen, da diese gem. § 2253 BGB grundsätzlich jederzeit frei widerruflich sind und daher der jeweils letzte testamentarische Wille des Erblassers maßgeblich ist (Leipold, Erbrecht, Rn. 27). Eine Sonderform stellt insoweit das gemeinschaftliche Ehegattentestament (→ *Gemeinschaftliches Testament*) gem. § 2265 BGB dar. Dieses enthält einseitige Verfügungen beider Ehegatten, die aber in Form der wechselbezüglichen Verfügung gem. § 2270 BGB in eine dem → *Erbvertrag* vergleichbare Abhängigkeit voneinander gebracht werden können. Insofern steht das gemeinschaftliche Testament quasi zwischen Einzeltestament und Erbvertrag (Leipold, Erbrecht, Rn. 27).

Die letztwillige Verfügung hebt sich von den Willenserklärungen und Rechtsgeschäften unter Lebenden dadurch ab, daß **sie zu Lebzeiten des Erblassers weder eine Verpflichtung begründet noch Verfügungswirkung besitzt.**

Solange der Erbfall noch nicht eingetreten ist, hat der in der letztwilligen Verfügung Begünstigte noch **keine gesicherte Rechtsposition,** insbesondere auch **kein Anwartschaftsrecht** am Nachlaß.

Da auch im Wege des Rechtsgeschäfts unter Lebenden für den Fall des Todes Verpflichtungen begründet und Verfügungen getroffen werden können, die erst mit Eintritt des Todes des rechtsgeschäftlich Handelnden volle Wirksamkeit erlangen, kann im Einzelfall fraglich sein, ob ein Rechtsgeschäft unter Lebenden oder eine Verfügung von Todes wegen gewollt war.

Das Ergebnis hängt maßgeblich davon ab, ob bereits zu Lebzeiten des Verfügenden Rechte und Pflichten begründet werden sollten oder nicht (BGH NJW 1984, 46; Lange/Kuchinke, § 17 I 1) (→ *Rechtsgeschäfte unter Lebenden auf den Todesfall*).

In der letztwilligen Verfügung kann der Erblasser entweder nur eine einzige oder aber mehrere Verfügungen von Todes wegen treffen (→ *Gewillkürte Erbfolge*), wobei die einzelnen Verfügungen ein rechtlich völlig unterschiedliches Schicksal erleiden können: So kann jede für sich ausgeschlagen werden, nichtig oder anfechtbar sein, einzeln ausgelegt werden oder einzeln beschränkt bzw. beschwert sein. Des weiteren ist zu unterscheiden zwischen einseitigen und vertraglichen, gegenseitigen und gegenseitig abhängigen Verfügungen (Lange/Kuchinke, § 17 I 2 b).

Lex rei sitae

→ *Kollisionsrecht*

Linienprinzip

Das Linienprinzip erlangt in der Regel im Rahmen der → *Gesetzlichen Erbfolge* Bedeutung, nämlich dann, wenn der Erblasser keine eigenen Abkömmlinge hinterläßt und beide Eltern des Erblassers leben. In diesem Fall erben diese allein und zu gleichen Teilen.

Ist ein Elternteil vorverstorben, so geht die auf ihn fallende Hälfte auf seine Abkömmlinge gem. § 1925 III 1 BGB über. Diesbezüglich spricht man von einem Erbrecht nach Linien, da hier die zur väterlichen und die zur mütterlichen Linie gehörenden Verwandten der 2. Ordnung zu unterscheiden sind, was bei halbbürtigen Geschwistern von Bedeutung ist (Leipold, Erbrecht, Rn. 84 mit Bsp.).

Lucidum intervallum

Sofern die Testierunfähigkeit (→ *Testierfähigkeit*) des Erblassers für die Zeit vor und nach Testamentserrichtung festgestellt wurde, so hat derjenige, der Rechte aus der letztwilligen Verfügung herleiten will, darzulegen und zu beweisen, daß ein sogenannter „lichter Moment" (lat. lucidum intervallum) – trotz des medizinischen Befundes der Geistesstörung und ihrer Auswirkung auf das Einsichtsvermögen und der Fähigkeit zu freier Willensbestimmung – im Augenblick der Errichtung der letztwilligen Verfügung vorlag (→ *Inventarerrichtung*).

Allerdings ist hierbei zu beachten, daß grundsätzlich zunächst derjenige, der sich auf die Geschäftsunfähigkeit beruft, diese zu beweisen hat. Das BGB geht nämlich vom **Regelfall der Geschäftsfähigkeit** aus und sieht daher die Geschäftsunfähigkeit als zu beweisende Ausnahme an. Erst **nach** Erfüllung dieser Beweispflicht hat der Gegner die von ihm behaupteten **lichten Momente zu beweisen** (BGH NJW 1988, 3011; OLG Karlsruhe OLGZ 1982, 281; Staudinger/Dillinger, § 104 Rn. 28; MK/Gitter, § 104 Rn. 21; Erman/Palm, § 104 Rn. 8; OLG Hamburg MDR 1954, 480; a. A.: Baumgärtel, Handbuch der Beweislast, Bd. 1, § 104 Rn. 5).

Beispiel:

(BGH NJW 1988, 3011):

Die Kläger sind Miterben der Erblasserin, die verschiedene Grundstücke verkauft hatte. Nach dem notariellen Kaufvertrag hatte die Erblasserin auf ihre Kosten die für die Beklagte bestellten Grundpfandrechte zur Löschung zu bringen. Mit der Behauptung, die Erblasserin sei schon vor Abschluß des notariellen Kaufvertrags geschäftsunfähig gewesen, haben die Kläger von der Beklagten die Bewilligung der Löschung der im Grundbuch eingetragenen Grundpfandrechte verlangt.

Das Berufungsgericht hatte rechtsfehlerfrei die Geschäftsunfähigkeit der Erblasserin im Zeitpunkt des Abschlusses des notariellen Kaufvertrags bejaht.

Der BGH entschied, daß die Beklagte für die von ihr hervorgehobene Möglichkeit „lichter Augenblicke" der Erblasserin darlegungs- und beweispflichtig gewesen sei unter Hinweis auf die vorerwähnte h. M.

Um der Gefahr der Zurückweisung wegen verspäteten Vorbringens frühzeitig zu begegnen, sollte der verfahrensbevollmächtigte Rechtsanwalt aber bereits vorsorglich und hilfsweise im ersten Schriftsatz zum „lichten Moment" vortragen und Beweis – ggf. durch Sachverständigengutachten – anbieten (Rohlfing, Erbrecht in der anwaltlichen Praxis, § 3 Rn. 27; vgl. auch Nieder, Handbuch der Testamentsgestaltung, Rn. 342). Als Sachverständiger kommt insoweit ein Psychiater oder Neurologe in Betracht.

Mediation

Da mit der steigenden Anzahl komplexer Erbfälle auch die entsprechenden Erbstreitigkeiten zunehmen, die zumeist in einem oder mehreren gerichtlichen Verfahren enden, stellt sich die Frage, wie diese erhebliche Gefährdung etwa eines ererbten Unternehmens oder ganz allgemein des Familienfriedens vermieden werden kann.

Zu diesem Zwecke wurde zuerst in den USA die sog. Mediation (to mediate = vermitteln, aushandeln) als neuartiges **außergerichtliches Streitbeilegungsverfahren** entwickelt.

Hiermit wird ein Verfahren zur Konfliktbewältigung bezeichnet, das ein Verhandeln unter der Leitung einer **neutralen, nicht mit Entscheidungsbefugnis ausgestatteten Person,** des sog. Mediators, vorsieht (Kerscher/Tanck/Krug, Das erbrechtliche Mandat, § 33 Rn. 1). Die Streitbeilegung gründet sich bei diesem Verfahren also gänzlich auf den guten Willen der Parteien, auf den der Mediator/die Mediatorin entsprechend überzeugend einwirken sollte. Instrumente der Repression stehen ihm/ihr hier – im Gegensatz zum gerichtlichen Verfahren – nicht zur Verfügung. Praktiziert wird die Mediation derzeit vorwiegend im Familienrecht, gewinnt aber auch in anderen Rechtsgebieten zunehmend an Bedeutung. Zu beachten ist, daß die Mediation bei den meisten Vermögensschaden-Haftpflichtversicherungen bereits seit 1. 12. 1996 mitversichertes Risiko ist (AnwBl. 1997, 345).

Gerade im Erbrecht, wo nach Eintritt des Erbfalls der Familienfrieden nicht selten in existenzieller Gefahr ist, sollte die Möglichkeit einer Mediation zumindest erwogen werden, um insoweit keine „Gewinner" und „Verlierer" zurückzulassen und nicht zuletzt um die wirtschaftlichen Interessen der Beteiligten zu wahren. Der Mediator versucht, durch gezielte Steuerung des Verhandlungsablaufs innerhalb der Mediation einen möglichen Einigungsspielraum unter Berücksichtigung aller rechtlichen, wirtschaftlichen und persönlichen Aspekte des Konfliktes untereinander abzuwägen und auszuloten (Risse, ZEV 1999, 205 ff.).

Der Schlußbericht des BRAK-Ausschusses Mediation formulierte die Funktion der Mediation wie folgt:

„Mediation ist die Vermittlung in einem Konflikt verschiedener Parteien mit dem Ziel einer Einigung, deren Besonderheit darin besteht, daß die Parteien freiwillig eine faire und rechtsverbindliche Lösung mit Unterstützung des Mediators auf der Grundlage der vorhandenen rechtlichen, wirtschaftlichen, persönlichen und sozialen Gegebenheiten und Interessen selbstverantwortlich erarbeiten."

Allein die Erfahrung der erbrechtlichen Praxis in der Zukunft wird zeigen, ob die Mediation im Erbrecht eine echte und sinnvolle Alternative zur Durchführung eines gerichtlichen Verfahrens sein kann, die dann letztlich auch von der rechtsuchenden Bevölkerung akzeptiert wird.

Da die Funktion eines Mediators am häufigsten von Rechtsanwälten wahrgenommen wird, ist insoweit zwingend ein Umdenken erforderlich. Der Rechtsanwalt muß weg von der einseitigen Interessenvertretung hin zur Objektivität, Neutralität und Unvoreingenommenheit, kommt also insoweit der Rolle eines Notars oder Schiedsrichters wesentlich näher als der herkömmlichen Anwaltstätigkeit (Kerscher/Tanck/Krug, Das erbrechtliche Mandat, § 33 Rn. 9).

Der als Mediator tätige Rechtsanwalt wird von zwei oder mehr Parteien zur gemeinsamen Beratung und Vermittlung in einer Konfliktsituation beauftragt. Trotzdem liegt insoweit kein Verstoß gegen § 43 a IV BRAO vor, da das Berufsbild des RA durchaus auch dessen Tätigkeit als Vermittler, Berater und Rechtsgestalter kennt und bei einem derartigen Auftragsverhältnis hinreichend deutlich zum Ausdruck kommt, daß es um eine Konfliktlösung und mithin Interessengleichheit der Parteien geht (Breidenbach/Henssler, Mediation für Juristen, 1997, S. 79 ff). Dennoch unterliegt der RA gem. §§ 43 a IV, 45 BRAO gewissen **Beschränkungen:**

– Sofern der RA bereits eine der Parteien in der fraglichen Angelegenheit anwaltlich vertreten hat, ist die Durchführung einer Mediation nicht möglich.

397

– Das gleiche gilt auch umgekehrt, so daß es dem RA nach Abschluß der Mediation nicht möglich ist, eine der Parteien in dieser Angelegenheit weiter zu vertreten oder auch nur zu beraten (BRAK-Mitt. 1996, 186 ff.).

Ein erbrechtliches Mediationsverfahren läuft normalerweise nach folgendem **Grundmuster** und in folgenden Einzelschritten ab:

– Schriftliche Fixierung eines förmlichen Verhandlungsvertrages als Grundlage des Mediationsverfahrens,

– Ermittlung wechselseitiger Interessen und nachfolgende schriftliche Fixierung der verschiedenen Parteiinteressen,

– Erörterung der rechtlichen und steuerlichen Situation,

– Gemeinsame Erarbeitung und Bewertung verschiedener Lösungsmodelle,

– Schlußverhandlung und Diskussion der o. g. Lösungsmodelle.

Die Mediation endet idealerweise mit einer **rechtsverbindlichen Schlußvereinbarung,** also einem **Vertrag** oder **Vergleich,** der die Basis für die zukünftigen Rechtsbeziehungen unter den Konfliktparteien bildet.

Großer **Vorteil** der erbrechtlichen Mediation ist **die kurze Verfahrensdauer,** die selten länger als ein paar Wochen beträgt. Daher bringt sie gegenüber dem zeitaufwendigeren Gerichtsverfahren eine erhebliche **Kostenersparnis** unter dem Gesichtspunkt, daß diejenigen Kosten der Erbstreitigkeit verringert werden, die daher rühren, daß die für die Erhaltung des Nachlasses notwendigen Entscheidungen in einer zerstrittenen Erbengemeinschaft nicht oder nicht rechtzeitig getroffen werden können, was oftmals zu erheblichem Substanzverlust führen kann (Risse, ZEV 1999, 205 ff.).

Als mindestens ebenso wichtiger Gesichtspunkt muß der **Erhalt des Familienfriedens** angesehen werden, der durch die Mediation gewährleistet sein kann.

Auch beinhaltet die Mediation gegenüber dem gerichtlichen Verfahren eine erhebliche **Innovationskraft,** insbesondere was das Erbschaftssteuerrecht betrifft, was natürlich ein koordiniertes Verhalten der Erben gegenüber dem Finanzamt voraussetzt (Risse, ZEV 1999, 205 ff.).

Die **Nachteile** der Mediation liegen indes auf der Hand: Eine **Ergebnissicherheit** wie beim Gerichtsverfahren gibt es nicht. Außerdem ist zu berücksichtigen, daß durch den offenen Informationsaustausch unter den Parteien im Rahmen des Mediationsverfahrens die **Gefahr des Mißbrauchs** durch eine unredliche Partei gegeben ist, die ihr Wissen in einem späteren gerichtlichen Verfahren ausnutzt oder aber prozeßtaktische Maßnahmen ergreift, z.B. indem sie in Kenntnis des akuten Geldmangels der Gegenpartei auf Zeit spielt o.ä.

Sofern der Erblasser wünscht, daß nach seinem Tode auftretende Streitigkeiten unter den Erben mit Hilfe der Mediation beigelegt werden, hat er die Möglichkeit, in seine letztwillige Verfügung eine sog. **Mediationsklausel** aufzunehmen (Beispiele hierfür s. Risse, ZEV 1999, 209).

Deren **rechtliche Wirksamkeit** ist im Gegensatz zu Schiedsvereinbarungen gem. §§ 1029 ff. ZPO und Schlichtungsklauseln (vgl. BGH BB 1999, 129) im Hinblick auf die Verwehrung effektiven Rechtsschutzes etwas problematisch. So muß zumindest die Möglichkeit einstweiligen Rechtsschutzes gem. § 1033 ZPO möglich bleiben, ebenso muß der Weg des gerichtlichen Verfahrens offenbleiben, wenn es lediglich aus Kostengründen nicht zur Mediation kommt. Auch sollte eine Mediationsvereinbarung im Rahmen von Erbverträgen nicht i.S. von AGB vorformuliert werden, um späteren Auseinandersetzungen über deren Wirksamkeit vorzubeugen (Risse, ZEV 1999, 209).

Zur Problematik des **Vergütungsanspruchs des Rechtsanwalts als Mediator** vgl. Hansens, ZAP 1999, 1283 ff.:

Da es im Ergebnis nicht eindeutig ist, ob die Anwendung der BRAGO durch § 1 II 1 BRAGO ausgeschlossen ist, wird in diesem Zusammenhang dringend empfohlen, eine **Honorarvereinbarung** mit den Beteiligten zu treffen. Diese sollte vorsorglich die Formvorschriften des § 3 I BRAGO erfüllen (Hansens, ZAP 1999, 1286).

Mietverhältnis

Stirbt der Mieter, so treten dessen Erben automatisch in den Mietvertrag ein. Sowohl die Erben als auch der Vermieter sind berechtigt, das Mietverhältnis gem. § 580 BGB innerhalb eines Monats, nachdem sie von dem Tod Kenntnis erlangt haben, außerordentlich mit der gesetzlichen Frist zu kündigen.

Besonderheiten gelten für den Fall, daß der Erblasser in der betreffenden Wohnung mit seinem Ehegatten, seinem Lebenspartner oder anderen Familienangehörigen einen gemeinsamen Hausstand geführt hat. Gem. § 569a BGB treten die Familienmitglieder mit dem Tod des Mieters in das Mietverhältnis ein. Sofern diese allerdings binnen eines Monats nach Kenntnis des Todes des Mieters gegenüber dem Vermieter erklären, daß sie das Mietverhältnis nicht fortsetzen wollen, so gilt der Eintritt in das Mietverhältnis als nicht erfolgt. Bei mehreren Familienmitgliedern kann jeder die Erklärung für sich abgeben. Die eingetretenen Familienmitglieder haften neben den Erben für die bis zum Tod des Mieters entstandenen Verbindlichkeiten als Gesamtschuldner. Im Innenverhältnis haften allerdings die Erben allein.

Haben mehrere Personen i.S. des § 563 BGB eine Wohnung gemeinschaftlich gemietet, so wird das Mietverhältnis beim Tod eines Mieters gem. § 563a BGB mit den überlebenden Mietern fortgesetzt. § 563a II gestattet jedoch auch hier eine Kündigung entsprechend § 580 BGB.

Militärtestament/militärisches Nottestament

Mit dem Ende des zweiten Weltkrieges und der Auflösung der Wehrmacht wurde auch das Recht des Militärtestamentes gegenstandslos. Eine Neuregelung ist insoweit nicht erfolgt. Allerdings ist zu beachten, daß **Wehrmachtstestamente,** die **vor Kriegsende oder danach von Kriegsgefangenen errichtet** wurden, ihre **Gültigkeit behalten** haben, sofern die Erblasser danach innerhalb der 3-Monats-Frist starben, und daher auch gegenwärtig noch relevant werden können.

Das WehrmFGG sah ordentliche Militärtestamente und -erbverträge sowie militärische Nottestamente vor. Das ordentliche Militärtestament sah lediglich anstelle des Richters oder Notars einen richterlichen Militärjustizbeamten und anstelle eines Urkundsbeamten der Geschäftsstelle des Amtsgerichts den des Militärgerichtes vor. Auch konnten Minderjährige Zeugen gem. Art. 1 § 2 WehrmFGG sein (Lange/Kuchinke, § 22 III).

Seinen Ausnahmecharakter erhielt das Militärtestament jedoch als militärisches Nottestament: Dieses konnte als öffentliches Testament vor einem Offizier, Militärbeamten im Offiziersrang und zwei Zeugen oder einem weiteren Offizier oder Militärbeamten durch Anfertigung einer Niederschrift errichtet werden, wobei eine Unterschrift des Erblassers gem. Art. 1 § 3 III WehrmFGG nicht erforderlich war.

Die Errichtung eines privaten, eigenhändigen Nottestamentes gem. Art. 1 § 3 Ib WehrmFGG war auch für Minderjährige möglich, erforderte keine eigenhändige Niederschrift, sondern nur eine Unterschrift des Erblassers oder einer der oben genannten Personen.

Im Lauf des Krieges gab es sodann noch mehrere weitere Formerleichterungen bis hin zur Einführung einer völlig formfreien Verfügung, die sich mit einer mündlichen Erklärung bei wirklicher oder vermeintlicher Todesgefahr und der Unmöglichkeit oder Unzumutbarkeit der Niederlegung in einer Urkunde begnügte. Allerdings war hier gem. § 3 d DVO der letzte Wille durch das Nachlaßgericht zu ermitteln und niederzulegen, damit das Testament im Rechtsverkehr geltend gemacht werden konnte. Das Nottestament war bei Überleben des Erblassers auch nur **auf drei Monate begrenzt.** Ansonsten verloren die Wehrmachtstestamente im Falle des Überlebens ihre Gültigkeit ein Jahr nach Errichtung gem. Art. 1 § 3 V WehrmFGG (Lange/Kuchinke, § 22 III).

Miterbengemeinschaft

Sind mehrere Personen gesetzliche oder testamentarische Erben, so handelt es sich bei ihnen um Miterben bzw. eine → *Miterbengemeinschaft*, die gem. § 1922 BGB im Wege der Universalsukzession Gesamtrechtsnachfolgerin des Erblassers wird.

Dieser fällt der Nachlaß gem. § 2032 BGB als Ganzes ungeteilt zu, wird mithin gemeinschaftliches Vermögen der Miterben.

Diese bilden zusammen eine **Gesamthandsgemeinschaft.** Ein Miterbe kann daher grundsätzlich weder über einzelne Nachlaßgegenstände (§ 2040 BGB) noch über seinen Anteil hieran (§ 2033 II BGB) allein verfügen. Hieran ändern zunächst auch weder Teilungsanordnungen noch Vorausvermächtnisse etwas, solange die Erbengemeinschaft noch nicht auseinandergesetzt wurde (→ *Auseinandersetzung der Erbengemeinschaft*). Verfügen kann der einzelne Miterbe aber notariell über seinen Erbanteil am gesamten Nachlaß gem. § 2033 I BGB.

Ausnahmen gelten für den Fall, daß zum Nachlaß ein Einzelhandelsgeschäft oder Anteile an Personengesellschaften gehören. War der **Erblasser Gesellschafter einer Personengesellschaft,** wird die Beteiligung im Erbfall nicht gemeinschaftliches Vermögen der Miterbengemeinschaft, sondern geht im Wege der **Sonderrechtsnachfolge** unmittelbar und geteilt auf jeden Erben über, der damit selbständiger Gesellschafter wird (→ *Kommanditgesellschaft/Kommanditanteil; → Personengesellschaften*).

Gehört zum Nachlaß ein **Einzelhandelsgeschäft,** so geht dieses zwar auf die Erbengemeinschaft über, die gegenseitigen Beziehungen der Miterben untereinander bestimmen sich allerdings nach den Regeln über die OHG.

Die **Verwaltung des Nachlasses** steht grundsätzlich allen Erben **gemeinschaftlich** zu. Jeder Miterbe ist den anderen gem. § 2038 I 2 1. Hs BGB verpflichtet, bei Maßregeln mitzuwirken, die zur ordnungsgemäßen Verwaltung erforderlich sind. Jeder Miterbe hat demgemäß einen klagbaren Anspruch gegen die anderen auf Mitwirkung bei solchen Maßnahmen. Bei fehlender Einigung über die Ordnungsgemäßheit der Verwaltungsmaßnahme entscheidet gem. §§ 2038 II, 745 BGB Stimmenmehrheit nach Anteilsgröße, wobei eine wesentliche Veränderung des Nachlasses oder eines Teils desselben gem. §§ 2038 II, 745 III BGB nicht verlangt werden kann. Sofern es sich um dringliche Angelegenheiten handelt, kann jeder Miterbe die zur Erhaltung des Nachlasses notwendigen Maßregeln gem. § 2038 I 2 2. Hs. BGB ohne Mitwirkung der anderen treffen (→ *Nachlaßverwaltung* [§ 2038 ff. BGB]).

Bei der **Geltendmachung von Nachlaßansprüchen** (Ansprüche auf Zahlung bzw. Überweisung oder Herausgabe einer Sache, Unterlassungs- und Abwehransprüche) ist jeder Miterbe allein berechtigt. Gem. § 2039 BGB hat jeder Miterbe ein eigenes Forderungsrecht, wobei er allerdings nicht Leistung an sich selbst, sondern nur Leistung an die Erbengemeinschaft verlangen kann. Er klagt dann im eigenen Namen ein der Erbengemeinschaft zustehendes Recht ein (Fall der **gesetzlichen Prozeßstandschaft**). Insoweit ist § 2039 BGB lex specialis gegenüber § 2038 I BGB.

Allerdings deckt § 2039 BGB nicht die Ausübung von Gestaltungsrechten, wie Rücktritt oder Anfechtung, selbst wenn sie Voraussetzung für den geltend zu machenden Anspruch sind (RGZ 107, 338; OLG Düsseldorf NJW 1957, 1041).

Sofern die **Auseinandersetzung** auf längere Zeit als ein Jahr **ausgeschlossen** ist, kann jeder Miterbe am Schluß eines jeden Jahres gem. § 2038 II 3 BGB die Teilung des Reinertrags verlangen.

Ebenso sind gem. § 2038 II i.V.m. § 748 BGB die Lasten des Nachlasses von den Miterben im Innenverhältnis nach der Größe ihrer Anteile zu tragen.

Grundsätzlich ist die Erbengemeinschaft auf **Auseinandersetzung** angelegt, soll also nach der Befriedigung der Nachlaßgläubiger und Versilberung der Nachlaßgegenstände durch Verteilung des Überschusses an die Erben aufgelöst werden. Sie hat keinen werbenden Zweck wie etwa die BGB-Gesellschaft.

Jeder Miterbe kann jederzeit die → *Auseinandersetzung der Erbengemeinschaft* verlangen, soweit sie nicht aufgeschoben oder ausgeschlossen wurde. Um insoweit Streitigkeiten, insbesondere aber Zersplitterung des Nachlaßvermögens durch Teilung, Verkauf oder gar Zwangsversteigerung, zu vermeiden, sollte die **Bildung einer Miterbengemeinschaft** mittels Errichtung einer letztwilligen Verfügung **möglichst vermieden,** zumindest aber die Auseinandersetzung durch Teilungsanordnungen, Vorausvermächtnisse oder die Anordnung der Testamentsvollstreckung erleichtert werden.

Miterbenhaftung

1. Vor Nachlaßteilung
   a) Gesamthandsklage
   b) Gesamtschuldklage
   c) Haftungsbeschränkung des einzelnen Miterben
   d) Verhältnis der beiden Klagemöglichkeiten zueinander
2. Nach Nachlaßteilung

1. Vor Nachlaßteilung

Vor der Teilung des Nachlasses sind **Eigenvermögen** der einzelnen Miterben und **Nachlaß** als gesamthänderisch gebundenes Sondervermögen sowohl in tatsächlicher als auch rechtlicher Hinsicht **voneinander getrennt.** Nachlaßgläubiger können Zugriff auf den Nachlaß nehmen und gem. § 2059 II BGB im Wege der Gesamthandsklage Erfüllung aus dem ungeteilten Nachlaß von allen Miterben verlangen oder aber den einzelnen Miterben als Gesamtschuldner im Wege der Gesamtschuldklage gem. § 2058 BGB in Anspruch nehmen (→ *Miterbenhaftung*). Der einzelne Miterbe kann gem. §§ 2059 I S. 1 BGB, 781, 785 ZPO die Einrede des ungeteilten Nachlasses erheben und die Erfüllung der Nachlaßverbindlichkeit aus seinem Eigenvermögen verweigern, sofern er nicht ausnahmsweise für eine Nachlaßverbindlichkeit unbeschränkbar haftet (→ *Beschränkung der Erbenhaftung*). In diesem Falle haftet gem. § 2059 I 2 BGB auch das Privatvermögen des Miterben in Höhe des dem quotenmäßigen Anteil am Nachlaß entsprechenden Teils der Verbindlichkeit (Kerscher/Tanck/Krug, Das erbrechtliche Mandat, § 21 Rn. 248 ff.).

Wann der Nachlaß als geteilt anzusehen ist, beurteilt sich anhand einer objektiven Gesamtbetrachtung. Die Teilung muß jedenfalls dann als vollzogen angesehen werden, wenn ein so erheblicher Teil der Nachlaßgegenstände aus der Gesamthandsgemeinschaft in das Einzelvermögen der Erben überführt wurde, daß im Nachlaß selbst nicht mehr genug Gegenstände vorhanden sind, um damit die Nachlaßverbindlichkeiten zu erfüllen (MK/Dütz, § 2059 Rn. 4).

a) Gesamthandsklage

Klageziel der Gesamthandsklage (§§ 2059 Abs. 2 BGB, 747 ZPO) ist die Inanspruchnahme des ungeteilten Nachlasses (Rohlfing, § 4 Rn. 130). Besonders praxisrelevant ist die Gesamthandsklage bei dinglichen Herausgabe- oder Auflassungsansprüchen.

Die Klage ist gegen sämtliche Miterben zu richten, die notwendige Streitgenossen gem. § 62 ZPO sind, mit Ausnahme derjenigen Miterben, die mit der Befriedigung aus dem Nachlaß einverstanden sind (Palandt/Edenhofer, § 2059 Rn. 4; Rohlfing, § 4 Rn. 130).

Formulierungsvorschlag:

Die Beklagten zu 1) und 2) werden in Erbengemeinschaft verurteilt zu erklären, daß sie mit dem Kläger darüber einig sind, daß das Grundstück, Fl.-Nr. . . . auf den Kläger übergeht, und die Eigentumsumschreibung im Grundbuch zugunsten des Klägers zu bewilligen.

Die Beklagten (Miterben) werden verurteilt, wegen der Forderung des Klägers i. H. v. . . . Euro die Zwangsvollstreckung in den Nachlaß zu dulden.

b) Gesamtschuldklage

Alternativ zur Gesamthandsklage kann der Gläubiger sich auch darauf beschränken, lediglich einen der Miterben im Wege der Gesamtschuldklage auf die Herbeiführung einer gemeinschaftlichen Verfügung, z. B. der Auflassung, zu verklagen.

Klageziel der Gesamtschuldklage ist die Inanspruchnahme des Eigenvermögens des Miterben einschließlich seines Miterbenanteils, vgl. § 859 II ZPO (Rohlfing, § 4 Rn. 143). Die Gesamtschuldklage ist – im Gegensatz zur Gesamthandsklage – sowohl vor als auch nach Teilung des Nachlasses möglich.

Mehrere gleichzeitig als Gesamtschuldner verklagte Miterben sind lediglich einfache – und keine notwendigen – Streitgenossen. Der als Gesamtschuldner in Anspruch genommene Miterbe kann von den anderen Miterben allerdings nach dem Verhältnis der einzelnen Erbquoten Ausgleichung verlangen, wobei aber die Haftungsbeschränkungsmöglichkeiten der §§ 2059 I 1 BGB, 780 ZPO zu beachten sind (vgl. Rohlfing, § 4 Rn. 144).

Formulierungsvorschlag:

Der Beklagte wird verurteilt, an den Kläger . . . Euro zu zahlen.

Der Beklagte wird verurteilt, die Auflassung und Bewilligung der Eigentumsumschreibung herbeizuführen (vgl. BGH NJW 1963, 1611 f.).

c) Haftungsbeschränkung des einzelnen Miterben

Gem. § 2058 BGB haftet der einzelne Miterbe grundsätzlich als Gesamtschuldner für die Nachlaßverbindlichkeiten mit seinem Eigenvermögen. Unter bestimmten Voraussetzungen steht ihm allerdings ein Recht zur Haftungsbeschränkung zu (→ *Beschränkung der Erbenhaftung*), die prozessual zwingend durch den Haftungsbeschränkungsvorbehalt des § 780 ZPO durchgesetzt werden muß.

Formulierungsvorschlag:

Antrag (neben dem Antrag auf Klageabweisung)

Hilfsweise wird beantragt, dem Beklagten als Erben die Beschränkung seiner Haftung auf den Nachlaß des Erblassers vorzubehalten (vgl. Zöller/Stöber, § 780 Rn. 12).

Liegt ein entsprechender Antrag nicht vor, kann allerdings immer noch im Wege der Auslegung ermittelt werden, ob der Beklagte den Haftungsbeschränkungsvorbehalt erklärt hat. Ein solche Erklärung kann etwa auch in der sog. **Dürftigkeitseinrede** gem. § 1990 BGB gesehen werden.

Dem Miterben steht zusätzlich die aufschiebende **Einrede des ungeteilten Nachlasses** gem. § 2059 I 1 BGB zu, die dazu führt, daß der Miterbe bis zur Teilung des Nachlasses seine Haftung auf seinen Miterbenanteil beschränken kann, so daß der Nachlaßgläubiger lediglich den Miterbenanteil pfänden und verwerten kann, nicht jedoch das sonstige Eigenvermögen des Miterben.

Sofern trotz des Haftungsbeschränkungsvorbehalts in das Eigenvermögen des Miterben vollstreckt wird, steht diesem die **Vollstreckungsabwehrklage** gem. §§ 785, 781, 767 ZPO zu.

Des weiteren besteht für den Miterben die Möglichkeit der **Teilhaftung** gem. § 2059 I 2 BGB. Hier haftet er über seinen Miteigentumsanteil hinaus für den Teil der Nachlaßverbindlichkeit mit seinen Eigenvermögen, der seinem Erbanteil entspricht. Auch für diesen Fall ist allerdings der Vorbehalt der Haftungsbeschränkung gem. § 780 ZPO erforderlich.

d) Verhältnis der beiden Klagemöglichkeiten zueinander

Grundsätzlich steht es dem Gläubiger frei, welche der beiden Klagemöglichkeiten er wählt. Er kann etwa auch mit beiden Klagen gleichzeitig vorgehen oder von der einen zur anderen übergehen, da beide auf die Vollstreckung in verschiedene Vermögensmassen gerichtet sind.

Grundsätzlich ist die Gesamtschuldklage zu empfehlen, da der Gläubiger mit ihr im Zweifel mehr erreichen kann als mit der Gesamthandsklage. Sofern er nämlich bereits vor Nachlaßteilung Gesamtschuldklage gegen alle Miterben erhoben hat, kann er über sämtliche Miterbenanteile sowohl auf den ungeteilten Nachlaß als auch auf das Eigenvermögen jedes einzelnen Miterben zugreifen, was bei der Gesamthandsklage nicht möglich wäre (Rohlfing, § 4 Rn. 158).

2. Nach Nachlaßteilung

Da durch die Erbauseinandersetzung (→ *Auseinandersetzung der Erbengemeinschaft*) der Nachlaß als Gesamthandsvermögen aufgelöst wird, ist eine **Gesamthandsklage** zu diesem Zeitpunkt gem. §§ 2059 II BGB, 747 ZPO **nicht mehr möglich.** Entsprechend **entfallen** natürlich auch die **Haftungsbeschränkungen des § 2059 BGB.**

Es verbleibt allerdings bei der gesamtschuldnerischen Haftung jedes einzelnen Erben gem. § 2058 BGB mit seinem Eigenvermögen.

Auch hier bestehen allerdings noch **Haftungsbeschränkungsmöglichkeiten nach den allgemeinen Regeln,** so etwa die → *Dürftigkeitseinrede* oder → *Überschwerungseinrede* gem. §§ 1990, 1992 BGB, sofern diesbezüglich ein entsprechender Vorbehalt gem. § 780 ZPO geltend gemacht wurde.

In den Fällen der §§ 2060, 2061 BGB ist die gesamtschuldnerische Haftung ausgeschlossen und auf eine kraft Gesetzes eintretende Teilhaftung des Miterben beschränkt. Diese bewirkt unmittelbar eine beschränkte Haftung, ohne daß insoweit ein Haftungsbeschränkungsvorbehalt gem. § 780 ZPO erforderlich wäre (MK/Dütz, § 2060 Rn. 3; Palandt/Edenhofer, § 2060 Rn. 1; Rohlfing, § 4 Rn. 164).

Mitgliedschaft

Sofern der Erblasser Mitglied einer juristischen Person oder einer Gesamthandsgemeinschaft war, ist bezüglich der **Vererblichkeit** der Mitgliedschaftsstellung zu differenzieren:

Liegt das Schwergewicht der Mitgliedschaft auf einer Kapitalbeteiligung, so ist Vererblichkeit grundsätzlich gegeben; sofern die persönliche Mitarbeit im Vordergrund steht, liegt grundsätzlich keine Vererblichkeit vor (Lange/Kuchinke, § 5 V 1).

Im übrigen kann das Gesellschaftsrecht über die Vererblichkeit der Mitgliedschaft von den allgemeinen Grundsätzen des BGB oder HGB abweichende Bestimmungen treffen.

Der **Anteil am Gesamtgut der Gütergemeinschaft** gem. § 1415 BGB fällt ebenso wie das Vorbehalts- und Sondergut in den Nachlaß.

Ist der überlebende Ehegatte unbeschränkter **Alleinerbe,** so erlischt infolge Konsolidation die Gesamthand ohne Liquidation, so daß er alleiniger Berechtigter an allen Gegenständen des Gesamtgutes wird.

Ist der Überlebende hingegen alleiniger **Vorerbe,** so gebührt die Erbschaft, zu der auch der Gesamtgutsanteil gehört, im Nacherbfall dem Nacherben, so daß alle zum Nachlaß gehörenden Gegenstände ein Sondervermögen bilden, das der Beschränkung durch die Nacherbeneinsetzung unterliegt. Hier ist allerdings die Frage streitig, ob der zum Vorerben eingesetzte Ehegatte entgegen § 2113 II BGB unentgeltlich über ein Grundstück verfügen kann, das zum Gesamtgut gehört. Der BGH hat diese Frage bejaht (BGH NJW 1976, 893) und eine entprechende Anwendung des § 2113 II BGB verneint (a. A.: Lange/Kuchinke, § 5 V 2).

Die **Beteiligung** des Aktionärs **an der AG oder KGaA,** etwa durch Inhaber- oder Namensaktien, ist ohne weiteres vererblich. Dies gilt auch dann, wenn ihre Übertragung gem. § 68 II 1 AktG an die Zustimmung der Gesellschaft gebunden ist (Lange/Kuchinke, § 5 V 3).

Die **Gesellschafterstellung in einer GmbH** bzw. der Geschäftsanteil ist gem. § 15 I GmbHG vererblich.

Ebenso ist die **Mitgliedschaft in einer eingetragenen Genossenschaft** vererblich. Diese endet jedoch gem. § 77 I 1 GenG mit dem Schluß des Geschäftsjahres, in dem der Erbfall eingetreten ist. Die Auseinandersetzung mit dem ausscheidenden Erben ist dann auf der Grundlage des von der Genossenschaft gem. § 33 GenG aufzustellenden Jahresabschlusses vorzunehmen. Bei Miterben ist zu beachten, daß diese zur Ausübung ihres Stimmrechts gem. § 77 I 2 GenG einen gemeinschaftlichen Vertreter bestimmen müssen, da der Erbfall nicht zu einer Vervielfältigung des Stimmrechts führen darf (Lange/Kuchinke, § 5 V 3).

Die **Mitgliedschaft in einem eingetragenen Verein** ist demgegenüber gem. § 38 BGB unvererblich, da sie in aller Regel persönlichen Zielen des Mitglieds dient und daher auf seine Person beschränkt ist. Da die Vorschrift des § 38 BGB jedoch gem. § 40 BGB nicht zwingend ist, kann die jeweilige **Vereinssatzung** die Vererblichkeit vorsehen.

Einen Sonderfall stellt die Mitgliedschaft in einer → *Personengesellschaft* dar.

Motivirrtum

§ 2078 II BGB ermöglicht die Anfechtung einer letztwilligen Verfügung (→ *Anfechtung der Verfügungen von Todes wegen*) wegen Motivirrtums, der ansonsten im BGB weitgehend unbeachtlich ist, zumindest was das Vertragsrecht betrifft, das grundsätzlich den Empfängerhorizont als maßgeblich ansieht. Im Erbrecht spielt jedoch die **innere Motivlage des Testierenden** eine entscheidende Rolle, da hier nicht auf die Vorstellungen eines Vertragspartners Rücksicht genommen werden muß. Angefochten werden können danach Verfügungen, die durch die irrige Annahme oder Erwartung des Eintritts oder Nichteintritts eines Umstandes hervorgerufen wurden.

Nacherben

→ *Vor- und Nacherbschaft*

Nacherbenhaftung

→ *Vor- und Nacherbschaft*

Nacherbentestamentsvollstreckung

Durch die Anordnung einer Nacherbentestamentsvollstreckung gem. § 2222 BGB können Probleme hinsichtlich der

Zustimmung nicht geschäftsfähiger oder noch unbekannter Nacherben vermieden werden.

Der Nacherbentestamentsvollstrecker nimmt in diesem Fall Rechte und Pflichten des Nacherben vor Anfall der Nacherbschaft wahr (→ *Vor- und Nacherbschaft*, dort: Testamentsvollstreckung im Rahmen der Vor- und Nacherbschaft).

Nacherbenvermerk

Grundbuchmäßige Sicherung des Nacherben wird durch die Eintragung eines Nacherbenvermerks erreicht, die von Amts wegen vorzunehmen ist. In diesen sind gem. § 51 GBO außerdem die bedachten Ersatznacherben und eine etwaige Befreiung von den Verfügungsbeschränkungen gem. §§ 2136, 2137 BGB aufzunehmen.

Die wichtigste Wirkung des im Grundbuch eingetragenen Nacherbenvermerks ist die **Verhinderung eines gutgläubigen Erwerbs des Grundstücks** vom nicht befreiten Vorerben gem. § 892 I 1 BGB.

Weder die Anordnung der Nacherbschaft noch der Nacherbenvermerk führen aber zu einer Grundbuchsperre (Staudinger/ Behrends, § 2113 Rn. 28). Die Verfügung ist aber unwirksam, ohne Rücksicht darauf, ob der Erwerber von der Nacherbschaft Kenntnis hatte, so daß der Nacherbe bei Eintritt der Nacherbfolge insoweit Grundbuchberichtigung verlangen kann (Lange/Kuchinke, § 28 IV 8).

Im Unterschied zum Widerspruch gibt beim Nacherbenvermerk das Grundbuch die Rechtslage richtig wieder. Sofern der Nacherbenvermerk zu Unrecht nicht eingetragen wurde, kann ein Widerspruch gegen die Eintragung des Vorerben eingetragen werden.

Die **Löschung des Nacherbenvermerks** setzt die Bewilligung des Nacherben oder aber den Nachweis der Unrichtigkeit des Grundbuchs gem. § 22 I GBO, also des endgültigen Erlöschens der Nacherbschaft, in der Form des § 29 I GBO voraus (Lange/ Kuchinke, § 28 IV 4.; BayObLG DNotZ 1989, 182). Die sicherste Art des Nachweises der Unrichtigkeit ist die in der Form des § 29 GBO vorgelegte Zustimmung des Nacherben. Eine Zustimmung des Ersatznacherben ist demgegenüber nicht erforderlich, da bereits mit der Zustimmung des Nacherben das Grundstück endgültig nicht mehr der Vor- und Nacherbschaft unterliegt.

Da der **Ersatznacherbe** nach h. M. im Grundbuch eingetragen werden muß, bedarf es zwar gem. § 19 GBO grundsätzlich auch seiner Löschungsbewilligung, jedoch nur insoweit, als er noch betroffen ist. Dies ist dann nicht mehr der Fall, wenn der Vorerbe das Grundstück mit Zustimmung des Nacherben wirksam veräußert hat (Lange/Kuchinke, § 28 IV 4 m.w.N.).

Der Unrichtigkeitsnachweis ist insbesondere dann zu führen, wenn der befreite Vorerbe das Grundstück entgeltlich veräußert.

Der Nacherbe kann nach h. M. auf die Eintragung des Nacherbenvermerks **verzichten** (BayObLG DNotZ 1990, 56; a.A. Bestelmeyer, Rpfleger 1994, 189). Dagegen kann der Erblasser eine Befreiung von der Eintragung nicht anordnen (Staudinger/Behrends, § 2100 Rn. 93). Der Verzicht auf die Eintragung des Nacherbenvermerks macht zwar aus dem Vorerben keinen Vollerben, ist aber als allgemeine Einwilligung in künftige entgeltliche Verfügungen zu sehen und ermöglicht den gutgläubigen Erwerb gem. § 892 I 2 BGB (Lange/Kuchinke, § 28 IV 4). Aus diesem Grunde ist hier eine Einwilligung des Ersatznacherben erforderlich.

Nachfolgeklausel

→ *Personengesellschaften*

Nachfolgeregelung

→ *Unternehmensnachfolge/Unternehmertestament*

Nachlaß

Als Nachlaß wird sämtliches Vermögen des Erblassers bezeichnet, das als Ganzes auf ein oder mehrere Erben übergeht. Es handelt sich hierbei um die Gesamtheit aller Rechte und Pflichten des Erblassers, die auch als Erbschaft bezeichnet wird.

Bei der **konkreten Ermittlung des Nachlaß**wertes ist in einem ersten Schritt der **Nachlaßbestand** festzustellen, das heißt, es sind diejenigen Vermögenspositionen auszusondern, die außerhalb des Nachlasses auf Dritte übergehen, so insbesondere Ansprüche aus Verträgen zugunsten Dritter auf den Todesfall, wie etwa Lebensversicherungen, in denen ein Dritter als Bezugsberechtigter eingesetzt ist (→ *Lebensversicherung*).

Nachdem der Bestand des Nachlasses feststeht, ist der Wert der einzelnen Nachlaßgegenstände als Aktiva zu ermitteln. Von diesen sind dann die Passiva, also Erblasserschulden und Erbfallkosten – nicht aber Vermächtnisse –, abzuziehen. Aus dem Vergleich zwischen Aktiva und Passiva ergeben sich dann aus dem sog. „Netto-Nachlaß" die entsprechenden Erb- und Pflichtteilsquoten.

Verbindlichkeiten, die auf wiederkehrende Leistungen gerichtet sind, werden mit ihrem Kapitalwert berücksichtigt. Unberücksichtigt bleiben dagegen aufschiebend bedingte Rechte und Verbindlichkeiten (vgl. § 2313 I 1 BGB). Auflösend bedingte Rechte kommen dagegen voll zum Ansatz (vgl. § 2313 I 2 BGB).

Nicht zum Nachlaßbestand gehört das Sondervermögen des Erblassers, so etwa der Anteil des Ehegatten am Gesamtgut bei fortgesetzter Gütergemeinschaft (Staudinger/Ferid/Cieslar, § 2311 Rn. 20) oder eine Vorerbschaft des Erblassers, da diese mit dessen Tod direkt an die Nacherben fällt (Staudinger/Ferid/Cieslar, § 2311 Rn. 23).

Nachlaßerbenschulden

→ *Nachlaßverbindlichkeiten*

Nachlaßgericht

Gem. § 72 FGG ist Nachlaßgericht das **Amtsgericht,** dort der zuständige **Amtsrichter** bzw. in den gesetzlich bestimmten Fällen der **Rechtspfleger.**

Örtlich zuständig gem. § 73 I FGG ist das Nachlaßgericht, in dessen Bezirk der letzte inländische Wohnsitz des Erblassers und bei Fehlen eines solchen der gewöhnliche Aufenthalt zur Zeit des Erbfalls war. Sofern der Erblasser weder Wohnsitz noch Aufenthalt in Deutschland hatte, ist gem. § 73 II FGG das AG Berlin-Schöneberg zuständig.

Auch in den neuen Bundesländern bestimmt sich die örtliche Zuständigkeit der Nachlaßgerichte nach § 73 I FGG, selbst wenn der Erblasser vor dem 3. 10. 1990 verstorben ist und seinen letzten Wohnsitz in der DDR hatte (Lange/Kuchinke, § 38 II 2).

Das Nachlaßgericht hat nur **Sicherungs-, Klärungs- und Ordnungsaufgaben.** Es wird im Notfall von Amts wegen, sonst lediglich auf Antrag hin tätig.

Von Amts wegen greift das Nachlaßgericht nur dann ein, wenn nach dem Eintritt des Erbfalls und vor Annahme der Erbschaft durch den Erben der Nachlaß gem. § 1960 ff. BGB der Fürsorge bedarf. Weiterhin ist das Nachlaßgericht neben dem verwahrenden Gericht gem. § 2260 BGB zur Eröffnung der Verfügung von Todes wegen berufen (→ *Testamentseröffnung*). Ihm gegenüber muß gem. § 1945 I BGB die Ausschlagung der Erbschaft, gem. § 1955 I die Anfechtung der Annahme oder Ausschlagung, gem. § 2081 BGB der Erbeinsetzung oder Enterbung, der Testamentsvollstreckerernennung oder der Aufhebung einer solchen erfolgen.

Im Verfahren vor dem Nachlaßgericht gilt das **FGG** und damit der **Amtsermittlungsgrundsatz,** so daß die Beweisregeln der ZPO nicht anwendbar und grundsätzlich alle Betroffenen anzuhören sind. Das Verfahren ist außerdem **nicht öffentlich.** Sämtliche Entscheidungen des Nachlaßgerichts ergehen in **Beschlußform,** gegen den **Beschwerde** bzw. bei Entscheidungen des Rechtspflegers die **Erinnerung** zulässig ist.

Nachlaßgläubiger

→ *Nachlaßinsolvenzverfahren*

→ *Nachlaßpflegschaft*

→ *Nachlaßverbindlichkeiten*

→ *Nachlaßverwaltung (§ 1975 BGB)*

→ *Zwangsvollstreckung*

Nachlaßinsolvenzverfahren

1. Überblick

Am 1. 1. 1999 trat die Insolvenzordnung (InsO) (BGBl I 2866) mit Änderungen vom 19. 12. 1998 (BGBl I 3836) in Kraft, die die bis dahin gültige Konkursordnung (KO) sowie Vergleichsordnung (VglO) ablöste. Allerdings gelten für alle **vor dem 1. 1. 1999** beantragten Verfahren die **alten gesetzlichen Vorschriften** der KO, VergleichsO und Gesamtvollstreckungsordnung.

Nunmehr findet auch bei einer Überschuldung des Nachlasses nicht mehr der Nachlaßkonkurs, sondern das Nachlaßinsolvenzverfahren statt. Dieses sieht in den §§ 315–331 InsO einige bedeutsame Änderungen gegenüber der KO vor:

– Ersatzlose Streichung des Nachlaßvergleichsverfahrens gem. § 113 VglO und Ersetzung durch den sog. **Insolvenzplan** gem. §§ 217 ff. InsO.

– Verminderung der Vorrechte bestimmter Gläubiger.

– Möglichkeit der Restschuldbefreiung gem. §§ 286 ff. InsO.

– Verschärfung der Anfechtungsmöglichkeiten für Gläubiger gem. §§ 129 ff. InsO nebst gleichzeitiger Neufassung des AnfG (BGBl I 1994, 2911).

– Anpassung der erbrechtlichen Haftungsvorschriften an die Neuregelung gem. Art. 33 Nr. 31–45 EGInsO.

2. Zuständigkeit

Insolvenzgericht ist gem. § 315 InsO das Amtsgericht, an dem der Erblasser im Zeitpunkt seines Todes seinen letzten Wohnsitz hatte. Bei einer in Betracht kommenden Doppelzuständigkeit entscheidet die zeitliche Reihenfolge der Antragstellung gem. § 3 II InsO.

3. Gegenstand des Insolvenzverfahrens

Gem. § 316 III InsO kann nur der gesamte Nachlaß **Gegenstand des Nachlaßinsolvenzverfahrens** sein.

Im Gegensatz zum Nachlaßkonkursverfahren sind nunmehr Annahme der Erbschaft und Haftungsbeschränkung keine Voraussetzungen mehr. Ebenso ist im Rahmen einer Erbengemeinschaft nunmehr auch nach Nachlaßteilung noch die Nachlaßinsolvenz möglich.

4. Insolvenzeröffnungsgrund

Im Gegensatz zum Nachlaßkonkursverfahren, das als einzigen Eröffnungsgrund die Überschuldung des Nachlasses kannte, sieht § 320 InsO nunmehr folgende Insolvenzgründe vor:

- Überschuldung,
- Zahlungsunfähigkeit,
- Drohende Zahlungsunfähigkeit, sofern der Antrag durch einen Erben, Testamentsvollstrecker oder Nachlaßverwalter gestellt wird.

5. Insolvenzantragspflicht

Insolvenzantragsberechtigt sind folgende Personen:

- Miterben (jeder einzelne).
- Nachlaßgläubiger (auch nachrangige), allerdings gem. §§ 14, 319 InsO auf zwei Jahre nach Annahme der Erbschaft befristet, sofern diese ihre Forderung, den Eröffnungsgrund und ihr rechtliches Interesse gem. § 14 I InsO glaubhaft i.S. des § 294 ZPO machen können.
- Verwaltungstestamentsvollstrecker.
- Nachlaßverwalter.
- Nachlaßpfleger.

Gem. §§ 1980, 1985 II BGB sind sowohl Erben als auch der Nachlaßverwalter zur Antragstellung **verpflichtet,** sobald sie von der Zahlungsunfähigkeit oder Überschuldung des Nachlasses Kenntnis erlangen.

Ob im Rahmen des Nachlaßinsolvenzverfahrens Prozeßkostenhilfe gewährt werden kann, ist streitig (dafür: AG München NJW 1999, 432; dagegen: AG Mannheim Justiz 1999, 169).

6. Dürftigkeitseinrede des Erben

Zunächst hat das Insolvenzgericht zu überprüfen, ob der Nachlaß voraussichtlich die Kosten des Insolvenzverfahrens decken wird. Dies geschieht durch eine detaillierte Nachlaßermittlung, an der die Erben mitzuwirken haben, u. a. durch Vorlage einer Debitoren- und Kreditorenliste.

Falls eine entsprechende Kostendeckung nicht zu erwarten ist, dient der entsprechende Gerichtsbeschluß im Rahmen einer von den Erben zu erhebenden → *Dürftigkeitseinrede* als Nachweis der Unzulänglichkeit des Nachlasses.

7. Sicherungsmaßnahmen

In der Zeit zwischen Antragstellung und Entscheidung über die Verfahrenseröffnung kann gem. § 21 InsO eine Nachlaßsicherung vorgenommen werden durch:

– Bestellung eines vorläufigen Nachlaßinsolvenzverwalters gem. § 21 II Nr. 1 InsO.

– Untersagung/Einstellung von Zwangsvollstreckungsmaßnahmen in bewegliches Vermögen gem. § 21 II Nr. 3 InsO, mit der Folge, daß ein Vollstreckungshindernis gem. § 775 Nr. 1 ZPO vorliegt.

– Erlaß eines allgemeinen Verfügungsverbots gem. § 21 II Nr. 2 InsO bzw. Anordnung, daß Verfügungen der Erben nur mit Zustimmung des vorläufigen Insolvenzverwalters wirksam sind.

8. Rechtswirkungen der Insolvenzeröffnung

Mit Wirkung ab Verfahrenseröffnung gilt der Nachlaß gem. § 80 InsO als **beschlagnahmt,** mit der Folge, daß der Erbe ab diesem Zeitpunkt sämtliche Verwaltungs- und Verfügungsbefugnisse über den Nachlaß zugunsten des Nachlaßinsolvenzverwalters gem. §§ 27, 80 I InsO verliert. Sämtliche Rechtshandlungen des Erben sind demgemäß den Insolvenzgläubigern gegenüber unwirksam. Entsprechend kann dann auch ein Insolvenzvermerk gem. §§ 32, 33, 81 InsO ins Grundbuch eingetragen werden.

Wichtigste Konsequenz für den **Erben** ist gem. § 1975 BGB, daß dessen **Haftung** gegenüber den Nachlaßgläubigern nunmehr **auf den Nachlaß beschränkt** ist.

Einzelvollstreckungen sowohl in bewegliches als auch unbewegliches Vermögen sind während der Dauer des Insolvenzverfahrens gem. §§ 89, 90 InsO **unzulässig**.

Außerdem bestimmt § 88 InsO, daß etwa Forderungspfändungen im Rahmen der Zwangsvollstreckung, die ein Insolvenzgläubiger innerhalb eines Monats vor Stellung des Insolvenzantrags oder gar nach Antragstellung vorgenommen hat, mit Eröffnung des Nachlaßinsolvenzverfahrens unwirksam sind. Hinsichtlich der Eintragung von Zwangshypotheken ist maßgeblicher Zeitpunkt allerdings nicht die Antragstellung, sondern die Eröffnung des Nachlaßinsolvenzverfahrens. Insoweit dürfte analog § 868 ZPO eine Eigentümergrundschuld entstehen (Krug, Das neue Nachlaßinsolvenzrecht, ZErb 1999, 9; Musielak/Becker, § 868 Rn. 3).

Diese sog. „**Rückschlagsperren**" gelten aber nicht für rechtsgeschäftliche Sicherungen, die allenfalls der Insolvenzanfechtung gem. § 129 ff. InsO unterfallen.

Wie bereits erwähnt, sind durch das neue Insolvenzrecht insbesondere auch die **Anfechtungsmöglichkeiten** erweitert worden.

Gem. § 134 InsO ist nunmehr jede unentgeltliche Leistung des Schuldners anfechtbar, die innerhalb von vier Jahren vor dem Antrag auf Eröffnung des Insolvenzverfahrens vorgenommen wurde. Die Beweislast des Gegenteils liegt insoweit bei der bereicherten Person.

Im Falle der Gläubigerbenachteiligungsabsicht greift nunmehr § 133 InsO bei Verfügungen innerhalb von 10 Jahren vor Eröffnung des Insolvenzverfahrens.

Der neu eingeführte **Insolvenzplan** gem. §§ 217 ff. InsO regelt die Befriedigung der absonderungsberechtigten Gläubiger, der Insolvenzgläubiger, die Verwertung der Insolvenzmasse und deren Verteilung sowie die Haftung des Schuldners nach Verfahrensbeendigung.

Eigengläubiger des Erben können sich gem. § 325 InsO am Nachlaßinsolvenzverfahren nicht beteiligen. Sie können auch in keiner Weise den Zugriff der Nachlaßgläubiger auf das Eigenvermögen des Erben verhindern. Dies vermag allein der Erbe selbst.

9. Restschuldbefreiung

Die bedeutsamste Änderung im Rahmen des neuen Insolvenzrechts dürfte die Möglichkeit der **Restschuldbefreiung** sein, die die §§ 286 ff. InsO nunmehr gewähren.

Es ist insoweit dem Gesetz nicht eindeutig zu entnehmen, ob diese Möglichkeit auch dem Erben als Schuldner der Nachlaßgläubiger offenstehen soll. Es spricht viel dafür, daß dem Erben die Möglichkeit der Restschuldbefreiung dann zugute kommen soll, wenn er seine Haftungsbeschränkungsmöglichkeit verloren hat und insoweit wie ein „normaler" Schuldner unbeschränkt auch mit seinem Eigenvermögen den Nachlaßgläubigern haftet (Krug, Das neue Nachlaßinsolvenzrecht, ZErb 1999, 10).

Sofern es um die Restschuldbefreiung eines „normalen" Insolvenzschuldners im „normalen" Insolvenzverfahren geht, stellt sich das Problem, daß für dessen Erben dann Haftungsrisiken bestehen, wenn die einmal gewährte Restschuldbefreiung nach dem Tod des Schuldners gem. § 303 InsO innerhalb eines Jahres widerrufen wird. Dem Erben ist für diesen Fall zu raten, das entsprechende Risiko mittels des Aufgebotsverfahrens gem. §§ 1970 ff. BGB zu minimieren.

Literaturhinweis:

Krug, Das neue Nachlaßinsolvenzrecht, ZErb 1999, 7 ff.

Nachlaßinventar

Unter einer Inventarerrichtung i. S. d. § 1993 BGB versteht man die **Einreichung** eines Nachlaßverzeichnisses (→ *Nachlaßverzeichnis*) beim zuständigen Nachlaßgericht. Sie ist zur **Abwendung der unbeschränkten Erbenhaftung** erforderlich, führt diese aber nicht selbst herbei (Palandt/Edenhofer, Vorbem. zu § 1993 Rn. 1).

Des weiteren dient die Inventarerrichtung dem Interesse der Nachlaßgläubiger, da sie diesen erst die erforderliche Übersicht über den Bestand des Nachlasses verschafft und damit die Zwangsvollstreckung in einzelne Nachlaßgegenstände bzw. die Inanspruchnahme des Erben bei Bestandsänderungen erleichtert (RGZ 129, 244). Die Gerichtsgebühren beurteilen sich nach § 114 Nr. 1 KostO, für die der Erbe wie für Nachlaßverbindlichkeiten haftet (Palandt/Edenhofer, Vorbem. zu § 1993 Rn. 1).

Zwar erfolgt die Aufnahme des Inventars grundsätzlich gem. § 2002 BGB durch die Erben unter Hinzuziehung der zuständigen Behörde bzw. des zuständigen Beamten oder eines Notars, allerdings kann auch das Nachlaßgericht auf Antrag der Erben das Inventar entweder selbst aufnehmen oder diese Aufgabe einer Behörde bzw. einem Amtsträger übertragen.

Ist bereits ein → *Nachlaßverzeichnis* vorhanden, etwa ein vom Testamentsvollstrecker errichtetes, so kann der Erbe gem. § 2004 BGB hierauf auch einfach Bezug nehmen.

Gem. § 1994 BGB hat das Nachlaßgericht dem Erben auf Antrag eines Nachlaßgläubigers eine **Inventarfrist** zu bestimmen. Diese soll gem. § 1995 I 1 BGB zwischen einem und drei Monaten betragen (zu näheren Einzelheiten s. §§ 1995 ff. BGB). Verstreicht diese Frist, ohne daß der Erbe ein Inventar gem. der oben genannten Voraussetzungen errichtet hat, so haftet der Erbe ab diesem Zeitpunkt unbeschränkt für die Nachlaßverbindlichkeiten gem. § 1994 I 2 BGB. Diese Rechtsfolge tritt allerdings gem. §§ 1973 f., 2000 S. 3, 2063 II, 2144 III BGB nicht bezüglich solcher Nachlaßgläubiger ein, denen der Erbe bereits vorher nur beschränkt haftete.

Die Rechtsfolge des § 1994 I 2 BGB gilt gem. § 2063 II BGB weder für Miterben des säumigen Erben noch gem. § 2144 BGB für Nacherben.

Bei **Inventaruntreue** (→ *Inventarerrichtung*) des Erben gem. § 2005 BGB tritt die gleiche Rechtsfolge ein wie bei Versäumung der Inventarfrist, nämlich die unbeschränkte Erbenhaftung.

Eine weitere Wirkung der Inventarerrichtung normiert § 2009 BGB: Im Verhältnis zwischen Erben und Nachlaßgläubigern wird vermutet, daß im Zeitpunkt des Erbfalles weitere Nachlaßgegenstände als die im Nachlaßverzeichnis angegebenen nicht vorhanden waren.

Nachlaßpflegschaft

1. Überblick

Die Nachlaßpflegschaft als Unterart der Pflegschaft gem. § 75 S. 1 FGG ist die wichtigste **Sicherungsmaßnahme** des Nachlaßgerichtes.

Sofern die Erbschaft noch nicht angenommen wurde, der Erbe unbekannt oder noch ungewiß ist, ob er die Erbschaft angenommen hat, hat das Nachlaßgericht den Nachlaß insoweit zu sichern, als ein Bedürfnis hierfür besteht. Dies ergibt sich aus § 1960 I BGB (sog. Sicherungspflegschaft). Zu diesem Zwecke wird das Nachlaßgericht gem. § 1960 II BGB einen Nachlaßpfleger bestellen.

Grundsätzlich sind auf die Nachlaßpflegschaft die Vorschriften über die Vormundschaft anzuwenden, soweit sich nicht aus der Tatsache etwas anderes ergeben muß, daß der Nachlaß selbst Gegenstand der Pflegschaft ist und der Pflegling hier regelmäßig unbekannt ist (Palandt/Edenhofer, § 1960 Rn. 11).

Da die Nachlaßpflegschaft für denjenigen angeordnet wird, „welcher Erbe wird", handelt es sich bei ihr um eine Personenpflegschaft.

Soweit nur ein Teil der Erben unbekannt ist oder die Erbquote nur für einige der Miterben nicht feststeht, ist die Pflegschaft grundsätzlich auf die betroffenen Erbteile zu beschränken (OLG Düsseldorf FamRZ 1995, 895).

2. Abgrenzungen

Ein Unterfall der Nachlaßpflegschaft kann die **Nachlaßverwaltung** gem. §§ 1975 ff. BGB sein.

Die gleichzeitige Anordnung von Nachlaßpflegschaft und Nachlaßverwaltung ist möglich, da beide unterschiedliche Ziele verfolgen: Der Nachlaßpfleger ist in erster Linie zur Erbenermittlung bestellt, während es sich bei der Nachlaßverwaltung um eine Maßnahme zur Beschränkung der Erbenhaftung – auch der eventuell noch unbekannten Erben – handelt (Kerscher/Tanck/Krug, Das erbrechtliche Mandat, § 11 Rn. 41). Hierbei kann auch Personenidentität von Nachlaßpfleger und -verwalter vorliegen (Kerscher/Tanck/Krug, Das erbrechtliche Mandat, § 11 Rn. 42).

Zu unterscheiden ist die Nachlaßpflegschaft von der sogenannten **Abwesenheitspflegschaft** gem. § 1911 BGB, bei der

der Erbe grundsätzlich bekannt und lediglich abwesend ist. Sofern eine Voraussetzung zur Anwendung des § 1960 BGB fehlt, kann aber auf § 1911 BGB zurückgegriffen werden (Kerscher/Tanck/Krug, Das erbrechtliche Mandat, § 11 Rn. 40).

3. Inhalt

Durch die Anordnung der Nachlaßpflegschaft wird der vorläufige Erbe aber nicht in seiner Verfügungsfähigkeit beeinträchtigt, so daß seine Verfügungen, die im Widerspruch zu denen des Nachlaßpflegers stehen, auf jeden Fall als von Anfang an wirksam gelten, sofern sich später herausstellt, daß es sich bei dem vorläufigen Erben auch um den wirklichen Erben handelt.

Die Anordnung der Nachlaßpflegschaft gem. §§ 1913, 1960 BGB ist etwa auch dann ein probates Mittel, wenn die Rechte eines noch unbekannten Nacherben gewahrt werden sollen (BGH RdL 1968, 97).

Die Nachlaßpflegschaft dient also nicht (wie etwa die Nachlaßverwaltung) der Beschränkung der Erbenhaftung und der Befriedigung der Nachlaßgläubiger oder gar der Ausführung des Erblasserwillens wie etwa die Testamentsvollstreckung. Vielmehr handelt es sich bei ihr um eine Sicherungsmaßnahme **im Interesse der Erben, gerichtet auf die Ermittlung noch unbekannter Erben und dementsprechender Sicherung und Erhaltung des Nachlasses bis zur Erbschaftsannahme** (Palandt/Edenhofer, § 1960 Rn. 11).

4. Nachlaßpfleger

Die **Auswahl des Nachlaßpflegers** hat das Nachlaßgericht durch den Rechtspfleger gem. §§ 1915, 1779 II 1 BGB nach pflichtgemäßem Ermessen zu treffen, wobei die Auswahl ausschließlich nach Eignung zu erfolgen hat; so ist etwa ein Nachlaßgläubiger als ungeeignet anzusehen (BayObLG NJW-RR 1992, 967). Rechtsmittel gegen die Anordnung der Pflegschaft oder Auswahl des Nachlaßpflegers ist die Beschwerde gem. § 20 I FGG. Beschwerdeberechtigt sind insoweit die Erbanwärter (allerdings nicht Ersatzerben oder Nacherben) sowie beschränkt auf die Anordnung selbst der Testamentsvollstrecker (Palandt/Edenhofer, § 1960 Rn. 14).

Der Nachlaßpfleger hat die **rechtliche Stellung** eines gesetzlichen Vertreters der noch unbekannten Erben und nicht etwa die eines Treuhänders, wobei die **Vertretungsmacht auf den Nachlaß beschränkt** ist. Der Nachlaßpfleger, der unter **Aufsicht des Nachlaßgerichts** steht, hat sich bei der Ausübung seines Amtes allein am Sicherungszweck zu orientieren. Demgemäß ist er berechtigt, Nachlaßgegenstände in Besitz zu nehmen, entsprechend dem Sicherungsbedürfnis darüber zu verfügen sowie Nachlaßgläubiger zu befriedigen. Auch Gläubigeraufgebot und die Durchführung des Nachlaßinsolvenzverfahrens können von ihm beantragt werden. § 1961 BGB sieht des weiteren die Möglichkeit der Bestellung eines Nachlaßpflegers bei einem Prozeß vor, der sich gegen den Nachlaß richtet (sog. Klagepflegschaft), da eine Klage gegen den vorläufigen Erben gem. § 1958 BGB nicht möglich ist.

Grundsätzlich handelt der Nachlaßpfleger eigenverantwortlich und selbständig. Lediglich bei bestimmten Geschäften benötigt er gem. §§ 1915, 1962, 1828–1832 BGB die **Genehmigung des Nachlaßgerichtes,** so etwa im Rahmen der §§ 1812, 1821, 1822 BGB. Allerdings untersteht er permanent gem. § 1962, 1837 BGB der **Aufsicht des Nachlaßgerichtes.**

a) Aufgaben

Der Nachlaßpfleger kann für einen weiten Aufgabenbereich, aber auch nur für die Wahrnehmung ganz bestimmter näher bezeichneter Aufgaben bestellt werden.

Einzelne Aufgaben des Nachlaßpflegers können sein:

– Einreichung eines Nachlaßverzeichnisses beim Nachlaßgericht gem. § 1802 BGB

– Auskunftserteilung über den Bestand des Nachlasses gem. § 2012 I 2 BGB gegenüber den Nachlaßgläubigern

– Begleichung von Steuerschulden gem. §§ 34, 36, 69 AO

– Inventarerrichtung für die Erben gem. § 1993 BGB, wobei ihm aber gem. § 2012 I 1 BGB keine Frist gesetzt werden kann

– Beantragung der Todeserklärung eines Erben gem. § 16 II b VerschG (OLG Köln FamRZ 1967, 59)

– Beantragung des Nachlaßinsolvenzverfahrens gem. § 14 InsO

– Beantragung des Nachlaßgläubigeraufgebots gem. § 991 ZPO

Demgegenüber **nicht** zu den Aufgaben des Nachlaßpflegers gehören:

- Befriedigung der Nachlaßgläubiger (str.), aber: dann möglich, wenn dies zur ordnungsgemäßen Verwaltung und Erhaltung des Nachlasses geboten ist

- Beantragung der Nachlaßverwaltung (str.)

- Beantragung eines Erbscheins in bezug auf den seiner Pflegschaft unterstellten Nachlaß

- Nachlaßauseinandersetzung

- Annahme oder Ausschlagung der Erbschaft

- Verzicht auf die Beschränkung der Haftung gem. § 2012 I 3 BGB

- Prozeßführung über das Erbrecht (anders: Prozeß über den Nachlaß)

- Vertretung eines Erbanwärters im Erbscheinsverfahren

(vgl. hierzu im einzelnen: Palandt/Edenhofer, § 1960 Rn. 17 ff.)

b) Haftung

Gem. §§ 1915, 1833 BGB haftet der Nachlaßpfleger dem Erben grundsätzlich für diejenigen Schäden, die durch vorsätzliche oder fahrlässige Pflichtverletzungen seinerseits entstanden sind (vgl. hierzu BGHZ 49, 1). Demgegenüber haftet er den Nachlaßgläubigern nur bei Verletzung der Auskunftspflicht gem. § 2012 I 2 BGB und unerlaubter Handlung. Dem Erben ist ein Verschulden des Nachlaßpflegers über § 278 BGB zuzurechnen, wobei er seine Haftung allerdings auf den Nachlaß beschränken und beim Nachlaßpfleger Rückgriff nehmen kann (Palandt/Edenhofer, § 1960 Rn. 24).

c) Vergütung

Grundsätzlich ist das Amt des Nachlaßpflegers zwar unentgeltlich zu führen (BVerfGE 54, 251), jedoch kann das Nachlaßgericht dem Nachlaßpfleger, insbesondere wenn er im Hinblick auf seinen Beruf bestellt wurde, gem. §§ 1836 I 2, II i.V.m. §§ 1915, 1962 BGB eine angemessene und in der Regel einmalige **Vergütung** bewilligen, sofern Nachlaßvermögen sowie Umfang und Bedeutung der Geschäfte des Nachlaßpfle-

gers eine entsprechende Entschädigung rechtfertigen (Palandt/
Edenhofer, § 1960 Rn. 25).

Neben einer Vergütung sind dem Nachlaßpfleger entstandene
Aufwendungen und Auslagen gem. §§ 1915, 1835, 1836 a BGB
zu erstatten. Hierzu gehören z. B. Rechtsanwaltsgebühren
sowie Schreib- und Telefonauslagen u. ä. (Palandt/Edenhofer,
§ 1960 Rn. 30).

5. Beendigung

Die Nachlaßpflegschaft wird durch Aufhebung durch das
Nachlaßgericht im Wege des Beschlusses gem. § 1919 BGB
beendet, sobald die Erben ermittelt sind und die Erbschaft
angenommen wurde bzw. der Erbschein erteilt und die
Schlußrechnung des Nachlaßpflegers gem. §§ 1890, 1892 BGB
überprüft ist. Der Nachlaßpfleger hat dann den Nachlaß an
die Erben gem. §§ 1960, 1915, 1890 BGB herauszugeben.
Danach treten die Erben anstelle des Nachlaßpflegers in einen
bestehenden Rechtsstreit ein.

Der Nachlaßpfleger kann auch unter den Voraussetzungen der
§§ 1915, 1886 BGB gegen seinen Willen vom Nachlaßgericht
entlassen werden.

Nachlaßsicherung

→ *Nachlaßpflegschaft*

Nachlaßspaltung

→ *Kollisionsrecht*

Nachlaßteilung

→ *Auseinandersetzung der Erbengemeinschaft*

Nachlaßüberschuldung

→ *Nachlaßinsolvenzverfahren*

Nachlaßverbindlichkeiten

1. Erblasserschulden
2. Erbfallschulden
3. Nachlaßerbenschulden
4. Ermittlung und Geltendmachung
5. Dreimonatseinrede

Unter Nachlaßverbindlichkeiten versteht man diejenigen Verbindlichkeiten, für die bei einer → *Beschränkung der Erbenhaftung* der Nachlaß haftet. Hierzu gehören die Erblasserschulden, die Erbfallschulden sowie die Nachlaßerbenschulden.

1. Erblasserschulden

Unter **Erblasserschulden** versteht man die noch in der Person des Erblassers begründeten Schulden aus allen denkbaren Rechtsgründen. Hierzu gehören aber auch solche Schulden, deren wesentliche Entstehungsgrundlage bereits vor dem Erbfall liegt, die aber erst nach dem Erbfall (etwa durch Bedingungseintritt) fällig wurden. Hierzu gehört etwa auch die Verbindlichkeit aus einer vom Erblasser übernommenen Bürgschaft, selbst wenn die entsprechende Hauptschuld erst nach dem Erbfall begründet wurde (Leipold, Erbrecht, Rn. 507).

Im einzelnen fallen unter die Erblasserschulden:

– Alle Schulden, die bereits vor dem Erbfall in der Person des Erblassers voll entstanden waren und damit im Zeitpunkt des Erbfalls bereits nach Grund und Höhe bestanden mit Ausnahme solcher Schulden, die ausschließlich aus persönlichkeitsbezogenen Pflichten bestehen und durch den Tod erlöschen (z. B. Pflicht zur Dienstleistung gem. § 613 BGB, Pflicht zur Unterhaltsleistung gem. §§ 1615 I, 1360a III BGB, Zahlungspflicht aus Rentenversprechen gem. § 520 BGB)

– Verbindlichkeiten, deren wesentliche Entstehungsgrundlage schon vor dem Erbfall gegeben war, auch wenn die Verpflichtung erst nach dem Tod des Erblassers durch Hinzutreten weiterer Umstände entstanden ist, so etwa bei bedingten oder befristeten Verbindlichkeiten (RGRK/Johannsen, § 1967 Rn. 5; Schlüter, Erbrecht, Rn. 1055), wobei die Schulden auf Vertrag, unerlaubter Handlung oder anderen Rechtsgründen beruhen können, so etwa Kaufpreisschulden, Steuerschulden, Darlehensschulden, Prozeßkosten, Anspruch auf öffentlich-rechtlichen Versorgungsausgleich, Bürgschaft, Erbausgleich, öffentlich-rechtliche Erstattungsansprüche etc.

Zu beachten ist, daß eine Verbindlichkeit auch dann vom Erblasser herrührt, wenn er eine unerlaubte Handlung begangen hat und der Schaden erst nach seinem Tod eingetreten ist (RGRK/Johannsen, § 1967 Rn. 5; Schlüter, Erbrecht, Rn. 1055).

2. Erbfallschulden

Verbindlichkeiten, die erst durch den Erbfall selbst veranlaßt werden, d. h. mit dem Erbfall durch Gesetz oder durch Verfügung von Todes wegen auferlegt werden, treffen den Erben als solchen und werden als sog. **Erbfallschulden** bezeichnet. Hierzu gehören:

– Vermächtnisse und Auflagen gem. §§ 2147 ff., 2192 ff. BGB.

– Verbindlichkeiten aus geltend gemachten Pflichtteilsrechten gem. § 2303 ff. BGB und Erbersatzansprüchen gem. §§ 1934 a ff. BGB.

– Sogenannte gesetzliche Vermächtnisse, insbesondere der Ausbildungsanspruch der Stiefkinder gem. § 1371 IV BGB, der Voraus des Ehegatten gem. § 1932 BGB sowie der Dreißigste gem. § 1969 BGB für Familienangehörige des Hausstandes.

– Kosten der standesgemäßen Bestattung gem. § 1968 BGB, wobei hierunter regelmäßig nicht die Kosten für die Reise naher Angehöriger zur Beerdigung (BGHZ 32, 72) und nicht die Aufwendungen für die Grabpflege fallen (RGZ 160, 255 f.; BGHZ 61, 238; OLG Oldenburg DNotZ 1993, 135).

– Sog. Nachlaßkostenschulden, wie die Kosten einer Testamentseröffnung, der Nachlaßverwaltung oder eines Nachlaßinsolvenzverfahrens.

– Unterhaltsanspruch der werdenden Mutter eines Erben gem. § 1963 BGB.

– Zugewinnausgleichsforderung gem. § 1371 II, III BGB (BGHZ 37, 58, 64; Schlüter, Erbrecht, Rn. 1058 m.w.N. in Fn. 12).

– Umstritten ist dies für die **Erbschaftssteuer:** Insoweit hat der BFH in seinem Urteil vom 28. 4. 1992 (NJW 1993, 350 ff.)

zwar entschieden, daß es sich bei der Erbschaftsteuer um eine Erbfallschuld handelt (so auch Palandt/Edenhofer, § 1967 Rn. 6), allerdings sieht das OLG Hamm (OLGZ 1990, 393 ff.) die Erbschaftsteuer lediglich als **Eigenschuld des Erben** an. Begründet wird dies damit, daß die Erbschaftsteuerschuld zwar auch in der Person des Erben entstehe, aber nicht notwendigerweise. So haftet der Erbe gem. § 3 I Nr. 1 ErbStG etwa nicht für die Erbschaftsteuer von Vermächtnisnehmern und Pflichtteilsberechtigten. Die Haftung für die Erfüllung der Pflichtteils- und Vermächtnisansprüche, die erst die Haftung für eine Erbschaftssteuerschuld der Pflichtteilsberechtigten und Vermächtnisnehmer auslöst, und die Haftung für die Erfüllung der Steuerschuld selbst fallen auseinander. Daraus könne gefolgert werden, daß die Erbschaftsteuerschuld nicht in der Abwicklung der Gesamtrechtsnachfolge angelegt ist, so daß der Nachlaß nicht etwa belastet mit der Erbschaftsteuerschuld auf die Erben übergeht. Vielmehr knüpfe die Entstehung der Erbschaftssteuerschuld an jeden einzelnen Erwerb von Todes wegen an, wie sich aus §§ 11 Nr. 1, 3 I Nr. 1 ErbStG ergebe (OLG Hamm OLGZ 1990, 393 ff.; vgl. auch Rohlfing, § 4 Rn. 24; vermittelnd insoweit Staudinger/Marotzke, § 1967 Rn. 33).

3. Nachlaßerbenschulden

Bei den sog. **Nachlaßerbenschulden** handelt es sich demgegenüber um solche Verbindlichkeiten, die der Erbe selbst im Rahmen einer ordnungsgemäßen Verwaltung des Nachlasses eingegangen ist. Zwar sieht das Gesetz nicht ausdrücklich deren Zugehörigkeit zu den Nachlaßverbindlichkeiten vor, die Rechtsprechung erkennt dies jedoch seit der Entscheidung RGZ 90, 91 an, so auch in BGHZ 32, 64 ff.

Bei den Nachlaßerbenschulden besteht allerdings die Besonderheit, daß für diese Verbindlichkeiten nicht nur der Nachlaß, sondern auch der Erbe persönlich mit seinem Eigenvermögen haftet, da er die entsprechende Verbindlichkeit auch persönlich eingegangen ist, wie etwa dann, wenn er ein ererbtes Unternehmen weiterführt und insoweit von den Versorgungsunternehmen Strom und Wasser bezieht. Der Haftung mit dem Eigenvermögen kann der Erbe nur dadurch entgehen, wenn er bereits bei Abschluß der entsprechenden Vereinbarung seine Haftung auf den Nachlaß beschränkt hat. Eine solche Haftungsbeschränkung kann auch konkludent dadurch vereinbart werden, daß der Erbe bei Abschluß des entsprechenden Vertrages erklärt, er handele nur mit Wirkung für den Nachlaß (Leipold, Erbrecht, Rn. 509).

4. Ermittlung und Geltendmachung

Die **Ermittlung und Geltendmachung der Nachlaßverbindlichkeiten** durch die Gläubiger erfolgt entweder automatisch, sobald diese vom Erbfall Kenntnis genommen haben oder aber durch das vom Gesetzgeber in §§ 1970 ff. BGB vorgesehene **Aufgebotsverfahren,** dessen verfahrensrechtliche Voraussetzungen in den **§§ 946 ff., 989 ff. ZPO** geregelt sind.

Das Aufgebotsverfahren kommt auf Veranlassung des Erben in Gang, nämlich sofern dieser einen entsprechenden Antrag gem. § 991 ZPO stellt. Daraufhin erteilt das Amtsgericht eine Aufforderung an die Nachlaßgläubiger, ihre Nachlaßforderungen binnen einer bestimmten Anmeldungsfrist geltend zu machen, woraufhin dieses Aufgebot öffentlich bekanntgemacht wird. Nach Fristablauf ergeht ein sog. Ausschlußurteil. Hierdurch kann der Erbe gem. § 1973 BGB die Leistung denjenigen Gläubigern gegenüber verweigern, die sich nicht rechtzeitig gemeldet haben, soweit der Nachlaß bereits durch Befriedigung der nicht ausgeschlossenen Gläubiger erschöpft ist. Gem. § 1973 I 2 BGB muß der Erbe jedoch die ausgeschlossenen Gläubiger vor Erfüllung der Verbindlichkeiten aus Pflichtteilsrechten, Vermächtnissen und Auflagen befriedigen, es sei denn, der entsprechende Gläubiger macht seine Forderung erst nach der Berichtigung dieser Verbindlichkeiten geltend.

5. Dreimonatseinrede

Bevor der Erbe weiß, ob es unter Umständen sinnvoll ist, eine Haftungsbeschränkung herbeizuführen, kann er gem. §§ 2014, 2015 BGB die Erfüllung noch drei Monate lang bzw. bis zur Beendigung des Aufgebotsverfahrens verweigern, sog. **„Dreimonatseinrede".** Sofern er die Einrede im Rahmen eines gerichtlichen Verfahrens eines Nachlaßgläubigers gegen ihn geltend macht, kann er lediglich gem. § 305 ZPO unter dem Vorbehalt der beschränkten Haftung verurteilt werden, wobei die Zwangsvollstreckung auf sein Verlangen gem. § 782 ZPO auf Sicherungsmaßnahmen zu beschränken ist.

Nachlaßverwaltung (§ 1975 BGB)

Die NL-Verwaltung gem. § 1975 BGB dient der Haftungsbeschränkung auf den Nachlaß. Sie führt automatisch zu einer auf den Erbfall zurückwirkenden Trennung von Nachlaß und Eigenvermögen des Erben (Palandt/Edenhofer, § 1975 Rn. 1). Die Nachlaßgläubiger können damit nicht auf das Eigenvermögen des Erben zugreifen.

Die Nachlaßverwaltung ist aber auch eine besondere Nachlaßpflegschaft, die der Befriedigung der Nachlaßgläubiger bei ausreichendem, aber unübersichtlichem Nachlaß dient (Palandt/Edenhofer, § 1975 Rn. 4). Zuständig für die Anordnung der Nachlaßverwaltung ist das Nachlaßgericht am letzten Wohnsitz des Erblassers auf Antrag, sofern eine die Kosten der Nachlaßverwaltung deckende Masse vorhanden ist und ein Nachlaßinsolvenzverfahren noch nicht eröffnet ist, § 1988 BGB.

Antragsberechtigt sind Erben (§§ 1981 II, 2062 BGB), Nachlaßgläubiger (§ 1981 II BGB) sowie der Testamentsvollstrecker (§§ 217 I KO, 317 I InsO analog).

Der Nachlaßverwalter ist Partei kraft Amtes und im Prozeß gesetzlicher Prozeßstandschafter. Er hat Verwaltungs- und Verfügungsbefugnis über den Nachlaß gem. §§ 1984 I 1, 1985 I BGB), so daß Rechtshandlungen der Erben absolut unwirksam sind (§§ 1984 I 2; 81 InsO; 7 KO).

Hauptaufgabe des Nachlaßverwalters ist die Erfüllung von Nachlaßverbindlichkeiten gem. §§ 1985 I 1, 1986 I 1 BGB. Er steht unter Aufsicht des Nachlaßgerichtes und hat in den Fällen des § 1821 ff. BGB dessen Genehmigung einzuholen, auch wenn die Erben volljährig sind (Kerscher/Tanck/Krug, § 21 Rn. 76).

Die Nachlaßverwaltung erstreckt sich auf den gesamten Nachlaß mit Ausnahme höchstpersönlicher Rechte des Erben (Kerscher/Tanck/Krug, § 21 Rn. 116). Sie ist als Verfügungsbeschränkung im Grundbuch in Abt. II einzutragen.

(Zur differenzierten Behandlung einer vererbten Beteiligung des Erblassers an einer Personenhandelsgesellschaft vgl. Kerscher/Tanck/Krug, § 21 Rn. 77.)

Zwischen NL-Verwalter und Erben besteht ein gesetzliches Schuldverhältnis, in dessen Rahmen der Verwalter gem. §§ 1985 I 1, 1915 I, 1833 BGB für schuldhafte Pflichtverletzungen haftet. Die NL-Verwaltung endet gem. § 16 FGG mit Bekanntgabe des Aufhebungsbeschlusses durch das NL-Gericht bzw. durch Eröffnung des NL-Insolvenzverfahrens.

Nach Beendigung der NL-Verwaltung haftet der Erbe gem. § 1990 BGB analog nur beschränkt auf den Nachlaß (BGH NJW 1954, 635).

Nachlaßverzeichnis

Nach Eintritt des Erbfalls stellt sich für den Rechtsanwalt oftmals zunächst die Aufgabe, ein Nachlaßverzeichnis zu erstellen. Hierzu hat er den vorhandenen **Vermögensbestand mit sämtlichen Aktiva und Passiva** aufzunehmen. Dies ist vor allem deshalb erforderlich, weil nur dann die Frage geklärt werden kann, ob unter Umständen eine Ausschlagung der Erbschaft sinnvoll sein kann, vor allem aber zur Berechnung von Pflichtteilsansprüchen oder Bruchteilsvermächtnissen. Ebenso beurteilen sich etwa die Kosten der Testamentseröffnung nach dem Bestand des Nachlasses (Kerscher/Tanck/Krug, Das erbrechtliche Mandat, § 1 Rn. 24).

Zu beachten ist, daß die Zusammensetzung des Nachlasses zu dessen verkehrswesentlichen Eigenschaften gehört, deren Verkennung zur Anfechtung der Ausschlagung wegen Eigenschaftsirrtums gem. § 119 II BGB berechtigt. Nicht zu verwechseln ist dies jedoch mit der irrtümlich falschen Bewertung des Nachlasses, die gerade keinen Anfechtungsgrund darstellt (Kerscher/Tanck/Krug, Das erbrechtliche Mandat, § 1 Rn. 26).

Hinsichtlich eventuell zum Nachlaß gehörender Grundstücke empfiehlt es sich, Auskunft beim zuständigen Grundbuchamt einzuholen, sofern der Mandant nicht über entsprechende Unterlagen verfügt.

Das Nachlaßverzeichnis wird durch das zuständige Nachlaßgericht in der Form des § 2001 BGB errichtet (Inventarerrichtung). Hierbei ist eine Wertangabe der einzelnen Nachlaßgegenstände nicht erforderlich. Das Nachlaßgericht hat aber die

Möglichkeit, den Nachlaß schätzen zu lassen. Erforderlich ist eine Niederschrift in der Form des § 37 BeurkG. Das Nachlaßverzeichnis wird durch das Nachlaßgericht bei den Nachlaßakten aufbewahrt.

Beispiel:

Grobmuster eines Nachlaßverzeichnisses

I. Aktiva

1. Nachlaßgrundstücke

a) bebaute Grundstücke: (. . .)

b) unbebaute Grundstücke: (. . .)

2. Bewegliche Nachlaßgegenstände: (. . .)

3. Forderungen und Bankguthaben:

a) Girokonten

    aa) Girokonto Nr. (. . .) bei der X-Bank

    bb) Girokonto Nr. (. . .) bei der Y-Bank

b) Sparkonten

    aa) Sparbuch Nr. (. . .) bei der X-Bank

    bb) Sparbuch Nr. (. . .) bei der Y-Bank

c) Sparkassenzertifikate/Depots/Wertpapiere: (. . .)

4. Sonstige Forderungen

a) Darlehensforderung gegenüber (. . .)

b) Mietzinsrückstände gegenüber (. . .)

c) Ansprüche auf Steuerrückerstattung

5. Unternehmen, Beteiligungen: (. . .)

Gesamtsumme Aktiva = Bruttonachlaß

II. Passiva

1. Bankverbindlichkeiten

a) Darlehen bei der X-Bank

b) Kontokorrentkredit bei der Y-Bank

2. Offene Steuerschulden des Erblassers: (. . .)

3. Grundschulden/Hypotheken: (. . .)

4. Nachlaßkosten

a) Kostenrechnung der Landesjustizkasse für Eröffnung einer Verfügung von Todes wegen

b) Kostenrechnung der Landesjustizkasse für unbeglaubigten Grundbuchauszug

c) Rechnung für Gutachten zur Wertermittlung der Nachlaß-grundstücke

d) Rechnung für Gutachten zur Wertermittlung der beweglichen Nachlaßgegenstände

e) Kosten für Entrümpelung des Wohnhauses

f) Rechtsanwaltsgebühren zur Feststellung und Sicherung des Nachlasses

5. Erbfallkosten

a) Beerdigungskosten Bestattungsinstitut

b) Erstanlegung des Grabes

c) Kosten für Todesanzeige

d) Kosten für Trauerfeier

e) Kosten für Blumenschmuck

f) Kosten für Grabstein

g) Kostenfestsetzung Standesamt für Sterbeurkunde und Bestattungsgenehmigung

6. Sonstige Verbindlichkeiten: (. . .)

Gesamtsumme Passiva

Gesamtsumme Aktiva

Netto-Nachlaß

Nachvermächtnis

→ *Vermächtnis*

Nasciturus

→ *Erbfähigkeit*

Natürliche Person

→ *Erbfähigkeit*

Nichteheliche Kinder

Durch das **Kindschaftsrechtsreformgesetz** vom 1. 7. 1998 wurden die Unterschiede in der rechtlichen Behandlung ehelicher und nichtehelicher Kinder endgültig beseitigt und beide nunmehr gleichgestellt. Bereits mit Wirkung zum 1. 4. 1998 waren durch das Erbrechtsgleichstellungsgesetz vom 16. 12. 1997 sämtliche erbrechtlichen Unterschiede beseitigt worden.

Unter einem nichtehelichen Kind hatte man vor Inkrafttreten des Kindschaftsrechtsreformgesetzes ein Kind verstanden, das von einer unverheirateten Frau geboren wurde. Sofern die Frau verheiratet gewesen war, galt das Kind dann als nichtehelich, wenn es später als 302 Tage nach Auflösung der Ehe geboren wurde. Nichtehelich waren auch Kinder, die aus einer sog. „Nichtehe" stammten, deren Ehelichkeit durch Ehelichkeitsanfechtung mit Erfolg bestritten worden war, und Kinder, deren Ehelichkeit nach einer Legitimation dadurch rückgängig gemacht worden war, daß ein Vaterschaftsanerkenntnis erfolgreich angefochten oder die gerichtliche Vaterschaftsfeststellung durch ein Wiederaufnahmeverfahren beseitigt wurde.

Die **ursprünglichen erbrechtlichen Regelungen** des BGB gelten aber nach wie vor für alle diejenigen Erbfälle, in denen der Erblasser bereits vor dem 1. 4. 1998 verstorben ist bzw. in denen bis zum 1. 4. 1998 eine wirksame Vereinbarung über den vorzeitigen Erbausgleich getroffen wurde bzw. dieser durch rechtskräftiges Urteil zuerkannt wurde.

Im Verhältnis zu seiner **Mutter** hatte das nichteheliche Kind bereits früher die gleiche erbrechtliche Stellung wie ein eheliches Kind.

Anderes galt aber zwischen dem nichtehelichen Kind und seinem **Vater**.

Hier mußte zunächst einmal die Frage der **Abstammung** durch Vaterschaftsanerkenntnis oder gerichtliche Feststellung gem. § 1592 BGB geklärt werden. Nur wenn die Vaterschaft endgültig feststand, bestand ein Verwandtschaftsverhältnis zwischen Vater und Kind.

Für Erbfälle vor Inkrafttreten des Nichtehelichengesetzes vom 1. 7. 1970 bzw. für Kinder, die vor dem 1. 7. 1949 geboren waren, galt nach wie vor das alte Recht, wonach eine Verwandtschaftsbeziehung zwischen Vater und Kind nicht bestand, mithin auch keinerlei erbrechtliche Ansprüche gegeben waren.

Um zu verhindern, daß nächste Angehörige des Erblassers, insbesondere seine Ehefrau und seine ehelichen Kinder, mit den nichtehelichen Kindern und sonstigen Verwandten in einer Erbengemeinschaft zusammentrafen, gewährte § 1934 a. F. BGB den nichtehelichen Verwandten anstelle des gesetzlichen Erbrechts einen sog. **Erbersatzanspruch**.

Der Erbersatzanspruchsberechtigte war nicht unmittelbar an der Erbengemeinschaft beteiligt, sondern hatte gegen diese lediglich einen **schuldrechtlichen** Anspruch auf Zahlung eines Geldbetrages in Höhe des gesetzlichen Erbteils. Dies galt gem. dem Wortlaut des § 1934 a BGB freilich nur für den Fall, daß mit dem nichtehelichen Kind überhaupt eine Ehefrau oder eheliche Kinder zusammentrafen, ansonsten erbte das nichteheliche Kind wie ein eheliches.

Der Erbersatzanspruch entstand mit dem Erbfall und war vererblich und übertragbar. Er konnte wie ein Vermächtnis angenommen oder ausgeschlagen und unter den besonderen Voraussetzungen des § 2331 a. F. BGB gestundet werden. Auch die taktische Ausschlagungsmöglichkeit des § 2306 I 2 BGB galt entsprechend für den Erbersatzanspruch.

Auch bestand für das nichteheliche Kind im Alter zwischen 21 und 27 Jahren im Verhältnis zu seinem Vater die Möglichkeit, → *vorzeitigen Erbausgleich* gem. § 1934 d a. F. BGB zu verlangen und so die späteren erbrechtlichen Ansprüche bereits zu Lebzeiten des Vaters abgegolten zu bekommen.

Nichteheliche Lebensgemeinschaft

Partnern nichtehelicher Lebensgemeinschaften stehen im Todesfall des Partners **keinerlei gesetzliche Erbansprüche** zu.

Auch eine analoge Anwendung des gesetzlichen Ehegattenerbrechts kommt nicht in Betracht. Rechte kann der nichteheliche Lebenspartner aber aus § 1969 BGB herleiten, da der Begriff „Familienangehöriger" hier weit verstanden wird. Der Zweck dieser Vorschrift besteht nämlich darin, die dem Erblasser nahestehenden Personen zumindest für den ersten Monat nach dessen Tod abzusichern (vgl. OLG Düsseldorf NJW 1983, 1566).

Grundsätzlich besteht also für Partner einer nichtehelichen Lebensgemeinschaft nur die Möglichkeit der **Errichtung einer letztwilligen Verfügung,** um dem jeweils anderen Teil den Nachlaß bzw. Teile des Nachlasses zukommen zu lassen. Grundsätzlich sind solche Verfügungen heute – selbst bei anderweitig verheirateten Partnern – auch nicht sittenwidrig, mit Ausnahme bestimmter Einzelfälle, in denen die „Entlohnung" der sexuellen Beziehung im Vordergrund steht (vgl. BGHZ 53, 369).

Die Partner einer nichtehelichen Lebensgemeinschaft können auch wechselbezüglich und bindend verfügen, jedoch nur im Rahmen eines → *Erbvertrags,* nicht aber in einem Gemeinschaftlichen Testament. Damit hier aber nicht eine ungewollte lebzeitige Bindung eintritt, ist der **erbvertragliche Vorbehalt eines bedingungslosen lebzeitigen Rücktrittsrechtes durch notariellen Widerruf** möglich und sinnvoll. Der andere Partner wird dadurch geschützt, daß er notwendigerweise vom Rücktritt des Vertragspartners Kenntnis erlangt und dann selbst die entsprechenden Dispositionen treffen kann.

Nach dem Eintritt des Todes des Erstversterbenden tritt dann aber die erbvertragliche Bindungswirkung unwiderruflich ein, sofern für diesen Fall eine Abänderungsmöglichkeit für den Überlebenden im Erbvertrag nicht ausdrücklich vorgesehen ist. Eine Befreiung von der Bindungswirkung ist dann nur noch dadurch möglich, daß der Überlebende nach dem Tod des Erstversterbenden das ihm Zugewendete gem. § 2298 II 3 BGB ausschlägt (MK/Musielak, § 2298 Rn. 6).

Nichtigkeit der Ehe

→ *Scheidung*

Nichtigkeit einer Verfügung von Todes wegen

Ist eine Verfügung von Todes wegen nichtig, so entfaltet sie keinerlei rechtliche Wirkung, ist rechtlich nicht existent, wobei auch eine nachträgliche Heilung des vorhandenen Mangels nicht möglich ist. Nichtig sind solche Verfügungen von Todes wegen, die gem. § 125 S. 1 BGB nicht in der gesetzlich vorgeschriebenen Form errichtet wurden, bei deren Errichtung der Erblasser gem. § 2229 BGB nicht testierfähig (→ *Testierfähigkeit*) war oder die gem. § 138 I BGB sittenwidrig (→ *Sittenwidrigkeit einer Verfügung von Todes wegen*) sind.

Niederstwertprinzip

→ *Pflichtteilsergänzungsanspruch*

Nießbrauch an Erbteilen

Der Erblasser kann einem Dritten oder einem der Miterben vermächtnisweise den Nießbrauch an einem Erbteil zuwenden.

Unter Nießbrauch versteht man gem. §§ 1030, 1036, 1059, 1061 BGB das unvererbliche, grundsätzlich unübertragbare dingliche Recht, eine Sache in Besitz zu nehmen, zu verwalten, zu bewirtschaften und sämtliche Nutzungen an ihr zu ziehen, wobei der jeweilige Eigentümer des mit dem Nießbrauch belasteten Gegenstands diese Nutzungen zu dulden hat. Ein Verfügungsrecht gibt der Nießbrauch nicht. Er ist möglich an Sachen gem. §§ 1030–1067 BGB, an Rechten gem. §§ 1068–1084 BGB, an Vermögen gem. §§ 1085–1088 BGB sowie an einer Erbschaft als Sachgesamtheit gem. § 1089 BGB.

Die Stellung eines Nießbrauchers ist wirtschaftlich gesehen mit der eines nicht befreiten Vorerben zu vergleichen.

Nießbrauchsvermächtnis

→ *Vermächtnis*

Nießbrauchsvorbehalt

Der Nießbrauchsvorbehalt spielt insbesondere bei der lebzeitigen Übertragung eines Nachlaßgegenstandes, wie etwa eines Grundstücks oder auch Unternehmens, im Wege der vorweggenommenen Erbfolge oder von Todes wegen eine wichtige Rolle.

Im Falle der lebzeitigen Übertragung behält sich meist der Verfügende selbst den Nießbrauch am betreffenden Gegenstand vor, im Falle der Verfügung von Todes wegen erfolgt der Vorbehalt des Nießbrauchs meist zugunsten des Ehegatten oder eines sonstigen nahen Angehörigen.

Die Übergabe unter Nießbrauchsvorbehalt kommt insbesondere dann in Betracht, wenn der Übergeber die umfassende Nutzung des Vertragsgegenstandes weiterhin für sich beansprucht, insbesondere auf die Miet- oder Pachteinnahmen dringend angewiesen ist.

Zu beachten ist, daß im Rahmen des Nießbrauchsvorbehaltes ausdrücklich geregelt wird, **wer** die privaten und öffentlichen **Lasten,** die auf dem übertragenen Gegenstand ruhen, zu tragen hat, Übernehmer oder Übergeber. Sofern keine ausdrückliche Regelung erfolgt, hat der **Übergeber/Nießbraucher** nur die **gewöhnlichen Unterhaltungskosten** zu tragen, alle übrigen Kosten trägt der Übernehmer.

Im Hinblick auf einen eventuellen → *Pflichtteilsergänzunganspruch* ist insbesondere zu beachten, daß die Vereinbarung eines Nießbrauchsvorbehaltes verhindert, daß der Beginn der Frist des § 2325 III BGB ausgelöst wird (BGH NJW 1994, 1791).

Notarielle Beurkundung

Die Beurkundungsvorschriften für letztwillige Verfügungen sind teilweise im **BGB**, teilweise im **Beurkundungsgesetz** geregelt.

Gem. § 6 BeurkG ist der Notar von der Beurkundung jeglicher Willenserklärungen ausgeschlossen, die er selbst, sein Ehegatte oder eine mit ihm in gerader Linie verwandte Person abgibt. Dies gilt auch für den Fall, daß für die genannten Personen ein Vertreter handelt. Bei Verstoß gegen diese Vorschrift ist das Testament formunwirksam. Im Gegensatz zum Testament führt die Formnichtigkeit der Beurkundung eines Erbvertrages gem. §§ 2276, 125 BGB automatisch zur Formnichtigkeit der in ihm enthaltenen Willenserklärungen.

Gem. § 7 BeurkG darf der Notar nicht an der Beurkundung von Willenserklärungen mitwirken, die ihm selbst, seinem Ehegatten oder einer Person, die mit ihm in gerader Linie verwandt oder verschwägert oder in der Seitenlinie bis zum dritten Grade verwandt oder bis zum zweiten Grade verschwägert ist oder war, einen rechtlichen Vorteil verschaffen soll.

Gleiches gilt gem. §§ 16 III 2, 24 II BeurkG für hinzugezogene Dolmetscher oder Vertrauenspersonen, nicht dagegen zwingend für lediglich hinzugezogene Zeugen gem. § 26 I Nr. 2 BeurkG.

„Bedacht" wird eine Person dann, wenn sie entweder Erbe, Vermächtnisnehmer oder Auflagebegünstigter werden soll, wobei diese Aufzählung abschließend ist. Unter den Begriff des rechtlichen Vorteils fällt aber auch die Ernennung zum Testamentsvollstrecker.

Der Verstoß gegen § 7 BeurkG zieht nicht die Unwirksamkeit der gesamten Verfügung von Todes wegen nach sich, sondern lediglich die der betroffenen Einzelverfügung. Insoweit gilt § 2085 BGB für das Testament, aber §§ 139, 2298 BGB für den Erbvertrag, so daß die Teilunwirksamkeit im ersten Falle im Zweifel nicht zur Unwirksamkeit des ganzen Testaments führt, im zweiten Falle aber zur Unwirksamkeit des gesamten Erbvertrages (Tanck/Daragan/Krug, Testamente, § 6 Rn. 5).

Des weiteren sieht § 2232 BGB die persönliche Anwesenheit des Erblassers bei der Errichtung der letztwilligen Verfügung vor, bei der er außerdem die Erklärung abgeben muß, daß die von ihm zu übergebende Schrift seinen letzten Willen enthält. Bei der Errichtung einer letztwilligen Verfügung durch notarielle Niederschrift muß diese gem. § 13 I BeurkG in Gegenwart des Erblassers vorgelesen, von diesem genehmigt und eigenhändig unterschrieben werden. Nur in außergewöhnlichen Fällen sind insoweit Ausnahmen zugelassen (vgl. Ausführungen zur → *Testierfähigkeit*).

Die strengen Anforderungen ergeben sich daraus, daß die notarielle Urkunde gem. § 415 ZPO prozessual den Nachweis der ordnungsgemäßen Testamentserrichtung erbringt.

Unabhängig davon, ob im Einzelfall tatsächlich besondere Umstände (vgl. Ausführungen zur → *Testierfähigkeit*) vorliegen, kann der Erblasser zur Beurkundung der letztwilligen Verfügung grundsätzlich gem. § 29 BeurkG entweder einen oder zwei Zeugen zuziehen oder einen zweiten Notar verlangen. Insbesondere ist die Zuziehung von Zeugen bei ausländischen Erblassern zu empfehlen, da manche ausländische Rechtsordnungen die Zuziehung von Zeugen bei der Errichtung letztwilliger Verfügungen zwingend vorschreiben (Tanck/Daragan/Krug, Testamente, § 6 Rn. 37).

In diesem Zusammenhang ist im übrigen zu empfehlen, die Staatsangehörigkeit des Erblassers ausdrücklich festzustellen, obwohl eine gesetzliche Verpflichtung hierzu nicht besteht.

Der Notar hat aber gem. § 10 1 BeurkG zwingend die **Person des Erblassers** in der Urkunde so genau zu **bezeichnen,** daß eine Identitätsverwechslung gänzlich ausgeschlossen ist.

Nachdem der Notar die Testamentsniederschrift und entsprechend beglaubigte Abschriften gefertigt hat, sieht § 34 I 1 BeurkG in einer reinen Soll- Vorschrift vor, daß das Testament in einen Umschlag genommen und dieser mit einem Prägesiegel des Notars zu verschließen ist, bevor er dann in die **besondere amtliche Verwahrung** genommen wird.

Von der Abschrift einer Verfügung von Todes wegen zu unterscheiden ist deren Ausfertigung. Diese ersetzt gem. § 47

BeurkG die Urschrift und sollte daher grundsätzlich nicht ohne weiteres erteilt werden.

Sachlich zuständig für die Verwahrung sind gem. §§ 2258 a, 2258 b BGB die Amtsgerichte, funktionell der Rechtspfleger gem. § 3 Nr. 2 c RpflG, mit Ausnahme von Baden-Württemberg: Dort sind gem. § 1 II BaWü LFGG für die amtliche Verwahrung die Staatlichen Notariate sachlich zuständig, funktionell der dortige Notar im Landesdienst bzw. im Rahmen des § 35 I RpflG auch der Rechtspfleger (Tanck/Daragan/Krug, Testamente, § 6 Rn. 44).

Bei einem **Erbvertrag** können die Beteiligten gem. § 34 II BeurkG die besondere amtliche Verwahrung ausschließen, so daß das Original in der Urkundensammlung des Notars verbleibt. Für diesen Fall hat der Notar aber das Standesamt oder die Hauptkartei für Testamente nach den Vorschriften über die Benachrichtigung in Nachlaßsachen zu benachrichtigen und dies auf der Originalurkunde zu vermerken. Das Standesamt hat dann den Notar im Todesfall des Erblassers zu benachrichtigen. Diese Benachrichtigung hat dann der Notar an das zuständige Nachlaßgericht weiterzuleiten und bei diesem gem. §§ 25 II 2 BNotO, 2259, 2300 BGB die Original-Erbvertragsurkunde zur Eröffnung abzuliefern (Weingärtner, Notarrecht, 7. Aufl. 2001, Ordnungsnummer 270; Tanck/Daragan/Krug, Testamente, § 6 Rn. 45).

Notarielles Testament

Das notarielle Testament wird auch als **öffentliches Testament** bezeichnet. Vorteile der Errichtung eines notariellen Testamentes liegen insbesondere in der Beseitigung von Zweifeln darüber, ob überhaupt ein Testament vorliegt, über die Echtheit und in der Regel auch über die Auslegung des Inhalts. Die amtliche Verwahrung dient insbesondere der Vermeidung des Abhandenkommens des Testamentes sowie einer späteren Verfälschung durch Personen, die hierdurch einen Vorteil zu erlangen hoffen.

Zu beachten ist, daß das notarielle Testament gem. § 2253 BGB in gewissem Umfang den Erbschein ersetzt, den das Nachlaßgericht auf Antrag erteilt. Dies gilt insbesondere im

Grundbuchrecht, wo die Erbfolge gegenüber dem Grundbuchamt gem. § 35 I 2 GBO durch Erbschein oder öffentliches Testament bewiesen werden kann (Leipold, Erbrecht, Rn. 222).

Die Errichtung des notariellen Testaments erfolgt entweder durch **mündliche Erklärung** des letzten Willens **gegenüber dem Notar,** der die Verfügungen dann schriftlich niederlegt, wobei der Erblasser diesen dann noch bestätigen muß, oder **durch Übergabe einer Schrift an den Notar** mit der Erklärung, diese enthalte den letzten Willen. Sofern die Schrift verschlossen übergeben wird, bleibt sie auch verschlossen. Der Notar hat die Beurkundung in diesem Fall selbst dann durchzuführen, wenn der Erblasser keinerlei Angaben zu ihrem Inhalt macht (Leipold, Erbrecht, Rn. 225). Das Verfahren vor dem Notar ist im einzelnen in dem seit 1. 1. 1970 geltenden Beurkundungsgesetz geregelt.

Nottestament

1. Nottestament vor dem Bürgermeister (Bürgermeistertestament)

2. Drei-Zeugen-Testament
3. Seetestament

Bei Nottestamenten handelt es sich um wenig praxisrelevante **Sonderformen** des Testamentes, die lediglich in **Ausnahmesituationen** zulässig sind. Die Geltungsdauer dieser Testamente ist dadurch beschränkt, daß sie gem. § 2252 I BGB ihre **Gültigkeit** im Falle des Überlebens des Erblassers **nach drei Monaten verlieren.**

1. Nottestament vor dem Bürgermeister (Bürgermeistertestament)

Unter den Voraussetzungen der §§ 2249 I 1, 2250 I BGB kann ein Nottestament in Gegenwart von zwei Zeugen zur Niederschrift des Bürgermeister der Gemeinde errichtet werden, in der der Erblasser sich gerade aufhält.

Die Voraussetzungen sind im einzelnen:

– Der Erblasser befindet sich in Lebensgefahr und es ist zu befürchten, daß ein Notar nicht rechtzeitig erreicht werden kann.

– Der Erblasser hält sich an einem Ort auf, der infolge außerordentlicher Umstände so abgesperrt ist, daß die Testamentserrichtung vor einem Notar nicht möglich oder aber erheblich erschwert ist, so etwa bei Naturkatastrophen, Seuchen, polizeilichen Absperrungen usw.

2. Drei-Zeugen-Testament

Unter den Voraussetzungen des § 2250 I BGB kann das Testament auch durch mündliche Erklärung vor drei Zeugen errichtet werden. Das gleiche gilt gem. § 2250 II BGB für die Situation einer konkreten Lebensgefahr, in der die Errichtung eines Bürgermeistertestamentes nicht mehr möglich ist. Über die Errichtung ist eine Niederschrift aufzunehmen, die gem. § 2250 III BGB verlesen und sodann vom Erblasser sowie den drei Zeugen unterschrieben werden muß.

3. Seetestament

Gem. § 2251 BGB kann jemand, der sich auf einer Seereise an Bord eines deutschen Schiffes außerhalb eines deutschen Hafens befindet, ein Testament durch mündliche Erklärung vor drei Zeugen errichten, wobei hier im Unterschied zum Drei-Zeugen-Testament eine besondere Notlage nicht vorliegen muß. Eine Niederschrift gem. § 2250 III ist aber auch hier aufzunehmen.

Notverwaltungsrecht des Miterben

→ *Miterbengemeinschaft*

Nutzungsvermächtnis

→ *Vermächtnis*

Offene Handelsgesellschaft

→ *Personengesellschaften*

Öffentliches Testament

→ *Notarielles Testament*

Organspende

→ *Patiententestament*

Parentelsystem

Bei dem gesetzlichen Erbrecht der Verwandtenerbfolge gilt im Rahmen der 1. bis 3. Ordnung das sog. Parentelsystem. Danach wird der Nachlaß grundsätzlich nach **Stämmen** und nicht nach der Anzahl der im Erbfall vorhandenen Personen geteilt (→ *Gesetzliche Erbfolge*).

Partnerschaftsgesellschaft

Gemäß § 9 des Partnerschaftsgesellschaftsgesetzes (PartGG) wird im Falle des Todes eines an der Partnerschaft Beteiligten die Partnerschaftsgesellschaft nicht aufgelöst. Vielmehr scheidet der Verstorbene lediglich aus der Partnerschaft aus, so daß sein Anteil den übrigen Partnern zuwächst. Den Erben bleibt in diesem Fall lediglich ein Auseinandersetzungsanspruch, der als Nachlaßforderung zu den Passiva des Nachlasses zählt.

Abweichend von dieser gesetzlichen Regelung kann jedoch der Partnerschaftsvertrag eine Nachfolgeklausel (→ *Personengesellschaften*) vorsehen. Insoweit muß der Nachfolger nicht nur erbrechtlich qualifiziert sein, sondern auch partnerschaftsrechtlich nach dem PartGG als Partner in Betracht kommen, also die entsprechende berufsrechtliche Qualifikation in eigener Person für zumindest **einen** der vom Gegenstand der Partnerschaft umfaßten freien Berufe besitzen (etwa als Rechtsanwalt oder Steuerberater). Dies gilt auch für die Fälle, in denen Testamentsvollstreckung angeordnet ist.

Nicht geklärt ist bislang die Frage, ob auch der Testamentsvollstrecker selbst die entsprechende berufsrechtliche Qualifikation mitbringen muß (vgl. Tanck/Daragan/Krug, Testamente, § 18 Rn. 154).

Bei Vererbung des Partnerschaftsanteils hat der Erbe gem. § 139 Abs. 4 S. 3 HGB nur die Wahl zwischen dem Verbleiben in der Partnerschaft und dem Ausscheiden. Dahingegen ist der Übertritt in die Kommanditistenstellung wegen der Rechtsform ausgeschlossen (MK/Ulmer, § 9 PartGG Rn. 24).

Andererseits sind durch Partnerschaftsvertrag auch andere Gestaltungen im Hinblick auf die Rechtsnachfolge von Todes wegen denkbar als die „einfache" Anteilsvererbung. Insbesondere kommen die im allgemeinen Recht der → *Personengesellschaften* anerkannten Regelungsmöglichkeiten in Betracht.

Als lebzeitige Regelungen kommen insoweit das Eintrittsrecht sowie die Anteilsübertragung mit Wirkung auf den Tod des Partners in Betracht (MK/Ulmer, § 9 PartGG Rn. 25).

Hinsichtlich der erbrechtlichen Gestaltungsmöglichkeiten sei im wesentlichen auf die Ausführungen i. R. d. → *Personengesellschaften* verwiesen.

Patiententestament

Das Patiententestament bezeichnet eine grundsätzlich formfrei mögliche schriftliche Anweisung des Patienten an seinen behandelnden Arzt, in einer zukünftig relevanten Krankheitssituation, in der der Patient unter Umständen nicht mehr dazu in der Lage ist, seine Entscheidungen selbst und frei verantwortlich zu treffen, bestimmte medizinische, künstlich lebensverlängernde Maßnahmen zu unterlassen.

Problematisch ist allerdings insoweit die **rechtliche Relevanz bzw. Verbindlichkeit** eines solchen Patiententestamentes. Eine grundsätzliche höchstrichterliche Entscheidung hierzu steht noch aus. Trotzdem ist es dem Mandanten zu raten, eine entsprechende Anordnung zu treffen, da sie zumindest ein im Rahmen der **Ermittlung des mutmaßlichen Willens** des Patienten zu berücksichtigendes **Indiz** darstellt (Langenfeld, Vorsorgevollmacht, S. 179).

Formulierungsvorschlag eines Patiententestaments:

Im vollen Bewußtsein meiner geistigen Kräfte richte ich an den mich im Krankheitsfall behandelnden Arzt sowie an jeden, der sonst Entscheidungen über meine Person zu treffen hat, folgende Anweisung:

Für den Fall, daß ich mich nicht äußern kann, weil ich mich nicht mehr im Vollbesitz meiner geistigen Kräfte oder ohne Aussicht auf Wiederbelebung im Zustand der Bewußtlosigkeit befinde und zwei Ärzte unabhängig voneinander festgestellt haben, daß ein Sterbeprozeß vorliegt und jede künstliche Lebensverlängerung nur eine Verlängerung des Sterbens oder Leidens ohne Aussicht auf Besserung wäre, bitte ich, von jeglichen lebensverlängernden Maßnahmen und Reanimationen abzusehen, es sei denn, daß sie der Schmerzlinderung dienen. Schmerzlindernde Mittel und Operationen sind auch dann einzusetzen bzw. vorzunehmen, wenn sie lebensverkürzend wirken.

Für den Fall, daß für mich ein Betreuer bestimmt wird, ist dieser ebenfalls an diese Erklärung gebunden. Meine in diesem Patiententestament abgegebenen Erklärungen gelten dann als Betreuungsverfügung.

Personengesellschaften

1. Exkurs: Fortführung eines Einzelhandelsgeschäfts
2. Fortführung einer OHG
   a) Überblick
   b) Fortsetzungsklausel
   c) Einfache Nachfolgeklausel
   d) Qualifizierte Nachfolgeklausel
   e) Eintrittsklausel
3. Sonstiges

Von der Rechtsnachfolge in Personengesellschaften grundsätzlich zu unterscheiden ist die Rechtsnachfolge in ein Einzelhandelsgeschäft:

1. Exkurs: Fortführung eines Einzelhandelsgeschäfts

Wird das Handelsgeschäft eines Einzelkaufmanns von seinen Erben fortgeführt, so ist grundsätzlich zwischen der zivilrechtlichen und der handelsrechtlichen Haftung zu unterscheiden.

Zivilrechtlich haften die Erben unbeschränkt mit den erbrechtlichen Möglichkeiten, die Haftung auf den Nachlaß zu beschränken gem. §§ 1967–2017 BGB.

Handelsrechtlich haftet der Erbe nach § 27 HGB für alle Altverbindlichkeiten persönlich mit seinem gesamten Vermögen, wenn er das zum Nachlaß gehörende Handelsgeschäft – mit oder ohne Nachfolgezusatz – gem. §§ 27 I, 25 I HGB fortführt. Der BGH bejaht hier die unbeschränkte Erbenhaftung auch für Neuverbindlichkeiten (BGHZ 92, 259).

Umstritten ist, ob eine **Firmenänderung** die unbeschränkte Haftung beseitigen kann:

Nach h. M. beinhaltet § 27 HGB eine Rechtsfolgenverweisung, so daß die unbeschränkte Erbenhaftung auch ohne Firmenfortführung eintritt (Karsten Schmidt, Handelsrecht, S. 254 ff.; Karsten Schmidt, NJW 1985, 2790).

Ebenfalls streitig ist, ob die **Haftungsbeschränkung** gem. **§ 25 II HGB** durch entsprechenden **Registereintrag** gegen die unbeschränkte Erbenhaftung gem. § 27 HGB hilft, weil insoweit unklar ist, ob § 27 HGB auch auf § 25 II HGB verweist. (Für die Möglichkeit eines Haftungsausschlusses für Altverbindlichkeiten durch einen entsprechenden Registereintrag: Baumbach/Hopt, § 27 HGB Rn. 8; Staub/Hüffer, § 27 HGB Rn. 10; Gierke/Sandrock, Handelsrecht I, § 16 II 3.

Dagegen: MK/Lieb, § 27 HGB Rn. 50; Schlegelberger/Hildebrand/Steckhahn, § 27 HGB Rn. 14; Karsten Schmidt, Handelsrecht, S. 212 f.).

In der Praxis sollte daher auf jeden Fall vorsorglich eine Registereintragung gem. § 25 II HGB beantragt werden, auch wenn derzeit zweifelhaft ist, ob diese der Haftungsbeschränkung auch wirklich dient.

Einen eigenen **Haftungsausschließungsgrund** enthält **§ 27 II HGB.** Danach ist die Haftung ausgeschlossen, wenn binnen dreier Monate die Fortführung des Einzelhandelsgeschäfts eingestellt wird.

Jedoch ist zu beachten, daß nach h. M. die Überführung des Unternehmens auf einen neuen Unternehmensträger keine Einstellung des Unternehmens ist (RGZ 56, 196 ff.; Baumbach/Hopt, § 27 HGB Rn. 5; Schlegelberger/Hildebrand/Steckhahn, § 27 HGB Rn. 9; Staub/Hüffer, § 27 HGB Rn. 29). Richtigerweise geht es aber in § 27 II HGB um die Fortführung durch den oder die Erben als Unternehmensträger. § 27 HGB ist ein dem § 139 HGB entsprechendes Haftungsprivileg.

Der Erbe kann der handelsrechtlichen persönlichen Haftung dadurch ausweichen, daß er entweder das Unternehmen aufgibt oder durch Umwandlung in die beschränkte Haftung zurücktritt.

Den Unternehmensgläubigern haftet dann immer noch der Nachlaß gem. §§ 1967 ff. BGB sowie das Unternehmensvermögen gem. §§ 25, 28 HGB.

Letztlich bleibt für den Erben natürlich immer die Möglichkeit, die Erbschaft innerhalb der Frist des § 1944 BGB auszuschlagen.

Zu beachten ist in diesem Zusammenhang, daß der **Erwerb** des Einzelhandelsgeschäftes **durch Vermächtnis** haftungsrechtlich **wie** ein **Erwerb unter Lebenden** behandelt wird, so daß der Vermächtnisnehmer seine Haftung für Altschulden durch Eintragung und Veröffentlichung gem. § 25 HGB ausschließen kann.

Der **Alleinerbe** erwirbt das Einzelunternehmen mit allen Rechten und Pflichten. Er kann es gem. § 22 I HGB unter der bisherigen Firma mit oder ohne Nachfolgezusatz fortführen.

Für ein Einzelhandelsgeschäft, das nicht im Handelsregister eingetragen ist, gelten keine Besonderheiten.

Handelt es sich bei den Rechtsnachfolgern um eine **Mehrheit von Erben,** so bestehen folgende Möglichkeiten:

– Die Erben können das Unternehmen in Erbengemeinschaft fortführen, wobei das Unternehmen dann nach h. M. Einzelunternehmen bleibt (BGHZ 92, 259 = NJW 1985, 136; Karsten Schmidt, Handelsrecht, 5. Aufl., S. 104 ff.; nach a. A. liegt jedoch in der gemeinschaftlichen Unternehmensfortführung durch die Erbengemeinschaft nach Ablauf der Dreimonatsfrist des § 27 HGB ipso iure die Umwandlung in eine OHG, mit der Begründung, daß die Erbengemeinschaft über keine handlungsfähigen Organe verfüge und keine rechtliche Selbständigkeit habe [Fischer, ZHR 1980, 1 ff. m.w.N.]).

Zur Vertretung sind analog § 125 HGB grundsätzlich alle Erben berufen, wobei die Bevollmächtigung eines der Miterben oder eines Dritten nach den allgemeinen Vorschriften möglich ist.

– Die Erben können durch Abschluß eines Gesellschaftsvertrages eine OHG, KG oder GmbH & Co. KG gründen, das ererbte Unternehmen einbringen und so fortführen (Karsten Schmidt, NJW 1985, 2786).

Nicht anerkannt ist bisher die Überführung des Unternehmens durch Ausgliederung aus der Erbengemeinschaft nach dem UmwG (Karsten Schmidt, Gesellschaftsrecht, S. 372).

– Ist das Unternehmen einem der Miterben allein oder einem Dritten vermacht, so kann dieser es nach Auslieferung des Vermächtnisses als Einzelunternehmen fortführen. Wenn der Erblasser dies bestimmt hat oder die Erben dem ausdrücklich zustimmen, kann er die bisherige Firma beibehalten.

Entsprechendes gilt, wenn die Erbengemeinschaft das Unternehmen bei der Erbteilung einem oder mehreren Miterben überträgt.

Ist das Unternehmen mehreren Personen durch Vermächtnis zugewendet, kann es nur in der Form einer Gesellschaft fortgeführt werden.

– Das Unternehmen kann von den Erben aufgelöst werden. Die Liquidation erfolgt durch die Erbengemeinschaft nach den allgemeinen Vorschriften.

Literaturhinweis:

Brox, Rn. 778; Karsten Schmidt, Die Erbengemeinschaft nach einem Einzelkaufmann, NJW 1985, 2785.

2. Fortführung einer OHG

a) Überblick

Nach **alter Rechtslage** sah das Gesetz beim Tode des Gesellschafters einer Personengesellschaft deren **Auflösung** gem. §§ 727 BGB, 131 Nr. 4 HGB, 161 II i.V.m. 131 Nr. 4 HGB vor. Grund hierfür war ursprünglich, daß bei Personengesellschaften im allgemeinen der persönlichen Zusammenarbeit der Gesellschafter eine wesentliche Bedeutung zukommt. Führte der Tod eines der Gesellschafter zur Auflösung der Gesellschaft, so wurden die Erben Mitglieder der Liquidationsgesellschaft (Kipp/Coing, § 91 IV 8 a), wobei sie gem. § 146 I 2 HGB einen gemeinsamen Vertreter zu bestellen hatten.

Diese Rechtsfolge des Todes einer der Gesellschafter war und ist in der Praxis allerdings in den allermeisten Fällen weder sachgerecht noch erwünscht.

Aus diesem Grunde gab es bereits nach alter Rechtslage die Möglichkeit, im Gesellschaftsvertrag selbst abweichende Bestimmungen zu treffen, insbesondere durch sog. Nachfolgeklauseln die Rechtsnachfolge in die Personengesellschaft sachgerecht zu regeln.

Nunmehr hat das **Handelsrechtsreformgsetz** (BGBl I 1998, 1474) die Auflösungsvermutung umgekehrt und grundsätzlich die Fortführung der Gesellschaft mit den verbleibenden Gesellschaftern vorgesehen.

Gem. § 131 II HGB führen folgende Gründe mangels abweichender vertraglicher Regelung zum Ausscheiden eines Gesellschafters:

- Tod des Gesellschafters

- Eröffnung des Insolvenzverfahrens über das Vermögen des Gesellschafters

- Kündigung des Gesellschafters

- Kündigung durch den Privatgläubiger des Gesellschafters

- Eintritt von weiteren im Gesellschaftsvertrag vorgesehenen Fällen

- Beschluß der Gesellschafter

Für eine gesellschaftsvertragliche Regelung im Hinblick auf die Rechtsfolgen des Todes einer der Gesellschafter bieten sich grundsätzlich drei Möglichkeiten an, nämlich die Nachfolge durch die sog. Fortsetzungsklausel, die einfache oder qualifizierte Nachfolgeklausel oder die sog. Eintrittsklausel.

b) Fortsetzungsklausel

Hier wird im Gesellschaftsvertrag gem. §§ 138, 177 HGB vereinbart, daß die Gesellschaft beim Tode eines persönlich haftenden Gesellschafters ausschließlich unter den übriggebliebenen Gesellschaftern fortbestehen soll, also ohne die Erben des verstorbenen Gesellschafters fortgeführt wird, wobei der Anteil des Verstorbenen hierbei den übrigen Gesellschaftern anwächst. Dem bzw. den Erben steht dann ein Abfindungsanspruch zu. Bei Vorliegen einer Erbengemeinschaft ist dieser Gesamthandsforderung.

Ein etwaiger Abfindungsanspruch fällt gem. § 738 BGB in den Nachlaß. Der Abfindungsanspruch kann allerdings im Gesellschaftsvertrag ausgeschlossen oder auf eine bestimmte Höhe beschränkt werden.

Formulierungsvorschlag:

Im Falle des Todes einer der Gesellschafter wird die Gesellschaft zwischen den verbleibenden Gesellschaftern fortgesetzt. Den Erben des verstorbenen Gesellschafters stehen keinerlei Abfindungsansprüche gegen die Gesellschaft zu. Die Erben des verstorbenen Gesellschafters erhalten einen Abfindungsanspruch in folgender Höhe: (. . .).

c) Einfache Nachfolgeklausel

Abweichend hiervon kann aber auch vereinbart werden, daß die Gesellschaft gem. § 139 HGB **mit dem oder den Erben** des Verstorbenen fortgesetzt werden soll. Die entsprechenden Rechtsfolgen sind gesetzlich nur unvollkommen geregelt.

Insbesondere führt in diesem Fall das **Nebeneinander von Erbrecht und Gesellschaftsrecht** nicht selten zu erheblichen Schwierigkeiten, zumal in der Regel nicht sämtliche Erben, sondern lediglich einzelne Mitglieder der Erbengemeinschaft Mitgesellschafter werden sollen. Höchstrichterlich sind diese Probleme nur teilweise geklärt. Die Literatur ist unüberschaubar.

Die einfache Nachfolgeklausel gibt dem Erblasser zwar die umfassendste Möglichkeit, die Nachfolge in seinen Gesellschaftsanteil erbrechtlich zu regeln. Allerdings birgt sie gleichzeitig das Risiko in sich, daß die übrigen Gesellschafter sich nach dem Tod des Erblassers Personen als Mitgesellschafter gegenüberstehen sehen, die fachlich oder persönlich ungeeignet sind.

Nach h. M. erfolgt der Rechtsübergang bei der einfachen Nachfolgeklausel ausnahmsweise im Wege der **Sondererbfolge** (Singularsukzession), so daß der Gesellschaftsanteil unmittelbar auf die berufenen Erben übergeht und jeder Erbe in Höhe seiner Erbquote in die Gesellschafterstellung einrückt (BGHZ 22, 186; BGH NJW 1986, 2431; OLG Frankfurt NJW 1983, 1806). Die Mitglieder einer Erbengemeinschaft werden also nicht Gesamthändergesellschafter.

Der Alleinerbe wird ohne weiteres auch Rechtsnachfolger bezüglich des Gesellschaftsanteils.

Ginge man hier nicht ausnahmsweise vom Prinzip der Sondererbfolge aus, so wäre eine **Vereinbarkeit zwischen Erb- und Gesellschaftsrecht** nicht möglich, da bei Eintritt der Erbengemeinschaft in die Gesellschafterstellung im Wege der Gesamtrechtsnachfolge (Universalsukzession) der Ausschluß der persönlichen Haftung des einzelnen Erben einträte, was § 128 HGB widerspräche und somit dem Prinzip der Einheit der Rechtsordnung zuwiderliefe.

Zu beachten ist in diesem Zusammenhang auch, daß der Erblasser zwar durch Verfügung von Todes wegen seinen Rechtsnachfolger bestimmen kann, aber nicht berechtigt ist, anderen Gesellschaftern einen neuen Mitgesellschafter aufzuzwingen. Gesellschafter kann deshalb nur sein, wer im Gesellschaftsvertrag dafür vorgesehen ist. Hieraus ergibt sich die Notwendigkeit einer **Übereinstimmung zwischen der gesellschaftsvertraglichen Nachfolgeklausel und der erbrechtlichen Verfügung** des Erblassers. Es kann also nur derjenige in die Gesellschafterstellung des Erblassers einrücken, der die Voraussetzungen des Gesellschaftsvertrags hierzu erfüllt und vom Erblasser zum Nachfolger durch letztwillige Verfügung berufen wurde. Dies setzt voraus, daß die Regelungen im Gesellschaftsvertrag und die letztwillige Verfügung besonders sorgfältig aufeinander abgestimmt werden. Nur so ist zu vermeiden, daß die gesellschaftsvertraglich als Nachfolger möglichen Personen erbrechtlich gar nicht als Nachfolger bestimmt werden oder umgekehrt, daß die durch Verfügung von Todes wegen bestimmten Gesellschafternachfolger nach dem Gesellschaftsvertrag als Mitgesellschafter überhaupt nicht in Frage kommen und demgemäß von den Altgesellschaftern nicht akzeptiert werden müssen.

Für die anwaltliche Praxis ist daher dringend zu raten, erbrechtliche Verfügungen nicht ohne Einsichtnahme in einen vorhandenen Gesellschaftsvertrag zu entwerfen.

Allerdings ist die Rechtsnachfolge durch einfache Nachfolgeklausel nach wie vor als **erbrechtlicher Erwerb** zu qualifizieren, so daß der solchermaßen vererbte Gesellschaftsanteil zum Nachlaß gehört, wenn auch nicht zum Gesamthandsvermögen. Dies gilt insbesondere, soweit es um die Haftung für Nachlaßverbindlichkeiten geht (BGH NJW 1983, 2376; BGH NJW 1986, 2431).

Formulierungsvorschlag:

Im Falle des Todes einer der Gesellschafter wird die Gesellschaft mit seinen Erben fortgesetzt. Die Mitgliedschaft des verstorbenen Gesellschafters geht auf die Miterben entsprechend ihrer Erbteile über.

d) Qualifizierte Nachfolgeklausel

Mit einer qualifizierten Nachfolgeklausel kann erreicht werden, daß nur **ein bestimmter Erbe oder einzelne Miterben** als Nachfolger des verstorbenen Gesellschafters in die Gesellschaft einrücken. Hierdurch wird die erbrechtliche Dispositionsmöglichkeit des Erblassers bezüglich seines Gesellschaftsanteils auf bestimmte Personen beschränkt. Die zugelassenen Nachfolger können hierbei namentlich bestimmt sein oder auf gesetzliche Erben, leibliche oder eheliche Abkömmlinge, Ehegatten oder Erben mit persönlichen Merkmalen (wie Alter oder berufliche Qualifikation) beschränkt werden.

Auch im Falle der qualifizierten Nachfolgeklausel geht der Gesellschaftsanteil unmittelbar auf den bzw. die begünstigten Erben entsprechend dem Verhältnis ihrer Erbquoten über (BGHZ 68, 225; BGH NJW 1983, 2376). Auch hier findet also eine **Einzelrechtsnachfolge** in den Gesellschaftsanteil statt. Allerdings ist hier zunächst im Wege der Auslegung des Gesellschaftsvertrages zu klären, ob der oder die begünstigten Miterben den gesamten Gesellschaftsanteil oder lediglich den Teil davon erhalten sollen, der ihrem Miterbenanteil entspricht. Sollte letzteres der Fall sein, so wächst der Rest des Gesellschaftsanteils den übrigen Gesellschaftern an, während die übrigen Miterben Abfindungsansprüche gegen die Gesellschaft gem. §§ 138 HGB, 738 BGB erhalten (Leipold, Erbrecht, Rn. 433). Allerdings dürfte eine solche Gestaltung in der Praxis eher nicht gewollt sein, so daß **im Zweifel** eine **Vollnachfolge** des begünstigten Erben angestrebt ist (BGHZ 68, 225 ff.)

Formulierungsvorschlag:

Im Falle des Todes einer der Gesellschafter wird die Gesellschaft hinsichtlich seines Gesellschaftsanteils ausschließlich mit seinen Abkömmlingen fortgesetzt. Andere Erben werden nicht Gesellschafter.

e) Eintrittsklausel

Hier sieht der Gesellschaftsvertrag ein bestimmtes Eintrittsrecht zugunsten einer oder mehrerer bestimmter Personen vor. Mit dem Tod eines der Gesellschafter erlischt dann dessen Gesellschafterstellung, und zunächst führen die verbliebenen Gesellschafter die Gesellschaft fort, wobei ihnen der Gesellschaftsanteil des Verstorbenen anwächst.

Die Eintrittsberechtigten werden dann nicht bereits mit dem Todesfall Gesellschafter, sondern erst dann, wenn sie ihr Eintrittsrecht auch tatsächlich ausüben. Ob dazu eine **einseitige Erklärung des Eintrittsberechtigten** ausreicht oder ein **Aufnahmevertrag** abgeschlossen werden muß, hängt vom Inhalt des Gesellschaftsvertrages ab (Leipold, Erbrecht, Rn. 430).

Die Eintrittsklausel bewirkt also **kein unmittelbares Nachrücken in die Gesellschafterstellung des Erblassers.** Der oder die eintrittsberechtigten Dritten haben gegen die verbliebenen Gesellschafter lediglich einen Anspruch auf Einräumung einer entsprechenden Gesellschaftsbeteiligung (BGHZ 68, 233).

Rechtsgrundlage ist also nicht eine Nachfolge kraft Erbrechts, sondern ein **Vertrag der Gesellschafter zugunsten Dritter** gem. §§ 328 ff. BGB.

Dabei sollten möglichst auch die Bedingungen des Eintritts festgelegt werden, wobei die Bestimmung des Eintrittsberechtigten entweder bereits im Gesellschaftsvertrag vorgenommen werden kann oder aber der erbrechtlichen Verfügung des Erblassers vorbehalten wird. In diesem Zusammenhang sollten auch etwaige Ausgleichungsansprüche von Miterben gem. §§ 2050 ff. BGB und Ansprüche etwaiger Pflichtteilsberechtigter gegen den Eintretenden beachtet werden.

Auch ist zu beachten, daß der Dritte lediglich zum Eintritt in die Gesellschaft **berechtigt, nicht aber verpflichtet** ist (Brox, Erbrecht, Rn. 782 f.). Deshalb sollte im Gesellschaftsvertrag auch genau geregelt werden, ob dem Berechtigten im Falle des Nichteintritts eine Abfindung zustehen soll (gegebenenfalls mit Berechnungsmodus und Zahlungsbedingungen) und innerhalb welcher Frist der Verzicht geltend zu machen ist.

Formulierungsvorschlag:

Im Falle des Todes einer der Gesellschafter wird die Gesellschaft zunächst mit den verbleibenden Gesellschaftern fortgesetzt. Den Erben des verstorbenen Gesellschafters stehen keinerlei Abfindungsanspüche zu. Allerdings haben die Erben des verstorbenen Gesellschafters das Recht, in die Gesellschaft zu den gleichen Bedingungen einzutreten, die hinsichtlich des Gesellschaftsanteils des verstorbenen Gesellschafters galten. Dieses Recht kann von allen oder einzelnen Erben jeweils zu gleichen Teilen ausgeübt werden. Der Eintritt erfolgt durch entsprechende Vereinbarung mit den übrigen Gesellschaftern. Das Eintrittsverlangen muß diesen gegenüber innerhalb von zwei Monaten nach dem Eintritt des Todes des Gesellschafters zugehen (einfache Eintrittsklausel).

Formulierungsvorschlag:

Im Falle des Todes einer der Gesellschafter wird die Gesellschaft zunächst mit den verbleibenden Gesellschaftern fortgesetzt. Den Erben des verstorbenen Gesellschafters stehen keinerlei Abfindungsansprüche zu.

Der älteste Sohn S des Gesellschafters G hat allerdings einen Anspruch gegenüber den übrigen Gesellschaftern, innerhalb von zwei Monaten nach dem Eintritt des Todes des G zu den gleichen Bedingungen in die Gesellschaft einzutreten, die hinsichtlich des Gesellschaftsanteils des G galten.

3. Sonstiges

Erhält ein Miterbe in Form des Gesellschaftsanteils mehr aus dem Nachlaß, als ihm wertmäßig aufgrund seiner Miterbenquote zusteht, so ist er den anderen Miterben zum **Wertausgleich** verpflichtet. Rechtsgrundlage ist insoweit der Grundsatz von Treu und Glauben (BGHZ 22, 186 ff.).

Soweit der Wert des Nachlasses als Grundlage für die Berechnung von Pflichtteilsansprüchen relevant wird, sind die auf erbrechtlichem Wege (s. o.) erlangten Gesellschaftsanteile ungeachtet der stattfindenden Sondererbfolge zum Nachlaß zu rechnen (MK/Frank, § 2325 Rn. 25; vgl. Leipold, Erbrecht Rn. 433).

Zur Rechtsnachfolge in den Kommanditistenanteil oder Komplementäranteil einer KG: → *Kommanditgesellschaft*

Literaturhinweis:

Brox, Rn. 778 ff; Karsten Schmidt, Die Erbengemeinschaft nach einem Einzelkaufmann, NJW 1985, 2785; Karsten Schmidt, Das Handelsrechtreformgesetz, NJW 1998, 2161; Priester, Handelsrechtreformgesetz – Schwerpunkte aus notarieller Sicht, DNotZ 1998, 691.

Pflegeverpflichtung

Diese spielt insbesondere im Rahmen eines Übergabevertrages eine Rolle. Dort erfolgt nämlich die Übertragung an einen nahen Familienangehörigen, meistens Abkömmling, nicht selten gegen Vereinbarung einer Pflegeverpflichtung für den Fall der Gebrechlichkeit des Übergebers. Die Pflegeverpflichtung hat also die Sicherung der häuslichen Pflege des Übergebers im Alters- oder Krankheitsfall zur Vermeidung eines Pflegeheimaufenthalts zum Inhalt.

Bei der Vertragsgestaltung sind insbesondere folgende Punkte genau zu regeln:

– Person des Pflegeverpflichteten

– Art und Zeitpunkt des Pflegeanlasses (Alter, Gebrechlichkeit, Krankheit, sobald entsprechende ärztliche Feststellung erfolgt ist)

– Umfang der durchzuführenden Pflege (häuslicher Bereich des Übergebers, u. U. beschränkt auf das übergebene Hausgrundstück oder die Wohnung des Übernehmers)

– Umfang der Pflegeleistung nach Art und Dauer, eventuelle Beschränkungen (insbesondere Beschränkung bis zu einer bestimmten Pflegestufe, Beschränkung für den Fall der

Unzumutbarkeit wegen beruflicher oder familiärer Belastung)

- Inhaber des Pflegegeldanspruchs, Verpflichtung zur entsprechenden Antragstellung

- Rechtsfolgen bei Nichtleistung (etwa Rückerwerbsrecht des Übergebers)

(vgl. Mayer, Der Übergabevertrag, § 2 Rn. 186)

Die vertraglich vereinbarte Pflegeverpflichtung wirkt sich in keiner Weise auf den **Anspruch auf Pflegegeld nach dem PflegeVG** aus, da es sich hierbei um sozialversicherungsrechtliche Ansprüche handelt, die sich die Anspruchsberechtigten mit den entsprechenden Sozialversicherungsbeiträgen „erkauft" haben (Rastätter, ZEV 1996, 286; Weyland, MittRhNotK 1997, 58 f.; Mayer, Der Übergabevertrag, § 2 Rn. 189).

Nicht zu verwechseln ist der Pflegegeldanspruch aber mit dem Anspruch auf sozialhilferechtliche Pflegeleistungen gem. §§ 68 ff. BSHG, für die grundsätzlich das „Nachrangprinzip" gilt (Mayer, Der Übergabevertrag, § 2 Rn. 190).

Bei der Vereinbarung einer vertraglichen Pflegeverpflichtung sind die hieraus erwachsenden **Leistungspflichten** unbedingt hinreichend zu **konkretisieren,** um Streit zu vermeiden, den hieraus entstehenden Anspruch auf Pflege von sozialrechtlichen Ansprüchen abzugrenzen, um die Pflegeverpflichtung reallastfähig zu machen, um deren finanzielle Bewertung zu vereinfachen (Mayer, Der Übergabevertrag, § 2 Rn. 197).

Es empfiehlt sich, hinsichtlich Art und Umfang der Pflegeverpflichtung an die **Bestimmungen des Pflegeversicherungsgesetzes** anzuknüpfen (Weyland, MittRhNotK 1997, 72).

Besondere Bedeutung kommt in diesem Zusammenhang den Regelungen der **Rechtsfolgen bei Leistungsstörungen** zu, insbesondere für den Fall, daß keiner der Vertragsparteien die Leistungsstörung zu vertreten hat, etwa wenn der Übergeber und Pflegeberechtigte aufgrund ärztlicher Anordnung in einem Pflegeheim untergebracht werden muß. Für diesen Fall sollte die vertragliche Pflegeverpflichtung auf jeden Fall ruhen, sofern die Möglichkeit der Rückkehr des Übergebers besteht und ersatzlos erlöschen, wenn nach ärztlicher Feststellung eine Rückkehr ausgeschlossen ist (vgl. hierzu Mayer, Der Übergabevertrag, § 2 Rn. 213 ff.).

Auch sollte in diesem Zusammenhang immer an die Vereinbarung eines **Rückübertragungsanspruchs** zugunsten des Übergebers gedacht werden. Dies insbesondere dann, wenn der Übernehmer vor dem Übergeber verstirbt oder wenn über sein Vermögen das Insolvenzverfahren eröffnet wird. Sinnvoll kann ein Rückübertragungsanspruch aber auch für den Fall sein, daß sich das persönliche Verhältnis zwischen Übergeber oder Übernehmer so verschlechtert, daß mit einer sinnvollen Pflegeleistung nicht mehr gerechnet werden kann. Hierbei ist aber unbedingt zu beachten, daß dieser Rückübertragungsanspruch gem. §§ 846 ff. ZPO pfändbar ist, selbst wenn er als nicht übertragbar ausgestaltet ist (Kollhosser, ZEV 1995, 391).

Die vertragliche Pflegeverpflichtung kann als **Reallast** gem. § 1105 BGB **im Grundbuch abgesichert** werden, sofern der Leistungsumfang zumindest bestimmbar ist (Palandt/Bassenge, § 1105 Rn. 6; BGH NJW 1995, 2780).

Zur Sicherung des sog. „Zwangsversteigerungsprivilegs" gem. § 9 I EGZVG empfiehlt es sich, die diesbezügliche Reallast zusammen mit anderen Leibgedingsleistungen als sog. „Leibgeding" i. S. von § 49 GBO ins Grundbuch einzutragen (Mayer, Der Übergabevertrag, § 2 Rn. 223).

Formulierungsvorschlag einer Pflegeverpflichtung:

Bei Krankheit, Gebrechlichkeit oder Altersschwäche des Übergebers und sofern dieser dies verlangt, verpflichtet sich der Übernehmer gegenüber dem Übergeber zu sorgsamer häuslicher Wart und Pflege.

Hierzu gehören:

a) die hauswirtschaftliche Versorgung, insbesondere die Verrichtung der anfallenden häuslichen Arbeiten, wie Reinigung der Räume, der Kleidung, der Wäsche und des Schuhwerks sowie die Besorgung der erforderlich werdenden Gänge und Fahrten zum Einkaufen, zum Arzt, zur Apotheke, zum Krankenhaus und zur Kirche, und

b) die häusliche Grundpflege des Übergebers selbst, insbesondere die Hilfe beim Aufstehen und Zubettgehen, An- und Auskleiden, Nahrungsaufnahme, Körperpflege und Pflege im hygienischen Bereich, Verabreichen von Medikamenten und Umschlägen, Einreibungen und ähnliches.

Diese Verpflichtungen bestehen jedoch nur, wenn diese vom Übernehmer ohne besondere Ausbildung, gegebenenfalls unter Hinzuziehung seines Ehegatten oder der örtlich vorhandenen ambulanten Pflegedienste (Sozialstation oder ähnliches), in einer dem Alters- und Gesundheitszustand des Übergebers angemessenen Weise zu Hause erbracht werden können und beim Übergeber höchstens eine Pflegebedürftigkeit i. S. d. Pflegestufe I des Pflegeversicherungsgesetzes vom 26. 5. 1994 vorliegt.

Diese Verpflichtungen ruhen auf jeden Fall ersatzlos, wenn der Berechtigte in einem Krankenhaus, einem Pflegeheim oder einer ähnlichen Heileinrichtung untergebracht ist, weil nach fachärztlicher Feststellung aus medizinischen oder pflegerischen Gründen ein Verbleiben auf dem Vertragsanwesen nicht mehr zumutbar ist. Ein etwaiges Pflegegeld verbleibt dem Übergeber.

Auf die weiter gehende gesetzliche Unterhaltspflicht des Übernehmers und seiner Geschwister auch und gerade in den Fällen der Heimunterbringung des Übergebers wurde ebenso hingewiesen wie auf die Pflegestufen nach dem Pflegeversicherungsgesetz.

(Nach J. Mayer, Erbrechtstagung der DVEV vom Juni 1997, Skriptum)

Literaturhinweis:

Mayer, Der Übergabevertrag, 2. Aufl., 2001

Pflichtteilsbeschränkung

§ 2338 BGB sieht die sog. „Pflichtteilsbeschränkung in guter Absicht" vor, deren Praxisrelevanz nicht zu unterschätzen ist. § 2338 gilt jedoch lediglich gegenüber Abkömmlingen, nicht jedoch gegenüber dem Ehegatten oder den Eltern des Erblassers.

Voraussetzung ist, daß der pflichtteilsberechtigte Abkömmling sich in einem solchen Maße der Verschwendung ergeben hat oder in solchem Maße überschuldet ist, daß sein späterer Lebensunterhalt und somit der spätere Erwerb der Erbschaft erheblich gefährdet ist. Die Erbschaft soll hierdurch vor dem Zugriff der Gläubiger des Pflichtteilsberechtigten geschützt werden, aber auch vor diesem selbst bzw. seiner Verschwendungssucht.

Die Pflichtteilsbeschränkung wirkt auch gegen den Pflichtteilsrestanspruch gem. § 2305 BGB sowie bei dem durch Ausgleichung oder Anrechnung modifizierten Pflichtteil gem. §§ 2315, 2316 BGB (Kerscher/Riedel/Lenz, Pflichtteilsrecht, § 6 Rn. 191).

Die Pflichtteilsbeschränkung hat durch Verfügung von Todes wegen zu erfolgen, und zwar unter ausdrücklicher Angabe des Grundes der Beschränkung. Die Beweislast diesbezüglich trifft gem. §§ 2338 II 1, 2336 BGB denjenigen, der die Beschränkung geltend macht.

Nicht verwechselt werden darf die Pflichtteilsbeschränkung mit einer Kürzung des Pflichtteils, die nicht möglich ist. Das Gesetz sieht zwei Möglichkeiten der Beschränkung vor:

Gem. § 2338 1 BGB kann der Erblasser dem Erben seinen Erb- oder Pflichtteil nur als Vorerben bzw. Vorvermächtnisnehmer zukommen lassen und dessen gesetzliche Erben zu Nacherben bzw. Nachvermächtnisnehmern bestimmen. Hierdurch wird bewirkt, daß durch die Anordnung der Vor- und Nacherbschaft nicht nur der Erb- und Pflichtteil selbst, sondern gem. § 863 ZPO auch die Nutzungen der Pfändung entzogen sind, und zwar insoweit, als diese für den standesgemäßen Unterhalt des Pflichtteilsberechtigten und dessen Familie erforderlich sind.

Die gleichen Überlegungen rechtfertigen die zweite Möglichkeit der Pflichtteilsbeschränkung, nämlich die Anordnung einer Dauertestamentsvollstreckung gem. § 2338 I 2 BGB (Kerscher/Riedel/Lenz, Pflichtteilsrecht, § 6 Rn. 187).

Zu beachten ist, daß die „taktische" Ausschlagung gem. § 2306 I 2 BGB nebst Geltendmachung des Pflichtteils entgegen den sonstigen Grundsätzen gerade nicht zu einer Aufhebung der Pflichtteils-Beschränkung in dem Sinne führt, daß die Beschränkung als nicht angeordnet gilt. § 2338 BGB ist insoweit lex specialis zu § 2306 BGB. Dies gilt sowohl für § 2306 I 1 als auch für § 2306 I 2 BGB (Kerscher/Riedel/Lenz, Pflichtteilsrecht, § 6 Rn. 192; Staudinger/Olshausen, § 2338 Rn. 33 f.).

Pflichtteilsentziehung

Das Gesetz sieht in § 2333 ff. BGB für den Erblasser unter ganz bestimmten Voraussetzungen die Möglichkeit vor, seinen nächsten Angehörigen den Pflichtteil zu entziehen. Die Aufzählung der hierfür notwendigen Voraussetzungen in den §§ 2333 bis § 2335 BGB ist insoweit abschließend, eine entsprechende Anwendung nicht möglich (BGH NJW 1974, 1084). Der Grund für die Entziehung des Pflichtteils muß im Entziehungszeitpunkt bereits gegeben sein und in der ebenfalls notwendigen letztwilligen Verfügung angegeben werden (BGHZ 94, 36). Auch muß insoweit den Pflichtteilsberechtigten ein Verschulden treffen (Kipp/Coing, S. 103). Die Pflichtteilsentziehung bezieht sich auch auf eventuelle Pflichtteilsergänzungsansprüche gem. § 2325 BGB, auf den Restpflichtteil gem. § 2305 BGB sowie den Auskunftsanspruch des Pflichtteilsberechtigten gem. § 2314 BGB.

Die Gründe für die Entziehung des Pflichtteils **eines Abkömmlings** sind im einzelnen:

– Der Abkömmling trachtet dem Erblasser nach dem Leben.

– Der Abkömmling hat sich einer vorsätzlichen körperlichen Mißhandlung des Erblassers oder dessen Ehegatten schuldig gemacht, letzteres aber nur, sofern er auch von diesem Ehegatten abstammt.

– Der Abkömmling hat sich eines Verbrechens oder eines schweren vorsätzlichen Vergehens gegenüber dem Erblasser oder seinem Ehegatten schuldig gemacht, letzteres aber nur, sofern er auch von diesem Ehegatten abstammt.

– Der Abkömmling hat seine gesetzliche Unterhaltspflicht gegenüber dem Erblasser böswillig verletzt.

– Der Abkömmling hat entgegen dem Willen des Erblassers einen unsittlichen und ehrlosen Lebenswandel geführt.

(Insbesondere bei dieser Fallgruppe ist zu beachten, daß hier ein schutzwürdiges Interesse des Erblassers, wie etwa die Familienehre, verletzt sein muß, vgl. BGHZ 76, 109; BGH NJW-RR 1990, 130. Bejaht wird diese Fallgruppe bei Prostitution, gewerbsmäßigem Glücksspiel und unverbesserlicher Rauschgiftsucht, vgl. BGH NJW 1983, 1067, verneint wird sie bei Trunksucht, Homosexualität und Zusammenleben in nichtehelicher Lebensgemeinschaft entgegen dem Willen des Erblassers, vgl. BGH FamRZ 1988, 106.)

Für die Entziehung des Pflichtteils eines **Elternteils** gilt § 2334 BGB, der auf die § 2333 Nr. 1, 3 und 4 verweist.

Der Pflichtteil des **Ehegatten** kann unter folgenden Voraussetzungen entzogen werden:

- Der Ehegatte trachtet dem Erblasser oder einem Abkömmling nach dem Leben.

- Der Ehegatte mißhandelt den Erblasser vorsätzlich körperlich.

- Der Ehegatte begeht am Erblasser ein Verbrechen oder vorsätzliches schweres Vergehen.

- Der Ehegatte verletzt böswillig seine Unterhaltspflicht gegenüber dem Ehegatten.

Zwar kommt seit Abschaffung des Verschuldensprinzips und dessen Ersetzung durch das Zerrüttungsprinzip im Scheidungsrecht eine Pflichtteilsentziehung wegen schuldhafter Eheverfehlung nicht mehr in Betracht, jedoch kann nach rechtskräftiger Scheidung dennoch wegen des Unterhaltsanspruchs gem. §§ 1933 S. 3, 1586 b BGB, der auf den fiktiven Pflichtteil begrenzt ist, eine Pflichtteilsentziehung sinnvoll sein (vgl. Kerscher/Riedel/Lenz, Pflichtteilsrecht, § 6 Rn 179).

Gem. § 2337 BGB bewirkt die sog. „**Verzeihung**" das Erlöschen des Rechts zur Pflichtteilsentziehung. Gem. S. 2 wird eine Verfügung, durch die der Erblasser die Entziehung angeordnet hat, durch die Verzeihung automatisch unwirksam.

Eine Verzeihung ist dann anzunehmen, wenn der Erblasser deutlich gemacht hat, daß er die Kränkung durch den Betreffenden nicht mehr als solche empfindet (BGH FamRZ 1961, 437; BGH NJW 1984, 2089). Eine Versöhnung ist hierfür nicht notwendig, wobei sogar eine Versöhnung ohne Verzeihung möglich ist (Palandt/Edenhofer, § 2337 Rn. 1). Die Verzeihung kann auch formlos oder durch schlüssiges Handeln erfolgen (BayObLGE 21, 330), wobei eine grundsätzliche Kenntnis der Verfehlungen immer erforderlich ist (Palandt/Edenhofer, § 2337 Rn. 1). Es erscheint im Hinblick auf eine am 20. 10. 2000 durch das BVerfG ergangene Einstweilige Anordnung nicht unwahrscheinlich, daß § 2333 BGB in Kürze fallen wird. Insoweit ist die Rspr. des BVerfG in naher Zukunft zu beachten.

Pflichtteilsergänzungsanspruch

1. Überblick
2. 10-Jahres-Frist
3. Maßgeblicher Zeitpunkt für den Wert der Zuwendung (Niederstwertprinzip)
4. Anrechnung von Eigengeschenken
5. Leistungsverweigerungsrecht
6. Haftung des Beschenkten selbst für den Pflichtteilsergänzungsanspruch

1. Überblick

Mindert der Erblasser sein Vermögen bereits zu Lebzeiten durch Schenkungen, so vermindert sich dadurch natürlich der Nachlaßwert und damit auch die Höhe des Pflichtteilsanspruchs. Die §§ 2325 ff. BGB schützen in solchen Fällen den Pflichtteilsberechtigten, indem sie ihm einen Anspruch auf Pflichtteilsergänzung gegen die Erben bzw. ggf. auch gegen Dritte geben. Der Pflichtteilsergänzungsanspruch wird aus dem sog. **fiktiven Nachlaß** berechnet.

Die Durchführung der Pflichtteilsergänzung erfolgt dergestalt, daß zunächst zum realen Nachlaß sämtliche ergänzungspflichtigen Geschenke hinzuzuaddieren sind. Hieraus ist entsprechend der Pflichtteilsquote der sog. **Gesamtpflichtteil** zu berechnen. Von diesem ist sodann der **ordentliche Pflichtteil** abzuziehen, um auf diese Weise den **Ergänzungspflichtteil** zu ermitteln.

Beispiel:

Erblasser E hinterläßt seine mit ihm in gesetzlichem Güterstand lebende Ehefrau F und die beiden Söhne S1 und S2. Er setzt seine Ehefrau testamentarisch zur Alleinerbin ein. Kurz vor seinem Tod hatte E seinem Patenkind P 200 000 Euro geschenkt. Der Nachlaß beträgt 1 000 000 Euro.

Wie hoch sind Pflichtteil und Pflichtteilsergänzungsanspruch von S1 und S2?

Der ordentliche Pflichtteil von S1 und S2 beträgt jeweils $\frac{1}{8}$ von 1 000 000 Euro, mithin 125 000 Euro. Der Gesamtpflichtteil beträgt 150 000 Euro, wovon die Differenz zum ordentlichen Pflichtteil 25 000 Euro ausmacht. Dies ist der Pflichtteilergänzungsanspruch, der jedem der beiden Söhne zusteht. Belastet sowohl mit Pflichtteils- als auch Pflichtteilsergänzungsanspruch ist F als Erbin.

2. 10-Jahres-Frist

Voraussetzung eines Anspruchs aus § 2325 BGB ist zunächst, daß der Erblasser **innerhalb von 10 Jahren** vor dem Erbfall (§ 2325 III BGB) einem Dritten eine Schenkung gemacht haben muß, wobei der Begriff der **Schenkung** dem der **§§ 516 ff.** BGB entspricht, also eine Einigung über die Unentgeltlichkeit erforderlich ist. Bei gemischten Schenkungen ist lediglich der unentgeltliche Teil zur Pflichtteilsergänzung heranzuziehen (Staudinger/Ferid/Cieslar, § 2325 Rn. 9). (Zur Problematik, inwieweit die Parteien selbst über Entgeltlichkeit bzw. Unentgeltlichkeit bestimmen, also selbst Bewertungen vornehmen können, vgl. BGHZ 59, 132 ff.; BGH FamRZ 1989, 732.)

Bei der lebzeitigen Zuwendung von → *Lebensversicherungen* ist zu beachten, daß hier nicht die Versicherungssumme, sondern die in den letzten Jahren gezahlten Prämien als Schenkung i. S. d. § 2325 BGB anzusehen sind (BGHZ 7, 134; a. A.: Kipp/Coing, § 81 IV 2 a i.V.m. V 1, wonach die Versicherungssumme selbst in den Nachlaß fallen soll).

Nach h. M. beginnt die 10-Jahres-Frist des § 2325 III BGB erst mit dem endgültigen Eintritt des Leistungserfolges. Erforderlich ist insoweit eine auf Rechtsübertragung gerichtete **Vollziehungshandlung,** durch die das Geschenk auch wirtschaftlich aus dem Vermögen des Erblassers ausgegliedert wird (BGHZ 98, 226). Bei Grundstücksübertragungen ist insoweit die Eintragung im Grundbuch erforderlich (BGH NJW 1988, 821 ff.; Palandt/Edenhofer, § 2325 Rn. 22; MK/Frank, § 2325 Rn. 24). Nach a. A. genügt hier schon der Antrag auf Eintragung (Staudinger/Ferid/Cieslar, § 2325 Rn. 28).

3. Maßgeblicher Zeitpunkt für den Wert der Zuwendung (Niederstwertprinzip)

Im Rahmen des Pflichtteilergänzungsanspruchs gem. § 2325 BGB bestimmt sich der Wert des ergänzungspflichtigen Geschenkes grundsätzlich gem. § 2311 BGB nach dem Verkehrswert. Fraglich ist allerdings, in welchem **Zeitpunkt** dieser angesetzt wird, wofür grundsätzlich zwei Zeitpunkte in Betracht kommen: zum einen der Zeitpunkt der Zuwendung selbst und zum anderen der Zeitpunkt des Erbfalls.

Bei der Ermittlung des insoweit zugrunde zu legenden Bewertungsstichtags ist gem. § 2325 II BGB je nach Art des geschenkten Gegenstandes zu **differenzieren:** Alle gem. § 92 BGB **verbrauchbaren Sachen,** wie etwa Geld und Wertpapiere, werden gem. § 2325 111 BGB mit ihrem **Wert im Zeitpunkt der Schenkung** selbst angesetzt. Hierzu gehört etwa auch der schenkweise Erlaß einer Geldforderung (BGHZ 98, 226) sowie Lebensmittel oder auch zu einem Warenlager gehörende Gegenstände.

Bei allen anderen **nicht verbrauchbaren Sachen,** wie zum Beispiel Grundstücken, ist von den beiden in Betracht kommenden Bewertungsstichtagen gem. § 2325 II 2 BGB derjenige maßgeblich, zu dem das Geschenk weniger wert war, d. h. nach dem Wortlaut des § 2325 II 2 BGB kommt es für die Berechnung des Pflichtteilsergänzungsanspruchs im Hinblick auf nicht verbrauchbare Sachen zwar grundsätzlich auf den Wert der Sache zum Zeitpunkt des Erbfalls an, hatte die Sache zur Zeit der Schenkung aber einen geringeren Wert, so wird nur dieser in Ansatz gebracht. Dieser Grundsatz wird als sog. „Niederstwertprinzip" bezeichnet. Eine „nicht verbrauchbare Sache" ist ein Gegenstand, dessen Existenz nicht von einer Zeitdauer abhängt, wobei die Abgrenzung im Einzelfall schwierig sein kann. Das praktisch relevanteste Beispiel für eine nicht verbrauchbare Sache ist das oben genannte Grundstück.

Es ist also eine Vergleichsberechnung vorzunehmen, bei der zur Feststellung des niedrigeren Wertes der für den Zeitpunkt der Schenkung ermittelte Verkehrswert nach den Grundsätzen über die Berücksichtigung des Kaufkraftschwundes (→ *Kaufkraftveränderung/Kaufkraftschwund*) auf den Tag des Erbfalls umzurechnen und in dieser Höhe dem Wert beim Erbfall gegenüberzustellen ist (Palandt/Edenhofer, § 2325 Rn. 19).

Für die Ermittlung des Wertes nach dem Niederstwertprinzip ist also der Wert des Gegenstandes zunächst zum Zeitpunkt der Schenkung festzustellen und dann mittels des Lebenshaltungskostenindexes auf den Zeitpunkt des Erbfalls hochzurechnen. Nachfolgend ist dieser Wert mit dem Wert des

Gegenstandes im Zeitpunkt des Erbfalls zu vergleichen und der niedrigere Wert für die Berechnung des Pflichtteilergänzungsanspruchs heranzuziehen.

Beispiel:

Im Jahre 1975 verschenkt der Erblasser ein Grundstück, das zu diesem Zeitpunkt einen Verkehrswert in Höhe von 200 000 Euro hat.

Im Zeitpunkt des Erbfalles 1990 hat das Grundstück einen Verkehrswert i. H. v. 400 000 Euro.

Die Werte dürfen hier nicht einfach nominal verglichen werden, da die Kaufkraft des Geldes zwischen dem Zeitpunkt der Schenkung und dem des Erbfalls erheblich abgenommen hat und die Bewertung ansonsten mit unterschiedlichen Maßstäben vorgenommen würde. Es ist also zunächst der → *Kaufkraftschwund* nach dem jeweiligen Lebenshaltungskostenindex auszugleichen:

Lebenshaltungskostenindex 1975 = 68,4 Punkte

Lebenshaltungskostenindex 1990 = 106,7 Punkte

Der Verkehrswert 1975 beträgt hochgerechnet 311 988,30 Euro

Er ist niedriger als der Verkehrswert zum Zeitpunkt des Erbfalls mit 400 000 Euro. Daher ist der indexierte Wert im Zeitpunkt der Schenkung i.H.v. 311 988,30 Euro als fiktiver Nachlaßwert anzusetzen.

Bei **nachträglichen (echten) Wertsteigerungen** kommt es auf den Wert an, dessen sich der Erblasser im Zeitpunkt der Schenkung entäußert hat (BGHZ 118, 49, vgl. hierzu auch BGH FamRZ 1995, 420; BGH FamRZ 1993, 1048).

Streitig ist die Anwendung des Niederstwertprinzips jedoch, wenn die Zuwendung des nicht verbrauchbaren Gegenstandes, also etwa eines Grundstücks, unter Vereinbarung einer **Gegenleistung,** z. B. unter Einräumung eines Nießbrauchs- oder Wohnungsrechtes, erfolgt, und dem Erblasser somit die Nutzungen des Geschenkes zu seinen Lebzeiten verblieben waren.

Der BGH hält hier eine wirtschaftliche Betrachtungsweise für geboten: Er bringt das Geschenk (im zu entscheidenden Fall hatte es sich gleichfalls um ein Grundstück gehandelt) ledig-

465

lich in dem Umfange in Ansatz, in dem dessen Wert den Wert der kapitalisierten Nutzung übersteigt (BGHZ 118, 49):

Er ermittelt zunächst den maßgeblichen Bewertungszeitpunkt anhand des Niederstwertprinzips, ohne auf die vereinbarte Gegenleistung einzugehen. Kommt er hierbei zu dem Ergebnis, maßgeblicher Bewertungszeitpunkt sei der Zeitpunkt der Zuwendung, so berechnet er den konkreten Pflichtteilsergänzungsanspruch unter Berücksichtigung der Gegenleistung, erhält also einen wesentlich geringeren Wert, da in diesem Fall der kapitalisierte Wert der Nutzung abzuziehen ist, da der Erblasser nur den entsprechenden Differenzbetrag im Zeitpunkt der Schenkung wirtschaftlich aus seinem Vermögen ausgegliedert hatte (BGH NJW 1992, 2887 f.).

Kommt er hingegen in seinem ersten Schritt zu dem Ergebnis, maßgeblicher Bewertungszeitpunkt sei der Zeitpunkt des Erbfalls, so bringt er die Gegenleistung bei der Berechnung des Pflichtteilsergänzungsanspruchs nicht in Abzug, da diese mit dem Tod des Erblassers ja erlischt. Insoweit wird der Pflichtteilsergänzungsanspruch also wesentlich höher (BGH FamRZ 1991, 552 für den Nießbrauch; BGH MittBayNot 1996, 307 für das Wohnungsrecht).

Beispiel:

E wendet seinem Sohn S1 im Jahre 1980 ein Grundstück unter Einräumung eines lebenslangen dinglichen Wohnrechts zu. In seinen Testament macht E S1 darüber hinaus zum Alleinerben, während der Sohn S2 auf seinen Pflichtteil verwiesen wird. E stirbt 1997. Der kapitalisierte Wert des Wohnrechts betrug 1980 210 000 Euro, der Grundstückswert betrug im Zeitpunkt der Zuwendung 300 000 Euro, zum Zeitpunkt des Erbfalls 600 000 Euro.

S2 verlangt seinen Pflichtteilsergänzungsanspruch.

Berechnung nach BGH:

Erster Schritt:

Grundstückswert im Zeitpunkt des Erbfalls:
600 000 Euro

Grundstückswert im Zeitpunkt der Zuwendung auf den Erbfall hochindexiert:
475 267,37 Euro
(300 000 Euro : 74,8 × 118,5)

Zweiter Schritt:

Wert des Grundstücks zum Zeitpunkt der Zuwendung:
300 000 Euro

abzüglich Wert des kapitalisierten Nießbrauchs:
210 000 Euro

verbleiben:
90 000 Euro

inflationsbereinigt: (90 000 Euro : 74,8 × 118,5):
223 117,15 Euro

Der Wert der Zuwendung beträgt somit 223 117,15 Euro. Hieraus errechnet sich der Pflichtteilsergänzungsanspruch, der somit $^1/_4$ von 223 117,15 Euro, also 55 779,29 Euro beträgt.

Diese Praxis wird allerdings von der Literatur mit dem Vorwurf der Unbilligkeit und Willkür heftig kritisiert mit der Begründung, die Vorgehensweise des BGH führe nur dann zu einer gerechten Lösung, wenn maßgeblicher Bewertungszeitpunkt nach dem Niederstwertprinzip der Zeitpunkt der Zuwendung ist, da nur hier die den Wert der Zuwendung schmälernde Gegenleistung ausreichend berücksichtigt werde. Konsequenterweise sollte also nach dieser Meinung auch im Falle der Zuwendung als maßgeblichem Berechnungszeitpunkt die Gegenleistung nicht berücksichtigt werden (Rohlfing, Erbrecht, § 9 Rn. 83; Reiff, FamRZ 1991, 553 ff.; Dingerdissen, JZ 1993, 402; vgl. zum Streitstand auch Kerscher/Riedel/Lenz, Pflichtteilsrecht, § 9 Rn. 82 ff.).

Sofern die Schenkung im Zeitpunkt des Erbfalles noch gar nicht vollzogen war, also lediglich ein **Schenkungsversprechen** vorlag, ist maßgeblicher Wert derjenige des Anspruchs auf den versprochenen Gegenstand. Dieser Wert ist ebenfalls nach dem Niederstwertprinzip unter Berücksichtigung des Kaufkraftschwundes zu ermitteln (BGHZ 85, 274; Palandt/ Edenhofer, § 2325 Rn. 21).

4. Anrechnung von Eigengeschenken

Gem. **§ 2327 BGB** hat sich der Pflichtteilsberechtigte Eigengeschenke, die er vom Erblasser erhalten hat, auf seinen Pflichtteilsergänzungsanspruch anrechnen zu lassen. Die Berechnung erfolgt dergestalt, daß das Eigengeschenk dem Nachlaß

hinzugerechnet und von dem daraus ermittelten Pflichtteilsergänzungsanspruch in voller Höhe abgezogen wird (BGH
NJW 1983, 2875). Hierbei spielt die 10-Jahres-Frist des § 2325
III BGB keine Rolle (BGH LM § 2327 BGB Nr. 1). Etwas anderes gilt natürlich bei der Ermittlung der Summe aller für den
Ergänzungsnachlaß relevanten Geschenke, bei der die Frist
weiterhin maßgeblich ist.

Beispiel:

Erblasser E hinterläßt einen Nachlaßwert i. H. v. 200 000 Euro.
Er setzt seine Lebensgefährtin L testamentarisch zur Alleinerbin ein. Sohn S, der Es einziges Kind ist, wird enterbt. Zwei
Jahre vor Es Tod hatte er S 50 000 Euro als Geschenk zugewendet. Seiner Patentochter P hatte er zum gleichen Zeitpunkt
70 000 Euro geschenkt. Zu berechnen ist sowohl der Pflicht-
teils- als auch der Pflichtteilsergänzungsanspruch von S.

Der zunächst zu bildende Ergänzungsnachlaß beträgt 320 000
Euro (Addition von realem und fiktivem Nachlaß).

Hiervon steht dem S zunächst $\frac{1}{2}$ als Ergänzungspflichtteil zu
(= 160 000 Euro). Hiervon abzuziehen ist sein ordentlicher
Pflichtteil i. H. v. 100 000 Euro, so daß hiernach 60 000 Euro als
Pflichtteilsergänzungsanspruch verbleiben.

Gem. § 2327 BGB muß S sich jedoch nun sein ihm vom Erblasser
zugewendetes Geschenk i.H.v. 50 000 Euro anrechnen lassen.
Damit verbleibt ihm letztendlich nur noch ein Pflichtteilsergänzungsanspruch i.H.v. 10 000 Euro.

Weiterhin ist zu beachten, daß das Eigengeschenk nur auf den
Ergänzungspflichtteil und nicht auch noch auf den ordentlichen Pflichtteil anzurechnen ist, was zur Folge hat, daß der
Pflichtteilsberechtigte auf keinen Fall etwas in den Nachlaß
zu zahlen hat oder gar sein ordentlicher Pflichtteil gemindert
wird (Kerscher/Riedel/Lenz, Pflichtteilsrecht, § 9 Rn. 132).

Sofern die **Anrechnungspflicht gem. § 2315 BGB** mit einem
anzurechnenden Eigengeschenk gem. § 2327 I 2 BGB zusammentrifft, gilt folgendes:

Für diesen Fall ist das Geschenk nur auf den Gesamtbetrag des
Pflichtteils anzurechnen. Auch aus § 2327 I 2 BGB ergibt sich,
daß eine Anrechnung letzten Endes nur einmal erfolgen darf
(Nieder, Handbuch der Testamentsgestaltung, Rn. 243). Es ist

demgemäß zunächst die Summe aller unter den Pflichtteilergänzungsanspruch fallenden Geschenke sowie des Eigengeschenkes zu ermitteln. Diese Summe wird dem realen Nachlaß
hinzuaddiert. Von dem sich hieraus ergebenden Gesamtpflichtteil ist das Eigengeschenk dann in voller Höhe abzuziehen.

Für die Bewertung des Eigengeschenkes ist insoweit § 2315 II
2 BGB heranzuziehen (überwiegende Meinung, vgl. MK/
Frank, § 2327 Rn. 9; Soergel/Dieckmann, § 2327 Rn. 8; a.A.:
Staudinger/Olshausen, § 2327 Rn. 3).

Beispiel:

Der verwitwete Erblasser E hinterläßt als einzigen Abkömmling seinen Sohn S. Sein Nachlaßvermögen beläuft sich auf
500 000 Euro. E setzt seine Lebensgefährtin L testamentarisch
zur Alleinerbin ein. E hat zwei Jahre vor seinem Tode S
schenkweise 300 000 Euro mit der Bestimmung zugewandt,
daß S sich diesen Betrag gem. § 2315 BGB auf seinen Pflichtteil anrechnen lassen muß. Seiner Patentochter P hat E zur
etwa gleichen Zeit 200 000 Euro geschenkt. Zu berechnen
sind Pflichtteils- und Pflichtteilsergänzungsanspruch des S.

Zunächst ist der Gesamtpflichtteil von S zu ermitteln: Die
Summe aller Geschenke beläuft sich vorliegend auf 500 000
Euro. Hierzu ist der reale Nachlaß in Höhe von 500 000 Euro zu
addieren = 1 000 000 Euro. Die Hälfte hiervon (Pflichtteilsquote
des S) beträgt 500 000 Euro (= Gesamtpflichtteil).

Hiervon ist dann das Eigengeschenk des S i. H. v. 300 000 Euro
abzuziehen, so daß ein Pflichtteilsergänzungsanspruch i.H.v.
200 000 Euro verbleibt.

Hier ist zu sehen, daß das Geschenk sich nunmehr auch auf
den ordentlichen Pflichtteil des S ausgewirkt hat, da dieser
250 000 Euro betragen hätte.

Sofern die **Ausgleichungspflicht gem. § 2316 BGBG** mit einem
anzurechnenden Eigengeschenk gem. § 2327 I 2 BGB zusammentrifft, gilt im Verhältnis der ausgleichspflichtigen Abkömmlinge zueinander folgendes:

Zunächst ist der ordentliche Pflichtteil unter Berücksichti-
gung des Eigengeschenkes gem. § 2316 BGB zu ermitteln.
Danach erfolgt eine Berechnung des Gesamtpflichtteils unter
Berücksichtigung aller ergänzungspflichtigen Geschenke, ein-

schließlich des Eigengeschenkes und des ausgleichspflichtigen Vorempfangs. Den Ergänzungspflichtteil erhält man dann, indem man den ordentlichen Pflichtteil vom Gesamtpflichtteil abzieht. Von diesem Betrag ist dann lediglich noch der hälftige Wert des Eigengeschenkes in Abzug zu bringen, da die andere Hälfte der Zuwendung bereits bei der Berechnung des Ausgleichspflichtteils berücksichtigt wurde.

Beispiel:

Der verwitwete Erblasser E hinterläßt die beiden Söhne S1 und S2. Der Nachlaß hat einen Wert von 1 000 000 Euro. E setzt Lebensgefährtin L testamentarisch zu seiner Alleinerbin ein. S1 hat nach dem Abitur eine Ausstattung i. S. d. § 1624 BGB in Höhe von 200 000 Euro erhalten. Die Ausstattung ist hinsichtlich eines Betrages i. H. v. 50 000 Euro eine Schenkung, weil sie insoweit ein Übermaß darstellt. Die Patentochter P hat kurz vor dem Tode des Erblassers schenkweise 100 000 Euro erhalten. Zu berechnen ist der Pflichtteilsergänzungsanspruch des S1.

Zunächst ist hier der ordentliche Pflichtteil gem. § 2316 BGB zu ermitteln. Dieser berechnet sich aus dem Ausgleichsnachlaß, nämlich der Summe von 1 000 000 Euro und 200 000 Euro = 1.200 000 Euro : 2 = 600 000 Euro. Hiervon abzuziehen ist die Ausstattung i. H. v. 200 000 Euro. Dies ergibt einen Ausgleichserbteil i. H. v. 400 000 Euro und damit einen ordentlichen Pflichtteil i. H. v. 200 000 Euro.

Nunmehr ist der Gesamtpflichtteil unter Berücksichtigung der ausgleichspflichtigen Ausstattung sowie der Schenkung an P zu berechnen. Dieser ergibt sich aus der Summe von 1 000 000 Euro + 200 000 Euro + 100 000 Euro = 1.300 000 Euro : 2 = 650 000 Euro. Hiervon ist wiederum die Ausstattung i. H. v. 200 000 Euro abzuziehen, so daß ein Ausgleichserbteil i.H.v. 450 000 Euro und ein Gesamtpflichtteil i. H. v. 225 000 Euro verbleiben.

Der Ergänzungspflichtteil wird nun aus der Differenz zwischen ordentlichem Pflichtteil und Gesamtpflichtteil gebildet. Dieser beträgt hier 25 000 Euro. Hiervon abzuziehen ist nunmehr aber der Teil der Ausstattung, der als Schenkung zu qualifizieren war, und zwar mit seinem hälftigen Wert, also vorliegend 25 000 Euro. Hieraus ergibt sich, daß der Pflichtteilsergänzungsanspruch des S1 vorliegend gleich null ist.

5. Leistungsverweigerungsrecht

Der Erbe, der selbst zum pflichtteilsberechtigten Personenkreis gehört, muß nach § 2328 BGB nur soviel herauszahlen, daß ihm von seinem Erbteil wertmäßig mindestens das verbleibt, was er bei ergänztem Pflichtteil als Pflichtteilsberechtigter hätte, damit er nicht selbst gegen einen anderen Beschenkten vorgehen muß. Ihm steht also gegenüber dem Ergänzungsanspruch insoweit ein Leistungsverweigerungsrecht zu, als ihm sein ordentlicher Pflichtteil und sein Ergänzungspflichtteil verbleiben (BGHZ 85, 274). Hierbei darf der Kürzungsbetrag des § 2326 I 2 BGB nicht in Abzug gebracht werden (Kerscher/Riedel/Lenz, Pflichtteilsrecht, § 9 Rn. 164).

Beispiel:

Der verwitwete Erblasser E hinterläßt einen Nachlaßwert von 400 000 Euro. Seinen einzigen Sohn S setzt er zu $^5/_8$, seine Lebensgefährtin L zu $^3/_8$ als Miterben ein. Kurz vor seinem Tod hatte E seiner Patentochter P schenkweise 120 000 Euro zugewandt.

Als testamentarische Erben erhalten S zunächst 250 000 Euro und L 150 000 Euro.

Darüber hinaus kann S noch einen Pflichtteilsergänzungsanspruch gem. § 2326 S. 2 BGB geltend machen. Dieser berechnet sich wie folgt:

Zunächst ist der ordentliche Pflichtteil des S i.H.v. 200 000 Euro zu seinem Ergänzungspflichtteil i.H.v. 60 000 Euro (hälftiger Schenkungsbetrag an P) zu addieren = 260 000 Euro. Hiervon abzuziehen ist gem. § 2326 S. 2 BGB das Erlangte, nämlich 250 000 Euro, so daß der Pflichtteilsergänzungsanspruch hier 10 000 Euro betrüge.

Im Hinblick auf § 2328 BGB muß dieses Ergebnis aber modifiziert werden, da die Gesamteinrede des S im Beispielsfall lediglich 210 000 Euro beträgt. Gem. § 2328 BGB müßte ihm die Einrede in Höhe des Betrages zustehen, der seinem Gesamtpflichtteil entspräche, wenn er nicht Erbe geworden wäre, da ansonsten eine vom Gesetzgeber nicht gewollte Benachteiligung des Erben einträte. Die Einrede muß also vorliegend 26 000 Euro betragen, so daß im Ergebnis damit § 2326 S. 2 BGB unberücksichtigt bleibt.

Das Leistungsverweigerungsrecht steht in Ergänzung zu § 2319 BGB auch dem Miterben zu (MK/Frank, § 2328 Rn. 4) sowie auch dem Erben, dessen eigene Pflichtteils- und Pflichtteilsergänzungsansprüche durch einen Wertverfall des Nachlasses gefährdet sind (BGH NJW 1983, 1485).

Das Leistungsverweigerungsrecht ist im Prozeß durch Einrede geltend zu machen.

6. Haftung des Beschenkten selbst für den Pflichtteilsergänzungsanspruch

Nur soweit der Erbe die Befriedigung des Pflichtteilsergänzungsanspruchs verweigern kann, haftet der Beschenkte subsidiär gem. **§ 2329 BGB** nach Bereicherungsrecht. Nach Ansicht des BGH kann der Erbe die Befriedigung des Pflichtteilsergänzungsanspruchs dann verweigern, wenn er gem. §§ 1975, 1990, 2060 BGB nur **beschränkt für den Nachlaß haftet und dieser zur Pflichtteilsergänzung nicht ausreicht** (BGH NJW 1961, 870). Das Leistungsverweigerungsrecht des § 2328 BGB steht analog auch dem Beschenkten zu (Staudinger/Ferid/Cieslar, § 2329 Rn. 6; BGH NJW 1983, 1485).

Streitig ist, ob der Beschenkte erst dann in Anspruch genommen werden kann, wenn der Erbe die oben genannten Einreden auch **tatsächlich** erhoben hat. Der BGH nahm für den pflichtteilsberechtigten Miterben insoweit eine analoge Anwendung des § 2329 I 2 BGB vor, wobei eine Entscheidung bezüglich des enterbten Pflichtteilsberechtigten noch nicht vorliegt (BGHZ 80, 205). Es spricht allerdings einiges dafür, grundsätzlich das reine Bestehen der Einrede als ausreichend zu erachten, da es ansonsten allein vom Erben abhinge, ob der Beschenkte in Anspruch genommen wird oder nicht, da durch die Einsetzung eines Erben, der dem Beschenkten „wohl gesonnen" ist und deshalb die Einrede einfach nicht erhebt, die Rechte des Pflichtteilsberechtigten ausgehöhlt werden könnten (Kerscher/Riedel/Lenz, Pflichtteilsrecht, § 10 Rn. 11 f.).

Sicherheitshalber ist aber vor einer Klageerhebung gegen den Beschenkten zunächst der Erbe zur Pflichtteilsergänzung aufzufordern (Kerscher/Riedel/Lenz, Pflichtteilsrecht, § 10 Rn. 10).

Eine vorrangige Verpflichtung des Erben liegt auch dann nicht vor, wenn der **Nachlaß von vornherein wertlos oder überschuldet** ist und deshalb zur Erfüllung von Pflichtteilsergänzungsansprüchen nicht ausreicht.

In der Literatur heftig umstritten, bisher aber noch nicht höchstrichterlich entschieden ist die Frage, ob § 2329 BGB auch dann eingreift, wenn der vorrangig verpflichtete Erbe lediglich **zahlungsunfähig** ist (zum Streitstand vgl. Kerscher/Riedel/Lenz, § 10 Rn. 15 ff.).

Auch hier ist wohl wegen der sonstigen Mißbrauchsgefahr eine analoge Anwendung des § 2329 BGB zu bejahen.

Direkt gegen den Beschenkten vorgegangen werden kann nach § 2329 I 2 BGB auch dann, wenn der pflichtteilsberechtigte Alleinerbe selbst einen Pflichtteilsergänzungsanspruch geltend macht (Staudinger/Ferid/Cieslar, § 2326 Rn. 2).

Die **Beweislast** dafür, daß der Erbe nicht vorrangig verpflichtet ist, trägt der Pflichtteilsberechtige (RGZ 80, 135).

Sofern ein Durchgriff auf **mehrere Beschenkte** in Betracht kommt, ist zwingend die **Reihenfolge des § 2329 III BGB** zu beachten:

Derjenige, der das jüngste Geschenk erhalten hat, haftet vorrangig, soweit sein Geschenk für die Erfüllung des Pflichtteilsergänzungsanspruchs ausreicht. Dieser Grundsatz unterliegt auch nicht der Dispositionsfreiheit des Erblassers. Für die Feststellung der verschiedenen Zeitpunkte ist jeweils auf den Vollzug der Schenkung abzustellen (BGH NJW 1983, 1485). Sollte die Schenkung im Zeitpunkt des Erbfalles noch nicht vollzogen sein, so gilt der Erbfall selbst als maßgeblicher Zeitpunkt (BGH NJW 1983, 1485).

Zu beachten ist, daß der früher Beschenkte nicht bei Zahlungsunfähigkeit des zuletzt Beschenkten haftet (MK/Frank, § 2329 Rn. 13).

Die Klage wegen Pflichtteilsergänzung gegen den Beschenkten richtet sich grundsätzlich auf die **Duldung der Zwangsvollstreckung in den geschenkten Gegenstand in Höhe der Ergänzungsforderung** (BGH NJW 1983, 1485).

Sofern es sich um ein **Geldgeschenk** oder einen bereicherungsrechtlichen **Wertersatzanspruch** handelt, ist ein **Zahlungsantrag** zu stellen (Palandt/Edenhofer, § 2329 Rn. 6).

Literaturhinweis:

Kerscher/Riedel/Lenz, Pflichtteilsrecht, § 10.

Pflichtteilsrecht

1. Überblick

Das Pflichtteilsrecht wurde quasi als **Regulativ** der grundsätzlich garantierten Testierfreiheit des Erblassers geschaffen. Dem Erblasser soll es verwehrt sein, bestimmte ihm besonders nahestehende Personen zu enterben, ohne daß diesen wenigstens ein Mindestanteil am Nachlaß verbleibt. Der so geschützte Personenkreis wird im Gesetz **abschließend** genannt und kann auch nicht durch Analogien erweitert werden:

Pflichtteilsberechtigt gem. § 2303 BGB sind lediglich der **Ehegatte** und die **Abkömmlinge** des Erblassers. Nur dann, wenn der Erblasser keine eigenen Abkömmlinge hat, steht auch seinen **Eltern** neben dem Ehegatten ein Pflichtteilsrecht zu. Unter den Abkömmlingen gilt entsprechend der gesetzlichen Erbfolge das **Repräsentationsprinzip,** d. h. daß noch lebende Kinder des Erblassers ihre eigenen Abkömmlinge, also die Enkel des Erblassers ausschließen. Entgegen einem weit verbreiteten Irrtum steht Geschwistern kein Pflichtteilsanspruch zu.

Beim Pflichtteilsrecht des Ehegatten ist zu beachten, daß dieses unmittelbar wegfällt, sobald der Erblasser **Scheidungsantrag** oder Antrag auf Aufhebung der Ehe stellt. Gleiches gilt, wenn er dem Scheidungsantrag des anderen Ehegatten zustimmt oder im Zeitpunkt des Erbfalls die Scheidungs- oder Eheaufhebungsvoraussetzungen vorliegen. Allerdings fällt der Anspruch des Ehegatten auf nachehelichen Unterhalt als Abzugsposten auf der Passiv-Seite in den Nachlaß. § 1586 b BGB bestimmt jedoch, daß dies nur bis zur Höhe des fiktiven Pflichtteils des Ehegatten der Fall ist (MK/Frank, § 2303 Rn. 18; Kerscher/Riedel/Lenz, Pflichtteilsrecht, § 6 Rn. 8).

Der Gesetzgeber des BGB hat sich insoweit ausdrücklich gegen ein sog. Noterbrecht entschieden, er sieht lediglich vor, daß der als schützenswert befundene Personenkreis einen **schuldrechtlichen** Anspruch gegen die Erben auf Zahlung eines Geldbetrages in Höhe der Hälfte des gesetzlichen Erbteils hat, der diesen ohne die Enterbung zustünde.

Es sei darauf hingewiesen, daß die gesetzlichen Regelungen des Pflichtteilsrechts vor kurzem auf dem Prüfstand des BVerfG im Rahmen einer Verfassungsbeschwerde standen. Dieses hatte im Rahmen des Verfahrens mehrere Gutachten in Auftrag gegeben und Stellungnahmen eingeholt, die teilweise zum Ergebnis gekommen waren, das Pflichtteilsrecht des BGB sei verfassungswidrig. Allerdings hat das BVerfG zur Überraschung aller Beteiligten nach Einholung der Gutachten und Stellungnahmen die Verfassungsbeschwerde dann nicht zur Entscheidung angenommen. Aus diesem Grunde bleibt weiterhin die Frage ungeklärt, ob es mit Art. 14 I und Art. 3 I GG vereinbar ist, wenn der Erblasser bestimmten nahen Angehörigen eine Mindestbeteiligung am NL einräumen muß, da das BVerfG diese Frage ausdrücklich offen gelassen hat; das gleiche gilt für die Frage nach dem Verhältnis zwischen Testierfreiheit und Verwandtenerbrecht (vgl. Beschluß des BVerfG vom 30. 8. 2000, 1BvR 2464/97, ZErb 2000, 209 ff.).

2. Wertberechnung

Der sog. ordentliche Pflichtteil berechnet sich gem. § 2303 ff. BGB aus dem **realen Nachlaß,** der alle im Zeitpunkt des Todes des Erblassers vorhandenen Gegenstände und Forderungen umfaßt. Hierbei ist der Pflichtteilsberechtigte so zu stellen, als sei der Nachlaß beim Tode des Erblassers in Geld umgesetzt worden, es ist also vom Verkehrswert auszugehen (BGHZ 14, 376). Grundsätzlich liegt die **Wertberechnung** im Ermessen des erkennenden Gerichts, wobei eine Schätzung bzw. ein Sachverständigengutachten aber nach BGH dann nachrangig ist, wenn der oder die Nachlaßgegenstände alsbald nach dem Erbfall veräußert wurden (BGH NJW-RR 1991, 901; BGH NJW-RR 1993, 131). Eine solche **„zeitnahe Veräußerung"** soll in der Regel dann vorliegen, wenn sie bis zu einem Jahr nach dem Erbfall erfolgt (BGH ZEV 1994, 361). Hier ist aber immer auf den konkreten Einzelfall abzustellen, so daß unter bestimmten Umständen auch ein wesentlich längerer Zeitraum noch als zeitnah angesehen werden kann (BGH NJW-RR 1993, 131).

3. Enterbung

Grundvoraussetzung für den Pflichtteilsanspruch ist, daß eine → *Enterbung* des Betroffenen vorliegt.

Die **Enterbung** kann ausdrücklich in der letztwilligen Verfügung erfolgen oder aber auch nur konkludent zum Ausdruck gebracht werden, etwa durch Einsetzung einer anderen Person zum Alleinerben. Sie muß allerdings bewußt erfolgt sein.

Ein Sonderfall liegt dann vor, wenn der Erblasser einen Pflichtteilsberechtigten einfach nur übersehen hat, z. B. weil er von dessen Existenz gar nichts wußte – man denke insoweit an nichteheliche Abkömmlinge. Für diesen Fall steht dem Pflichtteilsberechtigten gem. § 2079 BGB ein Anfechtungsrecht zu, das dann zur gesetzlichen Erbfolge führt. Praktische Relevanz erlangt § 2079 BGB insbesondere bei einer Wiederverheiratung des Letztversterbenden im Rahmen eines → *Gemeinschaftlichen Testaments*.

Vorsicht ist geboten bei der **Erklärung eines Erbverzichts** oder einer **Ausschlagung**: Sofern ein Pflichtteilsberechtigter einen Erbverzicht erklärt oder aber sein Erbe ausschlägt, steht ihm auch kein Pflichtteilsrecht mehr zu, da der Pflichtteilsanspruch von einer „Enterbung" abhängt (Kerscher/Riedel/Lenz, Pflichtteilsrecht, § 6 Rn. 10).

Einzige **Ausnahme** dieses Grundsatzes bilden die **Fälle der sog. „taktischen" Ausschlagung** des Ehegatten gem. § 1371 II, III BGB und des mit einem Vermächtnis, einer Auflage oder Testamentsvollstreckung Beschwerten gem. § 2306 I 2 BGB.

Kein Pflichtteilsrecht haben also diejenigen Personen, die zwar zum pflichtteilsberechtigten Personenkreis gehören, aber

– gem. § 2346 BGB einen Erbverzicht erklärt haben,

– auf die sich ein Erbverzicht gem. § 2349 BGB auswirkt,

– für gem. § 2344 BGB erbunwürdig erklärt wurden,

– denen der Pflichtteil gem. § 2333 BGB wirksam entzogen wurde (→ *Pflichtteilsentziehung*),

– ihr Erbe ausgeschlagen haben.

4. Höhe des Pflichtteils

Die **Höhe des Pflichtteils** bemißt sich gem. §§ 2303 I 2, 2311 BGB nach der gesetzlichen Erbquote und dem Bestand des

Nachlasses zum Zeitpunkt des Erbfalls, der durch Vergleich der Aktiva mit den Passiva wertmäßig konkretisiert wird.

Bei der für die Pflichtteilsberechnung maßgeblichen gesetzlichen Erbquote werden auch die gem. § 1938 BGB Enterbten, die gem. § 2339 ff. BGB für erbunwürdig Erklärten und diejenigen, die die Erbschaft ausgeschlagen haben, mitberücksichtigt; ebenso das nichteheliche Kind bei der Bestimmung des Pflichtteils eines anderen Pflichtteilsberechtigten (Palandt/ Edenhofer, § 2310 Rn. 1).

Keine Berücksichtigung finden gem. § 2310 BGB dagegen die im Zeitpunkt des Erbfalls bereits Vorverstorbenen und diejenigen, die auf ihr Erbteil verzichtet haben. Ein Erbverzicht wirkt demnach für die übrigen Erben und Pflichtteilsberechtigten pflichtteilserhöhend, so daß von diesem grundsätzlich abzuraten ist, auch in Anbetracht der Tatsache, daß ein Pflichtteilsverzicht – auch ein gegenständlich beschränkter – meistens ausreichend ist (Kerscher/Riedel/Lenz, Pflichtteilsrecht, § 6 Rn. 24; Palandt/Edenhofer, § 2310 Rn. 2).

Ebenfalls zu einer Pflichtteilserhöhung kann natürlich die taktische Ausschlagung des Ehegatten oder dessen Enterbung führen, sofern dieser mit dem Erblasser im gesetzlichen Güterstand der Zugewinngemeinschaft gelebt hat. Sein Pflichtteil bestimmt sich dann nämlich nach der nicht erhöhten Erbquote gem. §§ 1931, 1371 II BGB, so daß sich gem. § 1371 II 2 BGB der Pflichtteil anderer Pflichtteilsberechtigter entsprechend erhöht.

Bei der Pflichtteilsberechnung ist weiter zu beachten, daß der als gesetzliches Vorausvermächtnis ausgestaltete Ehegattenvoraus gem. § 2311 1 2 BGB anders als die sonstigen Vermächtnisse vorab vom Nachlaß abgezogen wird. Der Voraus unterliegt auch nicht dem Kürzungsrecht der §§ 2318, 2322 BGB (Soergel/Dieckmann, § 2318 Rn. 2). Dies setzt natürlich voraus, daß der Voraus dem Ehegatten auch tatsächlich zusteht, was dann nicht der Fall ist, wenn dieser selbst enterbt oder ihm der Voraus entzogen wurde. Für den Fall, daß der Ehegatte testamentarischer Alleinerbe ist, hat er keinen Anspruch auf den Voraus (BGHZ 73, 29).

Hauptanwendungsfall des Abzugs des Ehegattenvoraus bei der Pflichtteilsberechnung ist daher der Fall des sog. Negativtestaments, in dem der Erblasser lediglich einen Abkömmling von der Erbfolge ausschließt, ansonsten aber keine weiteren Verfügungen trifft (Kerscher/Riedel/Lenz, Pflichtteilsrecht, § 4 Rn. 20).

Bei der Pflichtteilsberechnung nicht abgezogen werden Vermächtnisse und Auflagen. Auch der Pflichtteilsanspruch
eines anderen kann nicht abgezogen werden (MK/Frank,
§ 2311 Rn. 11).

5. Anrechnung auf den Pflichtteil

Der Pflichtteilsberechtigte muß sich gem. § 2315 I BGB auf
den Pflichtteil anrechnen lassen, was ihm vom Erblasser zu
Lebzeiten mit der Bestimmung zugewendet worden ist, daß es
auf den Pflichtteil angerechnet werden soll. Hierdurch wird
die Pflichtteilslast des Erben gemindert. Bei gemischten
Schenkungen und Schenkungen unter Auflage ist allerdings
nur der Wert der empfangenen Bereicherung anzurechnen.

Die Anrechnung wird allerdings nur dann durchgeführt, wenn
der Erblasser dies vor oder **bei der Zuwendung** angeordnet hat
(Palandt/Edenhofer, § 2315 Rn. 2). Bei der **Anrechnungsanordnung** handelt es sich um eine einseitige empfangsbedürftige
Willenserklärung. Eine nachträgliche einseitige Anrechnungsanordnung (auch durch letztwillige Verfügung) ist demgegenüber nicht mehr möglich, es sei denn, daß der Erblasser sich
diese ausdrücklich vorbehalten hatte oder die Voraussetzungen einer Pflichtteilsentziehung gem. § 2333 BGB vorlagen.

Einzige Möglichkeit einer nachträglichen Anordnung der
Anrechnung auf den Pflichtteil ist die gem. §§ 2346 II, 2348
BGB notarielle Beurkundung eines teilweisen Pflichtteilsverzichts des Pflichtteilsberechtigten, der unter diesen Voraussetzungen natürlich mit der Anrechnung einverstanden sein muß.

Die Anrechnungsanordnung muß **vom Erblasser selbst** getroffen worden sein (BGH MittBayNot 1984, 38). Soll die Zuwendung auch auf den Pflichtteil vom Nachlaß des Ehegatten des
Zuwenders angerechnet werden, so bedarf es einer Vereinbarung zwischen Ehegatten und Zuwendungsempfänger in Form
eines Teil-Pflichtteilsverzichtsvertrages gem. § 2346 II BGB
(Weirich, Erben und Vererben, Rn. 891).

Betrifft die Anrechnungsanordnung die Zuwendung an einen
Minderjährigen, so ist streitig, ob dieser der Zustimmung seiner Eltern, die ihrerseits gem. § 2347 II BGB die Zustimmung
des Vormundschaftsgerichts einholen müssen, bedarf. Der
BGH vertritt insoweit die Auffassung, eine Anrechnungsbestimmung ändere grds. nichts an der Tatsache, dass in der

unentgeltlichen Zuwendung ein rechtlicher Vorteil gesehen werden müsse und verneint das Zustimmungserfordernis (BGH NJW 1955, 1353).

Die h. M. in der Literatur ist indes der Ansicht, die Anrechnungsbestimmung stelle eine erhebliche Gefährdung des Minderjährigen dar, da er sich ggfs. mit einem kurzlebigen Gut abfinden lassen müsse, weshalb ein rechtlicher Nachteil vorliege. Die Anrechnungsanordnung komme insoweit zumindest einem teilweise erfolgten Pflichtverzicht gleich (Lange/Kuchinke, § 37 VII 9; Staudinger/Haas, § 2315 Rn. 31; MK/Frank, § 2315 Rn. 9).

Grundsätzlich muß sich die Anordnung einer Anrechnungspflicht auf den Pflichtteil beziehen. Häufig kommt es jedoch vor, daß der Erblasser die „Anrechnung auf den Erbteil" anordnet. Das Gesetz kennt allerdings diesen Begriff nicht, so daß hier eine Auslegung zu erfolgen hat. Nur ausnahmsweise soll dieser Begriff als Anrechnung auf den Pflichtteil ausgelegt werden können (Staudinger/Haas, § 2315 Rn. 23).

Liegt eine Anrechnungsanordnung auf den Pflichtteil vor, so erfolgt die Berechnung des Pflichtteilsanspruchs gem. § 2315 II 1 BGB:

Aus der Summe von Realnachlaß und Vorempfang ist ein fiktiver Nachlaß zu ermitteln und daraus der Pflichtteil des Anrechnungspflichtigen zu berechnen, von dem anschließend der Vorempfang abzuziehen ist.

Beispiel:

E hinterläßt als einzigen Pflichtteilsberechtigten seinen Sohn S. Erbe ist der familienfremde X.

Der Nachlaßwert beträgt 50 000 Euro.

S muß sich einen Vorempfang i. H. v. 10 000 Euro auf seinen Pflichtteil anrechnen lassen.

Der aus dem fiktiven Nachlaß von 50 000 Euro + 10 000 Euro zu errechnende Pflichtteil des S beträgt

$$\frac{50\,000 + 10\,000}{2} = 30\,000 \text{ Euro}$$

Hiervon ist der Vorempfang i. H. v. 10 000 Euro abzuziehen, so daß S einen Pflichtteil i. H. v. 20 000 Euro erhält.

Beispiel:

E hat seinem Sohn S ein Grundstück im Wert von 10 000 Euro in Anrechnung auf sein späteres Pflichtteilsrecht geschenkt. Testamentarische Erbin ist die Ehefrau F. E hinterläßt 5 Kinder, von denen nur S seinen Pflichtteil verlangt. Der Nachlaßwert beträgt 190 000 Euro.

Realnachlaß 190 000 Euro + Schenkung 10 000 Euro = fiktiver Nachlaß 200 000 Euro.

Der fiktive gesetzliche Erbteil des S wäre $^1/_{10}$ = 20 000 Euro. Der Pflichtteilsanspruch beträgt also die Hälfte = 10 000 Euro.

Da S bereits 10 000 Euro von E geschenkt bekommen hat, hat er keinen Pflichtteil mehr zu beanspruchen.

Mit in die Berechnung einzubeziehen wäre allerdings noch der Kaufkraftschwund (→ *Kaufkraftveränderung/Kaufkraftschwund*).

(Weitere Beispiele bei Palandt/Edenhofer, § 2315 Rn. 6).

Sind mehrere Anrechnungspflichtige vorhanden, so ist nicht etwa für alle Pflichtteilsberechtigten ein einheitlicher fiktiver Nachlaß aus der Summe des Realnachlasses und der einzelnen Zuwendungen zu bilden. Der Pflichtteilsanspruch eines jeden Anrechnungspflichtigen ist vielmehr individuell für ihn gesondert aus der Summe des Realnachlasses und der gerade ihm gemachten Zuwendung zu errechnen. Bei der Pflichtteilsberechnung ist also für jeden Anrechnungspflichtigen von einem gesonderten Nachlaß auszugehen.

Beispiel:

E hinterläßt die pflichtteilsberechtigten Söhne A, B und C. Erbe ist der familienfremde X.

Der Nachlaß wert beträgt 50 000 Euro. A muß sich 10 000 Euro, B 4 000 Euro anrechnen lassen.

Berechnung des Pflichtteils des A:

$$\frac{50\,000 + 10\,000}{6} = 10\,000 \text{ Euro}$$

./. 10 000 = **0 Euro**

Berechnung des Pflichtteils des B:

$$\frac{50\,000 + 4\,000}{6} = 9\,000 \text{ Euro}$$

./. 4 000 = **5 000 Euro**

Berechnung des Pflichtteils des C:

$$\frac{50\,000}{6} = \textbf{8\,333,33 Euro}$$

Betrachtet man jeweils Vorempfang und Pflichtteil der drei Söhne, so fällt auf, daß A, B und C trotz der angeordneten Anrechnungspflicht letztlich verschieden hohe Beträge erhalten, nämlich A im Ergebnis 10 000 Euro, B 90 000 Euro und C 8 333,33 Euro.

Dieses Ergebnis erklärt sich daraus, daß der Gesetzgeber bei der Pflichtteilsberechnung nur zugunsten des Anrechnungspflichtigen von einem um den Vorempfang erhöhten fiktiven Nachlaß ausgeht, während er dieselbe Zuwendung bei der Berechnung der Pflichtteile der übrigen Pflichtteilsberechtigten außer Betracht läßt. Handelt es sich bei den Zuwendungen um Schenkungen im Sinne des § 516 BGB, so kommen allerdings zugunsten der Pflichtteilsberechtigen ohne oder mit geringerem Vorempfang → *Pflichtteilsergänzungsansprüche* gem. §§ 2325 BGB in Betracht (Staudinger/Ferid/Cieslar, § 2315 Rn. 68; MK/Frank, § 2315 Rn. 13).

Übersteigt der Wert der Zuwendung den Wert des Pflichtteils, der dem Anrechnungspflichtigen nach Maßgabe des § 2315 II BGB zustünde, so braucht der Empfänger nichts herauszuzahlen.

6. Ausgleichung

Die Höhe des Pflichtteils kann auch durch **Ausgleichungspflichten** gem. §§ 2050 ff. BGB verändert werden:

Bei der Pflichtteilsberechnung sind gem. **§ 2316 BGB** Ausgleichspflichten, die bei Eingreifen der gesetzlichen Erbfolge unter den Abkömmlingen des Erblassers gem. § 2050 BGB bestehen würden, zu berücksichtigen. Insoweit muß also zunächst der gesetzliche Erbteil unter Berücksichtigung der Ausgleichungspflicht gem. § 2055 BGB berechnet werden, wovon die rechnerische Hälfte den Ausgleichspflichtteil darstellt.

Zu berücksichtigen ist auch hier, daß die Ausgleichung nur unter den Abkömmlingen des Erblassers stattfindet, so daß die Berechnung des gesetzlichen Erbteils des Ehegatten hiervon streng zu trennen ist.

Beispiel:

Erblasser E hat seine Ehefrau F, mit der er im gesetzlichen Güterstand lebte, zur testamentarischen Alleinerbin eingesetzt. Die Kinder K1, K2 und K3 wurden enterbt.

Zu Lebzeiten hatte E dem Sohn K1 zur Einrichtung einer Zahnarztpraxis 50 000 Euro, Tochter K2, die bereits kurz nach dem Abitur Mutter geworden war und geheiratet hatte, 10 000 Euro für eine Einbauküche zugewandt. Sohn K3 war lediglich das Jurastudium finanziert worden.

Der Nachlaßwert beträgt 300 000 Euro. Zu berechnen sind die Pflichtteilsansprüche der Kinder K1, K2 und K3 gegen die F.

Der gesetzliche Erbteil der F berechnet sich nach den allgemeinen Vorschriften, nämlich nach §§ 1931, 1371 I BGB. Demnach betrüge der gesetzliche Erbteil der F $\frac{1}{2}$ von 300 000 Euro = 150 000 Euro.

Der gesetzliche Erbteil **sämtlicher** Kinder berechnet sich im Falle einer Ausgleichungspflicht gem. § 2050 BGB nach § 2055 BGB, und zwar auch dann, wenn einer von ihnen eine ausgleichungspflichtige Zuwendung i. S. d. § 2050 BGB gar nicht erhalten hat, wie hier K3.

Um den für die Ausgleichung maßgeblichen Nachlaßbetrag zu erhalten, ist vom tatsächlichen Nachlaßwert zunächst der Betrag abzuziehen, der bei gesetzlicher Erbfolge auf den nicht an der Ausgleichung beteiligten Ehegatten entfallen würde. Dies wären um vorliegenden Fall 300 000 Euro – 150 000 Euro = 150 000 Euro.

Zu diesem Betrag sind nun – anders als bei der Anrechnung gem. § 2315 BGB – **sämtliche** ausgleichungspflichtigen Beträge hinzuzuaddieren. Hierzu zählen sowohl die 50 000 Euro, die K1 als Ausstattung erhalten hat, als auch die 10 000 Euro, die K2 anläßlich ihrer Heirat für die Wohnungseinrichtung bekommen hat, nicht aber die reinen Ausbildungskosten für K3, für die unterstellt wird, daß sie die Vermögensverhältnisse des Erblassers im damaligen Zeitpunkt nicht überstiegen haben.

150 000 Euro + 50 000 Euro + 10 000 Euro = 210 000 Euro

Dieser Betrag ist nun zunächst so unter den drei Abkömmlingen zu verteilen, als wären diese alleinige gesetzliche Erben, so daß auf jeden $1/3$ von 210 000 Euro entfiele = 70 000 Euro.

Hiervon haben sich nun die ausgleichungspflichtigen Abkömmlinge ihren jeweiligen Vorempfang abziehen zu lassen. Der verbleibende Restbetrag stellt dann den gesetzlichen Erbteil dar, von dem die Hälfte der dem einzelnen Abkömmling zustehende Pflichtteil ist.

Dies ergibt im einzelnen:

Für K1: 70 000 Euro – 50 000 Euro = 20 000 Euro

Hiervon $1/2$ = **10 000 Euro**

Für K2: 70 000 Euro – 10 000 Euro = 60 000 Euro

Hiervon $1/2$ = **30 000 Euro**

Für K3: 70 000 Euro

Hiervon $1/2$ = **35 000 Euro**

Eine echte und vollständige Gleichstellungsfunktion erfüllt die Ausgleichungspflicht im Rahmen der Pflichtteilsberechnung im Gegensatz zur Ausgleichung gem. § 2050 BGB aber nicht, da wie im obigen Beispiel gesehen letztendlich doch derjenige insgesamt am meisten erhält, der den größten Vorempfang erhalten hat.

Sofern **Anrechnung und Ausgleichung** gem. §§ 2050 ff. BGB **zusammentreffen**, findet **§ 2316 IV BGB** Anwendung. Ein solches Zusammentreffen findet immer dann statt, wenn Abkömmlinge enterbt werden und einzelne von ihnen sowohl ausgleichungs- als auch anrechnungspflichtige Vorempfänge erhalten haben.

Die Berechnung des Pflichtteilsanspruches erfolgt in diesem Fall dergestalt, daß zunächst die Ausgleichung gem. § 2316 BGB vorzunehmen ist. Diese führt zu einem Abzug vom Pflichtteil in Höhe des hälftigen Wertes der lebzeitigen Zuwendung. Die andere Hälfte des Wertes der lebzeitigen Zuwendung ist dann gem. § 2315 BGB wie oben dargestellt anzurechnen, so daß die Zuwendung letztlich zur Hälfte zugunsten des Pflichtteilsberechtigten und zur anderen Hälfte zugunsten des Erben berücksichtigt wird (Langenfeld, Testamentsgestaltung, 6. Kap., § 12 Rn. 334).

Beispiel:

Der verwitwete Erblasser E hinterläßt seine beiden Söhne S1 und S2. Der Nachlaßwert beträgt 200 000 Euro. E setzt seine Lebensgefährtin L testamentarisch zur Alleinerbin ein.

S1 und S2 haben beide nach ihrem Abitur eine ausgleichspflichtige Ausstattung erhalten, und zwar S1 i.H.v. 80 000 Euro und S2 i.H.v. 20 000 Euro. Bei der entsprechenden Zuwendung hatte der Erblasser zusätzlich angeordnet, daß diese jeweils auch auf den Pflichtteil angerechnet werden sollte.

Zu berechnen sind die Pflichtteilsansprüche von S1 und S2.

Ausgleichspflichtteil des S1 gem. § 2316 BGB:

Ausgleichsnachlaß (Summe Realnachlaß und Zuwendungen):
300 000 Euro

Davon $^1/_2$ als Ausgleichserbquote bzw. Ausgleichserbteil:
150 000 Euro

Abzüglich Vorempfang i. H. v. 80 000 Euro:
70 000 Euro als Ausgleichserbteil

davon $^1/_2$ als Ausgleichspflichtteil:
35 000 Euro

abzüglich des hälftigen Vorempfangs i. H. v. 40 000 Euro:
Pflichtteil = 0

Ausgleichspflichtteil des S2:

Ausgleichsnachlaß (Summe Realnachlaß und Zuwendungen):
300 000 Euro

Davon $^1/_2$ als Ausgleichserbquote bzw. Ausgleichserbteil:
150 000 Euro

Abzüglich Vorempfang i. H. v. 20 000 Euro:
130 000 Euro als Ausgleichserbteil

davon $^1/_2$ als Ausgleichspflichtteil:
65 000 Euro

abzüglich des hälftigen Vorempfangs i. H. v. 10 000 Euro:
Pflichtteil = 55 000 Euro

(Weitere Bsp. in verschiedenen Modifikationen Kerscher/ Riedel/Lenz, Pflichtteilsrecht, § 8 Rn. 53 f.)

Pflichtteilsrestanspruch

Sofern dem Pflichtteilsberechtigten zwar ein Erbteil hinterlassen wurde, dieser jedoch geringer als die Hälfte des gesetzlichen Erbteils ist, so kann der Pflichtteilsberechtigte gem. § 2305 BGB von den übrigen Miterben den Wert des an der Hälfte des gesetzlichen Erbteils fehlenden Teils als Pflichtteilsrest verlangen. Der Pflichtteilsrestanspruch ist wertmäßig also die Differenz zwischen der Hälfte des gesetzlichen Erbteils und dem tatsächlich hinterlassenen Erbteil. Irrigerweise wird in der Praxis immer wieder der Fehler begangen, die Erbschaft in solchen Fallkonstellationen auszuschlagen und den vollen Pflichtteil zu verlangen. Ein Pflichtteilsanspruch besteht insoweit aber überhaupt nicht, da der Erbe gar nicht gem. § 2303 I 1 BGB letztwillig von der Erbfolge ausgeschlossen, sondern vielmehr gerade als Erbe eingesetzt wurde. Der Ausschlagende kann in diesen Fällen zwar den Restpflichtteil weiterhin geltend machen (BGH NJW 1973, 995), aber auch nur diesen und nicht den ganzen Pflichtteil. Eine Anfechtung der Ausschlagungserklärung gem. § 119 BGB ist in diesen Fällen nach h. M. ebenfalls nicht möglich, da insoweit regelmäßig nur ein Irrtum über die Rechtsfolgen der Ausschlagungserklärung vorliegt (MK/Frank, § 2305 Rn. 2; Ebenroth, Rn. 964; Erman/Schlüter, § 2305 Rn. 1; a. A. OLG Hamm MDR 1981, 1018; vgl. hierzu Rohlfing, § 5 Rn. 137).

Der Pflichtteilsrestanspruch besteht auch im Falle des § 2306 I 1 BGB. Wenn der dem Pflichtteilsberechtigten hinterlassene Erbteil die Hälfte des gesetzlichen Erbteils nicht übersteigt, gelten zum einen die Beschränkungen und Beschwerungen i. S. d. § 2306 I BGB als nicht angeordnet, und zum anderen kommt auch in diesen Fällen gem. § 2305 BGB der Restpflichtteil in Betracht, um dem Pflichtteilsberechtigten die Differenz zwischen dem Hinterlassenen und der Hälfte des gesetzlichen Erbteils zukommen zu lassen (Rohlfing, § 5 Rn. 22).

Pflichtteilsstrafklausel

Diese spielt vor allem beim sog. „Berliner Testament", also bei der **Einheitslösung** (→ *Gemeinschaftliches Testament*),

eine Rolle, bei dem sich die Ehegatten auf den Tod des Erstversterbenden gegenseitig zu Alleinerben einsetzen und bestimmen, daß nach dem Tod des Längstlebenden die gemeinschaftlichen Abkömmlinge Schlußerben werden sollen.

Da in diesem Fall die Abkömmlinge auf den Tod des Erstversterbenden faktisch enterbt sind, liegt es nahe, daß einer oder
mehrere von ihnen nach dem ersten Erbfall seinen Pflichtteil
aus dem Nachlaß des Erstversterbenden verlangt. Trotzdem
erhält der den Pflichtteil geltend machende Abkömmling dann
nach dem Tod des Längstlebenden noch seinen Erbteil aus dessen Nachlaß einschließlich der darin enthaltenen Vermögenswerte des Erstversterbenden. Die anderen Abkömmlinge, die
zu Schlußerben eingesetzt wurden, erhalten dagegen nur ihren
Erbteil, dessen Wert durch die Auszahlung des Pflichtteils
beim ersten Erbfall geschmälert ist (Nieder, Handbuch der
Testamentsgestaltung, Rn. 596). Dies wird nach gebotener entsprechender Aufklärung durch den Anwalt zu Recht als unge-
rechte Bevorzugung des den Pflichtteil geltend machenden
Abkömmlings angesehen, weshalb bei vielen Erblassern der
Wunsch nach sinnvollen Abwehrmöglichkeiten besteht.

Am sichersten und effektivsten ist insoweit natürlich ein
notarieller Pflichtteilsverzichtsvertrag zwischen Erblasser
und dem zum Schlußerben eingesetzten Abkömmling auf den
Tod des Erstversterbenden. Allerdings sollte der Pflichtteilsverzicht zum Schutze des Abkömmlings eventuell unter der
aufschiebenden Bedingung erfolgen, daß die Schlußerbeneinsetzung des verzichtenden Abkömmlings beim Tod des
Längstlebenden auch noch besteht (Nieder, Handbuch der
Testamentsgestaltung, Rn. 839).

Der BGH hat im Wege der ergänzenden Auslegung einen stillschweigenden Pflichtteilsverzicht für den Fall bejaht, daß die
Ehegatten mit dem gemeinschaftlichen Abkömmling ein
„Berliner Testament" im Rahmen eines notariellen Erbvertrags vereinbart hatten (BGHZ 22, 364; BGH NJW 1957, 96).

In vielen Fällen dürfte allerdings die Bereitschaft zu einem
derartigen Pflichtteilsverzicht eher gering sein, weshalb hier
andere Wege der Gestaltung eingeschlagen werden müssen;
hierfür eignen sich die sogenannten Pflichtteilsklauseln:

Die sogenannte **einfache Pflichtteilsklausel** bestimmt, daß
derjenige Abkömmling, der bereits nach dem Tod des Erstver-

sterbenden seinen Pflichtteil geltend macht, auch auf den Tod des Längstlebenden von der Erbfolge ausgeschlossen ist.

Gegen diese wird allerdings eingewandt, daß ihre Abschrekkungswirkung dadurch beträchtlich vermindert werde, daß der Abkömmling in diesem Falle quasi zweimal den Pflichtteil vom Erstversterbenden erhält, nämlich sowohl bei dessen Tod als auch beim Tode des des Letztversterbenden, da in dessen Nachlaß – jedenfalls bei der Einheitslösung – auch noch das Vermögen des Erstversterbenden vorhanden ist (Nieder, Handbuch der Testamentsgestaltung, Rn. 839).

Dagegen beinhaltet die sogenannte **Jastrow'sche Klausel** oder auch Pflichtteilsstrafklausel die Aussetzung von sofort anfallenden Vermächtnissen für die nicht den Pflichtteil geltend machenden anderen Abkömmlinge in Höhe ihrer gesetzlichen Erbteile, die gem. § 2181 BGB aber erst mit dem Tode des beschwerten längstlebenden Ehegatten fällig werden (Nieder, Handbuch der Testamentsgestaltung, Rn. 840; vgl. Jastrow, DNotV 1904, 424). Die „Bestrafung" ist darin zu sehen, daß diese Vermächtnisse Nachlaßverbindlichkeiten des Längstlebenden darstellen und daher auch die Höhe der gegen seinen Nachlaß gerichteten Pflichtteilsansprüche mindern (Staudinger/Seibold, § 2181 Rn. 2).

Die Jastrow'sche Klausel greift allerdings nur beim Vorhandensein mehrerer pflichtteilsberechtigter Abkömmlinge (MK/Musielak, § 2269 Rn. 67).

Eine **Modifikation** dieser Klausel ist dadurch möglich, daß die Anordnung der Vermächtnisse aufschiebend bedingt auf den Tod des Längstlebenden erfolgt, und deren Vererblichkeit und Übertragbarkeit ausgeschlossen wird bzw. aufschiebend bedingt davon abhängt, daß die bedachten Vermächtnisnehmer den längstlebenden Ehegatten überleben. Hierdurch wird verhindert, daß familienfremde Personen eventuell Vermächtnisnehmer werden (Nieder, Handbuch der Testamentsgestaltung, Rn. 839; vgl. von Olshausen, DNotZ 1979, 717).

Eine weitere Modifikation kann darin bestehen, daß die Strafvermächtnisse zusätzlich unter die auflösende Bedingung gestellt werden, daß die Schlußerben durch formlosen Erlaßvertrag gem. § 397 BGB auf ihre Pflichtteilsansprüche auf den Tod des Erstversterbenden verzichten oder diese verjähren lassen (Nieder, Handbuch der Testamentsgestaltung, Rn. 840; vgl. von Olshausen, DNotZ 1979, 717).

Die Pflichtteilsklauseln können auch wechselbezüglich und bindend sein, so daß der überlebende Ehegatte an die Enterbung gebunden ist. Möglich ist aber insoweit eine **Abänderungsbefugnis** zugunsten des überlebenden Ehegatten, was unter bestimmten Umständen sinnvoll sein kann, insbesondere, wenn der nach dem Tod des Erstversterbenden seinen Pflichtteil verlangende Abkömmling sich in der Folgezeit um den Längstlebenden besonders verdient macht o.ä.

Da bei der **Trennungslösung** in der Verfügung für den zweiten Todesfall lediglich eine Regelung bezüglich des gesonderten Eigenvermögens des Längstlebenden getroffen wird, macht eine Pflichtteilsstrafklausel in Form der Jastrow'schen Klausel insoweit keinen Sinn, da die Anordnung von Vermächtnissen nach dem Tod des Erstversterbenden das Vermögen des Längstlebenden nicht mindern kann (Kerscher/Tanck/Krug, Das erbrechtliche Mandat, § 8 Rn. 480).

Hier benötigt man lediglich eine einfache Pflichtteilsklausel für den zweiten Erbfall. Die Nacherbeneinsetzung wird bereits automatisch dadurch hinfällig, daß der Abkömmling diese gem. § 2306 BGB bereits im Zeitpunkt des ersten Erbfalls ausschlagen muß, um seinen Pflichtteil zu erhalten (Kerscher/Tanck/Krug, Das erbrechtliche Mandat, § 8 Rn. 479).

Enthält ein Gemeinschaftliches Testament keine Pflichtteils- bzw. Pflichtteilsstrafklausel, so könnte der längstlebende Ehegatte seine eigene zugunsten des Abkömmlings getroffene Verfügung aber immer noch wegen **Motivirrtums** anfechten, wenn dieser den Pflichtteil geltend macht. Hier besteht auch nicht etwa die Gefahr, daß dadurch die Verfügungen des Erstversterbenden zugunsten des Längstlebenden unwirksam werden, da diesbezüglich der hypothetische Erblasserwille dahin gehend ausgelegt werden muß, daß dieser die Verfügungen auch für den Fall getroffen haben würde, daß ihm die Anfechtung und ihr Grund bekannt gewesen wäre. Insoweit wäre dann auch nur eine beschränkte Wechselbezüglichkeit gegeben (Nieder, Handbuch der Testamentsgestaltung, Rn. 840).

Pflichtteilsunwürdigkeit

Die Gründe für eine Pflichtteilsunwürdigkeit sind abschließend in § 2339 BGB geregelt. Erbunwürdig ist daher, wer

– den Erblasser vorsätzlich oder widerrechtlich getötet oder zu töten versucht hat,

– den Erblasser in einen Zustand versetzt hat, der es ihm bis zu seinem Tode unmöglich gemacht hat, eine letztwillige Verfügung zu errichten,

– den Erblasser durch arglistige Täuschung oder Drohung gehindert hat, ein Testament zu errichten oder auch zu vernichten, oder es absichtlich unterläßt, dem Willen des Erblassers auf Vernichtung einer letztwilligen Verfügung nachzukommen oder den Erblasser in den Glauben versetzt, es genüge für die Errichtung einer letztwilligen Verfügung eine Form, die in Wirklichkeit nicht ausreichend ist,

– den Erblasser durch arglistige Täuschung oder Drohung dazu bestimmt hat, ein Testament zu errichten oder auch zu vernichten,

– sich in Ansehung einer letztwilligen Verfügung wegen Urkundenfälschung strafbar gemacht hat.

Die Erbunwürdigkeit tritt nicht automatisch beim Vorliegen ihrer Voraussetzungen ein, sondern muß nach dem Anfall der Erbschaft durch **Anfechtungsklage gem. § 2340 BGB** innerhalb eines Jahres von dem Erben oder demjenigen geltend gemacht werden, dem der Wegfall zustatten kommt.

Die **Anfechtungsfrist** beginnt mit dem Zeitpunkt, in dem der Anfechtungsberechtigte von dem Anfechtungsgrund Kenntnis erlangt.

Die Erbunwürdigkeit hat zur Folge, daß der Erbe von der Erbfolge ausgeschlossen wird, wobei auch der Anspruch auf den Voraus gem. § 1932 BGB sowie den Dreißigsten gem. § 1969 BGB mitumfaßt wird.

Allerdings schließt die Erbunwürdigkeit nicht das Erbrecht der Abkömmlinge des Erbunwürdigen aus (Kerscher/Riedel/ Lenz, Pflichtteilsrecht, § 6 Rn. 168).

Pflichtteilsverzicht

Das Instrument der vorweggenommenen Erbfolge gewinnt in der Praxis immer mehr an Bedeutung. Typische Fallkonstellation ist hier, daß der verheiratete Übergeber mit Zustimmung seiner Ehefrau sein Haus, seine Eigentumswohnung, seinen Betrieb etc. auf seine Kinder überträgt – unter Umständen gegen Aufnahme einer → *Pflegeverpflichtung,* eines Rückforderungsrechts, eines → *Nießbrauchsvorbehalts* oder einer Wohnrechtsbestellung.

Übergeber und Übernehmer sind regelmäßig daran interessiert, daß im späteren Erbfall von den übrigen Kindern oder gar dem überlebenden Ehegatten wegen der lebzeitigen Übertragung keine Ansprüche mehr gestellt werden können.

Ein **Pflichtteilsverzichtsvertrag** wird regelmäßig mit einer Abfindung verbunden sein und kann deshalb durchaus in beiderseitigem Interesse liegen. Zwischen Abfindung und Verzichtserklärung besteht ein rechtlicher Zusammenhang dergestalt, daß die beiden entsprechenden Verpflichtungen sowohl bei Entstehung als auch Abwicklung in einem synallagmatischen Verhältnis stehen (Zur Problematik der Leistungsstörungen beim Pflichtteilsverzichtsvertrag insbes. nach Inkrafttreten des Schuldrechtsmodernisierungsgesetzes vgl. Kong, Schuldrechtsmodernisierungsgesetz und Erbrecht, Rn. 231 ff.). Es empfiehlt sich, den Verzicht auf das Pflichtteilsrecht zu beschränken und nicht auf einen Erbverzicht auszudehnen, da sich im letzteren Falle automatisch die Erbteile und Pflichtteilsquoten der übrigen gesetzlichen Erben erhöhen, was regelmäßig vom Erblasser nicht gewünscht wird.

Der Pflichtteilsverzicht kommt in der Praxis etwa auch dann vor, wenn der Erblasser zum zweiten Mal heiratet und er Kinder aus erster Ehe hat. Mit diesen schließt er dann einen Erbvertrag, in dem er sie zu Alleinerben einsetzt und in dem die zweite Ehefrau auf ihr Pflichtteilsrecht verzichtet (Weirich, Erben und Vererben, Rn. 1151).

Weit zweckmäßiger als ein reiner Pflichtteilsverzichtsvertrag ist oftmals die Vereinbarung eines **gegenständlich beschränkten Pflichtteilsverzichts,** bei dem lediglich vereinbart wird, daß ein bestimmter Vermögensgegenstand bei der Pflichtteilsberechnung unberücksichtigt bleibt. Typischerweise wird der gegenständlich beschränkte Pflichtteilsverzicht mit einem Übergabevertrag bezüglich des betreffenden Gegenstandes verbunden sein (Weirich, Erben und Vererben, Rn. 938). Hinsichtlich des **restlichen Vermögens** des Erblassers bleiben die Verzichtenden dann jedoch voll erb- und pflichtteilsberechtigt, da der Pflichtteilsverzicht auf den übergebenen Gegenstand gegenständlich beschränkt ist.

Der Pflichtteilsverzicht bzw. gegenständlich beschränkte Pflichtteilsverzicht kann insbesondere für den Fall „gute Dienste" tun, in dem die **Rechtsnachfolge in einen Betrieb oder ein Unternehmen** gesichert werden soll, der durch die Geltendmachung von Pflichtteilsansprüchen von Abkömmlingen oder Ehegatten nicht selten in seiner Existenz gefährdet wird.

Im Hinblick auf den übertragenen Vermögenswert kann dann beim späteren Erbfall **auch keine Pflichtteilsergänzung** mehr verlangt werden.

Formulierungsvorschlag:

Die Ehefrau und die Tochter, Frau . . ., verzichten hiermit für sich und für ihre Abkömmlinge auf ihr Pflichtteilsrecht am Nachlaß des Übergebers in der Weise, daß die Vertragsgegenstände gem. gegenwärtiger Urkunde, Urk. Nr. . . ., bei der Berechnung des jeweiligen Pflichtteilsanspruchs als nicht zum Nachlaß des Übergebers gehörend angesehen werden und aus der Berechnungsgrundlage sowohl für den Pflichtteilsanspruch als auch für Ausgleichspflichtteil und Pflichtteilsergänzungsanspruch ausgeschieden werden.

Der Übergeber nimmt diese gegenständlich beschränkten Pflichtteilsverzichte jeweils entgegen und an.

Die Erschienenen wurden vom Notar darauf hingewiesen, daß der gegenständlich beschränkte Pflichtteilsverzicht die gesetzliche Erbfolge und den Pflichtteil am Restvermögen des Übergebers unberührt läßt.

Quotentheorie

Im Rahmen der Anwendung des § 2306 I BGB (→ *Taktische Ausschlagung*) stellt sich im Hinblick auf dessen Wortlaut die entscheidende Frage, wie die Höhe des hinterlassenen Erbteils zu bemessen ist. In Betracht kommt insoweit die Erbteilsquote, aber auch der tatsächliche Wert dieser Quote nach Abzug sämtlicher Vermächtnisse und Auflagen (→ *Werttheorie*).

Der BGH stellt hier grundsätzlich allein auf die Quote ab, ohne hierbei irgendwelche Beschränkungen oder Beschwerungen zu berücksichtigen (BGH NJW 1983, 2378 ff.; BGHZ 19, 309 ff.; ebenso Soergel/Dieckmann, § 2306 Rn. 2).

Die Ausschlagungsmöglichkeit des § 2306 I 2 BGB greift also grundsätzlich dann, wenn die hinterlassene Erbquote höher ist als die Pflichtteilsquote (Hälfte der gesetzlichen Erbquote). Ist diese niedriger, kommt automatisch § 2306 I 1 BGB zur Anwendung, der bewirkt, daß sämtliche Beschränkungen und Beschwerungen des Nachlasses mit Vermächtnissen, Auflagen oder der Anordnung der Testamentsvollstreckung gegenüber dem Pflichtteilsberechtigten als nicht angeordnet gelten.

Beispiel:

Der geschiedene Erblasser E hinterläßt ein Testament, wonach er seine Tochter T zu $^1/_3$, seine Lebensgefährtin L zu $^1/_3$ sowie sein Patenkind P (Sohn seines Freundes F) ebenfalls zu $^1/_3$ als Miterben einsetzt.

Der Wert des Nachlasses beträgt 90 000 Euro. Der Tierschutzverein erhält ein Vermächtnis i.H.v. 10 000 Euro.

Bei der Ermittlung, inwieweit das Vermächtnis zugunsten des Tierschutzvereins sich zu Lasten der T auswirkt, stellt sich die Frage, ob der ihr hinterlassene Erbteil kleiner oder größer als ihr Pflichtteil ist. Ist er kleiner, so gilt das Vermächtnis gem. § 2306 I 1 BGB automatisch als ihr gegenüber nicht angeordnet. Ist er dagegen größer, so steht T zumindest die Möglichkeit offen, ihre Erbschaft auszuschlagen und ihren vollen Pflichtteil zu verlangen, für dessen Berechnung das Vermächtnis keine Rolle spielt.

Nach der Quotentheorie stellt sich die Rechtslage wie folgt dar:

Die T wäre als einziger Abkömmling und da ein Ehegatte nicht vorhanden ist, gesetzliche Alleinerbin, demgemäß stünde ihr ein Pflichtteil i.H.v. $^1/_2$ zu. Die ihr hinterlassene Erbquote beträgt $^1/_3$. Da diese niedriger als der ihr zustehende Pflichtteil ist, gilt das Vermächtnis der T gegenüber gem. § 2306 I 1 BGB als nicht angeordnet. Eine taktische Ausschlagung nach § 2306 I 2 BGB ist demgegenüber nicht möglich. Würde T dennoch ausschlagen, so verlöre sie den ihr zugewandten Erbteil gänzlich und hätte lediglich noch ihren Restpflichtteil i.H.v. $^1/_6$.

An diesem Beispiel zeigt sich deutlich, wie gefährlich eine voreilige Ausschlagung sein kann (→ *Pflichtteilsrestanspruch*).

Rechtsgeschäfte unter Lebenden auf den Todesfall

Wenn der Erblasser bereits zu Lebzeiten Rechtsgeschäfte vornimmt, die eine Vermögensregelung für den Fall seines Todes bezwecken, stellt sich die Frage, ob für derartige Geschäfte ausschließlich die Vorschriften über Rechtsgeschäfte unter Lebenden anzuwenden sind, bei denen grundsätzlich Vertragsfreiheit und damit auch freie Gestaltungsmöglichkeit besteht, oder ob wegen der vorweggenommenen erbrechtlichen Regelung die typisierten und abschließenden Gestaltungsmöglichkeiten des Erbrechts gewählt werden müssen.

Hierbei ist zwischen einzelnen Rechtsgeschäften zu differenzieren:

1. Unentgeltliche Rechtsgeschäfte, die zu Lebzeiten des Erblassers voll abgewickelt und vollzogen werden

Diese werden grundsätzlich ausschließlich nach den Regeln über Rechtsgeschäfte unter Lebenden beurteilt, wobei sie natürlich unter Umständen dadurch erbrechtlich berücksichtigt werden, daß möglicherweise die §§ 2287, 2050 ff., 2325 ff. BGB eingreifen.

Sofern allerdings im Rahmen von Übergabeverträgen praktisch das gesamte Vermögen bzw. wesentliche Teile desselben übertragen werden, so spricht man von einer „vorweggenommenen Erbfolge" (→ *Übergabevertrag*), die verschiedenste rechtliche Wirkungen entfaltet: Insbesondere der Hofübergabevertrag entfaltet unmittelbar erbrechtliche Wirkung, da er zugleich die bindende Bestimmung des Hoferben enthält (BGHZ 12, 286 ff.).

2. Unentgeltliche Rechtsgeschäfte, die zu Lebzeiten geschlossen, aber erst nach dem Tode des Erblassers erfüllt werden sollen

Hier sind drei mögliche Fallkonstellationen denkbar:

– der Erblasser will zu Lebzeiten nicht gebunden sein und frei über den Gegenstand verfügen können,

– der Erblasser will bereits zu Lebzeiten rechtlich gebunden sein, wobei der Bedachte die Zuwendung erst mit dem Todesfall erhalten soll,

– der Erblasser will bereits zu Lebzeiten rechtlich gebunden sein, der Bedachte bzw. dessen Erben sollen aber lediglich berechtigt sein, die Übertragung des Gegenstandes von den Erben zu verlangen.

In der ersten Fallkonstellation handelt es sich dem Inhalt nach um ein **Vermächtnis,** das aber lediglich dann Wirksamkeit entfalten kann, wenn die testamentarische bzw. erbvertragliche Form eingehalten wurde.

Im zweiten Fall liegt eine sog. **„Schenkung auf den Todesfall"** vor, auf die § 2301 BGB Anwendung findet, mithin also die erbrechtlichen Vorschriften, also auch Formvorschriften.

Auch im letzten Fall handelt es sich um eine **Schenkung,** aber nicht „auf den Todesfall", sondern mit der Besonderheit, daß lediglich die Erfüllung der Schenkung auf den Zeitpunkt des Todes hinausgeschoben werden soll. Hier ist nicht § 2301, sondern die Rechtsgeschäfte **unter Lebenden** anwendbar.

Insbesondere die beiden letztgenannten Fälle gilt es sorgfältig voneinander abzugrenzen:

Bei der Schenkung auf den Todesfall ist zu beachten, daß zwar grundsätzlich die Schenkung nur bei Einhaltung der entsprechenden erbrechtlichen Formvorschriften wirksam ist, das Schenkungsversprechen aber gem. § 2301 II BGB ausschließlich den Vorschriften der Schenkung unter Lebenden unterliegt und daher dann gem. § 518 II BGB wirksam ist, wenn die Schenkung bereits zu Lebzeiten des Erblassers vollzogen wurde. Lediglich den Vollzug vorbereitende Maßnahmen reichen demgegenüber nicht aus. Andererseits läge bei völlig wirksamer Übertragung ohnehin ein Rechtsgeschäft unter Lebenden vor, so daß § 2301 BGB gar nicht zur Anwendung käme.

Die gh. M. geht daher davon aus, daß ein **„gewisser" dinglicher Vollzug** für die Wirksamkeit ausreichend ist:

Nach einer Ansicht ist die Schenkung dann als vollzogen anzusehen, wenn der Schuldner sein Vermögen sofort und unmittelbar mindert, er also bereits ein **„gegenwärtiges Opfer"** erbringt (Kipp/Coing, § 81 III 1 c; Brox, Erbrecht, Rn. 744; Leipold, Erbrecht, Rn. 416).

Eine a. A. stellt auf den Erwerb eines dinglichen Erwerbs- und Anwartschaftsrechts ab, das gegen tatsächliche oder rechtliche

Beeinträchtigungen durch den Schenker oder dessen Gläubiger geschützt ist (OLG Hamburg NJW 1961, 76; Palandt/Edenhofer, § 2301 Rn. 8 ff.; Staudinger/Kanzleiter, § 2301 Rn. 23).

Die wohl h. M. hält demgegenüber für entscheidend, ob der zuwendende künftige **Erblasser bereits zu Lebzeiten alles getan hat, was er für den Rechtsübergang auf den Beschenkten tun konnte** (BGH NJW 1970, 1638; Lange/Kuchinke, § 33 II 2). Der BGH sieht es insoweit allerdings nicht als ausreichend an, daß der Erblasser dem Beschenkten eine unwiderrufliche Vollmacht erteilt, über den Schenkungsgegenstand – im entschiedenen Fall ein Bankkonto – zu verfügen. Der Senat führte dazu aus, daß die Erteilung einer bloßen Vollmacht, auch wenn diese unwiderruflich sei, keinerlei Änderung in der rechtlichen Zuordnung des Bankguthabens bewirke, diese vielmehr nach wie vor dem Erblasser zustünde und daher mit dem Erbfall gem. § 1922 BGB auf dessen Erben überginge. Zwar sei die Vollmacht unwiderruflich auch über den Tod des Erblassers hinaus bestehen geblieben, jedoch konnte der Bevollmächtigte damit nur noch die Erben vertreten (BGHZ 87, 19 ff., 25, 26).

Es liegt nach einer Entscheidung des RG auch dann noch kein Vollzug zu Lebzeiten vor, wenn der Schenkende die Sache einem Boten übergeben hat, der sie erst nach dem Tod des Erblassers bzw. Schenkers dem Beschenkten aushändigt (RGZ 83, 223; sehr str.!).

Demgegenüber sei nach der Rspr. des OLG Stuttgart ein Schenkungsvollzug gegeben, wenn der spätere Erblasser seinem Schuldner eine Darlehensschuld für den Fall erläßt, daß das Darlehen im Zeitpunkt des Todes des Erblassers noch nicht zurückgezahlt wurde. Eine Vollziehung liegt bereits im Abschluß des Erlaßvertrages, so daß § 2301 II BGB eingreift. Es liegt insoweit lediglich eine Bedingung bzw. Befristung vor (OLG Stuttgart NJW 1987, 782 ff.).

Nach BGH ist ebenfalls ein Schenkungsvollzug gegeben, wenn der Erblasser zu Lebzeiten ein **Oder-Konto** eingerichtet hat, womit er sicherstellen wollte, daß im Todesfall der Begünstigte problemlos das gesamte Guthaben erhält. Die Vollziehung der Schenkung tritt hier direkt mit dem Todesfall ein (BGH NJW-RR 1986, 1133 ff.).

Ein in der Praxis sehr häufiger Fall ist der, daß der zukünftige Erblasser mit seinem Vertragspartner durch Rechtsgeschäft unter Lebenden vereinbart, daß mit seinem Tode die aus dem Rechtsgeschäft resultierende Forderung einem Dritten zustehen soll. Hier liegt ein **echter Vertrag zugunsten Dritter gem. §§ 328, 331 BGB** vor. Paradebeispielsfall ist insoweit die Einrichtung eines Sparbuchs auf den Namen des Beschenkten und Einzahlung eines Geldbetrages mit der Vereinbarung, daß nach dem Tode des Erblassers das Geld an den Beschenkten ausgezahlt wird. Der Unterschied zwischen dem Vertrag zugunsten Dritter auf den Todesfall gem. §§ 328, 331 BGB und der Schenkung auf den Todesfall gem. § 2301 BGB liegt darin, daß der Bedachte im Rahmen der §§ 328, 331 BGB ein eigenes Recht unmittelbar gegenüber dem Versprechenden – im Sparbuchfall also gegenüber der Bank – und nicht lediglich gegenüber den Erben erwirbt. Der Rechtserwerb vollzieht sich hier bereits mit dem Todesfall. Der Erblasser hat in diesen Fällen bereits zu Lebzeiten Leistungen aus seinem Vermögen erbracht.

Teile der Literatur wenden indes entgegen der h. M. im Rahmen der §§ 328, 331 BGB den § 2301 BGB dann an, wenn im Verhältnis zwischen Erblasser und Begünstigtem eine Schenkung vorliegt (Kipp/Coing, § 81 V 2c; Medicus, Bürgerliches Recht, Rn. 397).

Rechtsnachfolge

→ *Erbrecht*

Rechtsschutz im Erbrecht

Bei erbrechtlicher Tätigkeit des Rechtsanwalts kann lediglich im Rahmen des Beratungsrechtsschutzes in Familiensachen, der auch das Erbrecht mitumfaßt, eine Kostentragungspflicht des Rechtsschutzversicherers entstehen, dies aber regelmäßig nur unter zwei ganz bestimmten **kumulativ** vorliegenden Voraussetzungen:

– Es muß sich um eine **versicherbare Leistung** handeln, **und**

– ein **Versicherungsfall** muß eingetreten sein.

Ob die Leistung des Rechtsanwalts auf dem Gebiet des Erbrechts überhaupt versicherbar ist, beurteilt sich nach den Vorschriften der ARB.

Lediglich die in § 2 ARB genannten Rechtsgebiete und die dort aufgezählten Versicherungsleistungen sind versicherbar.

Im Familien- und Erbrecht besteht gem. § 2 k ARB lediglich ein sog. **Beratungsrechtsschutz,** ansonsten ist ein Versicherungsschutz in diesem Bereich ausgeschlossen (Buschbell/Hering, § 9 Rn. 101). Voraussetzung hierfür ist allerdings, daß die Beratung nicht im Zusammenhang mit einer weiteren kostenpflichtigen Tätigkeit des beauftragten Rechtsanwalts erfolgt. Somit sind also lediglich dann Beratungsgebühren erstattungsfähig, wenn nicht anschließend noch Geschäfts- oder Besprechungsgebühren fällig werden oder gar ein gerichtlicher Rechtsstreit durchgeführt wird.

Allerdings kommt es hier natürlich immer auf den Einzelfall an, da es zwischen den einzelnen Rechtsschutzversicherungen hier durchaus Unterschiede gibt, so daß es sich in jedem Fall empfiehlt, den deckungsfähigen Umfang der Tätigkeit mit der jeweiligen Rechtsschutzversicherung im Vorfeld abzuklären (vgl. hierzu ausführlich die Gegenüberstellung bei Kerscher/Tanck/Krug, Das erbrechtliche Mandat, § 7 Rn. 4).

Unabhängig davon entsteht der Anspruch auf Versicherungsschutz im Erbrecht erst mit dem Eintritt des Versicherungsfalles. Als Versicherungsfall definiert § 4 ARB die **Änderung der Rechtslage** des Versicherungsnehmers oder einer bei ihm mitversicherten Person durch ein bestimmtes Ereignis.

Wann von einer entsprechenden Änderung der Rechtslage im Erbrecht gesprochen werden kann, ist allerdings streitig:

Relativ unproblematisch ist eine Änderung der Rechtslage dann zu bejahen, wenn der Erbfall eingetreten ist, jedenfalls dann, wenn der Versicherungsnehmer selbst gesetzlicher oder testamentarischer Erbe oder sonst testamentarisch begünstigt oder benachteiligt wird (Buschbell/Hering, § 10 Rn. 17).

Verneint wird der Eintritt eines Versicherungsfalls, mithin also die erforderliche Änderung der Rechtslage, sofern der Mandant und Versicherungsnehmer sich lediglich wegen der Beratung im Vorfeld der Erstellung oder Änderung einer letztwilligen Verfügung an den Rechtsanwalt wendet (AG Frankfurt VersR 1989, 839; LG Köln ZfS 1985, 275).

Ein Versicherungsfall liegt auch dann nicht vor, wenn lediglich die Gefahr einer Änderung der wirtschaftlichen Lage droht, nicht aber eine Änderung der Rechtslage eingetreten ist. Dies ist etwa dann der Fall, wenn Kinder damit drohen, ihre Erbansprüche geltend zu machen oder wenn ein Erb- oder Pflichtteilsverzicht erklärt werden soll. Im letzteren Fall tritt nämlich erst nach Abschluß des Verzichtsvertrages eine Änderung der Rechtslage ein.

Fraglich ist insoweit, ob eine Gesetzesänderung zu einer „Änderung der Rechtslage" führt (vgl. hierzu Bonefeld, ZErb 1999, 11 ff.).

Reichsheimstättengesetz

Das Reichsheimstättengesetz vom 25. 11. 1937 wurde aufgehoben durch Aufhebungsvertrag vom 17. 6. 1993.

Es sah vor, daß bestimmte Grundstücke als sog. Heimstätten ausgegeben werden konnten. Die Heimstätteneigenschaft konnte in Abteilung II des Grundbuchs eingetragen werden. Die Heimstätteneigenschaft hatte kraft Gesetzes ersten Rang vor allen Eintragungen in Abteilung II und III des Grundbuchs. Zu ihren Rechtswirkungen vgl. Palandt/Bassenge, 52. Aufl., § 873 Rn. 6.

Folglich konnte eine Heimstätte auch nur in Erbfällen, die bis zum 1. 10. 1993 bereits eingetreten waren, in das Alleineigentum eines von mehreren Miterben übergehen, sofern der Erblasser einen sog. **Heimstättenfolger** gem. § 24 RHeimstG a. F. i.V.m. §§ 25 ff. AVO entweder in einer Verfügung von Todes wegen bezeichnet hatte, die Miterben sich auf ihn geeinigt und dies dem Nachlaßgericht innerhalb von 6 Monaten ab dem Erbfall förmlich erklärt hatten, oder er in einem beim Nachlaßgericht innerhalb der 6-Monats-Frist zu beantragenden Verfahren bestimmt worden war.

Bei der **Bewertung** des Nachlasses zur Berechnung des Pflichtteils ist zu beachten, daß gem. § 15 RHeimstG für die Bewertung von Grundstücken, die gleichzeitig Heimstätten i. S. d. Gesetzes waren, der **objektive Erwerbspreis** anzusetzen war (vgl. hierzu BGH NJW 1972, 1669; BGH NJW 1975, 1021).

Rente

→ *Vermächtnis*

Rentenvermächtnis

→ *Vermächtnis*

Repräsentationssystem

Das Repräsentationsprinzip der → *gesetzlichen Erbfolge* bedeutet, daß der mit dem Erblasser am nächsten verwandte Angehörige eines jeden Stammes die anderen Angehörigen dieses Stammes gem. § 1924 II BGB von der Erbfolge ausschließt, diesen Stamm also repräsentiert. Ist dagegen ein Abkömmling des Erblassers bereits vor dem Erbfall verstorben, so treten gem. § 1924 III BGB jeweils die durch ihn mit dem Erblasser verwandten Abkömmlinge an seine Stelle (sog. Eintrittsprinzip).

Rücknahme aus amtlicher Verwahrung

→ *Amtliche Verwahrung*

Rücktrittsvorbehalt beim Erbvertrag

Gem. § 2293 BGB hat der Erblasser die Möglichkeit, vom → *Erbvertrag* zurückzutreten, sofern er sich den Rücktritt im Erbvertrag vorbehalten hat. Der Rücktritt hat gem. § 2296 II BGB durch notariell zu beurkundende Erklärung gegenüber dem anderen Vertragspartner zu erfolgen, die ihm in Form einer Ausfertigung zugehen muß. Eine beglaubigte Abschrift genügt insoweit nicht (Langenfeld, Testamentsgestaltung, 1. Kap., § 2 Rn. 16).

Unbedingt erforderlich ist ein solcher Rücktrittsvorbehalt beim **Erbvertrag zwischen nichtehelichen Lebenspartnern,** da bei einer Trennung hier keine dem § 2077 BGB für Eheleute entsprechende Regelung vorhanden ist, so daß die nichtehelichen Lebenspartner im schlimmsten Fall von ihren gegenseitigen letztwilligen Verfügungen auch nach einer Trennung nicht mehr loskommen.

Aber auch für **Ehegatten** empfiehlt sich grundsätzlich ein allgemeiner Rücktrittsvorbehalt zu Lebzeiten beider Ehegatten, um insoweit auf Veränderungen der tatsächlichen Gegebenheiten noch flexibel reagieren zu können.

Auch beim **entgeltlichen Erbvertrag** erscheint ein Rücktrittsvorbehalt bereits aus dem Grund erforderlich, weil die gesetzliche Regelung der §§ 2294, 2295 BGB insoweit nicht ausreichend ist. Diese sehen nämlich lediglich eine Rücktrittsmöglichkeit bei einer der Pflichtteilsentziehungsmöglichkeit entsprechenden Verfehlung des Bedachten sowie einer vertraglichen Aufhebung oder einem nachträglichen Wegfall der Gegenverpflichtung vor. Der Rücktritt sollte sich jedoch in jedem Fall auch auf die Nichterbringung der vereinbarten Gegenleistung erstrecken. Die Rechtsprechung verlangt insoweit teilweise eine vorangegangene Abmahnung (OLG Düsseldorf FamRZ 1995, 58, 60; vgl. Langenfeld, Testamentsgestaltung, 1. Kap., § 2 Rn. 16).

Bei vereinbarten **wiederkehrenden Gegenleistungen** sollte im Erbvertrag genau bestimmt werden, bei welcher Verzugsdauer das Rücktrittsrecht eingreift. Gleichzeitig sollte für die Ausübung des Rücktrittsrechts eine bestimmte Frist vorgesehen werden, nach deren Ablauf der Rücktritt nicht mehr möglich ist. Auch ist an eine Regelung hinsichtlich des Schicksals der bis dato erbrachten Gegenleistungen im Falle des Rücktritts zu denken.

Scheidung

Mit der Scheidung der Ehe entfallen Erb- und Pflichtteilsansprüche gegenüber dem anderen Ehegatten.

Die Scheidung einer Ehe erfolgt gem. § 1564 S. 1 BGB durch gerichtliches Urteil. Die Ehe ist gem. § 1564 S. 2 BGB mit der

Rechtskraft des Urteils aufgelöst. Die Auflösung der Ehe wirkt für die Zukunft.

Das **gesetzliche Erbrecht** des Ehegatten ist bereits dann ausgeschlossen, wenn im Zeitpunkt des Erbfalles die Voraussetzungen der Scheidung gegeben waren und der Erblasser die Scheidung beantragt hat, wobei das Scheidungsverfahren durch Zustellung des Antrags vor dem Erbfall rechtshängig geworden sein muß, Anhängigkeit genügt insoweit nicht.

Es genügt auch, wenn der Erblasser der Scheidung bereits zugestimmt hatte, wobei diese Zustimmung gem. § 630 II 2 ZPO schriftsätzlich gegenüber dem Gericht, zu Protokoll der Geschäftsstelle oder in mündlicher Verhandlung erklärt werden mußte (→ *Gesetzliche Erbfolge;* → *Ehegattenerbrecht*).

Gem. § 2077 BGB sind **letztwillige Zuwendungen** an den Ehegatten dann unwirksam, wenn die Ehe nichtig ist oder vor dem Erbfall aufgelöst wurde. Das gleiche gilt, wenn im Zeitpunkt des Erbfalles bereits ein begründetes Scheidungs- oder Aufhebungsverfahren eingeleitet war, wobei die Voraussetzungen insoweit § 1933 BGB entsprechen (Leipold, Erbrecht, Rn. 278). Auch die Wirksamkeit eines gemeinschaftlichen Ehegattentestamentes ist gem. §§ 2268 I, § 2077 1 BGB an den Bestand der Ehe im Zeitpunkt des Todes des ersten Ehegatten geknüpft. Im Falle der Scheidung wird somit das gesamte gemeinschaftliche Testament mitsamt einer etwaigen Schlußerbeneinsetzung der Kinder grundsätzlich unwirksam. Allerdings besteht eine Ausnahme insoweit, als gem. § 2268 II BGB diejenigen Verfügungen wirksam bleiben, von denen anzunehmen ist, daß sie auch für den Fall der Scheidung getroffen worden wären.

Ebenfalls wirkt sich die Ehescheidung auf die Benennung des Ehegatten als **Bezugsberechtigten einer Lebensversicherung** aus. Allerdings scheidet insoweit nach BGH eine analoge Anwendung des § 2077 BGB aus. Im Valutaverhältnis dürfte hier aber regelmäßig eine Schenkung vorliegen, deren Rechtsgrund später bei Scheidung der Ehe wegen Wegfalls der Geschäftsgrundlage entfallen kann (BGH NJW 1987, 3131; a. A.: MK/Leipold, § 2077 Rn. 25).

Gem. § 2279 BGB gelten die Vorschriften des § 2077 BGB auch im Rahmen eines **Erbvertrages** zwischen Ehegatten und Verlobten insoweit, als ein Dritter bedacht ist.

Oben genannte Rechtsfolgen gelten auch für den Fall, daß eine **Eheaufhebung** vorliegt. Von der Ehescheidung unterscheidet sich die Eheaufhebung dadurch, daß der Grund der Scheidung in der Entwicklung der Ehe zu suchen ist, während die Aufhebung aus Gründen erfolgt, die im Zeitpunkt der Eheschließung bereits bestanden haben.

Gem. § 313 BGB kann eine Ehe durch gerichtliches Urteil auf Antrag aufgehoben werden. Die Ehe ist mit Rechtskraft des Urteils aufgelöst. Der Kreis der Antragsberechtigten ergibt sich aus § 1316 BGB.

Wer berechtigt ist, den Antrag auf Aufhebung der Ehe zu stellen, hängt von dem geltend gemachten Aufhebungsgrund ab. Im Regelfall kann der Antrag von jedem Ehegatten sowie von der zuständigen Verwaltungsbehörde gestellt werden. Dies trifft insbesondere für diejenigen Ehen zu, an deren Vernichtung ein öffentliches Interesse besteht, nämlich Ehen Geschäftsunfähiger, Inzestehen, formell mangelhafte Ehen, oder Ehen, die im Zustand der Bewußtlosigkeit oder vorübergehenden Störung der Geistestätigkeit geschlossen wurden. Hierzu zählen aber auch Ehen Minderjähriger, denen gem. § 1303 BGB keine Befreiung vom Erfordernis der Ehemündigkeit erteilt worden war. Im Falle einer sog. „Mehrehe" ist darüber hinaus auch der Ehegatte der früheren Ehe antragsberechtigt (Johannsen/Henrich, § 1316 Rn. 1 ff.).

Hinsichtlich der **Antragsfrist** ist § **1317 BGB** zu beachten.

Die **Eheaufhebungsgründe** sind in § 1314 BGB abschließend aufgezählt. Aufhebungsgründe sind danach:

– fehlende Ehefähigkeit, also Eheschließung vor Eintritt der Volljährigkeit gem. § 1303 BGB, Eheschließung eines Geschäftsunfähigen gem. § 1304 BGB oder das Vorliegen einer Doppel- bzw. Mehrehe gem. § 1306 BGB,

– Verstoß gegen das Eheverbot gem. § 1306 BGB,

– Verstoß gegen zwingende Formvorschriften der §§ 1310, 1311 BGB,

– Bewußtlosigkeit oder vorübergehende Störung der Geistestätigkeit gem. § 1314 II Nr. 1 BGB,

– Fehlendes Bewußtsein vom Vorliegen einer Eheschließung gem. § 1314 II Nr. 2 BGB,

– Arglistige Täuschung gem. § 1314 II Nr. 3 BGB,

– Drohung gem. § 1314 II Nr. 4 BGB,

– Fehlender Ehewille (Scheinehe) gem. § 1314 II Nr. 5 BGB.

Das Eheaufhebungsurteil ist Gestaltungsurteil und wirkt als solches für und gegen alle. Das Urteil löst mit der Rechtskraft die Ehe für die Zukunft auf (Johannsen/Henrich, § 1313 Rn. 11).

Schenkung

Objektives Tatbestandsmerkmal einer Schenkung i. S. d. § 516 BGB ist die Bereicherung des Schenkungsempfängers durch Zuwendung aus dem Vermögen eines anderen (Palandt/ Putzo, § 516 Rn. 1).

Unentgeltlich ist die Zuwendung dann, wenn sie unabhängig von einer Gegenleistung geschieht. Hierbei kommt unter Umständen auch eine Gegenleistung von oder an einen Dritten in Betracht (BGH NJW 1982, 436).

Zu einer Schenkung gehört als **subjektives Tatbestandsmerkmal** die Schenkungsabrede zwischen den Parteien, also die Einigung über die völlige oder teilweise Unentgeltlichkeit der Zuwendung. Hierfür reicht ein objektives Mißverhältnis zwischen Leistung und Gegenleistung für sich genommen noch nicht aus, kann allerdings unter Umständen ein hinreichendes Indiz sein (BGH NJW-RR 1996, 754), zumal hier eine Beweiserleichterung aufgrund der allgemeinen Lebenserfahrung in Betracht kommt. Der BGH vermutet in solchen Fällen, daß die Parteien das Mißverhältnis erkannt haben und sich über die (teilweise) Unentgeltlichkeit einig waren (BGHZ 59, 132, 135 ff.; BGHZ 116, 178, 183; BGH NJW 1981, 1956; BGH FamRZ 1989, 732 f.; BGH NJW-RR 1996, 754 f.). Teilweise hat der BGH sogar festgehalten, daß es für das Durchgreifen der genannten Beweiserleichterung bereits genügt, wenn das objektive Mißverhältnis von Leistung und Gegenleistung „über ein geringes Maß deutlich hinausgeht" (BGHZ 82, 274 ff.; BGH NJW 1995, 1349).

Die Schenkung unter Lebenden wirkt sich auf das Erbrecht in vielfacher Weise aus. Sie führt unter Umständen zu:

- Pflichtteilsergänzungsansprüchen gem. **§§ 2325 ff. BGB** (→ *Pflichtteilsergänzungsanspruch*)
- Ansprüchen wegen beeinträchtigender Schenkung gem. **§§ 2287, 2288 BGB** (→ *Beeinträchtigung der Stellung des Vertragserben und des Schlußerben*)
- Anrechnung auf den Pflichtteil gem. **§ 2315 BGB** (→ *Pflichtteilsrecht*)

Schenkung auf den Todesfall

→ *Rechtsgeschäfte unter Lebenden auf den Todesfall*

Schenkungen unter Lebenden

→ *Pflichtteilsergänzungsanspruch*

Schiedsklausel

Für Streitigkeiten zwischen den Erben kann der Erblasser in der letztwilligen Verfügung gem. § 1066 ZPO die Zuständigkeit eines Schiedsgerichts vorsehen. Umstritten ist allerdings die **Rechtsnatur** der Schiedsklausel. Nach einer Ansicht stellt sie regelmäßig eine **Auflage** dar (Langenfeld, Testamentsgestaltung, Rn. 205; Kohler, DNotZ 1962, 125). Andere sehen in ihr eine **Verfügung „sonstigen Inhalts"** (Walter, MittRhNotK 1984, 69). Gegen die Annahme einer Auflage spricht, daß diese genau wie das Vermächtnis lediglich eine schuldrechtliche Verpflichtung begründet (Kerscher/Tanck/Krug, Das erbrechtliche Mandat, § 32 Rn. 9 ff.).

Bedeutung erlangt dieser Streit für die Frage, ob eine Schiedsklausel mit bindender Wirkung in einem Erbvertrag angeordnet werden kann. Die Herbeiführung einer entsprechenden **erbvertraglichen Bindungswirkung** ist nämlich nach dem Wortlaut des § 2278 II BGB ausschließlich für Erbeinsetzungen, Vermächtnisse und Auflagen möglich. Sofern man die Schiedsklausel nicht als Auflage qualifiziert, bleibt zur Herbeiführung

einer Bindungswirkung lediglich die Möglichkeit einer bedingten Erbeinsetzung (Walter, MittRhNotK 1984, 69).

Bedeutsam ist jedenfalls, daß die Rechtsprechung sich grundsätzlich für eine **Zulässigkeit** der Schiedsklausel ausgesprochen hat, allerdings nur insoweit, als dem Schiedsrichter
nicht mehr Macht eingeräumt wird als der Erblasser selbst
hat. Soweit die Testierfreiheit des Erblassers reicht, besteht
jedenfalls die Möglichkeit einer Übertragung der Streitigkeiten auf ein Schiedsgericht (MK/Leipold, § 1937, 28).

Sofern die Schiedsklausel also in einem Einzeltestament oder
Gemeinschaftlichen Testament angeordnet wurde, bedarf sie
dessen **Form,** so daß für diesen Fall § 1031 ZPO nicht anzuwenden ist. Für Erbverträge gilt § 1031 ZPO aber soweit, als es
um Streitigkeiten der unmittelbar Vertragsbeteiligten, also der
Erbvertragsparteien, geht. Anders ist dies aber, sofern es um
Streitigkeiten mit Dritten, die nicht Vertragspartei des Erbvertrags sind, geht, da für diese die Vorschriften über die vertragliche Vereinbarung von Schiedsgerichten und somit auch die
entsprechenden Formvorschriften nicht gelten (vgl. Kohler,
DNotZ 1962, 125 ff.).

Formulierungsvorschlag:

Hiermit bestimme ich, daß alle Streitigkeiten der Erben, Vermächtnisnehmer und Auflagebegünstigten aufgrund des Erbfalles oder im Zusammenhang mit einer letztwilligen Verfügung
oder deren Vollziehung bzw. gegenüber dem Testamentsvollstrecker, unter Ausschluß der ordentlichen Gerichtsbarkeit der
Schiedsgerichtsbarkeit unterstellt werden.

Für den Fall des Wegfalls des benannten Einzelschiedsrichters
sollte grundsätzlich ein Ersatzschiedsrichter benannt werden.

Von der Möglichkeit einer Schiedsklausel wird in der Praxis
selten Gebrauch gemacht, obwohl dadurch zumeist langwie-
rige gerichtliche Verfahren verhindert und sachgerechte
Lösungen erzielt werden können.

Vorzug des Schiedsgerichtsverfahrens ist, daß der letzte Wille
des Erblassers auf diese Weise relativ zügig erfüllt werden
kann. Die §§ 1042–1050 ZPO n. F. enthalten im Gegensatz zur
Generalklausel des § 1034 II a. F. ausführliche Regelungen
über das schiedsrichterliche Verfahren. Dabei wird nunmehr
ganz besonders die Freiheit der Parteien hervorgehoben, das

Verfahren gem. § 1042 III ZPO selbst zu regeln. Nur soweit eine Verfahrensregelung der Parteien nicht vorliegt, kann das Schiedsgericht hierüber gem. § 1042 IV ZPO in freiem Ermessen entscheiden. Hierbei gewinnt allerdings § 1042 I ZPO entscheidende Bedeutung, so daß der verfassungsrechtlich verankerte Anspruch auf rechtliches Gehör in gleichem Umfang zu gewähren ist wie vor einem staatlichen Gericht (Zöller/Geimer, ZPO, § 1042 Rn. 5).

Auch für die **Erben** selbst besteht die Möglichkeit, im Rahmen der Erbauseinandersetzung einen **Schiedsvertrag** zu schließen, ohne daß der Erblasser dies angeordnet hat.

Von entscheidender Bedeutung ist das Schiedsgerichtsverfahren im Rahmen der **Erbauseinandersetzung**:

Diese kann nämlich vor dem ordentlichen Zivilgericht lediglich durch Vorlage eines konkreten Teilungsplanes erreicht werden, bezüglich dessen auf Zustimmung gegen die anderen Miterben geklagt werden muß.

Das Schiedsgericht kann dagegen, ohne daß insoweit ein konkreter Antrag des Klägers erforderlich wäre, unter Berücksichtigung der wirtschaftlichen und sonstigen Interessen der Parteien und nach praktischen Erwägungen entscheiden.

Allerdings ist das Schiedsgericht in seinen Entscheidungen natürlich nicht völlig frei.

– Insbesondere sind gem. § 1042 ZPO unverzichtbare Verfahrensregelungen einzuhalten. Hierzu gehören die Gewährung rechtlichen Gehörs, die Ermittlung des Sachverhalts und die Zulassung von Rechtsanwälten (vgl. hierzu ausführlich Zöller/Geimer, ZPO, § 1042 Rn. 1 ff.).

– § 2065 BGB, wonach der Erblasser die Bestimmung des Erben sowie die Beantwortung der Frage, ob eine letztwillige Verfügung gelten soll, nicht einem Dritten überlassen kann, darf auf diese Weise nicht ausgehebelt werden. Das Schiedsgericht darf also nicht an die Stelle des Erben treten, es kann lediglich über Inhalt und Auslegung der letztwilligen Verfügung entscheiden (Kerscher/Tanck/Krug, Das erbrechtliche Mandat, § 32 Rn. 15).

Auch der **Testamentsvollstrecker** kann gleichzeitig die Funktion eines Schiedsrichters wahrnehmen, nach h.M. ist dies zulässig und oft auch wegen der Stärkung der Stellung des

Testamentsvollstreckers sinnvoll (vgl. Kohler, DNotZ 1962, 125 ff.). Allerdings kann diese Doppelfunktion im Einzelfall zu Interessenkollisionen führen, die es erforderlich machen, den Testamentsvollstrecker doch vom Schiedsrichteramt auszuschließen: Dies ist etwa dann der Fall, wenn der Testamentsvollstrecker selbst betroffen ist, da niemand Richter in eigener Sache sein darf (BGH DNotZ 1965, 98). Ein entgegen diesem Grundsatz ergangener Schiedsspruch könnte gem. § 1059 ZPO aufgehoben werden. Eine solche eigene Betroffenheit des Testamentsvollstreckers liegt etwa bei Streitigkeiten über die Rechtswirksamkeit oder Auslegung eines Testaments vor, in dem die Testamentsvollstreckung selbst angeordnet wurde. Ebenso bei gem. § 2212 BGB von ihm geführten Aktiv- und gem. § 2213 BGB gegen ihn geführten Passivprozessen sowie bei Streitigkeiten über den gem. § 2204 BGB von ihm selbst vorgelegten Teilungsplan (vgl. Kerscher/Tanck/Krug, Das erbrechtliche Mandat, § 32 Rn. 17).

Sofern mehr als zwei Erben zwischen ihnen entstandene Streitigkeiten mit Hilfe eines Schiedsgerichtes lösen wollen, taucht das **Problem der Mehrparteienschiedsgerichtsbarkeit** insbesondere im Hinblick auf die Konstituierung des Schiedsgerichts und die Intervention eines Dritten auf. Diese Fragen können in den einzelnen Schiedsordnungen geregelt werden. Nach wie vor fehlt es insoweit an einer ausdrücklichen gesetzlichen Regelung.

Zunächst ist fraglich, ob und unter welchen Voraussetzungen eine Streitgenossenschaft im Rahmen des Schiedsverfahrens überhaupt möglich ist.

Möglich soll sie dann sein, wenn jeder Streitgenosse durch die Schiedsklausel gebunden wird und das eingesetzte Schiedsgericht für jeden einzelnen Streit der Streitgenossen zuständig ist. Ausreichend ist insoweit die **Gleichartigkeit des rechtlichen oder tatsächlichen Grundes**.

Von entscheidender Bedeutung ist in diesem Zusammenhang die Frage nach der Person, die hinsichtlich des Schiedsrichters ernennungsbefugt ist und auf welche Weise diese Ernennung erfolgt.

Sofern mehrere Personen ein bestimmtes materiell-rechtliches Recht nur gemeinschaftlich ausüben dürfen, benennen sie einen gemeinsamen Schiedsrichter. Dies ist insbesondere gem. § 2040 BGB bei dem in der Praxis wichtigsten Fall der Konstituierung eines Mehrparteienschiedsgerichts von Bedeutung: § 2040 BGB bestimmt insoweit, daß nur alle Miterben gemeinschaftlich über einen Nachlaßgegenstand verfügen dürfen.

Literaturhinweis:

Kerscher/Tanck/Krug, Das erbrechtliche Mandat, § 32 Rn. 1 ff.

Schlußerbe/Schlußerbfolge

→ *Berliner Testament*
→ *Gemeinschaftliches Testament*

Schmerzensgeldanspruch

Der Anspruch auf Schmerzensgeld gem. § 847 BGB ist übertragbar und vererblich, ohne daß es insoweit einer Willenskundgebung für die Geltendmachung durch den verletzten Erblasser bedarf (BGH NJW 1995, 783).

§ 847 I 2 BGB a. F., der zum 1. 7. 1990 **aufgehoben** wurde, schloß demgegenüber die Übertragbarkeit und Vererblichkeit des Schmerzensgeldanspruchs aus, sofern dieser nicht durch Vertrag anerkannt worden oder rechtshängig gemacht worden war.

Die erfolgte Gesetzesänderung hat den rechtlichen Mißstand beseitigt, daß Angehörige Schwerstverletzter zu einem als unwürdig empfundenen „Wettlauf mit dem Tod" gezwungen waren, da sie den Schmerzensgeldanspruch unbedingt noch vor dem Tode des Erblassers rechtshängig machen mußten, um diesen beerben zu können.

Nunmehr ändert selbst eine einseitige Verzichtserklärung des verletzten Erblassers nichts an der Vererblichkeit, solange insoweit nicht die Voraussetzungen des wirksamen Forderungserlasses gem. § 397 BGB erfüllt sind. Allerdings wird vertreten, daß diese Verzichtserklärung bei Einhaltung der erforderlichen Form als letztwillige Verfügung ausgelegt werden kann (MK/Stein, § 847 Rn. 52; Staudinger/Kaduk, § 397 Rn. 17).

Schonungseinreden

Hierbei handelt es sich gem. §§ 2014, 2015 BGB um dem Erben zustehende aufschiebende Einreden, nämlich die sog. Dreimonatseinrede und die Aufgebotseinrede.

Die **Dreimonatseinrede** des § 2014 BGB gibt dem Erben das Recht, die Berichtigung einer Nachlaßverbindlichkeit bis zu drei Monate seit Annahme der Erbschaft, allerdings nicht über die Errichtung des Inventars gem. §§ 1993 ff. BGB hinaus, zu verweigern.

Die Dreimonatsfrist beginnt mit der Annahme der Erbschaft bzw. spätestens mit Ablauf der Ausschlagungsfrist.

Dahinter steht der Gedanke, daß der Erbe zunächst die Möglichkeit haben soll, sich Klarheit über die Nachlaßverbindlichkeiten zu verschaffen und das Inventar vorzubereiten, ohne bereits zu diesem Zeitpunkt von den Nachlaßgläubigern in Anspruch genommen zu werden (Rohlfing, Erbrecht, § 4 Rn. 39).

Die **Aufgebotseinrede** gem. § 2015 BGB schützt denjenigen Erben, der das Aufgebotsverfahren gem. §§ 946 ff. ZPO beantragt hat, so daß er die Berichtigung der gegen ihn geltend gemachten Nachlaßverbindlichkeit bis zur Beendigung des Aufgebotsverfahrens verweigern kann (Rohlfing, Erbrecht, § 4 Rn. 40).

Schreibunfähige

Vermag der Erblasser nach seinen Angaben oder nach der Überzeugung des Notars seinen Namen nicht zu schreiben, muß beim Vorlesen und der Genehmigung ein Zeuge oder zweiter Notar hinzugezogen werden, der gem. § 25 BeurkG anstelle des Erblassers die Niederschrift der letztwilligen Verfügung unterschreiben muß (→ *Testierfähigkeit*).

Seetestament

→ *Nottestament*

Selbstanfechtung

→ *Anfechtung der Verfügungen von Todes wegen*

Sicherheitsleistung durch den Vorerben

→ *Vor- und Nacherbschaft*

Sicherungsrechte

→ *Nachlaß*

Sittenwidrigkeit einer Verfügung von Todes wegen

Eine Verfügung von Todes wegen ist dann nichtig, wenn sie gem. § 138 1 BGB gegen die guten Sitten verstößt. Besondere Bedeutung hat hierbei im Laufe der Jahre das sog. „**Geliebten-testament**" erlangt, sofern hierdurch Erbansprüche des Ehegatten, der ehelichen Abkömmlinge oder sonstiger leiblicher Verwandter ausgeschlossen oder beeinträchtigt werden. Allein wegen Entziehung gesetzlicher Erbrechte des Ehegatten oder Verwandter ist eine Zuwendung an den Lebensgefährten jedoch noch nicht sittenwidrig (BGHZ 52, 17 ff.; BGHZ 53, 369 ff.), da die Testierfreiheit dem Erblasser grundsätzlich das Recht einräumt, ohne Angabe besonderer Gründe von der gesetzlichen Erbfolge abzuweichen. Lediglich das Pflichtteilsrecht sichert insoweit den nächsten Angehörigen einen Mindestanteil am Nachlaß, ein „Noterbrecht", wie etwa in Frankreich oder der Schweiz, sieht der deutsche Gesetzgeber demgegenüber nicht vor (→ *Pflichtteilsrecht*).

Ob der Ausschluß der Verwandten im konkreten Einzelfall trotzdem sittenwidrig ist, beurteilt sich danach, welche Personen durch die Verfügung von Todes wegen im Vergleich zum gesetzlichen Erbrecht benachteiligt sind und ob diese Zurücksetzung nach den konkreten Umständen noch sittlich vertretbar ist (Leipold, AcP 180, 160, 194 ff.; Bosch, FamRZ 1986,

1250 ff.). Zu beurteilen ist hierbei nicht in erster Linie die Beziehung des Erblassers zu der letztwillig bedachten Person, sondern der **Gesamtcharakter** der Verfügung von Todes wegen selbst (BGHZ 53, 369 ff.), für den sowohl **Inhalt und Wirkungen** als auch **Beweggrund und verfolgter Zweck** maßgebend ist (BGH FamRZ 1064, 140; BGHZ 53, 369 ff.). Die verwerfliche Gesinnung muß also in der Verfügung selbst zum Ausdruck kommen.

Beim sog. **Geliebtentestament** ist eine Sittenwidrigkeit nach ständiger Rechtsprechung nur dann anzunehmen, wenn die Zuwendung nur erfolgt, um den Begünstigten für die geschlechtliche Hingabe zu entlohnen und dadurch die Fortsetzung der ehebrecherischen Beziehung zu fördern (BGHZ 20, 71 ff.). Hier hat sich natürlich im Laufe der Jahre ein begrüßenswerter Wandel in der Betrachtungsweise vollzogen, nämlich dergestalt, daß mittlerweile anerkannt wird, daß in den allermeisten Fällen neben einer rein erotischen Beziehung auch noch andere Beweggründe hinter einer entsprechenden letztwilligen Verfügung stehen, nämlich etwa Liebe oder Dankbarkeit (für Zuwendung, Pflege, Haushaltsführung etc.). Insofern ist beachtlich, daß die Beweislast für die Voraussetzungen der Sittenwidrigkeit bei demjenigen liegt, der die Nichtigkeit der Verfügung von Todes wegen geltend macht.

Bei der Beurteilung des Inhalts der Verfügung kommt es also entscheidend darauf an, welche Personen zugunsten der begünstigten Person zurückgesetzt wurden, in welchen familienrechtlichen und tatsächlichen Beziehungen die Enterbten zum Erblasser standen und wie sich die Verfügung nach ihrem Inhalt und unter Berücksichtigung der wirtschaftlichen Gegebenheiten auf die zurückgesetzten Familienangehörigen auswirkt (Leipold, Erbrecht, Rn. 193).

Maßgeblicher Zeitpunkt für die Beurteilung ist nach Ansicht des BGH im Falle der Änderung der tatsächlichen Verhältnisse der Zeitpunkt der Errichtung. Gegebenenfalls müsse der Erblasser neu testieren (BGHZ 20, 71). Diese Ansicht erscheint indes nicht ganz nachvollziehbar, insbesondere unter dem Gesichtspunkt, daß §138 I BGB auf den Gesamtcharakter des Rechtsgeschäfts abstellt und damit auch auf die Wirkung der letztwilligen Verfügung. Es sollte daher eher auf den Zeitpunkt des Erbfalles abgestellt werden, um zu sachgerechten Ergebnissen zu gelangen (Leipold, Erbrecht, Rn. 195).

Sofern eine letztwillige Verfügung mehrere Einzelverfügungen enthält und nur ein Teil davon sittenwidrig ist, so bleiben die übrigen Verfügungen grundsätzlich wirksam. Gesamtnichtigkeit tritt gem. §§ 2085, 2279 I BGB nur dann ein, wenn anzunehmen ist, daß der Erblasser die übrigen Verfügungen ohne die unwirksame Verfügung gar nicht getroffen hätte.

Ein anderes Problem ist die Frage, wie eine einheitliche Verfügung von Todes wegen zu beurteilen ist, die nur **teilweise** als sittenwidrig anzusehen ist:

Sofern tatsächlich eine dem Gegenstand nach teilbare Verfügung vorliegt, so ist nicht § 139 BGB anzuwenden, aus dem sich regelmäßig die Nichtigkeit der gesamten Verfügung ergäbe, sondern **§ 2085 BGB analog**, mit der Folge, daß der nicht sittenwidrige Rest der Verfügung im Regelfall wirksam bleibt (Leipold, Erbrecht, 12. Aufl., Rn. 196)

Beispiel:

Sofern man zu dem Ergebnis kommt, die Einsetzung der Lebensgefährtin sei wegen der Zurücksetzung der Ehefrau und der Kinder insoweit sittenwidrig, als der Lebensgefährtin mehr als die Hälfte des Nachlasses zugewendet wurde, ist es möglich, die Verfügung entsprechend aufzuteilen, die Bedachte zur testamentarischen Erbin zu ½ zu erklären und bezüglich der restlichen Nachlaßhälfte die gesetzliche Erbfolge gem. § 2088 I BGB eintreten zu lassen (BGHZ 52, 17 ff.). Dies erscheint insbesondere deshalb möglich, weil dem Erblasserwillen per Gesetz, etwa in § 2084 BGB, soweit wie möglich zum Erfolg verholfen werden soll (Leipold, Erbrecht, 12. Aufl., Rn. 196).

Zur Frage der Sittenwidrigkeit beim sog. Behindertentestament vgl. → *Behindertentestament.*

Sondererbfolge

→ *Personengesellschaften*

Sondergut

→ *Ehevertrag*

Sozialhilferegreß

1. Überblick

Sowohl im Rahmen vorweggenommener Erbfolge, dort insbesondere bei Übergabeverträgen (→ *Übergabevertrag*), als auch im Rahmen der Gestaltung letztwilliger Verfügungen sind eventuelle spätere Regreßansprüche des Sozialhilfeträgers zu bedenken und entsprechend zu berücksichtigen.

Hierbei sind grundsätzlich drei Fallkonstellationen zu unterscheiden:

– Sozialhilferegreß gem. §§ 90 BSHG, 528 BGB im Hinblick auf eine eintretende Bedürftigkeit des künftigen Erblassers,

– Überleitung von Erb- und Pflichtteilsansprüchen, die einem Sozialhilfebedürftigen zustehen,

– Inanspruchnahme der Erben gem. §§ 92 a, 92 c BSHG nach den Grundsätzen der selbständigen Erbenhaftung.

2. Sozialhilferegreß gem. §§ 90 BSHG, 528 BGB

Dieser Anspruch wird insbesondere in den Fällen relevant, in denen der künftige Erblasser, der bereits lebzeitig wesentliche Vermögensgegenstände auf die künftigen Erben übertragen hat, etwa in ein Pflegeheim aufgenommen werden muß und die dort entstehenden Kosten nicht selbst bestreiten kann und diese auch nicht vollumfänglich von der Pflegeversicherung übernommen werden. Für diesen Fall steht dem Erblasser in § 528 BGB die Möglichkeit offen, die unentgeltlich getätigte Zuwendung wegen „Notbedarfs" vom Beschenkten nach den Vorschriften über die ungerechtfertigte Bereicherung wieder zurückzuverlangen.

Anwendung findet § 528 BGB allerdings nur auf Schenkungen gem. § 516 BGB, nicht aber auf Pflicht- und Anstandsschenkungen gem. § 534 BGB. Ist der Beschenkte bereits vor Eintritt der Unterhaltsbedürftigkeit des Schenkers verstorben, so richtet sich der Rückforderungsanspruch gegen die Erben (BGH NJW 1991, 2558; Palandt/Putzo, § 528 Rn. 3).

Diesen Anspruch kann nun der Sozialhilfeträger gem. § 90 BSHG auf sich überleiten. Umstritten ist, ob der Rückforderungsanspruch gem. § 528 BGB vererblich ist, d. h. ob der Sozialhilfeträger ihn auch nach dem Tod des Schenkers von dessen Erben auf sich überleiten kann (vgl. Rechtsprechungsnachweise bei BGH NJW 1995, 2287, wo dies bejaht wird). Unproblematischer ist dies, wenn der Sozialhilfeträger den Anspruch bereits vor dem Tod des Schenkers auf sich übergeleitet hat (BGHZ 96, 380) oder wenn der Beschenkte den Anspruch trotz Aufforderung nicht erfüllt hat (BGHZ 123, 264). In diesen Fällen erlischt der Anspruch dann nicht etwa durch Konfusion, sofern Beschenkter und Erbe identisch sind (BGH NJW 1995, 2287).

Zu beachten ist allerdings, daß der Rückforderungsanspruch auf regelmäßig wiederkehrende Leistungen nach dem **Bedarfsdeckungsprinzip** beschränkt ist (BGH ZEV 1996, 152; BGH FamRZ 1993, 184). Sofern der Umfang der geleisteten Sozialhilfe niedriger als der Wert des geschenkten Gegenstandes ist, kommt demgemäß nur ein anteiliger Wertersatz in Betracht. Handelt es sich um unteilbare Gegenstände wie etwa Grundstücke, dann kann gem. § 818 II BGB lediglich Wertersatz für denjenigen Teil der Schenkung verlangt werden, der wertmäßig zur Deckung des Unterhalts zwar ausreichend wäre, dessen Herausgabe aber wegen der Unteilbarkeit des Grundstücks nicht möglich ist, so daß sich der Anspruch letztendlich nur auf Zahlung eines Betrages in Höhe des der Bedürftigkeit des Schenkers entsprechenden Wertanteils des unteilbaren Geschenkes richtet (BGHZ 94, 141).

Die **Voraussetzungen** des Anspruchs, bezüglich deren der Schenker bzw. der überleitende Sozialhilfeträger die Beweislast trägt, sind im einzelnen:

– Die Schenkung muß bereits vollzogen sein (hierfür gelten die gleichen Anforderungen wie im Rahmen des § 518 BGB).

– Der Notbedarf muß bereits vorliegen, wobei die Schenkung diese nicht notwendig verursacht haben muß (Palandt/Putzo, § 528 Rn. 5).

Zu beachten ist weiterhin, daß der **Anspruch auf Rückforderung gem. § 528 BGB gegenüber dem Unterhaltsanspruch des Schenkers vorrangig** ist (BGH NJW 1991, 1824), was die Konsequenz hat, daß das Sozialamt sich grundsätzlich zuerst an den Beschenkten zu halten hat, bevor es sich an die dem Schenker unterhaltspflichtigen Personen wendet.

Der Rückforderungsanspruch kann **nicht** dadurch **umgangen** werden, daß der Beschenkte den Gegenstand weiterver- schenkt, weil für diesen Fall nach h. M. § 822 analog anwend- bar ist mit der Folge, daß der Dritte dann zur Herausgabe bzw. zum Wertersatz verpflichtet ist, so als ob er die Zuwendung vom Schenker selbst erhalten hätte (BGHZ 106, 354).

Gem. **§ 529 BGB** ist der Rückforderungsanspruch dann **ausge- schlossen**, wenn der Schenker seine Bedürftigkeit vorsätzlich oder grob fahrlässig herbeigeführt hat oder wenn zur Zeit des Eintritts der Bedürftigkeit seit der Leistung des geschenkten Gegenstandes **10 Jahre** verstrichen sind.

Für die **Gestaltung von lebzeitigen Übergabeverträgen** ist des- halb zu beachten, daß nach Möglichkeit eine unentgeltliche lebzeitige Übertragung vermieden werden sollte. Dies kann etwa durch die **Vereinbarung von Gegenleistungen** erreicht werden, da diese den Rückforderungsanspruch zumindest ein- schränken und unter Umständen sogar ganz ausschließen (BGHZ 30, 120). Allerdings wird insoweit nicht jede Gegen- leistung anerkennungsfähig sein (Mayer, DNotZ 1996, 652). **Unproblematisch** sind aber jedenfalls solche Gegenleistungen, die der **Absicherung des Übergebers** zu dienen bestimmt sind und damit dem gleichen Interesse dienen wie § 528 BGB selbst (Kerscher/Tanck/Krug, Das erbrechtliche Mandat, § 8 Rn. 728), wobei im einzelnen beachtet werden muß, daß nicht die Gegenleistung selbst überleitungsfähig wird.

Als Gegenleistungen kommen insbesondere in Betracht:

- Vertragliche Vereinbarung einer → *Pflegeverpflichtung* zu- gunsten des Übergebers

- Einräumung eines **Wohnrechts** zugunsten des Übergebers mit der ausdrücklichen Vereinbarung, daß dieses ab dem Zeitpunkt ruht, ab dem der wohnrechtsberechtigte Überge- ber sich nicht mehr in der Wohnung aufhält, um so zu ver- hindern, daß der Sozialhilfeträger das Wohnrecht selbst auf sich überleitet (Krauß, ZEV 1995, 202, 391).

- Übernahme einer Darlehensschuld durch den Übernehmer mit Wirkung einer befreienden **Schuldübernahme** (sofern Ausgestaltung wie unter Dritten).

Sonderfall: Überleitung schuldrechtlicher Ansprüche des Übergebers.

Im Rahmen des Rückgriffs wegen Verarmung des Schenkers ist immer auch die unter Umständen mögliche Überleitung schuldrechtlicher Ansprüche des Schenkers, die im Rahmen einer Gegenleistung vereinbart wurden, zu berücksichtigen, insbesondere auch dann, wenn eine Leistungsstörung eintritt, zu denken ist hierbei etwa an Wertersatzansprüche. Diese spielt insbesondere im Rahmen von Leibgedingverträgen i.S.d. Art. 96 EGBGB (→ *Leibgedingvertrag*) eine Rolle (s. hierzu Mayer, DNotZ 1996, 622; Kerscher/Tanck/Krug, Das erbrechtliche Mandat, § 8 Rn. 703 ff.).

3. Überleitung von Erb- und Pflichtteilsansprüchen auf den Sozialhilfeträger gem. § 90 BSHG

Diese Möglichkeit des Sozialhilfeträgers besteht insbesondere dann, wenn der Erbe des Erblassers überschuldet ist oder wenn es sich bei ihm um ein behindertes Kind handelt.

Oft wird vom Erblasser irrtümlich angenommen, er könne Überleitungsansprüche dadurch umgehen, daß er den betreffenden Abkömmling einfach enterbt. Hierbei wird jedoch übersehen, daß der Sozialhilfeträger dann ohne weiteres den grundsätzlich nicht entziehbaren Pflichtteilsanspruch dieses Abkömmlings auf sich überleiten kann.

Die einzige Lösungsmöglichkeit ist in diesem Fall darin zu sehen, daß das behinderte oder verschuldete Kind auf eine Erbquote einsetzt wird, die etwas höher als die Pflichtteilsquote liegen muß, und dann bezüglich dieses Erbteils Vor- und Nacherbschaft sowie Dauertestamentsvollstreckung hinsichtlich der Vorerbschaft angeordnet wird. Im Rahmen der Testamentsvollstreckung können dem Abkömmling dann bestimmte Leistungen gewährt werden (vgl. hierzu im einzelnen → *Behindertentestament*).

4. Selbständige Erbenhaftung nach § 92 c BSHG

§ 92 c BSHG stellt eine Ausnahme von dem Grundsatz dar, daß rechtmäßig gewährte Sozialhilfe nicht zurückgezahlt werden muß. Danach sind die Erben des Sozialhilfeempfängers gem. § 92 c III Nr. 1 BSHG verpflichtet, die gewährten Leistungen im Rahmen der Hilfe zum Lebensunterhalt und der Hilfe in besonderen Lebenslagen der letzten 10 Jahre vor dem Erbfall, die das zweifache des Grundbetrages gem. § 811 BSHG übersteigen, dem Sozialhilfeträger zu ersetzen. Hierbei handelt es sich um eine Nachlaßverbindlichkeit, die auch den Vorerben trifft (Kerscher/Tanck/Krug, Das erbrechtliche Mandat, § 8 Rn. 748). Der Erbe haftet gem. § 92 c II BSHG allerdings nur mit dem Nachlaß, wobei das Schonvermögen gem. § 88 II und III BSHG nachträglich voll dem Nachlaß hinzugerechnet wird.

Zu beachten ist hierbei allerdings gem. § 92 c III Nr. 2 BSHG der Freibetrag i.H.v. 15 340 Euro zugunsten Verwandter und Ehegatten, die mit dem Erblasser zu dessen Lebzeiten in häuslicher Gemeinschaft gelebt und diesen gepflegt haben, sowie die Härteklausel des § 92 c III BSHG.

(Vgl. hierzu auch Ausführungen zum → *Behindertentestament*.)

Der insoweit bestehende Ersatzanspruch des Sozialhilfeträgers geht mit Ausnahme der Nachlaßverbindlichkeiten gem. §§ 1967 ff. BGB, nämlich der Pflichtteilsansprüche, Vermächtnisse und Auflagen, den übrigen Nachlaßverbindlichkeiten vor.

Staatserbrecht

Lediglich dann, wenn keine Erben – sei es aufgrund letztwilliger Verfügung oder gesetzlicher Erbfolge – vorhanden sind, erbt gem. § 1936 BGB der Staat, d. h. das Bundesland, in dem der Erblasser im Todeszeitpunkt seinen gewöhnlichen Aufenthalt hatte. Die Feststellung des Staatserbrechts ist in den §§ 1964–1966 BGB geregelt. Der Staat ist im übrigen Zwangserbe, das heißt, er kann auf sein gesetzliches Erbrecht weder nach § 2346 BGB verzichten noch die ihm angefallene Erbschaft gem. § 1942 II BGB ausschlagen.

Allerdings gilt zugunsten des Staates immer die auf den Nachlaß beschränkte Haftung, was sich aus den §§ 2011, 780 II ZPO ergibt.

Stammeserbfolge

Innerhalb der → *gesetzlichen Erbfolge* erster Ordnung werden die Erben und die Quote ihres Erbteils gem. § 1924 III BGB nach Stämmen ermittelt. Dabei gelten innerhalb eines Stammes gem. § 1924 II BGB das → *Repräsentationssystem* und gem. § 1924 III BGB die → *Eintrittsklausel.*

Stämme werden durch die direkten Abkömmlinge einer Person (Kinder) gebildet, wobei jedes Kind einen Stamm bildet. Die Kindeskinder, also Enkel, Urenkel usw. bilden weitere Unterstämme. Geteilt wird dann gem. § 1924 IV BGB zu gleichen Teilen durch die Anzahl der Stämme. Dabei wird ein Stamm aber nur dann berücksichtigt, wenn bei ihm im Zeitpunkt des Erbfalles überhaupt noch ein erbfähiger Abkömmling vorhanden ist.

Stellvertretung

→ *Vollmachten*

Stiftung

1. Überblick
2. Rechtsfähige Stiftung
3. Stiftung öffentlichen Rechts
4. Unternehmensstiftung
5. Familienstiftung
6. Nicht rechtsfähige/unselbständige/treuhänderische Stiftung

1. Überblick

Durch die Stiftung schafft der Erblasser ein Sondervermögen, das einem von ihm bestimmten Zweck zu dienen bestimmt ist.

2. Rechtsfähige Stiftung

Diese ist eine mit eigener Rechtspersönlichkeit ausgestattete, nicht verbandsmäßig organisierte Einrichtung zur Verwirklichung eines vom Stifter bestimmten Zwecks mit Hilfe eines dazu gewidmeten Vermögens (BayObLG NJW 1973, 249).

Die **rechtsfähige Stiftung** entsteht gem. § 80 BGB durch das Stiftungsgeschäft und die Genehmigung der zuständigen Behörde.

Das **Stiftungsgeschäft** besteht darin, daß der Stifter die Stiftung einem bestimmten Zweck widmet und seiner Stiftung eine Verfassung gibt. Die wesentlichen Elemente der Verfassung sind:

- **Name der Stiftung**
- **Sitz der Stiftung**
- **Stiftungszweck:**

  Dieser muß auf Dauer angelegt sein (Palandt/Heinrichs, Vorbem. § 80 II Rn. 2). Er kann gemein- oder privatnützig sein, wobei die gemeinnützige Stiftung dem kulturellen, sozialen oder wirtschaftlichen Wohl der Allgemeinheit dient, die privatnützige Stiftung ist ganz überwiegend die Familienstiftung.

- **Stiftungsvermögen**
- **Stiftungsorgane** insbesondere der Vorstand gem. §§ 86, 26 BGB), **Stiftungsorganisation**:

  Die Stiftung unterscheidet sich von anderen juristischen Personen des Privatrechts durch ihre nicht verbandsmäßige Struktur. Anstelle von Mitgliedern hat die Stiftung lediglich Empfänger der Stiftungsleistungen (sog. **Destinatäre**).

  Am rechtsgeschäftlichen Verkehr nimmt die Stiftung durch ihren Vorstand gem. §§ 86, 26 BGB teil, der an den in der Stiftungsverfassung objektivierten Willen des Stifters gebunden ist (Palandt/Heinrichs, Vorbem. § 80 II Rn. 4).

- **Verwendung des Vermögens**
- **Rechtsstellung der Begünstigten oder sonstiger Beteiligter**
- **Verfahren bei Zweck- oder Organisationsänderungen**
- **Anfall des Vermögens bei Auflösung der Stiftung**

Bezüglich der **Form** ist die Errichtung der rechtsfähigen Stiftung durch Rechtsgeschäft unter Lebenden (in Schriftform oder notarieller Urkunde) oder durch Verfügung von Todes wegen möglich. Insbesondere wenn das Stiftungsgeschäft auch die Verpflichtung zu einer Grundstücksübertragung enthält, ist nach h. M. notarielle Beurkundung zwingend erforderlich (MK/Kanzleiter, § 313 Rn. 24).

Die häufigste Form der Errichtung ist allerdings die **durch letztwillige Verfügung** gem. § 83 BGB durch Erbeinsetzung,

Vermächtnis oder Auflage (Weirich, Erben und Vererben, Rn. 1254).

Das **letztwillige Stiftungsgeschäft** kann insoweit in einem eigenhändigen oder notariellen Testament oder in einem Erbvertrag vorgenommen werden, wobei die zu errichtende Stiftung dann entsprechend Erbin, Vermächtnisnehmerin oder Auflagenbegünstigte wird. Eine erforderliche staatliche Genehmigung ist nach dem Erbfall vom Erben, Testamentsvollstrecker oder Nachlaßgericht an die zuständige Behörde zu richten. Für den Fall der Nichtgenehmigung sollte bereits in der letztwilligen Verfügung ersatzweise die Errichtung einer unselbständigen Stiftung angeordnet werden (Langenfeld, Testamentsgestaltung, Rn. 337).

Ebenfalls zulässig ist nach BGH die Errichtung einer Stiftung im Rahmen eines Erbvertrages dergestalt, daß beide Vertragsparteien der Stiftung Vermögen zuwenden und diese bereits im Zeitpunkt des Todes des Erstversterbenden genehmigt werden soll. In diesem Fall ist ein Stiftungsgeschäft von Todes wegen mit einem Stiftungsgeschäft unter Lebenden verbunden, wobei jede der Vertragsparteien sowohl ein Stiftungsgeschäft unter Lebenden als auch von Todes wegen jeweils unter einer aufschiebenden Bedingung vornimmt, da der Erstversterbende ja nicht feststeht (BGHZ 70, 313).

Wie bereits oben erwähnt kann die Stiftung sowohl als Alleinerbin, Miterbin, Vorerbin, Nacherbin als auch Ersatzerbin eingesetzt werden. Sie kann auch Vermächtnisnehmerin oder Auflagenbegünstigte sein. Allerdings kann sie nach h. M. keine Schenkung von Todes wegen gem. § 2301 BGB sein (Ebersbach, Handbuch des deutschen Stiftungsrechts, 1972, S. 52).

Hinsichtlich der verschiedenen **Formen der letztwilligen Verfügung** sind allerdings **Besonderheiten bei der Genehmigungsfähigkeit** zu beachten:

Die erforderliche **staatliche Genehmigung** muß durch das Land erteilt werden, in dem die Stiftung ihren Sitz haben soll. Die insoweit konkret zuständige Behörde wird durch die jeweiligen **Stiftungsgesetze der Länder** bestimmt. Mit dem Genehmigungsantrag ist außerdem die Errichtungsurkunde mit Satzung sowie ein Vermögensverzeichnis vorzulegen. Erst mit der Genehmigung entsteht die Stiftung als selbständiger Rechtsträger.

Eine Stiftung durch letztwillige Verfügung kann bereits zu Lebzeiten des Stifters genehmigt werden (Weirich, Erben und Vererben, Rn. 1254). Nach dem Tode des Stifters kann die Genehmigung gem. § 83 BGB durch den Erben, durch einen Testamentsvollstrecker oder durch das Nachlaßgericht beantragt werden. Die Rechtsfähigkeit der Stiftung wird dann gem. §§ 83, 1923 BGB bereits für den Erbfall fingiert.

Eine Genehmigung scheidet regelmäßig dann aus, wenn die Stiftung lediglich als **Vorerbin** eingesetzt ist, da ihre Vermögensausstattung dann nur vorübergehender Natur ist, sofern nicht der Stiftungszweck während der voraussichtlichen Dauer der Vorerbschaft erfüllbar ist.

Sofern die Stiftung **Nacherbin** ist, kommt eine Genehmigung grundsätzlich erst mit Eintritt des Nacherbfalls in Betracht, was ausnahmsweise auch bei nicht befreiter Vorerbschaft der Fall ist. Zu beachten ist hier allerdings § 84 BGB, so daß die Stiftung bereits vor der Genehmigung ins Grundbuch einzutragen ist, sofern zum Nachlaß ein Grundstück oder Recht an einem Grundstück gehört.

Bei einer Einsetzung als **Ersatzerbin** setzt die Genehmigung folglich den Eintritt des Ersatzerbfalls voraus.

Ist das Stiftungsgeschäft als **Vermächtnis** ausgestaltet, so entsteht der entsprechende Anspruch wegen der Fiktion des § 84 BGB bereits mit dem Tode des Stifters, auch wenn die Stiftung erst zu einem späteren Zeitpunkt genehmigt wird.

Ist die Stiftung **Auflagebegünstigte**, so muß der mit der Auflage Beschwerte ein vom Stifter selbst stammendes und inhaltlich vollständiges Stiftungsgeschäft vollziehen. Ansonsten kann die Auflage nur durch die Errichtung einer Stiftung des Beschwerten selbst vollzogen werden (Soergel/Neuhoff, § 80 Rn. 4), so daß der Erblasser in diesem Falle nur mittelbarer Stifter ist und § 83 BGB nicht gilt. Für diesen Fall ist jedoch § 84 BGB analog anzuwenden (Staudinger/Rawert, § 83 Rn. 7).

Ebenso hat der Stifter die Möglichkeit der Anordnung einer Testamentsvollstreckung, bei der dem **Testamentsvollstrecker** die Befugnis eingeräumt wird, der Stiftung eine Satzung zu geben bzw. diese den Anordnungen der Genehmigungsbehörde entsprechend anzupassen. Stiftungszweck und -vermögen müssen hier aber vom Stifter selbst kommen (Staudinger/Rawert, § 83 Rn. 10).

Durch die Errichtung einer Stiftung mittels letztwilliger Verfügung werden natürlich die Rechte der gesetzlichen Erben beeinträchtigt, so daß insoweit **Pflichtteils- sowie Pflichtteilsergänzungsansprüche** zu beachten sind. Zu erwägen sind daher in diesem Zusammenhang insbesondere **Pflichtteilsverzichtsverträge**.

In der Gestaltungspraxis besonders relevant wird die Frage, welche Rechtsnatur das Stiftungsgeschäft hat, wenn es sich bei ihm um eine **Stiftung unter Lebenden** handelt. Dann stehen nämlich gegebenenfalls **Pflichtteilsergänzungsansprüche** gem. §§ 2325 ff. BGB im Raum, sofern das Stiftungsgeschäft als Schenkung i.S.d. § 516 BGB qualifiziert werden kann. Zumindest wird man davon ausgehen müssen, daß insoweit eine analoge Anwendung des § 2325 BGB bezüglich des vermögensrechtlichen Bestandteils des Stiftungsgeschäfts in Betracht kommt, wobei sich pflichtteilsberechtigte Destinatäre analog § 2327 BGB diejenigen Leistungen anrechnen lassen müssen, die sie aufgrund eines klagbaren Anspruchs bereits vor Eintritt des Todes des Stifters von der Stiftung erhalten haben (vgl. hierzu im einzelnen Rawert/Katschinski, ZEV 1996, 162 ff.; Palandt/Edenhofer, § 2325 Rn. 11; LG Baden-Baden ZEV 1999, 152 m. Anm. Rawert).

Die **Stiftungsaufsicht** durch die Stiftungsbehörde ist auf die bloße Rechtsaufsicht beschränkt. Sofern allerdings die Erfüllung des Stiftungszwecks unmöglich oder das Gemeinwohl gefährdet wird, so kann die Behörde der Stiftung gem. § 87 BGB eine andere Zweckbestimmung geben oder sie aufheben (Weirich, Erben und Vererben, Rn. 1255).

3. Stiftung öffentlichen Rechts

Keine Stiftung i.S.d. §§ 80–88 BGB ist eine Stiftung öffentlichen Rechts.

Darüber, ob eine Stiftung dem öffentlichen Recht oder dem Privatrecht zuzuordnen ist, entscheidet einzig und allein die Art ihrer Entstehung (BVerfGE 15, 66; Palandt/Edenhofer, vor § 80 Rn. 5). Öffentlich-rechtlichen Charakter hat die Stiftung nur dann, wenn sie vom Staat durch Gesetz oder Verwaltungsakt als Stiftung öffentlichen Rechts errichtet wurde oder wenn sich der öffentlich-rechtliche Stiftungscharakter aus dem Gesamtzusammenhang ergibt. Eine Stiftung durch Verfügung von Todes wegen kann insoweit niemals eine Stiftung öffentlichen Rechts sein.

4. Unternehmensstiftung

Die sogenannte Unternehmensträgerstiftung oder auch unternehmensverbundene Stiftung betreibt entweder selbst ein Unternehmen (eigentliche Unternehmensträgerstiftung) oder übt auf ein Unternehmen durch Beteiligung an einer Personen- oder Kapitalgesellschaft einen beherrschenden Einfluß aus (Beteiligungsträgerstiftung).

Hierbei lassen sich stiftungsrechtlich zwei Grundtatbestände unterscheiden: das Unternehmen als Zweckverwirklichungsbetrieb und als Dotationsquelle (Trops, AG 1970, 367).

Als **Zweckverwirklichungsbetrieb** hat das Unternehmen in seiner konkreten Funktion die Aufgabe, der Erfüllung eines außerhalb seiner selbst liegenden Stiftungszwecks zu dienen. Ohne das Unternehmen kann der Stiftungszweck nicht erreicht werden. Hauptbeispiel hierfür ist ein Krankenhaus, das mit eigenen sachlichen Mitteln den Stiftungszweck der Krankenpflege erfüllt.

Wird das Unternehmen demgegenüber als **Dotationsquelle** genutzt, wird es nur zur Erzielung von Gewinnen eingesetzt, die die Stiftung für ihre vom Unternehmen unabhängigen Zwecke benötigt.

Rechtlich unmöglich und damit unzulässig ist nach ganz h. M. die **Unternehmensselbstzweckstiftung**, bei der eine Identität zwischen Unternehmen und Stiftungszweck besteht (Staudinger/Rawert, Vorbem. zu §§ 80 Rn. 88 m.w.N.), sowie die reine Verwaltungsstiftung, deren einziger Zweck in der Übernahme der Komplementärfunktion im Rahmen einer Stiftung & Co. liegt (Stengel, Stiftung und Personengesellschaft, 1993, S. 60).

Sowohl Zulässigkeit als auch Zweckmäßigkeit der unternehmensverbundenen Stiftung sind heftig umstritten.

Insbesondere empfiehlt ein Teil der Kautelarjurisprudenz die Stiftung & Co. KG als attraktive Unternehmensform vor allem als Mittel zur Bestandsicherung (vgl. Nachweise bei Palandt/Heinrichs, Vorbem. zu § 80 Rn. 11; Brandmüller, Gewerbliche Stiftungen, 2. Aufl. 1998).

Dem wird entgegengehalten, daß die unternehmensverbundene Stiftung wegen ihrer strengen Zweckbindung und Unterstellung unter die staatliche Stiftungsaufsicht zu starr sei, um sich den Erfordernissen einer sinnvollen Unternehmenswirtschaft dauerhaft anpassen zu können, im übrigen sprächen rechtliche Einwände gegen die Zulässigkeit der Bindung unternehmerischen Vermögens an eine Stiftung (MK/Reuter, Vorbem. zu § 80 Rn. 6 ff.). Dennoch geht die h. M. grundsätzlich von ihrer rechtlichen Zulässigkeit aus, obwohl betont wird, daß sich die Rechtsform der Stiftung nur wenig als Unternehmensform eigne (Soergel/Neuhoff, Vorbem. zu § 80 Rn. 65 ff.; Palandt/Heinrichs, Vorbem. zu § 80 Rn. 11; BGHZ 84, 352).

Offenbar ist neuerdings aber eine Auffassung auf dem Vormarsch, die wiederum erhebliche rechtliche Einwände gegen die Zulässigkeit der unternehmensverbundenen Stiftung erhebt (Staudinger/Rawert, Vorbem. zu §§ 80 Rn. 94 ff.; MK/Reuter, Vorbem. zu § 80 Rn. 6).

Bei der erbrechtlichen Gestaltung ist daher entsprechende Sorgfalt geboten.

Literaturhinweis:

Karsten Schmidt, Stiftungswesen – Stiftungsrecht – Stiftungspolitik, 1987, S. 30 ff; Goerdeler, Festschrift Heinsius, 1991, S. 169 ff.; Crezelius/Rawert, ZIP 1999, 337 ff.

5. Familienstiftung

Die Familienstiftung als Unterart der Stiftung dient ihrem Zweck nach ausschließlich dem Interesse einer oder mehrerer bestimmter Familien. Es handelt sich bei ihr um den Prototyp der privaten Stiftung. Die Definitionen (Palandt/Heinrichs, Vorbem. zu § 80, Rn. 9) in den einzelnen Landesgesetzen weichen in Einzelheiten voneinander ab.

Unter den Begriff der Familie werden dabei alle durch Ehe oder Verwandtschaft i.S.d. BGB verbundenen Personen gefaßt (Sorg, Die Familienstiftung, 1984, S. 50 f.). Je nach dem jeweiligen Landesrecht muß der Familienbezug hierbei ausschließlich oder zumindest überwiegend sein.

Oftmals verfügen Familienstiftungen über ein weiteres Stiftungsorgan, nämlich die Versammlung der Destinatäre (Langenfeld, Testamentsgestaltung, Rn. 337). Die Familienmitglieder haben ein satzungsmäßiges Recht auf die Erträge des Stiftungsvermögens.

Die **h. M.** hält die Familienstiftung für **unbeschränkt zulässig** (Palandt/Heinrichs, Vorbem. zu § 80 Rn. 9; Erman/Westermann, Vorbem. zu § 80 Rn. 6; Staudinger/Mayer, Art. 59 EGBGB Rn. 40 ff.), obwohl **rechtliche Bedenken** angebracht sind.

Insbesondere kennt das BGB grundsätzlich kein dauerhaft familiär gebundenes Sondervermögen. Ähnlichen Zwecken dienende Rechtsinstitute wie Teilungsverbote, Anordnung der Vor- und Nacherbschaft, aufschiebend bedingte Vermächtnisse sowie die Anordnung einer Dauertestamentsvollstreckung unterliegen grundsätzlich der zeitlichen Beschränkung von 30 Jahren, um insoweit der Gefahr einer übergroßen wirtschaftlichen Konzentration zu begegnen (vgl. Art. 155 II 2 WRV „Fideikommißverbot").

So wird **in der Literatur** vertreten, es müßten der Zulässigkeit von Familienstiftungen Grenzen gesetzt werden, insbesondere mit dem Argument, ansonsten könne der Effekt einer „ewigen Dauertestamentsvollstreckung" erzielt werden (Däubler, JZ 1969, 499 ff.; MK/Reuter, Vorbem. zu § 80 Rn. 20; Staudinger/Rawert, Vorbem. zu § 80 Rn. 133).

Nach dieser Auffassung ist eine Familienstiftung nur dann zulässig, wenn sie nicht lediglich dazu da ist, „voraussetzungslose Leistungen" zu erbringen, mithin lediglich Vermögen im Interesse eines bestimmten Personenkreises zu verwalten, sondern ihr Ertrag den Destinatären für einen **ganz bestimmten und über ihren bloßen Lebensunterhalt hinausgehenden Zweck** zur Verfügung steht (Soergel/Neuhoff, Vorbem. zu § 80 Rn. 57).

(Vgl. hierzu eingehend Staudinger/Rawert, Vorbem. zu § 80 Rn. 122 ff.)

Diese Bedenken haben sich nunmehr auch in der Gesetzgebung des Landes Brandenburg niedergeschlagen, und zwar in § 6 II lit d) BrbgStiftG. Auch die Praxis anderer Bundesländer begegnet der Genehmigung von Familienstiftungen mit zunehmend größerer Zurückhaltung, vor allem wenn sie zusätzlich noch unternehmensverbunden sind.

Hauptgestaltungsziele der Familienstiftung sind:

– Nachlaßerhaltung, insbesondere wenn zum Nachlaß ein Familienunternehmen gehört. In diesem Fall soll durch die

Errichtung der Familienstiftung die Geltendmachung von Pflichtteilsansprüchen erschwert und der Kündigung von Unternehmensbeteiligungen vorgebeugt werden.

- Einsetzung eines familienfremden Unternehmensnachfolgers mangels geeigneter Familienmitglieder.
- Versorgung der Familie.

Allerdings ist der Errichtung einer Familienstiftung als letztwilliger Gestaltungsmöglichkeit unabhängig von den genannten rechtlichen Bedenken auch **aus praktischen Gründen mit Vorsicht zu begegnen**:

Zunächst ist zu bedenken, daß die Einbringung von Vermögen in eine Familienstiftung in der Regel endgültig ist, so daß eine entsprechende Vermögensbindung eintritt.

Des weiteren besteht bei der Familienstiftung nicht die Möglichkeit einer Kapitaleignerentscheidung, wie dies bei anderen Wirtschaftssubjekten der Fall ist, so daß es auf lange Sicht eine Richtigkeitsgewähr nicht gibt.

Sofern die Familienstiftung durch familienfremde Personen geleitet wird, besteht zudem die Gefahr, daß aufgrund des mangelnden Eigeninteresses dieser Person auf lange Sicht eine positive Entwicklung nicht zu erwarten ist.

Auch darf die Mißbrauchsgefahr durch Stiftungsorgane nicht unterschätzt werden, da die Stiftungsaufsicht über Familienstiftungen in den meisten Bundesländern eingeschränkt ist und Klagerechte der Destinatäre in der Praxis die Ausnahme sind. Deshalb sollten die Rechte der Stiftungsdestinatäre im Einzelfall so ausgestaltet sein, daß sie eingeklagt werden können.

Auch darf nicht die Tatsache aus den Augen verloren werden, daß letztendlich die Familienstiftung eine Bevormundung der Rechtsnachfolger des Erblassers darstellt, da das Eigentum an dem in die Stiftung eingebrachten Vermögen ihnen nicht zusteht und sie lediglich auf die Nutzungen aus der Stiftung hoffen dürfen.

Steuerlich werden Familienstiftungen im Rahmen der Bestimmung der Steuerklasse begünstigt, vgl. § 15 II 1 ErbStG.

Ein steuerliches Sonderproblem stellen insoweit sog. **Zustiftungen** an bereits bestehende Stiftungen dar. Da das ErbStG grundsätzlich nur gem. § 15 II 1 ErbStG die Errichtung einer Stiftung begünstigt, kommt es bei der Zustiftung regelmäßig zur Anwendung der ungünstigen Erbschaftssteuerklasse III. Dies kann bei der Gestaltung dadurch umgangen werden, daß bereits im ersten Stiftungsgeschäft unter Lebenden eine hinreichend konkretisierte Verpflichtung zu weiteren Zuwendungen an die Stiftung übernommen wird. Dann handelt es sich nämlich bei der Erfüllung dieser Verpflichtung lediglich um einen Erwerbsvorgang gem. § 7 I ErbStG (Korezkij, ZEV 1999, 134; Binz/Sorg, BB 1988, 1822; Kapp/Ebeling, ErbStG § 15 Rn. 64).

Weiterhin ist im Rahmen der Familienstiftung zu beachten, daß in regelmäßigen Zeitabständen von 30 Jahren beginnend mit dem ersten Übergang des Vermögens an die Stiftung ein steuerpflichtiger Erbfall fingiert wird, sog. **Erbersatzsteuer** gem. § 1 I Nr. 4 i.V.m. § 9 I Nr. 4 ErbStG (vgl. hierzu auch §§ 15 II S. 3, 16 I Nr. 2 ErbStG sowie §§ 24, 28 II ErbStG).

6. Nicht rechtsfähige/unselbständige/treuhänderische Stiftung

Insgesamt ist die Errichtung einer rechtsfähigen Stiftung nur für große Vermögen zu empfehlen.

Demgegenüber ist die unselbständige/nicht rechtsfähige Stiftung wesentlich einfacher zu gründen und zu handhaben. Sie bedarf keiner staatlichen Genehmigung, setzt jedoch das Vorhandensein eines Vermögensträgers voraus, dem Vermögen im Stiftungsgeschäft zugewendet wird. Eine staatliche Stiftungsaufsicht entfällt.

Die nicht rechtsfähige Stiftung kommt dann in Betracht, wenn es sich um die **Zuwendung kleinerer Vermögenswerte** oder um die **Förderung spezieller Zwecke,** etwa wissenschaftlicher oder künstlerischer Natur, handelt.

Die nicht selbständige Stiftung hat zwar ein dem Stiftungszweck gewidmetes Vermögen, aber **keine eigene Rechtspersönlichkeit.** Demgemäß sind auch die §§ 80–88 BGB auf sie nicht anwendbar.

Träger des Stiftungsvermögens ist ein **Treuhänder,** aber nicht notwendig eine juristische Person (Palandt/Heinrichs, Vorbem. zu § 80 Rn. 6). Aufgrund der Tatsache, daß die nicht rechtsfähige Stiftung keine eigene Rechtspersönlichkeit besitzt, erfordert sie einen treuhänderischen Vermögensträger, dem der gestiftete Vermögenswert zugewendet und dabei die stiftungsgemäße Verwendung und gesonderte Verwaltung zur Auflage gemacht wird (Weirich, Erben und Vererben, Rn. 683). Auf diesen überträgt der Stifter das Vermögen durch Vertrag unter Lebenden oder durch Verfügung von Todes wegen (Wochner, ZEV 1999, 125).

Hierin liegt die Hauptproblematik der unselbständigen Stiftung: Sie hat weder eigene Organe, noch unterliegt sie der Kontrolle durch eine Stiftungsaufsicht, so daß die Verwirklichung des Stifterwillens weitestgehend davon abhängt, inwieweit der insoweit als Stiftungsträger eingesetzte Treuhänder die ihm auferlegten Aufgaben im Sinne des Stifters erfüllt (Weirich, Erben und Vererben, Rn. 684).

Die **Rechtsbeziehungen der Parteien untereinander** unterstehen dann (je nachdem ob die Übertragung zu Lebzeiten oder von Todes wegen erfolgte) entweder dem Schuld- oder dem Erbrecht. Zwar sind grundsätzlich die §§ 80 ff. BGB unanwendbar, allerdings kann unter Umständen § 87 BGB analog Anwendung finden (str.; dafür: Soergel/Neuhoff, § 87 Rn. 28; a. A.: RGZ 105, 305).

Ob der Erblasser eine rechtsfähige oder unselbständige/nicht rechtsfähige Stiftung gewollt hat, hängt von der Auslegung des Stiftungsgeschäfts ab.

Stille Gesellschaft

Die Stille Gesellschaft wird insbesondere im Rahmen der Unternehmensnachfolge interessant, nämlich dann wenn das Unternehmen auf eine bestimmte Person, etwa einen der Abkömmlinge, übertragen wird und für die „weichenden" Erben, wie etwa den Ehegatten und die anderen Abkömmlinge, kein ausreichendes Privatvermögen für eine Abfindung zur Verfügung steht. In diesem Fall bleibt dem Unternehmer oft nur die Möglichkeit, diese Personen doch am Firmenvermögen zu beteiligen. Hierbei sollte jedoch nach Möglichkeit vermieden werden, daß diese Personen auch nach außen hin Gesellschafter mit entsprechendem Stimmrecht werden, etwa indem man ihnen einfach GmbH- oder KG- Anteile überträgt. Dann passiert nämlich genau das, was der Erblasser eigentlich gerade vermeiden wollte: Das Unternehmen kann nicht einheitlich geführt werden, es spaltet sich auf, insbesondere durch weitere Erbfälle.

Es bietet sich daher eine Beteiligung der genannten Personen als sog. „Stille Gesellschafter" an der Gesellschaft an. Bei der Stillen Gesellschaft gem. §§ 230 ff. HGB handelt es sich um eine **Innengesellschaft ohne Gesamthandsvermögen,** die nach außen hin nicht in Erscheinung tritt. Der Stille Gesellschafter tritt hier in ein Gesellschaftsverhältnis zur Gesellschaft insgesamt ein (Langenfeld, Testamentsgestaltung, 7. Kap., Rn. 391).

Des weiteren hat sich der Erblasser zu entscheiden, wie stark er die **wirtschaftliche Stellung** des Stillen Gesellschafters ausgestalten will.

Hier ist zu differenzieren zwischen der **typischen Stillen Gesellschaft,** bei der der Stille Gesellschafter nur am Gewinn des Handelsgeschäftes beteiligt ist, nicht jedoch am Geschäftsvermögen, den stillen Reserven, dem Firmenwert und dem Veräußerungsgewinn von Anlagegütern und der **atypischen stillen Gesellschaft,** bei der der Stille Gesellschafter an all diesen Vermögenswerten rein rechnerisch schuldrechtlich (also nicht dinglich!) beteiligt wird. Bei Auflösung der Gesellschaft hat also der atypisch stille Gesellschafter einen schuldrechtlichen Anspruch auf das volle Auseinandersetzungsguthaben der Gesellschaft, das durch Auseinandersetzungsbilanz zu ermitteln ist (Langenfeld, Testamentsgestaltung, 7. Kap., Rn. 391).

Der typisch Stille Gesellschafter ist nicht an der Substanz des Unternehmens beteiligt, so daß man seine rechtliche Stellung mit der eines Nießbrauchers vergleichen kann, während der atypisch Stille Gesellschafter zumindest rechnerisch an der Substanz des Unternehmens teilhat, was für das Unternehmen natürlich wieder eine nicht unerhebliche Belastung bedeuten kann.

Obwohl grundsätzlich die Errichtung einer Stillen Gesellschaft formlos möglich ist, empfiehlt es sich zur Vermeidung von Schwierigkeiten bei der Anerkennung durch die Finanzbehörden dennoch, eine **notarielle Beurkundung** vorzunehmen (Langenfeld, Testamentsgestaltung, 7. Kap., Rn. 391).

Bei der **Testamentsgestaltung** ist im einzelnen auf folgendes zu achten:

– Es ist der Wille des Erblassers auch dahin gehend zu ermitteln, die Erben des Stillen Gesellschafters in dessen rechtliche Position einrücken sollen oder nicht.

– Ausdrückliche Bezeichnung des Anteils des Stillen Gesellschafters am Gewinn und Verlust (eventuell Ausschluß der Verlustbeteiligung), ansonsten gilt § 231 I HGB.

– Bestimmung, ob der Stille Gesellschafter monatliche Vorschußzahlungen auf den zu erwartenden Gewinn verlangen können soll.

– Regelung der Dauer der Gesellschaft und eventuelle Kündigungsmöglichkeiten.

– Bestimmung, ob der Stille Gesellschafter bei Auseinandersetzung der Gesellschaft mehr erhalten soll als sein Guthaben gem. § 235 II HGB.

Der **Tod des Geschäftsinhabers** der Stillen Gesellschaft hat grundsätzlich gem. § 727 1 BGB deren Auflösung zur Folge, sofern nichts anderes vereinbart ist. Durch den **Tod des Stillen Gesellschafters** wird die Stille Gesellschaft demgegenüber gem. § 234 II HGB nicht aufgelöst. Vielmehr tritt der Erbe des Stillen Gesellschafters kraft seines Erbrechts an die Stelle des Erblassers in die Innengesellschaft ein, mehrere Erben als Erbengemeinschaft zur gesamten Hand. Auch hier sind aber abweichende Vereinbarungen im Vertrag der Innengesellschaft zulässig (Weirich, Erben und Vererben, Rn. 1222).

Formulierungsvorschlag:

Vermächtnis einer Stillen Beteiligung

Meiner Ehefrau vermache ich die Stille Beteiligung in Höhe eines Drittels des Stammkapitals der A-GmbH, die sich in meinem Alleinbesitz befindet und auf meinen Alleinerben übergeht. Die Stille Gesellschaft endet mit der Wiederverheiratung oder dem Tod meiner Ehefrau. Vorher ist sie unkündbar. Die Stille Gesellschafterin nimmt am Gewinn der Gesellschaft mit einem Drittel teil. Am Verlust ist sie nicht beteiligt. Bei Beendigung der Stillen Gesellschaft durch Wiederverheiratung erhält sie den Nominalwert ihrer Beteiligung zuzüglich eines Aufschlages von 50% und den anteiligen Gewinn. Bei Beendigung der Stillen Gesellschaft durch den Tod fällt die Beteiligung an die Gesellschaft zurück, ohne daß den Erben hierfür eine Abfindung geschuldet wird.

Meine Ehefrau ist berechtigt, auf den Jahresgewinn monatlich Vorschüsse in Höhe von $^{1}/_{12}$ des auf sie fallenden letzten Jahresgewinnanteils zu verlangen. Sollte der Jahresgewinn der Gesellschaft im laufenden Jahr die Vorschüsse nicht decken, ist die Stille Gesellschafterin nicht zur Rückzahlung verpflichtet.

(Langenfeld, Testamentsgestaltung, 7. Kap., Rn. 393).

Streitwert

→ *Kosten und Gebühren*

Stufenklage

Gem. § 254 ZPO kann mit der Klage auf Auskunft und Rechnungslegung bzw. Vorlage eines Nachlaßverzeichnisses bzw. Abgabe der eidesstattlichen Versicherung auch die Klage auf Zahlung bzw. Herausgabe dergestalt verbunden werden, daß ein beziffter Klageantrag (Zahlungsantrag) vorbehalten bleibt, bis die entsprechende Auskunft erteilt ist. Dieser Weg bietet sich insbesondere dann an, wenn sich bezüglich der Geltendmachung eines Pflichtteilsanspruchs Verjährungsprobleme stellen, da der Pflichtteilsberechtigte regelmäßig keine Kenntnis über den Bestand des Nachlasses haben wird.

In der **ersten Stufe** beinhaltet die Stufenklage gem. §§ 2314, 260 BGB den **Klageantrag auf Auskunftserteilung** über den Bestand des Nachlasses, in der zweiten Stufe gem. § 260 II BGB die **Abgabe der eidesstattlichen Versicherung** und in der **dritten Stufe** die **Zahlung** des sich aus dem Nachlaßwert und der Pflichtteilsquote ergebenden Betrages.

Sofern der Pflichtteilsberechtigte bereits Kenntnis über einen bestimmten Teil des Nachlasses und dessen Wert hat, besteht für ihn darüber hinaus die Möglichkeit einer Teilklage auf Zahlung des Mindestwertes des Pflichtteils, verbunden mit einer Stufenklage bezüglich des restlichen Teils (Stein/Jonas, ZPO § 254 III 1; Coing, NJW 1983, 1298).

531

Sofern der insoweit Beklagte nach Eintritt der Rechtshängigkeit Auskunft erteilt, kann hinsichtlich des Auskunftsantrags (1. Stufe) die Erledigung der Hauptsache erklärt werden.

Ein Problem stellt sich allerdings dann, wenn sich nach erteilter Auskunft ergibt, daß praktisch kein Aktivnachlaß vorhanden ist, aus dem sich ein Zahlungsanspruch (2. Stufe) ergeben könnte. Eine Erledigungserklärung hilft hier nicht weiter, da den Kläger insoweit auf jeden Fall die Kostentragungspflicht des § 91 a ZPO trifft, da der Zahlungsantrag ja unbegründet war (BGH NJW 1994, 2895; BGHZ 40, 8265 ff.). Allerdings billigt der BGH für diesen Fall dem Kläger einen materiell-rechtlichen Schadensersatzanspruch gegen die Erben in Höhe der angefallenen Verfahrenskosten zu, sofern diese bei rechtzeitiger Auskunftserteilung vermeidbar gewesen wären (BGHZ 79, 2075; BGH NJW 1981, 990).

Dieser Schadensersatzanspruch ist wie folgt geltend zu machen, da ja eine direkte Kostenerstattungspflicht nach § 91 a ZPO nicht in Betracht kommt: Entweder ist ein Folgeprozeß zu führen oder aber im laufenden Verfahren ein Klageänderungsantrag auf Feststellung der Kostentragungspflicht oder direkt auf Zahlung zu stellen. Diese Klageänderung wird vom BGH ausdrücklich als sachdienlich zugelassen (BGH NJW 1981, 990).

Hinsichtlich des Zuständigkeitsstreitwerts gilt § 3 ZPO bzw. bei Bezifferung eines Teilleistungsanspruchs dessen Wert und bezüglich des Restes § 3 ZPO.

Hinsichtlich des Gebührenstreitwertes gilt § 18 GKG.

Literaturhinweis:

Kerscher/Riedel/Lenz, Pflichtteilsrecht, § 13 Rn. 5 ff.

Surrogationsprinzip

Die in den §§ 2019, 2041, 2111 BGB normierte erbrechtliche dingliche Surrogation hat zum Ziel, den Nachlaß als Sondervermögen trotz eintretender Änderungen der Erscheinung seiner konkreten Bestandteile im Interesse der Erben bzw. des Nacherben und zum Zwecke des Zugriffs der Nachlaßgläubiger zu erhalten (BGHZ 109, 214).

Durch die dingliche Surrogation soll also die wirtschaftliche Einheit und der Wert des Nachlasses als Gesamthandsvermögen für die Miterben und Nachlaßgläubiger erhalten werden (BGH NJW 1987, 434; Palandt/Edenhofer, § 2041 Rn. 1).

Demgemäß ordnen §§ 2019, 2041, 2111 BGB quasi als Wertausgleich eine weitreichende dingliche Surrogation an. Danach gehört alles, was aufgrund eines zum Nachlaß gehörenden Rechts, als **Ersatz für die Zerstörung, Beschädigung oder Entziehung eines Nachlaßgegenstandes** oder **durch ein Rechtsgeschäft erworben** wird, **das sich auf den Nachlaß bezieht,** selbst wiederum zum Nachlaß.

Sofern die Voraussetzungen des § 2041 BGB erfüllt sind, erwirbt die Erbengemeinschaft unmittelbar das betreffende Recht, unabhängig davon, ob auch ein entsprechender Wille der Erben vorliegt.

Beim Lesen des Wortlauts des § 2041 BGB, wonach dingliche Surrogation auch dann eintritt, wenn der Erwerb durch ein Rechtsgeschäft erfolgt, das sich auf den Nachlaß bezieht, ist zunächst nicht ganz klar, ob es insoweit genügt, daß das Rechtsgeschäft objektiven Bezug zum Nachlaß hatte, oder ob auch der subjektive Wille vorhanden gewesen sein mußte, ein Rechtsgeschäft für den Nachlaß abzuschließen.

Sinn und Zweck des § 2041 BGB liegen darin, zum Schutz der Erben und Nachlaßgläubiger diejenigen Gegenstände wieder in den Nachlaß fallen zu lassen, die **wirtschaftlich** eine **Fortsetzung von Nachlaßwerten** sind. Deshalb soll es nach h. M. ausreichen, daß ein objektiver Bezug zum Nachlaß vorhanden war (MK/Dütz, § 2041 Rn. 13; Leipold, Erbrecht, Rn. 536; BGH NJW 1968, 1824; Staudinger/Werner, § 2041 Rn. 6; a.A.: Lange/Kuchinke, § 41 IV), sofern das Rechtsgeschäft **mit Mitteln des Nachlasses** vorgenommen wurde, so daß Mittelsurrogation selbst bei entgegenstehendem Willen des Erben eintritt.

Bei einem **Erwerb mit fremden Mitteln** wird dagegen zusätzlich der subjektive Wille für erforderlich gehalten, für den Nachlaß zu erwerben (OLG Köln OLGZ 1965, 117; KG JFG 15, 155; a. A. MK/Dütz, § 2041 Rn. 25, der hier in der Regel überhaupt keine Surrogation zulassen will).

Taktische Ausschlagung

Eine der drei Ausnahmen von dem Grundsatz, daß der pflichtteilsberechtigte Erbe seinen vollen Pflichtteilsanspruch verliert, wenn er die Erbschaft ausschlägt (→ *Ausschlagung der Erbschaft*), stellt die Möglichkeit des § 2306 I 2 BGB, die sog. „taktische" Ausschlagung, dar.

Diese kommt dann in Betracht, wenn dem pflichtteilsberechtigten Erben mehr als die Hälfte des gesetzlichen Erbteils zugewandt wurde und der Erbteil mit **Beschränkungen und Beschwerungen** belastet ist. Diese Beschränkungen und Beschwerungen sind in § 2306 1 BGB **abschließend** aufgezählt, bei den Beschwerungen handelt es sich ausschließlich um Vermächtnisse und Auflagen, als Beschränkung kommt lediglich die Anordnung der Testamentsvollstreckung, die Einsetzung eines Nacherben sowie die Teilungsanordnung in Betracht.

Streng zu beachten ist, daß die Möglichkeit der taktischen Ausschlagung nach § 2306 I 2 BGB immer nur dann in Betracht kommt, wenn der Pflichtteilsberechtigte bereits durch die Erbeinsetzung mehr als seinen Pflichtteil erhalten hat. Hierzu ist zunächst die Höhe des erlangten Erbteils festzustellen. Hierbei bieten sich grundsätzlich zwei Möglichkeiten an, nämlich zum einen das Abstellen auf die reine Erbquote (→ *Quotentheorie*) und zum anderen das Abstellen auf den Wert des erlangten Erbteils (→ *Werttheorie*).

Die h. M. wendet grundsätzlich die Quotentheorie an. Nur in Ausnahmefällen kommt die Anwendung der Werttheorie in Betracht, nämlich dann, wenn eine Anrechnung gem. § 2315 BGB oder Ausgleichung gem. § 2316 BGB stattzufinden hat (→ *Pflichtteilsrecht*).

Teilungsanordnung

Die Teilungsanordnung bietet dem Erblasser die Möglichkeit, Bestimmungen über die → *Auseinandersetzung der Erbengemeinschaft* zu treffen, indem er festlegt, wie die Miterben den Nachlaß unter sich aufzuteilen haben. Sie konkretisiert also quasi den Erbteil, begründet aber kein Erbrecht am zugewiesenen Gegenstand, sondern verpflichtet die Erbengemeinschaft lediglich schuldrechtlich zur Durchführung der Teilungsanordnung. Im Gegensatz zum → *Vorausvermächtnis* liegt aber eine Teilungsanordnung nur dann vor, wenn der Erblasser es grundsätzlich bei den gesetzlichen bzw. den von ihm testamentarisch festgelegten Erbquoten belassen und deren Wert nicht verschieben, sondern gerade unangetastet lassen will, auch wenn der zugewandte Gegenstand mehr oder weniger als die Erbquote wert ist. Die Teilungsanordnung ändert die wertmäßige Beteiligung am Nachlaß nicht, so daß ein Mehrwert des zugewiesenen Gegenstandes den Miterben gegenüber auszugleichen ist, indem eine entsprechende **Ausgleichszahlung** in den Nachlaß zu zahlen ist.

Formulierungsvorschlag:

Meine Söhne Fritz, Max und Moritz setze ich zu gleichen Teilen zu meinen Erben ein.

Für die Auseinandersetzung der Erbengemeinschaft treffe ich jedoch folgende Teilungsanordnung:

Fritz erhält mein Hausgrundstück in Aschaffenburg, Goethestr. 7, Flstnr. (. . .), Max das Hausgrundstück in Aschaffenburg, Schillerstr. 8, Flstnr. (. . .) und Moritz das Hausgrundstück in Aschaffenburg, Lessingstr. 9, Flstnr. (. . .) je zu Alleineigentum. Soweit eines der Anwesen einen höheren Wert haben sollte, so ist dieser Wert auszugleichen. Sofern meine Söhne sich über den Wert der Grundstücke nicht einigen können, so sollen die jeweiligen Verkehrswerte verbindlich durch einen Sachverständigen festgelegt werden.

Will der Erblasser hingegen einem der Miterben den entsprechenden Mehrwert belassen, weil er ihm gerade mehr zuwenden will als den anderen, so muß er das Rechtsinstitut des Vorausvermächtnisses wählen.

Will der Erblasser einem bevorzugten Miterben zwar einen Vermögensvorteil zuweisen, zugleich aber erreichen, daß der Miterbe sich zumindest einen Teil dieses Mehrwertes auf seinen Erbteil anrechnen lassen soll, so liegt in Höhe der Anrechnung eine Teilungsanordnung, darüber hinaus zugleich ein Vorausvermächtnis vor.

Die Teilungsanordnung ist im Gegensatz zum Vorausvermächtnis gem. §§ 2253, 2299 BGB stets frei widerruflich.

Die Teilungsanordnung konkretisiert den Erbteil lediglich, während das **Vorausvermächtnis** zusätzlich zum Erbteil erworben wird. Der mit einem Vorausvermächtnis bedachte Erbe erhält gem. § 2176 BGB einen unmittelbar nach Eintritt des Erbfalls erfüllbaren schuldrechtlichen Anspruch gegenüber der Erbengemeinschaft, während die Übertragung eines durch eine Teilungsanordnung zugewandten Gegenstandes nur im Rahmen der Erbauseinandersetzung geltend gemacht werden kann.

Entscheidendes **Abgrenzungskriterium** des BGH ist die Frage, ob nach dem Willen des Erblassers, der gegebenenfalls durch Auslegung zu ermitteln ist, durch die fragliche Zuwendung eine **Wertverschiebung** unter den Miterben eintreten sollte oder nicht, der Bedachte also im Verhältnis zu den übrigen Miterben begünstigt werden sollte (BGHZ 82, 274). Ist dies der Fall, so liegt ein Vorausvermächtnis vor, falls nicht, ist von einer Teilungsanordnung auszugehen. Für die Bestimmung des Wertes der einzelnen Gegenstände ist grundsätzlich der Wert zu dem Zeitpunkt festzustellen, zu dem die Auseinandersetzung verlangt werden kann (Soergel/Wolf, § 2048 Rn. 11).

Unter Umständen kann aber ein Vorausvermächtnis auch dann vorliegen, wenn zwar ein Begünstigungswille des Erblassers nicht festzustellen ist, die Zuwendung allerdings selbst für den Fall gewollt ist, daß der Bedachte die Erbeinsetzung ausschlägt oder letztlich gar nicht Erbe wird (BGH FamRZ 1995, 228).

Teilungsklage

→ *Auseinandersetzung der Erbengemeinschaft*

Teilungsplan

→ *Auseinandersetzung der Erbengemeinschaft*

Teilungsverbot

Gem. § 2044 BGB kann der Erblasser durch letztwillige Verfügung die Auseinandersetzung in Ansehung des gesamten

Nachlasses oder einzelner Nachlaßgegenstände ausschließen oder von der Einhaltung einer Kündigungsfrist abhängig machen. Dadurch kann er etwa ein Unternehmen oder ein Hausgrundstück als Ganzes einem der Miterben erhalten. Aus wichtigem Grund kann allerdings das Teilungsverbot von den Miterben gem. § 2044 I 2 i.V.m. § 749 II 1 BGB umgangen werden. Zur Beantwortung der Frage, ob im Einzelfall ein wichtiger Grund vorliegt, ist eine verständige Würdigung der gesamten Umstände vorzunehmen.

Zu beachten ist, daß mit dem Tode eines der Miterben das Teilungsverbot gem. § 2044 I 2 i.V.m. § 750 BGB hinfällig wird.

In der Praxis kann das Auseinandersetzungsverbot insbesondere dadurch umgangen werden, daß die **Erben sich einvernehmlich darüber hinwegsetzen.** Das Teilungsverbot entspricht nämlich einem Vermächtnis gem. § 2150 BGB zugunsten der anderen Miterben, hindert aber die Auseinandersetzung und Teilung nicht, wenn die entsprechende Einrede von niemandem geltend gemacht wird (Münchner Vertragshandbuch/Nieder, Bd. 4, Halbbd. 2, S. 791).

Daher sollte ein Auseinandersetzungsausschluß immer **mit einer Testamentsvollstreckung kombiniert** werden. Das Auseinandersetzungsverbot wird gem. § 2044 II 1 BGB **unwirksam,** wenn **30 Jahre** seit dem Eintritt des Erbfalls verstrichen sind, sofern der Erblasser nicht gem. § 2044 II 2 BGB angeordnet hat, daß das Auseinandersetzungsverbot bis zum Eintritt eines bestimmten Ereignisses in der Person eines Miterben, oder falls er eine Nacherbfolge oder ein Vermächtnis anordnet, bis zum Anfall dieses Vermächtnisses gelten soll. Spätestens mit Ablauf der Frist tritt die Anordnung des Erblassers außer Kraft.

Formulierungsvorschlag:

Die Auseinandersetzung des Nachlasses schließe ich bis zum Ableben meiner Ehefrau aus (Weirich, Erben und Vererben, Rn. 783).

Zu beachten ist, daß das Teilungsverbot gem. § 751 BGB weder gegenüber dem Gläubiger, der die Pfändung des Erbteils erwirkt hat, noch im Konkurs eines Miterben gem. § 84 II 2 InsO wirkt.

Teilungsversteigerung

Im Rahmen der → *Auseinandersetzung der Erbengemeinschaft* ist die Teilungsversteigerung entsprechend der Vorschrift des § 753 BGB ein wichtiges Instrument, sofern im Nachlaß ein oder mehrere Grundstücke vorhanden sind. Dieses ist auf Antrag eines der Miterben zwecks Aufhebung der Gemeinschaft gem. den Vorschriften der §§ 180 ff. ZVG zu versteigern. Gem. § 181 1 ZVG ist ein Titel hierzu nicht erforderlich.

In der Regel kann die Zwangsversteigerung von einem der Miterben nur beantragt werden, wenn sie die Auseinandersetzung des gesamten Nachlasses vorbereiten soll (Palandt/Edenhofer, § 2042 Rn. 20). Allerdings kann eine testamentarische Auflage des Erblassers mit dem Inhalt, ein Grundstück nicht in fremde Hände fallen zu lassen, einem Miterben die Teilungsversteigerung verwehren (BGH FamRZ 1985, 278).

Teilungsvertrag

→ *Auseinandersetzung der Erbengemeinschaft*

Testament

Das Einzeltestament ist eine einseitige, nicht empfangsbedürftige Willenserklärung, die jederzeit frei widerruflich ist. Sofern es notariell beurkundet wird (→ *Notarielles Testament*) ist der Beurkundende nicht etwa Erklärungsgegner, sondern „Erklärungsverwirklicher" (Lange/Kuchinke, § 16 V 1 a).

Das Einzeltestament kann gem. § 2247 I BGB durch eine eigenhändig geschriebene und unterschriebene Erklärung errichtet werden. So sind jegliche mit Schreibmaschine oder Computer, per Telegramm oder durch Aufnahme auf einen Tonträger erstellte Testamente unwirksam. Bei nur teilweiser eigenhändiger Errichtung ist jedenfalls der nicht eigenhändige Teil unwirksam, ob der eigenhändige Teil in diesem Fall weiter Bestand haben soll, ist eine Frage der Auslegung gem. § 2085 BGB (Weirich, Erben und Vererben, Rn. 293).

Hinsichtlich einer eventuell erforderlichen Schreibhilfe ist zu sagen, daß ein bloßes Unterstützen in Form des Haltens der Schreibunterlage oder eines zitternden Handgelenks noch als zulässig gilt, während das Führen der Hand nur dann noch hingenommen werden kann, wenn die Schriftzüge im Ergebnis noch als die eigenen des Erblassers angesehen werden können (BGH NJW 1967, 1124). Wesentlich ist in diesem Zusammenhang, daß der Erblasser schreiben will und diesen Willen so betätigt, daß der Schriftzug von seinem Willen abhängig bleibt (BGH NJW 1981, 1900).

Um insoweit umfangreichen Auseinandersetzungen nach dem Erbfall zu entgehen, sollte in diesen Fällen unbedingt ein notarielles Testament errichtet werden (vgl. Weirich, Erben und Vererben, Rn. 294).

Das → *Gemeinschaftliche Testament* besteht aus Verfügungen jedes Ehegatten, die inhaltlich zusammengehören und äußerlich mehr oder weniger eng zusammengefaßt sind, die aber dennoch rechtlich als zwei einseitige, nicht empfangsbedürftige Willenserklärungen zu betrachten sind, obwohl sie lediglich ein Rechtsgeschäft darstellen. Hiervon zu unterscheiden sind zwei lediglich gleichzeitig erfolgende Einzeltestamente, die in bloßer Testiergemeinschaft errichtet werden.

Der Erblasser muß das von ihm eigenhändig verfaßte Testament natürlich auch selbst unterschreiben. Durch die **Unterschrift** bestätigt der Erblasser, daß er der Urheber des Testaments ist und bringt dadurch zum Ausdruck, daß damit die Erklärung abgeschlossen ist. Es ist üblich, mit Vor- und Familienname zu unterschreiben. Der Erblasser kann aber beispielsweise auch mit seinem Künstlernamen oder mit einem Pseudonym oder mit einer Verwandtschaftsbezeichnung („Dein Vater") unterzeichnen. Erforderlich insoweit ist das Vorliegen eines die Identität des Unterschreibenden ausreichend kennzeichnenden individuellen Schriftzuges, der einmalig ist, sich als Wiedergabe eines Namens darstellt und die Absicht einer vollen Unterschriftsleistung erkennen läßt (Weirich, Erben und Vererben, Rn. 299).

Angaben über Ort und Datum der Testamentserrichtung sind gem. § 2247 II BGB nicht zwingend notwendig, aber im Hinblick auf § 2258 I BGB dringend zu empfehlen. Zu beachten ist hierbei insbesondere auch die Vermutungsregelung des § 2247 V BGB.

Möglich ist auch die Errichtung eines Testamentes in Form eines Briefes (sog. **Brieftestament**). Es ist nämlich ausreichend, an einen Angehörigen oder an einen Freund einen Brief zu schreiben und diesen als Testament zu verfassen.

Formulierungsbeispiel:

München, den (. . .)

Lieber Max,

da ich keine Angehörigen mehr habe, setze ich dich hiermit zu meinem alleinigen Erben ein.

Dein Moritz

Vom Vorliegen eines Brieftestaments kann man allerdings nur ausgehen, wenn sich aus dem Inhalt des Briefes ergibt, daß der Briefschreiber mit diesem Schriftstück ein Testament errichten und es nicht etwa nur dem Adressaten ankündigen oder ihm den Inhalt eines Testaments mitteilen wollte (Weirich, Erben und Vererben, Rn. 296).

Testamentsanfechtung

→ *Anfechtung der Verfügung von Todes wegen*

Testamentseröffnung

Das → *Nachlaßgericht* hat von Amts wegen jedes Schriftstück zu eröffnen, das angeblich vom Erblasser stammt und sich äußerlich und inhaltlich als Testament oder Erbvertrag darstellt.

Hierbei ist weder die materielle noch formelle Wirksamkeit bereits an dieser Stelle zu überprüfen. Aus diesem Grunde sind selbst vom Erblasser aufgehobene, nichtige oder wegen Wegfalls des Bedachten überholte Testamente zu eröffnen. Das gleiche gilt für mehrere verschiedene Testamente, die inhaltlich übereinstimmen (Palandt/Edenhofer, § 2260 Rn. 1).

Die Testamentseröffnung wird durch das Nachlaßgericht von Amts wegen vorgenommen, sobald dieses zuverlässig vom

Todesfall des Erblassers Kenntnis erlangt hat. In Baden-Württemberg ist als Besonderheit die Zuständigkeit des verwahrenden Notariats zu beachten.

Einen Sonderfall stellt insoweit § 2263 a BGB dar, der vorsieht, daß ein Testament, das sich bereits seit mehr als 30 Jahren in amtlicher Verwahrung befindet, dann veröffentlicht werden kann, wenn nicht ermittelt werden kann, ob der Erblasser noch lebt.

Die Testamentseröffnung ist ein rein formaler Akt, so daß sie weder materiell-rechtliche Wirksamkeitsvoraussetzung für die im Testament enthaltene letztwillige Verfügung darstellt noch einen Nachweis für die Erbfolge (BayObLGE 83, 176; Rpfleger 1986, 303).

Wichtige Rechtsfolge der Testamentseröffnung ist allerdings, daß durch sie in der Regel die Ausschlagungsfrist des § 1944 II 2 BGB in Lauf gesetzt wird.

Zum Testamentseröffnungstermin sollen die gesetzlichen Erben sowie die durch die letztwillige Verfügung begünstigten Personen bzw. diejenigen Personen, deren Rechtslage in sonstiger Weise unmittelbar durch die letztwillige Verfügung beeinflußt wird, geladen werden (Palandt/Edenhofer, § 2260 Rn. 6). In der Praxis unterbleibt die förmliche Ladung des öfteren dann, wenn die Beteiligten zweckmäßiger, schneller und zuverlässiger durch Übersendung einer Ablichtung der letztwilligen Verfügung als durch Verkündung unterrichtet werden können (Palandt/Edenhofer, § 2260 Rn. 6).

Im Eröffnungstermin stellt der Rechtspfleger den Todestag des Erblassers sowie die Unversehrtheit der letztwilligen Verfügung fest, sofern diese verschlossen war. Grundsätzlich erfolgt die Eröffnung durch Verkündung an die Beteiligten. Gem. § 2260 III BGB ist über die erfolgte Eröffnung eine Niederschrift zu fertigen, diese stellt allerdings keinen Nachweis über die Erbfolge dar (BayObLGZ 83, 181).

Zu beachten sind weiterhin §§ 2261 ff. BGB.

Testamentsvollstreckung

1. Überblick

Durch die Anordnung der Testamentsvollstreckung gem. §§ 2197 ff. BGB als **Instrument der Vollstreckung des Erblasserwillens über den Tod hinaus** (Langenfeld, Testamentsgestaltung, 3. Kap., § 7 Rn. 197) kann der Erblasser die ordnungsgemäße Erfüllung seiner Verfügungen sichern und die gerechte Auseinandersetzung unter den Miterben gewährleisten. Sie ermöglicht es dem Erblasser, seinen letzten Willen hinsichtlich der Verwaltung und Verteilung des Nachlasses unabhängig vom Willen der Erben durchzusetzen. Die Anordnung kann auch den Zweck haben, das Nachlaßvermögen weiterhin als Einheit zu erhalten.

Der Testamentsvollstrecker erhält zu diesem Zweck im Außenverhältnis eine nahezu unbeschränkte Verfügungsbefugnis, während die Erben umgekehrt einer absoluten Verfügungsbeschränkung unterliegen.

Der Testamentsvollstrecker ist nicht etwa Weisungen der Erben, sondern lediglich den ausdrücklichen oder mutmaßlichen Weisungen des Erblassers unterworfen. Grundsätzlich unterliegt er auch nicht der Aufsicht des Nachlaßgerichts, das ihn nur aus wichtigen Gründen aus seinem Amt entlassen kann (dazu später).

Der Erblasser kann selbst in seiner letztwilligen Verfügung die **Person des Testamentsvollstreckers bestimmen,** er kann die Bestimmung aber auch auf einen Dritten oder das Nachlaßgericht übertragen. Allerdings muß die Bestimmung, ob überhaupt Testamentsvollstreckung stattfinden soll und welche Aufgaben der Testamentsvollstrecker hat, vom Erblasser selbst getroffen werden.

2. Anordnung

Die Anordnung kann in einem Einzeltestament, einem Gemeinschaftlichen Testament oder in einem Erbvertrag erfolgen. Bei der Anordnung handelt es sich um eine einseitige, frei widerrufliche Verfügung, selbst wenn diese erbvertraglich erfolgt sein sollte. Es ist auch nicht unbedingt erforderlich, daß der Begriff „Testamentsvollstreckung" oder „Testamentsvollstrecker" gebraucht wird, vielmehr reicht es, wenn dem Willen des Testierenden zu entnehmen ist, daß eine Testamentsvollstreckung gewollt ist. Allerdings ist es natürlich ratsam, unzweideutig zu formulieren.

Formulierungsvorschlag:

Ich ordne für meinen Nachlaß Testamentsvollstreckung an. Der Testamentsvollstrecker hat die Aufgabe, den Nachlaß in Besitz zu nehmen und zu verwalten bis . . .

Häufige Fälle der Anordnung der Testamentsvollstreckung:

– Ein oder mehrere Erben sind im Erbfall voraussichtlich noch minderjährig.

– Bestimmte Erben sollen wegen ihrer Unerfahrenheit, Krankheit oder menschlichen Schwäche (Sucht, Leichtsinn) davor geschützt werden, den Nachlaß zu verschleudern.

– Zur Stärkung der Position des überlebenden Ehegatten, der nur Miterbe oder Vermächtnisnehmer wird, um ihn als Testamentsvollstrecker gegenüber den Kindern unabhängig zu machen.

– Zur Sicherstellung etwaiger Übernahme- oder Vermächtnisansprüche der Berechtigten.

– Bei einer Mehrzahl von Erben oder Vermächtnisnehmern und zu befürchtendem Streit derselben untereinander.

– Zur Fortsetzung unternehmerischer Ziele.

– Zur Durchsetzung von Auflagen.

– Ausschaltung des Vormundschaftsgerichts, um insbesondere bei Unternehmen schnell entscheiden zu können.

3. Vorteile und Nachteile

Die Vorteile der Testamentsvollstreckung liegen auf der Hand: Grundsätzlich schützt die Testamentsvollstreckung den Nachlaß vor dem Zugriff ungeeigneter, unerfahrener oder gar böswilliger Erben und damit letztlich vor Verschleuderung und Zersplitterung (Langenfeld, Testamentsgestaltung, 3. Kap., § 7 Rn. 198). Sie empfiehlt sich insbesondere auch bei Vorhandensein persönlich verschuldeter Erben.

Sie sichert außerdem die sachgerechte Nachlaßverwaltung insbesondere in Umbruchphasen sowie Kontinuität und Erhaltung von Unternehmen für eventuell noch nicht handlungsfähige Nachfolger (Langenfeld, 3. Kap., § 7 Rn. 198).

Nachteil der Testamentsvollstreckung ist im schlimmsten Fall, daß sie zu einer „Diktatur des Erblassers über das Grab hinaus" (Langenfeld, 3. Kap., § 7 Rn. 198) ausartet.

Auch können sich langanhaltende Streitigkeiten zwischen Testamentsvollstrecker und Erben insbesondere auf die Führung eines zum Nachlaß gehörenden Unternehmens nachteilig auswirken.

Darüber hinaus gibt es natürlich auch immer wieder Testamentsvollstrecker, die an allererster Stelle ihre eigenen finanziellen Interessen im Auge haben und die Testamentsvollstreckung lediglich als „lukrative Lebensaufgabe" (Langenfeld, 3. Kap., § 7 Rn. 198) und Möglichkeit des Aufbaus einer persönlichen Machtstellung ansehen. Gerade in diesem Zusammenhang sollten der Erblasser und sein juristischer Berater auf die in Betracht kommende Person des Testamentsvollstreckers ganz besonderes Augenmerk legen.

4. Arten

Im wesentlichen sind zwei **Arten der Testamentsvollstreckung** zu unterscheiden, nämlich die sog. **Abwicklungsvollstreckung** und die sog. **Verwaltungs-/Dauervollstreckung.** Die Abwicklungsvollstreckung ist auf die Dauer der **Erbauseinandersetzung** beschränkt, während die Verwaltungs- bzw. Dauervollstreckung quasi eine **Vermögensverwaltungsfunktion** übernimmt.

a) Abwicklungsvollstreckung

Im Rahmen der Abwicklungsvollstreckung hat der Testamentsvollstrecker gem. §§ 2203, 2204 BGB die Aufgabe, ein

Nachlaßverzeichnis zu erstellen, Vermächtnisse und Auflagen des Erblassers zu erfüllen, Nachlaßverbindlichkeiten zu erfüllen und die Erbauseinandersetzung vorzunehmen.

Die Anordnung einer Abwicklungsvollstreckung empfiehlt sich insbesondere, wenn:

- der Erblasser bereits zu Lebzeiten Streit unter den Erben befürchtet,

- der Erblasser mehrere Erben eingesetzt hat und deren Auseinandersetzung mittels Vorausvermächtnissen und Teilungsanordnungen angeordnet hat,

- der Erblasser Vermächtnisse an Nichterben ausgesetzt hat, insbesondere wenn es sich dabei um Grundstücke handelt.

b) Verwaltungs-/Dauervollstreckung

Im Rahmen der Verwaltungs- oder Dauervollstreckung hat der Testamentsvollstrecker gem. §§ 2205 ff. den Nachlaß unter Ausschluß der Erben für eine gewisse Zeit zu verwalten. Dabei hat der Testamentsvollstrecker gem. § 2207 BGB im Zweifel die Befugnis, den Nachlaß unbeschränkt zu verpflichten.

Sofern seit dem Erbfall bereits 30 Jahre oder mehr verstrichen sind, wird die Dauertestamentsvollstreckung grundsätzlich gem. § 2210 BGB unwirksam, sofern sie nicht bis zum Tode eines der Erben oder des Testamentsvollstreckers oder bis zum Eintritt eines anderen Ereignisses in der Person des Erben oder Testamentsvollstreckers angeordnet wurde.

Die Verwaltungsvollstreckung empfiehlt sich insbesondere dann, wenn

- ein relativ großer oder wertvoller Nachlaß vorhanden ist, dessen Fortbestand gesichert werden soll,

- die vorhandenen Erben noch minderjährig sind,

- einer der eingesetzten Erben behindert ist (→ *Behindertentestament*).

- die Eigengläubiger der Erben gem. § 2214 BGB vom Zugriff auf den Nachlaß ausgeschlossen sein sollen.

c) Nacherbentestamentsvollstreckung

Eine weitere Gestaltungsmöglichkeit in diesem Zusammenhang ist die Anordnung der → *Nacherbentestamentsvollstrek-*

kung (→ *Vor- und Nacherbschaft*) gem. § 2222 BGB, bei der der Testamentsvollstrecker die Rechte des Nacherben bis zum Eintritt der Nacherbfolge wahrnimmt.

5. Rechtsstellung des Testamentsvollstreckers

Das **Amt** des Testamentsvollstreckers **beginnt** mit dessen Annahme, die gegenüber dem Nachlaßgericht erklärt werden muß und bereits vor Testamentseröffnung erfolgen kann. Gem. § 2202 II 2, 2. Hs BGB ist sie bedingungsfeindlich. Gem. § 2368 BGB hat das Nachlaßgericht dem Testamentsvollstrecker auf dessen Antrag oder auf Antrag des Erben ein **Testamentsvollstreckerzeugnis** zu erteilen. Dieses gilt gegenüber Privatpersonen, Behörden und Gerichten als Legitimation.

Sofern im Nachlaß Grundbesitz vorhanden ist, wird die Testamentsvollstreckung in Abt. II des Grundbuchs eingetragen.

Die Testamentsvollstreckung **endet** mit der Erledigung der dem Testamentsvollstrecker obliegenden Aufgaben bzw. mit der Erschöpfung des Nachlasses. Sie endet auch, wenn der Erblasser sie befristet oder auflösend bedingt hatte. Einer besonderen Aufhebung durch das Nachlaßgericht bedarf es demgegenüber nicht (BGHZ 41, 23).

Einen weiteren Beendigungsgrund stellt die **Kündigung** durch den Testamentsvollstrecker selbst dar, die gem. § 2226 S. 1 BGB jederzeit möglich ist, jedoch entsprechend § 671 II 3 BGB nicht zur Unzeit erfolgen darf, ansonsten machte sich der Testamentsvollstrecker schadensersatzpflichtig (Ebenroth, Rn. 637).

Das Nachlaßgericht kann den Erblasser aber auch **entlassen,** sofern dieser eine grobe Pflichtverletzung begangen hat. Eine solche liegt etwa dann vor, wenn der Testamentsvollstrecker es trotz mehrfacher Mahnungen durch die Erben unterläßt, diesen ein Nachlaßverzeichnis zukommen zu lassen (BayObLG ZEV 1997, 381).

Der Testamentsvollstrecker nimmt den Nachlaß in Besitz und hat unter absolutem Ausschluß der Erben die uneingeschränkte Verfügungsbefugnis über ihn. Er unterliegt insoweit lediglich dem Schenkungsverbot des § 2205 S. 3 BGB.

Außerdem ist der Testamentsvollstrecker Inhaber der prozessualen Aktiv- sowie Passivlegitimation im Hinblick auf den Nachlaß.

6. Rechte und Pflichten des Testamentsvollstreckers

Den Testamentsvollstrecker trifft zunächst gem. § 2205 BGB die Pflicht, den Nachlaß in Besitz zu nehmen und den Erben ein **Nachlaßverzeichnis** über die der Verwaltung des Testamentsvollstreckers unterliegenden Gegenstände vorzulegen, auch wenn er hierzu nicht ausdrücklich aufgefordert wurde. Sofern seitens der Erben Anhaltspunkte dafür bestehen, daß das Nachlaßverzeichnis nicht mit der erforderlichen Sorgfalt erstellt wurde, kann jeder Miterbe gem. § 260 I BGB die **Abgabe einer eidesstattlichen Versicherung** verlangen (vgl. Kerscher/Tanck/Krug, Das erbrechtliche Mandat, § 20 Rn. 23). Bei schuldhafter Verletzung seiner Amtspflichten trifft den Testamentsvollstrecker eine Schadensersatzpflicht gegenüber den Erben.

Gem. § 2202 BGB hat der Testamentsvollstrecker die letztwilligen Verfügungen des Erblassers auszuführen.

Da der gesamte Nachlaß der Testamentsvollstreckung unterliegt, ist der Testamentsvollstrecker **Generalvollstrecker.**

Der Erblasser hat auch die Möglichkeit, die vom Gesetz vorgesehenen **Befugnisse** des Testamentsvollstreckers zu erweitern, etwa durch die Einräumung der Befugnis der Auseinandersetzung des Nachlasses nach billigem Ermessen gem. § 2048 S. 2 BGB oder die Einräumung eines Bestimmungsrechtes hinsichtlich der Person des Vermächtnisnehmers oder des Vermächtnisgegenstandes gem. §§ 2151, 2152 BGB oder im Rahmen von Auflagen gem. § 2193 BGB.

Umgekehrt kann der Erblasser aber auch die gesetzlichen **Befugnisse** des Testamentsvollstreckers **verkürzen,** nämlich indem er seinen Aufgabenbereich auf einzelne Nachlaßgegenstände gem. § 2208 BGB beschränkt, mithin also eine **Spezialvollstreckung** anordnet (Langenfeld, Testamentsgestaltung, 3. Kap., § 7 Rn. 202).

Einen gesetzlich geregelten Sonderfall stellt insoweit die sog. **beaufsichtigende Testamentsvollstreckung** gem. § 2208 II BGB dar. Bei dieser kann der Testamentsvollstrecker nicht selbst über den Nachlaß verfügen, sondern hat lediglich einen Anspruch gegen die Erben auf Ausführung der vom Erblasser getroffenen Verfügungen, die er gegebenenfalls gegen die Erben auch gerichtlich durchsetzen kann. Bei einem entsprechenden Prozeß gegen die Erben klagt er allerdings nicht in Verwaltung des Nachlasses, so daß ihn insoweit die Verfahrenskosten bei einem gerichtlichen Unterliegen persönlich treffen. Allerdings muß ihm in diesem Fall das Rückgriffsrecht des § 2218 BGB gegen die Erben zustehen (Palandt/Edenhofer, § 2208 Rn. 7).

Der Erblasser hat aber auch die Möglichkeit, den Testamentsvollstrecker **von allen Verfügungsbeschränkungen zu befreien,** was mangels abweichender Bestimmung des Erblassers grundsätzlich **vermutet** wird. Das gleiche gilt für den Fall, daß der Erblasser dem Testamentsvollstrecker die ausschließliche Verwaltungsbefugnis übertragen hat. Lediglich eine Befreiung von dem Verbot des § 2207 S. 2 BGB ist nicht möglich.

7. Vergütung

Als **Vergütung** für die Testamentsvollstreckertätigkeit kann der Testamentsvollstrecker eine angemessene Gebühr verlangen und dem Nachlaß selbst entnehmen (Langenfeld a.a.O). Hier empfiehlt es sich für den Erblasser dringend, diese Gebühr ausdrücklich zu regeln. Als Anhaltspunkte können insoweit verschiedene **Testamentsvollstreckergebührentabellen** herangezogen werden (vgl. Übersicht in MK/Brandner, § 2221 Rn. 9 ff.; Reimann, ZEV 1995, 57).

Der Deutsche Notarverein hat neuerdings eigene Empfehlungen zur Anpassung der Testamentsvollstreckungsvergütung vorgelegt (vgl. ZEV 2000, 181). Dies insbesondere, um der allgemeinen Kostensteigerung, aber auch der immer häufiger komplizierten und umfangreichen Testamentsvollstreckung Genüge zu tun. Daher sehen die Empfehlungen neben einem festen Vergütungsgrundbetrag verschiedene Zuschläge für besondere Tätigkeiten vor.

Die auf diese Weise fortentwickelte „Rheinische Tabelle" des Dt. Notarvereins sieht folgende Vergütungsgrundbeträge vor:

Nachlaßwert bis zu	250 000,– Euro (Bruttowert)	4,0 %
Nachlaßwert bis zu	500 000,– Euro (Bruttowert)	3,0 %
Nachlaßwert bis zu	2 500 000,– Euro (Bruttowert)	2,5 %
Nachlaßwert bis zu	5 000 000,– Euro (Bruttowert)	2,0 %
Nachlaßwert über	5 000 000,– Euro (Bruttowert)	1,5 %

Hierbei ist zu beachten, daß mindestens der höchste Betrag der Vorstufe zugrunde gelegt wird.

8. Person des Testamentsvollstreckers

Grundsätzlich kann jede natürliche, aber auch juristische Person zum Testamentsvollstrecker ernannt werden. Möglich ist dies damit auch für einen von mehreren Miterben. Ausgeschlossen ist insoweit jedoch der Alleinerbe (Langenfeld, Testamentsgestaltung, 3. Kap., § 7 Rn. 200).

a) Ernennung

Die Ernennung des Testamentsvollstreckers erfolgt im Erbvertrag gem. §§ 2278 II, 2299 BGB oder Testament gem. § 2197 I BGB, entweder als Alleinvollstrecker oder bei mehreren Personen als Gesamtvollstrecker gem. § 2224 BGB.

Der Erblasser hat im übrigen die Möglichkeit, im Rahmen der **Gesamtvollstreckung** jedem der Testamentsvollstrecker einen eigenen Aufgabenbereich zuzuweisen, innerhalb dessen dann jeder einzelne Testamentsvollstrecker die ihm obliegenden Aufgaben selbständig wahrzunehmen hat. Es liegt dann ein Fall der **Nebenvollstreckung** vor.

Ebenso hat der Erblasser die Möglichkeit, mehrere Testamentsvollstrecker hintereinander zu schalten oder **Ersatztestamentsvollstrecker** für weggefallene Testamentsvollstrecker einzusetzen.

Gem. § 2202 BGB kann der ernannte Testamentsvollstrecker sein Amt in freier Entscheidung annehmen oder ablehnen.

b) Bestimmung der Person

Der Erblasser kann die Bestimmung der Person des Testamentsvollstreckers gem. §§ 2198 ff. BGB auch einem Dritten, dem Mitvollstrecker, Vorvollstrecker oder aber dem Nachlaßgericht überlassen. Dabei ist der in der Praxis relevanteste Fall die Bestimmung durch das Nachlaßgericht anhand vom Erblasser in der letztwilligen Verfügung vorgegebener Auswahlkriterien.

c) Rechtsanwalt

Für den Rechtsanwalt ist die Übernahme des Amtes des Testamentsvollstreckers berufsrechtlich grundsätzlich unproblematisch, da es sich um eine **berufstypische Tätigkeit** handelt. Dementsprechend greift im Regelfall diesbezüglich auch die normale Vermögensschadenhaftpflichtversicherung des Rechtsanwalts ein.

Hinsichtlich der Vergütung sind allerdings grundsätzlich nicht die Vorschriften der BRAGO anzuwenden, sofern der Erblasser nicht ausdrücklich auf sie Bezug genommen hat. Möglich ist aber eine ausdrückliche oder stillschweigende Befreiung von § 181 BGB mit der Folge, daß der Testamentsvollstrecker sich in seiner Eigenschaft als Rechtsanwalt, etwa für eine Prozeßführung, selbst mandatieren und damit die BRAGO insoweit zur Anwendung bringen kann (Bengel/Reimann, Handbuch der Testamentsvollstreckung, 11. Kap., Rn. 12).

Zu prüfen bleibt aber immer ein Verstoß gegen §§ 45 Nr. 2 BRAO, 46 I RichtLBRAK. Es kommt also darauf an, daß der Rechtsanwalt nicht bereits im entgegengesetzten Interesse, insbesondere mit Zielrichtung gegen den Erblasser, tätig geworden ist, wobei gem. § 46 III RichtLBRAK bereits der Anschein widerstreitender Interessen zu vermeiden ist (Bengel/Reimann, Handbuch der Testamentsvollstreckung, 11. Kap., Rn. 2).

Nicht ausgeübt werden darf die Testamentsvollstreckung durch den Rechtsanwalt, wenn dadurch dessen **berufliche Unabhängigkeit** gem. § 40 I RichtLBRAK gefährdet werden könnte, wobei diese Gefahr insbesondere bei bedeutenden und umfangreichen Testamentsvollstreckungen besteht. Problematisch ist insbesondere der Fall, daß der Rechtsanwalt als Testamentsvollstrecker ein Einzelunternehmen führt oder die Vollhaftung in einer Personengesellschaft übernimmt (Bengel/Reimann, Handbuch der Testamentsvollstreckung, 11. Kap., Rn. 4). Unvereinbar mit dem Berufsbild des Rechtsanwalts ist jedenfalls eine werbende kaufmännische Tätigkeit (BGHZ 64, 294).

Auch für die Tätigkeit des Rechtsanwalts als Testamentsvollstrecker gelten die üblichen berufsrechtlichen Pflichten und Sanktionen. Strafrechtliche Konsequenz bei Verstößen ist der Straftatbestand des § 203 I Nr. 3 StGB.

Nach Beendigung des Testamentsvollstreckeramtes darf der Rechtsanwalt gem. § 46 II RiLiBRAK niemanden mehr gegen den Inhaber des seinerzeit von ihm verwalteten Vermögens vertreten (Bengel/Reimann, Handbuch der Testamentsvollstreckung, 11. Kap., Rn. 10).

d) Notar

Zu beachten ist hierbei, daß es sich insoweit um ein **privates Amt** des Notars handelt, da die amtliche Tätigkeit des Notars ausdrücklich in den §§ 20 ff. BNotO geregelt ist. Das hat zur Folge, daß der Notar als Testamentsvollstrecker grundsätzlich im eigenen Namen handelt und lediglich eine berufliche Tätigkeit im weiteren Sinne ausübt (Bengel/Reimann, Handbuch der Testamentsvollstreckung, 11. Kap., Rn. 19). Bei „Nur-Notaren" besteht auch grundsätzlich kein Versicherungsschutz für eine Testamentsvollstreckertätigkeit, so daß es sich für diese empfiehlt, selbständig und für jede einzelne Testamentsvollstreckung gesondert eine Versicherung abzuschließen, sofern nicht bereits eine Versicherung über die Notarkasse oder Landesnotarkasse besteht (Bengel/Reimann, Handbuch der Testamentsvollstreckung, 11. Kap., Rn. 24).

Hinsichtlich der **Führung eines Einzelunternehmens** sowie der Vollhaftung in einer Personengesellschaft sei auf die Ausführungen im Rahmen des Rechtsanwalts verwiesen.

Im übrigen hat der Notar ohnehin immer zu prüfen, inwieweit sich seine Tätigkeit als Testamentsvollstrecker mit seinen Amtspflichten, insbesondere der sog. „Amtsbereitschaft", vereinbaren läßt (Bengel/Reimann, Handbuch der Testamentsvollstreckung, 11. Kap., Rn. 15).

Auch hier gelten hinsichtlich der **Vergütung** die allgemeinen Grundsätze und nicht die KostO. Die Frage der Möglichkeit der Selbstmandatierung stellt sich insoweit überhaupt nicht, da das BeurkG ohnehin ein Tätigwerden des Notars in notarieller Funktion im Rahmen der Testamentsvollstreckung ausschließt (Bengel/Reimann, Handbuch der Testamentsvollstreckung, 11. Kap., Rn. 28).

Beurkundungsrechtlich ist ebenfalls zu beachten, daß der Notar nicht an der Beurkundung einer letztwilligen Verfügung mitwirken darf, in der er selbst zum Testamentsvollstrecker eingesetzt wird. Ein Verstoß hiergegen führt zur Unwirksamkeit der Beurkundung, während das Schicksal der Verfügung selbst sich nach §§ 2085, 2298 BGB richtet (→ *Notarielle Beurkundung*).

Keine Einwände lassen sich indes gegen den mitbeurkundeten **Wunsch** des Erblassers finden, den Urkundsnotar zum Testamentsvollstrecker zu ernennen, da das Nachlaßgericht gem. § 2200 BGB an einen solchen Wunsch ohnehin nicht gebunden ist (Bengel/Reimann, Handbuch der Testamentsvollstreckung, 11. Kap., Rn. 33).

e) Steuerberater

Die restriktive Interpretation des Rechtsberatungsgesetzes hat zur Konsequenz, daß sowohl Banken als auch Steuerberater und Wirtschaftsprüfer zunächst einmal grundsätzlich von der Übernahme von Testamentsvollstreckungen ausgeschlossen sind (Henssler, ZEV 1994, 265). Zu erwägen ist insoweit die geschäftsmäßige Übernahme der Testamentsvollstreckung nur, wenn sie im Einzelfall in unmittelbarem Zusammenhang mit einer der in Art. 1 § 5 RBerG genannten Erwerbstätigkeiten steht, wobei jedoch immer erforderlich ist, daß die Testamentsvollstreckung als rechtsberatende Tätigkeit bloße Hilfs- und Nebentätigkeit bleibt, so daß sie im Verhältnis zu einem vom Steuerberater übernommenen Hauptgeschäft eine untergeordnete Rolle spielt (Henssler, ZEV 1994, 265). Angesichts des Gesetzeswortlauts scheint es jedoch nicht ohne weiteres vertretbar, den Ausnahmetatbestand des Art. 1 § 5 RBerG analog auf Steuerberater anzuwenden.

In der Praxis hat sich jedoch die Erkenntnis durchgesetzt, daß fremde Rechtsangelegenheiten stets dann mitbesorgt werden dürfen, wenn dies zur Erfüllung der eigentlichen Berufsaufgaben notwendig ist (BGH NJW 1976, 1635). Das bloße Steuerberatermandat allein steht aber weder in einem zwingenden noch in einem für Art. I § 5 RBerG ausreichenden unmittelbaren Zusammenhang zur Testamentsvollstreckung, so daß insoweit Zweifel jedenfalls geboten sind (Henssler, ZEV 1994, 266).

Im Rahmen treuhänderischer, vermögensverwaltender Tätigkeit ist jedoch zugunsten des Steuerberaters der Ausnahmetatbestand des Art. 1 § 5 Nr. 3 RBerG anzuwenden.

Aber auch hier muß die **berufsrechtliche Grenze** wie beim Rechtsanwalt als Testamentsvollstrecker spätestens bei der **Führung eines Einzelunternehmens bzw. der Übernahme einer Vollhaftung im Rahmen einer Personengesellschaft** liegen, da insoweit ein Verstoß gegen § 57 IV Nr. 1 StBerG anzunehmen sein dürfte (Bengel/Reimann, Handbuch der Testamentsvollstreckung, 11. Kap., Rn. 45).

Auch hier gilt im Hinblick auf die **Vergütung** der Testamentsvollstreckertätigkeit nicht die StBerGebVO, außer der Erblasser hätte dies ausdrücklich angeordnet.

Allerdings ist auch insoweit eine Befreiung von § 181 BGB möglich mit der Folge, daß der Steuerberater im Rahmen einer Testamentsvollstreckung sich selbst als Steuerberater mandatieren kann (Bengel/Reimann, Handbuch der Testamentsvollstreckung, 11. Kap., Rn. 49).

f) Wirtschaftsprüfer

Da die treuhänderische Verwaltung fremden Vermögens grundsätzlich zum Berufsbild des Wirtschaftsprüfers gehört, ist eine damit sachlich eng verbundene Rechtsbesorgungstätigkeit vom Ausnahmetatbestand des Art. 1 § 5 Nr. 2 RBerG umfaßt (Henssler, ZEV 1994, 265).

Hinsichtlich der Übernahme einer Vollhaftung gilt das gleiche wie das für den Rechtsanwalt und Steuerberater Gesagte.

Ebenfalls auf die vorherigen Ausführungen verwiesen wird hinsichtlich der Testamentsvollstreckervergütung und § 181 BGB (Bengel/Reimann, Handbuch der Testamentsvollstrekkung, 11. Kap., Rn. 55).

Sonderproblematik: Testamentsvollstreckung durch Banken:

Das OLG Karlsruhe ging in seinem Urteil vom 27. 5. 1993 von einer grundsätzlichen Inkompatibilität zwischen der Testamentsvollstreckertätigkeit einer Bank und den Vorschriften des Rechtsberatungsgesetzes aus (OLG Karlsruhe NJW-RR 1994, 236). Das bedeutet, daß die gewerbsmäßige Testamentsvollstreckung durch die Bank erst nach Erteilung der Erlaubnis der zuständigen Behörde möglich ist (Kerscher/Tanck/Krug, Testamente, § 3 Rn. 937 ff.). Es gilt dann zusätzlich eine verschärfte Haftung (Tanck/Kerscher/Krug, Testamente, § 18 Rn. 86). Anders ist die Rechtslage, sofern die Bank lediglich als Mittestamentsvollstreckerin im Bereich „bankspezifischer Tätigkeit" rein wirtschaftlich (und nicht gewerbsmäßig) tätig wird (Ott-Eulberg/Schebesta/Bartsch, Erbrecht und Banken, S. 242).

Testierfähigkeit

1. Überblick

Im Erbrecht treten an die Stelle der allgemeinen Vorschriften des BGB über die Geschäftsfähigkeit gem. §§ 104 ff. BGB zum Teil besondere erbrechtliche Bestimmungen, wobei von der Testierfähigkeit als Fähigkeit zur Errichtung eines Testamentes die Fähigkeit zum Abschluß eines Erbvertrages zu unterscheiden ist, bei dem volle Geschäftsfähigkeit erforderlich ist.

2. Einsichts- und Handlungsfähigkeit

Wer wegen krankhafter Störung der Geistestätigkeit, wegen Geistesschwäche oder wegen Bewußtseinsstörung nicht in der Lage ist, die Bedeutung einer von ihm abgegebenen Willenserklärung einzusehen und nach dieser Einsicht zu handeln, kann ein Testament gem. § 2229 IV BGB nicht errichten. Diese Regelung entspricht inhaltlich den §§ 104 II, 105 II BGB. Maßgeblicher Zeitpunkt für die Beurteilung des Geisteszustandes des Erblassers ist der **Zeitpunkt der Errichtung der letztwilligen Verfügung**.

Leidet ein Erblasser an einer der vorerwähnten krankhaften Erscheinungen derart, daß ihm die Einsichts- und Handlungsfähigkeit verlorengegangen ist, reicht es nicht mehr aus, wenn er noch eine allgemeine Vorstellung von der Tatsache der Errichtung eines Testaments und dem Inhalt seiner Verfügungen hat. Nur dann, wenn er auch in der Lage ist, sich über die Tragweite seiner Anordnungen ein klares Urteil zu bilden und dann frei von den Entschlüssen Dritter zu handeln, ist er testierfähig (Palandt/Edenhofer, § 2229 Rn. 9).

Psychopathie oder Drogenabhängigkeit allein schließen die Testierfähigkeit in der Regel nicht aus (BayObLGZ 91, 59, 64;

BayObLG FamRZ 1996, 1109). Das gleiche gilt für eine querulatorische Veranlagung und ein abnormes Persönlichkeitsbild (BayObLG FamRZ 1992, 724).

Bei wechselnden Zuständen des Erblassers sind die in „lichten" Zwischenräumen errichteten Verfügungen wirksam (→ „*lucidum intervallum*"). Auch Bewußtseinsstörungen führen nicht ohne weiteres zur Testierunfähigkeit, solange noch die Einsichtsfähigkeit nach § 2229 IV BGB vorliegt.

Wenn daher der Erblasser im Vollbesitz seiner Geisteskräfte dem Notar seinen letzten Willen erklärt, dann aber einen Schlaganfall mit der Folge einer Bewußtseinstrübung erleidet, genügt es, wenn er den am nächsten Tag verlesenen Text versteht und erfaßt, daß es sich dabei um sein Testament handelt, und er frei darüber entscheiden kann, ob dieses Testament wirksam werden soll (BGHZ 30, 294).

3. Minderjährige

Minderjährige unter 16 Jahren sind grundsätzlich testierunfähig und können auch nicht von ihren Eltern bei der Errichtung einer letztwilligen Verfügung vertreten werden, da gem. § 2064 BGB der Erblasser ein Testament nur **höchstpersönlich** errichten kann.

Gem. § 2229 BGB sind aber **Minderjährige über 16 Jahren** auch ohne Zustimmung ihrer gesetzlichen Vertreter testierfähig, wobei hinsichtlich der Form des Testamentes aber wichtige Einschränkungen gelten: Gem. § 2247 IV BGB ist die Errichtung eines eigenhändigen Testamentes durch den Minderjährigen nicht möglich. Bei der Errichtung eines notariellen Testamentes ist gem. § 2233 I BGB eine mündliche Erklärung vor dem Notar oder die Übergabe einer offenen Schrift erforderlich, damit hier der Notar noch beratend eingreifen kann, um den Minderjährigen vor unüberlegten Verfügungen zu schützen. Die Übergabe einer verschlossenen Schrift ist aus diesem Grunde gem. § 2232 S. 2 BGB nicht möglich.

Nach Vollendung des 18. Lebensjahres kann demgegenüber jede Form der letztwilligen Verfügung gewählt werden.

4. Entmündigung/Betreuung

Vor Einführung des Betreuungsgesetzes am 1. 1. 1992 gab es das Rechtsinstitut der Entmündigung. Diese führte zwangsläufig gem. § 2229 III 1 BGB a. F. zur Testierunfähigkeit, ohne daß der Entmündigungsgrund insoweit eine Rolle spielte; eine differenzierte Betrachtung war demnach nicht möglich. Zwar wirkte sich die vorläufige Vormundschaft während des Entmündigungsverfahrens gem. § 2229 II BGB a. F. noch nicht auf die Testierfähigkeit aus, jedoch galt im Falle des späteren Ausspruchs der Entmündigung gem. § 2229 III 2 BGB a. F. die Testierunfähigkeit rückwirkend vom Zeitpunkt des Entmündigungsantrags an.

Seit Einführung des Betreuungsgesetzes wirkt sich die nunmehr geltende Betreuung demgegenüber auf die Testierfähigkeit nicht aus; vielmehr beurteilt sich die Frage der Testierfähigkeit nunmehr allein nach § 2229 IV BGB.

Die bis zum 31. 12. 1991 errichteten Testamente Entmündigter sind weiterhin unwirksam. Ein bis zu diesem Zeitpunkt entmündigter Erblasser konnte ab Stellung des Antrags gem. § 2229 III BGB a. F. ein Testament nicht mehr wirksam errichten. Etwaige lichte Zwischenräume bleiben unberücksichtigt. Dies gilt gem. Art. 9 § 1 BetreuungsG auch dann, wenn die Entmündigung ab 1. 1. 1992 in eine Betreuung umgewandelt wurde, zumal diese Umwandlung keine rückwirkende und damit heilende Kraft hat (Hahn, FamRZ 1991, 27).

5. Rechtsfolge

Rechtsfolge der Testierunfähigkeit ist, daß das errichtete Testament unwirksam ist und bleibt. Es wird also selbst bei späterem Eintritt der Testierfähigkeit nicht rückwirkend wirksam, sondern muß gem. § 141 I BGB formgerecht neu errichtet werden.

6. Beweislast

Die **Beweislast** für die Voraussetzungen der Testierunfähigkeit trifft denjenigen, der sich auf die Nichtigkeit der letztwilligen Verfügung beruft (OLG Frankfurt FamRZ 1996, 635). Wenn also der Nachweis der Testierunfähigkeit nicht gelingt, ist von der Testierfähigkeit auszugehen (BGH FamRZ 1958, 127; BayObLG FamRZ 1989, 1346).

Da die **Störung der Geistestätigkeit** die Ausnahme bildet, ist ein Erblasser bis zum Beweis des Gegenteils als testierfähig anzusehen, selbst wenn gem. § 1910 BGB a. F. Gebrechlichkeitspflegschaft bestand (BayObLGZ 82, 309) oder nach neuer Rechtslage Betreuung besteht (OLG Frankfurt, FamRZ 1996, 635).

Zweifel, die auf konkreten Umständen und dargelegten Auffälligkeiten beruhen, hat das Nachlaßgericht vor Erteilung eines Erbscheins ohne Bindung an den Vortrag der Beteiligten von Amts wegen zu klären (BayObLG FamRZ 1990, 1281; FamRZ 1997 1029).

Erforderlich ist hierzu regelmäßig die Einholung eines psychiatrischen **Sachverständigengutachtens** (BGH FamRZ 1984, 1003; OLG Frankfurt NJW-RR 1996, 1159; OLG Hamm OLGZ 92, 409), das auf Antrag mündlich zu erläutern ist und vom Gericht auf seinen sachlichen Gehalt, seine logische Schlüssigkeit sowie darauf zu prüfen ist, ob es von dem vom Gericht selbst für erwiesen erachteten Sachverhalt ausgeht. Werden im Gutachten Zweifel geäußert, so hat das Gericht diesen nachzugehen (BayObLG Rpfleger 1985, 239).

Im übrigen ist das Gericht an das eingeholte Sachverständigengutachten nicht gebunden (BGH NJW 1961, 2061), sondern kann nach dem Grundsatz freier Beweiswürdigung auch davon abweichen. Für diesen Fall ist jedoch eine eingehende Auseinandersetzung mit dem Sachverständigengutachten erforderlich (BayObLG Rpfleger 1985, 239).

Natürlich kann das Gericht zur Frage der Testierfähigkeit auch Zeugen vernehmen, wobei besonderes Augenmerk auf deren Glaubwürdigkeit und Glaubhaftigkeit zu legen ist (BayObLG FamRZ 1985, 739; BayObLG NJW-RR 1991, 1287).

Sofern sich die beweisbelastete Partei auf den den Erblasser zu Lebzeiten behandelnden Arzt als sachverständigen Zeugen nach § 414 ZPO beruft, ist zu beachten, daß Umstände, die die Testierfähigkeit betreffen, der **ärztlichen Schweigepflicht** unterliegen (BGHZ 91, 397 f.). Die ärztliche Schweigepflicht endet nicht mit dem Tod des Patienten, wobei die Befreiungsbefugnis nicht auf die Erben übergeht, weil die Testierfähigkeit eine höchstpersönliche Angelegenheit darstellt, die nicht der Gesamtrechtsnachfolge des § 1922 BGB unterliegt (BayObLG NJW 1987, 1492). Es wird deshalb darauf ankommen, ob der Erblasser zu Lebzeiten gegenüber dem Arzt oder einem Dritten eine ausdrückliche oder konkludente Befreiung von der Schweigepflicht vorgenommen hat. Ist dies nicht der Fall, so kommt es auf den mutmaßlichen Willen des Erblassers an, also darauf, ob er eine Befreiung von der Verschwiegenheitspflicht gebilligt oder mißbilligt hätte (BGHZ 91, 399). Die herrschende Meinung geht allerdings davon aus, daß der Erblasser ein Interesse an der Feststellung der Gültigkeit oder Ungültigkeit einer Verfügung von Todes wegen hat (BGHZ 91, 399 f.).

Bei der Feststellung der Testierunfähigkeit kann u. U. ein **Anscheinsbeweis** in Betracht kommen, wenn nämlich die Testierunfähigkeit vor und nach der Errichtung einer Verfügung von Todes wegen festgestellt wurde (OLG Köln NJW-RR 1991, 1412). Darlegung und Beweis einer ernsthaften Möglichkeit eines lucidum intervallum, während dessen das Testament errichtet worden sein könnte, reicht zur Erschütterung des ersten Anscheins aus (BayObLG ZEV 1994, 303). Eine Auskunftspflicht unter Miterben über Umstände, die die Testierunfähigkeit begründen könnte, wird nicht angenommen (BGH JR 1990, 16 m. Anm. von Wassermann).

7. Erbvertrag

Bei der **Errichtung eines Erbvertrags** ist zwischen dem verfügenden Erblasser und seinem Vertragspartner zu unterscheiden:

Der **Erblasser** muß gem. § 2275 I BGB unbeschränkt geschäftsfähig sein, wobei auch hier von der Geschäftsfähigkeit auszugehen ist, solange die Geschäftsunfähigkeit nicht hinreichend bewiesen ist (BayObLG Rpfleger 1982, 286).

Hier besteht für beschränkt geschäftsfähige Ehegatten und Verlobte aber gem. § 2275 II, III BGB die Besonderheit, daß diese mit Zustimmung ihrer gesetzlichen Vertreter einen Erbvertrag als Erblasser schließen können.

Für den **Vertragspartner** des Erblassers hingegen gelten die allgemeinen Vorschriften des BGB über die Geschäftsfähigkeit, mit der Folge, daß auch ein Minderjähriger einen Erbvertrag mit dem Erblasser schließen kann, sofern der Vertrag für ihn gem. § 107 BGB lediglich rechtlich vorteilhaft ist bzw. seine gesetzlichen Vertreter ihn genehmigen. Zu beachten ist hier aber, daß dies nur dann gilt, wenn der minderjährige Vertragspartner selbst keinerlei Verfügungen von Todes wegen im Erbvertrag vornimmt, da ansonsten auch für ihn die unbeschränkte Geschäftsfähigkeit gem. § 2275 BGBV erforderlich ist (vgl. hierzu Leipold, Erbrecht, Rn. 206 ff.).

8. Stumme

Wer nach seiner Erklärung oder der Überzeugung des Notars **stumm** ist, kann ein Testament gem. § 2233 III BGB nur durch Übergabe einer offenen oder verschlossenen Schrift an den Notar errichten. Der Stumme muß hierbei die Erklärung, daß die Schrift seinen letzten Willen enthalte, eigenhändig in die Niederschrift des Notars oder gem. § 31 BeurkG auf ein besonderes Blatt schreiben, das der Niederschrift beigefügt wird. Zur Beurkundung soll der Notar einen Zeugen oder zweiten Notar hinzuziehen, es sei denn, daß der Erblasser hierauf verzichtet. §§ 22 I 2, 31 S. 2 BeurkG sind zu beachten (Weirich, Erben und Vererben, Rn. 321).

Der Erblasser gilt dann als stumm, wenn er sich nicht hinreichend mit Worten verständlich machen kann, d. h. nicht hinreichend mündlich artikulieren kann, aus welchem Grund auch immer. Bloße Zeichen oder Gebärden reichen zwar als Erklärungsmittel nicht aus, können aber als Unterstützung sprachlich eingeschränkter Willensäußerung dienen (Weirich, Erben und Vererben, Rn. 321). § 22 BeurkG gilt ebenfalls, wenn die Sprechfähigkeit des Erblassers eingeschränkt ist. Dem Erfordernis der Mündlichkeit ist in diesen Fällen nur dann Genüge getan, wenn der Sprechbehinderte auf eindeutige Fragen des Notars mit einem deutlichen Ja antwortet, wobei einfache Zeichen des Kopfnickens oder Gebärden nicht genügen (BayObLG DNotZ 1969, 301; Weirich, Erben und Vererben, Rn. 320).

Ist jemand stumm und gleichzeitig schreibunfähig, so ist die Errichtung eines Testamentes überhaupt nicht möglich.

9. Taube

Ist der Erblasser nach seiner Erklärung oder nach der Überzeugung des Notars **taub**, soll dieser zur Beurkundung einen Zeugen oder zweiten Notar hinzuziehen, es sei denn, der Erblasser verzichtet hierauf.

Taub ist, wer nicht hinreichend hören kann, das heißt, daß eine zuverlässige Verständigung von Mund zu Ohr nicht möglich ist. Keine Taubheit liegt bei einer bloßen Schwerhörigkeit vor, sofern sie durch lautes Sprechen überwunden werden kann (Weirich, Erben und Vererben, Rn. 319)

Sofern eine schriftliche Verständigung mit dem Tauben möglich ist, muß ihm gem. § 23 BeurkG die Niederschrift zur Durchsicht vorgelegt werden. Ansonsten muß zur Beurkundung eine Vertrauensperson hinzugezogen werden, die sich mit dem Tauben verständigen kann, was ebenfalls in der Niederschrift festzustellen ist (Weirich, Erben und Vererben, Rn. 319).

Sofern der Erblasser überhaupt nicht hören, aber lesen kann, so muß ihm auch die Frage, ob die Niederschrift seinen letzten Willen enthalte, schriftlich gestellt werden (OLG Hamm MittRhNotK 1989, 59).

10. Blinde

Sofern der Erblasser **blind** ist, gilt: Ist er der Blindenschrift mächtig, so erfolgt die Verfügung gem. § 2232 II BGB durch Übergabe einer letztwilligen Verfügung in Blindenschrift (vgl. aber LG Hannover NJW 1972, 1204). Bei einem notariellen Testament erfolgt die testamentarische Verfügung durch mündliche Verhandlung gegenüber dem Notar. Dies stellt die einzige Möglichkeit der letztwilligen Verfügung für den Fall dar, daß der Erblasser der Blindenschrift nicht mächtig oder nicht fähig ist, seinen Namen zu schreiben. Im letzteren Fall erfolgt die Unterzeichnung der Niederschrift gem. § 22 II BeurkG durch die Unterzeichnung des hinzugezogenen Zeugen.

Blind ist der Erblasser dann, wenn ihm das Sehvermögen völlig oder doch so weitgehend fehlt, daß er den Beurkundungsvorgang nicht hinlänglich beobachten kann. Dies gilt auch von einem stark Kurzsichtigen, der eine Brille nicht zur Hand hat oder von jemandem, dem beide Augen nach einem ärztlichen Eingriff verbunden sind (Mecke/Lerch, § 22 Rn. 2).

Kann der Blinde nicht schreiben, so soll gem. § 25 BeurkG ein Zeuge oder ein zweiter Notar hinzugezogen werden, der anstelle des schreibunkundigen Blinden unterschreiben muß (sog. Schreibzeuge). Der Schreibzeuge soll beim Verlesen und bei der Genehmigung der gesamten Verhandlung anwesend sein, allerdings nicht notwendig bei den vorbereitenden Gesprächen. Darüber hinaus muß ihm bewußt sein, daß er bei der Errichtung der Urkunde mitwirken soll (BayObLG MittBayNot 1984, 204).

Ist die Zuziehung eines Zeugen oder zweiten Notars unterblieben, ohne daß die Beteiligten hierauf verzichtet haben, so berührt dies die Wirksamkeit der Beurkundung aber nicht, da die Zuziehung lediglich in einer Soll-Vorschrift angeordnet wird (Mecke/Lerch, § 22 Rn. 5).

11. Der deutschen Sprache nicht hinreichend Kundige

Obwohl die Urkundssprache gem. § 5 I BeurkG grundsätzlich deutsch ist, kann auch ein Erblasser, der der deutschen Sprache nicht hinreichend kundig ist, ein notarielles Testament errichten. In diesem Fall muß die Urkunde dem Erblasser gem. § 16 BeurkG entweder durch einen fremdsprachenkundigen Notar oder durch einen Dolmetscher übersetzt werden, es muß sodann eine schriftliche Übersetzung angefertigt werden, die dem Erblasser zur Durchsicht vorgelegt und der Niederschrift beigelegt werden muß, es sei denn, der Erblasser verzichtet gem. § 32 BeurkG auf eine schriftliche Übersetzung, was ebenfalls in der Niederschrift festzustellen ist (Weirich, Erben und Vererben, Rn. 324).

12. Leseunfähige

Wer nach seiner Erklärung oder nach Überzeugung des Notars Geschriebenes nicht zu lesen vermag (**Leseunfähige**), kann ein Testament gem. § 2233 II BGB nur durch mündliche Erklärung vor einem Notar errichten. Zu den Leseunfähigen zählen sowohl Blinde als auch Analphabeten.

Als nicht leseunfähig gilt allerdings ein Blinder, der Blindenschrift zu lesen vermag. Er kann deshalb auch durch Übergabe einer in Blindenschrift erstellten letztwilligen Verfügung an den Notar ein Testament errichten, die Errichtung eines privatschriftlichen Testamentes ist auf diese Weise jedoch nicht möglich.

Literaturhinweis:

Zur Testamentserrichtung durch einen mehrfach Behinderten: Rossak, ZEV 1995, 238; Seybold, DNotZ 1967, 543; Schulze, DNotZ 1955, 629; BVerfG FamRZ 1999, 985 = DNotZ 1999, 409 m. Anm. Rossak.

Testierfreiheit

Der Grundsatz der Testierfreiheit ist die **erbrechtliche Verwirklichung** des verfassungsmäßig garantierten Grundsatzes der **Privatautonomie**.

Hierunter ist das Recht einer natürlichen Person zu verstehen, nach freiem Belieben letztwillig zu verfügen, also rechtsgeschäftliche Anordnungen über ihr Vermögen zu treffen, die erst mit dem Tode des Verfügenden wirksam werden (Leipold, Erbrecht, Rn. 182). Die Testierfreiheit findet ihren Niederschlag in den §§ 1937 bis 1941 BGB, in denen die verschiedenen Formen und Inhalte der Verfügungen von Todes wegen genannt werden.

Die Testierfreiheit steht über dem Grundsatz der Familienerbfolge, so daß durch sie die gesetzliche Erbfolge aufgehoben werden kann. Eine Beschränkung erfährt sie lediglich im gesetzlichen Pflichtteilsrecht. Im übrigen gelten auch hier die allgemeinen Grenzen privatautonomer Gestaltung der §§ 134, 138 BGB.

Die Testierfreiheit wird vom Gesetz sogar stärker geschützt als die allgemeine zivilrechtliche Privatautonomie (Leipold, Erbrecht, Rn. 183). Es handelt sich bei ihr um ein **unverzichtbares Recht**:

So ist etwa eine vertragliche Verpflichtung gem. § 2302 BGB nichtig, die vorsieht, daß eine bestimmte Verfügung von Todes wegen errichtet, nicht errichtet, aufgehoben oder nicht aufgehoben werden soll.

Auch der Grundsatz der höchstpersönlichen Errichtung gem. §§ 2064, 2274 BGB trägt der Testierfreiheit Rechnung.

Ebenso sind zumindest einseitige Verfügungen von Todes wegen gem. § 2253 BGB jederzeit widerruflich; Verfügungen, die durch Täuschung oder Drohung zustande gekommen sind, sind durch den Benachteiligten gem. § 2078 BGB anfechtbar.

Angriffe auf die Testierfreiheit können im übrigen unter den Voraussetzungen des § 2339 I BGB zur Erbunwürdigkeit führen.

Die Errichtung einer letztwilligen Verfügung setzt aber grundsätzlich zunächst voraus, daß der Erblasser nicht durch eine frühere bindende Verfügung von Todes wegen, also durch Erbvertrag oder Gemeinschaftliches Testament, an der Errichtung der nunmehr zu treffenden letztwilligen Verfügung gehindert ist. Eine **Einschränkung** der Testierfreiheit erfolgt somit bei vertraglichen oder wechselbezüglichen Verfügungen: Bei diesen tritt weitestgehend eine Bindungswirkung ein. Bei Irrtum oder Bestimmung durch Drohung kann der Erblasser jedoch die vertragliche Verfügung gem. § 2281 BGB anfechten.

Sofern der Erblasser nicht erstmalig testiert, empfiehlt es sich daher immer, vorsorglich alle Verfügungen von Todes wegen zu widerrufen. Sofern der Erblasser aber lediglich ein bereits bestehendes Testament ändern oder ergänzen will, sollte dies in der letztwilligen Verfügung auch so vermerkt werden.

Trennungsprinzip

→ *Testament*

Treuhand

Das **treuhänderische Rechtsverhältnis** ist allgemein dadurch gekennzeichnet, daß es dem Treuhänder im Außenverhältnis ein Mehr an Rechten überträgt, als dieser im Innenverhältnis zum Treugeber ausüben darf (→ *Stiftung*).

Die sog. **Treuhandlösung** kann i. ü. bei Depotvermögen zugunsten Dritter eine Rolle spielen. Hier überträgt der Eigentümer Wertpapiere auf die Bank als Treuhänder mit der Vereinbarung, daß sein Herausgabeanspruch aus dem Treuhandverhältnis mit dem Erbfall auf den Begünstigten übertragen werden soll (Weirich, Erben und Vererben, Rn. 1065).

Übergabevertrag

1. Überblick
2. Gefahren

3. Vorweggenommene Erfüllungshandlungen

1. Überblick

Die bereits lebzeitige Übertragung von Vermögensgegenständen auf Abkömmlinge oder Ehegatten hat mittlerweile zunehmend an Bedeutung gewonnen. Motiv ist hier nicht nur der Wunsch nach möglichst weitgehender Reduzierung von Erbschaftsteuern, sondern auch die mögliche Reduzierung von Pflichtteilsansprüchen einzelner Personen und nicht zuletzt die Absicherung einer häuslichen Pflege im Alter.

Im Geltungsbereich der HöfeO hat sich der Begriff des Übergabevertrags herausgebildet, der dort aber systemimmanent auf die landwirtschaftliche Übergabe begrenzt ist. Das Vorliegen eines Übergabevertrages ist aber keinesfalls auf das Landwirtschaftserbrecht beschränkt.

Bei einem Übergabevertrag handelt es sich nicht um einen Austauschvertrag mit einem ausgewogenen Verhältnis zwischen Leistung und Gegenleistung, wie etwa dem Kaufvertrag, sondern um eine **Vorwegnahme der Erbfolge** (Mayer, Der Übergabevertrag, § 1 Rn. 2).

Hauptzweck des Übergabevertrages ist die **Generationennachfolge** und die Versorgung des übergebenden „Altenteilers".

Zuwendungsempfänger kann dabei durchaus ein Familienfremder sein (Wöhrmann/Stöcker, § 17 HöfeO Rn. 4).

Gerade auch unter dem Gesichtspunkt der Ausschöpfung der Schenkungssteuerfreibeträge bei lebzeitigem Vermögenstransfer (Dekadentransfer) erscheint die lebzeitige Übergabe als unter Umständen durchaus sinnvolle Alternative zur letztwilligen Verfügung, insbesondere wenn es sich bei dem Übergeber und potentiellen Erblasser um einen Menschen fortgeschrittenen Alters mit großem Vermögen handelt.

In der notariellen Vertragsgestaltung versteht man unter einem Übergabevertrag grundsätzlich die Zuwendung eines erheblichen Vermögenswertes zu Lebzeiten. Es kann sich dabei sowohl um ein landwirtschaftliches Anwesen als auch um einen Handwerks- oder Gastronomiebetrieb handeln.

Zu unterscheiden sind folgende **Typen des Übergabevertrages** (vgl. Mayer, Der Übergabevertrag, § 1 Rn. 5):

– Übergabe eines Hausgrundstücks (Familienheim) im Wege vorweggenommener Erbfolge gegen Vorbehalt des unentgeltlichen Wohnrechts oder Nießbrauchs zugunsten des Übergebers,

– Übergabe eines Hausgrundstücks mit Wohnungsrecht und Pflegeverpflichtung,

– Übergabe eines Hausgrundstücks gegen Rentenzahlung bzw. weiteren Versorgungsleistungen,

– Übergabe eines Hausgrundstücks, die auf den Zeitpunkt des Todes des Übergebers hinausgeschoben wird,

– Betriebsübergabe.

2. Gefahren

Da der Übergabevertrag in den allermeisten Fällen ein zumindest teilunentgeltlicher Vertrag sein dürfte (Rechtscharakter noch weitgehend umstritten, vgl. Mayer, Der Übergabevertrag, § 1 Rn. 54 ff.), drohen beim Übergabevertrag zahlreiche Gefahren, so etwa durch:

– Pflichtteilsergänzungsansprüche gem. §§ 2325 ff. BGB (→ *Pflichtteilsergänzungsanspruch*),

– Sozialhilferegreßansprüche wegen Verarmung des Schenkers gem. § 528 BGB (→ *Sozialhilferegreß*),

– Ansprüche wegen beeinträchtigender Schenkung gem. §§ 2287, 2288 BGB (→ *Beeinträchtigung der Stellung des Vertragserben und des Schlußerben*).

Deshalb gilt auch hier der Grundsatz: Je stärker eine Übergabe als entgeltliche Zuwendung anzusehen ist, desto eher kann sie gegenüber o. g. Ansprüchen bestehen.

Dem Pflichtteilsergänzungsanspruch kann oft noch dadurch entgegengewirkt werden, daß die 10-Jahres-Frist des § 2325 III BGB möglichst schnell in Gang gesetzt wird, sofern auf eine Übertragung gegen Nießbrauchsvorbehalt verzichtet wird und der sofortige Vollzug im Grundbuch betrieben wird (→ *Pflichtteilsergänzungsanspruch*).

Ein sichereres Mittel ist aber allemal die Vermeidung einer unentgeltlichen Zuwendung durch Begründung von zumindest teilweiser Entgeltlichkeit.

Da die Übergabe vielfach durch die Vereinbarung von Versorgungsrechten für den Übergeber geprägt ist, erscheint es insoweit in vielen Fällen weniger problematisch, eine **Verknüpfung von Leistung und Gegenleistung** zu schaffen und damit das Vorliegen einer entgeltlichen oder doch zumindest teilentgeltlichen Zuwendung zu begründen. Die Leistungsverknüpfung kann dabei synallagmatisch, kausal oder konditional erfolgen (Mayer, Der Übergabevertrag, § 1 Rn. 61).

Zunächst sollte aber gerade in Grenzfällen die **Bezeichnung** als Schenkung oder vorweggenommene Erbfolge vermieden werden, da in solchen Fällen dem Vorliegen einer Schenkungsabrede als subjektives Tatbestandsmerkmal einer Schenkung zwischen den Vertragsparteien ausschlaggebende Bedeutung für die rechtliche Einordnung des Vertrages zukommt (Mayer, DNotZ 1996, 604, 618 f.).

Sinnvoll kann hier zum Beispiel schon die Vereinbarung sein, daß die Übertragung „mit Rücksicht auf künftige Pflegeleistungen" erfolgt (OLG Düsseldorf DNotZ 1996, 652). Aus der Sicht des Erwerbers stellt sich bei derartigen konditionalen Verknüpfungen aber das Problem, daß dem Veräußerer hier unter Umständen ein Rückforderungsrecht wegen Zweckverfehlung zusteht, sofern der verfolgte Zweck gerade nicht erreicht wird. Deshalb sollte eine klare Beschreibung der konkret geschuldeten Pflegeleistung im Übergabevertrag vereinbart werden, damit die Zuwendung bestandsfest wird.

Sicherer ist in diesem Zusammenhang der Weg der Schaffung einer **synallagmatischen Verknüpfung,** also eines **echten Gegenleistungsverhältnisses.**

Hier ist aber insbesondere im Rahmen der Übertragung von Betriebsvermögen zu beachten, daß die vom Übernehmer zu erbringende Gegenleistung **steuerlich** als Anschaffungskosten zu qualifizieren ist, was zur Folge hat, daß diese in bezug auf den Übergeber als Veräußerungsentgelt angesehen wird, was wiederum zur Aufdeckung stiller Reserven und einer damit verbundenen unter Umständen gravierenden Einkommenssteuerbelastung führt. Problematisch sind hier insbesondere sog. Abstandszahlungen an den Veräußerer oder Gleichstellungsgelder an die „weichenden Erben", während die **Vereinbarung privater Versorgungsleistungen** (dauernde Lasten und Versorgungsrenten) **unschädlich** sind (Mayer, Der Übergabevertrag, 1. Aufl., § 1 Rn. 38).

3. Vorweggenommene Erfüllungshandlungen

In diesem Zusammenhang gestaltet sich ferner die Frage problematisch, inwieweit sog. „vorweggenommene Erfüllungshandlungen" (Mayer, Der Übergabevertrag, § 1 Rn. 64) des Übernehmers im Rahmen des späteren Übergabevertrages zu behandeln sind.

Dieses Problem dürfte sich vorwiegend im engeren familiären Bereich stellen, wenn bereits vor der eigentlichen Zuwendung des Übergebers der spätere Übernehmer etwa umfassende laufende Pflegeleistungen erbracht hat.

Eine Berücksichtigung der insoweit erfolgen „Vorleistungen" im Hinblick auf Pflichtteilsergänzungs- und Sozialhilferegreß-ansprüche kommt in folgender Form in Betracht:

– Kausale Verknüpfung von Leistung und Gegenleistung, bei der die Zuwendung deshalb gemacht wird, um den Leistungsempfänger mit dessen tatsächlich vereinbartem Einverständnis zu einem rechtlich sonst nicht durchsetzbaren Verhalten zu veranlassen (MK/Kollhosser, § 516 Rn. 16)

– Ausgestaltung des Übergabevertrages als sog. belohnende Schenkung, bei der sich der Übergeber, ohne daß insoweit eine Rechtspflicht bestünde, für die früheren Leistungen des Übernehmers erkenntlich zeigt (MK/Kollhosser, § 516 Rn. 19)

– Ausgestaltung des Übergabevertrages als nachträgliche Gewährung einer Vergütung für die erbrachten Leistungen des Übergebers, die zunächst ohne Anspruch auf eine solche Gegenleistung erbracht wurden (MK/Kollhosser, § 516 Rn. 17). Hier erfolgt etwa die Grundstücksübertragung „im Hinblick auf die bisher bereits erbrachten Pflegeleistungen" (BGH NJW 1992, 2566 ff.; OLG Oldenburg MittBayNot 1997, 183).

Allerdings wird man die Frage der Zulässigkeit solcher „Umwandlungen" derzeit zumindest für den Bereich des Pflichtteilsergänzungsrechtes nur eher zurückhaltend bejahen können, da teilweise eine Umwandlung nur dann für möglich gehalten wird, wenn schutzwürdige Interessen Dritter nicht entgegenstehen bzw. wenn dies objektiv vertretbar, aus der Sicht der Beteiligten angemessen und auch nicht etwa unterhaltsrechtlich geschuldet war (MK/Kollhosser, § 516 Rn. 18; Soergel/Dieckmann, § 2325 Rn. 7).

Das BayObLG hat im Rahmen der landwirtschaftlichen Hofübergabe gegen Leibgedingsleistungen entschieden, daß eine Schenkung insoweit nur in Betracht kommt, soweit unter Berücksichtigung des von den Vertragsteilen gewollten Zwecks bei einem Vergleich des Wertes des übergebenen Anwesens mit dem Wert der Gegenleistungen das Merkmal der Unentgeltlichkeit überwiegt (BayObLGZ 1995, 186; BayObLGZ 1996, 20).

Literaturhinweis:

Mayer, Der Übergabevertrag in der anwaltlichen und notariellen Praxis, 2. Aufl. 2001.

Übernahmerecht

Unter einem Übernahmerecht versteht man die Zuweisung eines bestimmten Nachlaßgegenstandes an einen der Miterben unter der Bestimmung, daß dieser lediglich das Recht haben soll, den betreffenden Gegenstand zum Verkehrswert oder zu einem vom Erblasser festgesetzten Übernahmepreis aus dem Nachlaß zu erwerben. Der betreffende Miterbe ist insoweit auch nicht zur Übernahme verpflichtet, sondern kann frei darüber entscheiden.

Das Übernahmerecht kann grundsätzlich sowohl als Teilungsanordnung als auch als Vorausvermächtnis ausgestaltet sein, je nachdem, ob ein Wertausgleich erfolgen soll oder nicht. Allerdings kann selbst bei vollem Wertausgleich ein Vorausvermächtnis vorliegen, da allein das Recht, einen bestimmten Nachlaßgegenstand zu übernehmen, einen Vermögensvorteil darstellen kann (BGHZ 36, 115). Hierbei ist es zweckmäßig, das Übernahmerecht auflösend bedingt bis zur Erbauseinandersetzung anzuordnen (Palandt/Edenhofer, § 2180 Rn. 2).

Problematisch ist der Fall, daß der Wertunterschied des Verkehrswertes des betreffenden Gegenstandes zum festgelegten Übernahmepreis sich bis zum Eintritt des Erbfalls entscheidend ändert. Der BGH hat früher für diesen Sachverhalt die Grundsätze des § 242 BGB angewandt (BGH NJW 1960, 1759). Nach Inkrafttreten des Schuldrechtsmodernisierungsgesetzes wurden die Grds. des Wegfalls der Geschäftsgrundlage nunmehr in § 313 BGB n. F. kodifiziert. Danach erfolgt eine Anpassung allerdings nicht mehr kraft Gesetzes, sondern nur noch aufgrund einer Einrede (Krug, Schuldrechtsmodernisierungsgesetz und Erbrecht, Rn. 140).

Für den Fall, daß der Erblasser das Übernahmerecht zu einem wesentlich günstigeren Preis anordnet als dem Verkehrswert, ist in der letztwilligen Verfügung klarzustellen, daß der entsprechende Differenzbetrag zusätzlich als Vorausvermächtnis zugewandt wird (Tanck/Krug/Daragan, Testamente, § 13 Rn. 25).

Überschwerungseinrede

Bei der Überprüfung der Überschuldung des Nachlasses zum Zwecke der Eröffnung des Nachlaßinsolvenzverfahrens werden bei der Ermittlung der Nachlaßverbindlichkeiten Vermächtnisse und Auflagen nicht einbezogen. Beruht aber die Überschuldung nur auf Vermächtnissen und Auflagen, so ist der Nachlaß nicht „dürftig" i. S. der Dürftigkeitseinrede, so daß dementsprechend auch nicht das Nachlaßinsolvenzverfahren beantragt werden muß.

Es dürfte aber regelmäßig nicht dem Willen des Erblassers, der darauf vertraut hat, daß der Nachlaß für die von ihm angeordneten Vermächtnisse und Auflagen ausreicht, entsprechen, daß nunmehr allein im Hinblick auf diese Anordnungen eine Überschwerung des Nachlasses eintritt (Staudinger/Marotzke, § 1992 Rn. 1; Rohlfing, Erbrecht, § 4 Rn. 74).

Deshalb tritt an die Stelle des Insolvenzverfahrens das Recht des Erben, sowohl Vermächtnisnehmer als auch Auflageberechtigte gem. § 1992 BGB nach den Vorschriften der §§ 1990, 1991 BGB entweder im Wege der Überschwerungseinrede auf den Restnachlaß zu verweisen oder aber gem. § 1992 S. 2 BGB die Herausgabe der noch vorhandenen Nachlaßgegenstände durch Zahlung des Wertes abzuwenden (Rohlfing, Erbrecht, § 4 Rn. 74).

Natürlich steht demjenigen Erben, der gleichzeitig Pflichtteilsberechtigter ist, auch die Möglichkeit offen, sich der Vermächtnisse und Auflagen durch die taktische Ausschlagung des § 2306 I BGB zu „entledigen".

Umdeutung

An die Möglichkeit der Umdeutung gem. § 140 BGB ist immer dann zu denken, wenn die Prüfung einer letztwilligen Verfügung zunächst zu dem Ergebnis führt, daß an sich in der vorliegenden Form Unwirksamkeit vorliegt. Durch eine Umdeutung kann dem mutmaßlichen Erblasserwillen bei Kenntnis der Unwirksamkeit Durchsetzung verschafft werden. Kann aber gegebenenfalls der tatsächliche Erblasserwille ermittelt werden, so hat dieser vor der Umdeutung grundsätzlich Vorrang.

Auch die Auslegung der letztwilligen Verfügung geht der Umdeutung immer vor.

Die Umdeutung tritt kraft Gesetzes ein und ist daher kein Sonderfall der Auslegung (Palandt/Heinrich, § 140 Rn. 1; a.A.: BGHZ 19, 273). In einem Prozeß ist sie von Amts wegen zu berücksichtigen (BGH NJW 1963, 340).

Zu beachten ist, daß die durch Umdeutung erhaltene Verfügung in ihren rechtlichen Wirkungen nicht weiterreichen darf als die unwirksame Verfügung (BGHZ 19, 275); dagegen kann sie in ihren Rechtsfolgen hinter dieser zurückbleiben oder auch ein „aliud" darstellen. So kann etwa ein unwirksames Rechtsgeschäft unter Lebenden durchaus in eine wirksame Verfügung von Todes wegen umgedeutet werden bzw. umgekehrt.

Beispiel:

Ein Erbvertrag kann sowohl in ein Einzeltestament als auch in ein Gemeinschaftliches Testament oder einen aufschiebend bedingten Schenkungsvertrag (BGH NJW 1978, 423) umgedeutet werden. Ebenso kann ein Gemeinschaftliches Testament von Partnern einer nichtehelichen Lebensgemeinschaft in eine vertragliche Erbeinsetzung umgedeutet werden. Unproblematisch ist dies auch bei einem nicht formgerechten Schenkungsversprechen, das ein wirksames Testament darstellen kann. Die vertragliche Verpflichtung, ein Testament nicht zu ändern, kann eine vertragsgemäße Erbeinsetzung sein, die Erbeinsetzung mit einer gegen § 2302 BGB verstoßenden Auflage eine Vor- und Nacherbeneinsetzung.

Die vertragliche Verpflichtung, einen bestimmten Erbvertrag abzuschließen kann dann einen wirksamen Vertrag zugunsten Dritter darstellen, wenn die entsprechende Verpflichtung einen hinreichend konkreten Inhalt hat.

(Vgl. Palandt/Heinrichs, § 140 Rn. 10 mit weiteren Beispielen und Nachweisen.)

Unbenannte Zuwendung

1. Überblick
2. Rechtsfolgen im Familien- recht
3. Rechtsfolgen im Erbrecht
4. Steuerrechtliche Behand- lung

1. Überblick

Einer Zuwendung unter Ehegatten liegt zumeist die Vorstellung zugrunde, daß die eheliche Lebensgemeinschaft Bestand haben werde, oder wird sonst um der Ehe willen und als Beitrag zur Verwirklichung oder Ausgestaltung, Erhaltung oder Sicherung der ehelichen Gemeinschaft erbracht.

Typische Fälle einer unbenannten oder ehebedingten Zuwendung:

– Übertragung eines Miteigentumsanteils am Familienheim durch den Alleineigentümer und Alleinverdiener an den Ehegatten zur Herstellung der Vermögensparität (gleichgültig, ob Teile des Objekts, etwa Grund und Boden, aus dem Anfangsvermögen stammen).

– Vermögensverlagerung aus Haftungsgründen, insbesondere um das Familienheim dem Gläubigerzugriff zu entziehen.

– Zweckmäßigere Verteilung des Ehegattenvermögens, z. B. zur Alterssicherung des Erwerbers, zur Vermögensbildung, zur Veränderung der Erbrechtsposition gegenüber einseitigen Kindern.

– Steuerliche Gründe, insbesondere Verlagerung von Einkunftsquellen hinsichtlich der Einkommensteuer oder erster Schritt einer Kettenschenkung für die spätere Zuwendung an gemeinsame Abkömmlinge zwecks Ausnutzung sämtlicher Kinderfreibeträge bei der Schenkungsteuer.

2. Rechtsfolgen im Familienrecht

Der **Familienrechtssenat** des BGH hat hierzu mehrfach **in bezug auf die Rechtsfolgen der Ehescheidung** entschieden, daß es sich bei einer Zuwendung unter Ehegatten um ein „ehebezogenes Rechtsgeschäft eigener Art" und nicht um eine Schenkung handele. Die Zuwendung diene der ehelichen Lebensgemeinschaft und sei als Beitrag zur Verwirklichung und Ausgestaltung, Erhaltung oder Sicherung derselben zu sehen und habe darin ihren Rechtsgrund bzw. ihre Geschäftsgrundlage (BGH NJW-RR 1990, 386). In Abgrenzung zur Schenkung i.S. des § 516 BGB fehle es insoweit am Einigsein über die Unentgeltlichkeit, also am subjektiven Tatbestand der Schenkung. Derartige Zuwendungen werden demgemäß als ausschließlich unter dem Gesichtspunkt des Zugewinnausgleichs ausgleichspflichtig angesehen, dessen Regelungen gegenüber den Grundsätzen des Wegfalls der Geschäftsgrundlage spezieller sind, zumindest was den gesetzlichen Güterstand der Zugewinngemeinschaft betrifft. Dieser Rechtsgedanke wurde aber im Hinblick auf die **eheliche Lebensgemeinschaft als „Schicksals- und Risikogemeinschaft"** auch auf die Fälle einer vereinbarten Gütertrennung übertragen (BGH NJW 1976, 329). Dort finden dann die Grundsätze des Wegfalls der Geschäftsgrundlage Anwendung.

Eine **Korrektur der Rechtsfolgen** der unbenannten Zuwendung **im Scheidungsfolgenrecht** kann durch entsprechende **Ehevertragsgestaltung** erfolgen, z. B.:

– durch die Bestimmung, daß die Zuwendung im Falle des Zugewinnausgleichs unberücksichtigt bleibt,

– daß im Falle der Scheidung auf einen etwaigen Anspruch des anderen Ehegatten auf Zugewinnausgleich angerechnet wird,

– daß der zuwendende Ehegatte sich das Recht vorbehält, entweder die Rückübertragung oder die Anrechnung auf einen eventuellen Zugewinnausgleichsanspruch zu verlangen.

Das letztgenannte Rückforderungsrecht kann für folgende Fälle vereinbart werden:

– Scheidung

– Verbotswidrige Verfügung über das Objekt durch Veräußerung oder Belastung

– Vorzeitiges Ableben mit ungewollten Erbrechtsfolgen
– Vermögensverfall des Erwerbers
– Fehlverhalten

Die Eheleute können des weiteren vereinbaren, daß im Scheidungsfall eigene Leistungen des Rückgabeverpflichteten bei Verwendungen mit dem Anfangsvermögen erstattet werden oder eine Beteiligung an der Wertsteigerung des Objektes erfolgt.

Ehegatten, die im Güterstand der Gütertrennung leben, sollten immer an ein vertragliches Rückforderungsrecht denken, da bei ihnen eine güterrechtliche Berücksichtigung im Rahmen des Zugewinnausgleichs von vornherein entfällt und gesetzliche Rückforderungsrechte nur ganz ausnahmsweise bestehen (z. B. bei grobem Undank gem. § 530 BGB).

3. Rechtsfolgen im Erbrecht

Die rechtlichen Auswirkungen unbenannter Zuwendungen zwischen Ehegatten oder auch sog. ehebedingter Zuwendungen im **Erbrecht** sind nach wie vor umstritten.

Im Jahre 1991 erging erstmals eine Entscheidung des **BGH** hinsichtlich der Auswirkungen unbenannter Zuwendungen auf das **Erbrecht** (BGH NJW 1992, 564 ff.):

In dem genannten Urteil hatte der BGH erstmals darüber zu entscheiden, inwieweit § 2287 BGB auf lebzeitige Zuwendungen zwischen Ehegatten, die im gesetzlichen Güterstand der Zugewinngemeinschaft lebten, Anwendung finden könne. Hierbei ging es unter anderem um die hälftige Zuwendung von Sparguthaben sowie die Zuwendung des lebenslangen Nießbrauchs am Familienheim an die Ehefrau.

Der IV. Zivilsenat stellte den Leitsatz auf, daß unbenannte Zuwendungen unter Ehegatten in der Regel objektiv unentgeltlich und im Erbrecht grundsätzlich wie Schenkungen zu behandeln seien. Dabei sei der Terminus „Schenkung" nach allgemeiner Ansicht i.S. des § 516 BGB zu verstehen.

Den Begriff der Unentgeltlichkeit definierte der BGH so, daß bei ihr keine rechtliche Abhängigkeit von einer den Erwerb ausgleichenden Gegenleistung bestehe, wobei eine entsprechende Verknüpfung auch durch Setzung einer Bedingung oder eines entsprechenden Rechtszwecks möglich sei. Eine solchermaßen definierte Gegenleistung läge in der Regel bei einer unbenannten Zuwendung nicht vor, da die Ehe selbst im gesetzlichen Güterstand der Zugewinngemeinschaft per se keinen Rechtsanspruch auf derartige Vermögensverschiebungen gewähre. Bei dieser sei nämlich lediglich der Zugewinnausgleich für den Fall der Beendigung des Güterstandes gem. § 1471 BGB vorgeschrieben. Insoweit stelle auch die Haushaltstätigkeit des nicht erwerbstätigen Ehegatten keine entsprechende Gegenleistung dar, da diese der geschuldete Beitrag zum Familienunterhalt sei. Bei abweichender Betrachtung werde der haushaltsführende Ehegatte in die Rolle eines Hausangestellten versetzt (BGH NJW 1992, 564 ff.).

Ausnahmen, bei denen eine Entgeltlichkeit trotzdem vorliege, seien nur in folgenden Fällen gegeben:

– wenn sich die Zuwendung im Rahmen einer nach den konkreten Verhältnissen angemessenen Alterssicherung halte,

– wenn durch die Zuwendung langjährige Dienste vergütet werden sollten.

Dieser Prüfung hat nach BGH eine umfassende Prüfung der Einkommens- und Vermögensverhältnisse der Ehegatten vorauszugehen, und zwar auch in der Richtung, ob und in welchem Umfang für die Zukunft, insbesondere das Alter des Zuwendungsempfängers bereits vorgesorgt war. Nähere Kriterien gibt der BGH hierzu aber nicht an die Hand.

Der BGH begründet seine Auffassung damit, daß in der Praxis seit langem Versuche zu beobachten seien, die Grenzen zu verschieben, die das Pflichtteilsrecht zum Schutze von Ehe und Familie einerseits und der Erbvertrag andererseits der grundsätzlich bestehenden Testierfreiheit des Erblassers setzt. Dem Erblasser werde auf diese Weise ermöglicht, erhebliche Teile seines Vermögens am Nachlaß vorbei auf ihm genehmere Personen weiterzuleiten.

Im Rahmen des § 2287 BGB macht der BGH aber immerhin die Einschränkung, daß eine → *Beeinträchtigung der Stellung des Vertragserben und des Schlußerben* dann nicht gegeben sei, wenn die Zuwendung wertmäßig den Zugewinnausgleichsanspruch bzw. Pflichtteilsanspruch des Ehegatten nicht übersteigt. Im Rahmen des § 2325 BGB wird allerdings eine ähnliche Einschränkung nicht vorgenommen.

In der Literatur stieß dieses BGH-Urteil auf vehemente Kritik. Insbesondere wurde dem BGH vorgeworfen, er übersehe, daß in den allermeisten Fällen das Motiv der unbenannten Zuwendung darin liegt, daß die (glücklich) verheirateten Ehegatten der inneren Überzeugung sind, beide Beiträge zur ehelichen Lebensgemeinschaft zu erbringen und deshalb auch zu gleichen Teilen daran beteiligt werden zu müssen, unabhängig davon, wer das Geld verdient (Kues, Anmerkung zum BGH-Urteil vom 27. 11. 1991, FamRZ 1992, 924 ff.). Die Vermögensbildung allein mit dem Geld des erwerbstätigen Ehegatten sei schließlich nur deshalb möglich, weil der nicht erwerbstätige Partner Haushalt und Kinder versorge. Außerdem spiele der Versorgungsgedanke bezüglich des überlebenden Ehegatten eine entscheidende Rolle, so daß die Argumente des BGH lebensfremd seien.

Gegen die Ansicht des BGH spricht im übrigen auch, daß die Ehefrau im Gegensatz zu jeder anderen Person noch nicht einmal den Schutz der 10-Jahres-Frist des § 2325 III 1 BGB genießt, wodurch sie gegenüber sämtlichen anderen Pflichtteilsberechtigten, etwa auch gegenüber einer nichtehelichen Lebensgefährtin, eine wesentliche Benachteiligung erfährt.

Allerdings darf bei alldem auch nicht verkannt werden, daß in der Praxis tatsächlich Fälle vorkommen, in denen wesentliches Vermögen auf den anderen Ehegatten übertragen wird, gerade um erbrechtliche Ansprüche, insbesondere erst- oder nichtehelicher Kinder, zu umgehen. Daher kann es grundsätzlich nicht allein dem Ehegatten überlassen werden, über den Charakter einer Zuwendung als unbenannte Zuwendung zu entscheiden, vielmehr sind weitere Kriterien erforderlich: Hierbei ist vor allem zu berücksichtigen, daß das Rechtsinstitut der unbenannten Zuwendung aus dem **Gedanken des vorweggenommenen Zugewinnausgleichs** heraus entwickelt wurde. Es erscheint daher sachgerecht, das Vorliegen einer unbenannten Zuwendung auszuschließen, wenn die Gesichtspunkte des Zugewinnausgleichs überhaupt nicht oder nur zum Teil vorliegen können (Morhard, NJW 1987, 1734 ff.). Dies dürfte dann der Fall sein, wenn der Zuwendungsempfänger durch die Vermögensübertragung auf Dauer mehr als die Hälfte des während der Ehe erworbenen Vermögens besitzt. Der die Hälfte übersteigende Teil ist dann als unentgeltliche Zuwendung auch i.S. der §§ 2287, 2325 BGB anzusehen (so auch Langenfeld, ZEV 1997, 6).

(Vgl. zum Ganzen: Stehlin, Auswirkungen unbenannter Zuwendungen zwischen Ehegatten im Erbrecht, ZErb 1999, 52 ff.)

Eine weitere Frage betrifft das Verhältnis der unbenannten Zuwendung zum bereicherungsrechtlichen Durchgriff gem. § 822 BGB. Ein solcher nach Bereicherungsrecht zurückzugewährender Anspruch kann im Rahmen des § 2287 BGB dem durch Erbvertrag eingesetzten Erben zustehen.

Die Situation ist insofern vergleichbar mit § 528 BGB, da es sich in beiden Fällen um eine Rechtsfolgenverweisung auf das Bereicherungsrecht handelt (Tanck/Krug/Daragan, § 22 Rn. 133). Der BGH hat mit Urteil v. 23. 9. 1999 entschieden, daß unbenannte Zuwendungen unter Ehegatten auch unentgeltliche Zuwendungen i.S. von § 822 BGB sind (BGH NJW 2000, 134).

4. Steuerrechtliche Behandlung

Unbenannte Zuwendungen zwischen Ehegatten sind in der Regel „sonstige freigebige Zuwendungen" i.S. des § 7 I Nr. 1 ErbStG und unterliegen daher der Schenkungssteuer (BFH DNotZ 1994, 554).

Die Finanzverwaltung erhebt jedoch **keine Schenkungssteuern** für:

– den gemeinsamen Erwerb eines **Familienwohnheimes** aus den Mitteln nur eines Ehegatten,

– die Hingabe von Mitteln zum alsbaldigen Erwerb eines Familienwohnheimes,

– die Übertragung des Eigentums oder Miteigentums an einem Familienwohnheim

(Ländererlaß vom 10. 11. 1988, BStBl I 513; Morhard, MittBayNot 1989, 194; Moench, DStR 1989, 299).

Im Hinblick auf **§ 10 EStG** wird die Ansicht vertreten, daß bei unbenannten Ehegattenzuwendungen kein steuerschädlicher Objektverbrauch vorliegt (Stephan, BB 1991, 15).

Universalvermächtnis

→ *Vermächtnis*

Unterhaltsansprüche

Unterhaltsansprüche von Verwandten des Erblassers erlöschen gem. § 1615 I BGB mit dem Tode des Verpflichteten. Jedoch stehen dem unterhaltsberechtigten Verwandten im Normalfall entweder gesetzliche Erbansprüche oder zumindest Pflichtteilsansprüche zu.

Anders ist dies bei Unterhaltsansprüchen des geschiedenen Ehegatten des Erblassers bzw. desjenigen Ehegatten, bei dem die Scheidungsvoraussetzungen i. S. d. § 1933 BGB vorlagen, die nicht mit dessen Tod erlöschen. Vielmehr geht die Verpflichtung hieraus gem. § 1586 b I 1 BGB auf die Erben des Erblassers als Nachlaßverbindlichkeiten über. Allerdings haftet der Erbe gem. § 1586 b I 3 BGB nur bis zur Höhe des Betrages, der der Höhe des Pflichtteils entspricht, der dem Unterhaltsberechtigten zugestanden hätte, wenn die Ehe nicht geschieden worden wäre. Zu beachten ist allerdings, daß diese betragsmäßige Begrenzung nicht für Ehen gilt, die bereits vor Inkrafttreten der Eherechtsreform am 1. 7. 1977 geschieden wurden. Für solche Fälle gilt weiterhin § 70 EheG a. F., wonach die Erben für Unterhaltsansprüche des geschiedenen Ehegatten unbegrenzt haften und allenfalls eine Herabsetzung des Unterhalts nach Billigkeitsgesichtspunkten verlangen können (Rohlfing, Erbrecht, § 1 Rn. 13 m.w.N.).

Unternehmensnachfolge/Unternehmertestament

Das Unternehmertestament stellt sich als ein Teil der unternehmerischen Nachfolgeplanung dar. Wie enorm wichtig diese Nachfolgeplanung ist, zeigt immer wieder die Praxis. Offensichtlich verdrängen gerade erfolgreiche Unternehmer immer wieder die Möglichkeit ihres Ablebens und hinterlassen im Todesfall dann im wahrsten Sinne des Wortes nichts weiter als einen „Scherbenhaufen", infolge nicht bedachter Pflichtteilsansprüche, Erbschaftsteuern und nicht zuletzt der Aufdeckung stiller Reserven. So scheitern heute zahlreiche Unternehmen ausschließlich an einer nicht vorhandenen oder mangelhaften Nachfolgeplanung.

In den meisten Fällen empfiehlt es sich, bereits zu Lebzeiten eine sukzessive Nachfolgeregelung vorzunehmen, dies insbesondere bei älteren Unternehmern.

Aber auch junge Unternehmer müssen jederzeit mit einem Unglücksfall rechnen, der ihren vorzeitigen Tod zur Folge haben kann und müssen für diesen Fall durch ein Unternehmertestament vorsorgen. Das Testament selbst kann allerdings lediglich ein Mosaikstein in einem Gefüge von verschiedenen Maßnahmen zur Sicherung und Erhaltung des Unternehmens sein, so etwa einer entsprechenden ehevertraglichen Regelung, der Abgabe von Pflichtteilsverzichten und schließlich auch einer entsprechenden gesellschaftsvertraglichen Anpassung, so etwa der Wahl der günstigsten Unternehmensform (Langenfeld, Testamentsgestaltung, 7. Kap., § 1 Rn. 342).

In diesem Zusammenhang darf aber auch nicht die Bildung eines zur Versorgung der Familie (insbesondere der Familienangehörigen, die nicht Unternehmensnachfolger werden) hinreichenden Privatvermögens vernachlässigt werden.

Bei der Gestaltung eines Unternehmertestaments ist nach Möglichkeit darauf zu achten, daß das Betriebsvermögen in einer Hand an einen Erben weitergegeben wird. Die übrigen Erben sollten dann durch Vermächtnisse bedacht werden (Tanck/Krug/Daragan, Testamente, § 21 Rn. 55).

Als Alternative zu der Vermächtnis- oder Alleinerbenlösung besteht die Möglichkeit des sog. Frankfurter Testaments (→ *Unternehmensnachfolge/Unternehmertestament*).

Dieses sieht vor, daß Betriebs- und Privatvermögen innerhalb einer Erbengemeinschaft durch Teilungsanordnung entsprechend der Erbquoten nach dem Wert des jeweiligen Nachlaßgegenstandes aufgeteilt wird (Meinke, NJW 1991, 198).

Dies führt jedoch zu einer komplizierten Nachlaßabwicklung, insbesondere dann, wenn sich die Erben später nicht einig sind. Darüber hinaus setzt es auch voraus, daß in entsprechenden Größenordnungen Betriebs- und Privatvermögen vorhanden ist (Tanck/Krug/Daragan, Testamente, § 21 Rn. 69).

Solange ein geeigneter Unternehmensnachfolger, etwa der nächsten Generation, noch nicht vorhanden ist, besteht für den Erblasser die Möglichkeit, den sofortigen Verkauf des Unternehmens im Todesfall anzuordnen, um so Wertverluste zu vermeiden. Zu denken ist aber auch an eine Unternehmensnachfolge durch den überlebenden Ehegatten oder die Fortführung des Unternehmens durch einen zu beteiligenden Fremdgeschäftsführer. Der praktisch bedeutsamste Fall dürfte insoweit die Unternehmensweiterführung durch einen **Testamentsvollstrecker** bis zu dem Zeitpunkt sein, da ein Abkömmling als Unternehmensnachfolger in Betracht kommt. Taugliches Gestaltungsmittel ist insoweit das Bestimmungsvermächtnis (→*Vermächtnis*) zugunsten des Unternehmensnachfolgers, wobei das Bestimmungsrecht beim Testamentsvollstrecker liegt.

Im günstigsten Fall bildet die Rechtsnachfolge nach dem Unternehmertestament nur die letzte Stufe einer bereits vorausgegangenen schrittweisen Nachfolgeregelung unter Lebenden (Langenfeld, Testamentsgestaltung, 7. Kap., § 5 Rn. 371).

Unvererblichkeit

Unvererblich sind grundsätzlich höchstpersönliche Verpflichtungen, wie z. B. gem. § 613 BGB die Pflicht zur Dienstleistung oder gem. § 673 S. 1 BGB die Pflicht des Beauftragten.

Unzulänglichkeitseinrede

→ *Dürftigkeitseinrede*

Veräußerungsverbot

Ein letztwilliges Veräußerungsverbot kann Gegenstand einer Auflage sein, bei der dem Erben auferlegt wird, Verfügungen über bestimmte Nachlaßgegenstände zu unterlassen, insbesondere Grundstücke nicht zu veräußern (BayObLG FamRZ 1986, 608) oder jedenfalls nicht ohne Rat oder Zustimmung eines Dritten (OLG Köln FamRZ 1990, 1402).

Aber auch im Rahmen vorweggenommener Erbfolge oder lebzeitiger Übertragung, etwa von Grundvermögen, können sog.

rechtsgeschäftliche Veräußerungsverbote vereinbart werden. Sofern der Übernehmer sich dementsprechend gegenüber dem Übergeber verpflichtet, das Grundvermögen nur an seine Abkömmlinge weiterzugeben und weder zu Lebzeiten noch durch letztwillige Verfügung zugunsten Dritter hierüber zu verfügen, kann die Verletzung der entsprechenden aus dem Veräußerungsverbot erwachsenden Unterlassungsverpflichtung zu einem Schadensersatzanspruch gem. § 137 BGB führen (BGHZ 31, 13; Palandt/Heinrichs, § 137 Rn. 6).

Verein

Nicht rechtsfähige Vereine sind in dem Sinne erbfähig, als der Erwerb von Todes wegen unmittelbares Vermögen des Vereins wird (MK/Leipold, § 1922 Rn. 30). Eine andere Auffassung vertritt insoweit, daß eine letztwillige Zuwendung zugunsten eines Vereins eine Zuwendung an die einzelnen Vereinsmitglieder, verbunden mit der Verpflichtung zur Übertragung an den Verein, darstellt (RGRK, § 54 Rn. 17). Ebenfalls vertreten wird die Ansicht, daß die Erbeinsetzung eines Vereins unter Umständen als Vermächtnis zugunsten der einzelnen Mitglieder ausgelegt werden kann (KG JFG 13, 133).

Verfügungsunterlassungsvertrag

Der Erblasser kann sich nach h. M. in einem besonderen schuldrechtlichen Verfügungsunterlassungsvertrag mit dem Bedachten formlos und auch stillschweigend wirksam verpflichten, eine bestimmte Verfügung unter Lebenden zu unterlassen (BGHZ 31, 13). So kann sich der Erblasser etwa gegenüber dem Vermächtnisnehmer verpflichten, über den Vermächtnisgegenstand unter Lebenden nicht mehr anderweitig zu verfügen. Entsprechendes gilt für eine vertragliche Vereinbarung mit dem Erben mit dem Inhalt, das Recht lebzeitiger Verfügungen auszuschließen oder zu beschränken (BGH FamRZ 1967, 470).

Der Verfügungsunterlassungsvertrag kann auch mit einem Erbvertrag verbunden werden. Zu erwähnen ist, daß dieser Vertrag auch bei Grundstücken nicht der Form des § 311 b BGB bedarf (Palandt/Heinrichs, § 137 Rn. 5; BGH FamRZ 1967, 470). Die Form des Erbvertrages muß allerdings dann gewahrt werden, wenn Erbvertrag und Verpflichtungsgeschäft unter Lebenden eine rechtliche Einheit bilden sollen, andernfalls bedarf er nicht der Form des § 2276 BGB (BGH WM 1977, 689).

Zu beachten ist allerdings, daß durch einen entsprechenden Verfügungsunterlassungsvertrag nicht die Verfügungsfreiheit des Erblassers mit Wirkung gegen Dritte ausgeschlossen oder beschränkt wird, sie vielmehr lediglich schuldrechtlich im Verhältnis zwischen den Vertragsparteien wirkt, so daß eine Vertragsverletzung insoweit lediglich zu Schadensersatzansprüchen führt, die gegebenenfalls auch gegen die Erben des Erblassers durchsetzbar sind (BGH NJW 1964, 549).

Die vertraglich vereinbarte Verpflichtung des Erblassers, ein Grundstück nicht zu veräußern, kann im Wege ergänzender Vertragsauslegung aber in einer Notlage gestatten, das Grundstück zu belasten (BGH FamRZ 1967, 470).

Die in einem Verfügungsunterlassungsvertrag getroffene Vereinbarung kann nach BGH nicht durch Vormerkung gesichert werden (BGH FamRZ 1967, 470).

Verjährung im Erbrecht

1. Verjährung des Pflichtteilsanspruchs
2. Verjährung erbrechtlicher Herausgabeansprüche
3. Erbrechtliche Unterhaltsansprüche oder Ansprüche auf regelmäßig wiederkehrende Leistungen
4. Ansprüche des Vertragserben gem. § 2287 BGB

1. Verjährung des Pflichtteilsanspruchs

Der Pflichtteilsanspruch verjährt gem. § 2332 BGB nach drei Jahren. Die Verjährungsfrist läuft von dem Zeitpunkt an, in dem der Pflichtteilsberechtigte vom Eintritt des Erbfalles und der ihn beeinträchtigenden letztwilligen Verfügung Kenntnis erlangt. Andernfalls verjährt der Pflichtteilsanspruch 30 Jahre nach dem Erbfall. Dies gilt auch weiterhin nach Inkrafttreten des Schuldrechtsmodernisierungsgesetzes. Insoweit handelt es sich um eine Ausnahme i.S. von § 197 BGB n. F.

§ 2332 BGB gilt sowohl für den ordentlichen Pflichtteilsanspruch als auch für den Pflichtteilsrestanspruch gem. § 2305 ff. BGB sowie den Pflichtteilsergänzungsanspruch gem. §§ 2325 ff. BGB.

Beeinträchtigende Verfügung für den Pflichtteilsanspruch ist die enterbende oder beschränkende letztwillige Verfügung. Für den Pflichtteilsergänzungsanspruch ist es die das Vermögen des Erblassers verkürzende Schenkung unter Lebenden (Palandt/Edenhofer, § 2332 Rn. 4; BGH NJW 1988, 1667).

Das BGB stellt hierbei auf die **positive Kenntnis** vom Erbfall und der beeinträchtigenden Verfügung ab. Diese Kenntnis fehlt daher, wenn der Pflichtteilsberechtigte aus nicht von vornherein von der Hand zu weisenden Gründen die Verfügung für unwirksam und daher unschädlich hält (BGH LM § 2332 BGB Nr. 3; Leipold, Erbrecht, Rn. 587). Die Kenntnis eines den Pflichtteilsberechtigten enterbenden Testaments kann ihre Wirkung sogar dann wieder verlieren, wenn der Pflichtteilsberechtigte innerhalb der Verjährungsfrist von einer weiteren Verfügung von Todes wegen erfährt, die er mit guten Gründen für den wirksamen Widerruf der Enterbung ansehen darf (BGH FamRZ 1985, 1124; Leipold, Erbrecht, Rn. 587).

Für die Unterbrechung der Verjährung galten bis zum Inkrafttreten der Schuldrechtsreform die allgemeinen Vorschriften der §§ 208 ff. BGB. Ein Anerkenntnis i. S. d. § 208 BGB lag etwa darin, daß sich die Erben bereit erklärten, zur Feststellung des Pflichtteilsanspruchs Auskunft über den Bestand des Nachlasses zu geben (Leipold, Erbrecht, Rn. 587; BGH NJW 1975, 1409).

Gem. § 209 BGB a. F. wurde auch durch Klageerhebung auf Zahlung oder Feststellung die Verjährung unterbrochen, nicht dagegen durch eine reine Auskunftsklage gem. § 2314 BGB.

Bei der Feststellungsklage ist allerdings zu beachten, daß die Verjährung des Pflichtteilsergänzungsanspruchs dann nicht unterbrochen wird, wenn im Feststellungsprozeß auf Feststellung der Pflichtteilsberechtigung nichts zur beeinträchtigenden Verfügung vorgetragen wird (vgl. BGHZ 103, 333).

Ebenfalls unterbrochen wurde die Verjährung durch Erhebung einer Stufenklage gem. § 254 ZPO. Mit den neuen Verjährungsvorschriften wird die bisherige Verjährungsunterbrechung terminologisch zum Verjährungsneubeginn gem. § 212 BGB n. F. Dieser regelt die bisherigen §§ 208, 209, 210, 216, 217 BGB neu.

Danach beginnt die Verjährung neu bei

– Anerkenntnis § 212 I Nr. 1 BGB n. F.

– Vornahme oder Beantragung einer Vollstreckungshandlung § 212 I Nr. 2 BGB, dies allerdings unter den Einschränkungen der Abs. 2 und 3.

Wesentlich häufiger als zur Verjährungsunterbrechung soll es allerdings nunmehr zur Verjährungshemmung kommen, vgl. § 204 BGB n. F., der die §§ 203, 209, 210, 211, 212, 212 a, 213, 214, 215, 220, 477, 639 BGB a.f. neu regelt.

Wichtigster Fall dürfte hier die Verjährungshemmung durch Klageerhebung sein. Demgegenüber verjährt der Auskunftsanspruch des § 2314 BGB gem. § 197 BGB n. F. in 30 Jahren, wie bereits gem. § 195 BGB a. F.

Die frühere Rechtsprechung war noch der Meinung, daß auch dieser Anspruch bereits in drei Jahren verjähren müsse, da der Hilfsanspruch nicht später als der Hauptanspruch verjähren könne (BGHZ 33, 373). Dies konnte aber in Fällen, in denen ein Anspruch gegen den Erben nach § 2325 BGB bereits verjährt war, ein Anspruch gegen den Beschenkten gem. § 2329 BGB aber noch nicht – etwa weil hier die Verjährung gehemmt oder unterbrochen war – zu erheblichen Problemen führen.

Demgemäß entschied der BGH dann auch im Jahre 1984 erstmals, daß der Pflichtteilsberechtigte immer dann noch Auskunftsansprüche gegenüber den Erben geltend machen kann, wenn er darlegt, daß er die entsprechenden Informationen trotz Verjährung des Pflichtteilsanspruches benötigt (BGH FamRZ 1985, 178).

2. Verjährung erbrechtlicher Herausgabeansprüche

Grds. gilt auch hier § 197 BGB n. F., also die 30-jährige Verjährungsfrist, insbes. bei Herausgabeansprüchen gegen den Erbschaftsbesitzer gem. § 2018 ff. BGB sowie des Nacherben gegenüber dem Vorerben gem. §§ 2130 ff. BGB.

Problematisch ist dies allerdings für den Herausgabeanspruch des Erben gegenüber dem Verwaltungstestamentsvollstrecker gem. §§ 2218, 667 BGB. Nach Ansicht von Krug handelt es sich auch insoweit um einen originär erbrechtlichen Anspruch, der erst in 30 Jahren verjährt (Krug, Schuldrechtsmodernisierungsgesetz und Erbrecht, Rn. 121). Demgegenüber unterliegt der Anspruch des Erbschaftskäufers gegen den Veräußerer auf Herausgabe der Nachlaßgegenstände wohl eher der Regel-Verjährung von 3 Jahren gem. § 195 BGB n.F. (Krug, Schuldrechtsmodernisierungsgesetz und Erbrecht, Rn. 122).

3. Erbrechtliche Unterhaltsansprüche oder Ansprüche auf regelmäßig wiederkehrende Leistungen

Insoweit gilt gem. § 197 II BGB n.F. die 3-jährige Verjährung, während die Verjährung nach altem Recht 4 Jahre betrug. Zu beachten ist, daß nach wie vor nur Anspruchsrückstände von dieser Verjährung betroffen sein können, da diese nicht vor Entstehung des Anspruchs beginnen kann, § 199 I BGB n.F. (Krug, Schuldrechtsmodernisierungsgesetz und Erbrecht, Rn. 123).

4. Ansprüche des Vertragserben gem. § 2287 BGB

Hier verbleibt es gem. § 2287 II BGB bei der 3jährigen Verjährungsfrist ab Anfall der Erbschaft.

Vermächtnis

1. Überblick

Das Vermächtnis ist gem. § 1939 BGB eine Verfügung von Todes wegen, durch die der Erblasser einem anderen ein Recht auf einen Vermögensgegenstand zuwendet, ohne ihn als Erben einzusetzen. Vermächtnisse können in jeder Art einer letztwilligen Verfügung angeordnet werden.

Der entscheidende Unterschied zur Erbeinsetzung liegt darin, daß der begünstigte Vermächtnisnehmer gegen den Beschwerten gem. § 2174 BGB lediglich einen **schuldrechtlichen** Anspruch auf Leistung des vermachten Gegenstandes (Damnationslegat des römischen Rechts im Gegensatz zum sog. Vindikationslegat) erlangt. Der Gegenstand geht also nicht unmittelbar mit dem Erbfall auf den Begünstigten über, sondern muß erst durch Rechtsgeschäft unter Lebenden auf ihn übertragen werden. Der schuldrechtliche Vermächtnisanspruch richtet sich zwar grundsätzlich nach den allgemeinen schuldrechtlichen Regeln des BGB, jedoch ist vorab zu prüfen, ob nicht die besonderen Regeln der §§ 2147 ff. BGB eingreifen.

Gesetzliche Vermächtnisse sind sowohl der **Ehegattenvoraus** gem. § 1932 BGB (s. dort) als auch der **Dreißigste** gem. § 1969 BGB.

Gegenstand eines Vermächtnisses kann jeder Vermögensvorteil sein, z. B. ein bestimmter Geldbetrag, eine bewegliche oder unbewegliche Sache, ein dingliches Recht, die Abtretung einer Forderung oder der Erlaß einer Schuld. Der vermächtnisweise Erwerb kann dabei auch entgeltlich sein, z. B. wenn dem Vermächtnisnehmer ein Erwerbs- oder Mietanspruch eingeräumt werden soll.

Mit dem Vermächtnis **beschwert** können gem. § 2147 S. 1 BGB sowohl der Erbe als auch ein **anderer Vermächtnisnehmer** sein, sog. **Untervermächtnis**.

Hat der Erblasser allerdings nichts anderes bestimmt, so ist gem. **§ 2147 S. 2 BGB** der **Erbe** beschwert.

Der Beschwerte ist der Schuldner, gegen den der Vermächtnisnehmer als Gläubiger den schuldrechtlichen Vermächtnisanspruch durchsetzen muß.

Gem. § 2148 BGB sind mehrere Erben im Verhältnis ihrer Erbteile beschwert, aber nur soweit das Innenverhältnis betroffen ist. Im Außenverhältnis besteht gem. § 2158 BGB eine gesamtschuldnerische Haftung dem Vermächtnisnehmer gegenüber.

Vermächtnisnehmer kann jede natürliche oder juristische Person sein.

2. Auslegungsregelung

Gerade in privatschriftlichen Testamenten werden die Begriffe „vererben", „zum Erben einsetzen" und „vermachen" oft untechnisch gebraucht, so daß oft zweifelhaft ist, welche Art der Verfügung im Einzelfall gewollt war. Die **Auslegungsregelung des § 2087 BGB** stellt insoweit klar, daß es nicht auf den Wortlaut der letztwilligen Verfügung, sondern allein auf den **Erblasserwillen** ankommt. Kennzeichnend für eine gewollte Erbeinsetzung ist, daß der Erblasser dem Bedachten sein gesamtes Vermögen oder einen bestimmten Bruchteil des gesamten Vermögens zuwenden wollte. Die Zweifelsregelung des § 2087 I BGB geht insoweit von einer Erbeinsetzung aus.

Wollte der Erblasser demgegenüber dem Begünstigten lediglich einzelne Vermögensgegenstände zukommen lassen, so geht § 2087 II BGB von einem Vermächtnis aus. Eine hiervon abweichende Auslegung kommt allerdings dann in Betracht, wenn der Wille des Erblassers erkennbar ist, den Bedachten zum Gesamtrechtsnachfolger und damit „Herrn des Nachlasses" zu machen. Hierbei kommt es z. B. auch darauf an, ob der Begünstigte nach dem Willen des Erblassers den Nachlaß regeln soll, Nachlaßverbindlichkeiten zu begleichen hat o. ä. Nicht entscheidend ist dagegen, ob ihm vom Nachlaß letztlich etwas verbleibt oder nicht (BayObLG FamRZ 1986, 604; BayObLG FamRZ 1986, 728 ff.; Leipold, Erbrecht, Rn. 272).

Eine Erbeinsetzung wird regelmäßig dann anzunehmen sein, wenn der Wert des bzw. der dem Begünstigten zugewendeten Gegenstände im wesentlichen den gesamten Nachlaß ausmachen oder einem wesentlichen Bruchteil gleichkommen (BayObLG MDR 1980, 937).

Möglich ist jedoch auch die vermächtnisweise Zuwendung des ganzen Vermögens oder einer Quote hiervon (vgl. Quotenvermächtnis, Universalvermächtnis). Entscheidend ist insoweit immer wieder, in welche Richtung der Wille des Erblassers geht. Will er den Begünstigten im Wege der Universalsukzession zu seinem Rechtsnachfolger machen, dann liegt eine Erbeinsetzung vor. Will er dem Bedachten lediglich einen schuldrechtlichen Anspruch gegen den Erben zukommen lassen, dann handelt es sich um ein Vermächtnis.

Zu beachten ist, daß der Annahme eines Universalvermächtnisses nicht etwa entgegen steht, daß dem Erben in diesem Fall wirtschaftlich gesehen nur eine formale Rechtsnachfolgestellung zukommt, während der Vermächtnisnehmer im Endeffekt die Vermögenszuwendung erhält, etwa dergestalt, daß nach Abwicklung der Nachlaßverbindlichkeiten der Restnachlaß dem Vermächtnisnehmer zu übertragen ist. Allerdings wird man auch oft durch Auslegung zu dem Ergebnis kommen müssen, daß der vermeintliche Vermächtnisnehmer in diesen Fällen Nacherbe sein soll. In Betracht kommt auch die Einsetzung zum Vorerben, während der scheinbare Erbe Testamentsvollstrecker sein soll (vgl. Lange/Kuchinke, § 29 II 2 a).

Hat der Erblasser sein **gesamtes** Vermögen durch Bezeichnung der wichtigsten Vermögensgegenstände auf verschiedene Personen verteilt, so können darin Erbeinsetzungen in Verbindung mit Teilungsanordnungen gem. § 2048 BGB zu sehen sein. Die Erbanteile sind für diesen Fall nach dem Wert der zugewandten Einzelgegenstände bzw. Gruppen von Gegenständen zu ermitteln (Leipold, Erbrecht, Rn. 272; BayObLGZ 1963, 319 ff.).

3. Anfall des Vermächtnisses

Sofern der Erblasser nicht ausdrücklich etwas anderes bestimmt hat, **fällt** das Vermächtnis direkt mit dem Erbfall **an,** d. h. mit dem Tod des Erblassers erwirbt der Vermächtnisnehmer die Forderung gem. § 2176 BGB. Die Fälligkeit des Vermächtnisses tritt gem. § 271 BGB sofort ein, sofern keine anderweitige Anordnung des Erblassers über die Fälligkeit getroffen wurde.

Der Vermächtnisnehmer kann den Anfall des Vermächtnisses durch **Ausschlagung,** die gem. §§ 1953 I, 2180 III BGB auf den Erbfall zurückwirkt, beseitigen, solange er das Vermächtnis noch nicht angenommen hat. Zu beachten ist insoweit, daß es für die Ausschlagung eines Vermächtnisses **keine Ausschlagungsfrist** entsprechend der Ausschlagung eines Erbes gibt (Leipold, Erbrecht, Rn. 557).

Der Anfall des Vermächtnisses setzt gem. § 2160 BGB allerdings voraus, daß der Vermächtnisnehmer im Zeitpunkt des Erbfalls noch lebt, wobei der Erblasser allerdings gem. § 2190 BGB einen Ersatzvermächtnisnehmer bestimmen kann.

Der Erblasser kann den Anfall des Vermächtnisses gem. § 2177 BGB mittels der Anordnung einer aufschiebenden Bedingung oder Befristung auch auf einen späteren Zeitpunkt **hinausschieben.** Zu beachten ist hierbei aber, daß der Vermächtnisnehmer in der Zeit zwischen Erbfall und Anfall des Vermächtnisses („Schwebezeit") ein **Anwartschaftsrecht** bezüglich des vermachten Gegenstandes hat (BGH MDR 1963, 824; Palandt/ Edenhofer, § 2179 Rn. 1).

Das Vermächtnis ist gem. § 2160 BGB **unwirksam,** wenn der Begünstigte zur Zeit des Erbfalls nicht mehr lebt. Es treten auch nicht etwa seine Erben als Vermächtnisnehmer an seine Stelle.

Anders als bei der Erbeinsetzung ist es jedoch möglich, daß der Vermächtnisnehmer im Zeitpunkt des Erbfalls noch gar nicht erzeugt ist, vielmehr reicht aus, daß er innerhalb der 30-Jahresfrist der §§ 2162 II, 2178 BGB erzeugt oder geboren wird.

Ebenfalls bedeutsamer Unterschied zur Erbeinsetzung (bei der die enge Auslegung des § 2065 BGB entgegensteht) ist, daß bei der vermächtnisweisen Zuwendung für den Erblasser die Möglichkeit besteht, den **Begünstigten gem. §§ 2151 ff. BGB durch eine dritte Person** (dies kann etwa auch der Beschwerte sein) aus einem vom Erblasser bezeichneten Personenkreis auswählen oder aber die Vermächtnisanteile **bestimmen** zu lassen.

Von besonderer praktischer Bedeutung ist dies beim sog. Unternehmertestament (→ *Unternehmensnachfolge/Unternehmertestament*).

Beispiel:

Unternehmer U hat drei derzeit noch minderjährige Kinder. Er möchte, daß dasjenige Kind, das sich später als für die Leitung des Unternehmens am geeignetsten erweist, das Unternehmen erhält. Er möchte sich hierbei auf das Urteil seines Freundes und Geschäftspartners F verlassen.

Wegen der oben erwähnten engen BGH-Rechtsprechung zu § 2065 BGB kommt eine Erbeinsetzung des „geeignetsten" Kindes vorliegend nicht in Betracht, da U dieses nicht nach so objektiven Kriterien bestimmen kann, daß F es, ohne einen eigenen Ermessensspielraum auszuüben, benennen kann.

Das von U angestrebte Ziel kann aber dadurch erreicht werden, daß dieser zunächst alle drei Kinder zu Erben einsetzt und eine Vermächtnisanordnung trifft mit dem Inhalt, daß das von F auszuwählende zur Unternehmensführung geeignetste Kind zu einem festgelegten Zeitpunkt, etwa nach Abschluß der Berufsausbildung aller Kinder oder bei Eintritt eines bestimmten Lebensalters des jüngsten Kindes, den Anspruch auf Übertragung des Unternehmens erhält.

4. Geldvermächtnis

In Testamenten und Erbverträgen werden häufig Ansprüche auf Zahlung einmaliger oder wiederkehrender Geldleistungen zugewendet. Häufig geschieht dies durch Vermächtnis oder Vorausvermächtnis.

Hierbei stellt sich das Problem, daß der Erblasser oder Übergeber bei der Festsetzung der Höhe der Geldzuwendung meist von den derzeitigen wirtschaftlichen Verhältnissen ausgeht und nicht bedenkt, daß die Fixierung der Höhe durch eine Veränderung des Geldwertes oder der persönlichen Verhältnisse zu einem ungerechten und so nicht von ihm gewollten Ergebnis führen können. Dies gilt insbesondere dann, wenn viele Jahre zwischen Errichtung der Verfügung und Fälligkeit der Zahlung liegen. Will der Erblasser oder Übergeber erreichen, daß seine Geldzuwendung auch nach Jahren noch als angemessen und gerecht empfunden wird, so ist eine Wertsicherung mittels einer Wertsicherungsklausel (→ *Kaufkraftveränderung/Kaufkraftschwund*) vorzunehmen.

Beim Stückvermächtnis haftet der Beschwerte nicht für etwaige Sachmängel, vielmehr wird die Sache in dem Zustand geschuldet, in dem sie sich befindet.

5. Stückvermächtnis

Hier vermacht der Erblasser einen bestimmten zum Nachlaß gehörenden Gegenstand, etwa ein Gemälde, ein Schmuckstück oder ein Grundstück, aber auch eine bestimmte Forderung oder ein sonstiges Recht (§ 2169 BGB).

Sofern der Gegenstand nach der Vermächtnisanordnung, aber vor dem Erbfall untergeht, liegt für den mit dem Vermächtnis Beschwerten ein Fall ursprünglicher objektiver Unmöglichkeit vor, der im Schuldrecht mit § 306 BGB a.F. zwar gestrichen wurde, in § 2171 BGB n.F. aber fortlebt, so daß die Vermächtnisanordnung damit unwirksam wird.

Beim Stückvermächtnis haftet der Beschwerte nicht für etwaige Sachmängel, vielmehr wird die Sache in dem Zustand geschuldet, in dem sie sich befindet.

6. Verschaffungsvermächtnis

Hier vermacht der Erblasser einen bestimmten Gegenstand selbst für den Fall, daß dieser gar nicht zum Nachlaß gehört

(§§ 2169, 2170 BGB). Der mit dem Vermächtnis Beschwerte ist also verpflichtet, dem Begünstigten den betreffenden Gegenstand zu verschaffen. Sollte die Beschaffung des Gegenstandes nicht möglich sein, so ist der Beschwerte dem Begünstigten gem. § 2170 II BGB zum Wertersatz verpflichtet.

Ein Verschaffungsvermächtnis liegt dann vor, wenn der Erblasser dem Begünstigten den vermachten Gegenstand unbedingt zukommen lassen wollte bzw. er wirtschaftlich im Nachlaß enthalten ist (BGH NJW 1983, 937). Auch hier gibt es keine Sachmängelhaftung (s. o.).

Beschränkt wird allerdings die Verpflichtung aus einem Verschaffungsvermächtnis durch die beschränkte Erbenhaftung sowie die Beschränkung eines Untervermächtnisses auf den Wert des Hauptvermächtnisses gem. § 2187 I BGB (Nieder, Handbuch der Testamentsgestaltung, Rn. 557).

In der Praxis relevant sind insoweit Verschaffungsvermächtnisse im Rahmen von bestehendem Miteigentum, Gesamthandseigentum oder bei Herausgabevermächtnissen, bei denen ein Inbegriff von Gegenständen oder ein Bestand von Zubehörstücken herauszugeben ist und bei dem nicht zur Erbschaft gehörende Ersatzstücke dann durch entsprechende Verschaffungsvermächtnisse zugewendet werden sollen.

7. Gattungsvermächtnis

Hier hat der Erblasser den vermachten Gegenstand nur der Gattung nach bestimmt (§ 2155 Abs. 1 BGB). Hierbei ist gleichgültig, ob Gegenstände der vermachten Gattung zum Nachlaß gehören oder nicht, da § 2169 I BGB für das Gattungsvermächtnis nicht gilt, sofern nicht der Erblasser ausnahmsweise bestimmt hat, daß das Vermächtnis auf eine im Nachlaß vorhandene Gattungssache zu beschränken ist.

Entgegen der Gattungsschuld des § 243 I BGB schuldet der Beschwerte dem Vermächtnisnehmer aber hier nicht eine Sache mittlerer Art und Güte, sondern gem. § 2155 I BGB eine den Verhältnissen des Vermächtnisnehmers entsprechende Sache.

Die Bestimmung der konkret geschuldeten Sache erfolgt grundsätzlich durch den Beschwerten, sofern nicht der Erblasser die Bestimmung dem Begünstigten selbst oder einem Dritten übertragen hat (Nieder, Handbuch der Testamentsgestaltung, Rn. 552).

Das Vermächtnisrecht unterscheidet im Gegensatz zum durch die Schuldrechtsreform neu gefaßten Kaufrecht nach wie vor zwischen Rechts- und Sachmängeln, §§ 2182 BGB, 2183 BGB n. F., auch hinsichtlich der Rechtsfolgen (Krug, SchuldrechtsmodernisierungsG und Erbrecht, Rn. 258 ff.).

Erfüllt der Erblasser selbst noch das Vermächtnis, so hängt es vom Einzelfall ab, ob der Begünstigte nochmals Erfüllung verlangen kann. Insoweit ist zu prüfen, ob die Vermächtnisanordnung als unter der stillschweigenden Bedingung stehend anzusehen ist, daß der Begünstigte den Gegenstand nicht bereits zu Lebzeiten des Erblassers erhält (Palandt/Edenhofer, § 2155 Rn. 1).

Streitig ist, ob das Geldvermächtnis unter § 2155 BGB fällt (verneinend: Palandt/Edenhofer, § 2155 Rn. 1; bejahend: MK/ Schlichting, § 2155 Rn. 2).

8. Wahlvermächtnis

Hier hat der Erblasser in der Vermächtnisanordnung bestimmt, daß der Begünstigte von mehreren Gegenständen nur den einen oder anderen erhalten soll (§ 2154 BGB).

Im Hinblick auf die Erbschaftsteuer wird der Besteuerung hier lediglich der Wert des ausgewählten Gegenstandes zugrunde gelegt.

9. Zweckvermächtnis

Hier hat der Erblasser das Vermächtnis nur dem Zweck nach bestimmt und den konkreten Inhalt bzw. Vermächtnisgegenstand dem billigen Ermessen des mit dem Vermächtnis Beschwerten bzw. einem Dritten überlassen (§ 2156 BGB).

10. Bestimmungsvermächtnis

In der Regel wird der Erblasser selbst den Vermächtnisnehmer bestimmen. Er kann es aber auch dem mit dem Vermächtnis Beschwerten oder einem Dritten überlassen, den Begünstigten aus mehreren vom Erblasser benannten Personen oder aus einem näher bestimmten Personenkreis auszuwählen (§ 2151 BGB). Der Beschwerte ist immer dann bestimmungsberechtigt, wenn sonst niemand vom Erblasser benannt wurde.

Allerdings muß etwa der Wille des Erblassers, unter seinen Kindern von einem Dritten einen Vermächtnisnehmer bestimmen zu lassen, aus der letztwilligen Verfügung eindeutig hervorgehen (Keller, BWNotZ 1970, 51).

Besonderes Augenmerk ist insoweit auf die Bestimmbarkeit zu legen. Dabei darf die Zahl der Personen, aus denen der Vermächtnisnehmer ausgewählt werden soll, nicht allzu weit ausgedehnt werden, weil es sich sonst um eine Auflage gem. § 2193 BGB handelt, etwa bei Zuwendung eines Nachlaßgegenstandes zu „wohltätigen Zwecken".

Auch muß der vermachte Gegenstand bestimmt sein, weil andernfalls die §§ 2154–2156 BGB gelten.

Auch der Beschwerte selbst kann zum Kreis der Bedachten gehören.

§ 2151 BGB lockert insoweit, wie bereits erwähnt, das Prinzip des § 2065 BGB auf. Dies hat besondere praktische Bedeutung für die Regelung einer Unternehmensnachfolge (→ *Unternehmensnachfolge/Unternehmertestament*).

Der Begünstigte muß dann durch formlose, empfangsbedürftige und unwiderrufliche Willenserklärung, die grundsätzlich nach freiem Ermessen ausgeübt wird, ausgewählt werden (Münchener Vertragshandbuch/Nieder, XVI.4 Anm. 8). Sie kann beim Vorliegen von Willensmängeln angefochten werden. Jedoch scheidet insoweit die Anfechtung wegen Motivirrtums über die Eignung der Person als Vermächtnisnehmer aus (Klunzinger, BB 1970, 1201; Johannsen, WM 1972, 872; RGRK/Johannsen, § 2151 Rn. 6 f.).

Die Grenze des freien Ermessens der auswählenden Person ist insoweit bei Arglist oder Sittenwidrigkeit überschritten (MK/ Schlichting, § 2151 Rn. 12). Entsprechende Auswahlkriterien können natürlich vom Erblasser getroffen werden (Brox, Rn. 412 ff.). Streitig ist, ob und gegebenenfalls innerhalb welcher Grenzen die Bestimmung gerichtlich nachprüfbar ist. Nach MK/Skibbe (§ 2151 Rn. 12) muß sich die Nachprüfung darauf beschränken, ob eine wirksame Bestimmungserklärung vorlag, also ein handlungsfähiger Bestimmungsberechtigter seine Auswahl aus dem begünstigten Personenkreis getroffen hat und hierbei nicht arglistig oder zumindest sittenwidrig verfahren ist. Streitig ist, inwieweit vom Erblasser festgelegte Auswahlkriterien von rechtlicher Relevanz sind. Nach einer Ansicht ist die Nichtbeachtung dieser Kriterien nur insoweit von Belang, als sie ergibt, daß sich der Bestimmungsberechtigte nicht an den begünstigten Personenkreis gehalten hat. Eine Überprüfung unter dem Gesichtspunkt, ob die Bestimmung der Billigkeit entspricht, scheide aus (Staudinger/Otte, § 2151 Rn. 7; Erman/ Hense, § 2151 Rn. 2; Schäfer, BWNotZ 1962, 188, 206; nunmehr auch Palandt/Edenhofer, § 2151 Rn. 2). Eine a.A. schließt sich dem mit der Einschränkung an, daß der Bestimmungsberechtigte sich selbst auswählt (RGRK/Johannsen, § 2151 Rn. 6–8). Wieder andere differenzieren nach dem Willen des Erblassers (Brox, Rn. 433; Kipp/Coing, § 55 IV 1; Lange/Kuchinke, § 29 III 2 b). Zumindest die Beachtung des Erblasserwillens solle aber überprüfbar sein (Palandt/Edenhofer, § 2151 Rn. 2).

Für den Fall, daß eine Bestimmung entweder gar nicht oder nicht fristgerecht erfolgt ist, steht das Vermächtnis gem. § 2151 III BGB allen Begünstigten als Gesamtgläubigern zu.

Auf Ausübung des Bestimmungsrechts kann allerdings nicht geklagt werden, vielmehr kann nach § 2151 III BGB beim Nachlaßgericht beantragt werden, dem Bestimmungsberechtigten Frist zu setzen. Nach fruchtlosem Fristablauf tritt dann die Wirkung des § 2151 III 1 BGB ein.

11. Nutzungs-/Nießbrauchsvermächtnis

Bei einem Nießbrauchsvermächtnis am Nachlaß handelt es sich um eine Form des Vermögensnießbrauchs, genauer, einen Nießbrauch an den einzelnen Nachlaßgegenständen.

Das Nutzungsvermächtnis wird als Rechtsinstrument oftmals zugunsten des überlebenden Ehegatten gebraucht, um eine Zerschlagung des Nachlasses in den Händen der Abkömmlinge des Erblassers sowie seines Ehegatten zu verhindern, was insbesondere bei Vorhandensein bestimmter wertvoller Vermögensgegenstände, wie Betriebsvermögen und Grundbesitz, eine Rolle spielt. Hierdurch wird im übrigen gewährleistet, daß die Substanz des Vermögens selbst ungeschmälert auf die Abkömmlinge übergehen kann.

Die Abkömmlinge werden dementsprechend zu Vollerben des erstversterbenden Ehegatten eingesetzt, während der überlebende Ehegatte ein Nutzungsvermächtnis, regelmäßig ein Nießbrauchsvermächtnis am gesamten Nachlaß erhält.

Der überlebende Ehegatte hat so eine wesentlich schwächere Rechtsstellung als bei einer Einsetzung zum Vorerben. Das Nutzungs- bzw. Nießbrauchsvermächtnis versorgt den Nießbraucher und schützt den Erben (Langenfeld, Testamentsgestaltung, § 5 Rn. 288).

Scheiden einzelne Gegenstände aus dem Nachlaß aus, so besteht hinsichtlich etwaiger Ersatzgegenstände **keine dingliche Surrogation,** vielmehr kann ein weiterer Nießbrauch an ihnen nur durch ein weiteres Vermächtnis bestellt werden.

Streng zu **unterscheiden** ist der Nießbrauch am Nachlaß von dem **Nießbrauch an Erbteilen.** Dieser erfolgt durch notarielle Beurkundung gem. §§ 1069, 2033 I BGB.

Weiterer bedeutsamer Unterschied ist, daß bei Vorliegen eines Nießbrauchs am Nachlaß die Erben die Erbauseinandersetzung ohne weiteres ohne den Nießbrauchsvermächtnisnehmer vornehmen können, während die Erbauseinandersetzung beim Nießbrauchsvermächtnis an allen Erbteilen gem. §§ 1068 II, 1066 II, 1071 BGB nur mit Zustimmung des Nießbrauchers möglich ist, da ansonsten mit Aufhebung der Erbengemeinschaft sein Nießbrauchsrecht untergehen würde, was beim Nießbrauch am Nachlaß gerade nicht der Fall ist.

Die letztwillige Verfügung sollte insoweit eine klare Bestimmung enthalten, aus der eindeutig hervorgeht, welche Art des Nießbrauchsvermächtnisses im Einzelfall gewollt ist.

Formulierungsvorschlag:

Der überlebende Ehegatte erhält am Nachlaß des Erstversterbenden den lebenslangen und unentgeltlichen Nießbrauch.

In Abweichung von der gesetzlichen Lastenverteilung trägt der Nießbraucher für die Dauer des Nießbrauchs auch die Lasten, die nach dem Gesetz der Eigentümer zu tragen hat. Etwaige Steuernachteile hat der Nießbraucher dem Eigentümer während der Dauer des Nießbrauchs zu erstatten. Die Ausübung des Nießbrauchs darf Dritten nicht überlassen werden. Der Nießbraucher ist berechtigt, jederzeit den Nießbrauch einseitig aufzugeben. Zur Bestellung des Nießbrauchs erhält der Vermächtnisnehmer hiermit unwiderruflich auf den Todesfall Vollmacht unter Befreiung von den Beschränkungen des § 181 BGB.

(Vgl. Langenfeld, Testamentsgestaltung, § 5 Rn. 287)

Das im Grundbuch eingetragene Nießbrauchsrecht steht weder der Vollstreckungsversteigerung noch einer Teilungsversteigerung entgegen (BayObLG NJW 1959, 1780). Über das rechtliche Schicksal des Nießbrauchs entscheidet das Rang-verhältnis zu demjenigen Gläubiger, der die Beschlagnahme des Grundstücks erwirkt hat. Hat der Nießbrauch insoweit Vorrang, so wird er in das geringste Gebot aufgenommen, mit der Folge, daß er auch nach Zuschlag an den Erwerber gem. §§ 44, 52 ZVG bestehen bleibt, sofern nicht § 59 ZVG ein-greift. Ansonsten erlischt der Nießbrauch gem. §§ 52 I, 91 I ZVG mit Zuschlag, sofern nicht ausnahmsweise § 59 III ZVG eingreift oder eine entsprechende Vereinbarung gem. § 91 II ZVG zwischen Nießbraucher und Erwerber getroffen wird (Staudinger/Frank, vor § 1030 Rn. 90 ff.).

Sofern ein Nießbrauch nach den Regeln des ZVG erlöscht, hat der Nießbraucher Anspruch auf Wertersatz aus dem Versteige-rungserlös gem. § 92 II ZVG in Form der Zahlung einer Geld-rente, die der Höhe nach dem Jahreswert des Nießbrauchs ent-spricht.

12. Rentenvermächtnis

Grundsätzlich hat der Erblasser auch die Möglichkeit, dem Begünstigten monatliche Zuwendungen in Form von Renten-zahlungen vermächtnisweise zukommen zu lassen. Hierbei muß er sich aber zwischen zwei Grundformen der Rente, nämlich der dauernden Last einerseits und der Leibrente ande-rerseits entscheiden.

Bei der **dauernden Last** gibt es **kein Rentenstammrecht,** so daß diese grundsätzlich von der sich ändernden Leistungsfähigkeit des Rentenverpflichteten bzw. von der Bedürftigkeit des Ren-tenberechtigten abhängig ist, so daß auf entsprechenden Antrag eine Anpassung gem. § 323 ZPO zu erfolgen hat.

Der steuerrechtliche Vorteil der dauernden Last besteht aller-dings darin, daß die zu zahlenden wiederkehrenden Bezüge einkommensteuerrechtlich in voller Höhe beim Zahlungsver-pflichteten abzugsfähig sind (Langenfeld, Ehegattentestament, Rn. 483).

Bei der **Leibrente gem. § 759 BGB** gibt es demgegenüber ein **Rentenstammrecht,** aus dem die einzelnen Rentenleistungen erwachsen und das grundsätzlich unvererblich ist.

Im Gegensatz zur dauernden Last ist die Leibrente nicht abän-derbar, so daß sie dem rentenberechtigten Vermächtnisnehmer einen fortwährend konstanten Rechtsanspruch sichert. Steuerrechtlicher Nachteil ist allerdings, daß die Leibrente nur in Höhe des Ertragsanteils steuerlich abgesetzt werden kann (Kerscher/Tanck/Krug, Das erbrechtliche Mandat, § 8 Rn. 230 f.).

In der Praxis besteht gerade bei Rentenvermächtnissen ein erhöhter Bedarf, die entsprechenden Rentenansprüche hinreichend **abzusichern.** Dies sollte bereits in der letztwilligen Verfügung geschehen. Hierfür bietet sich an, anzuordnen, daß bei mehrmaligem Zahlungsverzug des Rentenverpflichteten der gesamte für die Zukunft noch ausstehende kapitalisierte Rentenbetrag zugunsten des Rentenberechtigten fällig wird. Damit verbunden werden sollte die Anordnung, daß sich der Erbe in einer notariellen Urkunde der sofortigen Zwangsvollstreckung in sein gesamtes Vermögen zu unterwerfen hat (Langenfeld, Ehegattentestament, Rn. 469).

Eine weitere Möglichkeit der Absicherung der Leibrente besteht in der Grundbucheintragung als **Reallast gem. § 1105 BGB.** Aus § 1107 BGB ergibt sich, daß der Eigentümer für das Stammrecht der Reallast und der daraus folgenden Einzelleistungen dinglich mit dem insoweit belasteten Grundstück haftet, daneben haftet er außerdem gem. § 1108 BGB persönlich mit seinem gesamten Vermögen. Da zwischen der schuldrechtlichen Verpflichtung auf Erfüllung der einzelnen Rentenansprüche und der Reallast eine Akzessorietät nicht besteht, empfiehlt es sich zusätzlich, ein Leistungsverweigerungsrecht des Rentenverpflichteten für den Fall der Erfüllung des schuldrechtlichen Anspruchs mitaufzunehmen.

Durch eine solchermaßen erfolgte grundbuchmäßige Sicherung des Rentenberechtigten wird natürlich umgekehrt dem Erben die wirtschaftliche Nutzung oder Verwertung seines Grundstücks erheblich erschwert. Dem könnte dadurch entgegengewirkt werden, daß dem Erben in der letztwilligen Verfügung im Rang vor der Reallast ein Rangvorbehalt gewährt wird und dieser im Grundbuch eingetragen wird. Ebenso könnte der Rentenberechtigte zum Rangrücktritt verpflichtet werden, sofern ihm dafür andere Sicherheiten gewährt werden. Unter dieser Voraussetzung käme dann sogar die Löschung seiner Rechte in Betracht (vgl. Langenfeld, Ehegattentestament, Rn. 473).

Zur Wertsicherung der Rente → *Kaufkraftveränderung/Kaufkraftschwund.*

13. Wohnungsrechtsvermächtnis

Der Erblasser hat auch die Möglichkeit, mittels eines Vermächtnisses dem Begünstigten das Recht einzuräumen, bestimmte Räumlichkeiten eines Grundstückes, das von Todes wegen in das Eigentum eines anderen (Erben oder Vermächtnisnehmer) übergegangen ist, lebenslang unentgeltlich zu nutzen.

Hierbei besteht zum einen die Möglichkeit der Einräumung eines **dinglichen Wohnrechts gem. § 1093 BGB** an genau bestimmten Räumen unter Ausschluß des Eigentümers, aber auch die Einräumung eines **rein schuldrechtlichen Wohnrechts,** das durch eine **Wohnungsreallast** gesichert werden kann. Beide Wohnungsrechte sind weder veräußerbar noch vererbbar.

Daher stellt das Wohnrechtsvermächtnis insbesondere im gemeinschaftlichen Ehegattentestament oder Ehegattenerbvertrag eine sinnvolle Möglichkeit dar, dem überlebenden Ehegatten die tatsächliche und wirtschaftliche Nutzung eines Grundstücks oder Miteigentumsanteils an einem Grundstück zuzuwenden oder zu erhalten, während für die Abkömmlinge, die insoweit Rechtsnachfolger des Erblassers bezüglich des Eigentums am Grundstück werden, auf diese Weise der Erhalt der Substanz gesichert und gewährleistet wird.

Bei der Einräumung eines **dinglichen** Wohnrechts gem. § 1093 BGB ist allerdings zu beachten, daß dieses bei Untergang des Grundstücks, an dem es bestellt ist, erlischt (BGHZ 7, 268), ohne daß der Eigentümer und Wohnrechtsverpflichtete insoweit zu einer Ersatzbeschaffung oder gar zur Wiederherstellung verpflichtet wäre, es sei denn, er hätte sich hierzu im Rahmen der Bestellung des Wohnrechts schuldrechtlich verpflichtet (Münchener Vertragshandbuch/Nieder, Band 4, 2. Halbbd., S. 650).

Anders ist dies beim **schuldrechtlichen** Wohnrecht, das durch eine **Wohnungsreallast** gesichert wird, da diese den Eigentümer nur allgemein zur Wohnungsgewährung (nicht an bestimmten Räumen) verpflichtet. Dadurch bleibt das Wohnrecht auch dann bestehen, wenn das betreffende Grundstück bzw. Gebäude untergeht, da das Wohnrecht hier ja nicht von einem bestimmten Gebäude abhängig ist (Nieder, BWNotZ 1975, 303).

Allerdings ist zu beachten, daß im Hinblick auf die Pfändbarkeit doch wieder einiges für das dingliche Wohnrecht spricht, da dieses nur dann gepfändet werden kann, wenn ausdrücklich die Befugnis zu seiner Ausübung Dritten gem. § 1092 I 2 BGB gestattet ist, während die Wohnungsreallast ohne weiteres gepfändet werden kann.

In beiden Fällen des Wohnrechtsvermächtnisses hat der jeweilige Wohnberechtigte grundsätzlich die Erhaltungskosten sowie die laufenden Kosten der Wohnung selbst zu tragen. Dies ist allerdings gem. § 1021 BGB abdingbar mit der Wirkung, daß der Eigentümer für diese Kosten aufzukommen hat, sofern der Erblasser dies wünscht (MK/Joost, § 1093 Rn. 8).

Im Falle des dinglichen Wohnrechts gem. § 1093 BGB hat der Grundstückseigentümer darüber hinaus immer die auf dem Grundstück ruhenden öffentlichen und privaten Lasten allein zu tragen, sofern nichts anderes bestimmt ist.

Das im Grundbuch eingetragene Wohnungsrecht steht weder der Vollstreckungsversteigerung noch einer Teilungsversteigerung entgegen (BayObLG NJW 1959, 1780). Über das rechtliche Schicksal des Wohnungsrechts entscheidet das Rangverhältnis zu demjenigen Gläubiger, der die Beschlagnahme des Grundstücks erwirkt hat. Hat das Wohnrecht insoweit Vorrang, so wird es in das geringste Gebot aufgenommen, mit der Folge, daß es auch nach Zuschlag an den Erwerber gem. §§ 44, 52 ZVG bestehen bleibt, sofern nicht § 59 ZVG eingreift. Ansonsten erlischt das Wohnrecht gem. §§ 52 I, 91 I ZVG mit Zuschlag, sofern nicht ausnahmsweise § 59 III ZVG eingreift oder eine entsprechende Vereinbarung gem. § 91 II ZVG zwischen Wohnrechtsberechtigtem und Erwerber getroffen wird (Staudinger/Frank, vor § 1030 Rn. 90 ff., für das Nießbrauchsrecht).

Sofern ein Wohnungsrecht nach den Regeln des ZVG erlöscht, hat der Wohnungsberechtigte Anspruch auf Wertersatz aus dem Versteigerungserlös gem. § 92 II ZVG in Form der Zahlung einer Geldrente, deren Höhe dem Jahreswert des Wohnungsrechts zu entsprechen hat.

14. Vorausvermächtnis

Hier wird der Erbe gem. § 2150 BGB zugleich als Erbe beschwert und als Vermächtnisnehmer bedacht, was für ihn verschiedene Vorteile hat:

Zum einen behält er den Vermächtnisanspruch auch dann, wenn er sein Erbe ausschlägt. Zum anderen kann er beim Vorliegen einer Miterbengemeinschaft bezüglich seines Vermächtnisanspruches gem. § 2059 II BGB bereits vor der Auseinandersetzung Befriedigung aus dem ungeteilten Nachlaß verlangen und muß sich das Vermächtnis bei stattfindender Auseinandersetzung auch nicht auf seinen Erbteil anrechnen lassen (→ *Vorausvermächtnis*).

15. Ersatzvermächtnis

Hier wendet der Erblasser den Vermächtnisgegenstand für den Fall, daß dem zunächst Begünstigten das Vermächtnis nicht anfällt, etwa weil dieser es gem. §§ 2176, 2180 BGB ausschlägt, einem anderen Vermächtnisnehmer zu (§ 2190 BGB).

16. Nachvermächtnis

Hier ordnet der Erblasser letztwillig an, daß zu einem bestimmten Zeitpunkt nach Vermächtnisanfall an den zunächst begünstigten Vorvermächtnisnehmer dieser das Vermächtnis an einen anderen (Nachvermächtnisnehmer) herauszugeben hat (§ 2191 BGB).

Versäumnis der Ausschlagungsfrist

Gemäß § 1956 BGB kann die Versäumung der Ausschlagungsfrist (→ *Ausschlagung der Erbschaft*) in gleicher Weise wie die Annahme der Erbschaft (→ *Annahme der Erbschaft*) angefochten werden. Dies stellt eine Besonderheit innerhalb der Struktur des BGB dar. Als Anfechtungsgründe kommen hier ebenfalls diejenigen des Allgemeinen Teils des BGB in Betracht.

Eine Anfechtung wegen arglistiger Täuschung oder Drohung gem. § 123 BGB ist dann begründet, wenn der Erbe durch die Täuschung oder Drohung dazu veranlaßt wurde, die Frist verstreichen zu lassen, wobei ein unbewußtes Verstreichenlassen genügt (MK/Leipold, § 1956 Rn. 5).

Die Anfechtung wegen Eigenschaftsirrtums nach § 119 Abs. 2 BGB kann nur dann gegeben sein, wenn der Anfechtende zwar Kenntnis vom Fristablauf hatte, die Anfechtung aber wegen eines Irrtums hinsichtlich der Eigenschaft der Erbschaft unterließ (MK/Leipold, § 1956 Rn. 6).

Problematisch ist hier eine Anfechtbarkeit wegen Inhalts- oder Erklärungsirrtums gem. § 119 Abs. 1 2. Alt. BGB, da in der Annahme durch Fristablauf keine Willenserklärung gesehen werden kann (MK/Leipold, § 1956 Rn. 7). In Betracht kann daher auch nur eine analoge Anwendung des § 119 Abs. 1 2. Alt. BGB kommen. Dem Anfechtenden muß jedenfalls die Kenntnis gefehlt haben, durch den Fristablauf das Ausschlagungsrecht zu verlieren, unabhängig davon, ob er Kenntnis vom Fristablauf hatte. Ausreichend ist also auch Unkenntnis über das Bestehen der Frist, deren Lauf oder die Rechtsfolge des Fristablaufs (OLG Hamm Rpfleger 1985, 364). Weiterhin darf der Erbe nicht den Willen gehabt haben, die Erbschaft endgültig zu behalten.

Für die Kausalität des Irrtums ist erforderlich, daß der Anfechtungsberechtigte bei Kenntnis der wahren Sachlage und verständiger Würdigung die Ausschlagung erklärt hätte, was durch objektive Betrachtung festgestellt werden muß (MK/Leipold, § 1956 Rn. 8). Die Kausalität ist jedenfalls dann zu bejahen, wenn aufgrund allgemeiner Lebenserfahrung davon ausgegangen werden muß, daß die Erbschaft wegen Überschuldung des Nachlasses ausgeschlagen worden wäre oder aber der Erbe irrtümlich davon ausgegangen war, die Ausschlagung bereits wirksam erklärt zu haben.

Die Anfechtungsfrist beginnt in diesem Fall mit Kenntnis vom Lauf der Ausschlagungsfrist und deren Rechtsfolgen. Umstritten ist, ob die Versäumung der Anfechtungsfrist wiederum eine Anfechtung nach § 1956 BGB begründet (MK/Leipold, § 1956 Rn. 9 m.w.N.).

Verschwundenes Testament

Falls ein Testament verlorengegangen oder absichtlich beiseite geschafft wurde, kann Klage auf Feststellung des Erbrechts erhoben werden. An den Nachweis eines unfreiwillig abhanden gekommenen oder zerstörten Testaments sind jedoch strenge Anforderungen zu stellen (BayObLG FamRZ 1990, 1162; FamRZ 1993, 117). Derjenige, der aus dem Testament Rechte ableitet, muß die formgültige Errichtung und seinen Inhalt beweisen (OLG Hamm NJW 1974, 1827; BayObLG MDR 1981, 933). Zur Beweisführung über die Errichtung und den Inhalt des Testaments kann sich die beweisbelastete Partei sämtlicher Beweismittel bedienen (Ablichtung, Durch- und Abschriften, Zeugen, Sachverständigen). Da die zu treffende Feststellung für die Entscheidung ausschlaggebend ist, verdient das förmliche Beweisverfahren in der Regel den Vorzug (BayObLG FamRZ 1986, 1043; OLG Köln NJW-RR 1993, 970). Die Beweislast kehrt sich jedoch um, wenn bewiesen ist, daß derjenige, der die Unwirksamkeit des Testaments geltend macht, es selbst zur Seite geschafft hat (OLG Hamm OLGZ 1967, 79; Staudinger/Firsching, § 2255 Rn. 18). Ist im Erbscheinsverfahren auch nach abschließenden Ermittlungen von Amts wegen keine sichere Feststellung möglich, trägt die Feststellungslast derjenige, der seinen Antrag auf das nicht mehr vorhandene Testament stützt (OLG Hamm NJW 1974, 1827; BayObLGE 77, 59; BayObLG Rpfleger 1980, 60; OLG Frankfurt Rpfleger 1978, 310, 312).

Verwaltung des Nachlasses (§§ 2038 ff. BGB)

1. Überblick
2. Innenverhältnis

3. Außenverhältnis

1. Überblick

Zwischen Erbfall und endgültiger Auflösung der Miterbengemeinschaft muß der Nachlaß sinnvoll verwaltet werden. Diese Verwaltungsbefugnis steht den Miterben zu, sofern der Erblasser sie nicht auf einen Testamentsvollstrecker oder Nachlaßverwalter übertragen hat. Die Verwaltung des Nachlasses ist in den §§ 2038 bis 2040 BGB geregelt, wobei § 2038 II BGB auf einzelne Vorschriften der Bruchteilsgemeinschaft verweist.

Die Verwaltung des Nachlasses umfaßt alle Handlungen, die von den Miterben mit Wirkung für den Nachlaß zu dessen Erhaltung, Nutzung oder Vermehrung vorgenommen werden, gleichgültig ob es sich dabei um Maßnahmen des Innen- oder Außenverhältnisses handelt. (Diese Frage wird nur dann bedeutsam, wenn es darum geht, inwieweit der einzelne Miterbe zur Vornahme der einzelnen Verwaltungsmaßnahme befugt war.)

Beispiele:

– Abschluß und Kündigung von Miet- oder Pachtverträgen (BGHZ 56, 50)

– Begleichung laufender Verbindlichkeiten (BGH FamRZ 1965, 269)

– Fortführung eines Erwerbsgeschäfts (BGHZ 30, 394)

– Durchsetzung von Forderungen im Klageweg sowie Abschluß von Vergleichen (BGHZ 46, 280)

– **nicht aber:** Widerruf einer Vollmacht des Erblassers, da diese nur von dem einzelnen Miterben mit Wirkung gegen sich allein widerrufen werden kann.

(Kerscher/Tanck/Krug, Das erbrechtliche Mandat, § 13 Rn. 16 f.)

Nachlaßverwaltung in diesem Sinne kann daher sowohl Geschäftsführung als auch Vertretung sein.

Im Außenverhältnis gilt grundsätzlich das Prinzip gesamthänderischen Handelns, das nur ausnahmsweise, etwa im Rahmen von Notmaßnahmen der ordnungsgemäßen Verwaltung, durchbrochen wird.

Bei der Erbengemeinschaft unterscheidet man zwischen der Verwaltung im Innenverhältnis, für die gem. §§ 2038, 745 I BGB grundsätzlich das Mehrheitsprinzip gilt, und der Verfügung im Außenverhältnis, für die gem. § 2040 BGB grundsätzlich gemeinschaftliches Handeln vorgesehen ist, wobei Einwilligung oder Genehmigung der Miterben ausreichen (Kerscher/Tanck/Krug, Das erbrechtliche Mandat, § 13 Rn. 19).

2. Innenverhältnis

Hier ist zu unterscheiden zwischen

– **ordnungsgemäßen Verwaltungsmaßnahmen**
Hierbei handelt es sich um Maßnahmen, die gem. § 745 I BGB der Beschaffenheit des betreffenden Nachlaßgegenstandes im konkreten Fall und dem objektiven Interesse aller Miterben entsprechen (unter Ausschluß wesentlicher Veränderungen), z. B. Maßnahmen zur Wahrnehmung von Verkehrssicherungspflichten, Abschluß und Kündigung von Mietverträgen als Vermieter.

– **außerordentlichen Verwaltungsmaßnahmen**
Dies sind außergewöhnliche Dispositionen über den Nachlaß, die eine erhebliche wirtschaftliche Bedeutung haben, bzw. Maßnahmen, die eine wesentliche Veränderung des Nachlasses zum Ziel haben, z. B. Umwandlung der Erbengemeinschaft in werbende Gesellschaft, Umwandlung eines Unternehmens in ein Unternehmen einer anderen Branche, Durchsetzung von Forderungen im Klagewege unter Abschluß eines Vergleiches (BGHZ 46, 280).

– **Notverwaltungsmaßnahmen**
Hierbei handelt es sich um bedeutsame Maßnahmen in Dringlichkeitsfällen zur Erhaltung des Nachlasses, in denen die Zustimmung der anderen Miterben nicht eingeholt werden kann, z. B. Rohrbruch oder Rohrverstopfung in einem der Erbengemeinschaft gehörenden Wohnhaus, Dachreparatur, sofern im Falle der Untätigkeit nach der Lebenserfahrung zu erwarten ist, daß der Nachlaßgegenstand untergeht oder verschlechtert wird und ein wirtschaftlich vernünftig denkender Erbe diese Erhaltungsmaßnahme vornehmen würde (BGHZ 6, 76).

Jeder Miterbe ist grundsätzlich den anderen gegenüber verpflichtet, bei Maßnahmen mitzuwirken, die zur **ordnungsgemäßen Verwaltung** des Nachlasses erforderlich sind. Diese Verpflichtung kann grundsätzlich im Klageweg durchgesetzt werden, bei dem der Antrag auf Zustimmung zu einer bestimmten Maßnahme lautet, die dem Interesse aller Miterben nach billigem Ermessen entsprechen muß (MK/Dütz, § 2038 Rn. 42).

Diese Mitwirkungspflicht erlangt allerdings nur dann Bedeutung, wenn die grundsätzlich erforderliche **einfache Stimmenmehrheit** nicht erreicht werden konnte. Die Stimmen berechnen sich gem. §§ 2038 II, 745 I 2 BGB nach der Größe der Erbteile, wobei Ausgleichungspflichten gem. §§ 2050 ff. BGB nicht zu berücksichtigen sind (MK/Dütz, § 2038 Rn. 35).

Außerordentliche Verwaltungsmaßnahmen müssen gem. § 2038 I 1 BGB **einstimmig** beschlossen werden.

Im Falle der **Notgeschäftsführung** ist jeder Erbe auch zur **Alleinverfügung** berechtigt.

Gem. den Auftragsvorschriften der §§ 669, 670 BGB kann derjenige Miterbe, der im Rahmen der Nachlaßverwaltung für die anderen tätig wird, von diesen einen angemessenen Vorschuß bzw. Aufwendungsersatz verlangen. Sofern eine notwendige Zustimmung nicht erteilt wird, beurteilt sich der Aufwendungsersatz nach den Vorschriften über die Geschäftsführung ohne Auftrag gem. §§ 683, 684 BGB (Kerscher/Tanck/Krug, Das erbrechtliche Mandat, § 13 Rn. 33).

Die Kosten- und Lastenverteilung für Erhaltung, Verwaltung und gemeinschaftliche Nutzung von Nachlaßgegenständen richtet sich gem. §§ 2038 II 1, 748 BGB nach dem Verhältnis der Erbteile.

3. Außenverhältnis

Hier gilt zunächst der **Grundsatz gemeinschaftlichen Handelns aller Miterben,** wovon allerdings im Einzelfall **Ausnahmen** gelten, wobei zwischen Verpflichtungs- und Verfügungsgeschäften zu unterscheiden ist.

Nach h.M. ist auch der Abschluß eines **Verpflichtungsgeschäftes** eine Verwaltungsmaßnahme. Die Vertretung im Außenverhältnis bei Abschluß eines Verpflichtungsgeschäftes entspricht daher der Geschäftsführungsbefugnis im Innenverhältnis (BGH NJW 1971, 1265 m.w.N.; Brox, Rn. 504 ff.).

Bei Verpflichtungsgeschäften im Rahmen ordnungsgemäßer Verwaltung kann die Erbengemeinschaft von den Miterben vertreten werden, die gemeinsam über die Mehrheit der Anteile verfügen. Der interne Mehrheitsbeschluß entfaltet also zugleich Wirkungen im Außenverhältnis gegenüber Dritten (BGHZ 56, 47 ff.; MK/Dütz, § 2038 Rn. 51; Brox, Rn. 505; a.A.: Jülicher, AcP 175 [1975], 143 ff.).

Soweit die Maßnahme über eine ordnungsgemäße Verwaltung hinausgeht, ist bei Verpflichtungsgeschäften Gesamtvertretung erforderlich.

Bei notwendigen Verwaltungsmaßnahmen besteht auch hier das Alleinvertretungsrecht jedes Miterben.

Im Rahmen von **Verfügungsgeschäften** ist grundsätzlich gem. § 2040 BGB eine gemeinschaftliche Verfügung sämtlicher Miterben erforderlich.

Streitig ist, ob dies auch dann gilt, wenn das Verfügungsgeschäft zugleich eine Verwaltungsmaßnahme ist, die nach § 2038 BGB von der Mehrheit oder sogar von einem der Miterben allein getroffen werden kann.

Teilweise wird insoweit vertreten, daß wenn die Mehrheit der Miterben oder ein einzelner Miterbe Verwaltungsmaßnahmen treffen könne, auch die entsprechende Verfügungsbefugnis zur Durchführung dieser Maßnahme bestehen müsse (Palandt/ Edenhofer, § 2038 Rn. 2; Soergel/Wolf, § 2040 Rn. 1; Kipp/ Coing, § 114 IV 2 c). Teilweise wird vertreten, daß die Notwendigkeit einer gemeinschaftlichen Verfügung aller Miterben durch die Verwaltungsbefugnis der Mehrheit nicht durchbrochen wird. Nur bei notwendigen Erhaltungsmaßnahmen gäbe es danach auch ein Notverfügungsrecht des einzelnen Miterben (Brox, Rn. 507; Erman/Schlüter, § 2040 Rn. 3; MK/ Dütz, § 2038 Rn. 53; Lange/Kuchinke, § 43 III 6 c).

Die Rechtsprechung ist indes uneinheitlich (BGHZ 49, 192; BGHZ 56, 47).

Die auf der Grundlage eines Mehrheitsbeschlusses getätigten Rechtsgeschäfte berechtigen und verpflichten den Nachlaß unmittelbar, sofern der handelnde Erbe bei Abschluß des Rechtsgeschäfts hat erkennen lassen, daß insoweit der Nachlaß betroffen werden soll, ansonsten haftet er persönlich und hat sich im Innenverhältnis zu den anderen Miterben an den Vorschriften über die Geschäftsführung mit oder ohne Auftrag beurteilen zu lassen (Soergel/Wolf, § 2038 Rn. 9).

Im Rahmen **außerordentlicher Verwaltung** reicht hingegen ein Mehrheitsbeschluß der Erbengemeinschaft nicht für das gegen den Nachlaß rechtswirksame Handeln eines der Miterben aus. Vielmehr gilt hier der Grundsatz gesamthänderischen Handelns, wonach nur alle Miterben gemeinsam auftreten können.

Lediglich im Rahmen der **Notverwaltung** ist der handelnde Erbe gem. § 2038 I 2 BGB allein nach außen mit Wirkung für den gesamten Nachlaß vertretungsberechtigt.

Notwendig sind nur solche Maßnahmen, die auch der ordnungsgemäßen Verwaltung des gesamten Nachlasses dienen und bezüglich deren wegen ihrer Dringlichkeit die Zustimmung der anderen Miterben nicht mehr eingeholt werden kann (BGHZ 6, 83; OLG Hamm OLGZ 1985, 226). Über Art und Umfang der Maßnahme ist hierbei vom Standpunkt eines vernünftigen und wirtschaftlich denkenden Betrachters zu entscheiden (BGHZ 6, 76; Palandt/Edenhofer, § 2038 Rn. 14 mit Bsp.).

Verwirkungsklauseln

→ *Pflichtteilsstrafklausel*

Vollmachten

1. Transmortale Vollmacht
2. Postmortale Vollmacht
3. Widerruf
4. Betreuungsverfügung

5. Vorsorgevollmacht
6. Doppelvollmacht
7. Haftung

1. Transmortale Vollmacht

Unter einer **transmortalen** Vollmacht versteht man eine bereits zu Lebzeitende bestehende Vollmacht, die auch über den Tod des Vollmachtgebers hinaus bestehen bleibt. Sie ergibt sich aus den §§ 168, 172 BGB, wo von der **Fortgeltung einer bereits vor dem Tod des Vollmachtgebers bestehenden Vollmacht** gesprochen wird.

Auch wenn durch den Tod des Erblassers weder die Vollmacht selbst noch das zugrundeliegende Kausalverhältnis erlischt (§§ 168, 672, 675 BGB), ist es sinnvoll, den Fortbestand der Vollmacht nach dem Tod des Vollmachtgebers ausdrücklich anzuordnen, wobei es genügt, diese in die letztwillige Verfügung aufzunehmen (RGZ 170, 380). Aus Beweisgründen und zur Vorlage beim Grundbuchamt oder der Bank empfiehlt es sich jedoch, die Vollmacht in einer gesonderten Urkunde zu erteilen und möglichst auch beurkunden zu lassen (Kerscher/Tanck/Krug, Das erbrechtliche Mandat, § 8 Rn. 656).

2. Postmortale Vollmacht

Eine postmortale Vollmacht bezeichnet eine **Vollmacht auf den Todesfall** im Gegensatz zur transmortalen Vollmacht, die eine Vollmacht bereits zu Lebzeiten über den Tod hinaus darstellt. Insoweit sind beide Arten der Vollmacht unbedingt sauber voneinander abzugrenzen.

Die postmortale Vollmacht höhlt trotz einiger Bedenken die Vorschriften über die Testamentsvollstreckung nicht aus.

Zu beachten ist, daß bei der postmortalen Vollmacht die Erben, und nicht etwa der Erblasser, durch den Bevollmächtigten vertreten werden. Allerdings beschränkt sich die Vertretungsmacht insoweit auf den Nachlaß.

In erster Linie dient die postmortale Vollmacht der erleichterten Erfüllung von Vermächtnissen. So kann etwa der Vollmachtnehmer auf den Todesfall bevollmächtigt werden, sich selbst ein ihm zugewendetes Vermächtnis zu erfüllen, so daß der ansonsten rein schuldrechtliche Vermächtnisanspruch auf diese Weise eine erhebliche Aufwertung erfährt, da in diesem Fall eine Mitwirkung der Erben überhaupt nicht mehr erforderlich ist (Langenfeld, Testamentsgestaltung, 3. Kap., § 8 Rn. 204).

Gegenüber der Einsetzung des Vermächtnisnehmers zum Testamentsvollstrecker mit der einzigen Aufgabe, sich selbst das ihm zugewandte Vermächtnis zu erfüllen, bietet die postmortale Vollmacht insbesondere den praktischen Vorteil, daß hier nicht noch zusätzlich die Formalien des Verfahrens vor dem Nachlaßgericht bezüglich der Testamentsvollstreckerernennung etc. eingehalten werden müssen.

Die postmortale Vollmacht bietet sich nicht nur für den Fall an, daß der Erblasser wünscht, die Rechtsposition des Vermächtnisnehmers so stark wie möglich auszugestalten – insbesondere sofern dieser nur aus „rechtstechnischen Gründen" enterbt wurde (→ *Vermächtnis*) –, sondern auch dann, wenn erhebliche persönliche Differenzen zwischen dem/den Erben und dem Vermächtnisnehmer bestehen und nicht ohne weiteres zu erwarten ist, daß eine „reibungslose" Vermächtniserfüllung erfolgen wird (Langenfeld, Testamentsgestaltung, 3. Kap., § 8 Rn. 204).

Grundsätzlich muß die Vollmachtserteilung dem Bevollmächtigten als Willenserklärung gem. §§ 167 I, 168, 130 II BGB zugehen. Dieser **Zugang** ist regelmäßig durch die Eröffnung der letztwilligen Verfügung durch das Nachlaßgericht gewährleistet, so daß es grundsätzlich zwar genügt, die Vollmacht in die Verfügung von Todes wegen mit aufzunehmen, es sich jedoch aus Gründen der Rechtssicherheit empfiehlt, die Vollmacht in einer gesonderten Urkunde zu erteilen und notariell beurkunden zu lassen, wobei sie dann nicht den Formvorschriften der Verfügung von Todes wegen unterliegt.

Es sollte grundsätzlich darauf geachtet werden, daß der Bevollmächtigte eine **Vertrauensperson** des Erblassers ist und nicht nur das Außenverhältnis der Bevollmächtigung, sondern vor allem auch das **Innenverhältnis** geregelt wird, da ansonsten der Gefahr des Mißbrauchs der Vollmacht Tür und Tor geöffnet wird (vgl. dazu BGH ZEV 1995, 187).

3. Widerruf

Der große Nachteil der trans- und postmortalen Vollmacht besteht darin, daß sie **jederzeit von jedem einzelnen Erben widerrufen** werden kann (vgl. hierzu BGH NJW 1988, 2603; BGH ZEV 1995, 190). Das gleiche gilt für Nachlaßverwalter und Nachlaßpfleger (KG NJW 1971, 566; Gleismer, Rpfleger 1985, 482). Demgegenüber kann die Vollmacht nach der Rechtsprechung des Hanseatischen Reichsgerichts vom Testamentsvollstrecker nicht widerrufen werden (HansRGZ 33 B 325). Diese Ansicht wird jedoch in der Literatur heftig kritisiert.

Gegen den Widerruf durch den Erben, der die Erteilung der Vollmacht über den Tod hinaus somit aushöhlen kann, kann sich der Erblasser nur schützen, indem er eine entsprechende den Widerruf sanktionierende **Strafklausel** in die letztwillige Verfügung aufnimmt (BayObLG FamRZ 1986, 34) oder es den Erben zur **Auflage** macht, die Vollmacht nach dem Tode des Erblassers nicht zu widerrufen. Im letzteren Fall wäre aber gleichzeitig eine Testamentsvollstreckung erforderlich, um die Auflage auch durchsetzen zu können.

Eine „Strafklausel" könnte etwa den Inhalt haben, daß für den Fall, daß einer der Erben die Vollmacht widerruft, aufschiebend bedingte Vermächtnisse fällig werden, die dann natürlich insoweit die Erbteile verkürzen und hierdurch einen Widerruf für die Erben wenig „schmackhaft" machen. Möglich wäre insoweit auch eine Erbeinsetzung unter der ausschiebenden Bedingung, daß die Vollmacht nicht widerrufen wird (Langenfeld, Testamentsgestaltung, 3. Kap., § 8 Rn. 204).

Höchst problematisch sind die Fälle, in denen ein **lebzeitiges Schenkungsversprechen des Erblassers** vorliegt, das allerdings dem Formerfordernis des § 518 BGB nicht genügt und das der Bevollmächtigte nach dem Tod des Erblassers gem. § 518 II BGB vollzieht. Ob hierdurch tatsächlich eine Heilung des Formmangels eintritt, hängt nach BGH entscheidend davon ab, ob es sich um eine Schenkung unter Lebenden oder um ein

Schenkungsversprechen von Todes wegen handelt. Im ersteren Fall läßt der BGH eine Heilung zu, während er im letzteren Fall einen Vollzug der Schenkung im Sinne des § 2301 II BGB verneint. Er begründet dies damit, daß eine Schenkung von Todes wegen grundsätzlich – ebenso wie eine Verfügung von Todes wegen – nicht durch die Handlung einer vom Erblasser bevollmächtigten Person vollzogen werden kann (BGHZ 87, 19; BGHZ 99, 97).

Zur Abgrenzung beider Rechtsinstitute vgl. → *Rechtsgeschäfte unter Lebenden auf den Todesfall.*

4. Betreuungsverfügung

Das Betreuungsgesetz, das 1992 in Kraft getreten ist, eröffnet Erblassern die Möglichkeit, bereits für den Fall ihrer Hilfs- und Pflegebedürftigkeit vorzusorgen. So können sie bereits frühzeitig durch lebzeitige Verfügungen vorsorglich Anordnungen für den Betreuungsfall treffen, insbesondere den Wunsch äußern, daß das Vormundschaftsgericht eine bestimmte Person zum Betreuer ernennt. Diese Verfügung ist nicht formbedürftig, aber auch nicht rechtsverbindlich, da die getroffenen Anordnungen nicht dem Wohl des Betreuten zuwiderlaufen dürfen (→ *Betreuung*).

Im Hinblick auf spätere Krankheit oder Siechtum können ergänzende Verfügungen im sog. → *Patiententestament* gemacht werden.

5. Vorsorgevollmacht

Ähnliche Zwecke wie die Betreuungsverfügung verfolgt die Vorsorgevollmacht. Mit dieser kann vom Verfügenden völlig frei und ohne rechtliche Bindung an verwandtschaftliche Beziehungen eine Vertrauensperson bestimmt werden, die ab einem bestimmten Zeitpunkt berechtigt ist, Rechtshandlungen für den Vollmachtgeber vorzunehmen. Ein gerichtliches Eingreifen sowie die Betreuung durch einen möglicherweise unbekannten Dritten ist für diesen Fall dann nicht mehr erforderlich.

Die **rechtliche Tragweite der Vorsorgevollmacht** ist davon abhängig, was mit ihr geregelt werden soll. In rein **vermögensrechtlichen Fragen** wird sie jedenfalls als unproblematisch angesehen.

Bis zum Inkrafttreten des Betreuungsrechtsänderungsgesetzes am 1. 1. 1999 war streitig, ob die Erteilung einer Vorsorgevollmacht auch für den Bereich der persönlichen Angelegenheiten, wie Gesundheitsfürsorge und Aufenthaltsbestimmung, möglich war.

Gem. §§ 1904, 1906 BGB n. F. ist nunmehr klargestellt, daß eine Vorsorgevollmacht auch diese Bereiche umfassen darf.

Allerdings muß hier zuerkannt werden, daß die Erteilung einer Vorsorgevollmacht naturgemäß tatsächlich nicht unerhebliche **Mißbrauchsgefahren** birgt, die nicht völlig außer Betracht gelassen werden dürfen. Diese sollten durch eine sinnvolle Gestaltung der Vorsorgevollmacht und insbesondere des ihr zugrundeliegenden **Innenverhältnisses** zwischen Vollmachtgeber und Bevollmächtigtem weitestgehend vermieden werden.

Auch die Erteilung einer Vorsorgevollmacht ist **nicht** an eine **bestimmte Form** gebunden (Palandt/Heinrichs, § 313 Rn. 19). Allerdings empfiehlt sich aus Beweisgründen auf jeden Fall eine schriftliche Vollmachtserteilung, wenn nicht gar eine notarielle Beurkundung, da diese zusätzlich den Vorteil bietet, daß der Notar sich zwingend zunächst von der Geschäftsfähigkeit des Verfügenden zu überzeugen hat, so daß er in einem eventuell später auftretenden Streitfall gegebenenfalls als Zeuge zur Verfügung stehen kann. Darüber hinaus bietet die notarielle Beurkundung den Vorteil, daß die Vorsorgevollmacht damit in jedem Fall bank- und grundbuchtauglich wird (Bühler, BWNotZ 1990, 1).

Möglich ist sowohl die Erteilung einer **Generalvollmacht** als auch die **Erteilung einer Vollmacht für bestimmte Einzelbereiche,** wobei hier natürlich wieder die Problematik besteht, das für sämtliche anderen Bereiche dann notfalls durch das Gericht ein Betreuer bestellt werden muß.

Zum Schutz des Vollmachtgebers (insbesondere im Rahmen der Erteilung einer Generalvollmacht) stellt § 1896 III BGB die Möglichkeit der Bestellung eines sog. **Überwachungsbetreuers** zur Verfügung, der einzig und allein die Aufgabe hat, die Rechte des Betreuten gegenüber dem Bevollmächtigten geltend zu machen. Der Überwachungsbetreuer wird allerdings nur bei konkretem Anlaß bestellt, so daß eine zusätzliche rechtsgeschäftliche Beschränkung des Bevollmächtigten durch den Vollmachtgeber selbst auf jeden Fall sinnvoll ist. Hierbei erscheint es nicht ausreichend, wenn die Beschränkung lediglich im Innenverhältnis zwischen Vollmachtgeber und Bevollmächtigtem (sog. Grundverhältnis) erfolgt, da der Vollmachtgeber im Falle weisungswidrigen Verhaltens des Bevollmächtigten trotzdem im Außenverhältnis rechtlich gebunden wird. Daher ist insoweit eine **Beschränkung der Vollmacht selbst** vorzunehmen, die selbstverständlich **Außenwirkung** erzielt. Die Beschränkung sollte allerdings hinreichend konkret und auf das Notwendigste reduziert sein, um nicht wieder Gefahr zu laufen, daß die Bestellung eines Betreuers durch das Gericht unumgänglich wird. Hinsichtlich der einzelnen Beschränkung wird im Notfall ohnehin ein Betreuer bestellt werden müssen (Kerscher/Tanck/Krug, Das erbrechtliche Mandat, § 8 Rn. 671 f.).

Sinnvoll ist es außerdem, für den Fall, daß der zunächst benannte Bevollmächtigte aus irgendwelchen Gründen wegfällt, einen Ersatzbevollmächtigten zu benennen oder zumindest den Hauptbevollmächtigten zu ermächtigen, seinerseits **einen Ersatz- oder Unterbevollmächtigten** zu benennen (Bühler, BWNotZ 1990, 1).

6. Doppelvollmacht

Der Vollmachtgeber kann auch gleichzeitig zwei Bevollmächtigte benennen, was den Vorteil der gegenseitigen Kontrollmöglichkeit hat, sog. **Doppelvollmacht** (Langenfeld, Vorsorgevollmacht, S. 56).

Hierbei treten naturgemäß dann Probleme auf, wenn beide Bevollmächtigte Meinungsverschiedenheiten bei bestimmten Entscheidungen haben, so daß der Vollmachtgeber für diesen Fall wiederum einen der beiden als den letztendlich Entscheidungsbefugten benennen muß.

Bei Erteilung einer Generalvollmacht besteht darüber hinaus die Gefahr, daß sich die beiden Bevollmächtigten gegenseitig die Vollmacht entziehen. Dem muß der Vollmachtgeber bereits in der Vollmachtserteilung dadurch entgegenwirken, daß er das **Vollmachtswiderrufsrecht ausdrücklich regelt**.

Entsprechend dem Überwachungsbetreuer gibt es auch einen Überwachungsbevollmächtigten oder **Überwachungsvertreter,** der nach außen nur im Konfliktfall tätig wird und im Innenverhältnis lediglich die Aufgabe der Überwachung des anderen Bevollmächtigten wahrnimmt.

Im Rahmen der Doppelvollmacht kann der Vollmachtgeber auch anordnen, daß die beiden Bevollmächtigten Vertretungshandlungen nur gemeinsam vornehmen können sollen, was aber allenfalls bei bestimmten Angelegenheiten sinnvoll erscheint, da ansonsten die Gefahr einer Knebelung der Bevollmächtigten besteht, die unter Umständen unter diesen Voraussetzungen gar nicht mehr handlungsfähig sind.

Hauptaugenmerk bei der Doppelbevollmächtigung sollte also darauf gelegt werden, daß die Zuständigkeiten im Innenverhältnis zur Vermeidung von Konflikten hinreichend geregelt werden (Kerscher/Tanck/Krug, Das erbrechtliche Mandat, § 2 Rn. 368).

7. Haftung

Gegenüber dem Vollmachtgeber haftet der Bevollmächtigte nach Maßgabe des der Vollmacht zugrundeliegenden Innenverhältnisses (Grundverhältnis), also entweder nach den Vorschriften des Geschäftsbesorgungvertrages gem. § 675 BGB oder nach denen des Auftrags gem. § 662 BGB. Haftungsmaßstab sind insoweit Vorsatz und (jede) Fahrlässigkeit. Dieser Haftungsmaßstab ist allerdings modifizierbar.

Gegenüber Dritten haftet der vertretene Vollmachtgeber unter den Voraussetzungen des § 278 BGB (Vorsatz oder Fahrlässigkeit des Bevollmächtigten) selbst.

Allerdings kann der Vollmachtgeber im Innenverhältnis dann Rückgriff auf den Bevollmächtigten nehmen (s.o.).

Eine Haftung des Bevollmächtigten für Schäden, die der Vollmachtgeber Dritten zufügt, scheidet demgegenüber aus, außer dann, wenn der Bevollmächtigte ausdrücklich vertraglich die Aufsicht über den Vollmachtgeber übernommen hatte und der entstandene Schaden gerade auf die Verletzung der Aufsichtspflicht gem. § 832 II BGB zurückzuführen ist.

Grundsätzlich empfiehlt es sich für den Vollmachtgeber, die Vollmacht von Zeit zu Zeit zu **aktualisieren** bzw. festzuhalten, daß die Vollmacht nach wie vor seinem Willen entspricht (ein Muster einer umfassenden Vorsorgevollmacht findet sich bei Rudolf/Bittler, § 1 Rn. 152).

Vor- und Nacherbschaft

1. Überblick

Der Erblasser kann einen Erben gem. § 2100 BGB auch in der Weise einsetzen, daß dieser erst Erbe (Nacherbe) wird, wenn zunächst ein anderer Erbe (Vorerbe) geworden ist.

Der zunächst berufene Erbe ist der Vorerbe, der nach ihm berufene Erbe Nacherbe. Der Nacherbe beerbt genau wie der Vorerbe den Erblasser und nicht etwa den Vorerben, so daß der **Erblasser zweimal beerbt** wird, nämlich sowohl bei seinem Tod als auch zu einem von ihm letztwillig bestimmten Zeitpunkt oder Ereignis. Der praktisch häufigste Fall ist insoweit der Eintritt des Todes des Vorerben, vgl. insoweit die Vermutungsregelung des § 2106 BGB. Hinsichtlich seines eigenen Vermögens wird der Vorerbe dann von seinen eigenen gesetzlichen oder testamentarischen Erben beerbt, hinsichtlich des der Nacherbschaft unterliegenden Vermögens wird der ursprüngliche Erblasser nochmals vom Nacherben beerbt.

Sofern die Nacherbfolge bereits vor dem Tod des Vorerben durch ein vom Erblasser angeordnetes Ereignis eintritt, so wird der Erblasser bereits zu diesem Zeitpunkt zum zweiten Mal beerbt, wobei der Vorerbe dieses Vermögen dann verliert, während er natürlich sein eigenes behält. Insoweit besteht bei der Vor- und Nacherbschaft eine **strikte Trennung der beiden in den Händen des Vorerben vorhandenen Vermögensmassen**, nämlich seiner eigenen und der vom Erblasser ererbten. Die

Vorerbschaft bleibt in den Händen des Vorerben ein von seinem eigenen Vermögen zu unterscheidendes **Sondervermögen,** dessen Erhalt durch die **dingliche Surrogation des § 2111 BGB** und die **Verfügungsbeschränkungen und Verwaltungspflichten der §§ 2113 ff. BGB** geschützt wird (Langenfeld, Testamentsgestaltung, 3. Kap., § 2 Rn. 103). Der Vorerbe ist somit quasi „Erbe auf Zeit", der das der Nacherbschaft unterliegende Vermögen des Erblassers nicht auf seine eigenen Erben weitervererben kann, so daß diesen insoweit auch keinerlei Erb- und Pflichtteilsansprüche hieran zustehen. Dennoch ist der Vorerbe aber grundsätzlich gem. § 2112 BGB zur Verfügung über die der Vorerbschaft unterliegenden Gegenstände berechtigt.

2. Verwertungsverbot

Auch wird das der Vor- und Nacherbschaft unterliegende Vermögen gegen Eigengläubiger des Vorerben zugunsten des Nacherben durch das **Verwertungsverbot des § 2115 BGB** geschützt. Durch die Gläubiger erwirkte Sicherungsrechte verlieren nämlich mit Eintritt der Nacherbfolge automatisch ihre Wirksamkeit. Somit haben die Eigengläubiger des Vorerben lediglich die Möglichkeit, die insoweit dem Vorerben zustehenden Nutzungen zu verwerten. Sofern die Nacherbfolge nicht eintritt, bleibt allerdings der Verwertungsvorrang hinsichtlich der Substanz des gepfändeten oder beschlagnahmten Vermögens bestehen (Langenfeld, Testamentsgestaltung, 3. Kap., § 2 Rn. 104). Will der Erblasser auch diese Möglichkeit vermeiden, so kann er dies durch die Anordnung der Testamentsvollstreckung (und damit Eingreifen des § 2114 BGB) tun (Kessel, MittRhNotK 1991, 137, 142 f.). Selbst wenn dann Teile des Vermögens oder der Erbteil gepfändet werden, bleiben die gepfändeten Gegenstände der Testamentsvollstreckung unterworfen.

3. Rechte und Pflichten des Vorerben

Mit der Anordnung der Vor- und Nacherbschaft will der Erblasser einerseits dem Vorerben die Erbenstellung, andererseits dem Nacherben die Rechte am Nachlaß sichern. Die Rechte des Vorerben müssen daher naturgemäß eingeschränkt sein. Das Maß der Einschränkung und Bindung kann aber unterschiedlich sein. Insoweit ist es möglich, den Vorerben von den gesetzlichen Beschränkungen teilweise oder fast völlig zu befreien.

Dem Vorerben stehen grundsätzlich die gesamten **Nutzungen** des Nachlasses zu. Er trägt aber auch die gewöhnlichen Erhaltungskosten, während der Nacherbe, dem ja die Substanz des Nachlasses erhalten werden soll, dagegen gem. § 2126 BGB die außergewöhnlichen Lasten zu tragen hat (Kerscher/Tanck/Krug, Das erbrechtliche Mandat, § 12 Rn. 2).

Der Vorerbe ist gem. § 2130 I 1 BGB verpflichtet, den Nachlaß dem Nacherben in dem Zustand **herauszugeben,** wie er sich aus einer bis zur Herausgabe fortgesetzten ordnungsgemäßen Verwaltung ergibt. Zwischen Vor- und Nacherbe besteht insoweit ein gesetzliches Schuldverhältnis, das bei Verletzung zu Schadensersatzansprüchen führen kann (MK/Grunsky, § 2100 Rn. 19).

Der Vorerbe haftet gem. § 2131 BGB allerdings nur nach den Grundsätzen der diligentia quam in suis, was natürlich nicht die Haftung für Vorsatz und grobe Fahrlässigkeit ausschließt.

Wird durch das Verhalten des Vorerben die Besorgnis einer erheblichen Verletzung der Rechte des Nacherben begründet, so kann der Nacherbe **Sicherheitsleistung** verlangen. In diesem Fall kann u.U. vom Vollstreckungsgericht ein Zwangsverwalter eingesetzt werden, so daß der Vorerbe gem. § 2128 BGB seine Verwaltungs- und Verfügungsbefugnis hinsichtlich des Nachlasses verliert.

Das Recht des Nacherben erstreckt sich gem. § 2110 II BGB nicht auf ein dem Vorerben zugewandtes **Vorausvermächtnis.** Ein zugunsten des alleinigen Vorerben angeordnetes Vorausvermächtnis scheidet, ohne daß es insoweit einer dinglichen Übertragung bedarf, bereits mit dem Erbfall aus der Vorerbmasse aus, so daß der alleinige Vorerbe den vermachten Gegenstand ohne weiteres mit dem Vorerbfall erwirbt (BGHZ 32, 60). Entsprechend ist dann auch im Erbschein anzugeben, daß sich das Nacherbrecht nicht auf den vorausvermachten Gegenstand bezieht.

4. 30-Jahre-Frist

Die Einsetzung eines Nacherben wird gem. § 2109 I 1 BGB mit Ablauf von 30 Jahren unwirksam, wenn bis dahin die Nacherbfolge noch nicht eingetreten ist.

Von dieser Regel gibt es allerdings eine bedeutende Ausnahme, durch die die 30-Jahres-Frist erheblich verlängert werden kann.

Die Einsetzung des Nacherben bleibt nämlich auch dann über die Frist hinaus wirksam, wenn sie für den Fall angeordnet wurde, daß in der Person des Vor- oder Nacherben ein bestimmtes Ereignis eintritt (z. B. Tod des Vorerben, Erreichen eines bestimmten Lebensalters, Heirat oder Abschluß einer Berufsausbildung des Nacherben) und diese Person zur Zeit des Erbfalls lebt oder wenigstens erzeugt ist (Beispielsfälle bei Nieder, Handbuch der Testamentsgestaltung, Rn. 628 f.).

Beispiel:

Der Sohn ist Vorerbe, Nacherben sind die Enkel. Der Nacherbfall soll mit dem Tod des Vorerben eintreten. Der Vorerbe überlebt den Erblasser um 40 Jahre.

In diesem Fall tritt der Nacherbfall erst 40 Jahre nach dem Tod des Erblassers ein (Weirich, Erben und Vererben, Rn. 609).

5. Mehrere Nacherben

Der Erblasser kann mittels Befristung oder Bedingung mehrere Nacherben hintereinander einsetzen (OLG Zweibrücken Rpfleger 1977, 305).

Bestimmt der Erblasser, daß erst nach dem ersten Nacherbfall ein weiterer Nacherbfall eintreten soll, dann ist der erste Nacherbe im Verhältnis zum zweiten Nacherben nur Vorerbe, d. h. er unterliegt den entsprechenden Verfügungsbeschränkungen der Vorerbschaft. Allerdings gilt auch hier die durch § 2109 BGB gezogene zeitliche Grenze.

Beispiel:

Der Erblasser setzt seine drei Kinder zu Vorerben und deren Abkömmlinge zu Nacherben ein (1. Nacherbfall). Verstirbt einer der Nacherben ohne Hinterlassung von Abkömmlingen, sollen seine Geschwister oder Geschwisterkinder dessen Nacherben sein (2. Nacherbfall).

Der 2. Nacherbfall kann nur eintreten, wenn der wegfallende erste Nacherbe oder der jeweilige spätere Nacherbe beim Tod des Erblassers bereits gelebt hat (Weirich, Erben und Vererben, Rn. 610).

6. Dingliche Surrogation

Zu beachten ist außerdem die **dingliche Surrogation des § 2111 BGB**, wonach im Falle der Verfügung des Vorerben über Nachlaßgegenstände die entsprechende Gegenleistung in das Sondervermögen der Vorerbschaft fällt.

Sofern im Rahmen **ordnungsgemäßer Verwaltung** des der Vorerbschaft unterliegenden Vermögens eine Verfügung erforderlich ist, zu der der Vorerbe an sich nicht befugt ist, ist der Nacherbe gleichwohl zur Einwilligung in die Verfügung gem. § 2120 BGB verpflichtet.

7. Grundbucheintragung

Gem. § 51 GBO hat das Grundbuchamt bei der Grundbuchberichtigung auf den Tod des Erblassers auch das Recht des Nacherben einschließlich eines etwaigen Nachnacherben bzw. Ersatznacherben sowie eine eventuelle Befreiung des Vorerben gem. § 2136 BGB im Grundbuch einzutragen. Diese Eintragung bewirkt zwar keine Grundbuchsperre, zerstört aber den guten Glauben eines potentiellen Erwerbers (→ *Nacherbenvermerk*).

8. Haftung des Vorerben

Für die Haftung des Vorerben gelten für die Zeit seiner Erbenstellung die allgemeinen Regeln der Erbenhaftung. Mit Eintritt des Nacherbfalls endet allerdings die Haftung des Vorerben.

Der Vorerbe hat die Nachlaßverbindlichkeiten zu erfüllen, so daß dem Nacherben gem. § 2130 BGB der um die Verbindlichkeiten bereinigte Nachlaß anfällt.

9. Haftung des Nacherben

Die Haftung des Nacherben beginnt erst mit Eintritt des Nacherbfalls. Ab diesem Zeitpunkt haftet auch er nach den allgemeinen Grundsätzen, wobei ihm gem. § 2144 BGB dann auch die allgemeinen Haftungsbeschränkungsmöglichkeiten offenstehen. Zu beachten ist auch, daß diejenigen Haftungsbeschränkungsmöglichkeiten, die der Vorerbe ergriffen hat, auch noch zugunsten des Nacherben wirken. Umgekehrt muß der Nacherbe aber nicht den Verlust der Haftungsbeschränkungsmöglichkeiten in der Person des Vorerben gegen sich wirken lassen (Kerscher/Tanck/Krug, Das erbrechtliche Mandat, § 21 Rn. 39).

10. Beschränkungen des Vorerben bei nicht befreiter Vorerbschaft

Von primärer Bedeutung ist hierbei die Verfügungsbeschränkung hinsichtlich zum Nachlaß gehörender Grundstücke und Grundstücksrechte gem. § 2113 I BGB. Mit Eintritt der Nacherbfolge wird der Nacherbe, für den ein Nacherbenvermerk im Grundbuch steht, automatisch im Grundbuch eingetragen, und zwar selbst dann, wenn zwischenzeitlich ein Dritter eingetragen wurde. Der Dritte kann sich insoweit auch nicht auf gutgläubigen Erwerb berufen, selbst dann nicht, wenn versehentlich der Nacherbenvermerk nicht eingetragen wurde, was sich aus § 51 GBO ergibt.

Weiterhin bedeutsam ist das **Schenkungsverbot des § 2113 II BGB,** wobei die Unentgeltlichkeit der entsprechenden Verfügung nach objektiven Kriterien zu beurteilen ist (MK/Grunsky, § 2113 Rn. 22). Grundsätzlich kann der Erblasser den Vorerben von diesem Schenkungsverbot nicht befreien. Hierbei ist jedoch eine **wirtschaftliche Betrachtungsweise** zugrunde zu legen, da nach Ansicht des BGH selbst eine unentgeltliche Verfügung dem Nacherben gegenüber wirksam sein kann, sofern sie einer ordnungsgemäßen Verwaltung entspricht (BGH NJW 1984, 366).

Schenkungen an den Nacherben dürften zumindest bezüglich des alleinigen Nacherben unproblematisch sein, wohingegen bei der Schenkung an einen von mehreren Nacherben die Gefahr der Verkürzung des Nachlasses zu Lasten der anderen Nacherben besteht, die das Schenkungsverbot des § 2113 II BGB gerade verhindern will.

Unbedenklich dürfte in diesem Zusammenhang allein folgende Gestaltung sein: Es besteht die Möglichkeit, dem Vorerben ein **aufschiebend bedingtes Vorausvermächtnis** mit dem Inhalt zuzuwenden, daß diejenigen Nachlaßgegenstände, die der Vorerbe einem Nacherben schenkt, dem Vorerben gem. § 2110 II BGB als Vorausvermächtnis zugewendet werden. Die Zulässigkeit muß hier deshalb bejaht werden, da der Vorerbe hier ja einen eigenen nicht der Nacherbfolge unterliegenden Gegenstand verschenkt (Langenfeld, Testamentsgestaltung, 3. Kap., § 2 Rn. 115).

Formulierungsvorschlag:

Der Vorerbe erhält diejenigen Nachlaßgegenstände, die er einem Nacherben schenkt oder sonst ohne volle Gegenleistung zuwendet, als aufschiebend bedingtes Vorausvermächtnis zugewendet.

Entgeltlichkeit der Zuwendung durch den Vorerben ist jedenfalls immer dann anzunehmen, wenn der Nachlaß von Verbindlichkeiten befreit wird (BGH NJW 1984, 366).

Bei gemischten Schenkungen geht der BGH davon aus, daß auch der entgeltliche Teil der Zuwendung unwirksam ist (BGH LM § 2113 BGB Nr. 1).

11. Beschränkungen des Vorerben bei befreiter Vorerbschaft

Die Befreiung ist gem. § 2136 BGB von einigen der gesetzlichen Beschränkungen des Vorerben möglich, eine bedeutsame Ausnahme stellt insoweit jedoch das Schenkungsverbot des § 2113 II BGB dar.

Auch ist grundsätzlich eine Befreiung von der Vorschrift des § 2134 BGB möglich, der vorsieht, daß der Vorerbe für den Fall, daß er einen Nachlaßgegenstand für sich verwendet hat, dem Nacherben gem. § 2134 BGB zum Wertersatz verpflichtet ist. Bei einer entsprechenden Befreiung hat der Vorerbe dann zwar gem. § 2133 BGB lediglich noch die vorhandenen Nachlaßgegenstände herauszugeben. Gleichzeitig hat er aber dann gem. § 2138 II BGB für entgegen § 2113 II BGB verschenkte Gegenstände sowie im Falle absichtlicher Verminderung des Nachlasses zum Nachteil des Nacherben Schadensersatz zu leisten.

Eine solch weitgehende Befreiung wird gem. § 2137 BGB dann vermutet, wenn der Erblasser den Nacherben auf dasjenige eingesetzt hat, was beim Eintritt der Nacherbfolge von dem Nachlaß noch übrig ist, oder wenn er bestimmt hat, daß der Vorerbe zur freien Verfügung über die Erbschaft berechtigt sein soll.

Vom Nachlaßinsolvenzverfahren zu unterscheiden ist das **Insolvenzverfahren über das Vermögen des Vorerben.** Hier ist zu beachten, daß der Nacherbe insoweit kein Aussonderungsrecht hat, da dieses erst mit Eintritt des Nacherbfalls entsteht (MK/Grunsky, § 2100 Rn. 26 a).

Allerdings ist insoweit § 83 II InsO i.V.m. § 2115 BGB zu beachten, die bereits zum Zeitpunkt des Eintritts der Vorerbfolge ein Verbot der Verwertung von Nachlaßgegenständen bestimmen (Palandt/Edenhofer, § 2115 Rn. 2). Demgegenüber sind aber Zwangsvollstreckungsmaßnahmen, die lediglich der Nachlaßsicherung dienen, während der Dauer der Vorerbschaft zulässig, da sich der Nacherbe gegen eine Verwertung der Nachlaßgegenstände mit der Drittwiderspruchsklage gem. § 771, 773 S. 2 ZPO wehren kann (Krug, Das neue Nachlaßinsolvenzrecht, ZErb 1999, 9).

Bezüglich des **Insolvenzverfahrens über das Vermögen des Nacherben** bestehen keinerlei Besonderheiten, so daß sowohl sein Nacherbenanwartschaftsrecht als auch nach Eintritt des Nacherbfalls die Erbschaft selbst zur Insolvenzmasse gehören und dementsprechend vom Insolvenzverwalter verwertet werden können.

12. Rechte des Nacherben bei bestehender Vorerbschaft

Noch vor dem Eintritt der Nacherbfolge stehen dem Nacherben bestimmte Rechte gegenüber dem Vorerben zu, so etwa Mitverwaltungs-, Sicherungs- und Kontrollrechte. Teilweise kann allerdings der Erblasser den Vorerben auch von diesen Beschränkungen **befreien**:

– Mitverwaltungsrecht gem. § 2114 BGB bezüglich Kündigung und Einziehung von Hypothekenforderungen und Grundschulden

– Mitverwaltungsrecht gem. §§ 2116–2118 BGB bezüglich Wertpapieren und Buchforderungen

– Pflicht des Vorerben gem. § 2119 BGB Geld mündelsicher anzulegen

– Auskunftsrecht gem. § 2127 BGB über den Bestand des Nachlasses, sofern Grund zu der Annahme besteht, daß der Vorerbe durch seine Verwaltung die Rechte des Nacherben erheblich verletzt

– Recht auf Sicherheitsleistung gem. § 2128 BGB bei begründeter Besorgnis der Verletzung der Rechte des Nacherben gem. § 2128 BGB

– Verwaltungsentziehungsrecht gem. § 2129 BGB

Von bestimmten Rechten des Nacherben kann der Erblasser allerdings bei Vorliegen einer Vor- und Nacherbschaft **nicht befreien**:

– Recht gem. § 2121 BGB auf Vorlage eines Nachlaßverzeichnisses

– Recht auf Feststellung des Zustandes der Erbschaft gem. § 2122 BGB

– Recht auf Aufstellung eines Wirtschaftsplans gem. § 2123 BGB für Wälder, Bergwerke und Anlagen zur Gewinnung von Bodenbestandteilen

13. Lastenverteilung im Rahmen der Vor- und Nacherbschaft

Die **gewöhnlichen Erhaltungskosten** des der Vor- und Nacherbschaft unterliegenden Vermögens sind vom Vorerben persönlich zu tragen. Gem. § 2124 BGB kann er **andere Erhaltungskosten** aus der Erbschaft selbst bestreiten, das gleiche gilt gem. § 2126 BGB für **außerordentliche Lasten,** die sich auf den Stammwert der Erbschaftsgegenstände beziehen.

Im Zeitpunkt des Eintritts der Nacherbfolge ist der Vorerbe verpflichtet, dem Nacherben die Erbschaft gem. § 2130 BGB im Zustand ordnungsgemäßer Verwaltung herauszugeben. Hiervon kann er allerdings vom Erblasser befreit werden. Im Rahmen ordnungsgemäßer Verwaltung haftet der Vorerbe gem. § 2131 BGB nur für diejenige **Sorgfalt,** die er auch **in eigenen Angelegenheiten** anzuwenden pflegt (diligentia quam in suis).

14. Testamentsvollstreckung

Bei der Testamentsvollstreckung im Bereich der Vor- und Nacherbschaft sind verschiedene Fallgruppen zu unterscheiden:

– **Testamentsvollstreckung ausschließlich für die Vorerbschaft** in Form der Abwicklungs- oder Verwaltungsvollstreckung:

Diese verhindert insbesondere, daß Eigengläubiger des Vorerben in den Nachlaß vollstrecken können, da der Testamentsvollstrecker alleine im Umfang der Verfügungsbefugnisse des Vorerben (str.) bezüglich des Nachlasses verwaltungs- und verfügungsbefugt ist. Sofern der Testamentsvollstrecker insoweit sowohl für den Vor- als auch den Nacherben bestellt ist, gilt für ihn nur die Verfügungsbeschränkung des § 2205 S. 3 BGB und nicht die der §§ 2113, 2114 BGB (BGH NJW 1963, 2320; BayObLG MittBayNot 1991, 122).

– **Testamentsvollstreckung ausschließlich für die Nacherbschaft** in Form der Abwicklungs- oder Verwaltungsvollstreckung

– **Nacherbentestamentsvollstreckung** gem. § 2222 BGB, nämlich nur hinsichtlich der Ausübung der Rechte des Nacherben während der Dauer der Vorerbschaft:

Diese ist insbesondere dann zweckmäßig, wenn der Nacherbe noch nicht geboren oder erzeugt ist, aber auch dann, wenn er unter Pflegschaft oder Betreuung steht oder noch minderjährig ist. Das gleiche gilt dann, wenn die Person des Nacherben erst durch ein künftig eintretendes Ereignis festgelegt werden soll. Für all diese Fälle verhindert nämlich die Nacherbentestamentsvollstreckung, daß für die Wahrung der Rechte und Pflichten der oben genannten Nacherben ein Betreuer oder Pfleger bestellt werden muß (Kanzleiter DNotZ 1970, 335).

Erteilt der Nacherbentestamentsvollstrecker zu einer Verfügung des Vorerben gem. den §§ 2113 ff. BGB die erforderliche Genehmigung, so ist eine zusätzliche Genehmigung des Vormundschaftsgerichts nicht erforderlich (BayObLG NJW-RR 1989, 1096).

Der alleinige Vorerbe kann nach h. M. nicht zum Nacherbentestamentsvollstrecker ernannt werden (OLG Karlsruhe MDR 1981, 943; RGZ 77, 177, a. A.: Rohlff, DNotZ 1971, 527; Staudinger/Behrends, § 2100 Rn. 37).

– **Testamentsvollstreckung hinsichtlich Vor- und Nacherbschaft einschließlich Nacherbentestamentsvollstreckung:**

In diesem Fall hat der Testamentsvollstrecker Befugnisse im gesamten Bereich der Vor- und Nacherbschaft.

Literaturhinweis:

Langenfeld, Testamentsgestaltung, 3. Kap., § 2 Rn. 129.

15. Steuerliche Aspekte

Erbschaftssteuerlich gestaltet sich die Vor- und Nacherbfolge eher nachteilig, da sie gem. § 6 I, II ErbStG zu einer doppelten Besteuerung desselben Nachlasses führt, sofern die Nacherbfolge durch den Tod des Vorerben eintritt. Abweichend von der zivilrechtlichen Beurteilung wird der Erwerb des Nacherben erbschaftssteuerlich als Erwerb vom Vorerben qualifiziert. Auf Antrag ist der Versteuerung allerdings gem. § 6 II 2 ErbStG das Verhältnis des Nacherben zum Erblasser zugrunde zu legen.

Beispiel:

Sofern der Erblasser seine Lebensgefährtin zur Vorerbin und seine ehelichen Abkömmlinge zu Nacherben einsetzt, so erwerben diese zwar steuerlich den Nachlaß von der Vorerbin in der schlechtesten Steuerklasse III, können aber die Versteuerung nach dem Erblasser in Steuerklasse I beantragen und somit die Freibeträge von derzeit 205 000 Euro geltend machen.

Tritt dagegen die Nacherbfolge aufgrund eines anderen Ereignisses als des Todes des Erblassers ein, so wird gem. § 6 III ErbStG der Erwerb der Erbschaft nur einmal versteuert. Insoweit wird dem Nacherben grundsätzlich die bereits vom Vorerben entrichtete Steuer angerechnet.

Im Gegensatz zu früher ist das Nießbrauchsvermächtnis nicht mehr die generell erbschaftssteuerlich günstigere Alternative zur Vor- und Nacherbfolge, da gem. § 25 ErbStG der kapitalisierte Nießbrauch steuerlich nicht mehr abzugsfähig ist. Allerdings können sich insoweit trotzdem noch erbschaftsteuerliche Vorteile aus der Tatsache ergeben, daß die Nutzung wesentlich geringer besteuert wird als die Substanz (Langenfeld, Testamentsgestaltung, 3. Kap., § 2 Rn. 106).

Voraus des Ehegatten

Beim sog. Ehegattenvoraus gem. § 1932 BGB handelt es sich um ein **gesetzliches Vorausvermächtnis** zugunsten des überlebenden Ehegatten. Dieses umfaßt die zum ehelichen Haushalt gehörenden Gegenstände sowie die Hochzeitsgeschenke. Relevant wird der Ehegattenvoraus allerdings **nur bei Eintritt der gesetzlichen Erbfolge**, nicht aber bei Vorliegen einer letztwilligen Verfügung.

Praktisch besonders bedeutsam wird der Ehegattenvoraus bei der sog. taktischen Ausschlagung des Ehegatten gem. § 1371 III BGB: Sofern es sich insgesamt zwar um einen geringen

Nachlaß, aber um einen verhältnismäßig wertvollen Hausrat handelt, kann der gesetzliche Erbteil in Verbindung mit dem gesetzlichen Ehegattenvoraus letztendlich wertmäßig höher liegen als der kleine Pflichtteil, verbunden mit dem konkreten Zugewinnausgleichsanspruch, so daß sich eine taktische Ausschlagung, die sich vielleicht auf den ersten Blick aufgedrängt hat, gerade nicht empfiehlt.

Weiterhin zu beachten ist, daß der Ehegattenvoraus als gesetzliches Vorausvermächtnis **bei der Berechnung von Pflichtteilsansprüchen vorab vom Nachlaßwert abzuziehen** ist, so daß sich die Pflichtteilsansprüche entsprechend reduzieren. Nochmals ausdrücklich erwähnt werden soll an dieser Stelle, daß sonstige Vermächtnisse sich demgegenüber nicht pflichtteilsreduzierend auswirken.

Dem Ehegatten steht der Voraus dann nicht zu, wenn er selbst enterbt oder ihm der Voraus entzogen wurde. Auch wenn der Ehegatte testamentarischer Alleinerbe ist, hat er keinen Anspruch auf den Voraus (BGHZ 73, 29; a.A.: MK/Frank, § 2311 Rn. 28).

Vorausvermächtnis

Unter einem Vorausvermächtnis versteht man ein Vermächtnis, das dem Erben selbst zugewandt wird. Es gilt gem. § 2150 BGB als Vermächtnis auch insoweit, als der Erbe selbst beschwert ist. Im Unterschied zur Teilungsanordnung soll hier gerade keine Anrechnung auf den Erbteil erfolgen, so daß derjenige, der ein Vorausvermächtnis erhält, vom Erblasser wertmäßig begünstigt werden soll. Der Vorausvermächtnisnehmer hat auch deshalb einen Vorteil gegenüber dem Erben, dem ein Gegenstand im Rahmen einer Teilungsanordnung zugewandt wird, weil er bereits vor der Nachlaßteilung einen Anspruch gegenüber den übrigen Erben auf Übertragung des vermachten Gegenstandes hat. Bei der Teilung des Restnachlasses erhält er dann zusätzlich noch den ungekürzten Anteil am Nachlaß entsprechend seiner Erbquote. Er hat also quasi eine Doppelstellung als Erbe und Vermächtnisnehmer, wobei beides unabhängig voneinander ist. Der Bedachte kann also das Vermächtnis ausschlagen und die Erbschaft annehmen und umgekehrt. Sofern einem Vorerben gleichzeitig ein Vorausvermächtnis zugewandt wird, erstreckt sich das Recht des Nacherben gem. § 2110 II BGB im Zweifel nicht auf das Vorausvermächtnis.

Formulierungsvorschlag:

Mein Sohn Fritz erhält im Wege des Vorausvermächtnisses und ohne Anrechnung auf seine Erbquote meine Segeljacht True Love.

Besondere praktische Bedeutung erlangt das Vorausvermächtnis beim → *Unternehmensnachfolge/Unternehmertestament*, da bei der Unternehmensnachfolge die Erhaltung und Förderung des Unternehmens im Vordergrund steht, die insbesondere von der Unternehmensführung abhängt. Oftmals kann der Erblasser im Zeitpunkt der Testamentserrichtung noch nicht wissen, welcher der Abkömmlinge oder sonstigen potentiellen Erben zur Unternehmensführung am besten geeignet sein wird. Es besteht daher ein Bedürfnis, die Bestimmung des Unternehmensnachfolgers in die Hand eines Testamentsvollstreckers oder einer sonstigen geeigneten Person zu legen. Da das Gesetz aber gem. § 2065 II BGB die Bestimmung des Erben durch einen Dritten untersagt, stellt das Vorausvermächtnis hier die einzige praktische Möglichkeit zur Erreichung des angestrebten Ziels dar. Der Erblasser kann also seine Abkömmlinge zu Erben einsetzen und das Unternehmen einem der Abkömmlinge als Vorausvermächtnis zukommen lassen mit der Bestimmung, daß eine dritte Person, etwa ein Testamentsvollstrecker, unter Beachtung vom Erblasser niedergelegter Ermessenskriterien und nach Eintritt eines bestimmten Zeitpunkts, den Unternehmensnachfolger und damit letztlich den Vorausvermächtnisnehmer benennen soll (vgl. Formulierungsbeispiele bei *Nieder*, Münchner Vertragshandbuch, Bd. 4, 2. Halbbd., XVI 7).

Das Rechtsinstitut des Vorausvermächtnisses kann selbst dann verwendet werden, wenn es sich bei dem vermachten Gegenstand um das wesentliche Vermögen des Erblassers handelt, ohne daß insoweit § 2087 I BGB entgegenstünde. Dieser stellt nämlich lediglich eine Auslegungsregelung dar und ist abdingbar.

Aus steuerlicher Sicht führt die Erfüllung des Vorausvermächtnisses, z. B. bei der Übertragung von betrieblichen Wirtschaftsgütern, weder zu Anschaffungskosten des Vermächtnisnehmers noch zu Veräußerungserlösen der Miterben, da die Vermächtniserfüllung der Erbengemeinschaft gegenüber unentgeltlich erfolgt (Rohlfing, Erbrecht, § 3 Rn. 42).

Vorbescheid

Im Erbscheinsverfahren hat das Amtsgericht als Nachlaßgericht in tatsächlicher und rechtlicher Hinsicht zu überprüfen, ob dem Antragsteller das behauptete Erbrecht zusteht. Hierfür gilt gem. § 2358 I BGB der Amtsermittlungsgrundsatz.

Sofern die Sach- oder Rechtslage aber zweifelhaft ist, hat das Gericht die Möglichkeit, anstatt eines Erbscheins ausnahmsweise zunächst einen sog. Vorbescheid zu erlassen. Hierbei handelt es sich um die Ankündigung des Nachlaßgerichtes an die Beteiligten, daß beabsichtigt sei, einen Erbschein eines näher bezeichneten Inhalts zu erteilen, sofern nicht innerhalb einer vom Gericht bestimmten Frist Beschwerde gegen den Vorbescheid eingelegt werde. Hierdurch wird vermieden, daß der Erbschein bei noch nicht hinreichend geklärter Rechtslage vorschnell in den Rechtsverkehr gelangt und dort wegen seiner Publizitätswirkung gem. §§ 2365 ff. BGB beträchtlichen Schaden für den wahren Erben anrichtet (Leipold, Erbrecht, Rn. 473).

Unzulässig ist demgegenüber ein Vorbescheid mit dem Inhalt, es sei beabsichtigt, einen bestimmten Erbscheinsantrag abzuweisen, da eine vergleichbare Interessenlage wie bei beabsichtigter Erteilung dann nicht besteht (Leipold, Erbrecht, Rn. 473).

Vorläufiger Erbe

Bis zur Annahme der Erbschaft ist der Erbe lediglich vorläufiger Erbe.

Der vorläufige Erbe wird dadurch prozessual geschützt, daß ihm bis zur Annahme der Erbschaft die Passivlegitimation im Rahmen einer gegen ihn gerichteten Leistungs-, Feststellungs-, Gestaltungs- oder Widerklage fehlt (Soergel/Stein, § 1958 Rn. 2; Palandt/Edenhofer, § 1958 Rn. 1; a.A.: RGZ 60, 179).

Die fehlende Passivlegitimation ist von Amts wegen zu beachten.

Der vorläufige Erbe ist gem. § 239 V ZPO auch nicht zur Fortsetzung eines Prozesses verpflichtet, der durch den Tod des Erblassers unterbrochen wurde und hierzu vor Erbschaftsannahme auch gar nicht berechtigt.

Somit ist für die Klage eines Nachlaßgläubigers gegen den Erben die Annahme der Erbschaft eine von Amts wegen zu berücksichtigende Prozeßvoraussetzung, die vom Kläger schlüssig behauptet werden muß (Palandt/Edenhofer, § 1958 Rn. 1).

Desgleichen ist die Zwangsvollstreckung wegen bestehender Nachlaßverbindlichkeiten bis zur Annahme der Erbschaft durch den vorläufigen Erben nur in den Nachlaß möglich. Ein insoweit vollstreckbarer Titel kann nicht gem. § 727 ZPO gegen den Erben erwirkt oder umgeschrieben werden.

Ebenso kann keine Sicherung des Nachlasses durch Arrest oder einstweilige Verfügung gegen den Erben vor Annahme der Erbschaft erreicht werden (Palandt/Edenhofer, § 1958 Rn. 2).

Beachtet werden muß in diesem Zusammenhang aber, daß § 1958 BGB gem. §§ 2213 II, 1960 III BGB weder im Rahmen der → *Testamentsvollstreckung* noch → *Nachlaßpflegschaft* gilt. Andererseits werden durch eine bestehende Nachlaßpflegschaft Verfügungen des vorläufigen Erben gem. § 1959 BGB nicht verhindert.

Einseitige, empfangsbedürftige Rechtsgeschäfte, die gegenüber dem vorläufigen Erben vorgenommen wurden, bleiben gem. § 1959 III BGB auch dem endgültigen Erben gegenüber wirksam, so daß dem Nachlaßgläubiger nicht verwehrt ist, die außergerichtliche Geltendmachung der ihm zustehenden Ansprüche durch Mahnung, Kündigung, Anfechtung, Rücktritt, Aufrechnung, Genehmigung und Zurückbehaltung gegenüber dem vorläufigen Erben vorzunehmen (Palandt/Edenhofer, § 1958 Rn. 4).

Gem. § 1959 II BGB bleiben **unaufschiebbare Verfügungen** des vorläufigen Erben trotz späterer Ausschlagung wirksam. Dabei ist eine objektive und wirtschaftliche Betrachtungsweise zugrunde zu legen (MK/Leipold, § 1959 Rn. 6). Dies gilt allerdings nach h. M. nicht für das jeweils zugrundeliegende schuldrechtliche Verpflichtungsgeschäft (Palandt/Edenhofer, § 1959 Rn. 3).

Zu beachten ist aber, daß auch nicht unaufschiebbare Verfügungen durch gutgläubigen Erwerb oder nachträgliche Genehmigung des endgültigen Erben wirksam werden können (Staudinger/Marotzke, § 1959 Rn. 13–15).

Vormundbenennungsrecht

Für den Fall, daß minderjährige Kinder nach dem Tode der Eltern eines Vormundes bedürfen, besteht für die Eltern die Möglichkeit, durch letztwillige Verfügung eine Person zu benennen, die gem. §§ 1776, 1777 III BGB Vormund werden soll. Allerdings ist hier zu beachten, daß die entsprechende Bestimmung keine absolute Bindungswirkung für das Vormundschaftsgericht entfaltet. Die benannte Person darf allerdings lediglich unter den Voraussetzungen des § 1778 BGB vom Vormundschaftsgericht übergangen werden. Sie ist aber in jedem Fall von diesem bei seiner Entscheidung über den künftigen Sorgeberechtigten des Kindes zu berücksichtigen.

Der Erblasser kann somit in einer letztwilligen Verfügung eine **Sorgerechtsbestimmung** für seine noch minderjährigen Abkömmlinge vornehmen. Diese Art der letztwilligen Verfügung kommt insbesondere im Rahmen eines gemeinschaftlichen Ehegattentestaments jüngerer Ehegatten häufig vor.

Formulierungsvorschlag:

Aus unserer Ehe ist die gemeinsame Tochter . . . (Name) sowie der gemeinsame Sohn . . . (Name) hervorgegangen.

Unsere beiden Kinder sind derzeit noch minderjährig. Sollten beide oder eines von ihnen im Zeitpunkt des Todes des Letztversterbenden von uns noch minderjährig sein, so benennt jeder von uns zum Vormund für . . . (Name der Tochter) und . . . (Name des Sohnes)

Herrn . . . (Name und Anschrift), ersatzweise dessen Ehefrau . . . (Name und Anschrift).

Sollten beide das Amt nicht annehmen können oder wollen oder nach der Übernahme des Amtes wegfallen, so wird ersatzweise . . . (Name und Anschrift)

benannt.

Der Vormund hat die Aufgabe, den Mobiliar- und Immobiliarbesitz in Besitz zu nehmen und so lange zu verwalten, bis unsere Abkömmlinge jeweils volljährig geworden sind. Zur ordnungsgemäßen Verwaltung gehört auch die Bildung hinreichender Rücklagen für die Instandhaltung und Instandsetzung von Grundbesitz.

Der Vormund hat die Aufgabe, den Nachlaß gewinnbringend, aber nicht spekulativ anzulegen und für unsere Abkömmlinge zu erhalten.

Im Streitfalle entscheidet der Vormund nach pflichtgemäßem Ermessen.

Vorweggenommene Erbfolge

→ *Übergabevertrag*

Vorzeitiger Erbausgleich

Vor Inkrafttreten des **Erbrechtsgleichstellungsgesetzes** am **1. 4. 1998** (BGBl I 1998, 2968), das nunmehr die nichtehelichen Kinder den ehelichen auch im Bereich des Erbrechts völlig gleichstellt, gab es das Rechtsinstitut des vorzeitigen Erbausgleichs zugunsten der nichtehelichen Kinder des Erblassers. § 1934 d BGB a.F. wurde nunmehr aber aufgehoben.

Grund für das aufgehobene Rechtsinstitut des vorzeitigen Erbausgleichs war die Tatsache, daß eheliche Kinder im Laufe der Jahre, in denen sie sich selbständig machten, oftmals mit der finanziellen Unterstützung ihres Vaters rechnen konnten, etwa zum Zwecke der Familiengründung oder einer eigenen wirtschaftlichen Existenz, vgl. etwa die Ausstattung gem. § 1624 BGB. Hiervon waren die nichtehelichen Kinder in aller Regel ausgenommen, weshalb ihnen das Gesetz in §§ 1934 d, e BGB a. F. das Recht auf vorzeitigen Erbausgleich zubilligte.

Dieses **setzte** die verbindliche Feststellung der nichtehelichen Vaterschaft gem. § 1600 a BGB a.F. **voraus.** Weiterhin mußte sich das Kind gem. § 1934 d I BGB a.F. in einem Alter zwischen 21 und 27 Jahren befinden. Das Recht auf vorzeitigen Erbausgleich war ausgeschlossen, sofern ein Pflichtteilsentziehungsgrund gem. § 2333 BGB vorlag.

Den vorzeitigen Erbausgleich mußte das nichteheliche Kind mittels einer an den Vater gerichteten Willenserklärung verlangen, wobei der Anspruch noch nicht konkret beziffert zu sein brauchte. Es handelte sich hierbei um ein Gestaltungsrecht des Kindes, das erlosch, sofern es im Zeitpunkt der Vollendung des 27. Lebensjahres noch nicht ausgeübt worden war.

Nach Durchführung des vorzeitigen Erbausgleichs **verlor** der nichteheliche Abkömmling allerdings **sämtliche Erbersatz- und Pflichtteilsansprüche** nach seinem Vater sowie dessen Verwandten, und umgekehrt entfielen auch entsprechende gesetzliche Erbansprüche des Vaters und dessen Verwandten nach dem nichtehelichen Abkömmling. Auch wenn das Kind später durch Legitimation die Stellung eines ehelichen Kindes erhielt, änderte dies nach h.M. nichts am Wegfall der gegenseitigen Erbrechte.

Zuwendungen durch Verfügung von Todes wegen wurden hingegen durch die Durchführung des vorzeitigen Erbausgleichs **nicht ausgeschlossen**.

Der **Ausgleichsbetrag** belief sich gem. § 1934 d II 1 BGB a.F. auf das Dreifache des jährlichen Unterhalts, den der Vater im Durchschnitt der letzten 5 Jahre, in denen das Kind voll unterhaltsbedürftig war, zu leisten verpflichtet war. Gem. § 1934 d II 2 BGB a.F. verminderte oder erhöhte sich dieser Betrag auf das den Umständen nach Angemessene, sofern die Zahlung des Regelbetrages dem Vater nicht zuzumuten oder wenn sie für das Kind als Erbausgleich im Vergleich zu dem zu erwartenden Erbteil unangemessen gering war. Dabei durfte der Betrag des einfachen Jahresunterhalts nicht unterschritten, der 12fache Jahresunterhalt nicht überschritten werden.

Mit Inkrafttreten des Kindschaftsrechtsreformgesetzes wurde allerdings auch der **vorzeitige Erbausgleich abgeschafft**.

Somit wird das nichteheliche Kind nach dem Tod des Vaters nicht nur im Rahmen der gesetzlichen Erbfolge, sondern auch im Rahmen des Pflichtteilsrechts behandelt wie ein eheliches Kind. Voraussetzung ist allerdings wie bisher, daß die Vaterschaft gem. §§ 1600 a ff. BGB vom Vater anerkannt oder durch gerichtliche Entscheidung festgestellt wurde.

Ob dies im einzelnen sinnvoll ist oder ob dies nicht vielmehr eine Vielzahl der nicht ehelich geborenen Kinder gegenüber den Kindern, deren Eltern miteinander verheiratet sind, erheblich benachteiligt, ist fraglich. Die Lebenswirklichkeit dürfte auch gegenwärtig noch so aussehen, daß der überwiegende Teil der nichtehelichen Kinder keinen oder kaum Kontakt zu ihren Vätern haben, während der eher geringere Teil in eine nichteheliche Lebensgemeinschaft der Eltern hineingeboren wurde und auch innerhalb dieser aufwächst, so daß die Interessenlage tatsächlich der der ehelichen Kinder vergleichbar ist.

Durch die neue Rechtslage ist nunmehr das nichteheliche Kind an der Erbengemeinschaft in vollem Umfang beteiligt. Der Gesetzgeber hat hieraus möglicherweise folgende Probleme und Spannungen mit dem überlebenden Ehegatten und den ehelichen Kindern (bis hin zur Zerschlagung des Vermögens bei der Erbauseinandersetzung) in Kauf genommen. Vorgeschlagene flankierende Maßnahmen, wie etwa der Schutz vor dem Verlust der Ehewohnung, die Ausgestaltung eines besonderen Räumungsschutzes zugunsten des überlebenden Ehegatten oder die Anordnung eines gesetzlichen Vorausvermächtnisses an der Ehewohnung (vgl. Böhm, ZRP 1994, 292 f.), wurden vom Gesetzgeber nicht übernommen.

Für **Übergangsfälle** trifft Art. 227 EGBGB eine Übergangsregelung, die als verfassungsgemäß angesehen wird (OLG Düsseldorf NJW 1999, 1560). Danach gelten folgende Übergangsregelungen:

– Für die vor dem 1. 7. 1949 nichtehelich geborenen Kinder bleibt es bei der bisherigen Rechtslage. Sie sind nach ihrem Vater gesetzlich nicht erbberechtigt.

– Gem. Art. 24 EGBGB sind die bis zum Inkrafttreten des Erbrechtsgleichstellungsgesetzes am 1. 4. 1998 geltenden Vorschriften des Nichtehelichengesetzes vom 19. 8. 1969 über das Erbrecht des nichtehelichen Kindes weiter anzuwenden, wenn vor diesem Zeitpunkt der Erblasser gestorben ist oder über den Erbausgleich eine wirksame Vereinbarung getroffen oder der Erbausgleich durch rechtskräftiges Urteil zuerkannt worden ist. Ist der Erblasser nach dem Wirksamwerden des Erbrechtsgleichstellungsgesetzes gestorben, so gelten gem. Art. 235 II EGBGB die für die erbrechtlichen Verhältnisse des ehelichen Kindes geltenden Vorschriften.

Diese Übergangsregelungen gelten nicht für Kinder, die in der **ehemaligen DDR** vor dem 3. 10. 1990 nichtehelich geboren wurden. Diese werden gem. Art. 235 I 1 EGBGB wie bisher als eheliche Kinder behandelt (Weirich, Erben und Vererben, Rn. 50).

Wechselbezüglichkeit

Die Wechselbezüglichkeit erbrechtlicher Verfügungen wird insbesondere relevant bei gemeinschaftlichem Ehegattentestament und zweiseitigem Erbvertrag zwischen Ehegatten. Eine Wechselbezüglichkeit ist dann gegeben, wenn die eine Verfügung von der anderen abhängig ist und die Ehegatten dies auch gewollt haben. Läßt sich der Wille der Erblasser aus dem Wortlaut der letztwilligen Verfügung nicht eindeutig entnehmen, so greift die Zweifelsregelung des § 2270 II BGB, die bestimmt, daß bei einer gegenseitigen Erbeinsetzung im Zweifel auch die Wechselbezüglichkeit gewollt ist.

Im Falle zweiseitiger Verfügungen zugunsten Dritter liegt eine Wechselbezüglichkeit dann vor, wenn der Erstversterbende den überlebenden Ehegatten nur deshalb eingesetzt hat, weil dieser im Gegenzug den Dritten bedacht hat. Hier gilt im Zweifel die Vermutung des § 2270 II, wonach der Dritte dann wechselbezüglich bedacht worden ist, wenn er mit dem Erstverstorbenen verwandt ist oder ihm „sonst nahesteht". Voraussetzung für das Vorliegen des „Nahestehens" sind enge persönliche und innere Bindungen, die mindestens dem üblichen Verhältnis zu nahen Verwandten entsprechen (BayObLGZ 82, 474). Maßgebend sind jedenfalls immer die Umstände des Einzelfalles, so daß eine konkrete Bewertung bestimmter Personengruppen nicht vorgenommen werden kann. Die Vermutung gilt auch, sofern dem überlebenden Ehegatten eine Abänderungsbefugnis eingeräumt wurde.

Wertermittlung

1. Orientierung am Verkaufserlös
2. Grundstücke
3. Landwirtschaftliches Vermögen
4. Unternehmen
5. Aktien und Wertpapiere
6. Gesellschaftsanteile bei Personengesellschaften
7. Anwaltskanzleien
8. Arztpraxen

1. Orientierung am Verkaufserlös

Grundsätzlich muß die Bewertung sich am tatsächlichen Verkauf des zu bewertenden Nachlaßgegenstandes anlehnen.

Gem. § 2311 II 1 BGB ist der Wert des Nachlaßgegenstandes im Zweifel zu schätzen, ggf. durch Sachverständigengutachten zu ermitteln.

Dabei liegt die **Wertberechnung** im Ermessen des erkennenden Gerichts, wobei eine Schätzung bzw. ein Sachverständigengutachten aber nach BGH dann nachrangig ist, wenn der oder die Nachlaßgegenstände alsbald nach dem Erbfall veräußert wurden (BGH NJW-RR 1991, 901; BGH NJW-RR 1993, 131). Eine solche „zeitnahe Veräußerung" soll in der Regel dann vorliegen, wenn sie bis zu einem Jahr nach dem Erbfall erfolgt (BGH ZEV 1994, 361). Hier ist aber immer auf den konkreten Einzelfall abzustellen, so daß unter bestimmten Umständen auch ein wesentlich längerer Zeitraum noch als zeitnah angesehen werden kann (BGH NJW-RR 1993, 131).

2. Grundstücke

Nach h. M. sind hier – sofern nicht auf einen Verkaufserlös abgestellt werden kann – die Grundsätze der **Wertermittlungsverordnung** vom 15. 8. 1972 heranzuziehen. Diese berücksichtigt neben dem Vergleichswertverfahren außerdem das Sach- und Ertragswertverfahren:

Bei **unbebauten Grundstücken** wird gem. §§ 4–7 Wertermittl-VO das Vergleichswertverfahren angewandt, das den Grundstückswert mit Hilfe der Bodenrichtwerte gem. § 196 BauGB oder durch direkten Vergleich der Kaufpreise ermittelt (Palandt/Edenhofer, § 2311 Rn. 10). Hierbei sind gem. § 3 WertermittlVO ungewöhnliche oder persönliche Verhältnisse grundsätzlich nicht zu berücksichtigen. Eine Ausnahme gilt insoweit nur für Bauerwartungsland, für das ein gewisser Zuschlag zu machen ist (Kerscher/Riedel/Lenz, Pflichtteilsrecht, § 7 Rn. 67).

Sofern es sich um ein **bebautes Grundstück,** insbesondere um die Bewertung eines eigengenutzten Einfamilienhauses oder einer Eigentumswohnung handelt, wird das *Sachwertverfahren* empfohlen, wonach der Bodenwert und die Kosten der Herstellung des Gebäudes zunächst addiert werden und dann je nach Alter und Abnutzung ein Ermäßigungsabschlag vorgenommen wird.

Bei vermieteten Häusern oder Wohnungen oder Renditeobjekten wird demgegenüber das *Ertragswertverfahren* angewendet (BGH NJW 1970, 2018).

Der BGH hält auch eine Wertermittlung unter Anwendung sowohl des Sachwert- als auch Ertragswertverfahrens für zulässig, wobei hier ein „Mischwert" gebildet wird (BGH NJW-RR 1986, 226).

Sofern es sich um sogenannte **Reichsheimstätten** nach dem Reichsheimstättengesetz handelt, ist für die Wertermittlung bei **Erbfällen vor dem 3. 10. 1993** der objektive Erwerbspreis, d. h. der im Grundbuch eingetragene Entgeltbetrag, anzusetzen, es sei denn, daß die Bodenwerte derart gestiegen sind, daß hier eine Unzumutbarkeit eintritt (BGH ZEV 1994, 334).

Für **Erbfälle nach dem 3. 10. 1993** gilt der Verkehrswert (BGH ZEV 1994, 334).

3. Landwirtschaftliches Vermögen

Hat der Erblasser angeordnet, daß ein Miterbe berechtigt sein soll, den landwirtschaftlichen Betrieb zu übernehmen, so gilt im Zweifel gem. § 2049 BGB auch ohne besondere Bestimmung gem. § 2312 BGB der Ertragswert. Dieser beträgt, je nach dem gem. Art. 137 EGBGB dafür maßgeblichen Landesrecht, das 18- bis 25fache des jährlichen Reinertrages und liegt damit in der Regel weit unter dem Verkehrswert (Weirich, Erben und Vererben, Rn. 931). Bei „Höfen" i. S. der HöfeO, also sog. „Anerbenrecht", beträgt der maßgebliche Wert gem. § 12 II HöfeO sogar nur das 1,5fache des Einheitswertes, abzüglich der Schulden bis maximal $^2/_3$ des Einheitswertes. Das bedeutet, daß mindestens die Hälfte des Einheitswertes der Auseinandersetzung unter mehreren Erben zugrunde gelegt werden muß.

Die darin liegende Benachteiligung der weichenden Miterben und Privilegierung des Hoferben rechtfertigt sich aus dem agrarpolitischen Interesse an der Erhaltung leistungsfähiger landwirtschaftlicher Betriebe möglichst in einer Hand (Palandt/Edenhofer, § 2049 Rn. 1).

Aus diesem Grunde ist die Privilegierung auch auf den **landwirtschaftlichen Kernbereich** zu beschränken (→ *Landgut*).

4. Unternehmen

Auch hier gilt vorrangig ein eventuell erzielter Veräußerungserlös, von dem allerdings die anfallende Ertragsteuer in Abzug gebracht werden muß (BGH NJW 1987, 1260).

Die Vergleichswertmethode scheidet hier notwendigerweise aus, da ein Markt für Handelsunternehmen nicht existiert, so daß zwingend eine **Schätzung** vorgenommen werden muß.

Vorrangig wird heute die sog. **Ertragswertmethode** angewandt, die sich an dem zu erwartenden Ertragswert des Unternehmens orientiert (BGH NJW 1985, 192; Soergel/Dieckmann, § 2311 Rn. 20). Die bekannteste Berechnungsmethode ist insoweit das sog. **„Stuttgarter Verfahren"**. Für die konkrete Wertermittlung sind danach zunächst die Erträge der letzten 5 Jahre heranzuziehen und der so ermittelte Betrag dann unter Abzug des Unternehmerlohns und des nicht betriebsnotwendigen Vermögens zu kapitalisieren (Piltz/Wissmann, NJW 1985, 2673). Der so ermittelte Wert ist dann daraufhin zu überprüfen, ob er bei einem realistischen Verkauf so auch auf dem Markt erzielt werden würde (vgl. hierzu ausführlich Kerscher/Riedel/Lenz, Pflichtteilsrecht, § 7 Rn. 74 ff., die der Ertragswertmethode die sog. „Discounted-Cash-Flow-Method" gegenüberstellen).

5. Aktien und Wertpapiere

Maßgeblicher Wert ist hier grundsätzlich der Kurswert am Todestag, d. h. der mittlere Tageskurs der Börse, selbst dann, wenn dieser außergewöhnlich hoch oder niedrig liegt (MK/Frank, § 2311 Rn. 19; Palandt/Edenhofer, § 2311 Rn. 11).

Bei der Bewertung von Aktienpaketen und Aktien an Familiengesellschaften ist es in Ausnahmefällen anerkannt, den Wert durch ein Schätzgutachten ermitteln zu lassen (Staudinger/Ferid/Cieslar, § 2311 Rn. 40).

6. Gesellschaftsanteile bei Personengesellschaften

Hier stellt sich zunächst immer die Frage, ob der Gesellschaftsanteil selbst oder lediglich ein Abfindungsanspruch in den Nachlaß fällt, da bei Personengesellschaften grds. die Möglichkeit besteht, die Vererblichkeit des Gesellschaftsanteiles auszuschließen (→ *Personengesellschaften*).

Ist der Gesellschaftsanteil vererblich, so ist grds. von dessen vollem wirklichen Wert auszugehen. Hier stellt sich im Falle einer Abfindungsklausel das Problem für den Erben, daß zwar bei der PT-Berechnung der volle Beteiligungswert zugrunde zu legen ist, im Falle eines Ausscheidens aus der Gesellschaft aber lediglich der Abfindungsbetrag realisiert werden kann. In der Literatur ist dieser Problemkomplex heftig umstritten, während eine gefestigte Rspr. insoweit nicht existiert (vgl. zum Streitstand Kerscher/Riedel/Lenz, Pflichtteilsrecht, § 7 Rn. 107 ff.). Eine neuere Entscheidung des BGH sieht bei Buchwertklauseln eine Anpassung nach § 242 BGB vor (BGH MittBayNot 1994, 159).

Kommt es hingegen zur Auflösung und Liquidation der Gesellschaft durch den Tod des Erblassers, ist für die Pflichtteilsberechnung der Anteil der Erben am entsprechenden Liquidationserlös zugrunde zu legen (Palandt/Edenhofer, § 2311 Rn. 12). Ist der Gesellschaftsanteil nicht vererblich, bemißt sich der Abfindungsanspruch der Erben gegen die übrigen Gesellschafter grds. nach dem wirklichen Wert der Erblasserbeteiligung unter Berücksichtigung der offenen und stillen Reserven (Palandt/Edenhofer, § 2311 Rn. 13), vorbehaltlich einer anderweitigen Vereinbarung im Gesellschaftsvertrag, etwa nur zum Buchwert oder dem gänzlichen Ausschluß einer Abfindung (Reimann, DNotZ 1992, 487).

7. Anwaltskanzleien

Hier ist zunächst der sog. Übergabe- bzw. Beteiligungswert zu ermitteln, der sich aus einer Addition von Substanz- und Praxiswert ergibt (BRAK-Mitt. 1986, 119 ff.; Kerscher/Riedel/ Lenz, Pflichtteilsrecht, § 7 Rn. 84).

Der reine Substanzwert ergibt sich aus dem Zeitwert von Büroeinrichtung und Bibliothek.

Für die Ermittlung des Praxiswertes ist Bemessungsgrundlage der um außerordentliche Einnahmen zu bereinigende Kanzleiumsatz der letzten drei Jahre, der mit einem Faktor zwischen 0,5 und 1,5 zu multiplizieren ist. Von dem so erzielten Ergebnis ist dann der kalkulatorische Anwaltslohn für ein Jahr abzuziehen, wofür vergleichsweise die Richterbesoldung herangezogen wird, wobei aber zu den Beträgen der Richterbesoldung jeweils als Ausgleich für Altersvorsorge und Beihilfe ein 40 %iger Zuschlag addiert wird.

Beispiel:

Anwalt unter 45 Jahre mit durchschnittlichem Jahresumsatz von unter 127 823 Euro: Stufe R1 der Richterbesoldung + 40 %

Anwalt über 45 Jahre mit durchschnittlichem Jahresumsatz von unter 127 823 Euro: Stufe R2 der Richterbesoldung + 40 %

Anwalt mit durchschnittlichem Jahresumsatz von über 127 823 Euro: Stufe R3 der Richterbesoldung + 40 %

(Nach Rohlfing, Erbrecht, § 5 Rn. 71 ff.)

8. Arztpraxen

Der Gesamtwert einer Arztpraxis setzt sich aus dem Sachwert und dem ideellen Wert, auch „good will" genannt, zusammen (BGH FamRZ 1991, 43 ff.).

Der ideelle Wert beträgt in der Regel 25–30 % des Vorjahresumsatzes, bei Zahnarztpraxen nur 5-10 % (OLG Koblenz FamRZ 1988, 950).

Wertsicherung

→ *Kaufkraftveränderung/Kaufkraftschwund*

Werttheorie

Im Rahmen der → *taktischen Ausschlagung* des § 2306 I 2 BGB versagt die grundsätzlich zur Anwendung kommende → *Quotentheorie* immer dann, wenn zur Berechnung des Pflichtteils Werte heranzuziehen sind, die nicht effektiv im Nachlaß vorhanden sind. Wenn nämlich der pflichtteilsberechtigte Erbe einen ausgleichspflichtigen Vorempfang erhalten hat, dann ist sein Pflichtteil in Wirklichkeit nicht mehr die Hälfte der gesetzlichen Erbquote, sondern lediglich die Hälfte des durch Ausgleichung gem. §§ 2050 ff., 2316 BGB ermittelten Erbteils.

Also immer dann, wenn im Einzelfall Anrechnungs- oder Ausgleichungsvorschriften gem. §§ 2315, 2316 BGB zur Anwendung gelangen, wodurch die Erb- und Pflichtteilsquote durch die für Vorempfänge geltenden Rechenoperationen verändert wird, muß im Gegensatz zur Quotentheorie der tatsächliche Wert des Pflichtteils nach entsprechend vollzogener Rechenoperation mit dem Wert des hinterlassenen Erbteils verglichen werden (Kerscher/Riedel/Lenz, Pflichtteilsrecht, § 6 Rn. 37; Kipp/Coing, § 10 I 3; Lange/Kuchinke, § 37 Fn. 93; Staudinger/Ferid/Cieslar, § 2320 Rn. 48; a. A.: OLG Stuttgart NJW 1959, 1735).

Beispiel:

E setzt sein einziges Kind K zu $^2/_5$ und seinen Lieblingsneffen N zu $^3/_5$ als Miterben ein. Lebensgefährtin L erhält ein Vermächtnis i. H. v. 400 000 Euro. Zwei Jahre zuvor hatte K von E den Betrag von 300 000 Euro mit der ausdrücklichen Anordnung geschenkt bekommen, daß diese Zuwendung auf den Pflichtteil anzurechnen sei. Der Nachlaß beträgt 1 000 000 Euro.

Nachlaßwert:	1 000 000 Euro
Vorempfang:	300 000 Euro
Insgesamt:	1 300 000 Euro
Davon $^1/_2$ als Pflichtteilsquote:	650 000 Euro
Abzüglich Vorempfang:	300 000 Euro
Verbleibender Pflichtteilsanspruch:	350 000 Euro

Der Vergleich zwischen dem K nach erfolgter Anrechnung zustehenden Pflichtteilsanspruch und dem Wert des ihm hinterlassenen Erbteils i.H.v. 400 000 Euro ergibt, daß der hinterlassene Erbteil um 50 000 Euro höher ist als der Wert des Pflichtteils, so daß § 2306 I 2 BGB Anwendung findet.

K hat daher die Möglichkeit den ihm/ihr hinterlassenen Erbteil auszuschlagen und seinen/ihren vollen Pflichtteilsanspruch (nach erfolgter Anrechnung) i.H.v. 350 000 Euro geltend zu machen, ohne daß insoweit das Vermächtnis zugunsten der L diesen Anspruch tangiert.

Würde K nicht ausschlagen, so wäre zunächst das Vermächtnis in voller Höhe vom Nachlaß in Abzug zu bringen und dann der Erbteil in Höhe von $^2/_5$ zu berechnen, was letztendlich zu einem Erbanspruch i.H.v. 240 000 Euro führen würde.

Man sieht also, daß die taktische Ausschlagung hier zu einem wesentlich höheren Anspruch führt und eine Versäumung der Ausschlagungsfrist infolge der Verkennung der Rechtslage unter Umständen dramatische Folgen (nicht zuletzt für den Anwalt) haben kann.

Widerruf letztwilliger Verfügungen

1. Überblick
2. Formen des Widerrufs

3. Widerruf des Widerrufs

1. Überblick

Gem. § 2253 I BGB kann sowohl das Testament im Ganzen als auch jede einzelne letztwillige Verfügung darin vom Erblasser jederzeit und ohne besonderen Grund widerrufen werden. Dies ergibt sich bereits aus der verfassungsrechtlich garantierten Testierfreiheit. An der freien Widerruflichkeit des Testamentes ändert sich auch dann nichts, wenn der Erblasser einem Dritten die Erbeinsetzung versprochen hat. Sofern dies nicht im Rahmen eines Erbvertrages geschehen ist, ist insoweit keinerlei Bindungswirkung eingetreten.

Allerdings werden nicht selten bestimmte Leistungen an den Erblasser im Hinblick auf eine erwartete Erbeinsetzung gemacht. Für den Fall, daß zwischen dem Erblasser und dem insoweit Betroffenen zumindest eine **stillschweigende Übereinkunft** darüber bestand, daß die **Leistung lediglich im Hinblick auf eine spätere Erbeinsetzung** erfolge, kann zugunsten des Leistenden ein Bereicherungsanspruch gem. **§ 812 I 2 BGB** gegeben sein, wenn später der mit der Leistung bezweckte Erfolg nicht eintritt, mithin die Erbeinsetzung nicht erfolgt (Leipold, Erbrecht, Rn. 246).

2. Formen des Widerrufs

Der Widerruf kann gem. § 2254 BGB **durch Testament** erfolgen. Damit ist die testamentarische ausdrückliche, aber auch konkludent mögliche Erklärung gemeint, das frühere Testament werde widerrufen. Für die Form des Widerrufstestaments gelten die allgemeinen Formvorschriften, wobei das Widerrufstestament nicht in der gleichen Form erfolgen muß wie das widerrufene Testament, man spricht insoweit von der Gleichwertigkeit der Testamentsformen (Leipold, Erbrecht, Rn. 249).

Der Widerruf des Testamentes **durch Widerrufstestament** stellt seinerseits eine letztwillige Verfügung dar, so daß insoweit Testierfähigkeit gem. § 2229 BGB erforderlich ist.

Praktisch bedeutsam ist gem. § 2258 BGB der Fall des Widerrufs durch eine spätere **letztwillige Verfügung, die mit dem früheren Testament in Widerspruch steht.** Hierbei ist nicht erforderlich, daß das neue Testament das frühere ausdrücklich erwähnt. Der Erblasser muß sich noch nicht einmal an seine frühere Verfügung erinnern (BGH LM § 2258 BGB Nr. 1). Aus der Formulierung „insoweit" in § 2258 I BGB ergibt sich, daß für den Fall, daß der Widerspruch nur in einem Teil der Verfügung liegt, der „unwidersprochene" Rest der früheren Verfügung wirksam bleibt.

Sofern sich die beiden Verfügungen inhaltlich nicht ausschließen, kann ein Widerruf des früheren Testaments nur dann angenommen werden, wenn das spätere Testament den Willen des Erblassers erkennen läßt, die Erbfolge ausschließlich mit diesem Testament zu regeln (BGH NJW 1981, 2745; BayObLG FamRZ 1989, 441).

Die gegenseitigen Verfügungen in einem gemeinschaftlichen Ehegattentestament können bei Einigkeit unter den Ehegatten durch ein **gemeinschaftliches Widerrufstestament** beseitigt werden.

Grundsätzlich dürfte es für einen wirksamen Widerruf auch genügen, wenn die Ehegatten ihr Gemeinschaftliches Testament lediglich zerreißen (Palandt/Edenhofer, § 2271 Rn. 8; § 2255 Rn. 16). Hier besteht allerdings das rein praktische Problem, daß insoweit später auch bewiesen werden muß, daß das Testament mit dem Willen beider Ehegatten zerstört wurde und nicht etwa nur einer von beiden sich auf diese Weise des unliebsamen Dokuments entledigen wollte. Insoweit trägt derjenige Ehegatte, der sich auf den gemeinsamen Widerruf beruft, auch die Beweislast dafür, daß der auf diese Weise vorgenommene Widerruf gemeinschaftlich erfolgte (Palandt/Edenhofer, § 2255 Rn. 16).

Der Widerruf kann demnach gem. § 2255 BGB auch dadurch erfolgen, daß der Erblasser das Testament **vernichtet oder verändert in der Absicht, es aufzuheben.** Auch hierbei handelt es sich rechtlich um eine letztwillige Verfügung und nicht etwa um einen Realakt (Leipold, Erbrecht, Rn. 252). Die Testamentsform ist hierfür aber nicht vorgeschrieben. Unter den Tatbestand des § 2255 BGB fallen im einzelnen:

– Verbrennen

– Zerreißen

– Zerknüllen zu einem Knäuel (BayObLGZ 1980, 95)

– Ausradieren, Durchstreichen oder Herausschneiden einzelner Sätze oder Wörter

– Vermerk, das Testament sei ungültig oder aufgehoben, der nicht zwingend unterschrieben sein muß (Leipold, Erbrecht, Rn. 251)

Die Zerstörung oder Veränderung durch eine **dritte Person** stellt keinen Widerruf des Testaments i.S. des § 2255 BGB dar. Hiervon zu unterscheiden ist allerdings der Fall, daß sich der Erblasser für die Zerstörung oder Veränderung i.S. des § 2255 BGB einer anderen Person bedient, was grundsätzlich möglich ist.

Es besteht **keine Vermutung** dafür, daß ein zerstörtes oder unauffindbares Testament vom Erblasser vernichtet wurde (OLG Hamm NJW 1974, 1827; OLG Frankfurt OLGZ 1978, 267; BayObLG FamRZ 1985, 839 ff.; FamRZ 1989, 1234).

Grundsätzlich trägt derjenige die **Beweislast** für das Vorliegen der Widerrufsvoraussetzungen, der seine Rechte auf das nachträgliche Unwirksamwerden des Testaments stützt (OLG Zweibrücken JuS 1987, 994).

In subjektiver Hinsicht ist für den wirksamen Widerruf gem. §2255 BGB die Absicht des Erblassers erforderlich, das Testament aufzuheben.

Gem. § 2255 S. 2 BGB wird die **Aufhebungsabsicht** vermutet, wenn feststeht, daß der Erblasser das Testament vernichtet oder verändert hat, wobei diese Vermutung aber gem. § 292 ZPO widerlegt werden kann, etwa dadurch, daß nachgewiesen wird, daß die Aufhebung oder Zerstörung lediglich versehentlich erfolgte (Leipold, Erbrecht, Rn. 252).

Da es sich, wie bereits erwähnt, auch beim Widerruf gem. § 2255 BGB um eine letztwillige Verfügung handelt, besteht auch hier die Möglichkeit einer Anfechtung gem. § 2078 BGB.

Der **Widerruf des notariellen Testaments** (nicht eines privatschriftlichen) kann ferner gem. § 2256 BGB durch die jederzeit mögliche **Rücknahme aus der amtlichen Verwahrung** erfolgen.

3. Widerruf des Widerrufs

Sollte der Widerruf der letztwilligen Verfügung seinerseits widerrufen werden, so gilt gem. § 2257 BGB im Zweifel wieder die ursprüngliche Verfügung, sofern kein abweichender Wille des Erblassers erkennbar ist.

Das gleiche gilt gem. § 2258 II BGB, wenn ein späteres dem früheren widersprechendes Testament wieder aufgehoben wird.

Nicht widerrufen werden kann allerdings der Widerruf gem. §§ 2255, 2256 BGB. Insbesondere reicht es im Rahmen des § 2255 BGB nicht, wenn die letztwillige Verfügung wieder in ihren ursprünglichen Zustand versetzt wird, etwa durch Ausradieren, Streichen oder Zusammenkleben (Leipold, Erbrecht, Rn. 255). Hiervon zu unterscheiden ist aber der Fall, daß der Erblasser das zunächst i.S.d. § 2255 BGB „manipulierte" Testament mit dem eigenhändig geschriebenen und unterschriebenen Vermerk versieht „Dieses Testament soll doch gelten", denn damit ist ein neues formgültiges Testament errichtet (Leipold, Erbrecht, Rn. 255).

Wiederverheiratungsklausel

Die Wiederverheiratungsklausel dient dem Schutz der Schlußerben bei der sog. Einheitslösung vor einer zusätzlichen Schmälerung des Nachlasses durch das Hinzutreten eines pflichtteilsberechtigten neuen Ehegatten des Längstlebenden, der am Vermögen des Erstversterbenden zwangsläufig partizipieren würde. Insoweit soll eine Sicherung des Vermögensbestandes zugunsten der Schlußerben, nicht aber eine „Bestrafung" des überlebenden Ehegatten für die Wiederverheiratung, vorgenommen werden.

Eine solche Wiederverheiratungsklausel erscheint grundsätzlich lediglich bei der Einheitslösung notwendig, da bei der **Trennungslösung** mit Vor- und Nacherbschaft am Vermögen des Erstversterbenden ohnehin keinerlei Pflichtteilsrechte des neuen Ehegatten entstehen können. Eine gewisse **Einschränkung** besteht jedoch insoweit bei der **befreiten Vorerbschaft**:

Sofern es sich gem. § 2136 BGB um eine befreite Vorerbschaft handelt, kann die Wiederverheiratungsklausel so aussehen, daß die Wiederverheiratung des überlebenden Ehegatten aufschiebende Bedingung für den Eintritt einer nicht befreiten Vorerbschaft ist. Umgekehrt ist somit die Wiederverheiratung

auflösende Bedingung für die befreite Vorerbschaft (vgl. MK/
Musielak, § 2269 Rn. 47).

Die Rechte der Nacherben können zusätzlich durch die Anordnung einer Nacherbentestamentsvollstreckung ab dem Zeitpunkt der Wiederverheiratung gem. § 2222 BGB gesichert werden
(Kerscher/Tanck/Krug, Das erbrechtliche Mandat, § 8 Rn. 454).

Weiter besteht die Möglichkeit, die Wiederverheiratung
(neben dem Eintritt des Todes des Längstlebenden) zu einer
weiteren Bedingung des Eintritts des Nacherbfalls zu machen.
Zu beachten ist hier allerdings, daß die ganz herrschende Meinung bei Verwendung einer solchen Wiederverheiratungsklausel davon ausgeht, daß zuvor eine befreite Vorerbschaft des
überlebenden Ehegatten vorgelegen hat. Sollte etwas anderes
gewollt sein, so ist dies in der letztwilligen Verfügung klarzustellen (vgl. Kerscher/Tanck/Krug, Das erbrechtliche Mandat,
§ 8 Rn. 455).

Entsprechend kann die Wiederverheiratungsklausel auch
lediglich bestimmen, daß die Nacherbfolge nur zu einem Teil,
etwa dem den gesetzlichen Ehegattenerbteil übersteigenden
Teil, eintreten soll. Der gesetzliche Ehegattenerbteil ist dann
allerdings mit Wiederverheiratung von der Nacherbenbindung
freizustellen, so daß der überlebende Ehegatte letztendlich
auflösend bedingter Vorerbe bezüglich des gesamten Nachlasses und aufschiebend bedingter Vollerbe hinsichtlich seines
gesetzlichen Erbteils ist (Nieder, Handbuch der Testamentsgestaltung, Rn. 608; Kerscher/Tanck/Krug, Das erbrechtliche
Mandat, § 8 Rn. 456). Natürlich bleibt auch die Möglichkeit
bestehen, dem überlebenden Ehegatten ein auf den Zeitpunkt
des Eintritts des Nacherbfalls aufschiebend bedingtes Vermächtnis zukommen zu lassen.

Bei der **Einheitslösung** verschmelzen demgegenüber mit dem
Zeitpunkt des Todes des Erstversterbenden dessen Vermögen
und das des überlebenden Ehegatten zu einer Vermögensmasse.

Problematisch ist eine Wiederverheiratungsklausel, die lediglich vorsieht, daß im Falle der Wiederverheiratung der Nachlaß des Erstversterbenden an die eingesetzten Schlußerben
herauszugeben ist. Diese wird nämlich von der Rechtsprechung so ausgelegt, daß der überlebende Ehegatte ab dem Tod
des Erstversterbenden sowohl durch die Wiederverheiratung
auflösend bedingter Vollerbe als auch aufschiebend bedingter

Vorerbe ist. Hierdurch entsteht die überaus „vertrackte" rechtliche Situation, daß die bis zum Zeitpunkt der Wiederverheiratung getätigten Verfügungen durch den überlebenden Ehegatten ursprünglich als Vollerben erfolgten, während ab diesem Zeitpunkt eine rückwirkend geltende Vorerbschaft vorläge, was zu erheblichen rechtlichen Problemen führt und unter allen Umständen vermieden werden sollte (vgl. Kerscher/Tanck/Krug, Das erbrechtliche Mandat, § 8 Rn. 461).

Wesentlich sinnvoller ist es demnach, die Wiederverheiratungsklausel bei der Einheitslösung in der Form eines **Herausgabevermächtnisses** vorzunehmen. Hierbei wird in der letztwilligen Verfügung bestimmt, daß im Falle der Wiederverheiratung der Längstlebende an die Schlußerben entweder den noch vorhandenen Rest des im Zeitpunkt des Todes des Erstversterbenden vorhandenen Nachlasses, eine bestimmte Erbquote in Geld bzw. einen bestimmten Geldbetrag oder einen bestimmten Nachlaßgegenstand herauszugeben hat. Dieses Herausgabevermächtnis kann im übrigen sofort mit Wiederverheiratung oder aber erst mit dem Tod des Überlebenden anfallen oder fällig werden (Nieder, Handbuch der Testamentsgestaltung, Rn. 858).

Bei der **Nießbrauchslösung** kann bereits bei der Anordnung des Nießbrauchsvermächtnisses die Wiederverheiratung als Zeitpunkt des Erlöschens des Nießbrauchs (eventuell gegen eine Abfindung) angegeben werden.

Zu beachten ist in diesem Zusammenhang, daß die h. M. der Auffassung ist, daß **mit Inkrafttreten einer Wiederverheiratungsklausel** die **Bindungswirkung** des Gemeinschaftlichen Testaments für den überlebenden und sich wieder verheiratenden Ehegatten **entfällt** (KG FamRZ 1972, 277). Dies gilt natürlich nur, sofern in der letztwilligen Verfügung nichts ausdrücklich anderes bestimmt ist.

Zinsen

Bei einem **Vermächtnis** von Wertpapieren oder Sparguthaben stellt sich die Frage, wem die anfallenden Zinsen und Dividenden zustehen. Hat der Erblasser diesbezüglich keine ausdrückliche Bestimmung getroffen, so dürften die **bis zum Todestag** des Erblassers entstandenen Zinsen und Dividenden den

Erben zustehen. Die **nach dem Todestag** entstandenen Zinsen stehen dann dem jeweiligen **Vermächtnisnehmer** zu. Dies dürfte zumindest beim → *Vermächtnis* gem. § 2184 BGB gelten. Handelt es sich allerdings nicht um ein Stückvermächtnis, so können Zinsen dem Vermächtnisnehmer erst dann zustehen, wenn er die Erben in Verzug gesetzt hat.

Eine **Pflichtteilsforderung** ist ab dem Zeitpunkt des **Verzuges** oder der **Rechtshängigkeit** zu verzinsen (BGH DRiZ 1969, 281). Hierbei ist zu beachten, daß insoweit nach Ansicht des BGH der Verzug durch Mahnung auch dann eintritt, wenn der Pflichtteilsanspruch durch den Pflichtteilsberechtigten noch gar nicht beziffert werden kann (BGH NJW 1981, 1732). Das gleiche gilt für den Fall, daß der Pflichtteilsberechtigte den Pflichtteil nur hilfsweise neben einem Hauptanspruch, der ihm als vermeintlichem Miterben zusteht, angemahnt hat (Kerscher/Riedel/Lenz, Pflichtteilsrecht, § 14 Rn. 20).

Allerdings muß in diesem Zusammenhang beachtet werden, daß im Rahmen des Verzuges der Schuldner des Pflichtteilsanspruches nur bei Verschulden haftet, also Verzugszinsen zu entrichten hat. Dieser Grundsatz muß insbesondere dann Berücksichtigung finden, wenn der Verzug etwa darauf beruht, daß ein Sachverständiger das Verfahren verzögert hat und dies dem verpflichteten Schuldner des Pflichtteilsanspruchs nicht zugerechnet werden kann (Kerscher/Riedel/Lenz, Pflichtteilsrecht, § 14 Rn. 20).

Zugewinngemeinschaft

Im gesetzlichen Güterstand wird gem. § 1931 III i.V.m. § 1371 I BGB die gesetzliche Erbquote des Ehegatten um den pauschalen Zugewinnausgleich gem. § 1371 I BGB i.H.v. $1/4$ erhöht. Daher erbt der überlebende Ehegatte im gesetzlichen Güterstand neben Abkömmlingen regelmäßig zu $1/2$ (→ *Ehegattenerbrecht*).

Zuwendungsverzichtsvertrag

Ist bereits eine bindend gewordene letztwillige Verfügung in Gestalt eines Gemeinschaftlichen Testaments oder Erbvertrags vorhanden, in der einer bestimmten Person eine Zuwendung gemacht wird, so kann diese Zuwendung nur noch dadurch ausgeschlossen werden, daß die insoweit begünstigte Person einen Zuwendungsverzicht gem. § 2352 BGB erklärt und zwar im Rahmen eines entsprechenden Vertrages.

Nicht Gegenstand eines Zuwendungsverzichtsvertrages kann eine Auflage oder ein gesetzliches Vorausvermächtnis gem. §§ 1932, 1969 BGB sein (Mayer, ZEV 1996, 127).

Der Zuwendungsverzichtsvertrag setzt voraus, daß die entsprechende letztwillige Verfügung im Zeitpunkt des Zuwendungsverzichtes bereits vorhanden ist (BGHZ 30, 261).

Im Rahmen des Zuwendungsverzichtsvertrages ist weiterhin zu beachten, daß sich die Wirkung eines solchen Vertrages nach h. M. nicht auf die Abkömmlinge des Verzichtenden erstreckt (OLG Köln FamRZ 1990, 99; Nieder, ZEV 1996, 241; Soergel/Damrau, § 2349 Rn. 2; a. A.: Schotten, ZEV 1997, 1). Dies führt dazu, daß diese zu ausdrücklichen oder gem. § 2069 BGB vermuteten Ersatzerben für den Verzichtenden werden. Lediglich dann, wenn der Zuwendungsverzicht entgeltlich, also etwa gegen Zahlung einer Abfindung als vollwertige Gegenleistung erklärt wird, kann der mutmaßliche Wille des Erblassers dahin gehen, daß eine weiter gehende Begünstigung des Stammes des Verzichtenden nicht gewollt war (OLG Köln FamRZ 1990, 99; BGH NJW 1974, 43).

Für den Erblasser möglich ist insoweit auch die Aufnahme einer auflösenden Bedingung in die letztwillige Verfügung, wonach im Falle des Zuwendungsverzichtes die ausdrückliche oder vermutete Ersatzerbschaft entfällt (Kanzleiter, ZEV 1997, 261; OLG Stuttgart NJW 1958, 348).

Formulierungsvorschlag:

Für den Fall, daß einer meiner Abkömmlinge vor oder nach dem Erbfall wegfällt, sollen dessen Abkömmlinge meine Ersatzerben sein, wiederum ersatzweise soll Anwachsung eintreten. Schlägt einer meiner Abkömmlinge seinen Erbteil aus oder macht er seinen Pflichtteil geltend und erhält ihn auch, so ist er mit seinem ganzen Stamm von der Erbfolge ausgeschlossen. Das gleiche soll auch für den Fall gelten, daß einer der Abkömmlinge einen Zuwendungsverzicht erklärt. Für diesen Fall tritt die Ersatzerbfolge zugunsten der Abkömmlinge des Verzichtenden nicht ein. Auch für diesen Fall soll Anwachsung gelten.

Zwangsvollstreckung

Zur **Zwangsvollstreckung in den Nachlaß** ist gem. § 747 ZPO ein gegen alle Erben ergangenes Urteil erforderlich, entweder nebeneinander oder sukzessiv im Wege der Gesamtschuldklage. Etwa erforderliche Auflassungserklärungen gelten mit Rechtskraft des Urteils grundsätzlich als abgegeben (Rohlfing, Erbrecht, § 4 Rn. 155). Nur dann, wenn sich aus dem Urteil nicht eindeutig ergibt, welche Erklärung der Schuldner nun im einzelnen abgeben soll, muß der Nachlaßgläubiger im Zwangsvollstreckungsverfahren gem. § 888 ZPO vorgehen (Rohlfing, Erbrecht, § 4 Rn. 156). Die Rechtsprechung hat sich hierzu aber noch nicht abschließend geäußert.

Die **Zwangsvollstreckung aus einem Auskunftstitel** erfolgt als unvertretbare Handlung gem. § 888 ZPO, die Vollstreckung der Verpflichtung zur Abgabe der Eidesstattlichen Versicherung gem. § 889 ZPO. Sofern der Beklagte verurteilt wurde, Urkunden und Belege vorzulegen, ist die Zwangsvollstreckung gem. § 883 ZPO vorzunehmen, da eine unvertretbare Handlung insoweit nicht vorliegt (OLG Köln NJW-RR 1988, 1210; NJW-RR 1989, 568).

Sofern bereits ein vollstreckbarer Titel gegen den Erblasser selbst vorlag, kann dieser gem. § 727 I ZPO auf die Erben umgeschrieben werden.

Zum Nachweis der Erbfolge hat der Nachlaßgläubiger gegenüber dem Nachlaßgericht einen Anspruch auf Erteilung einer Abschrift des erteilten Erbscheins gem. § 85 FGG. Er kann auch selbst gem. §§ 792, 896 ZPO die Erteilung eines Erbscheins beantragen. Sofern innerhalb des Klauselumschreibungsverfahrens der erforderliche Nachweis durch öffentliche Urkunden nicht erbracht werden kann, hat der Nachlaßgläubiger noch die Möglichkeit, gem. § 731 ZPO Klage auf Klauselerteilung zu erheben.

Weiterhin kommt es für die Durchführung der Zwangsvollstreckung darauf an, ob diese zu Lebzeiten des Erblassers bereits begonnen hatte.

Nur in diesem Fall kann sie in den Nachlaß gem. § 779 I ZPO fortgesetzt werden.

Hatte sie noch nicht begonnen, so kann sie vor Erbschaftsannahme gem. § 778 I ZPO nur in den Nachlaß betrieben werden, und zwar gem. § 778 II ZPO nur durch Nachlaßgläubiger, nicht durch Eigengläubiger der Erben.

Sofern der Erbe des Schuldners gegen die bereits titulierte Forderung von seiner ihm als Erben zustehenden Haftungsbeschränkungsmöglichkeit Gebrauch machen will, so muß er dies im Wege der Vollstreckungsgegenklage gem. §§ 767, 785 ZPO tun mit dem Klageziel, die Zwangsvollstreckung für unzulässig erklären zu lassen. Vorher bleiben entsprechende Einwendungen gem. § 781 ZPO unberücksichtigt (vgl. Kerscher/Tanck/Krug, Das erbrechtliche Mandat, § 21 Rn. 186).

Für den Fall, daß die Haftungsbeschränkungsmöglichkeit bereits eingetreten ist, sollte der Klageantrag wie folgt lauten:

Formulierungsvorschlag:

Die Zwangsvollstreckung aus dem Urteil des Landgerichts XY vom (. . .), AZ: (. . .), in Vermögensgegenstände des Klägers, die nicht zum Nachlaß des am (. . .) verstorbenen Herrn (. . .) gehören, wird für unzulässig erklärt" / „Die Zwangsvollstreckung aus dem Urteil des Landgerichts XY vom (. . .), AZ: (. . .), in den Vermögensgegenstand des Klägers (. . .), der zu dessen Eigenvermögen gehört, wird für unzulässig erklärt.

Sofern die Haftungsbeschränkung noch nicht eingetreten ist, besteht die Möglichkeit eines entsprechenden Vorbehalts gem. § 780 ZPO. Der Klageantrag lautet für diesen Fall wie folgt:

Formulierungsvorschlag:

Die Zwangsvollstreckung aus dem Urteil des Landgerichts XY vom (. . .), AZ: (. . .), wird insoweit für unzulässig erklärt, als dem Kläger des vorliegenden Rechtsstreits nicht die Beschränkung seiner Haftung auf den Nachlaß des am (. . .) verstorbenen (. . .) vorbehalten bleibt.

Der Vorbehalt der beschränkten Erbenhaftung sollte außer in das Urteil unbedingt auch in sämtliche anderen Vollstreckungstitel, wie Vollstreckungsbescheid, Prozeßvergleich oder vollstreckbare notarielle Urkunde mitaufgenommen werden (Zöller/Stöber, ZPO, § 780 Rn. 6).

Durch die bei Vorliegen einer **Testamentsvollstreckung** bereits eingetretene Nachlaßsonderung können **Eigengläubiger der**

Erben gem. § 2214 BGB grundsätzlich nicht im Wege der Zwangsvollstreckung gegen den Nachlaß vorgehen.

Nachlaßgläubiger können gem. § 2213 I BGB entweder gegen den Testamentsvollstrecker oder die Erben vorgehen. Sofern der Erbe versäumt hat, trotz bestehender Testamentsvollstrekkung gem. § 780 ZPO einen entsprechenden Haftungsvorbehalt in den Titel mitaufnehmen zu lassen, kann der Nachlaßgläubiger, der einen Titel gegen den Erben erwirkt hat, auch gegen diesen vollstrecken.

Zwischenverfügung

Ist ein gestellter **Erbscheinsantrag mangelhaft** und sind die **Mängel heilbar,** so hat das Nachlaßgericht entsprechend dem Rechtsgedanken der §§ 18 GBO, § 139 I 2 ZPO eine sogenannte Zwischenverfügung zu erlassen und dem Antragsteller Gelegenheit zu geben, die Mängel innerhalb einer bestimmten Frist zu beseitigen. Die Zwischenverfügung ist mit einfacher befristeter Beschwerde gem. §§ 20, 21 FGG anfechtbar, etwa dann, wenn das Nachlaßgericht das Fehlen von Unterlagen beanstandet, die nach der Rechtslage gar nicht erforderlich sind.

Stichwortverzeichnis